马钢
MA GANG
年鉴
NIAN JIAN

《马钢年鉴》编辑委员会 编

北 京
冶 金 工 业 出 版 社
2019

领导考察调研

1

2

3

❶ 2018年5月16日，全国人大常委会副委员长、民盟中央主席丁仲礼到马钢检查指导环保工作

❷ 2018年12月18日，安徽省委书记李锦斌，省委副书记、省长李国英等省领导在安徽省庆祝改革开放40周年科技创新成果展上参观马钢产品展台

❸ 2018年9月21日，全国人大常委会原常务副秘书长、机关原党组书记王万宾到马钢参观

④ 2018 年 11 月 1 日，安徽省委常委、纪委书记刘惠到马钢调研

⑤ 2018 年 9 月 19 日，安徽省委常委、政法委书记姚玉舟到马钢 9 号高炉调研

⑥ 2018 年 5 月 29 日，安徽省副省长何树山一行到马钢调研

❶ 2018 年 5 月 25 日，参加 2018 世界制造业大会和 2018 中国国际徽商大会展台（图为飞马智科展台）

❷ 2018 年 10 月 20 日，第十七届全国高校物流专业教学一体化开幕式暨“马钢杯”第六届全国大学生物流设计大赛在宁波举行（图为研讨会现场）

❸ 2018 年 12 月 13 日，2018 年中国冶金政研会理事大会在马钢召开

❹ 2018 年 11 月 22 日，在上海参加 2018 亚洲国际建筑工业化展览会，并举办《马钢热轧 H 型钢发展及应用》主题演讲

❺ 2018 年 11 月 22 日，参加上海亚洲国际建筑工业化展览会（图为马钢展位）

⑥ 2018 年 1 月 17 日，举行重型 H 型钢工程轧钢生产线项目及异形坯连铸机项目合同签字仪式

⑦ 2018 年 4 月 26 日，马钢（集团）控股有限公司、中冶赛迪集团有限公司举行战略合作框架协议签字仪式

⑧ 2018 年 4 月 12 日，马钢与武汉江夏区签订投资意向书

⑨ 2018 年 4 月 3 日，中钢设备公司、马鞍山经开区建投公司、马钢工程技术集团举行合资合作签约仪式

⑩ 2018年4月10日，马钢与斐讯举行战略合作签约仪式

⑪ 2018年1月9日，举行三铁总厂A号高炉中修开炉点火仪式

⑫ 2018年4月23日，举行9号高炉关停仪式现场

⑬ 2018年9月19日，举行瑞泰马钢新材料科技有限公司投产仪式

⑭ 2018年8月7日，举行“马钢—北科大冶金智能制造技术创新中心揭牌仪式”

⑮ 2018年5月19日，举行飞马智科信息技术股份有限公司揭牌仪式

⑯ 2018年10月26日，举行马钢集团财务共享中心成立揭牌仪式

17

18

19

20

21

⑰ 2018年1月11日，举行2018年马钢供应商大会

⑱ 2018年2月1日，举行马钢新材料及化工能源产业2018年客户大会

⑲ 2018年12月7日，在福州举行马钢钢材产品客户大会

⑳ 2018年12月27日，召开集团公司2018年化解钢铁过剩产能验收会议

㉑ 2018年4月，启动实施环境综合整治工程（图为马钢南区渣基地整治后现场）

22 2018年6月12日，举行脱贫帮扶产业扶贫项目捐赠仪式（图为魏尧代表马钢集团公司向对口帮扶阜南县王堰镇马楼村捐赠产业帮扶资金）

23 2018年6月12日，马钢集团公司党委书记、董事长魏尧到对口帮扶的贫困村走访慰问

24 2018年9月11日，举行脱贫帮扶产业扶贫项目捐赠仪式（图为丁毅代表马钢集团公司向对口帮扶阜南县地城镇李集村捐赠扶贫基建资金）

25 2018年9月11日，马钢集团公司总经理、党委副书记、马钢股份公司董事长丁毅到对口帮扶的贫困村调研并走访慰问贫困户

重要会议

1. 2018 年 3 月 16 日，召开马钢 2018 年党委工作会议
2. 2018 年 4 月 26 日，召开马钢迎接中央环保督察“回头看”暨蓝天保卫战动员会
3. 2018 年 4 月 4 日，召开“机关机构改革 人力资源优化”动员大会

4 2018 年 5 月 1 日，召开“五一”表彰大会

5 2018 年 12 月 19 日，召开集团公司十八届三次（股份公司八届三次）职工代表大会

❶❷ 2018 年 9 月 20 日，举行马钢成立 60 周年升旗仪式暨工业遗产——马钢 9 号高炉奠基仪式

❸ 2018 年 9 月 20 日，举行纪念毛主席视察马钢 60 周年暨马钢成立 60 周年主题晚会

❹ 2018 年 9 月 12 日，举办“辉煌 60 年”职工美术、书法、摄影作品展

❺ 2018 年 3 月 12 日，举行“绿色企业　美好家园”义务植树活动

编辑说明

1.《马钢年鉴》坚持以马克思列宁主义、毛泽东思想、邓小平理论、“三个代表”重要思想、科学发展观、习近平新时代中国特色社会主义思想为指导，坚持辩证唯物主义和历史唯物主义的立场、观点、方法，全面、系统、真实地记载了2018年马钢的生产经营建设、改革发展及精神文明建设等方面的情况，为读者提供了认识、了解马钢的最新信息资料。

2. 本卷《马钢年鉴》设特载、专文、企业大事记、概述、集团公司机关部门、集团公司直属机构、马钢股份有限公司、马钢集团矿业有限公司、马钢工程技术集团有限公司、集团公司其他分子公司、集团公司合资公司、境外公司、统计资料、人物和附录共15个类目、119个分目、850个条目、762千字。统计资料栏目中的统计资料数据均为集团公司汇总统计后的数据，并统一称为马钢集团统计资料。

3. 本卷《马钢年鉴》的框架设计采用类目、分目和条目分类法编排。条目标题一律使用黑体字并加【】。企业大事记栏目中的“△”符号表示与前一条大事件为同一日期。

4. 本卷《马钢年鉴》由集团公司及股份公司职能部门、直属机构及分子公司供稿并经负责人审核，主要数据由统计部门提供，计量单位采用中华人民共和国法定计量单位。

《马钢年鉴》编辑委员会

编辑工作人员

编　　辑　李一丹　姜国强

美术编辑　包清武

摄影编辑　刘正发

图片摄影人员

刘正发　张明伟

目　　录

特　　载

专 文

企业大事记

概 述

集团公司机关部门

集团公司直属机构

马钢股份有限公司

马钢集团矿业有限公司

马钢工程技术集团有限公司

集团公司其他分子公司

境外公司

统计资料

人　　物

附　　录

特　载

马钢年鉴

领导考察、调研

【全国人大常委会副委员长、民盟中央主席丁仲礼到马钢检查指导环保工作】 2018年5月16日，全国人大常委会副委员长、民盟中央主席丁仲礼率全国人大常委会执法检查组一行到马钢热电总厂新区、利民星火冶金渣环保公司，检查指导环保工作。

全国人大环资委委员王秀峰、沈岩、张柏楠参加检查指导。安徽省人大常委会副主任、省总工会主席李明，省人大常委会委员洪禹候、李行进，省环保厅副厅长贺泽群，马鞍山市人大常委会主任从辉、副主任魏正平，副市长方文，马钢集团公司党委常委、副总经理严华陪同检查。

上午9时，丁仲礼一行首先到热电总厂新区12号机组现场。在检查过程中，丁仲礼听取了12号机组脱硫脱硝项目、12号机组超低排放改造工程情况汇报以及热电总厂环保绩效和欣创环保公司经营情况的介绍，询问了马钢在环保投入、监管、研发等方面的情况，并对马钢坚持贯彻“绿水青山就是金山银山”的绿色发展理念，走节能减排、绿色发展之路，不断加大环保项目投入的做法给予了充分肯定，对马钢抢抓政策机遇，大力发展节能环保产业表示赞赏。

随后，丁仲礼一行到利民星火冶金渣处理环保综合治理项目现场。在现场，丁仲礼听取了整改进展情况汇报，了解了利民星火公司的股权结构、设备水平、产品销售情况，以及利民星火公司按照大气污染防治法的相关要求，实施环保综合治理项目，发展循环经济，持续提升环境绩效等情况。丁仲礼要求利民星火公司稳步高效推进治理项目，不断探索与城市和谐共生的可持续发展之路；要求马鞍山市对治理项目严格验收，确保项目竣工后达到预期效果，为打赢“蓝天保卫战”做出新的贡献。

（陈　扬）

【安徽省委书记李锦斌，省委副书记、省长李国英等省领导在安徽省庆祝改革开放40周年科技创新成果展上参观马钢产品展台】 2018年12月18日，安徽省庆祝改革开放40周年科技创新成果展在合肥开幕，省委书记李锦斌，省委副书记、省长李国英，省政协主席张昌尔等省领导出席开幕式，并在马钢集团公司总经理、股份公司董事长丁毅的陪同下参观了马钢产品展台。

（陈　扬）

【全国人大原副秘书长、机关原党组书记王万宾到马钢参观】 2018年9月21日，全国人大原副秘书长、机关原党组书记、原马钢党委书记王万宾在集团公司党委书记、董事长魏尧和集团公司副总经理蒋育翔的陪同下重访9号高炉，并参观了二铁总厂4号高炉、四钢轧总厂1580生产线、冷轧总厂镀锌生产线。

上午8时，王万宾到9号高炉炉台前，魏尧介绍了9号高炉历史沿革及永久性关停后作为工业遗产保存情况。得知9号高炉在停产前容积已达450立方米，多年来为马钢生产经营作出了突出贡献；今后马钢将把9号高炉申报国家工业遗产加以永久性保护，王万宾十分高兴。走进中控室，墙上悬挂着一幅幅毛主席等党和国家领导人视察马钢的珍贵照片。王万宾在历史照片前驻足凝望，讲述起当年在马钢工作的美好回忆，并对马钢未来炼铁事业建言献策。离开9号高炉前，王万宾欣然在纪念册上写下“毛主席登炉挥巨手、马鞍山从此展宏图”的感言，并在炉台前合影留念。

离开9号高炉，王万宾到4号高炉。在出铁场，王万宾详细了解了4号高炉的工艺流程、装备水平以及主要经济技术指标情况。得知这座3200立方米高炉十天达产，创造了业内同类型高炉最好水平，自投产以来持续高效生产，王万宾感慨地谈起了当年马钢第一座2500立方米高炉刚刚投产时艰难“爬坡”的奋斗岁月，对4号高炉的绿色生产、高效节能以及现场精益管理工作给予高度评价，对马钢炼铁技术的跨越式进步给予充分肯定。他希望4号高炉职工继承9号高炉的光荣传统，在未来创造更加优异的成绩。

随后，王万宾到四钢轧总厂，参观了1580生产线。“这条产线生产出的板材宽度区间是多少？生产出的管线钢强度能达到多少？”他不时询问，详细了解这条生产线的工艺流程、自动化水平以及产品市场定位，并对该总厂两条热轧生产线专业分工、高效协同的生产模式给予充分肯定。随后，王万宾到冷轧总厂北区，参观了3号、4号镀锌生产线。在质检区域，他谈起当年在企业调研的经历，叮嘱岗位工人严格遵守规程，严把产品质量，树立马钢品牌形象，希望该总厂聚焦客户需求、守卫产品质量，生产出更多的精品板材，为马钢转型发展提供强有力支撑。

公司办公室及二铁总厂、四钢轧总厂主要负责人陪同参观。

（陈　扬）

【安徽省委常委、政法委书记姚玉舟到马钢9号高炉、4号高炉进行实地调研】 2018年9月19日下午，马钢成立60周年前夕，安徽省委常委、政法委书记姚玉舟到马钢9号高炉、4号高炉进行实地调研。省委政法委秘书长李国庆，马鞍山市市委书记张岳峰，市委常委、政法委书记吴桂林，马钢集团公司党委书记、董事长魏尧，集团公司党委常委、工会主席张晓峰陪同调研。

下午2时，姚玉舟一行首先到马钢9号高炉。在炉台上，姚玉舟详细了解了60年前毛泽东主席视察9号高炉的盛况，以及这座马钢“功勋炉”的辉煌发展历程。在出铁平台，魏尧介绍说，马钢二铁总厂北区所有炉机已于今年4月份全部永久性停产，并已成功申报为市级文物保护单位。在询问了马钢当前的产能布局、产品结构之后，姚玉舟对马钢积极贯彻国家要求，坚定不移去产能、主动作为调结构给予充分肯定。

随后，姚玉舟一行到4号高炉。在出铁平台，姚玉舟询问了4号高炉的投产时间、自动化水平、劳动生产率以及环保投入。得知该高炉的开炉火种取自9号高炉，自2016年投产以来连续高效运行，坚持绿色生产，产量和主要技术经济指标稳步攀升，并且已跻身全国同级别高炉先进行列，达到了预期的设计效果，姚玉舟给予赞扬，并对4号高炉继承马钢炼铁光荣传统，创造高效清洁、低耗环保的亮眼成绩给予了高度评价。走进4号高炉中控室，姚玉舟简要听取了马钢自2018年以来的生产经营情况汇报，以及4号高炉的装备水平和工艺情况介绍，并对马钢取得的各方面成绩给予充分肯定。在调研中，他希望马钢以成立60周年为新的起点，传承马钢精神，坚持改革创新，在新时代再创新辉煌。

（张　轩）

【安徽省副省长何树山一行到马钢调研】 2018年1月19日，安徽省副省长何树山一行到马钢调研。省国资委主任李明、省政府办公厅副主任汪春明、省经信委总工程师徐文章等参加调研。马鞍山市市长左俊，马钢领导魏尧、丁毅及伏明陪同调研。

下午2时，何树山一行到了二铁总厂4号高炉。在出铁平台，何树山详细了解了4号高炉的装备水平和工艺情况。该高炉自2016年投产以来，产量和主要技术经济指标稳步攀升，已跻身全国同级别高炉先进行列，达到了预期的设计效果。何树山对4号高炉的高效清洁、低耗环保给予了高度评价。

在4号高炉中控室，何树山亲切问候当班职工并和他们握手致意。随后，魏尧、丁毅向他简要汇报了马钢2017年的生产经营概况。得知马钢2017年盈利水平创新高、品牌建设卓有成效、职工收入稳步提升，何树山很高兴，对马钢取得的各方面成绩给予充分肯定。他指出，当前我国经济发展进入新时代，一方面供给侧结构性改革、打击“地条钢”给钢铁企业带来了诸多利好；另一方面环保政策日趋严格，也给钢企的发展提出了严峻的考验，可谓机遇和挑战并存。他强调，马钢要以党的十九大精神为指引，牢固树立绿色发展理念，严格落实环保刚性要求，坚持走绿色发展道路，为马鞍山以及安徽省的生态环保工作再上新台阶提供强有力支撑；要不折不扣完成去产能任务，以改革为动力，以创新为引领，做精钢铁主业，坚持多业并举，加快转型升级步伐，实现更高质量发展。他强调，越是在生产经营趋好的形势下，越是要警钟长鸣，常抓不懈，要把安全生产工作作为头等大事来抓紧抓实抓好，严守安全生产的底线和红线，坚决避免安全生产事故的发生。

2018年5月29日上午，安徽省副省长、省国资委主任、党委书记何树山到马鞍山市调研“四送一服”双千工程，并深入马钢9号高炉、轮轴事业部车轮生产线进行实地调研。省政府办公厅副主任汪春明，省经信委副主任王厚亮，马鞍山市市长左俊，马钢领导魏尧、丁毅、苏世怀、严华及伏明、杜松林，省驻马“四送一服”工作组相关负责人陪同调研。

何树山一行首先到已经永久性关停的马钢9号高炉。在毛主席视察纪念像前，何树山驻足瞻仰，详细了解这座马钢“功勋炉”60年的辉煌历程。随后，何树山登上炉台，询问高炉动力介质切断工作以及马钢去产能情况。魏尧介绍说，马钢二铁总厂北区所有炉机已于4月27日全部永久性停产，相关设备设施拆除工作正在有序推进。对于毛泽东主席亲自登临过的9号高炉，将作为工业遗产进行保护，正在加快推进相关申报工作。何树山对马钢坚定不移去产能、积极主动调结构的做法给予充分肯定，并希望马钢在工业遗产保护中科学地做好整体的设计与规划，既要做到投入省，又要确保效果好，做好历史文化的弘扬和传承。何树山还走进高炉中控室，仔细端详一张张珍贵的历史照片，以及用9号高炉最后一炉铁水铸造的“永久停产纪念”牌，并叮嘱马钢广泛收集、妥善保管历史资料。

走进轮轴事业部车轮生产线，何树山认真观看一张张展示马钢轮轴发展历程的图片。得知马钢已成为全球最大的车轮生产基地，构建起国内唯一的集“冶炼、轮、轴、对、架、修配”为一体的完整轨道交通产业链,自主研发的时速 350 公里动车组车轮获得首张 CRCC 认证,何树山非常高兴。他希望马钢把车轮产品越做越精,向世界级轨道交通领军企业进军。沿着宽敞洁净的绿色参观通道,何树山详细察看了切料、加热、轧制、缓冷、热处理等各道生产工序,并不时驻足停留,询问生产线的流程装备、工艺技术,以及马钢轮轴在全球的销售等情况,并在国内首件火车车轮样品前合影留念。他希望马钢持续创新体制机制,不断提升装备水平和管理水平,切实抓好生态环保和安全生产工作,努力打造现代化工厂,推进高质量发展。

何树山在调研时强调,各地各部门要扎实推进"四送一服"双千工程,深入企业送新发展理念、送支持政策、送创新项目、送生产要素,服务实体经济。他表示,省政府将坚定不移支持马钢做强做优做大,积极帮助马钢做好与外部的协调对接。他要求,省市相关部门要主动为马钢解难题、办实事,为马钢实现高质量发展提供更大支撑。

(张　轩)

要事记述

【马钢参加 2018 世界制造业大会和 2018 中国国际徽商大会】 2018 年 5 月 25 日上午,2018 世界制造业大会和 2018 中国国际徽商大会在合肥隆重开幕。全国政协副主席、民革中央常务副主席郑建邦致辞并宣布大会开幕。安徽省委书记李锦斌致辞。省委副书记、省长李国英主持开幕式。

全球中小企业联盟全球主席、德国前总统武尔夫,联合国工业发展组织副总干事菲利普·朔尔特斯,国务院国资委主任肖亚庆,中央统战部副部长、全国工商联常务副主席徐乐江,中国侨联主席、中国科学院院士万立骏,中国人民对外友好协会会长李小林,工业和信息化部副部长辛国斌分别致辞。全球中小企业联盟名誉主席、阿根廷驻巴西大使、联合国工业发展组织前总干事卡洛斯·马格里诺,安徽省政协主席张昌尔,省委副书记信长星,省委、省人大常委会、省政府、省政协负责同志出席开幕式。出席开幕式的还有:外国前政要、政府高级官员和驻华使节代表;国际组织、境外商协会代表;工业和信息化部、国资委、商务部有关领导;相关省市区领导;"两院"院士及专家学者;港澳地区知名人士、华人华侨代表;世界 500 强企业和跨国公司全球高管;中央企业、国内民企负责人及徽商代表,约 1200 人。

马钢集团公司党委书记、董事长魏尧受邀参加此次大会。

本次大会由全球中小企业联盟、联合国工业发展组织、中国人民对外友好协会、安徽省人民政府联合主办,以"创新驱动、制造引领、拥抱世界新工业革命"为主题,会议为期三天。会议期间,将开展系列论坛、产业对接、项目推介、展览展示等活动,搭建合作交流和投资贸易平台,促进中国制造业迈向更高水平。

多年来,马钢始终坚持以创新为引领,深入贯彻落实"中国制造 2025",加快企业转型发展步伐,持续提升精益制造、智能制造水平,为安徽制造强省做出了积极贡献。作为安徽本土制造业的"领跑者",马钢积极参加此次大会。在大会主展馆的国内智能制造展区,马钢动车组车轮、车轴,飞马智科公司的钢卷贴标机器人和安徽祥云公司的云产品以及工业互联网解决方案和马钢宣传片《安徽制造 美好未来》为大会增添了浓浓的马钢元素。这些代表了当前国内乃至国际先进水平的工业产品、工业技术充分展示了马钢近年来在高端智能制造、智慧工厂、云产业等领域取得的丰硕成果。

(崔海涛)

【第十七届全国高校物流专业教学一体化开幕式暨"马钢杯"第六届全国大学生物流设计大赛启动仪式在宁波举行】 2018 年 10 月 20 日,第十七届全国高校物流专业教学一体化开幕式暨"马钢杯"第六届全国大学生物流设计大赛启动仪式在宁波举行。中国物流与采购联合会会长何黎明,亚太物流联盟主席大卫·罗杰斯,中国物流与采购联合会副会长任豪祥,东北财经大学党委书记夏春玉,马钢集团公司领导丁毅、陆克从出席仪式。公司相关部门、单位负责人参加启动仪式。

为深入贯彻落实《国务院办公厅关于深化高等学校创新创业教育改革的实施意见》和《国务院办公厅关于深化产教融合的若干意见》精神,培养学生创新创业能力,加快高素质物流人才队伍建设,满足物流企业发展对人才的需求,中国物流与采购联合会和教育部高等学校物流管理与工程类专业教学指导委员会共同研究决定,举办"马钢杯"第六届全国大学生物流设计大赛。大赛自 2006 年举办以来,已经成功举办 5 届,每届比赛吸引了数万师生的参与,通过解决企业生产中的实际问题,对提高大学生组织策划能力、分析和解决问题能力、动手实践能力,培养新时代大学生,发挥了积极作用。为了配合大赛的成功举办,马钢高度重视,成立了大赛领导小组、大赛组织协调小组、大赛品牌推介小组、大赛业务小组以及决赛承办小组等5个工作组,全力协助和配合大赛组委会做好筹备工作,精心做好大赛服务保障工作。作为具体承办单位,物流公司全力以赴,专业部门专业人员全程参与案例编写,参与案例编写小组实地调研,协调案例编写小组完善大赛案例。

集团公司总经理、股份公司董事长丁毅在启动仪式上代表马钢致辞。他回顾了马钢在60年来的发展历程中为中国钢铁工业的发展作出的重要贡献。在介绍了马钢近年来生产经营情况以及物流板块发展情况之后,丁毅表示,马钢物流公司近年来取得了快速的发展,是国内钢铁行业首家国家5A级综合服务型物流企业,坚持专业化服务、集约化管理、产业化发展的思路,坚持绿色、智慧、协同、共享的经营理念,加速由传统企业物流向现代化物流企业转变,不断提升行业影响力和区域竞争力。全国大学生物流设计大赛是一项全国性、具有品牌影响力的高水平赛事,也是物流专业领域交流的重要平台,云集了来自全国的权威专家、全国高校的优秀大学生。马钢非常荣幸,能够作为第六届全国大学生物流设计大赛的冠名支持单位,精心参与,办好这一盛大赛事,不仅可以培养提升自己的专业队伍,也可以扩大视野、提升能力,同时也是对马钢品牌建设的一次有力的推动和提升。

集团公司党委常委陆克从代表马钢物流公司在仪式上签约。

(琚　南)

【马钢荣获2018年钢铁企业综合竞争力评级A+】 2018年12月10日,由冶金工业规划研究院举办的“2019中国和全球钢铁需求预测研究成果、钢铁企业竞争力评级发布会”在北京召开。马钢从108家参选企业中脱颖而出,与宝武、首钢、河钢等荣获竞争力极强的A+评级。这一评级较2017年有所提升,也反映出马钢综合竞争力呈逐年上升趋势。

企业竞争力是企业综合生产力和服务能力的直接体现,影响企业竞争力的要素有很多,基于生产力“三要素”理论,结合现代经济社会发展动向和钢铁产业特点,2018年度钢铁企业综合竞争力评级分3大板块、14项要素和23个指标,构建了标准指标体系框架。3大板块分别是企业基础竞争力、企业发展竞争力和企业经营绩效竞争力。企业基础竞争力板块主要考虑企业竞争力的物质基础,即生产力要素中的生产资料、劳动工具,如技术装备、规模基础、资源供应,并采用了智能化程度等指标;企业发展竞争力板块主要考虑企业竞争力的人力资源、科技创新、能源环保、服务水平、物流效率等,以及反映企业经营特色的多元化、国际化指标;企业经营绩效竞争力板块主要考虑企业竞争力的现实表现,如利润总额、利润率、负债率、速动率等指标。

本次参与竞争力评级的对象,涵盖了国家大型钢铁企业,共有108家钢铁企业进入评级范围。根据企业基础竞争力、企业发展竞争力、企业经营绩效竞争力三大板块以及14项要素和23个指标,结合专家研判,评出2017年A+级钢铁企业14家、A级钢铁企业26家、B+级钢铁企业43家。进入2018年企业竞争力评级范围的108家钢铁企业,合计粗钢产量占全国总产量的88%。评级为A+、A、B+的钢铁企业共有83家,占评估钢铁企业总家数108家的77%。

(解珍健)

【马钢参加中国工程院推进高铁轮(轴)国产化咨询商谈会】 为落实安徽省委、省政府与中国工程院有关战略合作要求,2018年10月19日,马钢集团公司党委书记、董事长魏尧率队参加中国工程院组织召开的推进高铁轮(轴)国产化咨询商谈会。中国工程院院士殷瑞钰、翁宇庆出席会议。

会上,马钢汇报了高铁轮(轴)研制、质量保证、应用情况,并就加快高铁轮(轴)国产化进程提出了建议;殷瑞钰院士、翁宇庆院士对推进高铁轮(轴)国产化的计划、实施方案提出了意见和建议;特邀专家介绍了国产化高铁轮(轴)应用,以及前一阶段试验情况。

何华武在会上强调,高铁轮(轴)是国家战略性产品,必须加快高铁轮(轴)国产化进程。他指出,实现高铁轮(轴)国产化已具有很好的条件和基础,应本着既积极又稳妥的原则,逐步增大国产化高铁轮(轴)装用比例。

魏尧对中国工程院长期以来对马钢的指导和支持表示感谢。马钢将继续加大投入,做精做优高铁轮(轴)产品,为中国高铁发展贡献力量。他希望,中国工程院、中国铁路总公司、铁科院等科研和应用单位,继续关心支持马钢,扩大装车使用量,共同助力提升高铁车轮的质量一致性、批次稳定性和运行安全性,推动国产高铁轮(轴)早日在国内高铁中实现批量化应用。

马钢集团公司副总经理苏世怀、股份公司副总工程师乌力平,中国铁路总公司、铁科院、钢铁研究总院有关专家出席会议。马钢相关单位及部门负责人参加会议。

（黄　海）

【华宝冶金资产管理有限公司揭牌】 2018年9月13日，华宝冶金资产管理有限公司（以下简称“华宝冶金资产”）揭牌仪式在上海宝武大厦举行。

华宝冶金资产管理有限公司由中国宝武钢铁集团有限公司、中国东方资产管理股份有限公司、鞍钢集团有限公司和马钢（集团）控股有限公司旗下马钢集团投资有限公司共同发起设立，共出资20亿元人民币，其中中国宝武持股37.5%，中国东方和鞍钢集团各持股25%，马钢投资持股12.5%。

中国宝武党委书记、董事长陈德荣，中国东方党委书记、董事长吴跃，鞍钢集团党委常委、副总经理、总会计师于万源，马钢集团公司党委书记、董事长魏尧先后在仪式上致辞，并共同为华宝冶金资产管理有限公司揭牌。马钢集团公司副总经理、总会计师陈昭启，集团公司相关部门和投资公司负责人也一同参会。

魏尧在致辞中指出，华宝冶金资产的成立是整个钢铁行业发展进程中的一个大事件，有利于增强金融服务实体经济能力、防控化解金融风险、助推产业优化升级。魏尧说，作为安徽省大型国有企业，马钢积极响应国家政策，大力培育金融产业特别是产融结合项目，此次参与发起设立华宝冶金资产，对于马钢来说是参与行业性金融资产管理的重要跨越，是向行业标杆企业深度学习的宝贵机遇，有助于马钢多元化产业的发展。

华宝冶金资产的成立，标志着中国冶金行业与金融业结合布局迈出了坚实的一步，是金融“脱虚向实”、增强服务实体经济能力、助力冶金产业优化升级的有益实践。将有助于进一步提高钢铁产业集中度，促进形成金融与实体经济、金融体系内部的良性循环，推动行业实现高质量发展。

（王志贤）

【马钢与中钢鞍山热能研究院举行战略合作签约仪式】 2018年11月27日，马钢与中钢集团鞍山热能研究院战略合作签约仪式在马钢宾馆举行。集团公司总经理、股份公司董事长丁毅，集团公司副总经理唐琪明、严华，中钢集团鞍山热能研究院（以下简称“热能院”）党委书记、院长张功多，副院长孟庆波，副院长谢国威出席签约仪式。股份公司副总工程师黄发元、双方相关部门负责人参加仪式。

中钢集团鞍山热能研究院有限公司是中国冶金热工与冶金焦化领域综合性技术研究与开发机构，隶属于中国中钢集团，是国家级高新技术企业。热能院在煤焦化工、新型碳素材料、精细化学品功能材料、冶金能源与热工、节能减排、资源综合利用、环境保护等领域取得了丰硕的研究成果。

丁毅对热能院长期以来对马钢的信任和支持表示感谢。他说，本次合作必将成为双方扩大交流、加强合作的坚实平台。他希望双方本着“真诚合作、讲求实效、互惠双赢、共同发展”的原则，充分发挥双方各自优势，在新产品和新技术开发应用推广、新产品试验和产业化、人才培养等方面深度合作，促进双方共同又好又快发展，共同开创合作共赢发展的新篇章。

张功多对马钢近年来所取得的优异经营绩效表示祝贺。他说，希望持续推动热能院与马钢在能源、环保、化工和技术等层面的交流与合作，密切沟通，携手并进，扩大合作领域，不断拓宽深层次的战略合作关系，实现强强联合，互利共赢。

签约仪式上，双方代表共同在合作项目书上签字。

（张蕴豪　杜　众）

【马钢-北科大冶金智能制造技术创新中心揭牌】 2018年8月7日上午，马钢集团公司总经理、马钢股份公司董事长丁毅与北京科技大学校长杨仁树共同为马钢-北科大冶金智能制造技术创新中心揭牌。这标志着新成立的马钢-北科大冶金智能制造技术创新中心正式启动运作。

北京科技大学副校长吕昭平，马钢集团公司领导苏世怀、钱海帆、蒋育翔，马钢股份公司经营层成员张文洋，马钢相关部门、单位负责人出席揭牌仪式。

智能制造技术是国家“十三五”战略性新兴产业发展规划确定的重点发展领域之一，对于冶金行业转型升级和高质量发展具有重要的支撑作用。北科大作为国家“双一流”建设高校，在智能制造领域有着丰富的资源储备和雄厚的科研实力，大批科研成果位居全国高校前列。此次合作，将充分发挥马钢和北科大各自优势，在冶金工业大数据平台、冶金制造全流程精准控制技术等重点领域，逐步形成集基础研究、技术开发、人才培养和营销服务于一体的冶金智能制造全产业链。

丁毅代表马钢对马钢-北科大冶金智能制造技术创新中心的成立表示祝贺。他说，多年来，马钢与北科大始终保持着密切的战略合作关系，构建了长效的高层互通和组织推进机制，在国家科技计划申请、科研合作开发、人才培养等方面开展了广泛合作，取得了一系列重要合作成果。此次冶金智能制造技术合作,对于合作双方进一步巩固发展良好合作关系,优势互补,共赢发展必将产生新的重要推动。就进一步深化合作、共谋创新发展,丁毅提出了三点建议。一是加快创新中心建设,尽快形成项目成果。二是加强资源优势互补,共同开拓外部市场。三是深化战略合作,促进互惠共赢发展。

杨仁树表示,随着协同创新中心建设的全面推进,校企双方将不断加强在科技研发、人才培养、科技成果转化等各领域的交流与合作,为马钢的智能化、绿色化添砖加瓦,共同推动中国钢铁工业的持续、健康发展。

成立大会上,来宾们共同观看了马钢宣传片。集团公司科技管理部汇报了《马钢-北科大冶金智能制造技术创新中心组建方案》。集团公司副总经理蒋育翔与北京科技大学副校长吕昭平签订共建冶金智能制造技术创新中心合作协议。双方还就冷轧流程轧机振动研究及抑振控制等四个具体项目进行了签约。

(邹海历)

【马钢与经华炭素举行高端炭材料及配套焦油精制项目入园签约暨开工奠基仪式】 2018年11月30日上午,马钢与经华炭素高端炭材料及配套焦油精制项目入园签约暨开工奠基仪式在介休市经济开发区举行。马钢集团公司总经理、股份公司董事长丁毅,集团公司副总经理唐琪明;中钢集团鞍山热能院院长张功多,副院长方会斌;介休市市委书记丁雪钦,市委副书记、市长张驰等领导出席项目入园签约暨开工奠基仪式。马钢、介休市、经华炭素相关人员参加奠基仪式。

介休市是以煤焦钢化为主导的工业型城市,炭素产能达20万吨,不仅是山西最高,在全国也名列前茅。马钢与经华炭素高端炭材料及配套焦油精制项目,包括建设30万吨/年焦油加工装置、4万吨/年针状焦生产装置及配套公辅装置。主要产品为针状焦、工业萘、焦化重油等,科技含量高、经济效益优。高端炭材料及配套焦油精制项目落地是投资双方精诚合作的结晶,也是马钢化工能源板块"走出去"战略所实施的第一个项目,具有重要而深远的意义。

丁毅在仪式上讲话。他说,马钢是安徽省最大的钢铁企业,是全国知名的大型国有上市公司,实力雄厚、信誉良好,具备2000万吨钢配套生产规模,形成了钢铁产业、钢铁上下游关联产业和战略性新兴产业多元协同发展格局。同时有着近60年的化工生产历史,拥有一支专业技术精湛的队伍,也在业界树立起了良好的声誉。马钢致力发展壮大煤化工产业,组建了马钢化工能源科技有限公司,寻求有实力的战略合作伙伴,积极布局新的发展区域。介休市有着丰富的煤炭资源,和马钢多年保持着良好的亲密关系,这为双方开展深入合作奠定了良好的基础。丁毅希望能够以此次项目落地为起点,与介休市进一步加强沟通对接,强化后续合作,相信在各方的密切配合、通力合作下,项目一定能够按期建成投产,为投资方创造显著的经济效益,为晋中市、介休市创造良好的社会效益,为马钢转型发展、做强品牌作出积极贡献。

丁雪钦在仪式上表示,介休市会以最大的诚意、最好的服务、最优惠的政策,为项目上马提供最适宜的环境,也希望各方集中力量,加快进度,力争项目早日投产见效。唐琪明、张功多、张驰分别在仪式上讲话。马钢化工能源公司、经华炭素与介休市经济开发区签订入园协议。

(秦星华)

【马钢举行纪念毛主席视察马钢60周年暨9号高炉工业遗产保护仪式】 2018年9月20日上午,马钢在二铁总厂北区9号高炉北广场,举行纪念毛主席视察马钢60周年暨9号高炉工业遗产保护仪式。马鞍山市市委书记张岳峰,安徽省国资委党委副书记、副主任项小龙,马钢集团公司党委书记、董事长魏尧,原9号高炉职工代表、省劳动模范侯军共同为9号高炉工业遗产保护纪念石揭幕。

省国资委领导项小龙、陈新,市领导张岳峰、左俊、从辉、周善武、何志中、宋金虎,马钢领导魏尧、丁毅、陈冬生、张晓峰、苏世怀、唐琪明、陈昭启、蒋育翔、陆克从、严华、任天宝及伏明、张乾春、王文潇、乌力平、黄发元、杜松林、章茂晗、王光亚,公司各部门、各单位负责人和职工代表共350余人参加仪式。

仪式由集团公司党委副书记、总经理丁毅主持。

1958年9月20日,毛泽东主席视察马钢并登上刚刚建成投产的9号高炉。"9·20"从此成为了永远镌刻在马钢史册上的光辉纪念日。马钢也由此开启了艰苦奋斗、无私奉献、自我积累、滚动发展的光辉历程。2018年4月,马钢积极响应国家去产能号召,提前永久性关停了二铁总厂北区产线,9号高炉将以工业遗产的形式永久保存。

上午8时30分,升旗仪式开始。7名马钢职工身着升旗礼服护卫旗帜至升旗台。在雄壮的国歌声中,五星红旗冉冉升起,参加仪式的全体人员高唱国歌。随后,伴着《马钢之歌》乐曲声,马钢旗帜徐徐升起。

集团公司党委书记、董事长魏尧在仪式上致辞。

他说，马钢60年的发展历程充分体现了马钢人敢为人先的豪情壮志和产业报国的使命担当。他强调，站在新的历史起点上，马钢要坚持以新发展理念统领发展全局，抢抓供给侧结构性改革机遇，深入贯彻落实安徽省五大发展行动计划，坚持创新驱动，推进结构调整，加快转型发展，大力推进创新发展、协调发展、绿色发展、开放发展、共享发展，不断开创新时代马钢高质量发展新局面。他坚信，在习近平新时代中国特色社会主义思想的引领下，在省市的正确领导和大力支持下，只要我们始终保持奋发有为的精神状态，不忘初心，牢记使命，就一定能够把马钢打造成充满生机活力和市场竞争力的备受社会尊重的品牌企业，为建设现代化五大发展美好安徽作出新的更大贡献。

马鞍山市市委副书记、市长左俊在致辞中代表市委、市政府及几套班子向马钢表示热烈的祝贺，向马钢全体干部职工表示诚挚慰问。他指出，马鞍山因钢设市，马钢作为全市的镇市之企，在自身不断发展壮大的同时，为全市经济社会发展作出了重大突出贡献，为马鞍山这座城市带来了无限荣光。今天，承载几代马钢和马鞍山人光荣历史记忆的9号高炉作为工业遗产永久保存，对我们更好地传承工业文明、弘扬工业之魂，加速打造“生态福地、智造名城”具有重要意义。他要求，市直相关部门要积极主动配合马钢做好服务，确保9号高炉遗产项目保护利用规划顺利实施，把全市这个不可复制的红色标识、产业标志和精神标记建设好、保护好、传承好。

省国资委党委副书记、副主任项小龙致辞。他代表省国资委向马钢致以热烈的祝贺，向马钢全体干部职工表示诚挚的问候。他指出，马钢的发展史是安徽工业发展史和国有企业发展史的一个缩影。保护9号高炉工业遗产，既是对毛主席视察马钢珍贵历史记忆的保存，更是对几代马钢人艰苦创业精神最好的传承。他希望，马钢以此次活动为契机，大力推进转型升级，深化改革创新，做强做优做大国有资本，为建设现代化五大发展美好安徽作出新的更大贡献。

仪式上，在9号高炉工作过的职工代表、全国五一劳动奖章获得者、二铁总厂炼铁一分厂厂长程朝晖，青年职工代表、二铁总厂炼铁二分厂4号高炉副工长刘响分别发言。

仪式结束后，来宾们参观了9号高炉。

（杨定国）

【马钢举办“马钢颂”——纪念毛主席视察马钢60周年暨马钢成立60周年主题晚会】 2018年9月20日晚7时30分，作为庆祝马钢成立60周年系列文化活动之一，由职工主创的“马钢颂”——纪念毛主席视察马钢60周年暨马钢成立60周年主题晚会在马鞍山大剧院上演。

马鞍山市领导张岳峰、左俊、从辉、宋金虎等，省国资委监事会主席陈新，马钢集团公司领导，股份公司经营层，公司离退休领导，公司各部门、各单位负责人和职工代表共1100余人观看了晚会。

集团公司党委书记、董事长魏尧在晚会上致辞。魏尧首先代表公司向各位来宾表示欢迎，向为马钢建设和发展作出巨大贡献的老领导、老同志致以崇高敬意，向奋斗在各条战线上的全体干部职工表示衷心感谢。魏尧说，60年前，第一代马钢人从祖国的四面八方汇集到长江之畔、马鞍山下，开启了产业报国的伟大征程。60年来，一代代马钢人艰苦奋斗、拼搏奉献、自强不息、敢为人先，先后建成了我国第一个火车车轮轮箍生产厂、第一套高速线材轧机、第一条热轧大H型钢生产线，“江南一枝花”文明生产经验和“中国钢铁第一股”享誉大江南北。通过60年的艰苦创业、自我积累、滚动发展，一个具备2000万吨钢配套生产规模的特大型钢铁联合企业，崛起于江东大地，屹立于钢铁之林。

魏尧说，抚今追昔，我们不会忘记，1958年和1959年，毛主席两次亲临马钢视察，为马钢的发展指明了前进方向；我们不会忘记，邓小平同志亲自拍板，将我国第一个火车车轮轮箍厂定址在马钢；我们不会忘记，刘少奇、朱德等党和国家领导人先后视察马钢；我们不会忘记，省委省政府、市委市政府的坚强领导和全市人民的大力支持；我们不会忘记，马钢历任领导班子一任接着一任干，一张蓝图绘到底；我们不会忘记，一代代马钢人把自己的青春年华和聪明才智奉献给了马钢。

魏尧强调，在薪火相传中继往开来、接续奋斗，是对毛主席视察马钢60周年，是对马钢60载光辉历程的最好致敬。马钢将深入贯彻落实习近平新时代中国特色社会主义思想，坚持以新发展理念为统领，抢抓改革机遇，强化创新驱动，深化结构调整，推进精益运营，加速转型发展，做强马钢品牌，奋力谱写新时代高质量发展的崭新篇章，为建设现代化五大发展美好安徽作出新的更大贡献！

随后，晚会上演。整台晚会分激情岁月、火红的年代、春天的跨越、筑梦新时代、奔向辉煌五个章节，呈现出马钢创业的艰辛、改革的进程、创新的探索、辉煌的成就和光明的前景。每一个篇章都令人心潮激荡，现场大屏闪现着一幕幕动人的场景和难忘的历史瞬间,历史见证人深情讲述着一段段感人的故事和真挚的感受。纪实情景诗、打击乐与舞蹈、情境歌舞、音诗画、情景技巧表演、RAP说唱、联歌联舞、诗与合唱等多种艺术形式配合着绚丽的声光电技术次第登场,充分展现了马钢人在如歌岁月中的奉献精神,展现了马钢人在60年光辉历程中的辉煌业绩,展现了马钢人在新时代迈向高质量发展的坚定信念和奋斗豪情。整台晚会始终洋溢着马钢人浓浓的家园情,诠释着马钢人无悔的钢铁梦,感人至深、催人奋进。精彩的演出让剧院里时时掌声雷动。

当晚,马钢有线电视新闻综合频道和马鞍山市公共频道同时对晚会进行了现场直播。

(马　工)

【马钢实施机关机构改革和人力资源优化】 精心设计,科学决策。一是准备充分。在改革方案设计前,公司派出工作团队先后赴宝武集团、沙钢集团开展调研,了解学习先进企业的管控模式、组织机构设置、运作方式等。公司主要领导向省委省政府及省国资委进行了专题汇报,得到省委省政府的大力支持。二是精心设计。该工作从年初开始谋划,2月下旬,集团公司成立了由原企管部、办公室、党委工作部、人力资源部组成的《集团公司、股份公司机关机构改革及人力资源优化方案》制订小组,实行例会制度,定期和不定期召开例会20多次,在经反复研究讨论、多方征求意见的基础上,经过多次研讨,于3月中旬完成了《集团公司机关机构改革及人力资源优化方案》和《股份公司机关机构改革及人力资源优化方案》的总体设计。三是决策严谨。改革方案形成后,公司进行讨论和决策,发布了《关于集团公司机关机构改革及人力资源优化的决定》(马钢集发〔2018〕16号)、《关于股份公司机关机构改革及人力资源优化的决定》(马钢股〔2018〕19号)。

系统策划,务实推进。一是加强组织保障。公司成立了由主要领导担任组长的机关改革工作领导小组,下设综合保障、人员安置、信访维稳3个专项工作小组,实行集中办公制和例会制,及时协调并解决改革推进过程中遇到的各类问题。二是细化工作内容。对改革方案的具体内容进行分解、细化,做好时间安排,落实牵头单位和责任人,同时确保各项具体工作保持协调一致。三是做好各类预案。在充分做好风险评估的基础上,完善各类预案工作,包括网络舆情、群体事件等,做好突发事件的应对措施。

上下联动,推进人力资源优化。一是组织有力。人力资源优化是本次机关机构改革的重要环节,在人员优化的过程中,全员牢固树立大局意识、责任意识,各部门负责人开展了与职工多轮次一对一思想工作,使大家对改革工作有深入的理解和统一的认识,充分尊重工作岗位安排。二是联动有效。各二级单位积极响应集团公司机关改革,在人力资源优化阶段共计有29家单位提供了226个岗位,为转岗安置工作提供了保证。机关广大职工理解改革、支持改革、参与改革,体现了强烈的大局意识和家园情怀。三是交接有序。在人员调整、转岗安置实施工作中,公司安排各部门主要领导将所有定向安置及业务划拨人员送到新的单位,举行了19场交接会,交接工作实施顺利,未发生任何负面事件。

立足长远,谋划总体改革布局。本次改革从进一步明确集团公司功能定位着手,基于集团公司转型发展的总体要求,突出集团总部制度与规则制订、督导、评价功能。根据精简高效的需要对部门职能进行整合,成立了10个职能部门。剥离了集团总部执行性、事务性职能,相关职能平移下沉。基于改革后的机关机构职能和集团管控模式,公司制定并发布了《集团管控管理办法》,以管控模式构建推动机制变革,为顶层推动放权、活化机制明确了导向。依据管理成熟度情况,集团总部通过"方法共享、有效监控",对二级子公司,实施战略管控为主的差异化管控模式;对参股子公司,实施财务管控模式;对集团直属机构和分公司,通过管理制度、工作计划、指令等实施管控。

经过此次改革,集团公司机关部室由原15个精简为10个,机关员工数量由608人精简为189人;股份公司机关部室由原18个精简为13个(其中5个部室与集团公司合署办公),机关员工数量由775人精简为443人(不含与集团公司合署办公5个部室);集团公司将原机关部室承担的服务保障性质的业务进行剥离,结合原有的组织架构,重新梳理并设置了7个服务保障机构。改革后,集团母子公司管理体制更加清晰,职能管理归位于专业,服务归位于高效、便捷,机关人力资源进一步优化,为子公司机关机构改革树立了典范。

(巩飞宇)

【马钢财务共享中心揭牌】 2018年10月26日,马钢财务共享中心揭牌仪式举行,集团公司党委书记、董事长魏尧,集团公司总经理、股份公司董事长丁毅共同为马钢财务共享中心揭牌。集团公司副总经理陈昭启主持揭牌仪式。集团公司副总会计师张乾春，马鞍山市税务局、财政局，金蝶软件公司，马钢相关部门、单位负责人及财务共享中心全体员工参加了揭牌仪式。

金蝶软件公司副总裁李旭昶在仪式上致辞。财务共享中心相关负责人在揭牌仪式上介绍了财务共享中心建设、运行情况。丁毅在仪式上指出，财务共享有利于实现生产、采购、人力等信息与财务信息的一体化，规范运营管理，提高集团管控能力；有利于实现财务会计与管理会计的分离，使财务管理归位于专业和高效；有利于提高企业财务信息研判能力，提高科学管理水平，推动高质量发展。对于积极发挥财务共享中心的职能和作用，丁毅提出了具体要求。

此次揭牌，标志着马钢财务共享中心正式由建设阶段转入平台上线、全面应用的新阶段。

（张　静　金　花）

【马钢举行第二届职工经济技术创新成果发布会暨职工创新论坛】　2018 年 5 月 31 日下午，马钢第二届职工经济技术创新成果发布会暨职工创新论坛在培训中心多功能报告厅隆重举行。集团公司领导丁毅、张晓峰、苏世怀、唐琪明、陆克从出席会议。公司劳动竞赛委员会相关成员单位负责人，各单位行政领导、工会主席、工会干部及基层创新骨干代表共计 270 余人参加会议。

会议由集团公司党委常委、工会主席张晓峰主持。

会上，公司工会相关部门负责人首先报告了马钢职工经济技术创新工作情况与下一步工作思路。姑山矿等 6 家单位及个人，在会上分别从劳动和技能竞赛、工匠基地、作业区升级竞赛等方面进行了成果发布。与会公司领导分别为品牌知识网上竞赛先进个人、2017 年度合理化建议一等奖、2017 年度马钢命名的职工创新工作室、冶金工业质量经营联盟命名的全国行业优秀职工创新工作室进行了颁奖。

集团公司总经理、股份公司董事长丁毅在讲话中充分肯定了马钢职工经济技术创新工作。他说，在各级工会的积极组织下，在广大一线职工的共同努力下，职工经济技术创新活动已成为广大职工岗位成才、岗位建功的重要平台，成为马钢对外展示创新活力、彰显工匠精神的重要窗口。过去的一年，这项工作取得了优异成绩，突出体现在搭平台与建机制相结合、抓重点与促全员相结合、出成果与出人才相结合、抓典型与促交流相结合。丁毅强调，各级工会组织和各单位要紧紧围绕“加速提升创新竞争力”全年工作主题，全面推进、不断深化职工经济技术创新，着重做好以下五个方面的工作。第一，要大力培育工匠队伍。第二，要着力深化基层精益改善活动。第三，要持续营造对标赶超的竞争环境。第四，要纵深推进岗位创新向基层延伸。第五，要切实树立尊重创新、崇尚实干的良好风气。

张晓峰对会议进行了总结，并就贯彻落实会议精神提出三点要求。一是要抓好传达学习。各单位要认真组织学习此次会议精神，进一步提升广大职工对创新创效工作的认知度和参与度。二是要抓好成果应用。各单位要善于总结提炼、大力宣传本单位的创新成果和创新经验，推动本单位职工经济技术创新工作迈上新台阶。三是要抓好任务落实。要认真谋划、精心部署，在公司范围内形成上下联动、合理推进的良好局面。

这次会议总结经验、表彰先进，旨在进一步深化职工岗位创新创效活动，激发广大职工创新热情，为推动马钢高质量发展持续注入动力与活力。

（马　工）

【马钢举行“中联 27”号海轮首航仪式】　2018 年 3 月 19 日上午，马钢“中联 27”号海轮首航仪式在港务原料总厂码头举行。集团公司党委书记、董事长魏尧，集团公司总经理、股份公司董事长丁毅，集团物流公司董事陆克从出席首航仪式。合资方代表、公司相关部门、单位负责人及职工代表参加首航仪式。

首航仪式由物流公司总经理徐劲松主持。

安徽中联海运有限公司由马钢集团物流公司、马鞍山港口（集团）有限公司和安徽中汇海运有限公司共同投资组建，是一家专业从事国内沿海、长江、内河运输的航运业务，集合了货、港、航三方优势，是国有与民营相结合的混合经济型企业。根据马钢整体发展规划，聚焦做强、做优、做大水运物流的目标，抢抓当前航运市场回暖、自有运力盈利较高的有利时机，于 2017 年 12 月 20 日公开竞购了一艘 2 万吨级海轮，并命名为“中联 27”号。该海轮参考载货量 21000 吨，可执行国内沿海各航线、长江皖江地区航线全天候满载任务。投入运营后，马钢海江直达的自有运力总规模将增至 10 万吨，这既有利于股份公司的保产保供，又有利于外部运输市场的开拓。

陆克从作为股东方代表在仪式上讲话。在介绍中联海运的发展情况和“中联 27”号海轮基本情况后，对中联海运在充分发挥自身运力优势，在关键时刻突击抢运、突击保供，保证了公司生产用料安全，积极响应股份公司低库存战略，同时通过内部抓管理、外部创效益，运行抓安全为着力点，超额完成了公司下达的利润指标。他希望中联海运继续努力,进一步抢抓“长江经济带发展”重大国家战略机遇,充分依托“长江黄金水道”航运优势,积极对接马鞍山市“以港兴市”战略做好发展规划。以“中联27”号海轮首航为契机,充分发挥混合所有制企业的活力,规范管理、高效运营,努力发展成为海江直达运输极具竞争力的航运企业,成为海江直达运输市场的领跑者。他要求,物流公司牢牢把握高质量发展这个根本要求,坚持全面创新、全面协同、全面精益,坚持保产服务与产业经营相结合,努力实现成为规模最大、极具竞争力的江海联运航运企业,打造成为海、江、湖、河一体化联运航运企业。

丁毅代表公司首先对“中联27”号海轮首航表示祝贺,“中联27”号首航既是中联海运发展史上的一件大事,也是马钢物流板块产业化发展的重要起点。对中联海运公司在积极拓展外部市场、高效完成公司保产保供任务、稳步推进信息化建设、创新物流模式及技术等方面的成绩予以肯定。他说,此次首航,标志着中联海运在低成本扩张运力规模上取得了新成果,为进一步开拓外部市场、增强竞争实力提供了有力支撑。他希望,中联海运公司依托长江黄金水道,立足皖江城市带,充分发挥体制机制优势,强化内部管理,大力开拓外部市场,提升硬指标,突破软要素,打造江海联运、沿海发展、走向远洋的航运品牌。以创建5A级物流企业为契机进一步整合资源、活化机制,充分发挥汽运、航运、港务、仓储一体化优势,持续增强体系管理能力,为物流板块各单位打造新的经济增长点提供有力支撑,努力实现“企业物流向物流企业的转变”,成为在钢铁行业具有一定影响力、在区域市场具有较强竞争力的物流企业。

集团公司党委书记、董事长魏尧,集团公司总经理、股份公司董事长丁毅,集团物流公司董事陆克从与相关方代表共同启动“首航仪式启动推杆”。

(琚　南)

重要会议

【马钢召开迎接中央环保督察“回头看”暨蓝天保卫战动员大会】　2018年4月26日上午,马钢迎接中央环保督察“回头看”暨蓝天保卫战动员大会在公司办公楼413会议室举行。会议由集团公司总经理、股份公司董事长丁毅主持。马钢领导魏尧、陈冬生、唐琪明、钱海帆、陆克从、严华及田俊出席会议。相关部门、单位及分(子)公司主要负责人参加会议。

集团公司党委书记、董事长魏尧在会上强调,做好环保工作既是当前马钢推动高质量发展的现实需要,也是实现长治久安的基础工作和前提条件。公司全体干部职工要实事求是、真抓实干,以直面问题的勇气和解决问题的担当,在着眼当前、解决根本、立足长远上下功夫、展作为,全力打好污染防治攻坚战,全力推进绿色马钢建设。2017年,通过高位推动、部门协同、单位推进,公司顺利完成中央环保督察迎检及蓝天保卫战行动,环境绩效有了明显提升,各级人员环境意识得到显著提高,但同日益提升的生态文明美丽中国建设要求仍然存在不相适应的“短板”。当前,马钢依然面临中央环保督察“回头看”、蓝天保卫战、固废专项整治以及政府各类督察的艰巨任务。

魏尧在讲话中指出,作为一个负责任的省属企业,马钢历来高度重视生态环境保护工作,在节能减排、清洁生产、环境治理等方面做了大量富有成效的工作,既有力支撑了公司生产经营稳定,也为改善马鞍山市及周边区域环境质量作出了贡献,维护了马钢良好的社会形象。但我们也要清醒地看到,与党中央和各级党委政府更为严格的环保政策要求相比、与职工群众日益增长的优美生态环境需要相比、与先进大钢环保水平相比,马钢的差距和不足依然比较明显。

魏尧指出,马钢产城一体的特定环境,对做好环保工作提出了更高的要求。扎实做好环保工作既是当前马钢推动高质量发展的现实需要,也是实现长治久安的基础工作和前提条件。魏尧强调,环保工作必须脚踏实地,最忌“投机取巧”。公司上下要进一步统一思想,深化认识,本着实事求是、真抓实干的工作态度和工作作风,用“笨办法”,下苦功夫,以直面问题的勇气和解决问题的担当,攻克难题,补足“短板”;必须以中央环保督察“回头看”为契机,进一步强化底线思维、践行绿色发展理念,强化体系思维、夯实绿色发展制度基础,强化产业思维、创新驱动绿色产业升级,强化低碳思维、提升绿色发展水平,着力整改突出环境问题,全力打好污染防治攻坚战,全力推进绿色马钢建设,让马钢和马鞍山市的天更蓝、山更绿、水更清、环境更优美,为推动马钢高质量发展提供优美生态环境。

就做好下一阶段环保工作,魏尧提出三个方面的要求。第一,做好环保工作要坚持高标准、严要求、全覆盖,各单位要高度重视,主动作为,加大投入。一把手要负总责,亲自抓,坚持抓,列出责任清单和问题清单,逐条进行解决。对整改不力、弄虚作假、失职、违规等情况,公司将严肃问责。第二,要坚持问题导向、瞄准"短板"和弱项,严格对照环保标准和要求,制定措施,稳步推进,在着眼当前、解决根本、立足长远上下功夫、展作为。第三,要深入贯彻新发展理念,适应新要求,抢抓新机遇,推动马钢节能环保产业升级,奋力开创马钢高质量绿色发展新局面。

丁毅在对会议进行总结时要求,各单位要及时认真传达贯彻今天的会议精神,认真领会魏书记的讲话要求,按照公司的统一部署,明确目标、细化措施、狠抓落实。就贯彻此次会议精神,他提出四个方面的要求。一要提高和深化认识,在打好攻坚战、主动仗上下功夫,确保工作有力有效。二要进一步强化责任担当,单位一把手作为第一责任人要主动担当作为。三要抓住重点,统筹推进,在分类施策、有机结合上下功夫。四要建立完善项目推进、过程评价、考核监督长效机制。

会上,集团公司党委常委、副总经理严华对下一阶段公司环保重点工作作了具体部署。能环部负责人汇报公司迎接中央环保督察"回头看"专项工作及要求。能控中心、南山矿、资源分公司、利民公司负责人先后作表态发言。

（能源环保部）

【中国冶金政研会 2018 年理事大会在马钢召开】 2018 年 12 月 13 日,中国冶金政研会 2018 年理事大会在马钢召开。此次大会以习近平新时代中国特色社会主义思想为指导,回顾和总结了中国冶金政研会 2018 年工作,安排部署 2019 年冶金宣传思想重点工作任务。中国冶金政研会会长姜兴宏作工作报告。马钢集团公司党委书记、董事长魏尧致辞。集团公司党委副书记陈冬生作典型交流发言。本届理事会常务理事、理事及会员单位代表近百人参加了会议。

魏尧在致辞中代表马钢,向大会的召开表示祝贺,向与会的来宾表示欢迎。他表示,在推动高质量发展的进程中,马钢党委始终把思想政治工作作为各项工作的生命线,深入学习贯彻习近平新时代中国特色社会主义思想和党的十九大精神,进一步加强和创新思想政治工作,为推动企业转型升级、高质量发展提供了精神动力和思想保证。魏尧说,多年来,中国冶金政研会在推动冶金行业思想政治工作不断加强,促进冶金职工队伍思想道德和文化素质全面提升中发挥了重要作用,成为钢铁企业之间加强交流、分享成果、推进工作、增进友谊的重要平台。马钢将充分利用好这个重要平台,全面理解和准确把握新时代党的建设总要求,虚心学习兄弟企业的好做法、好经验,探索改进思想政治工作的新思路、新办法,不断夯实推动马钢高质量发展的思想基础和理论基础,为推动冶金行业高质量发展作出新的更大贡献。

大会听取了姜兴宏作的冶金政研会工作报告。2018 年是全面落实党的十九大精神,开创新时代中国特色社会主义新局面的开局之年。冶金企业继续贯彻全面从严治党战略,党建统领,推动全局。各级党组织高度重视宣传思想工作,围绕中心,服务大局,加强和改进思想政治工作取得了新的成绩。冶金企业干部职工认真学习党的十九大精神,以习近平新时代中国特色社会主义思想为指导,按照党的十九大提出的奋斗目标,全面开启冶金企业工作新局面。走进新时代,牢记新使命,要有新作为,成为冶金企业的主旋律。2019 年是中华人民共和国成立 70 周年,是全面建成小康社会、实现第一个百年奋斗目标关键之年。中国冶金政研会工作的总体思路是:牢牢把握习近平新时代中国特色社会主义思想和党的十九大精神实质,全面贯彻落实全国宣传思想工作会议精神,增强"四个意识"、坚定"四个自信",坚持守正创新,自觉承担起新形势下党的宣传思想工作的使命任务,为维护冶金企业经营生产平稳运行提供良好思想舆论环境,为推进钢铁行业全面深化改革、建设世界钢铁强国提供坚强思想保证和强大精神力量。

会上,马钢党委副书记、纪委书记陈冬生作了题为《创新思想政治工作 助推马钢高质量发展》的典型发言,从基于矩阵模式的思想政治工作的理论探索、实践探索和初步成效等三个方面,全面介绍了马钢党委探索开展基于矩阵模式的思想政治工作的有关情况。近年来,马钢党委深入学习贯彻习近平新时代中国特色社会主义思想和党的十八大、十九大精神,坚守国有企业的"根"和"魂",一心一意谋发展,聚精会神抓党建,深入扎实地组织开展职工思想政治工作,在改进中加强、在创新中提高。积极借鉴矩阵式管理的理念和方法,探索开展基于矩阵模式的思想政治工作,体现出"全员参与、全域覆盖、全程掌控"的特点,发挥了"组织弹性强、管理流程短、信息反馈快、工作效率高"的优势,较好地发挥了国有企业思想政治工作的优势和作用,有效提升了职工队伍的凝聚力和战斗力,同时也激发了企业生产经营管理等各个环节的创新活力,有力推进了马钢的高质量发展,形成了钢铁及产业链延伸产业和战略性新兴产业协同发展格局,呈现出稳定、健康的良好发展态势。

河钢、太钢、本钢、包钢、南钢等单位分别作了典型交流发言。大会表彰了2018年冶金思想政治工作研究优秀论文。

(路　斌)

【马钢举行化工能源产业2018—2022年发展规划评审会】　2018年11月27日下午,马钢举行化工能源产业2018—2022年发展规划评审会。集团公司总经理、股份公司董事长丁毅,集团公司副总经理唐琪明,中冶焦耐副总经理李国志,中国炼焦行业协会首席专家郑文华,马钢股份公司副总工程师黄发元,安工大化工学院院长崔平等领导、专家出席会议,共同为马钢化工能源产业未来五年发展把脉问诊,推动马钢化工能源板块实现高质量发展。

评审会上,从内外部市场分析、发展定位、产业布局、延伸煤化工产业链、重点项目落地等方面深入细致地解读了《马钢化工能源产业2018—2022年发展规划》。提出了尽快迈上50亿—100亿级营收平台的发展要求,坚定走"规模扩张+内涵提升并重"发展之路,坚持全产业链发展,总成本领先、适度差异化的竞争策略。

丁毅对《发展规划》里提出做大做强化工能源产业,形成新的效益增长点,提升抗击风险能力等观点,给予充分肯定。他认为,《发展规划》对马钢产业现状、战略定位、发展趋势分析精准,有针对性,为马钢未来五年化工能源板块发展指明了方向,描绘了蓝图。丁毅要求,进一步细化和完善《发展规划》,做到系统考虑,谋划长远,形成特色。要结合《发展规划》,在未来的发展中创新合作模式,推动品牌创建,确保项目落地,推动马钢化工能源板块实现又好又快发展。

(杜　众)

【马钢召开2018年党委工作会议】　2018年3月16日,马钢2018年党委工作会议在公司办公楼413会议室召开。此次会议旨在贯彻落实习近平新时代中国特色社会主义思想和党的十九大精神,总结2017年公司党的工作,研究部署2018年公司党的工作主要任务,组织动员公司各级党组织和广大党员围绕公司全年工作主题,为全面完成全年各项目标任务而努力奋斗。

集团公司党委常委魏尧、丁毅、陈冬生、张晓峰、钱海帆、陆克从、严华在主席台就座。集团公司副总师以上领导,股份公司总经理助理、副总师以上领导,公司党委委员、纪委委员,机关各部门主要负责人及党群部门科级以上管理人员,各二级单位党委和行政主要负责人、副书记、纪委书记、工会主席及综合管理室(党委办公室)、党群工作部(政治处)、团委、武装部负责人,公司党委巡察办成员、矩阵式党建工作领导小组办公室成员,部分合资企业党委(总支、支部)主要负责人,现场评议代表参加会议。

会上,集团公司党委书记、董事长魏尧作了题为《全面落实新时代党的建设总要求,为推动马钢高质量发展提供坚强政治保证》的党委工作报告。魏尧在报告中指出:2017年是马钢经营创造骄人业绩的一年,也是公司坚持党的领导加强党的建设取得丰硕成果的一年。一年来,公司紧紧围绕"坚定不移深化改革、坚持不懈做强品牌"工作主题,扎实推进党建工作深度融入中心、服务大局,有力发挥了企业党组织把方向、管大局、保落实作用,为马钢转型升级、健康发展提供了坚强的政治保证。具体表现在八个方面:一是党的十九大精神学习宣贯持续深入;二是宣传思想文化建设不断加强;三是基层党组织标准化建设全面推进;四是党建工作责任制有效落实;五是干部队伍和人才队伍建设不断深化;六是作风建设持续加强;七是反腐倡廉深入推进;八是群团组织作用有力发挥。

魏尧指出,2018年是贯彻党的十九大精神的开局之年,是改革开放40周年,也是马钢成立60周年,做好2018年乃至今后一个时期的工作,意义重大,使命光荣。我们要进一步增强忧患意识、机遇意识和担当意识,多做打基础、利长远之事,加快"三个转变"、推动高质量发展,努力建设"运营良好、环境友好、家园美好"的千亿马钢。为此,马钢各级党组织2018年的主要工作任务是:着力加强党的领导和党的政治建设;着力加强党的思想建设和宣传舆论工作;着力建设高素质专业化干部队伍和人才队伍;着力加强基层党组织建设;着力加强作风纪律建设和反腐倡廉工作;着力加强统战武装和群团工作,持续提升党建工作质量,为推动马钢高质量发展提供坚强政治保证。

会上,集团公司党委副书记、纪委书记陈冬生作了题为《以永远在路上的坚韧和执着,推动全面从严治党不断向纵深发展》的纪委工作报告。2017年,马钢两级纪检监察机构认真履行监督职责,严肃执纪问责,推进全面从严治党和党风廉政建设,取得明显成效。2018年将主要做好以下六个方面的工作:第一,把党的政治建设放在首位,全面净化党内政治生态;第二,强化担当意识,推动全面从严治党责任落实;第三,构建正风肃纪长效机制,坚决打赢作风建设持久战;第四,全面加强纪律建设,深化运用监督执纪"四种形态”；第五，围绕高质量发展要求，提升监督服务保障效能；第六，全面加强自身建设，打造过硬的纪检监察工作队伍。

集团公司党委副书记、总经理丁毅主持会议，并在会议最后就贯彻会议精神提出四点要求。一是要提高站位抓落实。坚持和加强党的全面领导，树牢“四个意识”，坚定“四个自信”，为推动实现马钢高质量发展凝聚共识，汇聚合力。二是要突出重点抓落实。公司各级党组织要切实找准党建工作融入和服务大局的切入点、着力点，不断提高党的建设质量。三是要创新驱动抓落实。公司各级党组织要针对工作难点和薄弱环节，研究和创新具体管用的方法，把会上定的、纸上写的变成实实在在的落实措施。四是要压实责任抓落实。各级党委班子要把“三严三实”要求融入全面从严治党中，进一步健全完善党建工作责任制，细化分解党建工作目标责任，一级抓一级，一级带一级，确保各项工作落地见效。

会上，魏尧主持基层单位党建工作现场述职评议，长材事业部、重机公司、检测中心党委负责人分别作述职报告。魏尧在认真听取汇报后，现场给予了点评。陈冬生主持基层单位纪委书记述责述廉和评议，南山矿、铁运公司纪委负责人分别作了述责述廉报告，陈冬生也分别给予了点评。

（姜国强）

【马钢集团公司十八届三次（股份公司八届三次）职工代表大会召开】　2018年12月19—20日，马钢集团公司十八届三次（股份公司八届三次）职工代表大会在马钢会堂召开。

大会听取和审议了集团公司总经理、股份公司董事长丁毅所作的题为《聚焦变革突破，聚力价值创造，奋力开创马钢高质量发展新局面》的工作报告；集团公司党委常委、工会主席张晓峰作了题为《集团公司十八届二次（股份公司八届二次）职工代表大会以来民主管理工作情况的报告》。集团公司董事长、党委书记魏尧作了题为《深入践行新发展理念，强化效率和效益导向，为做强做优做大马钢而努力奋斗》的重要讲话。

大会期间，代表们审议了《集团公司2018年社会保险、企业年金、住房公积金缴费和管理情况报告（含股份公司）》《集团公司2018年职工福利费使用情况报告和2019年使用方案》《集团公司2019年经营绩效考核方案》《集团公司2018年业务招待费使用情况报告》《集团公司职工董事工作报告》《集团公司职工监事工作报告》《股份公司2018年职工福利费使用情况报告和2019年使用方案》《股份公司2019年生产经营绩效考核方案》《股份公司2018年业务招待费使用情况报告》和《股份公司职工监事工作报告》。会议采取举手表决方式审议通过了《关于集团公司总经理、股份公司董事长丁毅同志工作报告的决议》《集团公司2019年职工福利费使用方案》和《股份公司2019年职工福利费使用方案》。代表们以无记名投票方式对集团公司和股份公司领导人员进行了民主评议。

（江　宁）

专 文

马钢年鉴

JIAN

深入践行新发展理念　强化效率和效益导向 为做强做优做大马钢而努力奋斗

——在马钢(集团)控股有限公司十八届三次(马鞍山钢铁股份有限公司八届三次)职工代表大会上的讲话

魏　尧

(2018 年 12 月 20 日)

马钢(集团)控股有限公司十八届三次(马鞍山钢铁股份有限公司八届三次)职工代表大会,是在公司上下认真贯彻习近平新时代中国特色社会主义思想和党的十九大精神,深入落实安徽省五大发展行动计划,推动马钢高质量发展的关键时期召开的一次重要会议。经过全体代表的共同努力,会议圆满地完成了各项议程,即将胜利闭幕。

大会期间,丁毅同志代表公司所作的工作报告,对今年的工作作了全面客观的总结,对明年的各项目标任务和工作措施作了具体的安排。各位代表以高度负责的精神和态度,审议通过了职代会报告等重要文件,同时提出了很多建设性意见和建议,公司将认真研究,并在今后的工作中予以吸纳。

总体来看,今年以来,我们以新发展理念为引领,积极抢抓供给侧结构性改革机遇,在全体干部职工的共同努力下,生产经营建设和改革发展各项工作都取得了骄人的成绩:我们创造了历史最好的经营业绩,全面完成了向国家、省市作出庄重承诺的三年去产能目标任务,多元产业各板块全部实现了经营性盈利,机构改革和规范高效的母子公司管控体系的构建取得重大突破,机制创新激发了新的发展动能,精益管理迈上了新的台阶,工程建设取得了新的进展,职工收入有了较大幅度的增长。一年来,我们开创了马钢转型发展的崭新局面,彰显了有着光荣传统和优良作风的马钢人在新时代的担当作为。

2019 年是新中国成立 70 周年,是决胜全面建成小康社会第一个百年奋斗目标的关键之年,也是推动马钢高质量发展的关键之年,做好明年各项工作,意义重大,使命光荣。12 月 13 日召开的中共中央政治局会议对 2019 年面临的经济形势做了认真分析并指出,做好明年经济工作,要以习近平新时代中国特色社会主义思想为指导,坚持稳中求进工作总基调,坚持新发展理念,坚持推进高质量发展,坚持以供给侧结构性改革为主线,坚持深化市场化改革、扩大高水平开放,加快建设现代化经济体系。会议强调,要继续打好三大攻坚战,针对突出问题,打好重点战役;要推动制造业高质量发展,推进先进制造业与现代服务业深度融合。这为我们做好明年各项工作指明了方向,提供了遵循。我们要深入贯彻中央对明年经济工作的总体部署,紧紧围绕公司党委五届三次全体(扩大)会议确立的公司明年工作总体思路和目标任务,全面落实公司职代会重点工作部署。归结起来,就是要辩证看待国际环境和国内条件的变化,增强忧患意识,聚焦主要矛盾,保持战略定力,注重稳扎稳打,加快落实高质量发展的总要求,强化“效率、效益”双引擎,聚焦变革突破,聚力价值创造,推进全面精益运营,持续提升马钢创新力和竞争力。下面,我就做好明年各项工作,强调三个方面的意见。

一、聚焦变革突破,着力解决高质量发展的动力和效率问题

推动质量变革、效率变革、动力变革,是高质量发展阶段的必然要求。我们必须不断破除影响高质量发展的观念、体制、机制障碍,构建起适应高质量发展的新观念、新体制和新机制,为加快发展提供动力,持续提升效率。

要在探索开放合作发展上变革突破。钢铁行业已步入“推重组、促转型”阶段,开放融合发展是必由之路,早联合、早主动、早受益。我们要以更加开放的理念、宽广的视野和长远的眼光,把马钢放在全国、全球钢铁工业发展的大背景下定位,向国内乃至世界一流水平看齐;坚持引进来和走出去并重,积极投身“一带一路”

倡议和长江经济带建设国家战略,用好用活两个市场、两种资源,探索出一条开放发展、合作发展、借力发展的新路子。在集团层面积极探索与行业标杆企业的资本合作,同时围绕技术、项目、管理等要素资源,寻求与国内外领军企业的深度合作,快速提升企业核心竞争力。

要在全面优化集团管控上变革突破。建立现代企业制度是国有企业改革的方向。我们要以集团价值创造能力最大化为核心,立足于运转规范、运作高效,加快构建职能清晰、流程优化、管放结合、权责到位的母子公司管控体系和集团战略执行体系。要把规范放在强化管控的首要位置,建立完善董监高责任体系,支持子公司依据各自章程尽职履责,真正成为自主经营的独立市场主体。集团有效管控的关键在于强化制度执行,依法依规治企。在经营管理中要最大限度地压缩个人自由裁量空间,千方百计把权力交给制度,让主观、人为的因素越来越少、趋向于零,让客观、制度的因素越来越大,直至100%。各级管理人员要自觉养成按制度办事的习惯,让权力在制度的约束下行使。要把高效作为强化管控的重要衡量,开展机关机构改革“回头看”,进一步优化集团总部与子分公司职能配置和权责分工,确保集团该放的放到位、该管的管得住,子公司该接的接得了、对下管控得好。要把指标作为强化管控的核心要素,集团管控重点采取战略管控和财务管控,重点关注资本回报和营业收入两个核心指标,实施一企一策,以“赛马机制”管理子公司。在落实多元产业营业收入和利润双提高10%以上目标的基础上,对标先进企业的做法,针对不同产业性质和企业状况,制订责任考核办法,对处于稳定成熟期的子分公司和二级单位,以提高劳动生产率为重点,年人力资源优化率不低于8%;处于快速发展期的单位,以提高价值创造为重点,着力提高投资回报率,年人均利润增长率不低于10%;处于业务培育期的单位,以拓展市场规模为重点,着力体现更好的成长性,年人均营业收入增长率不低于16%。要把考核作为强化管控的重要手段,对子公司绩效评价推行商业计划书的办法。计划评价体现EVA持续增长,包括优化存量资产、提高人事效率、优化资本结构、加强成本控制、提高增值性收入,满足国有资本保值增值的要求,对安全生产、环保等指标实行清单制考核。对生产经营型单位实行利润导向;非生产经营类单位实行工作任务导向;对集团直属机构以可控费用、内外部创收、服务质量作为绩效评价核心指标,有条件的保障性机构适时推行市场化运作。各业务单元要自我驱动,自我超越,追求卓越,持续提升核心竞争力,不断改善经营业绩,促进集团战略落地。

要在提升集团人事效率上变革突破。近年来,钢铁行业劳动生产率以每年超过10%的幅度提升,全行业三年去产能转岗分流职工30余万人。马钢人均年产钢636吨,与宝钢本部人均1070吨、沙钢人均1300吨差距很大。我们要对照行业平均水平和标杆企业,以实现利润目标为前提,制定具有挑战性的三年人事效率提升目标,立足于技术和方法创新,推进本质化人事效率提升。具体来说,要按照集团年均大于8%的人力资源优化率要求,合理设置各产业板块人事效率提升指标。人事效率提高的关键,在于渠道要畅通、政策要用活、激励要到位。要坚持渠道优化,推进流程再造、专业化整合、智能化改造和大工种区域化作业,引导富余人员向集团范围内新的产业、新设公司、新上项目转岗。要强化政策引导,继续执行居家休养、保留劳动关系离岗安置等政策,加大协商解除劳动合同安置政策力度,在此过程中,要依法保障职工权益,维护职工队伍稳定。要完善激励机制,健全工资总额与经济效益同向联动机制,综合考虑劳动生产率提高、人工成本利润率等情况,合理确定年度工资总额,调动各单位优化劳动组合、提高劳动效率的积极性、创造性。

要在推进薪酬分配上变革突破。全面实行工资总额预算管理,增强活力、提高效率,建立多元化、市场化、差异化的工效联动机制,突出岗位价值,强化绩效导向,充分调动广大职工积极性、主动性、创造性。要坚持战略引领,效率、效益优先,分级分类管理,突出业绩、严格考核。在收入结构上,主要是两部分:一是保障性工资,保持与经济社会增长相适应的普遍性的合理增长,让发展成果惠及全体职工;二是绩效性工资,与单位经营绩效、个人岗位绩效挂钩考核,向价值贡献大的单位和关键岗位、基层一线岗位和高层次、高技能型人才倾斜,多劳多得,少劳少得,不劳不得。在收入分配上,要明晰集团和各子公司薪酬分配权力界面,落实子公司薪酬分配权。集团对子公司工资总额进行管理,对子公司领导班子成员薪酬总额进行管理,对集团机关、子公司主要负责人薪酬进行管理。子公司负责对下属各子分公司及所属单位经营团队主要负责人绩效考核和薪酬分配,提出薪酬分配方案报集团公司前备案,其他成员薪酬由子公司确定并报集团后备案。各单位在集团公司核定的工资总额范围内自主分配,工资总额与绩效评价核心指标挂钩浮动,绩效提升、工资总额同步增加,绩效下降、工资总额同步下降,鼓励各单位通过经营创效、外部创收来把基数做大。

要在干部人事制度上变革突破。按照责权利相统一原则，委权赋责，推行分层分级管理，在切实发挥集团公司党委对干部选拔任用的领导和把关作用的前提下，赋予子公司一把手"组阁权"、考核权和分配权。子公司"一把手"、党委会、董事会、监事会成员及下属子分公司领导班子党政主要负责人选拔任用由集团公司党委统一管理。子公司副职成员实行竞争上岗，由"一把手"提出建议人选，报集团公司党委常委会研究同意后，由子公司履行聘任手续。子公司下属子分公司党政领导班子副职成员，由子公司党委提出初步人选，经集团公司组织、纪检部门审核，报经集团公司党委同意后，授权子公司党委履行选拔任用程序。子公司及下属子分公司助理、副总工由子公司党委在集团公司核定的编制内选拔任用管理。集团公司核定子公司及下属子分公司助理、副总工及以上层级管理人员岗位编制；对标行业先进实行科级职数占职工总数比例控制，各板块科级岗位编制总数实行事先备案。上述所有聘任人员，一律实行任期制（一般为三年），任期内对应集团公司相应层级，享受相应待遇；期满自行免去职务，重新竞争上岗。各子公司党委要认真贯彻落实党的干部路线方针政策，根据上级有关文件精神和集团公司党委有关规定，制定和实施相应管理人员选拔任用管理办法。集团公司党委加强对子公司管理人员选拔任用等工作的检查和督促。

二、聚力价值创造，着力解决高质量发展的质量和效益问题

持续创造效益、实现国有资产保值增值，是国有企业的使命，也是企业存在的价值所在。我们必须践行新发展理念，坚持质量第一、效益优先，做精做优钢铁产业，做大做强多元产业，加大技术创新力度，提升精益管理水平，持续提升企业效益。

要构建绿色精品智慧钢铁供应链。钢铁产业是马钢转型之基、发展之要。我们要坚持以客户为中心，加大产品升级、产业链延伸和国际化经营步伐，着力建设绿色钢铁、精品钢铁、智慧钢铁。要坚持绿色发展，推进绿色采购、绿色制造、绿色营销，打造绿色产品，提高循环经济发展水平，打造绿色现代都市工厂。要以精品创价值，扩大高附加值产品比重，实施全流程质量管控，创新营销服务模式，更好地满足客户多元化、定制化需求，提升品牌溢价。要以智能提效率，完善两化融合体系建设，突出规划引领，打造示范项目，支撑流程再造、质量改善和效率提升。要把对标挖潜贯穿于生产经营全过程，苦练内功，补齐短板，推动关键性指标持续改善。要强化项目支撑，加快推进重型 H 型钢、先进板材和轨道交通零部件线棒材深加工等重点工程项目建设。

要加快多元产业市场化经营步伐。在钢铁行业同质化竞争日益加剧的形势下，发展多元产业是分散经营风险、提高集团综合竞争力的战略举措。要坚持有所为有所不为，集中优质资源，推动矿产资源、工程技术、废钢资源、化工能源等产业尽快迈上 50 亿—100 亿级营收平台；废钢资源板块力争率先突破百亿级营收，成为行业标准的制定者和市场的引领者。要完善产业布局，加快矿产资源综合利用、煤化工、废钢等基地建设，在集团层面打造轨道交通产业发展平台。要推动外向发展，快速提升外部收入占比，力争在若干细分市场形成"小巨人"。要以发展混合所有制为突破口，积极引入战略投资者，推进股权多元化，加快资产证券化，激活发展新动能。借鉴瑞泰马钢、马钢奥瑟亚等成功合作经验，在更大范围、更多领域引入行业龙头企业，积极参与行业并购重组，按照宜控则控、宜参则参的思路，加快多元产业混合所有制改革步伐，构建开放合作的产业发展新格局。要以产权多元化为契机，增强资源优化配置能力，提高投资回报率，力争在上市公司培育上取得突破。

要突出技术创新能力提升。技术创新是企业竞争优势的重要来源，也是企业可持续发展的重要保障。我们要牢牢把握技术创新主动权，加大技术创新投入，推进国家级、省级技术创新平台建设，完善"政产学研用"一体化技术创新体系和运行机制，大力营造鼓励创新、宽容失败的良好环境，切实提高关键核心技术创新能力。

要持续提升管理创效能力。切实把精益管理作为提高质量和效益的内在要求和重要途径，深化全面精益运营，持续推进运营高效、管理透明、过程规范、成本节约。要全面创建精益工厂，以"零化目标、造物育人、永续改善、共建共享"为方向，推进全员微创新活动，引导职工培育自主改善意识，提高自主改善能力，支撑企业全面精益运营。要持续打造本质安全型企业，牢固树立"发展决不能以牺牲人的生命为代价"的红线意识，围绕追求安全"零工亡"目标，坚持"立足于防、预防在先，事故可防、事在人为，居安思危、主动作为"，刚性落实安全生产权责清单，常态化开展各类隐患排查治理，加强重大危险点源安全风险防控，显著改善安全生产绩效；要坚持党政同责、一岗双责、齐抓共管、失职追责，严肃安全生产事故问责，形成有效震慑。要持续打造本质环保型企业，坚决贯彻习近平总书记关于长江经济带建设的重要讲话精神，坚定不移走生态优先、绿色发展之路，加快落实《超低排放改造三年行动方案》,实现污染超净排放、总量控制有效、环境风险可控、能源运行精益,促进产城融合、生态和谐。要持续打造财务稳健型企业,把资金、投资风险防控贯穿于生产经营和改革发展全过程,完善资金和投资管理制度,严控关键节点,强化全流程监管,推行投资项目后评价,切实防范化解风险。进一步理顺母子公司财务关系,支持子公司独立融资,拓展融资渠道,确保现金流安全稳定;坚持量入为出,强化投资项目可行性研究和评审,合理控制投资规模,投资总规模原则上不高于净利润和折旧之和的50%;要发挥财务共享中心平台作用,加强对子公司经营状态的及时跟踪和穿透式健康预警,实现透明运营、刚性支付、系统集成、提质提效。坚定不移降杠杆减负债,严控“两金”(应收账款资金和存货资金)占用规模增长,存货、应收账款周转效率不低于去年同期,增强经营活动创现能力,切实降低有息负债。要加快办社会职能剥离,全面做好“三供一业”、幼教移交等工作。

三、充分发挥党委领导作用,全心全意依靠职工办企业,为全面完成2019年各项目标任务提供坚强有力的保障

全面实现明年的各项目标任务,关键在党、关键在人。要坚持和加强党的全面领导,充分发挥基层党组织的战斗堡垒作用和党员先锋模范作用,贯彻落实党的全心全意依靠工人阶级的方针,坚持发展为了职工、发展依靠职工、发展成果由职工共享,进一步团结和动员广大职工与企业共同成长、共谋发展新篇。

要强化党建引领发展。树牢“四个意识”,认真组织开展“不忘初心、牢记使命”主题教育,始终在政治立场、政治方向、政治原则、政治道路上同以习近平同志为核心的党中央保持高度一致,始终做到“两个坚决维护”,把讲政治体现在贯彻执行党和国家各项路线方针政策的过程中,体现在改革发展的具体实践中,充分发挥企业党委“把方向、管大局、保落实”作用。要以提升组织力为重点,打牢基础、补齐短板,推动基层党组织全面进步、全面过硬。要抓实基础建设,严格落实“四同步”要求,积极探索加强控股合资企业党建工作的新思路、新途径、新方法,实现党的组织和党的工作全覆盖。要推进基层党建创新,全面开展“一支部一品牌”创建活动,实施党员责任区、党员示范岗提升行动,选树先进,推广表彰。要强化党风廉政建设,压实主体责任,强化各级党组织主体责任、主要负责人第一责任和纪委监督责任。持之以恒正风肃纪,认真组织开展“国企用人行政化、作风‘衙门化’、监管空洞化”专项整治活动,打好作风建设持久战。要认真贯彻落实《中国共产党纪律处分条例》,强化监督执纪问责,坚持“不敢腐、不能腐、不想腐”一体推进,构建纪检、巡察、审计、效能监察“大监督”格局,推进内部巡察全覆盖,深化运用监督执纪“四种形态”,注重抓早抓小、防微杜渐。

要强化宣传思想工作。把握正确舆论导向,加强党对宣传思想工作的全面领导,强化传播手段和话语方式创新,把干部职工士气鼓舞起来、精神振奋起来。要深化形势任务教育和典型宣传,把做好宣传思想工作与公司明年改革发展、变革突破相结合,通过学习先进企业的新做法、新理念,促进职工思想观念转变,针对难点焦点问题及时释疑解惑,为公司改革发展统一思想、凝心聚力。要增强文化软实力,丰富创新文化、精益文化、竞争文化、家园文化内涵,促进文化落地,以文化力提升竞争力。

要发挥职工队伍主力军作用。以“当好主人翁、建功新时代”为主题,深入开展各类竞赛活动,引导职工爱岗敬业、争创一流,为实现高质量发展贡献智慧和力量,共同建设美好家园,共同创造幸福生活。要加强职工队伍建设,创新人才培养机制,拓展职业生涯发展通道,加快实施高层次专业技术人才培养工程,在创新实践中发现人才、在创新活动中培育人才、在创新事业中凝聚人才,努力造就一批科技领军人才和高水平创新团队;要认真贯彻新时代产业工人队伍建设改革要求,大力弘扬劳模精神、劳动精神、工匠精神,发挥工匠基地、创新工作室示范引领作用,引导广大职工对标先进、见贤思齐,掌握新技能、提升新本领、创造新成果,加快建设一支知识型、技能型、创新型职工队伍,培养造就更多劳动模范、工匠大师。

要做好权益维护工作。尊重职工的主人翁地位,切实维护职工合法权益,以筹备召开马钢集团公司工会会员代表大会为推动,持续深化民主管理,坚持和完善职代会、厂务公开、职工代表视察等民主管理方式,构建和谐劳动关系。

要持续增进职工福祉。围绕更好满足职工美好生活需要,建立完善有效激励分配机制,完善职工福利制度,继续开展扶贫帮困和送温暖活动,切实增进职工幸福感、获得感。

各位代表,同志们! 面向新的一年,让我们坚持以习近平新时代中国特色社会主义思想和党的十九大精神为指导,深入践行新发展理念,勇于担当、锐意进取,积极作为、真抓实干,为做强做优做大马钢而努力奋斗!

聚焦变革突破　聚力价值创造
奋力开创马钢高质量发展新局面
——在马钢(集团)控股有限公司十八届三次(马鞍山钢铁股份有限公司八届三次)职工代表大会上的报告

丁　毅

(2018年12月19日)

回顾与总结

即将过去的2018年,是马钢经营绩效创历史最好水平的一年。在省委、省政府的正确领导和关心支持下,公司坚持以习近平新时代中国特色社会主义思想和党的十九大精神为指导,践行新发展理念,贯彻供给侧结构性改革决策部署,落实省五大发展行动计划,紧紧围绕"加速提升创新竞争力"工作主题,以全面创新增动力,以全面协同提效率,以全面精益强质量,开创了马钢转型发展的崭新局面。预计全年生产成品矿756万吨、铁1804万吨、钢1966万吨、钢材1870万吨;预计集团实现营业收入950亿元、利润总额93亿元、上缴税金56亿元,分别比上年增长20%、66%、35%。

一年来,我们贯彻落实职代会总体部署,在七个方面取得了新的进步:

钢铁供给质量显著提高。产能退出任务全面完成。坚定不移贯彻国家去产能部署,永久性关停了2座420立方米高炉、2座40吨转炉,退出炼铁产能100万吨、炼钢产能128万吨,三年累计退出炼铁产能224万吨、炼钢产能269万吨,全面兑现了向国家、省市作出的产能退出承诺。品种结构不断优化。聚焦高端客户需求,扩大高附加值产品比重,预计全年品种钢比例56%,较上年提高6.1%;产品结构调整增效1.2亿元。其中,车轮及箍环18.5万吨、汽车板280万吨、彩涂板16.5万吨、工业线材34万吨,分别比上年增长15%、23%、74%和31%。重点产品认证取得突破。高速车轮通过德铁审核和TSI(欧盟铁路互联互通技术规范)认证,具备德铁全系列车轮供货资质,轮对通过德铁认证并批量供货,重载车轮实现了向必和必拓全谱系供货,并获"最佳供应商";汽车板通过了上汽通用、一汽大众、东风神龙等19家汽车厂36个牌号认证,其中,镀锌汽车板CR340LA获得通用汽车全球一级工程认证;铁路货车转向架用弹簧钢通过中车齐齐哈尔车辆厂CRCC认证,硅钢和磁极钢产品通过哈电全面质量认证;马钢瓦顿高速车轮在兰新客运专线进行60万公里装车运行试验。

多元提质增效进步迅速。运营质量显著提升。聚焦核心业务,内保生产、外拓市场,所有板块均实现经营性盈利;预计全年多元产业实现营业收入276亿元、利润总额20亿元,分别占集团的29%和21%。其中,废钢资源、贸易物流、矿产资源、工程技术板块营业收入均超过30亿元,金融投资、矿产资源、化工能源、废钢资源、贸易物流板块利润总额均超过1亿元。产业布局不断优化。集团层面构建了废钢资源、化工能源、新型建材产业化发展平台,在上海自贸区设立了融资租赁、商业保理公司,参与投资设立了华宝冶金资产管理公司;加快推进矿山资源综合利用、废钢基地等项目建设,启动了山西介休针状焦及配套焦油深加工等合资项目。体制机制持续激活。引入中冶赛迪、冶金工业规划院、中钢设备、诚兴等战略投资者;新增2家模拟职业经理人制度试点单位;粉末冶金员工持股实施完成;飞马智科入选国企改革"双百行动"企业;表面技术、飞马智科等挂牌"新三板"工作有序推进。资质能力晋等升级。工程技术集团获得冶金工程施工总承包一级资质,欣创公司获得环境工程总承包一级资质和大气污染防治工程设计专项甲级资质,物流公司成为国内钢铁行业首家国家5A级综合服务型物流企业。

两头市场经营支撑有力。研判市场抢抓商机。强化市场跟踪与研究,灵活调整经营策略,动态优化资源配置,支撑了经营创效。精益营销优质服务。完善营销布局,优化客户结构,深入实施 11 项 APQP 和 19 项 EVI 服务,新开发终端用户近 200 家,板带直供比 81%,客户满意度不断提升;汽车板首次实现合资品牌主机厂整车自制件供货,冷轧耐候钢首次进入中车客车制造领域,高铁齿轮钢获中车装车试用;积极开发海外直供终端和专业贸易商,预计全年出口钢材 113 万吨,同比增长 9%。精益采购强力保供。持续打造安全、稳定、高效、可持续、有竞争力的供应链,优化净化营商环境,深化采购供应一体化建设,在环保政策刚性执行条件下实现了经济安全保供,全年采购降本 3.5 亿元;强化大宗原燃料质量把关,原燃辅料综合合格率同比提高 8.9%;提高采购集中度,战略供应商采购资金占比达 67%。

精益制造水平持续提升。系统联动高效生产。矿山系统坚持量质并举,预计全年自产精矿品位 65.6%,比上年提高 0.5%。推进目标计划值管理,优化组产模式和资源配置,确保了生产稳定顺行、优势机组产能释放。坚持高炉体检、预警和应对机制,落实环保限产条件下生产应急预案,优化配煤配矿结构,高炉稳定顺行超过 1700 天。大力降低铁钢比,增加钢产量 10 万吨;优化产线分工,强化质量过程管理,板带订单条目兑现率提升至 86.5%;强化设备综合效率评价、功能和精度管理,18 条主要生产线 OEE 达标率 84.7%。对标降本成效明显。推进技术经济指标攻关,深化系统能源经济运行,煤比同比提高 4.3 千克/吨、燃料比同比降低 1.1 千克/吨;转炉钢铁料消耗降至 1069.2 千克/吨,同比下降 5.2 千克/吨;吨钢综合能耗 576.5 千克标煤,同比下降 6.9 千克标煤。精益工厂试点创建。遵循样板先行、重点突破、全面推进、稳步实施原则,8 家试点、36 家跟进,通过机制推动、季度评价、经验分享和微创新活动,职工自主改善意识明显增强、精神面貌焕然一新。智能制造有序推进。智能制造发展规划发布实施,板带质量信息管理系统上线测试,工业机器人应用范围不断拓宽,国家工信部智能制造专项——轮轴智能制造数字化车间项目通过了专家组验收。

改革管理纵深推进。集团管控模式不断完善。大刀阔斧推进公司机关机构改革,机构不断精简、人员逐步精干;矿业公司、工程技术集团、物流公司等子公司机关机构改革基本完成。以机构改革为推动,集团总部"定战略、提目标,搭平台、建机制,作评价、拿收益"功能基本确立,规范高效的母子公司管控体系正在形成;优化经济关系,子公司定期分红机制得到落实,股份与集团 12 项关联交易协议经股份公司股东大会审议全部通过。办社会职能有序移交,供水、供电、供气改造基本完成,物业维修改造有序实施;幼教移交方案已经幼教中心在岗全体职工大会审议通过。人力资源持续优化。围绕用好去产能政策,加大居家休养等安置政策力度,稳妥有序做好人员分流安置工作;大力实施人才强企战略,增补了 14 名高级技术主管,市场化引进了 4 名高端人才;人力资源信息系统一期项目上线运行。体系管理全面覆盖。集团公司通过"质量、环境、职业健康安全"三标体系首次认证,股份公司通过两化融合管理体系认证,子公司管理体系实现全覆盖。品牌建设不断深化。以项目管理方式推进品牌战略行动计划 20 项重点工作落地,在钢铁行业率先建立了品牌培育管理体系,9 家试点单位发布了品牌培育管理手册;9 项成果获冶金管理现代化创新成果奖,其中《基于 OEE 评价体系的设备效率提升实践》荣获一等奖;2 项产品获"冶金行业品质卓越产品";2 项成果获"2017 年中国企业品牌创新成果奖";集团公司蝉联"中国十大卓越品牌钢铁企业"。本质环保型、本质安全型企业深入打造。树立"安全环保是企业核心竞争力"的观念,严格落实中央环保督察"回头看"、蓝天保卫战要求,通过强化领导、落实责任、制定方案、现场管控、应急响应,圆满完成了"回头看"及各类专项督察,受到省市好评;制定了《马钢超低排放改造三年行动方案》,投入资金 29 亿元实施了 140 余项绿色发展项目,绿色现代都市工厂创建取得实效。强化安全生产责任制落实,制定发布《生产安全事故事件中层管理人员问责管理办法》和《安全生产禁令(试行)》,外来单位安全专项治理、事故隐患排查治理和工程项目安全专项检查深入开展。资金管理持续加强。大力去杠杆、降负债,调整融资结构,发行短期融资券,利用香港平台和贸易背景跨境融资,集团资产负债率 58%,比年初下降 4.6%;集团和股份信用等级由"AA+"上调至"AAA";全年争取政策资金 20 亿元;财务共享信息化平台加快建设。工程项目管理积极有效。加大重点工程监督检查频次,中型材升级改造、特钢优棒生产线、硅钢适应性改造、热电总厂超低排放改造、南山矿"头顶库"项目、瑞泰马钢节能环保型高温材料智能化制造基地和钢铁高温材料创新中心建成投产,重型 H 型钢生产线等 20 项重点工程加快建设。

技术创新力度加大。技术创新平台有效建立。树立技术创新供应链思维,深化与钢研集团、中冶赛迪、北科大、中钢热能院等高校和科研院所的战略合作;探索共建"基地建设+原创技术"创新平台,"马钢-北科大冶金智能制造技术创新中心”挂牌成立；新增3家省高新技术企业和3个市级工程技术研究中心。技术研发攻关项目成效显著。承担省级以上科研项目19项，全年获冶金科学技术奖5项，其中《马钢高速车轮制造技术创新》项目荣获一等奖；1个国家863项目、3个省科技重大专项和1个省科技计划项目顺利通过结题验收；主持或参与制修订并发布了4个国家标准和5个行业标准。知识产权管理不断加强。全年获授权专利317项。

以人为本深入落实。文化传承提振精气神。成功举办了庆祝改革开放40周年、马钢成立60周年系列活动，毛主席视察过的9号高炉作为工业遗产得到了永久性保护，职工自豪感和企业凝聚力进一步增强。职工福利待遇显著提升。完善工资正常增长机制，实施职工薪酬调整，职工收入水平大幅提升；调整住房公积金缴存基数，住房公积金缴存政策与市基本接轨；持续落实企业补充医疗保险政策。职工素质提升工程扎实推进。深化“六位一体”经济技术创新活动，8个工匠基地建成投用，新增3个行业级优秀职工创新工作室和6个市级技能大师工作室；依托“马钢e工汇”平台开展首届职工网上练兵，促进职工队伍素质提升。民主管理有效落实。完善以职代会为基本形式的民主管理制度，依法合规审议事关职工切身利益的重大事项，稳妥做好职工劳动关系调整工作。困难帮扶持续深化。开展互助帮困、慰问走访、金秋助学等活动，发放慰问款和大病救助金1300多万元。

与此同时，公司认真贯彻中央、省委部署，切实履行国企社会责任，积极投身精准扶贫攻坚战，全年投入扶贫资金250余万元，产业扶贫、教育扶贫、结对帮扶取得了新成效，得到了省领导的肯定。综治、保卫、监察、审计、离退休职工服务、科协及其他各项工作都取得了新成绩。

回顾一年来的工作和进步，既得益于外部市场环境的改善，也得益于公司思路清晰，措施得力，抓住了市场机遇。**我们始终不渝贯彻中央、省委决策部署**，全面融入供给侧结构性改革，坚决果断去产能，积极稳妥防风险，多措并举促扶贫，体现了国企的社会责任和使命担当。**我们始终不渝发挥党委领导作用**，贯彻新时代党的建设总要求，党委决策前置程序有效落实，“把方向、管大局、保落实”作用充分发挥，为马钢实现高质量发展提供了坚强有力保障。**我们始终不渝强化创新驱动发展**，大刀阔斧改革机关机构，持续完善集团管控模式，加快建立集团投资收益、内部市场化运营、竞争性选人用人、差异化薪酬分配、开放性技术合作等机制，推动创新资源加快集聚，创新活力有效释放。**我们始终不渝深化全面精益运营**，着力推进钢铁产业由生产制造商向材料服务商转变、多元产业由保产服务型向市场经营型转变、集团公司由产业经营型向投资运营型转变，钢铁核心竞争能力、板块协同发展能力、集团整体运营能力显著提升。**我们始终不渝大力推进造物育人**，坚持发展为了职工、发展依靠职工、发展成果由职工共享，大力弘扬创新文化、精益文化、竞争文化和家园文化，提升队伍素养，增进职工福祉，职工创造力和企业凝聚力明显增强。我们欣喜地看到，历经60年风雨洗礼的马钢，时刻彰显着担当作为，日益焕发出勃勃生机，正昂首阔步走在转型发展的新的伟大征程上。

成绩来之不易，这是全体职工心怀大局、扎根岗位，砥砺前行、不懈奋斗的结果。在此，我代表公司向全体干部职工表示衷心的感谢和崇高的敬意！

形势与任务

2019年是新中国成立70周年，是供给侧结构性改革的持续深化之年，也是马钢高质量发展的关键之年，做好明年各项工作具有特殊的重要性。

12月5日，公司党委召开五届三次全体（扩大）会议，对2019年面临的形势进行了全面分析。我们要深刻领会，准确把握，增强预见性，提高应对力。

我们要清醒地看到，**挑战与机遇交织**。当前我国经济发展的外部环境发生深刻变化，中美经贸摩擦带来很多不确定性；随着钢铁企业效益好转，新增产能、“地条钢”死灰复燃和已化解产能复产冲动仍然存在；打赢蓝天保卫战三年行动计划，长江经济带战略的加快实施，倒逼钢铁企业加大投入、超净排放。与此同时，我国经济运行总体平稳，经济增长继续保持在合理区间；供给侧结构性改革的持续深化，为钢铁企业迈向产业中高端提供了广阔空间；环保政策刚性执行，为规范运营的大型钢铁企业带来可持续发展的良好机遇。我们要牢牢把握“危”与“机”的辩证统一，既要坚定信心、保持定力，在贯彻党和国家重大决策部署中坚定高质量发展的正确方向、巩固稳中向好的发展态势；也要审时度势、未雨绸缪，在抢抓机遇中有效应对挑战、防范化解风险。

我们要清醒地看到，**竞争与合作并存**。当前，我国钢铁企业多而分散，钢材细分市场集中度低，导致市场同质化竞争严重，钢材市场大起大落，倒逼大型钢铁企业提升钢铁供给质量和智能制造水平的步伐不断加快。与此同时，在国家政策指引下，钢铁行业将进入

“推重组、促转型”阶段,通过兼并重组提高产业集中度成为钢铁行业下一步发展的必然选择,也是解决当前行业面临困境和问题的关键所在。我们要牢牢把握“竞”与“合”的辩证统一,既要坚持市场导向、内涵挖潜,聚焦品种、品质、品牌,不断满足客户的差异化、定制化需求,实现高质量、高效率、高效益;也要拓宽发展视野、开放合作,把握行业转型大势,积极寻求和参与行业资源整合、要素协同,做到提早谋划、争取主动、共赢发展。

我们还要清醒地看到,**优势与劣势同在**。历经60年自我积累、滚动发展的马钢,底蕴雄厚,潜力巨大。站在新的平台,马钢的区位、交通、产品结构、企业文化等要素资源优势更加凸现,管理创新和技术创新双轮驱动更加有力,全体职工做强做优做大马钢的信念和力量更加磅礴。但与行业标杆企业相比,钢铁主业劳动生产效率还不够高、多元产业支柱板块培育还不够快、体制机制还不够活、职工素质结构还不够优、科技创新能力还不够强、安全环保风险管控还不够到位等短板仍然突出;少数管理人员作风漂浮,奋斗劲头不足,执行力不强。我们要牢牢把握“优”与“劣”的辩证统一,既要增强忧患意识,坚持稳中求进,精益求精,追求卓越,巩固扩大竞争优势;也要坚持问题导向,对标行业先进,创新体制机制,破解现实难题,奋力实现新的跨越。

综上所述,2019年马钢工作的总体思路是:**坚持以习近平新时代中国特色社会主义思想为指导,深入贯彻党的十九大、十九届二中、三中全会精神,全面落实公司党委五届三次全体(扩大)会议工作部署,强化“效率、效益”双引擎,聚焦变革突破,聚力价值创造,奋力开创马钢高质量发展新局面。**

变革突破,是创新驱动发展战略的内在要求,要以变求新、以破求立,激活各类要素,提升运营效率。价值创造,是企业永续生存的基本要求和动力源泉,要以价值为衡量、以创造增价值,强化利润导向,追求集团整体效益最大化。

强化“效率、效益”双引擎,聚焦变革突破、聚力价值创造,**必须坚持创新驱动发展战略**,强化创新引领作用,整合优化创新资源,深化集团创新体系建设,增强企业高质量发展新动能;**必须着力完善集团管控模式**,改进管控方式,提高人事效率,完善薪酬分配,强化风险防控,搭建公共平台,增强集团整体运营能力;**必须加快优化产业发展平台**,做精做优钢铁、提高供给体系质量,做大做强多元、培育壮大支柱产业,促进优势互补、协同发展,增强集团核心竞争能力;**必须夯实精益运营基础**,遵循“零化目标、造物育人、永续改善、共建共享”,构建特色精益工厂创建模式,既造物又育人,增强基层自主改善能力;**必须凝聚全员奋斗合力**,建设特色文化,增进职工福祉,强化思想认同、情感认同、行为认同,汇聚全员智慧力量。

各位代表,同志们!新起点新征程,新使命新担当。我们要深入贯彻新发展理念,始终保持改革创新、求真务实、艰苦奋斗精神,全力投身变革突破、价值创造的火热实践,锐意进取,攻坚克难,奋力拼搏,超越自我,为开创马钢高质量发展的新局面而不懈奋斗!

目标与措施

2019年目标要求是:

——成品矿740万吨、生铁1772万吨、粗钢1921万吨、钢材1820万吨。

——集团销售利润率达到行业平均水平,力争实现营业收入960亿元、利润总额57亿元。

——钢铁主业确保净利润率在上市钢企中排位不下滑,多元产业营业收入、利润总额同口径比上年增长均不低于10%。

——重大人身伤害事故、重大火灾事故、爆炸事故为零。

——吨钢综合能耗降至573千克标准煤/吨;污染物排放满足国家标准及内控标准;主要污染物年排放总量满足许可要求。

重点工作措施是:

一、完善集团管控模式,提升整体运营能力

以集团价值创造能力最大化为核心,加快构建职能清晰、流程优化、管放结合、权责到位的母子公司管控体系,不断提升精益管理成熟度。

实施分层分类管控。进一步厘清集团总部与子分公司职责权限界面,集团总部加强战略和文化引领,强化风险监控和高效服务,推动资源在集团层面上优化配置、新产业培育和板块协调发展,确保国有资本保值增值;子公司层面完善法人治理结构,建立董监高责任体系,以利润为中心,推进市场化运作,真正成为自主经营的独立市场主体;子公司下属二级单位重点抓好带队伍、稳生产、提质量、保安全、促环保等工作;集团直属机构加快市场化运作步伐,有条件的直属机构模拟子公司运作。完善集团投资收益机制,规范集团资金、资产、资源有偿使用,按市场化原则及时足额收缴。推行差异化评价考核,分类选取绩效评价核心指标,加大经济增加值考核权重,建立安全、环保等负面清单。

抓好制度完善和宣贯落地，牢固树立用制度管人、按规章办事的意识，加快在集团总部和子公司层面协同推进规章制度"立改废"工作；认真组织开展新规章制度学习培训和宣贯工作，加强制度执行情况的监督检查和考核评价，确保各项管理制度刚性落实。

持续优化人力资源。按照集团年均大于8%的人力资源优化率提升底线要求，坚持减总量、调结构、提素质、增活力，对标行业标杆企业，分层分类设置人力资源优化率提升指标，合理确定岗位定编定员。持续推进流程再造、专业化整合、智能化改造、大工种区域化作业，加大政策性离岗安置力度，多渠道分流安置富余人员。推行人力资源优化率提升与工资总额挂钩考核。以法人主体和用工主体相统一为原则，理顺劳动关系；探索高效灵活劳动用工机制，实现职工能进能出。完善市场化用工机制，引进急需紧缺的高层次人才。加大人才培养开发力度，拓宽高级技术主管、首席技师层级宽度，开展马钢专家、马钢技能大师评选，实施"1+2+4"人才培养工程。

深化薪酬分配制度改革。强化工资总额管理，制定工资总额管理办法，坚持市场效益决定机制，工资总额与利润总额等关键经营指标挂钩浮动。实行薪酬分配分级管理，扩大子分公司薪酬自主分配权。在保持职工保障性工资合理增长的基础上，更加突出绩效考核，效率和效益优先，多劳多得。多元产业结合行业薪酬分配特点，实施"一企一策"薪酬分配模式，鼓励外部创收，探索"基薪+提成"模式。

强化技术创新管理。整合集团优势资源，完善集团管控、高效协同的技术创新体系，形成"统一决策、分层执行、相关协同"运行机制。加强国家级技术创新平台建设，建立集团技术资源共享协同机制。以"基地建设+原创技术"模式，持续深化与高等科研院所的产学研合作；加强技术研发及科研项目攻关，在集团层面组织实施一批战略性、前瞻性、基础性重大科研项目，加大对节能环保、智能制造等领域关键共性技术的支持；保障科研资金投入，研发投入比上年增长10%。

打造本质环保型企业。坚持总量控制、达标排放、清洁生产、循环利用、风险可控、项目合规，严格落实《马钢超低排放改造三年行动方案》，强化环保技术研发与应用，加快推进新区料场封闭、筒仓、焦炉烟气脱硫脱硝等重点项目建设。加强现场环境绩效管控，完善蓝天、碧水、净土保卫战行动实施方案，深化秋冬季大气污染防治攻坚行动，落实阶段性停限产、错峰生产组织方案和物流保供应急预案，做好环保迎检应急响应，有效控制环境风险。

打造本质安全型企业。坚持有态度，以"零工亡"为目标，树牢安全红线意识和底线思维，持续提升安全生产绩效。坚持有能力，推广先进适用的安全生产新技术，深入开展全员隐患排查治理，强化重大安全风险因素管控，加强相关方安全监督管理，深化安全标准化示范班组建设，扎实开展安全教育和业务培训，提高安全制度执行力，有效防范各类安全事故发生。坚持有问责，健全和落实安全生产责任制，强化属地管理，严肃事故责任追究。坚持有激励，完善安全绩效激励政策，加大安全评比表彰力度。

强化投融资有效管控。优化集团融资结构，以降低融资成本为目标，拓展融资渠道，增加直接融资，择期发行低成本债券。规范集团内部资本收益收缴和资金有偿使用，支持子公司独立融资。强化投资风险管控，严控固定资产投资规模，优先安排产线升级、系统配套、安全环保等项目；聚焦主业和核心业务，积极稳妥开展股权投资。盘活存量资产，清理处置低效无效资产。加大清欠力度，加速资金周转，降低存货资金占用。

提升体系管理效能。持续提升质量、环境、职业健康安全等管理体系的有效性，确保子公司"三标"体系覆盖率、认证证书保持率100%。针对管理成熟度高的子公司，拓展能源、测量及两化融合管理体系。持续改进品牌培育管理体系，优化品牌培育指标体系，提高体系成熟度和运行效果。持续深化卓越绩效模式，提升管理成熟度，系统策划股份公司全国质量奖三年确认评审工作。健全风险管理体系，组织内控体系审核，强化内部缺陷整改，推进子公司内控体系全覆盖。发挥财务共享信息化平台、人力资源信息系统功能，加快经营决策支持系统、一体化计划系统、板带和轮轴全流程质量管控QMS等信息化系统建设，强化在线风险管控，促进运营效率提升。落实《智能制造发展规划》，实施30个智能制造项目，打造轮轴、张庄矿、四钢轧热轧智能制造示范工程。

二、坚定不移做精做优钢铁，提高产品供给质量

对标行业标杆企业，以提高产品毛利率为核心，大力实施创新驱动发展战略，构建绿色精品智慧钢铁供应链。

强化市场跟踪研判。紧盯两头市场信息变化，迅速及时有效应对，准确把握商机，引领采购、销售和制造，支撑经营创效。

深化产品结构调整。推行精品战略,深化产品创新,加快高端认证突破,扩大高附加值产品比重。对轮轴产品,以高铁、地铁、机车轮、重载货车轮市场为目标,稳增长、调结构、拓市场,寻求高速车轮国内批量供应,全年销售车轮及箍环 18 万吨、轮对 1 万套、车轴 1.3 万根;继续实施瓦顿振兴计划。对板带产品,持续优化产品结构和客户结构,提高汽车板核心区域市场占有率,扩大高强钢市场份额;提高 W470 及以上高牌号电工钢比重;持续拓展冷轧、镀锌、酸洗等高端家电市场。对长材产品,大力开拓工业用型材、低温耐候产品、高强钢筋、铁路造车用材等市场;特钢产品继续稳固高端轨道交通、能源用钢市场,进军汽车零部件用优棒材市场。

加强精益制造过程管控。铁前系统继续完善高炉体检、预警和应对机制,瞄准标杆深入挖潜,强化系统联动协同,优化配煤配矿,加快推进系统配套项目,加强炉役后期高炉炉缸监控,实现高炉长周期稳定顺行下的高效生产,持续降低铁水成本。钢轧系统强化生产、设备、能源、物流系统联动,优化资源配置和产线分工,合理优化铁钢比,释放优势产线产能,确保组产效益最大化;严控非计划材产出,优化中间品库存结构,加快库存周转,实现低库存运行;坚持产品"零缺陷出厂",强化质量流程管控,持续推进工艺技术优化,提高重点产品订单兑现率。设备系统依托信息化平台,构建规范高效的设备管理体系,持续完善 OEE 指标评价体系,深化设备功能精度管理,推进科学高效灵活检修,提高系统保障能力。能源系统合理控制耗能总量,加强与制造计划、检修计划的有效对接,建立应急响应信息平台,推进调度操控一体化,实现安全经济保供。

深入推进精益采购。遵循市场化原则,引入有实力的供应商,培育战略供应商,优化供应商管理,建立多维度绩效评价体系,健全供应商准入和退出机制;加快辅料和焦炭等基地建设,优化原燃料库存管理,提升资源安全保供能力;强化供应链系统联动,加强与生产、技术、物流等沟通协作,实现协同降本。

完善服务型营销体系。坚持以客户为中心,实施客户分级管理、分级营销,整合优化客服体系,发挥客户服务小组功能,增强客户服务体验,提升客户忠诚度,促进产品销售和服务增值。提高优质客户比例及订货量,汽车板力争主机厂占比 30%、合资品牌占比 5%;家电板持续巩固行业领先地位;彩涂板拓展家电彩涂产品用户;长材产品提高直供比和重点工程用钢量,扩大冷镦钢、弹簧钢、轴承钢等高端工业线材市场占有率。优化出口渠道建设,注重"借船出海",强化海外驻点服务功能,全年钢材出口量占优势品种总销量的 10%。

加快重点工程项目建设。规范工程项目招投标管理,强化过程监管,重点工程重点调度,确保 1 号高炉大修、重型 H 型钢生产线、异型坯连铸机、大方坯连铸机等项目按期建成投产,热电总厂 CCPP、炼焦总厂南区筒仓项目有序推进。

三、坚定不移做大做强多元,培育壮大支柱产业

坚持产业链服务与产业经营、规模与效益、专业化与效率、品牌与辐射力、创新与风控相结合,盘活存量,优化增量,壮大体量,培育一批上台阶、上规模、上水准的产业,形成新的利润增长极。

坚定多元发展方向。快速壮大体量,坚持有进有退,集中优质资源,推动废钢资源、矿产资源、工程技术、化工能源等产业迈上 50 亿—100 亿级营收平台;抢抓交通强国战略机遇,探索在集团层面打造轨道交通产业发展平台。着力外向发展,强化"走出去"意识,依托而不依赖内部市场,推动产业互为支撑、协同作战,快速提升外部收入占比。锤炼竞争优势,坚持专业化发展,聚焦主业、聚焦核心产品和技术,加快产品和服务升级,深化产业链延伸;实施业务和资源整合,推进流程再造,打造公共服务平台,强化精益管理,加快信息化建设,支撑运行效率提升。活化体制机制,按照"宜控则控、宜参则参"的思路,加快混合所有制改革步伐,在更大范围、更多领域积极参与并购重组,与优势企业开展合作,着力培育一批上市公司,促进财务透明、治理规范、品牌溢价。

矿产资源板块。全面深化"六型"矿山建设,打造国内一流冶金矿山。深挖现有矿山潜力,推进流程再造、业务归并、资源整合和工艺调整,提高劳动生产率,稳定产品品质,降低运营成本。强化矿山可持续发展,加快实施罗河矿一期扩能、钟九铁矿、桃冲矿千万吨级辅料基地等重点项目,抓好张庄矿尾砂、高村铁矿围岩等资源综合利用,启动美丽矿山工业基地建设。稳步推进张庄矿上市工作。

工程技术板块。加快转型发展步伐,打响区域工程技术服务品牌。加快内部业务和资源整合,提升装备制造水平,拓展冶金技术服务业务,大力开拓外部市场。推进精益管理,盘活存量资源,降低应收账款,打造技术劳务公共服务平台。加强资质能力建设,推进市政工程、冶金工程、钢结构等资质升级。继续推进表面技术公司挂牌"新三板"工作。

废钢资源板块。加快推进郑蒲港、宿州、合肥等基地建设，拓展重点大钢销售渠道，快速壮大废钢经营规模。在规范经营和防控风险的前提下，整合线上线下资源，构建“基地+贸易+金融”“互联网+废钢”新型商业模式，规划建立集收储、加工、仓储、营销为一体的废钢产业发展平台，成为行业标准的制定者和废钢资源市场的引领者。推动废钢脱锌“产学研”项目，提高精品废钢深加工水平。

化工能源板块。坚持全产业链发展、总成本领先、适度差异化的竞争策略，优化产业布局，构建协同发展、一体运营的产业格局。强化产业链延伸，加快实施焦炉煤气制氢、针状焦及焦油深加工项目，稳妥发展化产品贸易和技术服务业。强化技术创新支撑，建设煤化工及新材料研发中心。

贸易物流板块。坚持以利润为核心、以风控为前提，全方位拓展贸易业务，做大钢坯加工、螺纹钢贴牌等贸易规模，开拓进口煤代理业务，灵活运用期货套保手段，打造服务贸易生态链。完善物流管控模式，全面实施板块分级管理；优化物流方式，推广全程物流总包业务模式，推进多式联运等新项目；提高物流数字化水平，打造生态智慧型钢铁物流链；持续推进物流优化降本，实现经济安全保供；精心组织“马钢杯”第六届全国大学生物流设计大赛，提升马钢品牌影响力。

金融投资板块。发挥财务公司“资金池”作用，加强全集团资金的集中管理，提高资金集中度；强化金融服务，提升电子银行承兑汇票业务规模，开拓买方信贷、商业承兑票据贴现和应收账款保理等产业链金融市场，提高资金综合收益率；严控风险，积极稳妥开展股权投资和资本市场投资，扩大融资租赁和商业保理业务规模；持续盘活低效存量资产，全面完成“三供一业”分离移交工作。

节能环保板块。推进产品和服务产业化，拓展专业化运营、环保工程及产品、能源服务业务，做强环境设施第三方服务，全面运营宝利源、徐州腾达干熄焦项目，合资组建专业防腐、高端液压修复公司，打造全生命周期服务模式。提升专业化水平和运营效率，加快水污染防治设计等资质升级，推进两化融合管理体系认证和环境设施集中监控等信息化项目落地。加强与高等科研院所“产学研”合作，掌握一批关键核心技术。

信息技术板块。以落实“双百行动”综合改革实施方案为主线，增强运维保障能力，抓好信息化项目建设，拓展信息咨询、智能制造、智慧城市云平台服务等新兴业务。加快智能装备及大数据产业园项目建设，推动研发中心、云计算数据中心、智能装备产业基地建设，提升大数据、系统集成、云计算等技术服务能力。

新材料板块。完善耐材服务总包运营模式，扩大总包范围，加强前沿技术研发，深入推进新产品增效、技术降本、废次耐材回收综合利用。持续推进新型建材资产收购、产能合作，提高矿粉产销量，开发新型墙体材料等新产品，有序推进上市工作。坚持向产能规模、质量稳定、品种兑现要效益，加快还原铁粉技改项目达产达效，加速磁性材料用粉等新产品开发，进军电子产业、新能源汽车配套等领域铁粉市场。

四、全面创建精益工厂，夯实精益运营基础

切实把精益工厂创建作为战略落地的基础性工程、要素管理的系统性工程、自主改善的创新性工程，推动全流程、全要素、全方位精益运营，实现制造能力、环境质量、职工素养、精神面貌全面提升。

构建特色创建模式。以打造马钢特色精益文化为目标，以“零化目标、造物育人、永续改善、共建共享”为方向，聚焦“效率、质量、成本、交货期、安全、士气、环境、智能化”8要素，构建马钢特色精益工厂创建模式。坚持分类设计、借助外力、分层规划，完善精益工厂创建组织体系，实现系统策划、有效承接、量体裁衣。坚持精益工厂创建与品牌建设、精益运营、环境经营、造物育人相结合，关注大质量、相关方、标杆和过程，不断提高创建成熟度。

完善创建推进体系。坚持一把手主抓、体系化运行、常态化推动、差异化评价，促进创建工作由碎片到体系、由经验到模型、由单一到协同、由局部到系统。建立标准体系，制定精益工厂指导手册。完善培训体系，广泛开展精益理论和工具专项培训，深化内部精益交流。构建评价体系，制定精益工厂评价管理办法和星级精益工厂管理办法，开展星级工厂、精益之星、十佳精益改善案例评选。

深化精益攻善活动。围绕实现精益制造，持续追求“市场零距离、服务零投诉、质量零异议、过程零浪费、作业零差错、设备零故障、安全零事故”目标，提升“大质量”。围绕打造精益团队，完善基层自主管理模式，持续推进作业长素质提升培训，进一步拓展“大师工作室”“创新工作室”等平台功能，提高职工素养，锻造自主改善、善于创新、高效协同的精益团队。围绕深化精益管理，系统推进体系落实、流程优化、系统联动、评价激励，促进各项工作持续改进。围绕营造精益环境，扎实推进现场洁净工程、环境美丽工程、家园美好工程,促进共建共享。

强化创建机制保障。建立学习成长机制,积极推广六西格玛、“6S”、TnPM、看板管理、红牌作战等精益管理工具,培养职工问题意识、精益素养和自主改善习惯,激发全员创新活力,释放职工创新潜力;建立督导师队伍,培养精益管理人才。建立创建激励机制,鼓励全员参与微创新,增强职工认同感和获得感。建立经验分享机制,打造特色创建案例,固化形成可推广的创新成果;组织精益工厂创建经验交流发布会、精益故事征集、精益宣演等活动,营造“精益就在身边”“人人讲精益、事事求改善”的浓厚氛围。

五、推动共建共享,凝聚全员攻坚合力

牢固树立以职工为中心的发展思想,不断激发广大职工的创造活力,不断满足职工日益增长的美好生活需要,凝聚全员共建美好家园的强大合力。

加强形势任务教育。牢牢把握舆论宣传正确导向,精心策划和开展主题宣讲、专题宣传和典型选树,持续壮大正能量。针对管控方式、薪酬改革、人事效率提升、行业重组整合等深刻变化,有针对性地做好解疑释惑和思想引导工作,凝聚改革共识、集聚发展合力。

深化企业文化建设。借鉴先进理念,丰富企业文化内涵,发布企业文化手册,加大企业文化宣贯力度,定期举办“企业文化周”活动,推动文化理念入脑入心。创新品牌宣传手段,推出企业品牌宣传系列精品,持续增强文化软实力。

推进岗位创新创效。深入开展劳动竞赛、技能竞赛以及合理化建议、“双五小”攻关等微创新活动,引导职工立足岗位创造性开展工作。实施“互联网+”工会行动计划,提升“网上练兵”效果。围绕打造现场难题的攻关站、岗位技能的练兵场、创新成果的孵化器、造物育人的示范园,发挥工匠基地作用,培育更多的高技能人才,形成一批职工创新创效成果。

切实保障职工权益。坚持“依靠”方针,完善厂务公开等民主管理制度,保障职工民主权利和合法权益。优化精准帮扶保障体系,持续开展“送温暖”活动。健全工资正常增长机制,在企业效益提升的前提下,继续提高职工收入水平,让发展成果更多地惠及全体职工。

各位代表,同志们!即将到来的2019年,挑战更大,任务更重。让我们坚持以习近平新时代中国特色社会主义思想为指导,以更加坚定的信心、更加务实的举措、更加强烈的担当,锐意进取,埋头苦干,奋力开创马钢高质量发展的新局面,为全面建设现代化五大发展美好安徽作出新的更大贡献!

充分发挥党委领导作用　全力提升党建工作水平 为推动马钢高质量发展提供坚强政治保证

——在马钢2019年党委工作会议上的报告

魏　尧

（2019年2月28日）

2018年是马钢经营绩效创历史最好水平的一年，也是公司坚持党要管党、全面从严治党取得显著成效的一年。一年来，在省委、省国资委党委的正确领导下，公司党委以习近平新时代中国特色社会主义思想和党的十九大精神为指导，全面贯彻落实新时代党的建设总要求，团结带领各级党组织和广大党员强根铸魂抓党建，凝心聚力促发展，有效发挥了党委领导作用、党支部战斗堡垒作用和党员先锋模范作用，为推动马钢高质量发展提供了坚强政治保证。

一年来所做的工作和取得的成绩主要体现在八个方面：

一是学习宣贯党的十九大精神走深走实。深入学习宣传贯彻习近平新时代中国特色社会主义思想和党的十九大精神，广泛开展大学习、大宣讲、大培训、大调研、大落实，用新思想、新理念武装头脑、指导实践。抓好分层分类培训，组织公司中层管理人员、基层党组织书记和党务骨干集中轮训，推动科级管理人员和基层党员轮训实现全覆盖。推进“两学一做”学习教育常态化制度化，印发了《贯彻<中国共产党党委（党组）理论学习中心组学习规则>实施办法》，全年党委中心组理论学习14次，公司领导班子成员带头深入基层党支部宣讲党的最新理论，推动了党的十九大精神进车间、到班组。

二是“讲严立”专题警示教育取得实效。扎实开展“讲严立”专题警示教育和“三查三问”工作，召开“讲严立”专题民主生活会，组织广大党员领导干部认真对照“六聚焦六整肃”要求，深入学习研讨，精准查找问题，认真整改落实，切实树牢“四个意识”，坚定“四个自信”，坚决做到“两个维护”。开展党委书记上党课和专题辅导报告230多场次，组织谈心谈话1200余人次，召开征求意见座谈会近280场、征求意见建议900余条，两级领导班子和班子成员查找问题2000余个，制定和落实整改措施近2000条。

三是党委领导作用落到实处。坚持和加强党的全面领导，严格落实党组织研究讨论是董事会、经理层决策重大问题前置程序的要求，修订了《党委常委会议事规则》，建立了集团公司领导碰头会制度、党委书记专题会制度，组织召开领导碰头会30次、党委常委会29次，研究讨论公司“三重一大”事项100余项，统筹策划、强力推动机关机构改革、去产能、调结构促转型、降杠杆防风险、本质环保型企业建设、精准扶贫等重大决策部署落地见效，有力发挥了党委把方向、管大局、保落实作用。

四是基层党建标准化工作扎实推进。以提升组织力为重点，深化基层党组织标准化建设，顺利通过省国资委党委检查验收。健全完善基层组织体系，调整成立了2个基层党委和3个直属党总支（支部），在重点工程、重大检修等项目中成立临时党支部，做到应建尽建、设置规范。以“三个清单”为抓手，落实党支部建设提升行动，进一步规范和丰富“三会一课”形式内容，落实“党员活动日”制度。公司党员领导干部持续到基层党支部联系点上党课、讲形势，中层以上管理人员全年跟班蹲点1200多次。集中举办入党积极分子培训班4期，发展党员420人。深化“四强四优”创争等主题活动，开展支部横向协作共建，搭建“马钢智慧党建”信息化管理平台，推动了党建工作与生产经营管理深度融合。

五是干部和人才队伍建设成效显著。坚持党管干部、党管人才原则，突出政治标准，注重专业能力，提拔了公司中层以上管理人员27人；创新选拔方式，竞争性选拔了3名公司中层管理人员和32名优秀年轻中层管理人员助理，新增2家模拟职业经理人试点单位。

规范有序开展年度综合考核工作,考核结果与薪酬分配、选拔任用、培养教育和管理监督挂钩。探索构建"1+2+4"高层次专业技术人才梯队培养机制,增补多元产业14名高级技术主管,引进4名研发高端人才,招录66名硕士,人才队伍结构不断优化。

六是反腐倡廉和作风建设持续加强。落实党风廉政建设"两个责任",持续推进巡察全覆盖,对15家单位开展了内部巡察,对2个"十三五"重点工程建设项目部开展专项巡察。完善领导人员约谈、考核和评议、责任追究等工作机制,问责12家单位相关中层管理人员27人次。强化巡视巡察政治功能,成立了巡视巡察审计及监事会监督检查整改工作领导小组,集中对中央巡视"回头看"、省委专项巡视、"4+4"专项整治、监事会监督检查涉及的四大块83个方面问题整改情况进行"回头看",落实整改督查组反馈的9个方面19个问题和自查自纠发现的13个问题。深化廉洁教育,组织110余名中层管理人员重新签订了《廉洁从业公开承诺书》,77家基层单位4400余名重要岗位人员参加反腐倡廉网上知识测试和廉洁从业教育讲座。强化正风肃纪,查处违反中央八项规定精神问题6起、涉及18人,制定了《加强机关作风建设十条规定(试行)》等管理制度,严防"四风"问题反弹回潮。

七是舆论引导和文化建设有效开展。组织开展庆祝改革开放40周年、马钢成立60周年等系列活动和重大主题宣传,发布新版马钢形象宣传片和宣传画册,弘扬企业精神,讲好马钢故事,对内提振了职工队伍精气神,对外提升了马钢知名度和美誉度。大力开展形势任务教育和舆论宣传,进一步营造改革攻坚、转型升级、比学赶超的良好工作氛围。精心策划组织思想政治工作26个重点课题研究,开展马钢政研会调研暨第九届职工道德论坛优秀论文征集评选活动,形成30篇优秀论文成果。承办中国冶金政研会理事大会,马钢关于思想政治工作的探索受到行业广泛关注。修订《文明单位创建管理办法》,开展第28届马钢文明单位评选活动,荣获省属企业"新时代·新安徽·新作为"群众性主题演讲比赛优秀组织奖。认真组织开展意识形态领域突出问题"大摸底、大整改、大督查"活动,强化突发新闻事件和舆情管理,修订完善《网宣宣传管理办法》《对外宣传管理办法》,实现了对重大舆情风险的有效管控和妥善应对。

八是群团组织作用充分发挥。建设"智慧工会","马钢e工汇"上线运行。深化群众性经济技术创新活动,1万余名职工积极参与各类对标竞赛和专项竞赛,职工申报合理化建议9000多条;发挥12个工匠基地作用,完成课题307项,获专利42项。成功召开马钢第十次团代会,开展"一团一品"品牌创建活动,立项实施青年"双五小"技术攻关重点项目636项。关心关爱困难职工,发放慰问款、大病救助金1300余万元。

与此同时,武装、统战、信访、保密、科协、文联、女职工、关工委等工作也取得了新的进步,为马钢转型升级、高质量发展作出了新的贡献。

回顾一年来的工作,我们深刻地体会到:越是变革突破的紧要关口,越是转型发展的关键阶段,越要坚持和加强党的全面领导。对马钢而言,就是要全面贯彻落实新时代党的建设总要求,充分发挥党委把方向、管大局、保落实作用,引领、推动、保障企业高质量发展。**我们坚持以党的政治建设为统领。**提高政治站位,在贯彻落实中央、省委关于供给侧结构性改革、三大攻坚战等重大决策部署中见行动、见实效,"两个维护"坚定坚决,确保了高质量发展的前进方向。**我们坚持把党的领导融入公司治理各环节。**厘清权责界面,规范议事规则,坚持抓主抓重,强化顶层设计,深化组织机构变革、运营管理变革、激励机制变革、产业发展变革,增强了高质量发展的内生动力。**我们坚持把人才作为第一资源。**改革干部人事制度,打通干部能上能下、员工能进能出、收入能高能低的"肠梗阻",畅通各类人才职业发展通道,厚植了高质量发展的人才沃土。**我们坚持把全面从严治党作为政治责任。**层层压实"两个责任",扎实开展"讲严立"专题警示教育,整合监督资源,扩大巡察覆盖,持续改进作风,严肃追责问责,强化了高质量发展的纪律保证。**我们坚持把共建共享作为接续奋斗的思想基础。**坚持发展为了职工,发展依靠职工,发展成果惠及职工,持续提升保障性收入水平,激励职工共同建设美好家园,共同创造幸福生活,汇聚了高质量发展的强大合力。

一年来,党建工作虽然取得了阶段性成效,但仍然存在不容忽视的问题:**一是对党的最新理论成果学习还不够深入,**还需要进一步在学懂弄通做实上下功夫。**二是基层党建工作发展还不够平衡,**部分合资企业党建工作存在薄弱环节,个别党组织战斗堡垒作用和少数党员先锋模范作用发挥不充分,少数单位对重要岗位人员的监督管理以及关键流程的监管有待完善。**三是党建工作创新活力还不够强劲,**基层党建的一些制度建设难以适应形势发展需要,还缺乏一套行之有效、切合实际的党建工作方法和流程。公司各级党组织和全体党员要坚持问题导向、强化靶向施策，下大力气解决党建工作中存在的突出问题。

2019年是新中国成立70周年，也是马钢加快高质量发展的关键之年，做好今年的工作具有特殊的重要意义。面对宏观经济环境稳中有变、钢铁行业发展挑战重重、马钢转型升级任重道远的新形势新考验，去年年底召开的公司党委五届三次全体（扩大）会议、公司职代会，明确了今年的总体工作思路，即强化"效率、效益"双引擎，聚焦变革突破，聚力价值创造，奋力开创马钢高质量发展新局面。这既是公司生产经营建设和改革发展的行动纲领，也是公司各级党组织和广大党员义不容辞的使命责任。打铁必须自身硬。我们要以提高党的建设质量，引领、推动和保障马钢高质量发展，坚决扛起主责、抓好主业、当好主角，继续推进全面从严治党向纵深发展，为全面完成全年各项目标任务提供坚强有力的政治保证。

2019年公司党的建设工作总体思路是：**以习近平新时代中国特色社会主义思想为指导，深入贯彻党的十九大和十九届二中、三中全会精神，坚持和加强党的全面领导，充分发挥党委领导作用，落实管党治党政治责任，持续提升基层组织力，不断推动公司党建工作提质增效，为打造"效率、效益"双引擎、推动马钢高质量发展提供坚强政治保证。**

坚持党的领导、加强党的建设，是国有企业的"根"和"魂"，是国有企业的独特优势。在马钢深化改革、转型发展的关键时期，**我们必须持之以恒加强政治建设**，强化创新理论武装，着力增强践行"两个维护"、贯彻中央和省委决策部署、严守纪律规矩的自觉性和坚定性。**必须持之以恒发挥党委领导作用**，坚持"两个一以贯之"，坚持加强党的领导和完善公司治理相统一，适应分层分级管理、母子公司管控要求，持续探索党委把方向、管大局、保落实的有效途径和方式，充分发挥"总揽全局、协调各方"的作用，确保各项工作落到实处。**必须持之以恒建强基层党组织**，以"一支部一品牌"创建为抓手，大力推进基层党建创新和党建品牌工程，在健全组织体系、充分发挥作用、激发活力动力上实现新提升，推动基层党组织全面进步、全面过硬，为打造"效率、效益"双引擎提供有力支撑。**必须持之以恒强化"两个责任"落实**，以开展"严规矩、强监督、转作风"集中整治形式主义官僚主义专项行动为推动，一体推进"不敢腐、不能腐、不想腐"，全面构建"大监督"格局，推进内部巡察全覆盖，营造风清气正、干事创业的良好政治生态。

主要工作措施是：

一、落实管党治党政治责任

一是突出抓好政治建设。坚持把党的政治建设摆在首位，切实树牢"四个意识"，坚定"四个自信"，坚决做到"两个维护"，全心全意贯彻以习近平同志为核心的党中央重大决策部署，坚定不移执行习近平总书记重要指示批示。严格尊崇党章，严格执行党内政治生活若干准则，严格遵守政治纪律和政治规矩，持续优化政治生态。全面贯彻民主集中制，把民主和集中有机统一起来，不断增强全局观念、民主素养、集中能力、执行效果。切实增强政治敏锐性和政治鉴别力，强化责任意识和风险意识，有效应对重大风险挑战。

二是充分发挥党委领导作用。把党的领导融入公司治理各环节，围绕把方向、管大局、保落实，强化党委对涉及全局性、综合性的改革发展工作的领导，通过管思想凝共识、管干部聚人才、抓基层打基础、严纪律正风气，使国有企业党组织的独特优势得到充分发挥，确保公司各项决策部署不折不扣落到实处。

三是健全党建工作制度体系。把制度建设贯穿于党的政治建设、思想建设、组织建设、作风建设、纪律建设之中，严格落实党建工作责任制，形成党委抓、书记抓、层层抓的党建工作格局。强化考核问责，完善考核评价体系，改进考核办法，强化成果运用，推动全面从严治党取得更大成果。

二、加强思想政治建设

一是用创新理论武装头脑。坚持把学习贯彻习近平新时代中国特色社会主义思想作为全部工作的主题主线，围绕学懂弄通做实，边实践边学习，在学深悟透、务实戒虚、整改提高上持续发力。扎实组织开展"不忘初心、牢记使命"主题教育，发挥好党委中心组理论武装"排头兵"作用和党员领导干部"关键少数"作用，推动理论武装走深、走实、走心。

二是加强意识形态和思想政治工作。落实意识形态工作责任制，扎实推进意识形态"大摸底、大整改、大督查"突出问题整改落实，健全完善事前防范、舆论引导与舆情应对联动处置机制，严格舆情监管和应对流程，使网络这个最大变量变成事业发展的最大增量。聚焦公司变革突破的热点难点以及涉及职工切身利益的敏感问题等，精心组织开展思想政治工作调研课题，深入细致做好一人一事的思想政治工作，确保公司改革发展各项工作的顺利推进。

三是坚持舆论宣传正面引导。牢牢把握正确舆论导向，围绕全面加强党的建设、实现高质量发展过程中的重大决策部署,深化形势任务教育,精心策划重点宣传和先进典型宣传,提高新闻舆论传播力、引导力、影响力、公信力。加大外宣工作力度,做好突发事件和热点问题舆论引导,做到及时果断发声、有力准确发声。强化马钢互联网网站及"两微一端"新媒平台监管,开展网络阵地普查,提高用网治网水平,推动媒体融合发展。

四是深化企业文化和精神文明建设。对标标杆企业,丰富企业文化创新内涵,完善企业文化建设体系,组织开展"企业文化周"活动,发布《马钢企业文化手册》;深化精神文明创建,大力弘扬时代新风,加强思想道德建设,不断增强职工队伍道德水准、文化素养和综合素质。

三、打造高素质专业化干部队伍和人才队伍

一是建设忠诚干净担当的高素质干部队伍。坚持党管干部原则,抓好干部培养、考核、任用、管理、激励"五个体系"建设,积极推进干部人事制度改革,加快建立与集团管控模式相适应的分层管理体系。强化干部政治素质考察和专业能力培养,突出在重点任务落实、防范化解风险、急难险重问题处理中考察干部的现实表现。拓宽选人视野和渠道,制定管理人员竞争性选拔办法,扩大竞争上岗范围。继续实行任期制,组织任期目标全面考核,实施新一轮岗位竞争。

二是激励干部新时代新担当新作为。落实《关于进一步激励广大干部新时代新担当新作为的意见》要求,从教育培训、选拔任用、管理方式、工作氛围上研究细化政策措施、抓好任务落实,引导干部主动担当、争相担当、善于担当、敢于担当、乐于担当。完善干部分类分层培训体系,强化内外部培训基地建设。加强考核结果在评先评优、薪酬分配、层级晋升中的运用。研究落实中央、省委关于建立容错纠错机制的要求,有效激发党员干部干事创业的积极性。

三是大力培养选拔优秀年轻干部。完善组织主导与竞争机制相结合的选拔方式,实施"三提一优"源头培养工程,把政治标准放在首位,重视年轻干部在实践中锻炼成长,促进年轻干部提升政治素质、提升专业素养、提升实践能力、优化成长路径。需要特别指出的是,年轻干部培养决不能搞"镀金"培养、"补经历"培养,要从严管理、跟踪管理、动态更新,形成持续发现优秀年轻干部的常态化机制。

四是抓好人才队伍建设。以"江淮英才计划"为引领,完善人才工作机制,深化人才吸引和培养机制,推进重点人才工程,实行马钢专家和首席高管制度,打造"1+2+4"专业技术人才梯队,努力建设一支爱岗敬业、勇于创新、开拓进取的优秀人才队伍。

四、持续提升基层组织力

一是深化基层党组织标准化规范化建设。着眼增强基层党组织政治功能和组织力,树立大抓基层鲜明导向,坚持力量下沉、管理下沉、服务下沉,认真贯彻党支部工作条例,大力实施党支部建设提升行动,着力加强基础工作、基本制度、基本能力建设,严格执行党内组织生活等基本组织制度,推动先进党支部巩固提升、合格党支部提档进位、后进党支部转化升级,推动基层党组织全面进步、全面过硬,发挥基层党组织坚强战斗堡垒作用。

二是扎实推进基层党建工作创新。以"坚守本色、筑牢底色、打造特色"为目标,组织开展"一支部一品牌"创建活动。在抓好全国党员信息管理系统日常维护的基础上,全面推行马钢"智慧党建"党务管理平台,将党务工作信息化应用向基层进一步拓展延伸。

三是认真抓好党员教育管理工作。贯彻落实中央即将出台的党员教育管理工作条例,认真执行新一轮党员教育培训五年工作规划,打造党员教育培训示范基地。紧密融入公司生产经营和改革发展实际,实施党员责任区、党员示范岗提升行动,着力发挥党员先锋模范作用。规范和加强党员教育管理,做好发展党员、党员民主评议和党内表彰工作。

五、深化党风廉政建设

一是压紧压实"两个责任"。各级党委是本单位党风建设和反腐倡廉工作的领导者、执行者、推动者,要把党风建设和反腐倡廉工作作为党的建设的重要内容,与生产经营、精神文明建设和其他业务工作同部署、同落实、同检查、同考核。加强责任落实制度体系建设,制定公司党风建设和反腐倡廉工作重点任务清单,持续完善履行"两个责任"情况报告、考核评价、督办反馈工作机制。积极探索在强化集团管控、厘清管理界面的同时,依规依纪加强权力监督制约的有效形式,推进党内监督与职能管理监督、民主监督、司法监督、群众监督、舆论监督有机联动、形成合力。加大党内问责力度,让失责必问、问责必严成为常态。

二是深化标本兼治。坚持"不敢腐、不能腐、不想腐"一体构建,实行分级管理与穿透式监督一体推进,紧盯重大工程、重点领域、关键岗位,强化对权力集中、资金密集、资源富集部门和产业板块的监督,有力削减存量、有效遏制增量。严格落实党纪处分条例,贯通运用监督执纪"四种形态"尤其是用足用活用好"第一种形态”，使监督常在、形成常态。坚持重遏制、强高压、长震慑，严肃查处对党不忠诚和损害集体利益、侵害职工群众利益的腐败问题。稳步推进内部巡察全覆盖，全年巡察15家单位，同时着力推进巡察“回头看”，强化问题整改和责任落实。深化效能监察和专项整治，强化审计监督和监事会监督作用，提高工作质量。

三是持之以恒正风肃纪。扎实开展“严规矩、强监督、转作风”集中整治形式主义官僚主义专项行动，聚焦“十戒十做”“四对标四整治”，坚持问题导向，坚持“学、查、改、立”一体推进，组织开展作风建设大排查，坚决破除“多、推、虚、浮”的问题，严肃查处空泛表态、应景造势、敷衍塞责、出工不出力等形式主义、官僚主义突出问题，推动作风建设不断取得新成效。

六、发挥群团组织自身优势

一是加强对群团工作的领导。坚持党建带工建、党建带团建，引导、支持工会、共青团、科协、女职工、文联等群团组织，立足自身优势，围绕中心、服务大局，开展富有成效的特色工作。

二是深化岗位创新创效。广泛开展“践行新理念、建功十三五”主题劳动竞赛和各类技能竞赛，形成“常、专、重”相结合的竞赛模式。加强工匠基地建设，充分发挥“攻关站、练兵场、孵化器、示范园”积极作用。

三是提升服务保障水平。坚持“依靠”方针，落实以人为本，积极探索互联网+普惠服务新模式，完善“马钢e工汇”平台，让“数据多跑路、职工少跑腿”。完善困难职工信息、帮扶档案，形成全覆盖、底数清的困难职工动态管理机制，提升精准帮扶效果。围绕改革改制中劳动合同变更等热点焦点问题，强化源头参与、集体协商、民主管理等工作，维护职工队伍稳定，建设和谐劳动关系。

同志们，新时代新征程，需要我们焕发新气象、展示新作为。让我们坚持以习近平新时代中国特色社会主义思想为指导，把党建工作抓实抓细抓出成效，以优异成绩向新中国成立70周年献礼！

企业大事记

马钢年鉴

企业大事记

1月

2日　集团公司党委书记、董事长魏尧到二铁总厂、三铁总厂调研马钢炼铁生产和高炉检修情况,并慰问一线职工。集团公司党委常委、副总经理严华,股份公司副总经理田俊、伏明,副总工程师黄发元,公司党委办公室相关负责人参加调研。

3日　省国资委副主任、党委委员陈方一行到马钢调研。集团公司领导魏尧、丁毅、唐琪明、陈昭启、严华及张乾春以及有关单位和部门负责人与陈方一行进行了座谈交流。陈方指出,新的一年希望马钢能围绕供给侧改革这条主线,保持忧患意识,提前做好经济指标预测分析,坚持"目标导向、问题导向、责任导向",不忽视、不回避发展过程中任何一个矛盾,层层传递责任,努力让改革发展成果惠及广大职工群众。陈方表示,今后省国资委会加强与马钢的沟通交流,积极为马钢创造更好的发展条件。

4日　集团公司党委书记、董事长魏尧,集团公司总经理、股份公司董事长丁毅,接待了来访的中钢集团党委书记、董事长徐思伟一行。中钢股份副总经理、中钢天源董事长王文军,中钢股份副总经理陆鹏程,集团公司副总经理任天宝,马钢相关部门负责人会见时在座。

△　马钢召开2018年一季度安委会扩大会。马钢领导魏尧、陈冬生、张晓峰、苏世怀、唐琪明、陈昭启、钱海帆、蒋育翔、陆克从、严华、任天宝及高海潮、田俊、张文洋、伏明出席会议。公司安委会成员单位主要负责人,各单位、各控股子公司党政主要负责人、安全分管负责人、安全部门负责人参加会议。集团公司总经理、股份公司董事长丁毅主持会议。

5日　集团公司党委书记、董事长魏尧,集团公司总经理、股份公司董事长丁毅,接待到访的十七冶党委书记、董事长喻世功,总经理刘安义一行。十七冶领导尹万云、曹永忠、唐克斌,马钢领导钱海帆、严华、任天宝,以及相关部门和单位负责人参加会见。

△　马钢党委召开中心组理论学习会。马钢党委中心组成员参加学习会。公司党委办公室、党委工作部、党委宣传部、纪委机关、企管部负责人列席学习会。

6日　集团公司总经理、股份公司董事长丁毅接待了到访的深圳建安集团党委书记、董事长杨定远一行。

10日　丁毅会见中国兵器工业集团节能环保公司董事长辛永献一行。

11日　马钢召开2018年供应商大会。马钢领导魏尧、丁毅、陈冬生、钱海帆及田俊、伏明、乌力平、黄发元,各相关职能部门和二级单位负责人参加会议。会议由集团公司党委常委、股份公司副总经理陆克从主持。

△　重机公司召开二届二次职工代表大会。集团公司总经理、股份公司董事长丁毅出席会议并指出,学习贯彻党的十九大精神落实到企业层面,就是要贯彻新发展理念,就是要不断增强企业的竞争力和创造力。

15日　自动化公司召开二届二次职工代表大会。集团公司总经理、股份公司董事长丁毅出席会议。

△　工程技术集团召开运营方案研讨会。集团公司总经理、股份公司董事长丁毅,集团公司副总经理任天宝出席会议。相关部门和工程技术集团负责人及有关人员参加会议。

16日　集团公司党委书记、董事长魏尧接待了到访的必和必拓全球首席商务官 Arnoud Balhuizen 一行。公司领导钱海帆、陆克从,以及相关部门和单位负责人参加会见。

17日　马钢举行重型H型钢工程轧钢生产线项目及异型坯连铸机项目合同签字仪式。集团公司党委书记、董事长魏尧出席签字仪式并致辞。西马克集团副总裁 Elmar Krieg、项目经理 Alexander Boegel,普锐特(中国)公司总裁、首席执行官 Schneider Christian、副总裁杨克云,达涅利集团执行副总裁 Morsut Luigi、达涅利(中国)执行副总裁王勇,马钢领导丁毅、苏世怀、严华、任天宝及乌力平,马钢相关部门、单位负责人和来宾参加签字仪式。签字仪式由集团公司副总经理严华主持。

△　马钢与林德集团签署合作备忘录。在随后的座谈中,集团公司总经理、股份公司董事长丁毅指出,马钢与林德集团合作基础良好,合作前景广阔。马钢愿意与林德集团在更多领域进一步加强合作,实现互

利共赢。

18日　集团公司召开2018年能源环保工作会议。马钢领导魏尧、陈冬生、张晓峰、严华及高海潮、田俊、张文洋出席会议,集团公司总经理、股份公司董事长丁毅主持会议。

△　集团公司总经理、股份公司董事长丁毅接待了到访的中国银行总行托管业务部资深产品经理魏淑英一行。集团公司领导唐琪明、陈昭启及张乾春陪同接待。

19日　副省长何树山一行来马钢调研。省国资委主任李明,省政府办公厅副主任汪春明,省经信委总工程师徐文章等参加调研。市长左俊,马钢领导魏尧、丁毅及伏明陪同调研。何树山强调,马钢要以党的十九大精神为指引,牢固树立绿色发展理念,严格落实环保刚性要求,坚持走绿色发展道路,为马鞍山以及安徽省的生态环保工作再上新台阶提供强有力支撑。要不折不扣完成去产能任务,以改革为动力,以创新为引领,做精钢铁主业,坚持多业并举,加快转型升级步伐,实现更高质量发展。

20日　马钢召开金融投资板块职工大会。集团公司总经理、股份公司董事长丁毅出席会议。集团公司副总经理陈昭启主持会议。

22日　集团公司党委书记、董事长魏尧赴南山矿,实地考察了凹山尾矿总库、和尚桥采场、凹山采场、高村采场以及卜维平大师工作室,了解生产经营情况,听取职工对安全生产、绿色发展等方面的建议。

23日　集团公司党委书记、董事长魏尧赴港料总厂,了解生产经营情况,听取该总厂应对未来几天雨雪极寒天气将采取的有效保供举措,以及听取职工对生产保供、提升效率等方面的建议。股份公司常务副总经理高海潮参加调研。

24日　集团公司党委书记、董事长魏尧接待到访的昌兴国际控股(香港)有限公司主席黄炳均一行。昌兴国际执行董事李志民、王加夫,马钢领导蒋育翔、陆克从,以及相关部门和单位负责人参加会见。

△　集团公司党委书记、董事长魏尧在公司办公楼会见金马能源股份有限公司董事长饶朝晖一行。金马能源领导王明忠、范建国,马钢领导蒋育翔、陆克从,以及相关部门和单位负责人会见时在座。

26日　马钢召开第二次应急视频会。马钢领导魏尧、陆克从、严华、任天宝及高海潮、田俊、张文洋、伏明、乌力平、黄发元、杜松林分别在主会场、分会场参加会议。

27日　集团公司党委书记、董事长魏尧赴铁运公司和港口集团调研。

29日　马钢党委中心组召开民主生活会前专题学习研讨会。马钢党委中心组成员参加会议。公司党委办公室、党委工作部、党委宣传部、纪委机关、企管部负责人列席会议。集团公司党委书记、董事长魏尧主持学习会并讲话。

31日　集团公司党委书记、董事长魏尧来到炼焦总厂和马钢化工能源科技有限公司调研。集团公司副总经理严华参加调研。

△　马钢召开信息技术产业2018年客户大会。副市长李强,安徽工业大学校长魏先文,淮北矿业副总经理王圣茂,马钢领导丁毅、蒋育翔出席会议。省经信委、省国资委有关负责同志,全国冶金自动化信息网、省软件行业协会、省信息化协会相关负责人,市直部门及开发区、雨山区、花山区领导,公司各部门、单位、分(子)公司主要负责人参加会议。

本月　集团公司党委书记、董事长魏尧当选中钢协副会长。

本月　马钢中层副职管理人员学习贯彻十九大精神集中轮训班开班。

本月　马钢与上海帕卡濑精、中国石化润滑油有限公司天津分公司等八家供应商签署了为期一年的战略合作协议。

本月　马钢铁道车辆用耐大气腐蚀热轧H型钢(新申报)、冷成型用冷轧低碳钢(复评)、冷镦钢热轧盘条(复评)、铁路快速客车辗钢整体轮(复评)四项产品顺利通过钢铁协会审定委员会认定,获得冶金产品实物质量“金杯奖”。铁道车辆用耐大气腐蚀热轧H型钢(新申报)、铁路快速客车辗钢整体车轮(复评)同时被授予“特优质量奖”。

本月　三铁总厂A号高炉中修点火开炉。

本月　马钢汽车板首次应用上汽通用新车型。

本月　马钢研制出国内最大规格重型H型钢连铸异型坯结晶器铜板。

本月　马钢建筑钢材销售大厅入驻钢晨物流园。

本月　马钢自备码头年接卸量首破千万吨。

本月　长材事业部成功试轧新品种青皮螺纹钢筋。

本月　四钢轧总厂1号300吨转炉完成大修顺利生产。

2月

1日　马钢召开新材料及化工能源产业2018年

客户大会。马鞍山市副市长李强，中国汽车工程研究院副总工程师马鸣图，安徽工业大学校长魏先文，省国资委调研员陆佩芳，中国建筑材料集团有限公司研究总院副院长、瑞泰科技董事长曾大凡，淮北矿业副总经理王圣茂，中钢集团马鞍山矿山研究院副院长徐修平，中国炼焦行业协会秘书长石岩峰，粉末冶金产业技术创新战略联盟秘书长韩伟，中国混凝土与水泥制品协会矿渣粉分会秘书长韩小华，东睦新材料集团股份有限公司副总经理史小迪，河南金马能源股份有限公司董事长饶朝晖，奥瑟亚投资有限公司中国区总裁郭基勋，以及市有关部门负责人、马钢新材料及化工能源产业板块的 162 家客户单位共 239 名代表应邀出席大会。

2 日　市委书记张岳峰对马钢奥瑟亚化工有限公司进行了实地考察。市委常委、市委秘书长吴桂林，集团公司党委常委陆克从陪同考察。

△　马钢召开矿业板块首届年会。省地矿局党委委员、副局长侯其标，市政府副秘书长谷强，中国冶金矿协常务副会长项宏海，马钢领导丁毅、苏世怀、陈昭启、蒋育翔、陆克从、严华、任天宝及黄发元出席会议。市直有关部门、经开区、雨山区、当涂县、含山县、示范园区、向山镇、繁昌县、庐江县、青阳县、霍邱县等政府部门，中南大学、北京科技大学、中国矿业大学等高等院校，矿产品使用、合同采矿、采选矿设备、物资供应、科研院所、金融机构等国内外 80 余家单位 300 余名代表，以及公司各部门、单位，矿业公司领导班子成员、各矿山主要负责人参加会议。

3 日　马钢召开 2018 年度工程技术服务年会。来自国内外 135 家单位的客户代表参会。集团公司总经理、股份公司董事长丁毅，集团公司副总经理蒋育翔出席会议。市发改委、住建委、重点局、高新技术开发区、雨山区、花山区、博望区、当涂县等政府部门，中国银行、浦发银行等金融机构的负责人，以及公司各部门、单位负责人参加会议。

5 日　集团公司党委书记、董事长魏尧接待了到访的中国建设银行安徽省分行党委书记、行长戴跃明一行。中国建设银行安徽省分行副行长姚启凡，集团公司领导丁毅、陈昭启及张乾春会见时在座。中国建设银行安徽省分行相关部门、中国建设银行马鞍山市分行负责人，马钢相关部门负责人参加会见。

7 日　集团公司总经理、股份公司董事长丁毅接待了到访的淮北矿业集团公司总经理方良才一行。集团公司党委常委、股份公司副总经理陆克从参加会见。

9 日　马钢召开 2017—2018 年度海外公司工作会议。集团公司党委书记、董事长魏尧出席会议并讲话。集团公司总经理、股份公司董事长丁毅主持会议。马钢领导陈昭启、钱海帆、蒋育翔、陆克从及田俊、章茂晗出席会议。海外事业管理部、各海外公司以及公司相关部门、单位负责人参加会议。

△　公司党委召开五届三十次常委会议，传达学习习近平在第十九届中央纪律检查委员会第二次全体会议上的讲话精神和李锦斌在省委常委会扩大会议上的讲话精神。公司党委书记魏尧，党委副书记丁毅、陈冬生，党委常委张晓峰、钱海帆、蒋育翔、严华参加了会议。集团公司副总经理苏世怀、陈昭启，公司党委办公室、党委工作部、党委宣传部、纪委负责人列席了会议。魏尧主持会议。

11 日　公司举行 2018 年春节团拜会。集团公司党委书记、董事长魏尧发表新春致辞。集团公司党委副书记、总经理丁毅主持团拜会。集团公司副总师及以上领导，股份公司总经理助理及以上领导，马钢离退休老领导和老同志代表，机关各部门主要负责人，各二级单位(分子公司)厂长(经理)、书记、副书记、纪委书记、工会主席，部分合资企业及有关单位主要负责人，以及公司各类代表、公司 2017 年年度人物共 800 多人参加会议。

12 日　马鞍山市与马钢在公司办公楼 413 会议室召开对接座谈会。张岳峰、左俊、周善武、吴桂林、章正、语圣国、季传舜等市领导，魏尧、丁毅、陈冬生、张晓峰、苏世怀、唐琪明、钱海帆、蒋育翔、陆克从、严华、任天宝等马钢领导出席座谈会。市直有关部门，马钢有关部门负责人参加座谈。座谈会由市委书记张岳峰主持。

△　集团公司总经理、股份公司董事长丁毅接待了到访的法国巴黎银行亚太区大宗商品行业主管 Pierre Joseph COSTA 一行。集团公司副总会计师张乾春陪同接待。

13 日　集团公司总经理、股份公司董事长丁毅到二铁总厂和姑山矿慰问调研。

21 日　集团公司党委书记、董事长魏尧赴长材事业部。股份公司常务副总经理高海潮陪同调研，办公室相关负责人参加调研。

24 日　马钢党委召开中心组理论学习会，就中国共产党第十九届中央委员会第二次全体会议公报(摘要)等内容进行学习。集团公司党委书记、董事长魏尧主持学习会并讲话。根据安排，集团公司领导张晓峰、钱海帆、蒋育翔作了学习发言。马钢党委中心组成员参加学习会。马钢党委办公室、党委工作部、党委宣传部、纪委机关、企管部负责人列席学习会。

28日　市委书记张岳峰在调研马鞍山市环境保护重点工作时,深入南山矿凹山采场、高村采场以及马钢南区钢渣处理综合利用基地进行了实地调研。市委副书记孙勇,市委常委、市委秘书长吴桂林,集团公司总经理、股份公司董事长丁毅,集团公司副总经理严华参加调研。

本月　马钢南山矿、汽运公司、铁运公司、港务原料总厂、热电总厂、离退休中心、轮轴事业部、长材事业部、设备检修公司、重机公司、仓配分公司、能控中心、保卫部、矿业公司、检测中心、财务公司、三铁总厂、姑山矿、特钢公司、张庄矿、资源分公司、一钢轧总厂、教培中心、招标中心等24家单位获"第五届安徽省省属企业文明单位"称号。

本月　马钢制定并下发了《生产安全事故事件中层管理人员问责管理办法》,加强了中层管理人员安全事故问责力度。

本月　马钢成立新能源汽车用钢APQP项目组。

本月　马钢承担的国家工信部2015年智能制造专项项目——轮轴智能制造数字化车间项目通过省经信委组织的专家评审验收。

本月　马钢高端线材产品跻身上汽乘用车供应商行列。

本月　马钢H型钢通过俄罗斯天然气处理厂项目二方审核。

本月　马钢再获中车2.3万吨耐候车厢板大单。

本月　马钢招标公司完成外部市场第一笔订单开拓,代理雨山区政府保安服务采购招标。

本月　马钢首次开展期货交割采购。

本月　张庄矿入选第二批国家级绿色工厂。

3月

1日　马钢召开物流板块年度战略行动计划专题会。集团公司总经理、股份公司董事长丁毅出席会议并讲话。集团公司党委常委陆克从主持会议。

2日　集团公司党委书记、董事长魏尧赴特钢公司、埃斯科特钢公司调研。

6日　省委综合考核组在马钢召开动员会。考核组组长、省人大内务司法委员会主任委员石德和作动员讲话。集团公司党委书记、董事长魏尧主持会议并代表集团公司党政领导班子作工作总结报告。会上,与会人员对集团公司领导班子和领导人员进行了民主测评和民主评议。会后,考核组还通过个别谈话、实地查看等方式对集团公司领导班子和领导人员进行年度综合考核。考核组副组长、省国资委副主任项小龙,集团公司党委副书记、总经理丁毅出席会议并在主席台就座。省委综合考核组成员,省国资委第五监事会领导,集团公司副总师及以上领导,股份公司总经理助理、副总师及以上领导出席会议。机关部室全体公司中层管理人员,各二级单位党政主要负责人,部分合资企业主要负责人,部分职工代表参加会议。

7日　马钢集团公司党委书记、董事长魏尧赴一钢轧总厂现场调研基层党建工作情况和生产经营情况。

14日　集团公司总经理、股份公司董事长丁毅与到访的中冶焦耐工程技术公司董事长于振东一行进行了座谈交流。

15日　集团公司党委书记、董事长魏尧接待了到访的中国民生银行首席风险官胡庆华一行。股份公司总经理钱海帆,民生银行有关分行、部门负责人,公司相关单位、部门负责人会谈时在座。

△　集团公司工会九届十一次(股份公司工会四届十一次)全委(扩大)会议召开。集团公司党委书记、董事长魏尧出席会议并讲话。集团公司党委常委、工会主席张晓峰作工作报告。集团公司工会第九届(股份公司工会第四届)委员会委员,经费审查委员会委员,各单位工会主席、副主席、女工主任,公司工会机关全体人员参会。

16日　马钢召开2018年党委工作会议。集团公司党委常委魏尧、丁毅、陈冬生出席会议。会议旨在贯彻落实习近平新时代中国特色社会主义思想和党的十九大精神,总结2017年公司党的工作,研究部署2018年公司党的工作主要任务,组织动员公司各级党组织和广大党员围绕公司全年工作主题,为全面完成全年各项目标任务而努力奋斗。魏尧主持基层单位党建工作现场述职评议,长材事业部、重机公司、检测中心党委负责人分别作述职报告。陈冬生主持基层单位纪委书记述责述廉和评议,南山矿、铁运公司纪委负责人分别作了述责述廉报告。魏尧作了题为《以永远在路上的坚韧和执着,推动全面从严治党不断向纵深发展》的党委工作报告。集团公司党委副书记、总经理丁毅就贯彻会议精神提出四点要求。张晓峰、钱海帆、陆克从、严华在主席台就座,集团公司副总师以上领导,股份公司总经理助理、副总师以上领导,公司党委委员、纪委委员,机关各部门主要负责人及党群部门科级以上管理人员,各二级单位党委和行政主要负责人、副书记、纪委书记、工会主席及综合管理室(党委办公室)、党群工作部(政治处)、团委、武装部负责人,公司党委巡察办成员、矩阵式党建工作领导小组办公室成员,部分合资企业党委(总支、支部)主要负责人,现场评议代表参加会议。

18日　集团公司总经理、股份公司董事长丁毅接待了到访的中冶赛迪集团公司董事长、党委书记肖学文一行。马钢领导蒋育翔、严华、任天宝及黄发元陪同接待。双方相关部门、单位负责人会见时在座。

19日　集团公司党委书记、董事长魏尧主持召开投资公司第一届董事会第七次会议,马钢领导丁毅、陈冬生、陈昭启、钱海帆、蒋育翔及张乾春出席会议。

△　集团公司党委书记、董事长魏尧赴南山矿参加指导和尚桥铁矿党支部2017年度组织生活会。

△　马钢举行“中联27”号海轮首航仪式。集团公司党委书记、董事长魏尧,集团公司总经理、股份公司董事长丁毅,集团公司董事陆克从与相关方代表参加了首航仪式。合资方代表,公司相关部门、单位负责人和职工代表共同参加仪式。

23日　集团公司党委书记、董事长魏尧接待到访的奇瑞集团董事长尹同跃一行。

26日　马钢党委召开中心组理论学习会,认真学习习近平总书记在第十三届全国人民代表大会第一次会议上的重要讲话精神等内容。集团公司党委书记、董事长魏尧主持学习会并讲话。马钢党委中心组成员参加学习会。马钢党委办公室、党委工作部、党委宣传部、纪委机关、企管部负责人列席学习会。

28日　集团公司党委副书记、总经理丁毅参加指导长钢股份基层党支部组织生活会,公司党委工作部相关负责人,长钢股份党政负责人、炼铁党支部支委会成员参加组织生活会。

29日　马钢召开合理化建议管理委员会会议,集团公司总经理、股份公司董事长丁毅主持会议。集团公司领导张晓峰、苏世怀、唐琪明、陆克从、严华出席会议,公司劳动竞赛委员会成员单位负责人参会。

本月　马钢举办中层副职管理人员学习贯彻党的十九大精神第二期集中轮训班。

本月　马钢分别与青岛斯多伯格三冶金材料有限公司、广德白云炉料有限公司、西保集团等三家辅料供应商签署战略合作协议。

本月　马钢与中石化签订润滑油脂采购战略合作协议。

本月　马钢获吉利汽车“2017年度优秀材料供应商”称号。

本月　马钢成功开发出深中通道隧道沉管试验段用剖分T型钢,并用于项目现场。

本月　马钢电子通关系统正式启用。

本月　埃斯科特钢首台银亮钢无芯磨床热负荷试车成功。

本月　马钢自制四钢轧板坯连铸机振动台替代进口。

本月　马钢《近城大型露天矿区基于系统理论的协调发展》荣获“第二十四届全国企业管理现代化创新成果”二等奖。

本月　张庄矿被认定为六安市企业技术中心。

4月

2日　马钢在矿业公司和工程技术集团分别召开落实板块经营责任动员会。集团公司总经理、股份公司董事长丁毅主持会议。公司领导唐琪明、陈昭启、蒋育翔、陆克从、严华、任天宝及张乾春出席会议。

3日　中钢设备公司、马鞍山经开区建投公司、马钢工程技术集团举行签约仪式。副市长、市经开区主任李强,集团公司总经理、股份公司董事长丁毅,中钢设备董事长陆鹏程,三方相关部门负责人等参加仪式。

△　集团公司党委书记、董事长魏尧赴二铁总厂9号高炉进行调研,并组织召开现场会。集团公司党委常委、股份公司总经理钱海帆,股份公司副总经理伏明,公司办公室、人力资源部、计财部相关负责人参加调研。

4日　马钢召开机关机构改革及人力资源优化动员大会。集团公司党委书记、董事长魏尧作动员讲话。集团公司党委副书记、总经理丁毅主持会议。集团公司党委副书记、纪委书记陈冬生作关于《集团公司、股份公司机关机构改革及人力资源优化方案》的说明,并宣布了新组建的机关部委室和服务保障机构领导班子人员组成。集团公司副总经理唐琪明宣读了《关于集团公司、股份公司机关机构改革及人力资源优化的决定》。

11日　集团公司总经理、股份公司董事长丁毅接待了到访的建信金融资产投资有限公司董事长谷裕一行。

12日　集团公司党委书记、董事长魏尧到长钢股份调研。集团公司党委常委、股份公司总经理钱海帆,当涂县委副书记、县长吴瑞新,当涂县常务副县长滕青,集团公司办公室负责人陪同调研。

△　马钢与武汉市江夏区签订投资意向书。集团公司党委书记、董事长魏尧,集团公司党委常委、股份公司总经理钱海帆,集团公司党委常委、副总经理蒋育翔,马钢相关部门、单位负责人与武汉市江夏区区委书记王清华,江夏区区长张利,武汉市江夏区相关人员,共同出席了签约仪式。股份公司总经理助理章茂晗与江夏经济开发区管委会副主任徐勇分别在《投资意向书》上签字。

13日　集团公司总经理、股份公司董事长丁毅接待了到访的中诚信国际信用评级公司董事长闫衍一行。马钢领导陈昭启及张乾春陪同接待。

14日　矿业公司召开一季度经营活动分析会。集团公司总经理、股份公司董事长丁毅,集团公司党委常委陆克从出席会议。

18日　集团公司总经理、股份公司董事长丁毅接待了到访的意大利达涅利集团董事、副总裁 Georgios Ximeris 一行。集团公司副总经理严华,股份公司副总经理田俊陪同接待。双方相关单位、部门负责人会谈时在座。

△　集团公司党委书记、董事长魏尧赴重庆长安汽车股份有限公司,与长安汽车总裁朱华荣、副总裁罗明刚等就进一步深化战略合作、促进互利共赢进行了深入沟通交流。集团公司党委常委、股份公司总经理钱海帆,销售公司相关负责人参加座谈。

△　马钢集团财务有限公司召开第二届董事会第十五次会议、2017年股东会年会。集团公司总经理、财务公司董事长丁毅主持会议。集团公司副总会计师张乾春,中国人民银行马鞍山市中心支行副行长朱先明、市银监分局相关负责人出席会议。

20日　中国物流与采购联合会副会长任豪祥、财富杂志社社长王波一行到马钢考察交流。马钢领导丁毅、陆克从及伏明参加交流或陪同参观。

23日　集团公司党委书记、董事长魏尧赴欣创公司调研经营发展、市场开拓情况。集团公司党委常委、副总经理严华,集团公司办公室负责人陪同调研。

24日　集团公司党委书记、董事长魏尧接待了到访的平安证券 ABS 业务部总经理王校师一行。集团公司副总经理、总会计师陈昭启,集团公司副总会计师张乾春,平安证券安徽分公司总经理徐圣能等相关负责人会谈时在座。

△　马钢与淮北矿业集团召开了第十一届战略合作交流会。马钢集团党委副书记、总经理、股份公司董事长丁毅、集团党委常委、董事、股份公司副总经理陆克从,淮北矿业集团公司党委副书记、总经理方良才,集团公司副总经理黄建宇,股份公司副总经理邵华及两家相关部门参加了交流。

25日　集团公司总经理、股份公司董事长丁毅与省质量技术监督局副局长高宗宏一行围绕马钢集团质量提升、全面深入推进卓越绩效管理等话题进行了深入座谈。集团公司副总经理苏世怀,管理创新部、科技管理部、矿业公司、欣创公司负责人,省、市质量技术监督局相关领导参加了座谈。

26日　马钢召开2018年管理创新委员会会议。集团公司总经理、股份公司董事长丁毅主持会议。公司领导蒋育翔及伏明、章茂晗出席会议。

△　马钢与中冶赛迪举行战略合作框架协议签字仪式。马钢集团公司党委书记、董事长魏尧,集团公司总经理、股份公司董事长丁毅,马钢领导蒋育翔、严华、任天宝及张文洋、黄发元,中冶赛迪党委书记、董事长肖学文,中冶赛迪、马钢相关部门负责人参加签字仪式。

△　马钢召开迎接中央环保督察“回头看”暨蓝天保卫战动员大会。集团公司党委书记、董事长魏尧,马钢领导丁毅、陈冬生、唐琪明、钱海帆、陆克从、严华及田俊出席会议。相关部门、单位及分(子)公司主要负责人参加会议。

△　马钢党委召开中心组理论学习会,认真学习《中共安徽省委、安徽省人民政府关于推进新时代产业工人队伍建设改革的实施意见》等内容。集团公司党委书记、董事长魏尧主持学习会并讲话。马钢党委中心组成员参加学习会。马钢党委办公室、党委工作部负责人列席学习会。学习会上,马钢党委中心组成员共同学习了《中共安徽省委、安徽省人民政府关于推进新时代产业工人队伍建设改革的实施意见》,李锦斌、李国英在长江安徽段环境污染突出问题专项整改推进会上的讲话,《人民日报》理论文章《按高质量发展要求推动经济持续健康发展》。

28日　金融投资板块召开一季度经营分析会。集团公司总经理、股份公司董事长丁毅出席会议,集团公司副总经理陈昭启主持会议。财务公司、资产经营公司、商业保理公司、融资租赁公司、投资公司参加会议。

△ 马钢隆重召开“五一”表彰大会。马钢领导魏尧、丁毅、陈冬生、张晓峰、苏世怀、唐琪明、陈昭启、钱

海帆、蒋育翔、陆克从、严华、任天宝在主席台就座。股份公司领导，集团公司机关各部门、股份公司机关各部门主要负责人，各单位党政工主要负责人及部分职工代表、各类表彰项目人员代表600多人参加表彰大会。

本月　全总权益保障部部长粟斌一行来马钢调研。

本月　全国首艘江海直达船首航活动在马钢港务原料总厂码头举行。

本月　23—27日马钢先后提前关停二铁总厂9号高炉、3号烧结机、13号高炉。

本月　马钢与云南驰宏资源综合利用有限公司签订了锌合金战略购销协议。

本月　“马钢e工汇”正式上线运行。

本月　中远海运散货运输有限公司杨志坚总经理一行拜访马钢。

本月　马钢大H型钢热轧花纹钢首次进入泰国市场。

本月　马钢硅钢材料入选电机仿真软件EasiMoto。

本月　四钢轧总厂1580毫米热轧生产线新建3号加热炉一次性点火烘炉成功。

本月　二铁总厂焦炭卸车新方式首开国内先河。

本月　能控中心三厂余能发电站成功并网发电。

本月　合肥板材公司酸轧产线日产量达到5677.91吨，创下新纪录。

5月

5日　集团公司党委书记、董事长魏尧赴制造部、四钢轧总厂调研。股份公司副总经理张文洋，公司办公室、制造部、四钢轧总厂负责人陪同调研。

7—8日　2018年冶金记协好新闻评审会在马钢召开。全国冶金记协会长、中国冶金报社社长陆闻言等出席会议。会议期间，集团公司领导魏尧、丁毅、陈冬生分别会见了陆闻言，介绍马钢生产经营情况和改革发展思路。会见中，双方就钢铁行业如何实现高质量发展、新形势下如何进一步做好宣传思想文化工作等话题进行了深入交流。

8日　集团公司党委书记、董事长魏尧在公司办公楼国际厅接待了到访的原铁道部常务副部长、中国工程院院士孙永福一行。马钢领导丁毅、苏世怀及杜松林，中国铁路总公司，中国铁路上海局相关人员，马钢相关部门、单位负责人参加座谈。孙永福在座谈中指出，将积极帮助协调解决问题，为马钢轮轴产业发展提供支持。

△　马钢党委召开中央巡视整改“回头看”工作推进会，深入学习贯彻省委巡视整改“回头看”工作通知精神和省国资委党委相关工作要求，进一步巩固和拓展中央巡视组巡视“回头看”反馈意见整改、省委巡视组反馈意见整改和监事会监督检查发展问题整改成果，加强领导、落实责任，以更高标准更严要求全力以赴推进整改任务落实，为实现马钢高质量发展提供坚强的政治保证。集团公司党委书记、董事长魏尧，集团公司党委副书记、总经理丁毅，集团公司党委副书记、纪委书记陈冬生出席会议。会议由丁毅主持。集团公司机关各部门、股份公司机关各部门主要负责人和巡视整改工作联络员，各单位党政主要负责人、纪委书记和巡视整改工作联络员，部分合资企业党政主要负责人和巡视整改工作联络员参加会议。魏尧提出三个方面要求。丁毅就贯彻落实此次会议精神，提出三点要求。会上，陈冬生带领与会人员深入学习了《中共安徽省委办公厅关于在全省范围开展以“查漏洞、抓反弹、补短板”为主要内容的中央巡视整改情况“回头看”工作的通知》精神和省国资委党委相关工作要求。

△　马钢召开安全生产专题会议，通报近期发生的安全生产事故，对下阶段安全生产工作进行安排部署。马钢领导魏尧、丁毅、陈冬生、钱海帆、严华、任天宝及田俊、张文洋出席会议。公司相关部门、单位负责人参加会议。

10日　安徽海螺集团公司党委副书记齐生立一行到马钢就加强国企党的建设工作交流座谈。座谈前，集团公司党委书记、董事长魏尧会见了齐生立一行。

11日　马钢召开2018年综治委第一次全委会会议。马钢领导丁毅、陈冬生、张晓峰、唐琪明及伏明出席会议。综治委成员单位相关负责人参加了会议。会议由张晓峰主持。

△　集团公司党委书记、董事长魏尧在公司办公楼接待了到访的国寿养老保险公司党委书记、总裁崔勇一行。集团公司党委副书记、纪委书记陈冬生，集团公司副总经理、总会计师陈昭启，国寿财富管理公司副总经理王剑杰，国寿养老保险公司安徽分公司党委书记、总经理陈健等相关负责人会谈时在座。

14日　集团公司党委书记、董事长魏尧主持召开马钢9号高炉工业遗产保护领导小组第一次会议。会议听取了有关专家对9号高炉工业遗产保护基本设想，围绕工业遗产的申报和保护等相关工作开展讨论。马钢领导陈冬生、钱海帆、严华及田俊、伏明、张乾春、黄发元出席会议。领导小组成员单位负责人参加会议。

15日　集团公司党委书记、董事长魏尧在公司办公楼国际厅接待了到访的法国法孚集团全球冶金总裁Guillaume Mehlman一行。双方就创新合作机制、巩固合作关系进行了深入交流,并达成共识。马钢领导钱海帆、严华,法孚中国区总裁单晓阳,双方相关部门、单位、子公司负责人参加座谈。

16日　全国人大常委会副委员长、民盟中央主席丁仲礼率全国人大常委会执法检查组一行来到马钢热电总厂新区、利民星火冶金渣环保公司,检查指导环保工作。全国人大环资委委员王秀峰、沈岩、张柏楠参加检查指导。省人大常委会副主任、省总工会主席李明,省人大常委会委员洪禹侯、李行进,省环保厅副厅长贺泽群,市人大常委会主任从辉、副主任魏正平,副市长方文,集团公司党委常委、副总经理严华陪同检查。

19日　集团公司党委书记、董事长魏尧,集团公司总经理、股份公司董事长丁毅共同为飞马智科公司揭牌,这标志着飞马智科信息技术股份有限公司正式开始运营。集团公司副总经理、飞马智科董事长蒋育翔主持揭牌仪式。

21日　中央巡视整改情况"回头看"工作督查汇报会在公司办公楼19楼会议室举行。集团公司党委书记、董事长魏尧主持了督查汇报会。省国资委党委督查组组长、国资委监事会主席陈新,省国资委党委督查组成员,集团公司领导丁毅、陈冬生、张晓峰、唐琪明、陈昭启、钱海帆、蒋育翔、严华及张乾春出席汇报会。公司相关部门负责人参加汇报会。陈新代表督查组传达了省国资委关于做好中央巡视整改"回头看"督查工作总体要求,指出要全面贯彻落实党的十九大和十九届二中、三中全会精神,认真贯彻中央巡视工作方针,聚焦坚持和加强党的全面领导、新时代党的建设总要求,紧紧围绕中央巡视反馈意见,查漏洞、抓反弹、补短板,进一步明确责任,加强督查、严肃问责,推动全面从严治党向纵深发展。他希望在此次督查工作开展过程中,相关部门积极做好配合工作,确保督查工作取得实效。魏尧代表集团公司党委和集团公司领导班子向督查组郑重表态:一是进一步深刻认识开展巡视整改"回头看"工作的重要意义,切实把思想和行动统一到省委、省国资委党委决策部署上来。二是积极配合,积极推动督查工作顺利开展。三是认真落实整改,推动马钢各项工作不断进步。

25日　马钢召开集团财务核算信息化建设推进会。公司领导丁毅、陈冬生、陈昭启、严华、任天宝及张乾春出席会议。公司有关部门主要负责人及相关人员,各二级单位主要负责人、财务负责人及信息化关键用户参加会议。会上,矿业公司、工程技术集团就财务共享实施情况作汇报发言。管理创新部作项目进度安排汇报。金蝶公司、飞马智科公司就有关情况作汇报发言。

△　2018世界制造业大会和2018中国国际徽商大会在合肥开幕。全国政协副主席、民革中央常务副主席郑建邦致辞并宣布大会开幕。省委书记李锦斌致辞。省委副书记、省长李国英主持开幕式。集团公司党委书记、董事长魏尧受邀参加此次大会。在大会主展馆的国内智能制造展区,马钢动车组车轮、车轴,飞马智科公司的钢卷贴标机器人和安徽祥云公司的云产品以及工业互联网解决方案亮相大会。大会宣传片《安徽制造　美好未来》更有马钢制造亮相。大会前一天,集团公司总经理、股份公司董事长丁毅参加了中央企业助力国家全面创新改革(安徽)试验区建设座谈会,并在会议前分别会见了中国建材集团、中国五矿集团、中国联通集团的与会领导,就进一步深化合作关系、拓展合作领域进行了深入交流。在此次座谈会上,由马钢签约的"飞马智科马鞍山大数据及智慧生活产业园项目",是央企和安徽省属企业强化合作的最新成果,计划建设10000机柜的国家A类数据中心和12条服务器及智能家居产品生产线,致力于打造地区云计算中心及智能家居产品制造基地。

28日　根据省委综合考核组的安排,省委第二十二综合考核组对马钢集团公司领导班子和领导干部综合考核结果反馈会在公司办公楼19楼会议室召开。省委第二十二综合考核组组长、省人大内务司法委员会主任委员石德和在会上反馈综合考核情况。集团公司党委书记、董事长魏尧主持会议并代表集团公司领导班子作表态发言。省委第二十二综合考核组成员,丁毅、陈冬生等集团公司副总师及以上领导,集团公司机关部门主要负责人参加会议。

29日　集团公司总经理、股份公司董事长丁毅在公司办公楼国际会议厅接待了到访的香港光银国际副行政总裁李虎一行。集团公司党委常委陆克从陪同接待。双方相关单位、部门负责人会谈时在座。

△　马钢与十七冶战略合作框架协议签字仪式在马钢办公楼20楼会议室举行。集团公司党委书记、董事长魏尧,集团公司总经理、股份公司董事长丁毅,十七冶党委书记、董事长喻世功,十七冶纪委书记、副总

经理蔡进共同见证,集团公司副总经理任天宝,十七冶副总经理唐克斌分别在战略合作框架协议上签字。十七冶总经理助理王青山、马钢股份公司副总经理田俊,十七冶、马钢相关部门负责人参加签字仪式。

△ 安徽省副省长、省国资委主任、党委书记何树山到马鞍山市调研“四送一服”双千工程,并深入马钢9号高炉、轮轴事业部车轮生产线进行实地调研。省政府办公厅副主任汪春明,省经信委副主任王厚亮,市长左俊,马钢领导魏尧、丁毅、苏世怀、严华及伏明、杜松林,省驻马“四送一服”工作组相关负责人陪同调研。何树山在调研时强调,各地各部门要扎实推进“四送一服”双千工程,深入企业送新发展理念、送支持政策、送创新项目、送生产要素,服务实体经济。

30日 集团公司召开财务共享中心建设动员大会,进一步统一思想、提高认识,加快财务共享中心建设,为集团公司全面实现业务财务一体化提供有力支撑。集团公司党委书记、董事长魏尧出席会议并讲话。集团公司总经理、股份公司董事长丁毅主持会议。集团公司领导、股份公司经营层成员出席会议。集团公司机关部门、直属机构主要负责人,股份公司机关部门主要负责人、二级单位(子分公司)主要负责人及财务负责人,多元板块相关单位主要负责人及财务负责人参加会议。

31日 马钢举行第二届职工经济技术创新成果发布会暨职工创新论坛。这次会议总结经验、表彰先进,旨在进一步深化职工岗位创新创效活动,激发广大职工创新热情,为推动马钢高质量发展持续注入动力与活力。集团公司领导丁毅、张晓峰、苏世怀、唐琪明、陆克从出席会议。公司劳动竞赛委员会相关成员单位负责人,各单位行政领导、工会主席、工会干部及基层创新骨干代表共计270余人参加会议。

本月 集团公司被评选为“2017年安徽省制造业综合实力50强企业”。集团公司总经理、党委副书记丁毅被评选为“2017年安徽省制造业50名优秀企业家”。

本月 2018年度“品牌钢铁TOP”评选结果揭晓,马钢蝉联中国“十大卓越钢铁企业”品牌。

本月 公司党委巡察组分别进驻轮轴事业部、国贸公司、监理公司、康泰公司和仓配分公司开展巡察工作。

本月 马钢全面启动2018年防汛工作。

本月 马钢开展反恐维稳暨突发事件应急演练。

本月 马钢参加在上海举办的首届中国自主品牌博览会。

本月 马钢100吨S355JO-BH700毫米X300毫米优质合金钢材首次出口非洲加纳。

本月 马钢供澳大利亚AURIZON公司AU915-TL、AU850-TL、AU760-TL三种规格车轮开始下线包装。

本月 马钢承担的省科技攻关计划项目“高强度热镀锌双相钢制造及应用技术”通过验收。

本月 马钢承担的省科技重大专项计划项目“重载列车用高强度高耐候先进结构钢材料及制造技术研究”通过验收。

本月 “马钢杯”马鞍山市首届品牌故事大赛决赛在马钢教培中心举行,冷轧总厂谢庆云讲述的《细节决定成败》荣获一等奖,热电总厂尚慧慧讲述的《了不起的马钢热电》荣获三等奖,马钢荣获优秀组织奖。

本月 《中国冶金报》发布了2018年中国钢铁企业品牌排行榜,表面技术公司荣获“2018年度钢铁装备技术品牌供应商”称号。

本月 欣创环保与宝钢节能环保技术有限公司、科林环保技术有限责任公司签订钢铁行业SCR中低温脱硝项目合作框架协议。

本月 埃斯科特钢顺利通过中车集团两家铁路弹簧制造厂CRCC认证,并获得了首批采购500吨铁路弹簧用钢的大单,实现了轨道交通用钢产品销售零的突破。

本月 中央电视台“共抓大保护、不搞大开发”特别报道《直播长江》节目组走进马钢,对南山矿凹山采场生态修复工作进行直播。

本月 “美丽中国长江行——共舞长江经济带生态篇”网络主题活动走进马钢姑山矿生态复垦基地。央视网、中新网等中央主要新闻网站、长江经济带沿线省市主要媒体及安徽省主要新闻网站共25家媒体的记者进行了集中采访。

6月

1日 马钢党委召开中心组理论学习会,认真学习习近平总书记在纪念马克思诞辰200周年大会上的重要讲话精神等内容。集团公司党委书记、董事长魏尧主持学习会,党委中心组成员参加学习会。学习会上,马钢党委中心组成员共同学习了习近平总书记在纪念马克思诞辰200周年大会上的重要讲话精神、习近平总书记在全国生态环境保护大会上的重要讲话精神、中共中央办公厅印发的《关于进一步激励广大干部新时代新担当新作为的意见》。

5日　集团公司总经理、股份公司董事长丁毅在公司办公楼会议室接待了到访的巴克曼全球副总裁Christine Staples一行。

△　集团公司党委书记、董事长魏尧在公司办公楼热情接待了到访的韩国奥瑟亚株式会社代表理事、社长李宇铉一行,双方就发挥各自优势深化合作进行了深入交流。集团公司总经理、股份公司董事长丁毅,集团公司副总经理唐琪明,集团公司副总经理蒋育翔,奥瑟亚总部战略企划部常务郑昶炫,奥瑟亚中国投资有限公司总经理郭基勋,以及化工能源公司、马钢奥瑟亚相关负责人参加会谈。

7日　集团公司总经理、股份公司董事长丁毅在公司办公楼会议室与中质协品牌专家林海一行围绕马钢品牌建设、品牌形象传播等话题进行了深入座谈。集团公司、股份公司有关部门负责人参加了座谈。

11日　集团公司党委书记、董事长魏尧赴张庄矿调研生产经营和改革发展情况。集团公司党委副书记、纪委书记陈冬生陪同调研。

12日　集团公司党委书记、董事长魏尧率队赴阜南县,代表马钢为两个对口帮扶村分别送上60万元产业扶贫资金,与县、镇、村负责人以及马钢选派驻村干部进行座谈交流,走访看望慰问贫困户,实地调研定点扶贫工作推进情况。集团公司党委副书记、纪委书记陈冬生参加了调研座谈和走访慰问。

13日　集团公司总经理、股份公司董事长丁毅在公司办公楼接待了到访的北京科技大学原校长、钢铁共性技术协同创新中心主任徐金梧一行。集团公司副总经理蒋育翔,股份公司副总经理张文洋陪同接待。

△　马钢召开"讲忠诚、严纪律、立政德"专题警示教育动员会,旨在以习近平新时代中国特色社会主义思想和党的十九大精神为指引,贯彻落实省委、省国资委党委指示精神,以鲁炜案、徽商集团腐败窝案等案件为反面教材,对公司开展"讲忠诚、严纪律、立政德"专题警示教育进行动员部署。集团公司党委书记、董事长魏尧主持会议,集团公司党委副书记、总经理丁毅传达省国资系统"讲忠诚、严纪律、立政德"专题警示教育动员会暨省属企业党风廉政建设和反腐败工作会议精神,通报集团公司"讲忠诚、严纪律、立政德"专题警示教育实施方案。

14日　团省委直属企业团委年度工作会在马钢召开。会议旨在深入学习贯彻习近平新时代中国特色社会主义思想和党的十九大精神,深入贯彻落实习近平总书记关于群团改革、青少年和共青团工作重要指示精神,进一步推动新时代团省委直属企业团委工作。团省委书记孔涛出席会议并讲话。集团公司党委书记、董事长魏尧出席第一阶段会议并致辞。团省委相关部门负责人,团省委直属企业团委、直接联系团组织负责人参加会议。马钢部分基层单位团委负责人列席旁听会议。

△　集团公司党委书记、董事长魏尧主持召开环保专题会,针对省委环保调研有关问题,追根溯源查找分析有关问题原因,研究部署问题解决方案。集团公司副总经理严华,安全管理(能环)部、计财部、工程与设备部、能控中心、资源分公司负责人参加会议。

△　集团公司党委书记、董事长魏尧赴冷轧总厂工匠基地调研该总厂创新平台建设和人才培养等方面情况。集团公司副总经理严华陪同调研。

19日　马钢党委召开中心组专题学习会,认真学习习近平总书记今年全国"两会"期间在参加重庆代表团审议时关于"政德"的重要论述。集团公司党委书记、董事长魏尧主持学习会并讲话。马钢党委中心组成员参加学习会。

20日　集团公司党委书记、董事长魏尧在公司办公楼接待了到访的省地矿局党委书记、局长李从文一行。双方就强化优势互补、资源整合,推进双方高质量发展达成广泛共识。

26日　集团公司党委书记、董事长魏尧在公司办公楼主持召开党建工作专题调研座谈会,旨在贯彻党建工作责任制要求,对上半年党建工作情况进行调研和总结,研究和部署下一阶段重点工作,同时与基层党组织各类代表进行座谈交流,共同庆祝建党97周年。集团机关党群部门负责人,集团多元板块党委书记代表、股份公司二级单位党委书记代表、基层党支部书记代表和基层党代会代表参加会议。

△　马钢领导魏尧、丁毅、陈冬生分别看望慰问困难党员,为他们带去组织的关怀和温暖,送上真挚的慰问与祝福。

28日　马钢举行2018年"七一"表彰大会,庆祝建党97周年,重温共产党人的初心和使命,表彰公司党建工作中涌现出来的先进集体和先进个人,激励动员公司各级党组织和全体党员敢立潮头、勇当先行,为推动马钢高质量发展提供坚强有力的政治保证。集团公司党委书记、董事长魏尧主持会议。

△　公司召开机关机构改革和人力资源优化总结大会,集团公司党委书记、董事长魏尧指出,在公司党

委的坚强领导下，在公司上下的共同努力下，经过近三个月的扎实推进，公司机关机构改革及人力资源优化工作取得了阶段性成果，呈现出“谋划实、推进快、过程稳”三大特点。魏尧指出，机关机构改革拉开了公司深化改革的大幕，围绕集团公司战略定位、理顺母子公司关系、完善企业治理结构，集团公司机关机构改革后，集团已经或即将发生六个方面的重大变化：一是公司组织机构发生重大变化，二是机关管理职能发生重大变化，三是集团管控模式发生重大变化，四是干部管理权限发生重大变化，五是薪酬分配制度发生重大变化，六是公共服务模式发生重大变化。魏尧强调，适应这六个方面的重大变化，是公司上下当前面临的重要考验，必须坚持创新驱动，以创新的思路、创新的方法、创新的举措，全面落实五大任务，持续激发高质量发展的强大内生动力。一是强化顶层设计，建立集团有效管控体系。二是做实板块功能，提升产业发展活力。三是释放协同效应，提升公共服务水平。四是创新体制机制，优化人力资源管理。五是健全监督机制，提升依法治企能力。

29日 集团公司党委书记、董事长魏尧在公司办公楼主持召开党风廉政建设专题会，落实党风廉政建设责任制要求，听取党风廉政建设工作情况汇报，与基层党风廉政建设各类代表进行交流，研究和部署下一阶段重点工作。集团公司党委副书记、总经理丁毅，集团公司党委副书记、纪委书记陈冬生，集团机关党群部门主要负责人，部分基层单位党委书记、纪委书记和基层纪委委员、党风监督员代表出席会议。

△ 马钢召开2018年企业年金理事会会议。集团公司领导魏尧、丁毅、陈冬生、张晓峰、陈昭启及张乾春，马钢企业年金理事会全体理事参加了会议。集团公司党委副书记、纪委书记陈冬生主持会议。

本月 公司党委第二巡察组进驻张庄矿开展专项巡察。

本月 马钢被安徽省卫计委授予安徽省2018年“无偿献血先进集体”称号。

本月 马钢获全市“三项岗位人员”安全技能大赛团体第一名。

本月 马钢电子招投标平台通过中国信息安全认证中心专家组现场审核。

本月 马钢1200兆帕薄规格热轧超高强钢国内首发。

本月 股份公司通过测量管理体系年度监督审核。

本月 马鞍山钢铁股份有限公司联合钢铁研究总院、中国铁道科学研究院、西南交通大学、北京科技大学等单位承担的国家高技术研究发展计划（“863”计划）“30吨轴重重载列车车轮材料服役行为及关键设计、制备技术”（2015AA034302）顺利通过科技部组织的课题技术验收。

本月 四钢轧总厂1580热轧新建3号加热炉试生产一次性成功。

本月 马钢“露天矿用多自由度多功能带式输送机”科技成果通过中国重型机械工业协会鉴定。

本月 物流公司“三标一体化”管理体系通过北京国金衡信认证有限公司审核组认证审核。

本月 马建集团公司申报的《既有混凝土结构耐久性检测评估办法与维修加固关键技术》，荣获省科技进步二等奖。

7月

5日 马钢召开精益工厂推进交流会。集团公司总经理、股份公司董事长丁毅，集团公司党委副书记、纪委书记陈冬生，集团公司党委常委陆克从，集团公司副总经理任天宝，股份公司副总经理田俊、张文洋，集团公司和股份公司相关部门，精益工厂试点单位、跟进单位相关负责人，3A公司代表等参加会议。

11日 省属国有企业监事会主席陈新率省国资委党委“讲严立”第二督导组来马钢就“讲严立”专题警示教育开展督查指导。集团公司党委书记、董事长魏尧，集团公司党委副书记、纪委书记陈冬生出席督导会。公司有关部门及相关单位负责人参加督导会。

△ 马钢党委召开党员领导干部“讲严立”专题民主生活会，旨在坚持以习近平新时代中国特色社会主义思想为指导，深入贯彻新时代党的建设总要求，严格对照“六聚焦六整肃”要求，以鲁炜案、我省“陈、杨、周”案、徽商集团窝案，以及马钢近年来发生的少数党员干部违纪违法案件等为反面教材，结合巡视巡查反馈、上次民主生活会以来接受组织约谈函询等情况，深入查摆突出问题，开展批评和自我批评，进一步树牢“四个意识”，坚定“四个自信”，做到“五个纯粹”，持续优化政治生态和政治文化，为全面加快建成“运营良好、环境友好、家园美好”的新时代马钢提供坚强的政治保证。集团公司党委书记、董事长魏尧主持会议。省属国有企业监事会主席陈新，集团公司领导班子成员出席会议。股份公司副总经理以上领导、集团公司副总师、股份公司总经理助理和副总师列席会议。

13日　办公室第一党支部召开“讲严立”专题组织生活会,集团公司领导魏尧等以普通党员身份参加。会上,与会人员集体学习了“讲忠诚、严纪律、立政德”专题警示教育学习材料,并就学习心得体会作了交流发言。

18日　集团公司党委书记、董事长魏尧参加指导飞马智科“讲严立”专题警示教育专题民主生活会。集团公司党委工作部、纪委相关负责人,飞马智科党委班子全体成员参加会议。

19日　集团公司召开安全生产专题会,传达省长李国英、常务副省长邓向阳以及市委市政府主要领导对四钢轧总厂煤气泄漏事故的批示,认真落实批示精神,研究部署当前和今后一段时期的安全生产重点工作。集团公司党委书记、董事长魏尧主持会议。集团公司领导,股份公司经营层成员出席会议。集团公司机关部门、直属机构党政主要负责人,股份公司机关部门主要负责人及下属二级单位(子分公司)党政主要负责人,集团其他二级子分公司党政主要负责人及下属二级单位(子分公司)党政主要负责人,部分合资企业党政主要负责人参加会议。

△　马钢召开2018年上半年经济运行分析会,总结公司上半年经济运行情况,分析查摆存在的问题和不足,安排部署下半年重点工作。集团公司党委书记、董事长魏尧主持会议。丁毅、陈冬生等集团公司领导,股份公司经营层成员出席会议。集团公司机关部门、直属机构党政主要负责人,股份公司机关部门主要负责人及下属二级单位(子分公司)党政主要负责人,集团其他二级子分公司党政主要负责人及下属二级单位(子分公司)党政主要负责人,部分合资企业党政主要负责人参加会议。

△　马钢举行2018年新员工入职典礼,集团公司党委书记、董事长魏尧寄语新入职员工:爱岗敬业,脚踏实地,融入马钢,热爱马钢,为马钢高质量发展贡献青春力量。马钢领导陈冬生、张晓峰、唐琪明出席典礼。公司相关部门负责人及各相关单位负责人,全体新入职员工参加典礼。

△　集团公司总经理、股份公司董事长丁毅,集团公司副总经理严华一行首先来到长材事业部大H型钢生产线,看望慰问设备检修公司正在施工的职工。

20日　集团公司党委书记、董事长魏尧,集团公司党委常委、工会主席张晓峰一行,来到长材事业部炼钢一分厂、冷轧总厂冷轧一分厂慰问职工。

23日　集团公司党委副书记、总经理丁毅参加指导南山矿“讲严立”专题警示教育专题民主生活会。集团公司相关部门负责人,南山矿党委班子全体成员参加了会议。

△　集团公司总经理、股份公司董事长丁毅赴南山矿和尚桥选厂生产现场实地了解查看精益工厂创建情况。

24日　工程技术板块召开上半年经济运营分析会,集团公司总经理、股份公司董事长丁毅出席会议并讲话。集团公司副总经理任天宝主持会议。公司相关部门负责人,工程技术集团及分子公司、工程技术板块成员单位党政主要负责人参加会议。

27日　集团公司总经理、股份公司董事长丁毅在公司办公楼接待了到访的山西省介休市市长张驰、山西路鑫能源集团董事长朱福连一行。双方就强化优势互补、深化合作共赢进行了深入交流与研讨。集团公司副总经理唐琪明,介休市经济技术开发区党工委书记、管委会主任乔洪治、山西路鑫能源集团总经理赵海兵,以及双方相关单位、部门负责人参加会谈。

△　马钢党委召开中心组理论学习会,认真学习习近平总书记关于加强党的政治建设、贯彻新时代党的组织路线、加强生态环境保护工作的重要论述,李锦斌书记关于推进“讲严立”专题警示教育的讲话精神、关于扎实做好安全生产工作的重要批示。集团公司党委书记、董事长魏尧主持学习会并提出四点要求。马钢党委中心组成员参加学习会。

30日　省国资委第五监事会进驻马钢开展集中监督检查,集中监督检查进驻会在公司办公楼召开。省国资委监事会主席陈新作动员讲话。集团公司总经理、股份公司董事长丁毅主持会议。集团公司领导陈昭启、蒋育翔及张乾春出席会议。检查组成员,公司相关部门负责人及有关人员、分子公司分管领导及财务负责人参加会议。

31日　股份公司召开竞争力分析大会,发布股份公司今年1—5月竞争力分析报告,通报对标情况,交流工作经验,动员公司上下抢抓机遇、乘势而上,奋力夺取全年更好经营绩效。集团公司领导丁毅、陈冬生、钱海帆、蒋育翔,股份公司经营层张文洋、伏明、乌力平、章茂晗出席会议。股份公司机关部门及二级单位公司中层副职及以上管理人员,部分合资公司行政主要负责人,股份公司高级技术主管及APQP正、副组长、销售负责人参加会议。集团公司党委副书记、纪委书记陈冬生主持会议。

本月　马钢集团公司和马钢股份公司同时荣获双

机构“AAA”信用等级。

本月 马钢集团与诚兴集团、昕源集团合资设立马钢诚兴金属资源有限公司。

本月 《马钢2016—2017社会责任报告》获评省年度“最佳社会责任报告”。

本月 公司工会举办首届马钢“职工网上练兵”活动。

本月 马钢160件时速320公里高速车轮出口德国铁路公司。

本月 马钢成功开发980兆帕级QP第三代汽车用钢。

本月 马钢热轧H型钢首次出口斐济。

本月 马钢型材升级改造项目加热炉点火烘炉。

本月 马钢汽车板、特钢、车桥等产品参加上海2018年亚洲汽车轻量化展览会。

本月 马钢轮轴事业部《减少精辐板孔车轮单件加工时间》获冶金工业质量经营联盟2018年度“冶金质量联盟杯”优秀QC小组展示交流会“特等奖”。

本月 欣创公司获环保工程专业承包一级资质。

本月 马钢物流公司通过国家5A级物流企业现场评估。

本月 安徽中联海运公司通过4A级物流企业现场评审。

本月 马钢第一艘8.5万吨级船舶“中联86”号首航。

8月

1日 集团公司总经理、股份公司董事长丁毅在公司办公楼国际会议厅接待了到访的意大利达涅利集团首席执行官马雷斯奇一行。

2日 集团公司总经理、股份公司董事长丁毅在公司办公楼接待了到访的香港中央证券登记有限公司董事总经理慈盈一行。

7日 集团公司总经理、股份公司董事长丁毅与北京科技大学校长杨仁树共同为马钢-北京科技大学冶金智能制造技术创新中心揭牌。北京科技大学副校长吕昭平，集团公司领导苏世怀、钱海帆、蒋育翔，股份公司经营层成员张文洋，公司相关部门、单位负责人共同见证。

13日 集团公司召开高海建、丁毅任期经济责任审计进点见面会。省审计厅党组成员、副厅长、审计组组长方正，集团公司党委书记、董事长魏尧在会上讲话。集团公司原党委书记、原董事长高海建，集团公司总经理丁毅在会上先后作表态发言。省审计厅有关领导、审计组领导及部分成员，集团公司领导，股份公司经营层出席会议。集团公司机关部门负责人，集团公司直属机构党政负责人，股份公司机关部门负责人及二级单位(子分公司)党政负责人，集团公司其他二级子公司及二级单位(子分公司)党政负责人，部分合资企业党政负责人参加会议。

14日 集团公司总经理、股份公司董事长丁毅在公司办公楼主持召开多元板块2018年上半年标杆管理工作专题推进会，总结上半年标杆管理工作，并对下半年工作进行研究、部署。集团公司领导苏世怀、唐琪明、陈昭启、蒋育翔、严华、任天宝及张乾春、王文潇，相关单位及部门负责人参加会议。

17日 根据省国资委党委统一部署，马钢党委召开“三查三问”对照检查会，以案为鉴，以案明纪，以案促改，教育引导广大党员领导干部践行“三严三实”，保持绝对忠诚、严守纪律规矩、树立良好政德、努力担当作为，切实推动“讲严立”专题警示教育向纵深发展。集团公司党委书记、董事长魏尧主持会议。省属国有企业监事会主席陈新等到会指导。集团公司领导班子成员出席会议。股份公司副总经理以上领导，集团公司、股份公司总经理助理和副总师列席会议。

20日 马钢召开党委常委会，专题听取集团公司党委2018年上半年对9家单位巡察情况的报告。集团公司党委书记、董事长魏尧主持会议并讲话。集团公司党委常委丁毅、陈冬生、张晓峰、钱海帆、陆克从、严华参加会议。集团公司领导苏世怀、唐琪明、陈昭启、任天宝列席会议。魏尧指出，公司党委巡察工作领导小组认真贯彻落实中央、省委和省国资委党委关于巡视巡察的新精神新要求，忠诚履行党章赋予的职责，深化政治巡察，坚决落实“两个维护”，巡察工作方向明确，聚焦问题精准，效果日益彰显。

23日 集团公司召开能源环保委员会(扩大)会议，总结公司2018年以来能源环保工作，分析能源环保面临的新形势，对扎实做好能源环保工作、坚决打好污染防治攻坚战、加快推进超低排放改造作出全面部署。集团公司党委书记、董事长魏尧出席会议并讲话。集团公司总经理、股份公司董事长丁毅主持会议。公司领导张晓峰、苏世怀、唐琪明、陈昭启、陆克从、严华、任天宝及田俊、王文潇出席会议。公司各单位、各部门主要负责人及有关单位分管负责人参加会议。

24日 集团公司党委书记、董事长魏尧赴南山矿、能控中心、炼焦总厂督查马钢环保工作。集团公司副总经理严华,办公室、能环部负责人陪同督查。

28日 共青团马钢集团公司第十次(股份公司第四次)代表大会在马钢办公楼会堂举行。集团公司党委书记、董事长魏尧出席大会开幕式并讲话。集团公司党委常委丁毅、陈冬生、张晓峰、钱海帆、蒋育翔、陆克从,团省委副书记、省青联主席杨正,团省委、团市委相关负责人参加会议。各单位党委分管共青团工作的领导参加开幕式,196名团员代表出席会议。

31日 马钢举行硅钢高牌号改造项目一硅钢适应性改造竣工投产仪式。集团公司总经理、股份公司董事长丁毅出席仪式并宣布一硅钢适应性改造项目竣工投产。股份公司总经理钱海帆、日本PTJ株式会社常务执行董事后藤先生、中冶南方集团公司副总经理郑剑辉出席活动并分别致辞。集团公司副总经理严华,股份公司经营层成员乌力平、黄发元、杜松林,马钢各相关单位负责人,参建单位及冷轧总厂干部职工代表参加仪式。

△ 肯尼亚工贸部部长皮特·蒙亚,在省外办主任孙勇陪同下,率团来马钢考察交流。集团公司总经理、股份公司董事长丁毅,集团公司副总经理蒋育翔,与皮特·蒙亚一行进行了座谈交流。

本月 马钢与安徽工业大学举行"智能皮带桥"产学研合作签约仪式。

本月 马钢渗碳齿轮钢顺利通过中车戚墅堰机车车辆工艺研究所有限公司认证,并在"复兴号"高铁及"和谐号"动车组装车使用。

本月 马钢集团公司数字城管平台上线开通。

本月 马钢生产的高铁扣件用弹簧钢60Si2CrVAT首次在齐齐哈尔车辆有限公司装车试用。

本月 马钢型材升级改造项目轧制区热负荷试车成功。

本月 马钢硅钢高牌号改造项目一硅钢适应性改造竣工。

本月 马钢集团申报的"基于云平台的数字档案馆建设"荣获安徽省企业档案工作管理创新优秀案例一等奖。

本月 马钢申报的"基于战略导向的钢铁多元品牌构建"和"马钢品牌建设舆论场的全方位构筑"两项成果获评"2017年中国企业品牌创新成果"。

本月 "马钢高速车轮制造技术创新"项目获2018年冶金科学技术奖一等奖,"地下金属矿山绿色安全高效关键技术开发""CTX旋转磁场干式磁选机在超细碎闭路碎矿回路中的应用研究"两个项目获2018年冶金科学技术奖二等奖,"大型烧结机高效、环保、节能绿色集成综合技术""汽车用IF钢优质、高效生产技术集成及应用研究"两个项目获2018年冶金科学技术奖三等奖。

本月 马钢轨道交通用高端车轮产品研发团队获首届省创新争先奖。

本月 马钢H型钢产品通过JIS换证复评现场审核。

本月 股份公司起草的《高耐候热轧型钢》《船用热轧T型钢》《H型钢腹板平面检验平尺》以及修订的国家标准《铁路机车、车辆车轴用钢》(GB/T 5068)四项标准顺利通过全国钢标委型钢分技术委员会评审。

本月 股份公司入选"2018中国最佳董事会50强"榜单。

本月 冷轧总厂彩涂一号线热负荷试车成功,正式恢复生产。

本月 三铁总厂A号烧结机获得全国重点大型耗能钢铁生产设备节能降耗对标竞赛300平方米以上烧结机"冠军炉"荣誉称号。二铁总厂4号高炉、三铁总厂B号高炉分获3000立方米(含)至4000立方米高炉、4000立方米及以上高炉"优胜炉"荣誉称号。四钢轧总厂2号转炉获200吨及以上转炉"优胜炉"荣誉称号。

本月 热电总厂超低排放改造项目顺利建成。

本月 瑞泰马钢公司钢铁高温材料创新中心大楼成功封顶。

本月 汽运公司获江淮叉车特约维修站授牌。

本月 欣创公司获评"国家环保装备制造行业(大气治理)规范条件企业"。

本月 输送公司获"三标一体化"综合管理体系证书。

9月

10日 集团公司总经理、股份公司董事长丁毅赴罗河矿、张庄矿调研,了解矿山生产情况,并就进一步增强市场意识、强化矿山管理、推进品牌建设等方面提出具体要求。

11日 集团公司总经理、股份公司董事长丁毅率队赴阜南县,代表马钢向李集村捐赠40万元道路亮化工程款,与县、镇、村负责人以及马钢选派驻村干部进行座谈交流,走访看望慰问贫困户,实地调研定点扶贫工作推进情况。股份公司副总经理伏明、集团公司总经理助理王文潇参加了调研座谈和走访慰问。

12 日 马钢党委召开中心组理论学习会，学习习近平总书记在十九届中央政治局第六次集体学习时的讲话等内容。集团公司党委书记、董事长魏尧主持学习会并讲话。杜松林、王文潇、王光亚等领导在会上作学习发言。马钢党委中心组成员参加学习会。马钢党委办公室、党委工作部、纪委机关、管理创新部负责人列席学习会。

△ 集团公司总经理、股份公司董事长丁毅到物流公司调研，了解物流板块 1—8 月生产经营情况，并就进一步强化企业管理、开拓外部市场、推进多式联运项目等重点工作提出具体要求。物流公司、汽运公司、仓配分公司、中联海运相关负责人参加会议。

13 日 华宝冶金资产管理有限公司揭牌仪式在中国(上海)自由贸易试验区世博园区中国宝武大厦举行。中国宝武党委书记、董事长陈德荣，中国东方党委书记、董事长吴跃，鞍钢集团党委常委、副总经理、总会计师于万源，集团公司党委书记、董事长魏尧先后在仪式上致辞，并共同为华宝冶金资产管理有限公司揭牌。

16 日 集团公司总经理、股份公司董事长丁毅在公司办公楼接待了到访的中国工程院院士、钢研总院名誉院长干勇一行。集团公司副总经理苏世怀，股份公司总经理助理杜松林，公司相关部门、单位负责人参加座谈。

19 日 瑞泰马钢"节能环保型高温材料智能化制造基地和钢铁高温材料创新中心"投产仪式在雨山智能制造产业园举行。马鞍山市市委副书记、市长左俊，中国建材集团总工程师、中国建材科学研究总院院长姚燕，马钢集团公司总经理、股份公司董事长丁毅共同按下"合资项目投产启动推杆"。中国建材科学研究总院党委书记、副院长王益民，集团公司副总经理蒋育翔，省国资委有关部门负责人，市及雨山区相关负责人，合资方代表，公司相关部门、单位负责人，瑞泰马钢公司领导、中层管理人员和部分职工代表参加仪式。

△ 省委常委、政法委书记姚玉舟来到马钢 9 号高炉、4 号高炉进行实地调研。省委政法委秘书长李国庆，市委书记张岳峰，集团公司党委书记、董事长魏尧，市委常委、政法委书记吴桂林，集团公司党委常委、工会主席张晓峰陪同调研。姚玉舟在调研中指出，希望马钢以成立 60 周年为新的起点，传承马钢精神，坚持改革创新，在新时代再创新辉煌。

△ 集团公司总经理、股份公司董事长丁毅在公司办公楼接待了到访的中钢集团鞍山热能研究院有限公司党委书记、院长张功多一行。双方就加强沟通、深化合作进行了深入交流与研讨。

△ 集团公司总经理、股份公司董事长丁毅在公司办公楼接待了三菱日立电力系统株式会社执行董事土师俊幸一行。三菱日立电力系统株式会社执行董事山田馨，三菱日立相关负责人和马钢相关部门、单位负责人参加会议。

△ 中共安徽省委原书记卢荣景，中共安徽省委原副书记、省政协原副主席、马钢原一铁厂厂长、党委书记徐乐义，省政府原副省长、原马钢公司经理王秀智来到马钢，在集团公司领导魏尧、丁毅的陪同下先后重访 9 号高炉，并参观了二铁总厂 4 号高炉、马钢新区以及轮轴事业部。

20 日 马钢在马鞍山大剧院举办"马钢颂"——纪念毛主席视察马钢 60 周年暨马钢成立 60 周年主题晚会。市领导张岳峰、左俊、从辉、宋金虎等，省国资委监事会主席陈新，集团公司领导，股份公司经营层，公司离退休领导，公司各部门、各单位负责人和职工代表共 1100 余人观看了晚会，深情回顾马钢 60 年艰苦创业的辉煌历程，共同展望马钢未来发展的美好蓝图。

△ 马钢在二铁总厂北区 9 号高炉北广场举行纪念毛主席视察马钢 60 周年暨 9 号高炉工业遗产保护仪式。市委书记张岳峰，省国资委党委副书记、副主任项小龙，集团公司党委书记、董事长魏尧，原 9 号高炉职工代表、省劳动模范侯军共同为 9 号高炉工业遗产保护纪念石揭幕。省国资委领导项小龙、陈新，市领导张岳峰、左俊、从辉、周善武、何志中、宋金虎，马钢领导魏尧、丁毅、陈冬生、张晓峰、苏世怀、唐琪明、陈昭启、蒋育翔、陆克从、严华、任天宝及伏明、张乾春、王文潇、乌力平、黄发元、杜松林、章茂晗、王光亚，公司各部门、各单位负责人和职工代表共 350 余人参加仪式。

19—21 日 马钢老领导王天九、王树珊、杭永益、李宗泌、顾章根、邓殿清、朱云龙、高声海、党智弟、施兆贵、胡献余、王大鹏、杨永和重访 9 号高炉。

21 日 全国人大原副秘书长、机关原党组书记、原马钢党委书记王万宾在集团公司党委书记、董事长魏尧，集团公司副总经理蒋育翔的陪同下重访 9 号高炉，并参观了二铁总厂 4 号高炉、四钢轧 1580 生产线、冷轧总厂镀锌生产线。

29 日 省政府参事、特约研究员和省政府参事室机关人员一行来马钢座谈调研，并进行了实地考察。集团公司党委书记、董事长魏尧，集团公司党委常委、工会主席张晓峰陪同座谈调研和实地考察。

30 日　马钢在二铁总厂召开 1 号高炉大修工程动员会。集团公司总经理、股份公司董事长丁毅,中冶华天董事长田野,中国一冶副总经理王健,股份公司经营层成员田俊、伏明、黄发元出席会议。股份公司相关部门和单位负责人参加会议。

本月　马钢党委启动下半年巡察工作,公司党委第一巡察组、第二巡察组、第三巡察组分别进驻教育培训中心、冷轧总厂、重机公司开展巡察。

本月　马钢举行 2018“扶贫日”募捐仪式。

本月　马钢在“首钢杯”第九届全国钢铁行业职业技能竞赛上荣获团体奖第八名。

本月　马钢推选的《寻找身边的匠心》获第六届全国品牌故事大赛(合肥赛区)暨第二届安徽质量品牌故事大赛征文比赛一等奖,《“数”说冷轧故事》《你好,MR》分获大赛演讲及微电影比赛二等奖。

本月　马钢发布《新时代,新马钢》新版形象宣传片、《钢好,遇见》新版宣传画册、《看马钢——庆祝马钢成立六十周年摄影作品集》《流金岁月——庆祝马钢成立六十周年文集》等一批文化精品。

本月　马钢人力资源信息系统项目一期工程如期完成,并投入线上运行。

本月　马钢财务共享系统银企直联模块正式上线运行。

本月　马钢举行炼焦总厂南区筒仓工程开工仪式。

本月　马钢启动钟九铁矿项目建设。

本月　马钢与南京工程学院、南京星乔威泰克公司联合申报的“乘用车超高强耐冲撞关键构件先进成形技术研发及产业化”项目荣获“全国商业科技进步”二等奖。

本月　马钢新型贝氏体钢重载货车车轮首次大批量驶上正规铁路。

本月　马钢热轧 H 型钢产品首次进入中曼石油。

本月　马钢集团设计院承接设计的越南和发钢铁公司 2 号高炉渣处理改造工程建成投产,这是由马钢设计的高炉渣处理工艺首次走出国门。

本月　股份公司“800 兆帕级热镀锌双相钢”“M35W300D 高磁感无取向硅钢”“超超临界高压锅炉管用 P91 连铸圆坯”“重载列车用 AAR-BM 车轮”4 个新产品,欣创公司“微孔膜高效过滤除尘器”,表面公司“WC-12Co 耐磨涂层冷轧工艺辊”6 个新产品通过省级鉴定。

本月　股份公司 6 项成果在“马鞍山市首届企业质量改进经典案例暨 QC 小组成果发表赛”上分获一、二、三等奖。

本月　长材事业部型材升级改造工程完成热负荷试车。

本月　特钢公司成功开发深海采油树接头用不锈钢产品。

本月　炼焦总厂李强创新工作室荣获“全国冶金行业优秀职工创新工作室”称号。

本月　罗河铁矿一期 500 万吨/年扩能工程通过评审。

本月　招标公司顺利通过 QMS 外审认证。

本月　飞马智科智能装备及大数据产业园项目入驻雨山区。

本月　物流公司获评国家 5A 级综合服务型物流企业。

10 月

8 日　集团公司党委书记、董事长魏尧在公司办公楼主持召开环境整治专题会。集团公司副总经理严华,股份公司副总经理田俊出席会议。能源环保部负责人汇报了马钢近期环保工作情况、面临的形势以及市环保局对于马钢环境问题的专题报告。

9 日　马钢召开公司党委中心组(扩大)学习会,邀请北京视野咨询中心主任钟朋荣教授作“经济大势与企业对策”专题讲座,旨在帮助公司中、高层领导干部深入学习贯彻习近平新时代中国特色社会主义思想,正确认识当前经济形势,科学谋划发展举措,更加高效地推进马钢实现高质量发展。丁毅、陈冬生等集团公司领导,股份公司经营层成员出席会议。公司直属机构、分子公司、二级单位和合资公司党政主要负责人,公司机关各部门主要负责人参加会议。集团公司党委副书记、纪委书记陈冬生主持学习会。

10 日　集团公司总经理、股份公司董事长丁毅在公司办公楼接待了到访的中国工程院院士、原冶金工业部副部长翁宇庆一行。集团公司副总经理苏世怀,股份公司副总工程师乌力平、股份公司总经理助理杜松林,公司相关部门、单位负责人参加座谈。

12 日　集团公司总经理、股份公司董事长丁毅赴北京科技大学访问交流。集团公司副总经理蒋育翔及有关部门、单位负责人参加。访问期间,丁毅会晤了北京科技大学党委书记武贵龙、校长杨仁树、副校长吕昭平以及相关部门主要负责人。

15—16 日　集团公司党委书记、董事长魏尧,先后赴罗河矿、特钢公司调研基层党建工作。

16 日　马钢集团公司召开四季度安委会暨防火委会议，全面总结公司三季度安全生产工作，研究部署四季度安全生产重点工作。集团公司领导魏尧、丁毅、陈冬生、张晓峰、苏世怀、唐琪明、陈昭启、陆克从、严华、任天宝，股份公司经营层成员伏明出席会议。集团公司安委会成员部门、成员直属单位，股份公司安委会成员单位主要负责人参加会议。集团公司总经理、股份公司董事长丁毅主持会议。

19 日　集团公司党委书记、董事长魏尧率队拜访中国工程院。中国工程院副院长何华武院士会见魏尧一行，并就推进高铁轮（轴）国产化组织召开咨询商谈会。中国工程院院士殷瑞钰、翁宇庆出席会议。

20 日　集团公司总经理、股份公司董事长丁毅率队赴宁波舟山港，与宁波舟山港集团董事长、党委书记毛剑宏，宁波舟山港股份公司副总经理蒋一鹏在马钢——宁波舟山港战略合作高层研讨会上进行了交流。集团公司党委常委陆克从，股份公司副总工程师黄发元，马钢、宁波舟山港相关部门、单位负责人参加了交流。

△　第十七届全国高校物流专业教学研讨会开幕式暨“马钢杯”第六届全国大学生物流设计大赛启动仪式在宁波举行。中国物流与采购联合会会长何黎明，亚太物流联盟主席大卫·罗杰斯，中国物流与采购联合会副会长任豪祥，东北财经大学党委书记夏春玉，集团公司领导丁毅、陆克从出席仪式。

23 日　马钢召开创建精益工厂三季度例会，总结回顾前一阶段公司创建精益工厂工作情况，分享推广部分试点单位创建精益工厂工作的有效经验，部署下阶段主要工作任务。马钢领导丁毅、陈冬生、蒋育翔、严华、任天宝及田俊、王文潇、乌力平、杜松林出席会议。集团公司、股份公司相关部门主要负责人，精益工厂试点单位、跟进单位主要负责人参加会议。集团公司副总经理蒋育翔主持会议。

△　集团公司党委书记、董事长魏尧赴长材事业部调研去产能工作，并主持召开现场会。

25 日　马钢召开长材事业部北区炼钢系统永久停产动员会。马钢领导丁毅、陈冬生及田俊、伏明、王光亚出席会议。长材事业部北区永久停产及职工岗位安置工作领导小组成员、长材事业部北区永久停产及职工岗位安置工作五个工作组正副组长参加会议。集团公司总经理、股份公司董事长丁毅主持会议。

△　集团公司党委副书记、总经理、股份公司董事长丁毅到轮轴事业部就基层党建工作情况进行调研。股份公司总经理助理杜松林，党委工作部负责人陪同调研。

26 日　集团公司党委书记、董事长魏尧，集团公司总经理、股份公司董事长丁毅共同为马钢财务共享中心揭牌。集团公司副总经理陈昭启主持揭牌仪式。集团公司副总会计师张乾春，市税务局、财政局，金蝶软件公司，马钢相关部门、单位负责人及财务共享中心全体员工，参加仪式。

△　马钢党委召开中心组理论学习会，认真学习《领导干部要讲政德》序言，中共安徽省委关于贯彻《中国共产党党务公开条例（试行）》实施细则，中共安徽省委办公厅关于深入学习贯彻《中国共产党纪律处分条例》的通知及有关解读。全国、全省组织工作会议和宣传思想工作会议精神等内容。集团公司党委书记、董事长魏尧主持会议并讲话。集团公司党委副书记、总经理丁毅，集团公司党委副书记、纪委书记陈冬生围绕学习内容，联系马钢实际作了发言。马钢党委中心组成员参加学习会。公司党委办公室、党委工作部、纪委机关负责人列席学习会。

本月　马钢长材北区炼钢系统永久性关停，标志着马钢三年产能退出计划全面完成。

本月　马钢党委第一巡察组进驻罗河矿开展专项巡察，第二巡察组进驻马钢（重庆）材料技术有限公司开展专项巡察，第三巡察组进驻技术中心开展常规巡察。

本月　马钢党委组织全体党员干部参加《中国共产党纪律处分条例》在线学习测试活动。

本月　马钢内外门户网站全新改版上线。

本月　马钢集团团委荣获 2017 年度全国钢铁行业“青安杯”竞赛先进单位荣誉称号。

本月　马钢开展合资企业招标管理制度宣贯培训。

本月　马钢举行轮轴工匠基地共建协议签字暨揭牌仪式。

本月　马钢热轧厚重极限规格大 H 型钢首次应用于张家口冬奥会馆。

本月　马钢生产的 2000 吨美标 H 型钢、800 吨轻型薄壁 H 型钢应用于美国华盛顿州会议中心工程项目。

本月　马钢 40 吨轴重重载车轴出口澳大利亚。

本月　马钢 T 型钢成功应用于世界级工程项目——深中通道。

本月　马钢自主研发高炉煤气管道用耐酸钢实现批量供货。

本月　马钢无线电数字集群通信系统正式上线。

本月　应用马钢高性能H型钢和彩涂板产品的世界上最长的跨海大桥——港珠澳大桥建成通车。

本月　马钢工业线材、特钢合金棒材、埃斯科特钢等领域高端系列产品亮相2018中国上海国际紧固件工业博览会。

本月　二铁总厂1号高炉大修工程全面开工。

本月　一钢轧总厂CSP加热炉二级新系统上线运行。

本月　炼焦总厂1号干熄焦系统实行全面停产年修。

本月　张庄矿全面推进4A级工业旅游景区创建工作。

本月　气体分公司新生产的瓶装高纯氮气、高纯氩气经检验达到并高于国家标准。

11月

9日　集团公司党委书记、董事长魏尧一行先后来到重型H型钢和重型异型坯连铸机技改工程施工现场,实地察看工程施工进展情况。

13日　马钢召开钢铁企业重大安全事故隐患排查治理专项行动交互核验汇报会。集团公司总经理、股份公司董事长丁毅出席会议并介绍了马钢安全生产工作开展情况。内蒙古自治区应急管理厅副巡视员、检查组组长姜德明,省安全监管局、市安全监管局有关领导,马钢领导钱海帆、严华及田俊、伏明、乌力平、王光亚出席会议。公司相关单位及部门负责人参加会议。会议由股份公司副总经理伏明主持。

△　马钢党委召开中心组理论学习会,集体观看《榜样3》专题节目,学习《关于认真学习贯彻习近平总书记重要指示精神,广泛开展向黄群、宋月才、姜开斌、王继才同志学习活动的通知》,以及优秀扶贫干部曾翙翔、刘扬彧同志的先进事迹。集团公司党委书记、董事长魏尧主持学习会并讲话。马钢党委中心组成员参加学习会。马钢党委办公室、党委工作部、管理创新部负责人列席学习会。

15日　中国联通集团公司党组书记、董事长王晓初到访马钢。集团公司党委书记、董事长魏尧,集团公司总经理、股份公司董事长丁毅,陪同王晓初一行参观了马钢车轮生产线并进行了座谈交流,就深化双方合作达成广泛共识。中国联通集团公司办公厅主任张喜民,中国联通集团公司电子商务部总经理黄文良,中国联通集团公司技术部总经理陈赤航,中国联通安徽分公司党委书记、总经理刘运尧,集团公司副总经理蒋育翔,以及双方相关部门和单位主要负责人参加了上述活动。

16日　集团党委书记、董事长魏尧在19楼会议室会见了五矿证券有限公司总经理黄海洲一行,集团副总会计师张乾春参加会见。

20日　集团公司党委副书记、总经理丁毅到检修公司就基层党建工作情况进行调研。公司相关部门和单位负责人陪同调研。

21日　马钢召开中型材项目总结暨重型H型钢、异型坯项目推进会。集团公司总经理、股份公司董事长丁毅出席会议并讲话。集团公司副总经理任天宝,股份公司副总经理田俊,股份公司总经理助理王光亚出席会议。相关单位及部门负责人参加会议。

△　马钢举行品牌培育管理体系评价首次会议,公司领导丁毅、苏世怀及伏明、王文潇,中国质量协会战略规划委员会副主任段一泓出席会议。公司相关部门和单位负责人参加会议。

△　集团公司党委书记、董事长魏尧在公司办公楼接待了到访的中国银行安徽省分行党委书记、行长胡兴安一行。中国银行安徽省分行党委委员、副行长赵永东,集团公司副总经理陈昭启参加会见。中国银行安徽省分行相关部门、中国银行马鞍山市分行负责人,马钢相关部门、单位负责人参加会见。

22日　集团公司党委书记、董事长魏尧在公司办公楼会见了到访的中国信达资产管理公司总裁助理梁强一行。集团公司党委常委、工会主席张晓峰,集团公司副总经理陈昭启参加会见。

△　集团公司党委书记、董事长魏尧在公司办公楼会见了到访的嘉华建材董事总经理徐应强一行。双方就发挥各自优势,深化战略合作进行了深入交流。

23日　集团公司党委书记魏尧在公司办公楼主持召开公司党委常委会,听取今年以来公司定点扶贫工作情况汇报,研究部署下一阶段主要工作任务。公司党委常委陈冬生、张晓峰、钱海帆、蒋育翔、陆克从、严华参加了会议。公司领导苏世怀、唐琪明、陈昭启、任天宝,以及公司党委办公室、行政事务中心负责人列席了会议。

27日　马钢举行化工能源产业2018—2022年发展规划评审会。集团公司总经理、股份公司董事长丁毅,集团公司副总经理唐琪明,中冶焦耐副总经理李国志，中国炼焦行业协会首席专家郑文华，股份公司副总工程师黄发元，安徽工业大学化工学院院长崔平等领导、专家出席会议，共同为马钢化工能源产业未来五年发展把脉问诊，推动马钢化工能源板块实现高质量发展。集团公司、股份公司有关部门和二级单位、合资公司相关负责人参加评审会。

△ 马钢与中钢集团鞍山热能研究院战略合作签约仪式在马钢宾馆举行。集团公司总经理、股份公司董事长丁毅，集团公司副总经理唐琪明、副总经理严华，中钢集团鞍山热能研究院党委书记、院长张功多，副院长孟庆波、副院长谢国威出席签约仪式。股份公司副总工程师黄发元、双方相关部门负责人参加仪式。

30 日 马钢与经华炭素高端炭材料及配套焦油精制项目入园签约暨开工奠基仪式在介休市经济开发区举行。集团公司总经理、股份公司董事长丁毅，集团公司副总经理唐琪明，中钢集团鞍山热能院院长张功多、副院长方会斌，介休市委书记丁雪钦，市委副书记、市长张驰等领导出席项目入园签约暨开工奠基仪式。马钢、介休市、经华炭素相关人员参加奠基仪式。

△ 集团公司总经理、股份公司董事长丁毅，集团公司副总经理唐琪明一行赴山西焦煤集团，与山西焦煤集团党委副书记、总经理金智新，山西焦煤集团副总经理胡文强、杨清民，山西焦煤集团总经理助理范文生进行了座谈交流，就深化合作达成了共识。

本月 马钢获评 2018 安徽百强企业第 3 名。

本月 马钢外网、马钢宣网全新改版上线。

本月 马钢举行办公楼消防应急疏散演练。

本月 马钢荣获第六届全国品牌故事大赛全国总决赛演讲二等奖、征文二等奖和微电影二等奖。

本月 马钢“基于 triz 改善内燃机车气门座圈拆卸修复”项目获首届中国创新方法大赛一等奖，其余 4 个项目荣获二等奖。

本月 马钢集团团委荣获 2017 年度全国钢铁行业“青安杯”竞赛先进单位荣誉称号，长材事业部炼钢二分厂青安岗获 2017 年度全国青年安全生产示范岗，能源管控中心供水分厂青年安全监督岗获全国钢铁行业青年安全生产示范岗，一钢轧总厂、南山矿业公司获“青安杯”竞赛先进集体。

本月 股份公司顺利通过了马鞍山海关重新认证，成为一般认证企业。

本月 股份公司《废钢公司股权转让协议》《化工能源公司增资协议》《嘉华建材公司增资协议》和 2019—2021 年与废钢公司《持续关联交易协议》、与化工能源公司《持续关联交易协议》、与嘉华建材公司《持续关联交易协议》，新一轮 2019—2021 年《矿石购销协议》《节能环保协议》《持续关联交易协议》《金融服务协议》，提高 2018 年年度交易上限的《持续关联交易补充协议》《节能环保补充协议》等 12 项关联交易协议获独立股东批准。

本月 二铁总厂北区 13 号高炉本体拆除。

本月 四钢轧总厂获第四届“钢铁行业教育培训工作先进单位”称号。

本月 马钢重型 H 型钢亮相亚洲国际建筑工业化展览会。

本月 马钢瓦顿公司生产的 CRH5G 型动车组 ER8C 车轮正式进入了为期 60 万公里的装车考核阶段。

本月 马钢耐材采供业务信息系统正式上线。

本月 特钢公司成功开发模铸 P91 高合金钢。

本月 技术中心《减速机传动齿齿面局部剥落失效分析》获全国失效分析大赛一等奖。

本月 输送设备公司通过安徽省 2018 年第一批高新技术企业认定。

本月 罗河矿双重预防机制建设项目通过省级验收。

12 月

3 日 集团公司党委书记、董事长魏尧赴二铁总厂 1 号高炉大修工程现场，实地查看项目进展，听取大修情况汇报。

5 日 马钢党委召开五届三次全体（扩大）会。集团公司党委书记、董事长魏尧主持会议并代表公司党委对 2018 年工作作总结，对 2019 年工作作出安排。集团公司党委常委丁毅、陈冬生、张晓峰、钱海帆、蒋育翔、陆克从、严华出席会议。公司党委委员、纪委委员，非党委委员、纪委委员的公司领导；集团公司机关部门主要负责人；集团公司直属机构党政主要负责人；股份公司机关部门主要负责人；股份公司二级单位、矿业公司及下属单位、工程技术集团及下属单位与其他分子公司党政主要负责人；部分合资公司及有关单位主要负责人参加会议。

7 日 马钢 2019 年钢材产品客户大会在福州召开。来自国内外汽车、家电、建筑、石化等行业 540 余家客户、1000 余名代表与马钢人围绕“共生、共存、共享”的主题，回顾合作历程，共商合作愿景，深化合作共识。马钢领导魏尧、丁毅、陈冬生、钱海帆、蒋育翔及乌力平、章茂晗、王光亚出席会议。马钢生产、技术、销售部门主要负责人及业务骨干参加会议。

13日　2018年中国冶金政研会理事大会在马钢召开,回顾和总结中国冶金政研会2018年工作,安排部署2019年冶金宣传思想重点工作任务。集团公司党委书记、董事长魏尧,集团公司党委副书记、纪委书记陈冬生、本届理事会常务理事、理事及会员单位代表近百人参加会议。

14日　集团公司工会组织近100名职工代表和职代会专门工作委员会主任,对公司今年重点工作落实情况开展视察。集团公司党委书记、董事长魏尧、集团公司总经理、股份公司董事长丁毅出席会议。

△ 马钢党委召开中心组理论学习会,认真学习习近平总书记同中华全国总工会新一届领导班子成员集体谈话时发表的重要讲话精神等内容。集团公司党委书记、董事长魏尧,集团公司领导张晓峰、蒋育翔在会上作学习发言。马钢党委中心组成员参加学习会。马钢党委办公室、党委工作部、纪委机关、管理创新部负责人列席学习会。

17日　集团公司总经理、股份公司董事长丁毅赴合肥板材公司进行调研。

△ 集团公司党委书记、董事长魏尧在公司办公楼国际厅热情接待了到访的淮北矿业集团公司党委书记、董事长王明胜一行。集团公司总经理、股份公司董事长丁毅,集团公司党委常委陆克从,淮北矿业股份公司副总经理邵华,淮北矿业股份公司副总经济师欧阳其春,以及双方相关单位和部门负责人参加会谈。

18日　安徽省庆祝改革开放40周年科技创新成果展在合肥开幕,省委书记李锦斌,省委副书记、省长李国英,省政协主席张昌尔等省领导出席开幕式,并在集团公司总经理、股份公司董事长丁毅的陪同下参观了马钢产品展台。

19—20日　马钢召开集团公司十八届三次(股份公司八届三次)职工代表大会,集团公司党委书记、董事长魏尧,省政协常委、集团公司原党委书记、董事长高海建,集团公司党委副书记、总经理、股份公司董事长丁毅,集团公司党委副书记、纪委书记陈冬生,集团公司领导张晓峰、苏世怀、唐琪明、陈昭启、钱海帆、蒋育翔、陆克从、严华、任天宝出席会议。集团公司党委常委、工会主席张晓峰主持开幕式。丁毅代表公司向大会作了题为《聚焦变革突破　聚力价值创造　奋力开创马钢高质量发展新局面》的工作报告。魏尧在会上作了重要讲话。

20日　马钢集团公司十八届三次(股份公司八届三次)职工代表大会主席团会议。会议以举手表决的方式一致通过了《马钢集团公司十八届三次(股份公司八届三次)职工代表大会关于丁毅同志工作报告的决议(草案)》。魏尧、丁毅等集团公司领导和股份公司经营管理层成员,主席团成员,各代表团团长参加了会议。

22日　集团公司党委书记、董事长魏尧在公司办公楼接待了到访的省港航集团党委书记、董事长丁庆领一行。省港航集团党委副书记、纪委书记刘力,集团公司总经理、股份公司董事长丁毅,集团公司党委常委陆克从,集团公司副总会计师张乾春,以及双方相关单位和部门负责人参加会谈。

△　马钢召开矿业板块高质量发展研讨会。集团公司总经理、股份公司董事长丁毅,集团公司党委常委陆克从,集团公司总经理助理王文潇出席会议。矿业公司、南山矿、姑山矿、桃冲矿、罗河矿、张庄矿相关负责人参加会议并分别汇报。

24日　马钢召开品牌建设推进会,总结马钢2018年品牌建设成效,展望2019年品牌建设各项工作。集团公司领导丁毅、陈冬生、张晓峰、苏世怀、唐琪明、蒋育翔、陆克从、严华、任天宝,股份公司经营层成员伏明,中国质量协会副秘书长王琳、中国传媒大学经济与管理学院教授孟庆顺出席会议。集团公司相关部门、直属机构主要负责人及品牌专员,股份公司机关部门主要负责人及下属二级单位(分子公司)主要负责人及品牌专员,集团公司二级子公司、部分合资公司主要负责人及品牌专员参加会议。

△　马钢召开品牌管理咨询项目结题验收会,对中国质量协会承担的马钢品牌管理咨询项目"马钢品牌培育体系的研究与建立"进行了验收。集团公司领导丁毅、苏世怀,中国质量协会副秘书长王琳,集团公司相关部门领导作为验收组领导和成员参加了验收会。

25日　公司召开1号高炉大修工程推进会。集团公司总经理、股份公司董事长丁毅、集团公司副总经理严华及股份公司副总经理田俊、伏明出席会议。中冶华天、一冶、河北高科、工程与设备管理部等公司相关部门、参建单位负责人,以及大修项目部相关人员参加会议。

26日　马钢召开矿业公司深化改革动员会,全面启动矿业公司深化改革试点工作。集团公司领导魏尧、丁毅、陈冬生、钱海帆、陆克从及王文潇出席会议。

集团公司机关部门主要负责人，矿业公司领导班子成员、矿业公司机关部门负责人、矿业公司二级单位领导班子成员、副总工、公司高管参加会议。

27 日 工程技术集团召开二届二次职工代表大会。集团公司总经理、股份公司董事长丁毅、集团公司副总经理任天宝出席会议。

△ 省化解钢铁过剩产能验收工作组在省经济和信息化厅党组成员徐文章的率领下到马钢现场验收去产能工作。

本月 马钢认真组织各单位收看庆祝改革开放40周年大会。

本月 马钢获2018年钢铁企业综合竞争力评级A+。

本月 马钢发布新版宣传片《新时代 新马钢》。

本月 马钢荣获2018年冶金企业管理现代化创新成果一等奖1项，二等奖1项，三等奖6项。马钢荣获第十四届安徽省企业管理现代化创新成果一等奖2项，二等奖1项，三等奖3项。

本月 《马钢(集团)控股有限公司所属幼儿园移交地方政府实施方案》获得高票通过。

本月 马钢《应付款项支付管理办法》正式发布。

本月 马钢(上海)融资租赁公司与上海自贸区签订战略合作协议。

本月 马钢获中国平煤神马集团“2018年度优秀供应商”称号。

本月 马钢高低温韧性H型钢获“安徽工业精品”称号。

本月 公司对全集团单位的增值税发票、电子发票、电子收据及远程开票等销项发票实现智能化管理。

本月 马钢H型钢出口智利。

本月 轮轴事业部荣获BHP“最佳供应商”。

本月 一钢轧总厂六机六流方坯连铸机热负荷试车成功。

本月 张庄矿铁精粉被列为2018年度六安名牌产品。

本月 张庄矿通过安徽省2018年第一批高新技术企业认定。

本月 罗河矿通过国家能源管理体系认证。

本月 电气修造有限公司成功通过国家高新技术企业认定。

本月 欣创公司获得了环境工程设计专项(大气污染防治工程)甲级资质。

本月 马钢嘉华新型建材公司成为中国混凝土与水泥制品协会矿渣混凝土功能材料分会副理事长单位。

(周景程)

概述

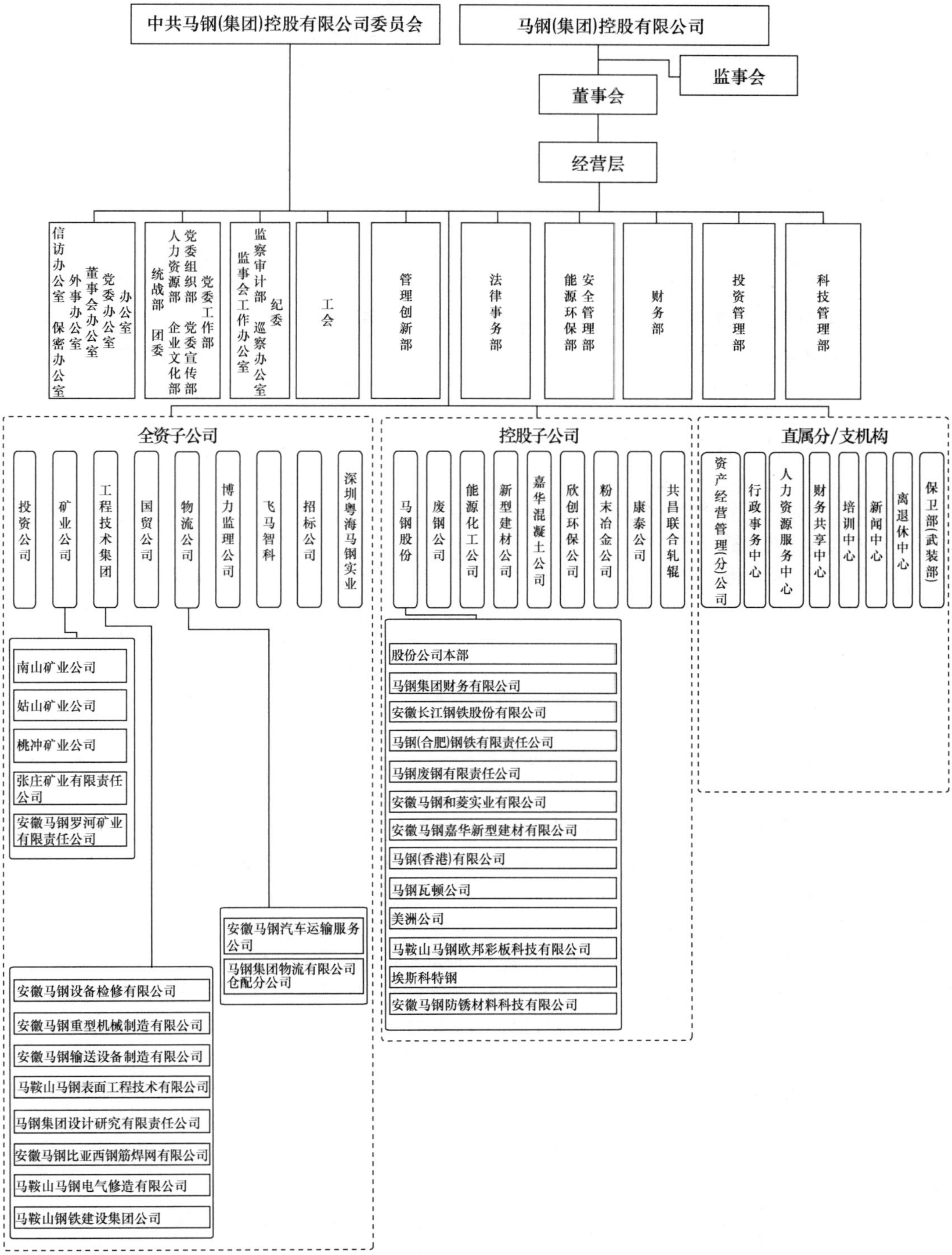

图1　2018年马钢集团组织机构图　（管理创新部）

企业概况

【基本情况】 马钢是我国特大型钢铁联合企业,A+H股上市公司,现有在岗员工4.5万人,具备2000万吨钢配套生产规模。2018年集团共生产成品矿759万吨、铁1800万吨、钢1964万吨、钢材1869万吨;实现营业收入946亿元,利润总额91.5亿元,上缴税金56亿元。

马钢的前身是成立于1953年的马鞍山铁厂;1958年马鞍山钢铁公司成立;1993年成功实施股份制改制,分立为马钢总公司和马鞍山钢铁股份有限公司;1998年马钢总公司依法改制为马钢(集团)控股有限公司。拥有世界先进的冷热轧薄板、彩涂板、镀锌板、H型钢、高速线材、高速棒材和车轮轮箍等生产线,轮轴、板带、长材三大系列产品全面升级换代,车轮、H型钢、冷镦钢、管线钢等产品拥有自主知识产权和核心技术,车轮和H型钢产品获得"中国名牌"称号,马钢商标被评为中国驰名商标。构建了钢铁及产业链延伸产业、战略性新兴产业协同发展格局,钢铁产业为集团核心产业,主营黑色金属冶炼及其压延加工与产品销售、钢铁产业延伸加工等业务;产业链延伸产业包括矿产资源、工程技术、废钢资源、化工能源、贸易物流、金融投资等;战略性新兴产业包括节能环保、信息技术、新材料等。

当前,马钢正处于加快转型升级、迈向高质量发展的关键时期。面对钢铁行业发展大势,马钢将坚持以习近平新时代中国特色社会主义思想为指导,深入贯彻落实省委书记李锦斌同志"高水平、高质量建设具有世界一流品牌的大而强的新马钢"重要批示精神,顺应大势,融入大局,增强忧患意识、责任意识和发展意识,强化"效率、效益"双引擎,聚焦变革突破,聚力价值创造,推进全面精益运营,奋力推动马钢高质量发展再上新台阶,为建设现代化五大发展美好安徽作出新的贡献,以优异成绩向中华人民共和国成立70周年献礼。

(金　翔)

2018年马钢集团党委主要工作综述

【概况】 2018年,马钢集团党委以习近平新时代中国特色社会主义思想和党的十九大精神为指导,全面贯彻落实新时代党的建设总要求,团结带领各级党组织和广大党员强根铸魂抓党建,凝心聚力促发展,有效发挥了党委领导作用、党支部战斗堡垒作用和党员先锋模范作用,为推动马钢高质量发展提供了坚强政治保证。

【学习宣贯党的十九大精神走深走实】 深入学习宣传贯彻习近平新时代中国特色社会主义思想和党的十九大精神,广泛开展大学习、大宣讲、大培训、大调研、大落实,用新思想、新理念武装头脑、指导实践。抓好分层分类培训,组织公司中层管理人员、基层党组织书记和党务骨干集中轮训,推动科级管理人员和基层党员轮训实现全覆盖。推进"两学一做"学习教育常态化制度化,印发了《贯彻〈中国共产党党委(党组)理论学习中心组学习规则〉实施办法》,全年党委中心组理论学习14次,公司领导班子成员带头深入基层党支部宣讲党的最新理论,推动了党的十九大精神进车间、到班组。

【"讲严立"专题警示教育取得实效】 扎实开展"讲严立"专题警示教育和"三查三问"工作,召开"讲严立"专题民主生活会,组织广大党员领导干部认真对照"六聚焦六整肃"要求,深入学习研讨,精准查找问题,认真整改落实,切实树牢"四个意识",坚定"四个自信",坚决做到"两个维护"。开展党委书记上党课和专题辅导报告230多场次,组织谈心谈话1200余人次,召开征求意见座谈会近280场、征求意见建议900余条,两级领导班子和班子成员查找问题2000余个,制定和落实整改措施近2000条。

【党委领导作用落到实处】 坚持和加强党的全面领导,严格落实党组织研究讨论是董事会、经理层决策重大问题前置程序的要求,修订了《党委常委会议事规则》,建立了集团公司领导碰头会制度、党委书记专题会制度,组织召开领导碰头会30次、党委常委会29次,研究讨论公司"三重一大"事项100余项,统筹策划、强力推动机关机构改革、去产能、调结构促转型、降杠杆防风险、本质环保型企业建设、精准扶贫等重大决策部署落地见效,有力发挥了党委把方向、管大局、保落实作用。

【基层党建标准化工作扎实推进】 以提升组织力为重点,深化基层党组织标准化建设,顺利通过省国资委党委检查验收。健全完善基层组织体系,调整成立了2个基层党委和3个直属党总支(支部),在重点工程、重大检修等项目中成立临时党支部,做到应建尽建、设置规范。以“三个清单”为抓手，落实党支部建设提升行动，进一步规范和丰富“三会一课”形式内容，落实“党员活动日”制度。公司党员领导干部持续到基层党支部联系点上党课、讲形势，中层以上管理人员全年跟班蹲点1200余次。集中举办入党积极分子培训班4期，发展党员420人。深化“四强四优”创争等主题活动，开展支部横向协作共建，搭建“马钢智慧党建”信息化管理平台，推动了党建工作与生产经营管理深度融合。

【干部和人才队伍建设成效显著】 坚持党管干部、党管人才原则，突出政治标准，注重专业能力，提拔了公司中层以上管理人员27人；创新选拔方式，竞争性选拔了3名公司中层管理人员和32名优秀年轻中层管理人员助理，新增2家模拟职业经理人试点单位。规范有序开展年度综合考核工作，考核结果与薪酬分配、选拔任用、培养教育和管理监督挂钩。探索构建“1+2+4”高层次专业技术人才梯队培养机制，增补多元产业14名高级技术主管，引进4名研发高端人才，招录66名硕士，人才队伍结构不断优化。

【反腐倡廉和作风建设持续加强】 落实党风廉政建设“两个责任”，持续推进巡察全覆盖，对15家单位开展了内部巡察，对2个“十三五”重点工程建设项目部开展专项巡察。完善领导人员约谈、考核和评议、责任追究等工作机制，问责12家单位相关中层管理人员27人次。强化巡视巡察政治功能，成立了巡视巡察审计及监事会监督检查整改工作领导小组，集中对中央巡视“回头看”、省委专项巡视、“4+4”专项整治、监事会监督检查涉及的四大块83个方面问题整改情况进行“回头看”，落实整改督查组反馈的9个方面19个问题和自查自纠发现的13个问题。深化廉洁教育，组织110余名中层管理人员重新签订了《廉洁从业公开承诺书》，77家基层单位4400余名重要岗位人员参加反腐倡廉网上知识测试和廉洁从业教育讲座。强化正风肃纪，查处违反中央八项规定精神问题6起、涉及18人，制定了《加强机关作风建设十条规定（试行）》等管理制度，严防“四风”问题反弹回潮。

【舆论引导和文化建设有效开展】 组织开展庆祝改革开放40周年、马钢成立60周年等系列活动和重大主题宣传，发布新版马钢形象宣传片和宣传画册，弘扬企业精神，讲好马钢故事，对内提振了职工队伍精气神，对外提升了马钢知名度和美誉度。大力开展形势任务教育和舆论宣传，进一步营造改革攻坚、转型升级、比学赶超的良好工作氛围。精心策划组织思想政治工作26个重点课题研究，开展马钢政研会调研暨第九届职工道德论坛优秀论文征集评选活动，形成30篇优秀论文成果。承办中国冶金政研会理事大会，马钢关于思想政治工作的探索受到行业广泛关注。修订《文明单位创建管理办法》，开展第28届马钢文明单位评选活动，荣获省属企业“新时代·新安徽·新作为”群众性主题演讲比赛优秀组织奖。认真组织开展意识形态领域突出问题“大摸底、大整改、大督查”活动，强化突发新闻事件和舆情管理，修订完善《网宣宣传管理办法》《对外宣传管理办法》，实现了对重大舆情风险的有效管控和妥善应对。

【群团组织作用充分发挥】 建设“智慧工会”，“马钢e工汇”上线运行。深化群众性经济技术创新活动，1万余名职工积极参与各类对标竞赛和专项竞赛，职工申报合理化建议9000多条；发挥12个工匠基地作用，完成课题307项，获专利42项。成功召开马钢第十次团代会，开展“一团一品”品牌创建活动，立项实施青年“双五小”技术攻关重点项目636项。关心关爱困难职工，发放慰问款、大病救助金1300余万元。与此同时，武装、统战、信访、保密、科协、文联、女职工、关工委等工作也取得了新的进步，为马钢转型升级、高质量发展作出了新的贡献。

（金　翔）

2018年马钢集团主要工作综述

【概况】 2018年，马钢坚持以习近平新时代中国特色社会主义思想和党的十九大精神为指导，践行新发展理念，贯彻供给侧结构性改革决策部署，落实省五大发展行动计划，紧紧围绕“加速提升创新竞争力”工作主题，以全面创新增动力，以全面协同提效率，以全面精益强质量，开创了马钢转型发展的崭新局面。

【钢铁供给质量显著提高】 产能退出任务全面完成。坚定不移贯彻国家去产能部署，永久性关停了2座420立方米高炉、2座40吨转炉，退出炼铁产能100万吨、炼钢产能128万吨，三年累计退出炼铁产能224万吨、炼钢产能269万吨，全面兑现了向国家、省市作出的产能退出承诺。品种结构不断优化。聚焦高端客户需求，扩大高附加值产品比重，全年品种钢比例56%，较上年提高6.1%；产品结构调整增效1.2亿元。其中，车轮及箍环18.5万吨、汽车板280万吨、彩涂板

16.5万吨、工业线材34万吨,分别比上年增长15%、23%、74%和31%。重点产品认证取得突破。高速车轮通过德铁审核和TSI(欧盟铁路互联互通技术规范)认证、具备德铁全系列车轮供货资质,轮对通过德铁认证并批量供货,重载车轮实现了向必和必拓全谱系供货,并获“最佳供应商”;汽车板通过了上汽通用、一汽大众、东风神龙等19家汽车厂36个牌号认证,其中,镀锌汽车板CR340LA获得通用汽车全球一级工程认证;铁路货车转向架用弹簧钢通过中车齐齐哈尔车辆厂CRCC认证,硅钢和磁极钢产品通过哈电全面质量认证;马钢瓦顿高速车轮在兰新客运专线进行60万公里装车运行试验。

【多元提质增效进步迅速】 运营质量显著提升。聚焦核心业务,内保生产、外拓市场,所有板块均实现经营性盈利;全年多元产业实现营业收入276亿元、利润总额20亿元,分别占集团的29%和21%。其中,废钢资源、贸易物流、矿产资源、工程技术板块营业收入均超过30亿元,金融投资、矿产资源、化工能源、废钢资源、贸易物流板块利润总额均超过1亿元。产业布局不断优化。集团层面构建了废钢资源、化工能源、新型建材产业化发展平台,在上海自贸区设立了融资租赁、商业保理公司,参与投资设立了华宝冶金资产管理公司;加快推进矿山资源综合利用、废钢基地等项目建设,启动了山西介休针状焦及配套焦油深加工等合资项目。体制机制持续激活。引入中冶赛迪、冶金工业规划院、中钢设备、诚兴等战略投资者;新增2家模拟职业经理人制度试点单位;粉末冶金员工持股实施完成;飞马智科入选国企改革“双百行动”企业;表面技术、飞马智科等挂牌“新三板”工作有序推进。资质能力晋等升级。工程技术集团获得冶金工程施工总承包一级资质,欣创公司获得环境工程总承包一级资质和大气污染防治工程设计专项甲级资质,物流公司成为国内钢铁行业首家国家5A级综合服务型物流企业。

【两头市场经营支撑有力】 研判市场抢抓商机。强化市场跟踪与研究,灵活调整经营策略,动态优化资源配置,支撑了经营创效。精益营销优质服务。完善营销布局,优化客户结构,深入实施11项APQP和19项EVI服务,新开发终端用户近200家,板带直供比81%,客户满意度不断提升;汽车板首次实现合资品牌主机厂整车自制件供货,冷轧耐候钢首次进入中车客车制造领域,高铁齿轮钢获中车装车试用;积极开发海外直供终端和专业贸易商,全年出口钢材113万吨,比上年增长9%。精益采购强力保供。持续打造安全、稳定、高效、可持续、有竞争力的供应链,优化净化营商环境,深化采购供应一体化建设,在环保政策刚性执行条件下实现了经济安全保供,全年采购降本3.5亿元;强化大宗原燃料质量把关,原燃辅料综合合格率同比提高8.9%;提高采购集中度,战略供应商采购资金占比达67%。

【精益制造水平持续提升】 系统联动高效生产。矿山系统坚持量质并举,全年自产精矿品位65.6%,比上年提高0.5%。推进目标计划值管理,优化组产模式和资源配置,确保了生产稳定顺行、优势机组产能释放。坚持高炉体检、预警和应对机制,落实环保限产条件下生产应急预案,优化配煤配矿结构,高炉稳定顺行超过1700天。大力降低铁钢比,增加钢产量10万吨;优化产线分工,强化质量过程管理,板带订单条目兑现率提升至86.5%;强化设备综合效率评价、功能和精度管理,18条主要生产线OEE达标率84.7%。对标降本成效明显。推进技术经济指标攻关,深化系统能源经济运行,煤比较上年提高4.3千克/吨、燃料比较上年降低1.1千克/吨;转炉钢铁料消耗降至1069.2千克/吨,较上年下降5.2千克/吨;吨钢综合能耗576.5千克标煤,较上年下降6.9千克标煤。精益工厂试点创建。遵循样板先行、重点突破、全面推进、稳步实施原则,8家试点、36家跟进,通过机制推动、季度评价、经验分享和微创新活动,职工自主改善意识明显增强、精神面貌焕然一新。智能制造有序推进。智能制造发展规划发布实施,板带质量信息管理系统上线测试,工业机器人应用范围不断拓宽,国家工信部智能制造专项——轮轴智能制造数字化车间项目通过了专家组验收。

【改革管理纵深推进】 集团管控模式不断完善。大刀阔斧推进公司机关机构改革,机构不断精简、人员逐步精干;矿业公司、工程技术集团、物流公司等子公司机关机构改革基本完成。以机构改革为推动,集团总部“定战略、提目标,搭平台、建机制,作评价、拿收益”功能基本确立,规范高效的母子公司管控体系正在形成;优化经济关系,子公司定期分红机制得到落实,股份与集团12项关联交易协议经股份公司股东大会审议全部通过。办社会职能有序移交,供水、供电、供气改造基本完成,物业维修改造有序实施;幼教移交方案已经幼教中心在岗全体职工大会审议通过。人力资源持续优化。围绕用好去产能政策,加大居家休养等安置政策力度,稳妥有序做好人员分流安置工作;大力实施人才强企战略,增补了14名高级技术主管,市场化引进了4名高端人才；人力资源信息系统一期项目上线运行。体系管理全面覆盖。集团公司通过“质量、环境、职业健康安全”三标体系首次认证，股份公司通过两化融合管理体系认证，子公司管理体系实现全覆盖。品牌建设不断深化。以项目管理方式推进品牌战略行动计划20项重点工作落地，在钢铁行业率先建立了品牌培育管理体系，9家试点单位发布了品牌培育管理手册；9项成果获冶金管理现代化创新成果奖，其中“基于OEE评价体系的设备效率提升实践”荣获一等奖；2项产品获“冶金行业品质卓越产品”；2项成果获“2017年中国企业品牌创新成果奖”，集团公司蝉联“中国十大卓越品牌钢铁企业”。本质环保型、本质安全型企业深入打造。树立“安全环保是企业核心竞争力”的观念，严格落实中央环保督察“回头看”、蓝天保卫战要求，通过强化领导、落实责任、制定方案、现场管控、应急响应，圆满完成了“回头看”及各类专项督察，受到省市好评；制定了《马钢超低排放改造三年行动方案》，投入资金29亿元实施了140余项绿色发展项目，绿色现代都市工厂创建取得实效。强化安全生产责任制落实，制定发布《生产安全事故事件中层管理人员问责管理办法》和《安全生产禁令（试行）》，外来单位安全专项治理、事故隐患排查治理和工程项目安全专项检查深入开展。资金管理持续加强。大力去杠杆、降负债，调整融资结构，发行短期融资券，利用香港平台和贸易背景跨境融资，集团资产负债率58%，比年初下降4.6%；集团和股份信用等级由“AA+”上调至“AAA”；全年争取政策资金20亿元；财务共享信息化平台加快建设。工程项目管理积极有效。加大重点工程监督检查频次，中型材升级改造、特钢优棒生产线、硅钢适应性改造、热电总厂超低排放改造、南山矿“头顶库”项目、瑞泰马钢节能环保型高温材料智能化制造基地和钢铁高温材料创新中心建成投产，重型H型钢生产线等20项重点工程加快建设。

【技术创新力度加大】 技术创新平台有效建立。树立技术创新供应链思维，深化与钢研集团、中冶赛迪、北科大、中钢热能院等高校和科研院所的战略合作；探索共建“基地建设+原创技术”创新平台，“马钢-北科大冶金智能制造技术创新中心”挂牌成立；新增3家省高新技术企业和3个市级工程技术研究中心。技术研发攻关项目成效显著。承担省级以上科研项目19项，全年获冶金科学技术奖5项，其中“马钢高速车轮制造技术创新”项目荣获一等奖；1个国家863项目、3个省科技重大专项和1个省科技计划项目顺利通过结题验收；主持或参与制修订并发布了4个国家标准和5个行业标准。知识产权管理不断加强。全年获授权专利317项。

【以人为本深入落实】 文化传承提振精气神。成功举办了庆祝改革开放40周年、马钢成立60周年系列活动，毛主席视察过的9号高炉作为工业遗产得到了永久性保护，职工自豪感和企业凝聚力进一步增强。职工福利待遇显著提升。完善工资正常增长机制，实施职工薪酬调整，职工收入水平大幅提升；调整住房公积金缴存基数，住房公积金缴存政策与市基本接轨；持续落实企业补充医疗保险政策。职工素质提升工程扎实推进。深化“六位一体”经济技术创新活动，8个工匠基地建成投用，新增3个行业级优秀职工创新工作室和6个市级技能大师工作室；依托“马钢e工汇”平台开展首届职工网上练兵，促进职工队伍素质提升。民主管理有效落实。完善以职代会为基本形式的民主管理制度，依法合规审议事关职工切身利益的重大事项，稳妥做好职工劳动关系调整工作。困难帮扶持续深化。开展互助帮困、慰问走访、金秋助学等活动，发放慰问款和大病救助金1300多万元。与此同时，公司认真贯彻中央、省委部署，切实履行国企社会责任，积极投身精准扶贫攻坚战，全年投入扶贫资金250余万元，产业扶贫、教育扶贫、结对帮扶取得了新成效，得到了省领导的肯定。综治、保卫、监察、审计、离退休职工服务、科协及其他各项工作都取得了新成绩。

（金　翔）

董事会

【董事会工作】 2018年，马钢（集团）控股有限公司董事会依据《中华人民共和国公司法》《马钢（集团）控股有限公司章程》《马钢（集团）控股有限公司董事会议事规则》以及国家有关法律法规的规定，认真履行职责，规范高效运作，有效发挥了董事会在公司重大决策等方面的重要作用。全年集团公司董事会共召开会议18次，会议决定的主要事项有：

1. 审议通过了《关于马钢集团公司2018年度财务预算及投资计划的请示》。该事项报省国资委核准。

2. 审议通过了《关于工程技术集团拟对集团设计院增资扩股的议案》。为加快工程技术板块转型升级,做大做强设计及 EPC 总包业务,董事会决定:(1)同意集团设计院资产评估结果。(2)批准集团设计院增资扩股方案。(3)授权工程技术集团董事会依据《企业国有资产交易监督管理办法》第四十二条规定对募集到的投资者进行确认。

3. 审议通过了《关于调整物流公司部分董事、监事的议案》。同意物流公司董事会成员由 3 名增加至 5 名;委派徐劲松、王开定、王谦为物流公司董事,龙吉宁不再担任董事;委派诏盛中、徐文利为物流公司监事,提名诏盛中为监事会主席,王谦、周逢阳不再担任监事。

4. 审议通过了《关于调整康泰公司和矿业公司部分董事的议案》。委派张晓峰为康泰公司董事,并提名张晓峰任该公司董事长;委派陆克从为矿业公司董事、董事长。因年龄原因,杨阳不再担任康泰公司和矿业公司董事长、董事职务。

5. 审议通过了《关于批准自动化公司、投资公司、嘉华混凝土公司章程修改的请示》。董事会认为,三家子公司章程修改符合省国资委党委关于将党建工作要求纳入省属企业公司章程的有关规定,符合子公司实际情况,决策程序符合公司章程规定。董事会批准自动化公司、投资公司、嘉华混凝土公司修改后的公司章程。

6. 审议通过了《关于集团公司、矿业公司为罗河矿业公司贷款提供担保的请示》。(1)董事会批准集团公司按照原股权比例 55%为罗河矿业公司延续贷款提供总额 11055 万元担保,免于提供反担保,并按照每年 1%收取担保费用。(2)董事会批准矿业公司按照股权比例 66.16%为罗河矿业公司贷款提供总额 29772.2 万元(其中农行庐江支行 21833 万元、马钢财务公司 7939.2 万元)的连带责任担保。该事项报省国资委备案。

7. 审议通过了《关于一钢轧总厂新建六机六流方坯连铸机立项的请示》。董事会批准由马钢股份公司对该项目进行立项。

8. 审议通过了《关于中联海运竞购船舶的请示》。董事会批准物流公司实施该项目。物流公司要做好风险管控。

9. 审议通过了《关于设立马钢(上海)融资租赁有限公司的议案》。为拓展集团公司融资渠道,董事会批准投资公司发起设立马钢(上海)融资租赁有限公司。该公司注册资本为 3 亿元。其中,马钢投资公司持股 60%,马钢香港公司持股 25%,马鞍山江东金融控股有限公司持股 10%,科达信成投资公司持股 5%。投资公司要做好风险管控。该事项报省国资委备案。

10. 审议通过了《关于设立马钢(上海)商业保理有限公司的议案》。为发展供应链金融,建立多元化的金融产业布局,董事会批准投资公司与马钢股份公司、马钢矿业公司、马钢工程技术集团、马钢国贸公司共同出资设立马钢(上海)商业保理有限公司。该公司注册资本为 3 亿元。其中,马钢投资公司持股 45%,马钢股份公司持股 25%,马钢矿业公司持股 10%,马钢工程技术集团持股 10%,马钢国贸公司持股 10%。投资公司要做好风险管控。该事项报省国资委备案。

11. 审议通过了《关于参与设立华宝冶金资产管理公司的议案》。董事会决定:(1)批准以投资公司作为投资主体,参与华宝冶金资产管理有限公司组建,投资金额 2.5 亿元,持股比例为 12.5%。该公司注册资本为 20 亿元。(2)委派集团公司总经理丁毅担任股东方代表,委派集团公司副总经理、总会计师陈昭启担任董事。该事项报省国资委备案。

12. 审议通过了《关于马钢股份公司设立马鞍山冶金动力科技信息有限公司的议案》。董事会批准马钢股份公司设立马鞍山冶金动力科技信息有限责任公司。该公司注册资本为 50 万元,由马钢股份公司认缴,并以现金一次性足额缴纳。

13. 审议通过了《关于物流公司合资设立马钢物流集装箱联运有限公司的议案》。为拓展集装箱联运业务,促进马钢物流产业发展,董事会批准马钢物流公司与马鞍山长运控股集团有限公司、马鞍山市联合运输有限责任公司合资设立马钢物流集装箱联运有限责任公司。该公司注册资本为 600 万元。其中,马钢物流公司认缴 240 万元,以现金一次性足额缴纳,持股比例为 40%。

14. 审议通过了《关于马钢股份公司转让土地暨新型建材公司购买土地的议案》。董事会批准该议案。(1)土地转让方式。以协议方式转让该宗土地,即安徽马钢嘉华新型建材公司以协议方式购买该宗土地。(2)土地转让价格。以安徽中安房地产评估公司 2017 年 11 月 1 日对该宗土地的评估值作为土地转让价格。

15. 审议通过了《关于处置马钢(合肥)钢铁公司冶炼区域资产的议案》。董事会批准马钢股份公司关于马钢(合肥)钢铁有限责任公司冶炼区域资产处置方案。该事项报省国资委备案。

16. 审议通过了《马钢(集团)控股有限公司总经

理工作细则》。

17. 审议通过了《马钢(集团)控股有限公司董事会议事规则》。

18. 审议通过了《关于滚动调整〈马钢集团2018—2020年发展规划〉的议案》。董事会批准该规划。该事项报省国资委备案。

19. 审议通过了《关于轮轴事业部车轮热处理系统改造等三个工程立项的请示》。董事会批准由马钢股份公司对轮轴事业部车轮热处理系统改造工程、二铁总厂1号高炉大修工程、一钢轧总厂转炉三次除尘系统工程等三个工程进行立项。

20. 审议通过了《关于调整投资公司部分委派人员的议案》。根据公司人事变动和工作需要,董事会决定:委派魏尧担任马钢集团投资有限公司董事、董事长,委派严太霞担任该公司董事;高海建不再担任该公司董事长、董事,杨阳不再担任该公司董事;许洲不再担任该公司监事,由该公司职工大会选举产生一名职工监事。

21. 审议通过了《关于安徽中联海运有限公司固定资产(船舶)投资计划的议案》。为做大做强公司水运物流业务,董事会批准安徽中联海运有限公司固定资产(船舶)投资计划。物流公司要做好资金管理和风险管控。

22. 审议并原则通过了《集团公司、股份公司机关机构改革及人力资源优化方案》。为进一步深化改革,建立与国有资本投资运营公司转型要求相适应的管控模式和运行机制,促进企业高质量发展,董事会同意该方案。下一步,公司将对方案进行优化和完善,做好人员的妥善安置和分流,积极、稳步实施改革工作。该事项报省国资委备案。

23. 审议通过了《关于股份公司设立马钢(东北)钢材销售有限公司的议案》。为加大与一汽集团的合作力度,加强汽车板配套服务,加快推进汽车板品牌认证工作,董事会同意马钢股份公司以现金出资设立全资子公司马钢(东北)钢材销售有限公司。该公司注册资本为1000万元。公司经营范围为销售汽车板及相关产品,提供汽车板配套服务;钢铁与延伸产品和冶金副产品的仓储、加工、销售及服务。

24. 审议通过了《关于股份公司设立马钢(武汉)材料技术有限公司的议案》。为大力开发汽车板、家电板市场,董事会同意马钢股份公司以现金出资设立全资子公司马钢(武汉)材料技术有限公司。该公司注册资本为25000万元。公司经营范围为汽车、家电、机械相关行业材料技术研究,激光拼焊板、冲压零部件产品的研发、生产和销售;钢铁与延伸产品的仓储、加工、销售及服务等。

25. 审议通过了《关于自动化公司整体变更设立股份有限公司的议案》。为推进自动化公司转型发展,完善公司治理结构,规范公司管理体制,实现国有资产保值增值,促进融资向资本市场拓展和挂牌新三板奠定基础,董事会同意自动化公司整体变更设立股份有限公司方案。(1)设立方式。以自动化公司现有股东马钢(集团)控股有限公司、马钢集团投资有限公司作为设立发起人。以2017年12月31日为基准日,发起人按照经审计的自动化公司净资产作为出资,以发起设立方式将自动化公司整体变更为股份有限公司。(2)净资产折股。根据瑞华会计师事务所出具的《审计报告》(瑞华审字〔2018〕02280033号),截至2017年12月31日,自动化公司的净资产为216947856.43元,按1∶0.50703427916比例折成股份11000万股,全部股本划分为等额股份,每股面值1元。(3)股本结构。股份公司设立后,各股东持有的股权比例不发生变化,即马钢(集团)控股有限公司持股比例为95%,马钢集团投资有限公司持股比例为5%。股权性质为国有法人股。(4)设立后的股份公司基本情况。公司名称为飞马智科信息技术股份有限公司。注册资本为11000万元。公司经营范围为电子工程专业承包贰级;建筑智能化工程专业承包贰级;安全防范工程设计、施工壹级;自动化工程设计乙级;消防设施工程专业承包叁级;人工智能系统、智能装备制造系统的技术开发、技术服务,机器人产品研发和销售,云平台服务;自动化、计算机、通信工程的设计、成套、安装、维修;计量器具(经技术监督局核准的)、通信产品的制造、安装、销售;软件开发、信息系统集成服务;工矿产品贸易;民用电子电器设备、工业电子电器设备、高低压变配电设备、电气控制设备、集成电路产品的研发、加工、销售及维修;房屋租赁;技术咨询、服务;广播电视传输服务;设计、制作、代理、发布国内广告业务。(5)公司法人治理结构人员安排。1)委派蒋育翔担任飞马智科信息技术股份有限公司董事,并提名为董事长(需报省委组织部批复同意);委派梁越永、张吾胜、裴秋平担任该公司董事。董事长为该公司法定代表人。2)委派杨春晖、丁福强担任该公司监事,提名杨春晖担任监事会主席。3)推荐梁越永担任该公司总经理,裴秋平、何诗兴担任副总经理。

26. 审议通过了《关于委派马鞍山马钢废钢有限

公司部分董事的议案》。根据工作需要,董事会决定:委派陈昭启担任马鞍山马钢废钢有限公司董事、董事长。

27. 审议通过了《关于调整马钢共昌联合轧辊有限公司部分董事的议案》。根据工作需要,董事会决定:委派王东峰担任马钢共昌联合轧辊有限公司董事,并提名担任该公司董事长;吴芳敏不再担任该公司董事长,翟碧如不再担任该公司董事。

28. 审议通过了《关于拟转让金海岸名邸房地产项目资产的议案》。根据省国资委就金海岸名邸房地产项目整改要求,为盘活金海岸名邸房地产项目资产,董事会批准金海岸名邸房地产项目资产转让工作方案。

29. 审议通过了《关于拟向马钢集团设计研究院有限责任公司转让土地和房产的议案》。

30. 审议通过了《关于工程技术集团转让持有的表面技术公司部分股权的议案》。同意将工程技术集团持有的表面技术公司1000万元等值股权公开转让给意向投资方,由工程技术集团办理股权转让相关事宜;按照北京天健兴业资产评估有限公司出具的《资产评估报告》进行国有资产评估项目备案。

31. 审议通过了《关于飞马智科信息技术股份有限公司设立信息安全测评公司的议案》。同意飞马智科公司设立安徽祥安信息安全测评公司(具体公司名称以工商部门核准为准);注册资本500万元人民币,以实物或现金方式出资,持有100%股权;经营范围包括网络安全等级保护测评、信息安全服务、两化融合咨询服务、项目咨询服务、体系咨询服务、信息技术服务、培训、信息化监理服务等(具体经营范围以工商部门核准为准)。

32. 审议通过了《关于飞马智科引入投资者增资扩股的议案》。为推动飞马智科信息技术股份有限公司(简称“飞马智科”)加快改革创新、跨越发展,同意飞马智科从高度市场化的IT互联网企业、具有冶金行业背景的企事业单位中引入投资者增资扩股。目前飞马智科总股本11000万股,以2018年4月30日为评估基准日,企业评估价值26249.66万元,考虑到基准日至交割日的期间损益,新增股份每股价值不低于2.48元人民币。本次共新增10726万股,新增股份分别由IT互联网企业、冶金行业企事业单位认购,原股东马钢集团公司和马钢投资公司不追加投资。增资完成后,股权比例为马钢集团公司48.1%、马钢投资公司2.53%、IT互联网企业42.13%、两家冶金行业企业分别为5.57%、1.67%。增资扩股通过省国资委认可的产权交易机构完成。该方案报省国资委核准。

33. 审议批准了《关于集团公司为矿业公司融资授信提供担保的请示》。为支持矿业板块转型发展,同意为矿业公司新增融资授信4亿元提供最高额担保事项,期限3年,按照1%比例收取担保费,不需提供反担保。该事项报省国资委备案。

34. 审议批准了《关于股份公司调整化工能源公司出资方式及转让相关资产的议案》。同意股份公司采用实物(土地和房屋)加现金的方式对化工能源公司出资,注册资本与实物出资的差额,以现金出资。批准股份公司采用协议方式以评估价转让(化工能源公司购买)相关机器设备资产。

35. 审议批准了《关于工程技术集团对重机公司增资的议案》。同意工程技术集团对重机公司5亿元的现金增资。增资后,重机公司将5亿元资金用于偿还集团公司存款占用,不得挪作他用。

36. 审议批准了《关于对工程技术集团增资的议案》。同意集团公司以5亿元现金和土地使用权相结合的方式对工程技术集团进行增资,其中现金5亿元用于工程技术集团对重机公司增资。

37. 审议通过了《关于合资建设马钢废钢基地项目的议案》。为保障公司废钢资源供应,抓住国内废钢产业发展先机,同意集团公司与安徽诚兴金属材料集团有限公司(简称“诚兴公司”)、安徽昕源集团有限公司(简称“昕源集团”)合资设立马钢诚兴金属资源有限公司(暂定名,最终以工商部门核准的名称为准),建设140万吨废钢基地。该公司注册资本为2亿元人民币,其中集团公司持股51%、诚兴公司持股44%、昕源集团持股5%,三方均以现金出资;主要经营范围为废旧金属回收、加工、仓储、销售,生铁采购、仓储、销售,国内贸易代理服务等。委派张建国、孙军、彭升、杨金宇担任该公司董事,推荐张建国担任该公司董事长;委派李祥亮担任该公司监事并提名为监事会主席人选;推荐吴成友担任该公司财务总监。

38. 审议通过了《关于马钢集团多式联运示范工程项目立项的议案》。

39. 审议批准了《关于南山矿高村铁矿450万吨/年围岩综合利用加工系统项目的请示》。同意南山矿高村铁矿450万吨/年围岩综合利用加工系统项目建设,投资控制在8717万元以内,建设工期6个月。

40. 审议批准了《关于姑山矿钟九铁矿200万吨/年采选建设工程项目的请示》。同意姑山矿钟九铁矿采用分期、利旧实施方案进行建设，项目投资控制在66138万元，建设工期4年。

41. 审议批准了《关于重机公司去产能资产处置损失核销的请示》。该事项报省国资委核准。

42. 审议批准了《关于特钢公司新建大方坯连铸机及配套改造工程立项的请示》。同意马钢股份公司特钢公司新建大方坯连铸机及配套改造工程立项，项目投资控制在42000万元，建设工期为18个月。

43. 审议通过了《关于新型建材公司增资事项的议案》。同意马钢集团公司和利达投资公司以非公开协议方式对新型建材公司增资；增资后新型建材公司的股权比例为，马钢集团公司持股40%，马钢股份公司持股30%，利达投资公司持股30%；根据增资后的股权结构，马钢集团公司相应投资10815.81万元。委派蒋育翔担任新型建材公司董事，并提名为董事长（需报省委组织部批复同意），董事长为该公司法定代表人；委派周浩锋、吴定康担任该公司董事。

44. 审议通过了《关于马钢集团公司对化工能源公司增资的议案》。为在集团层面构建化工能源产业化发展平台，同意马钢集团公司采取非公开协议方式对化工能源公司增资73333.33万元；增资后化工能源公司股权比例为，马钢集团公司持股55%，马钢股份公司持股45%。委派唐琪明担任化工能源公司董事，并提名为董事长（需报省委组织部批复同意），董事长为该公司法定代表人；委派王文忠、邱全山担任该公司董事；委派范玲担任该公司监事。

45. 审议通过了《关于集团公司重组马钢废钢公司的议案》。为在集团层面构建废钢产业发展平台，加快废钢产业发展步伐，同意马钢集团公司对马钢股份公司全资子公司马鞍山马钢废钢有限责任公司进行重组；以2018年2月28日为评估基准日，马钢集团公司按评估值收购马钢股份公司持有的马鞍山马钢废钢有限责任公司55%股权；重组后公司名称为马钢集团废钢有限公司（暂定名，以工商登记机关核准的名称为准）。委派陈昭启担任马钢集团废钢有限公司董事，并提名为董事长（需报省委组织部批复同意），董事长为该公司法定代表人；委派张吾胜、王开定担任该公司董事；委派谢华担任该公司监事，并提名为监事会主席人选。

46. 审议通过了《关于马鞍山马钢表面工程技术有限公司整体变更设立股份有限公司的议案》。同意按照经审计的表面技术公司净资产318574966.84元作为出资，以发起设立方式将表面技术公司整体变更为股份有限公司，各股东股权比例不发生变化。净资产按1：0.86321911205比例折成27500万股，全部股份划分为等额股份，每股面值1元。增值43574966.84元进入资本公积。变更为股份公司后公司名称为安徽马钢表面技术股份有限公司，注册资本27500万元，经营范围为：中小型非标设备备件制造、安装、修理，表面工程技术应用，各种铸锻件及金属制品、建材的生产和销售，机电工程安装，轧辊及辊类备件制造、修旧及电镀，结晶器铜板、铜管制造、修旧及合金电镀，复合耐磨板制作，技术咨询服务，家电维修，自营和代理各类商品及技术的进出口业务（国家限定企业经营和禁止进出口商品除外）。

47. 审议通过了《关于桃冲矿老虎垅石灰岩矿400万吨/年技改扩建工程项目立项的议案》。

48. 审议通过了《关于集团公司2018年度财务预算调整的请示》。该事项报省国资委核准。

49. 审议通过了《关于股份公司变更马钢（武汉）材料技术有限公司设立方式的议案》。同意马钢股份公司变更马钢（武汉）材料技术有限公司设立方式，由全资设立变为合资新设，引入当地具有人脉和市场渠道优势的武汉环创亿安经济发展有限公司（以下简称"武汉亿安公司"）和湖北东鞍源贸易实业有限公司（以下简称"湖北东鞍公司"）作为合作方，共同投资建设运营马钢（武汉）材料技术有限公司。三方以现金方式出资，出资额和股权比例分别为，马钢股份公司21250万元、持股85%，武汉亿安公司2500万元、持股10%，湖北东鞍公司1250万元、持股5%。委派章茂晗、张永翔、周克宏担任公司董事，并提名章茂晗为该公司董事长；委派夏仕卿担任该公司监事，并提名为该公司监事会主席。

50. 审议通过了《关于股份公司对马钢瓦顿公司增资的议案》。同意马钢股份公司以现金方式对马钢瓦顿公司分次增资，增资总额度不超过7000万欧元，以实施马钢瓦顿公司振兴计划，改善马钢瓦顿公司经营状况。

51. 审议通过了《关于马钢东力公司级次提升的议案》。同意重机公司持有的马钢东力公司51%股权以非公开协议方式转让至工程技术集团，将马钢东力公司提升为马钢集团公司三级公司。

52. 审议通过了《关于工程技术集团合资设立安徽马钢工程技术服务公司的议案》。为加快多元板块发展，强化工程技术板块经营实力，同意工程技术集团与马鞍山雨山经济开发区经济发展有限公司合资设立安徽马钢工程技术服务有限公司(最终以工商部门核准的名称为准),整合现有检修公司和电气修造公司相关资源,建设工程和设备再制造产业基地。

53. 审议通过了《关于工程技术集团参与组建滁州奥体中心建设有限公司的议案》。同意工程技术集团与中冶建信投资基金管理(北京)有限公司、中国十七冶集团有限公司、滁州市城市建设投资公司、中国政企合作投资基金股份有限公司、华体集团有限公司共同组建滁州奥体中心建设有限公司。公司要求,工程技术集团要强化风险应对,在风险可控的条件下积累PPP项目运作经验,形成具有自身特色的项目管理模式。

54. 审议通过了《关于马钢集团投资有限公司增加注册资本的议案》。为支持马钢集团投资有限公司(以下简称“投资公司”)业务发展,同意增加注册资本10亿元人民币。增资后,投资公司的注册资本达到20亿元人民币。

55. 审议通过了《关于调整工程技术集团部分委派人员的议案》。委派熊佑发担任安徽马钢工程技术集团有限公司董事,方正芳不再担任该公司董事;委派秦学志担任该公司监事会主席。

56. 听取了《关于飞马智科增资扩股实施情况的汇报》。

57. 审议通过了《关于拟对仓配分公司管理体制进行变更的议案》。同意物流公司注销仓配分公司;股份公司设立仓配分公司;物流公司仓配分公司现有人员成建制划拨到股份公司新成立的仓配分公司。

58. 审议通过了《关于飞马智科购置雨山经开区土地的议案》。为支持飞马智科信息技术股份有限公司(以下简称“飞马智科”)业务发展,董事会同意飞马智科以“招拍挂”的方式,购置马鞍山市雨山经济开发区一宗面积为148.2亩的工业用地,用于建设智能装备及大数据产业园。

59. 审议通过了《关于调整矿业公司部分委派人员的议案》。委派黄发元、吴新义、郭金峰为矿业公司董事(郭金峰为矿业公司外部董事)。因工作变动,张踪不再担任矿业公司监事会主席、监事;委派朱春喜为该公司监事,并担任监事会主席。

60. 审议通过了《关于化工能源公司与经华炭素公司合资建设针状焦项目的议案》。为做大做强化工能源产业,原则同意安徽马钢化工能源科技有限公司(以下简称“化工能源公司”)与山西介休市经华炭素有限公司(以下简称“经华炭素公司”)合资建设4万吨针状焦、配套30万吨焦油精制项目(为生产针状焦提供原料)。合资公司名称为山西福马炭材料科技有限公司(暂定名,以工商登记核准的名称为准);注册资本4亿元,化工能源公司认缴20400万元,经华炭素公司认缴19600万元;股权比例为,化工能源公司51%,经华炭素公司49%。项目建设内容为原料预处理、延迟焦化、焦油精制生产装置及附属工程,配套建设公辅工程及生活设施;项目总投资约99840万元,建设周期18个月,采用EPC项目总包方式建设,中钢热能院提供关键工艺技术。委派徐风雷、周浩锋、王永林担任合资公司董事,推荐徐风雷为董事长;委派姚激担任合资公司监事。会议要求,化工能源公司要借助专业机构、法务部门的力量,准确识别合资项目存在的技术风险、市场风险、资金风险,有效管控潜在风险点,确保投资风险可控。

61. 审议通过了《关于请求批准<马钢(集团)控股有限公司所属幼儿园移交地方政府实施方案>的议案》。批准《马钢(集团)控股有限公司所属幼儿园移交地方政府实施方案》;同意所属幼儿园的各类资产一次性由马钢无偿划转到所移交属地区政府;同意一次性支付马鞍山市政府3000万元,作为支持移交费用。该事项报省国资委备案。

62. 审议通过了《关于物流公司持有的港口集团50%股权和郑蒲港务公司17.5%股权无偿划转的议案》。同意将全资子公司马钢集团物流有限公司所持有的马鞍山港口集团有限公司50%股权及安徽省郑蒲港务有限公司17.5%股权无偿划转至安徽省港航集团有限公司。

63. 审议了《关于调整拟设山西福马炭材料科技有限公司注册资本的议案》。会议决定暂不调整合资公司注册资本,并要求拟建合资项目按照集团公司第75次董事会关于化工能源公司与经华炭素公司合资建设针状焦项目所作出的决定事项执行。

64. 审议并原则通过了《关于矿业公司合资建设南山高村围岩综合利用项目的议案》。为加快矿产资源综合利用,同意矿业公司与南京中联混凝土公司、南京凯盛国际工程公司合资组建安徽联盛新材料有限公司(最终以工商部门核准的名称为准),注册资本5000万元人民币,矿业公司持股51%、南京中联混凝土公司持股29%、南京凯盛国际工程公司持股20%;三方均以现金方式出资;经营范围为砂石等建材产品的技术研发、生产、加工及销售等。

65. 审议通过了《关于国贸公司合资设立油品贸

易公司的议案》。为加快贸易板块发展，提升业务规模，同意国贸公司与中石化长江燃料有限公司（以下简称“中长燃公司”）合资设立油品贸易公司，公司名称为马钢长燃能源有限公司（最终以工商部门核准的名称为准），注册资本1000万元；国贸公司持股51%，中长燃公司49%；经营范围为柴油、燃料油、润滑油、汽油、煤炭、淡水的销售，天然气应用技术开发及销售等。

66. 审议通过了《关于化工能源公司合资建设焦炉煤气提氢项目的议案》。为优化产品结构，延伸产业链，同意化工能源公司与南京特种气体厂股份有限公司（以下简称“南京特种气体公司”）合资建设焦炉煤气提氢项目，公司名称为马鞍山晨马氢能源科技有限公司（最终以工商部门核准的名称为准），注册资本1亿元人民币；化工能源公司以现金、土地进行出资，持股60%；南京特种气体公司以现金出资，持股40%；经营范围为生产、储藏、销售焦炉煤气深加工产品，包括但不限于氢气、焦炉煤气解吸气等产品，以及相关技术研究及开发，并从事相关物流服务等。委派朱乐群出任合资公司执行董事，并担任合资公司总经理。

67. 审议通过了《关于张庄矿年产60万立方米尾砂加气混凝土板材（砌块）及2.4亿块尾砂灰砂砖项目建设的请示》。同意矿业公司建设张庄矿年产60万立方米尾砂加气混凝土板材（砌块）及2.4亿块尾砂灰砂砖项目，项目总投资为28451.36万元，建设工期为1年，建设内容为原料库、石灰粉磨车间、1号联合车间、2号联合车间、锅炉房、变电所、空压站、天然气站、场外运输道路等。

68. 审议通过了《关于参与雷鸣科化定向增发的议案》。同意参与雷鸣科化定向增发，投资公司作为投资主体，拟以不超过10元/股的价格，认购此次发行额的15%（约9450万元）。

（崔海涛）

集团公司机关部门

办公室（党委办公室、外事办公室、董事会办公室、信访办公室、保密办公室）

【文秘工作】 在承办会务方面。参与安排党委书记专题会，党委常委会，集团总经理办公会，股份公司总经理办公会，公司生产经营咨询会，机关机构改革、人力资源优化动员大会，集团经济活动分析会，职代会，纪念毛主席视察马钢60周年系列活动等公司级会议、仪式200多次，安排集团公司、股份公司各类专题会议3000多次。协助做好2018世界制造业大会和2018中国国际徽商大会，迎接国家应急管理部部级核验首次会、第二届职工经济技术创新成果发布会暨创新论坛、2018年供应商大会、马钢2019钢材产品客户大会、马钢与中冶赛迪、十七冶战略框架协议签字仪式、重型H型钢工程项目合同签字仪式和2019年股份公司钢材客户大会等大型活动等活动。

在重要接待方面。参与了接待全国人大常委会副委员长、民盟中央主席丁仲礼一行，原铁道部原常务副部长、中国工程院院士孙永福一行，中国工程院院士、钢研总院名誉院长，中国工程院原副院长、钢研总院原院长干勇一行，接待中国工程院院士、原冶金工业部副部长翁宇庆一行，中钢集团董事长、党委书记徐思伟一行，省十九大精神督察组一行，民生银行首席风险官一行，副省长何树山一行，寿养老险总裁一行，省委书记李锦斌一行，省政府参事、特约研究员、省政府参事室机关一行，省委常委、纪委书记刘惠一行等重要接待活动近百次。与此同时，驻京办、驻沪办较好地完成了公司相关接待服务工作，共接待1700人次。

在公文处理方面。2018年共处理市级及以上外单位发来正式文件约4548份，其中：通过省国资委综合办公平台共接收文件及邮件资料约429份，通过市政务办公平台接收正式文件和通知约3265件，接收处理各类密级文件314份；向省国资委及市里上报正式文件142份；处理公司各单位请示报告719份，办理公司及各部门、单位来文2920份；制发公司各类文件514份。比照2017年各项数据，其中外来公文与往年降低108份，各单位报文降低192份。

在协同办公系统运转方面。2018年新增用户3000余人，目前共有11435名在线用户。新增业务流程74个，优化流程20余个。截至12月20日用户共创建流程267872条，较2017年增加了46%。新增合肥板材、重机公司、表面技术公司、设备检修公司、埃斯科特钢公司、钢结构公司等6家单位的知识管理模块，搭建一钢轧总厂、冷轧总厂文件管理模块。对商业保理公司进行了业务流程梳理，目前已完成9个流程搭建部署。会同泛微网络科技公司对系统安全以及系统网页端、微信端进行了升级。并与祥云公司在本月对系统服务器提高了资源配置。

【调研信息工作】 在文稿起草方面。今年共起草完成公司各类文稿640篇，同比增长38.7%，文稿数量为历史新高。主要包括：一是专项工作材料。围绕公司全面精益运营专项工作，起草完成“持续做强马钢品牌、全面推进精益运营”动员会、多元板块2018年上半年标杆管理工作专题推进会、精益工厂创建专题推进会等。围绕多元产业发展专项工作，起草完成多元板块系列客户大会、板块经营责任动员会等。围绕本质环保型、本质安全型企业建设专项工作，起草完成马钢迎接中央环保督察“回头看”暨蓝天保卫战动员会等。围绕去产能专项工作，起草完成2017年去产能进度报告、9号炉申报国家工业遗产材料、去产能管理创新成果报告等。围绕巡视整改和专项治理工作，起草完成中央巡视组巡视“回头看”工作推进会材料、2017年省委综合考核反馈问题落实情况等。围绕品牌建设专项工作，起草完成《马钢2016—2017社会责任报告》编写并发布，被省工经联评为“安徽省最佳企业社会责任报告”等。二是公司重要工作会议和活动材料。起草完成公司党委工作报告、纪念毛主席视察马钢60周年暨九号高炉工业遗产保护仪式、七一表彰暨机关机构改革和人力资源优化总结大会、职代会报告、集团财务核算信息化建设推进会重要文稿。三是公司重要汇报和发言材料。起草完成向中组部党建调研有关汇报材料，向李锦斌书记、李国英省长、邓向阳常务副省长、何树山副省长汇报材料，向张岳峰书记、左俊市长汇报材料、中国工程院与马钢召开高铁轮（轴）国产化咨询商谈会汇报材料；起草完成集团公司党委落实党风廉政建设党委主体责任情况报告、省委督查转型升级汇报材料；起草完成第十届中国国际钢铁大会主旨演讲、安徽省企业高质量发展论坛暨2018安徽百强企业发布会发言等材料。四是公司相关制度文件制订。起草完成《马钢（集团）控股有限公司党委常委会议事规则》、马钢集团公司2018年战略行动计划、《加强机关作风建设十条规定（试行）》等制度和文件。

在调查研究方面。先后完成了向国务院参事专题调研组、省委办公厅信息综合室调研组汇报材料，完成了《马钢关于深入贯彻习近平生态文明思想探索老矿山转型升级绿色发展新模式的情况报告》修改。完成了《马钢融入合肥市发展的初步设想及有关建议》。参与了公司基层党建、精益工厂等专题调研和公司废钢资源产业化发展内外部调研，并形成废钢资源产业化发展调研报告并提交公司。起草完成的《钢铁集团基于卓越绩效的战略管理创新成果报告》获公司管理创新成果一等奖。

在信息服务方面。围绕拓展信息渠道，增进信息沟通，促进工作开展，精心做好多层次的信息服务工作。根据公司主要领导需要，5月开始新增《一周动态》信息刊物，根据市政府办新的考核要求，加大了三、四季度动态信息和综合信息报送工作力度。今年以来，编印一周动态32期，信息编报47期，信息资讯11期，信息专报300期，同比增长94.6%，办公室网站信息更新2452条。办公室被中钢协评为“2018年度信息工作先进单位”，2名工作人员被中钢协评为“2018年度优秀钢铁信息员”。

【外事工作】　全年办理出国（境）团组148批665人次，其中包含公司领导19人次、境外工作人次和集团公司领导多次往返批件；办理外专邀请27批42人次；安排了公司重要外事接待。

一是坚持公司党委对外事工作的领导，切实落实外事审批三级分级负责、职责分明。认真贯彻中央八项规定，严格审批出访人员，每位团员都按照因事定人原则，确保国别、人员与任务一致，停留天数与效益一致，杜绝无实质内容的参观、考察。出访团组以效益为第一要素，一个项目多个任务能合并执行的就合并，能压缩天数执行的就压缩在外停留天数，为公司降低成本。所有出访团组按照级别接受外事纪律和安全教育，并签署《行前教育表》和《出国人员安全保密教育责任书》，同时对重要团组、敏感时期团组和赴敏感国家团组请国家安全局人员专门授课。做到了出访零事故。

二是外事工作始终围绕公司的生产经营开展。对于执行合同、产品推销、售后服务以及重要的技术交流和国际化经营等方面的外事审批实行简化审批程序，按照合同进度和生产经营需要，特事特办，按照时间节点顺利出访，极大便利了合同的顺利执行和产品推销等国际商务活动。

三是外事联络和外事接待细致周到。外办积极保持与政府上级机关、各使领馆和行业协会通畅联络，为马钢对外交往提供灵敏信息和快捷通道。分别圆满完成了公司领导与法国总理、法国北方省政府、韩国前总理等会见和会谈，加深了外国政府对马钢的印象。成功组织、安排了重型H型钢签约、高强度钢板签约等仪式。

【董事会办公室工作】　一是做好董事会会务工作。完成了18次董事会会议的材料准备、会议记录以及会务工作；完成董事会决定事项和董事会决议共21份文件的起草和审签下发工作，同时做好文件资料的整理及存档等工作。二是完成董事会议事制度文件的修订下发工作。三是做好与省国资委监事会的工作联系和会务服务等工作。四是根据董事会要求做好相关日常工作。

【信访工作】　全年共受理信访总量986件次，其中来信88件，来访898人次；处理集体访19批398人次。与上年度同期相比，信访总量上升7.9%，来信下降3.2%，来访上升8.2%，集体访批数上升5.6%、人数上升21.7%。办理市长公开电话473件，与去年同期相比上升10.3%。省、市交办的信访事项21件，均按时上报，报结率100%。至今没有省、市交办的信访积案，公司总体形势平稳有序。2018年，马钢公司在职职工和离退休职工没有发生进京集体上访，赴省上访人数与去年相比有所下降；省市交办的信访事项办结率达100%；在全国“两会”等重点时期，全力做好信访稳定工作，保证了公司信访总体形势平稳、有序，在职职工队伍和离退休职工队伍稳定。

一是各级高度重视信访工作。通过召开年度信访工作领导小组会议，分析信访形势，排查信访突出隐患，对年度信访工作进行具体部署，明确信访工作责任。认真执行领导处理信访问题决策制度，针对出现的疑难信访问题，及时召开信访专题会研究讨论，全年共召开信访专题会26次。

二是妥善处理信访热点问题。始终把信访稳定、风险预防放在首位。坚持信访形势分析，进行信访问题排查，评估信访稳定态势，对重点信访事项落实领导包案责任制，将工作重心前移，有效落实源头预防。在落实钢铁去产能、人员转岗安置的工作中，通过信访工作的提前介入，优化安置方案，加强交流沟通，及时答疑解惑，排解职工心中顾虑，使转岗安置工作顺利推进，为去产能任务的全面完成起到了积极的推动作用。此外，在处理部分历史遗留问题、涉军涉教问题、拖欠农民工工资问题等重点信访事项方面，及时掌握情况，实时关注动态，认真研究分析，为决策提供可靠依据，并跟踪落实稳控措施到位，使矛盾纠纷得到及时化解，一些可能影响稳定的集体访得到有效控制。

三是重点工作扎实开展。在今年全省开展的落实信访突出问题“深督导、重化解、促落实”专项行动中，公司紧密围绕省委省政府和省国资委要求，立足矛盾化解，强化责任落实，多次召开专题会议进行研究部署，包案到人，层层压实责任。并通过化解协调会、见面沟通会、上门送温暖等形式，和信访人加强沟通交流，传递人文关怀。同时将重点信访事项化解进展向省委督导组、省国资委和市信访局多次做了专题汇报，并在上级部门的指导下，多方努力，多措并举，使信访突出问题得到有效化解。

在2017年度全省信访工作责任目标考核中，马钢集团公司在省属企业中排名第一，再次被省委省政府授予“全省信访工作责任目标考核优秀单位”称号。

【保密工作】 一是完善保密制度建设。年中根据公司机关机构改革以及人事变动情况及时调整保密委员会组成人员，并重新调整设立了集团层面的外事、经营信息、科技、信息等专业保密办，为做好集团整体保密工作提供了组织保证。并以通过军工资格认证为重，做好各项准备工作，组织编写了《马钢保密工作管理办法》《马钢涉密人员管理办法》《关于调整公司党委保密委员会组成人员的通知》等一系列保密规章制度。同时根据上级要求，接受市保密部门的巡查，并对保密办和几个专业保密办积极自查，运用计算机保密终端检查工具对有关计算机进行检查，将检查生成的总体检查报告上交市保密局。此项工作，每季度检查一次，确保非涉密计算机不处理、保存国家涉密信息。

二是强化了对涉密人员的管理。根据机构及人事变化及时梳理涉密人员，对不再从事涉密工作的人员及时脱密、办理交接手续；对新上岗的涉密人员进行了政审，并与其签订了保密承诺书；并将所有涉密人员名单向国家安全部门报备，因私护照上交统一由党委工作部保管。同时加强了以中层管理人员、涉密人员为重点的保密教育培训。在全公司共组织40家单位200余名中层管理人员以及400名涉密人员、专兼职保密干部观看了《胜利之盾》等警示教育片。在全公司开展了新时代保密征文活动。根据省委保密委员会、省国防科工办要求，分别组织公司部分涉密人员赴合肥、青岛参加保密教育轮训工作。

三是升级了保密技防措施。严格按照省委保密委的要求，更新了公司全部涉密计算机、打印机等设备，实现了所有涉密设备的国产化，大大提高了涉密信息处理的安全性。在保密要害部位配置了保险柜、手机屏蔽柜，安装了24小时视频监控和电子门禁系统，在醒目位置张贴警示标志，禁止无关人员接近保密要害部位。对出入涉密场所和使用涉密设备的人员均做到有记录，有台账。

四是制定了信息发布流审查审批制。建立了后台信息发布、审核日志记录，方便查询，责任到人，杜绝网上信息泄露。为从源头上杜绝敏感信息或涉密文件从网上泄露，严格执行中办和省委办公厅有关规定，加强了对中央及省委内部文件以及密级文件的管理。切实做到“涉密不上网，上网不涉密”，需要在办公系统中以文件的方式传达贯彻中央及省委文件精神时，一律从新华社、人民日报、安徽日报等媒体引用，不使用上级文件的扫描件或影印件。

（杨定国）

党委工作部（党委组织部、党委宣传部、人力资源部、企业文化部、统战部、团委）

【基本情况】 2018年，党委工作部紧紧围绕学习贯彻习近平新时代中国特色社会主义思想和党的十九大精神，全国、全省国有企业党的建设工作会议、组织工作会议和宣传思想工作会议精神，深入推进党的政治建设、思想建设、组织建设、作风建设和纪律建设，全面加强舆论引导、文化建设、精神文明创建、品牌宣传，努力为公司实现高质量发展提供坚强的政治、组织和思想保证。

【组织工作】 一是着重加强党的政治建设。严肃党内政治生活，提高党内政治生活质量，认真开展2017年度民主生活会、组织生活会和“讲严立”专题民主生活会，严格落实“双重组织生活会”制度，完成民主评议党员工作，参评率达100%。紧密结合马钢实际，扎实开展“讲严立”专题警示教育和“三查三问”工作，组织广大党员领导干部认真对照“六聚焦六整肃”要求，聚焦政治上、工作上、作风上突出问题，进行深入学习研讨、精准查找问题，认真整改落实，切实树牢

“四个意识”,落实“两个坚决维护”,严守党的政治纪律和政治规矩。

二是着重深化基层党组织标准化建设。注重抓基层,抓基础,继续运用矩阵式管理理念,以“三个清单”为抓手,坚持分区域阶段督导,注重基层覆盖面和实际效果,上半年公司各级党组织顺利通过省国资委党委检查验收。召开2017年度基层党组织标准化建设先进表彰会,对前期工作开展情况进行总结,明确巩固提升要求。按照国有企业党建工作“四同步”要求,应建尽建、设置规范,健全完善基层组织体系,结合公司机关机构改革需要,调整成立2个基层党委和3个直属党总支(支部),坚持在“十三五”重点工程、重大检修等项目中成立临时党支部。按新下发的《党的基层组织任期的意见》,重新梳理基层党组织换届台账,指导基层按期换届,在年底前完成换届工作。

三是着重落实党支部建设提升行动。注重抓重点、补短板、提质量、强效果,督促未达标的党支部切实加强问题整改、尽快达标,指导已达标的党支部持续抓好巩固提升、争当优秀。进一步规范“三会一课”,督促基层支部建立落实“党员活动日”制度,开展支部“党员活动日”案例征集,推广好的经验做法,提升党员活动参与率。丰富“三会一课”形式内容,公司党员领导干部持续到基层党支部联系点上党课、讲形势,坚持开展跟班蹲点活动,前三季度,公司中层以上管理人员跟班蹲点930余次。强化《党支部工作手册》运用,基层党组织活动记录日趋规范。集中组织举办了1次基层党支部书记培训班,108人参加,促进基层党支部带头人队伍建设。认真开展“七一”党内评先活动,召开大会进行表彰激励,今年有4个基层党组织和9名同志被评为省属企业优秀基层党组织与党内先进个人。

四是着重加强党员日常教育管理和工作创新。认真做好党员发展工作,集中举办入党积极分子培训班4期,预计全年公司发展党员419人。落实困难党员帮扶,春节和“七一”期间对256名困难党员进行了走访慰问。制定并执行《马钢集团公司党委党费收缴使用和管理办法》,增强党费收缴使用的透明度。注重党建工作与生产经营深度融合,创新开展党员安全“两无”微视频征集活动,共收到27家单位报送的37部微视频。加强党组织和党员信息网上管理,持续日常功能维护,公司2.9万余名党员和700余个党组织在线可控,实现省内组织关系转接无纸化办理。牵头开发“马钢智慧党建”平台,推动基层党组织建设和党内活动情况上线,于年底前全面运行。

五是扎实抓好管理人员选拔任用。落实习近平同志关于干部人才工作的讲话精神,创新选拔任用形式,大力培养优秀年轻干部。在全公司范围内进行优秀年轻干部的推荐和竞选,以无领导小组讨论的面试方式,经组织考察,最终选拔了32名中层管理人员助理,由公司统一调配使用,优化了后备干部队伍。加强竞争性选聘经验的推广和运用,以公开竞聘的方式选拔了新闻中心副主任和团委书记预备人选各1名。围绕公司机关机构改革和人力资源优化,调整公司中层管理人员及中层助理177人,选拔了1名集团公司总经理助理和1名股份公司总经理助理。新增飞马智科公司等4家模拟职业经理人试点单位。

六是扎实推动管理人员专业培训。适应公司发展要求,加快培养高层次、职业化、专业化和国际化经营管理人才,选派7名公司中层管理人员参加职业经理人研修,推荐4名公司中层以上管理人员,参加建设现代化五大发展美好安徽专题研讨班和“一带一路”高峰论坛。举办党群工作室主任培训班及矿业板块科级管理人员培训班,共400多名科级管理人员参加轮训。对新提拔的32名中层管理人员助理,送往上海交通大学进行了为期一个月的集中培训,加快从技术专家向管理专家转换步伐。

七是扎实开展管理人员考核管理。认真做好省委对马钢2017年度综合考核的协调服务工作,落实反馈意见的整改方案。规范有序开展年度综合考核工作,对81个党组织关系隶属于集团公司党委的单位和机关部门以及292名公司中层管理人员进行了综合考核,将考核结果与薪酬分配、选拔任用、培养教育和管理监督挂钩。落实干部人事任免等重要事项向上级报告制度,持续开展管理人员诫勉谈话、任前谈话,加强日常监督管理,协助13名集团公司领导填报个人有关事项。严格按照上级文件精神,办理因公出国(境)人员备案和因私出国(境)审批,集中保管备案人员因私证件,及时办理备案人员信息变更手续。

【宣传工作】　一是持续深化党的理论教育。组织公司全体党员深入学习贯彻习近平新时代中国特色社会主义思想,突出抓好党的十九大精神轮训,组织300余名公司中层以上管理人员参加集中轮训班,推动科级管理人员和基层党员轮训实现全覆盖。公司领导班子成员带头深入基层党支部宣讲党的最新理论,推动党的十九大精神进车间、到班组。印发《贯彻〈中国共产党党委(党组)理论学习中心组学习规则〉实施办法》《马钢党委中心组2018年理论学习安排意见》。

目前,公司党委中心组已举行 11 次学习会,印发 10 期《理论学习参考》。2 名职工在省国资委开展的“三新”理论宣讲视频竞赛中,分获一、二等奖。

二是持续强化思想政治工作研究。紧紧围绕公司加强党的建设、深化改革、转型发展中的热点难点问题,精心策划 26 个重点课题,组织广大思想政治工作者深入基层一线,开展思想政治工作研究。获得全省唯一的中国政研会委托研究课题,目前已进入起草撰写阶段。与工会、关工委共同举办了 2018 年度马钢政研会调研暨第九届职工道德论坛优秀论文征集评选活动,共收到各单位选送论文 142 篇,其中公司党务中层管理人员报送 38 篇,共评选出 30 篇获奖论文。

三是积极开展重大主题宣传。紧紧围绕公司重大决策、重要会议和重要活动,大力开展形势任务教育和舆论宣传,编发宣传材料。组织开展学习《年轻》《差不多先生传》心得体会征文活动,共收到 67 家单位 873 篇征文。组织发起“点将论道|质量大宣传大讨论”,7 家单位 103 人参与了撰写文章;精心组织策划开展公司职代会等专题报道。积极开展马钢劳动模范等各类先进人物的宣传活动,编印《2017 年度人物事迹集》。持续推进媒体深度融合,策划制作了《厉害了,我的马钢》《致敬!马钢功勋炉“光荣退休”》微专题和“60 周年 60 个赞”朋友圈分享集赞活动,组织开展了战冰雪、春节大拜年等系列微信作品。

四是积极提升马钢企业形象。围绕改革开放 40 周年、马钢成立 60 周年,主动对接中央电视台、安徽日报等权威主流媒体,讲好马钢故事。中央电视台财经频道《浩荡东方》大型专题片摄制组,新闻频道《长江直播》栏目组,分别对马钢高端制造、生态保护做了报道,南山矿凹山生态治理登上央视《新闻联播》,提升了马钢知名度和美誉度。积极对接由中央网信办、生态环保部举办的“美丽中国长江行(安徽段)”网宣活动,共有 23 家媒体报道了马钢矿山复垦。与《安徽日报》组织策划报道了马钢改革开放 40 周年取得的成绩。围绕高速车轮等公司重点工作接待了多家省级以上媒体采访报道,组织对外发稿,省级以上发稿 400 多篇。

五是积极应对涉及马钢舆情。认真组织开展意识形态领域突出问题“大摸底、大整改、大督查”活动。强化突发新闻事件和舆情管理,修订完善《网宣宣传管理办法》《对外宣传管理办法》。建立健全舆情信息搜集、研判和响应机制,印发《关于进一步加强重大舆情应对处置工作的通知》,编辑 5 期《网络舆情快报》和 19 期《马钢宣传与舆情分析半月报》。实行重大舆情风险评估,妥善应对马钢机关机构改革暨人力资源优化,把控舆论导向;协同并指导相关部门及时处置四钢轧总厂煤气泄漏和环保等 10 多起较大舆情。加强宣网单位认证账号回复力度,共督办回复办理网上职工意见建议 40 多个。

【人力资源工作】 一是高效推进员工培训工作。大力实施“雏鹰计划”,提高新入职大学生岗位适应能力,211 名高校毕业生被分配到 37 个二级单位及部门进行培养。扩大订单式培养的高职院校数量,189 名来自安冶院等职业学院的应届毕业生与公司签订就业协议,并参加为期 4 个月的高端操作维护岗订单式培养。邀请国内外知名专家来公司授课,推进高级技术主管,炼钢、炼铁、汽车板等技术人员知识更新工程,发挥高管、首席技师的技术带头作用,举办高管、首席技师讲坛。积极开展操作维护技能培训,推进网络学习全面升级改版,考评并办理技师 40 人、高级工 15 人、中级工 7 人。组织协调各有关部门和单位参加第九届“首钢杯”全国钢铁行业职业技能竞赛获得团体第八名。

二是高效提升人力资源管控水平。积极推进人力资源信息系统建设,对人事信息、薪酬信息进行逐条梳理、统计与校对,确保系统一期工程如期上线运行,为实施工资总额、劳动用工集团管控提供重要支撑。积极迎接 GM、上汽大众、一汽等重要客户的 IATF16949 体系的审核,协助股份公司迎接 JIS 等体系的审核,并按照要求不断完善人力资源管理过程。累计办理居家休养、协商解合、保留劳动关系、编外、辞职等 172 人次。

三是高效推进工资总额预算管理。精心制定集团公司工资总额预算编制,确保员工利益最大化。进一步规范集团各二级子公司的工资总额管理,建立与效益挂钩的工资总额决定机制,促进子公司经营效益和人事效率提升。优化职工薪酬结构,设立“基础工资”单元,让职工共享公司发展成果。推进企业年金理事会管理向法人受托管理的转型,提升年金管理的专业化水平。

四是高效推进高端人才队伍建设。理顺了党管人才体制。按照“急需紧缺”和“宁缺毋滥”原则,在多元产业增补 14 名高级技术主管。调查识别关键人才需求,引进 1 名硅钢研发高端人才,吸收 1 名博士后进站,签约 2 名博士,招录 66 名硕士。探索高层次人才培养新模式,构建“1+2+4”高层次专业技术人才梯队培养机制。深化高技能人才培养,围绕加强人才培养和课题研究持续深化技能大师工作室建设;创新手段与方法,推广模拟仿真系统建设;配合工会加强工匠基地建设,围绕紧缺工种,继续开展高级技师、技师内部考评。推荐优秀人才参加政府人才工程评选。杨兴亮入选第四批省“特支计划”;江波、林震源2名职工获省政府津贴;张烨等7名职工当选马鞍山首届名师、首席技师等高技能人才。全年,集团公司共争取人才奖补资金260.9万元。

【企业文化工作】　一是大力开展企业文化建设。进一步加强企业文化宣贯培训教育工作,开展职工企业文化问卷调查,确保职工企业文化认知率达到90%。体系建设取得新进展,督促、检查、指导各子分公司规范开展企业文化建设,推进母子公司文化架构建设;起草《企业文化建设管理办法》等3项管理制度,修订《视觉识别系统手册》,加强视觉识别元素应用的检查审核。与工会、新闻中心共同举办了“2017年马钢的故事”宣演活动。开展了“我与马钢共成长”系列征文活动,编印文学作品集、摄影作品集和书法绘画作品集,做好9号高炉工业遗产保护文化开发等庆祝马钢成立60周年活动以及“9·20”升挂马钢旗帜活动。

二是大力深化精神文明建设。把培育践行社会主义核心价值观与马钢实际相结合,充分利用公司媒体开展宣传活动,共发布有关宣传专栏和信息100余篇(幅)。深入开展社会公德、职业道德、家庭美德、个人品德建设,大力弘扬“工匠精神”,开展了“学雷锋”志愿者服务活动,7045名马钢职工注册为中国志愿者。推荐申报的轮轴事业部职工吴江淮获评二季度马鞍山好人,飞马智科公司职工张世友获评安徽省7月好人,并入选10月中国好人榜候选人。修订《文明单位创建管理办法》,开展第28届马钢文明单位评选活动。积极参加“书香安徽”阅读活动、市“李白诗歌节”和“江南之花”文艺调演活动。在省属企业“新时代·新安徽·新作为”群众性主题演讲比赛中,荣获优秀组织奖、演讲比赛二等奖和优秀奖。

三是大力推进品牌宣传工作。制作发布集团公司新的形象宣传画册和马钢徽章等企业宣传品,策划制作新版集团公司形象宣传片,统筹协调废钢公司等10余家单位拍摄制作宣传片和宣传画册。马钢品牌和产品精彩亮相首届中国自主品牌博览会、2018世界制造业大会和中国国际徽商大会、2018年亚洲汽车轻量化展、第六届亚洲国际建筑工业化展览会等展会。借助公司经销商大会、客户大会、技术服务大会、供应商大会等平台,积极对外推介马钢企业文化和品牌形象。

【统战工作】　一是建立健全统战工作机制。配齐配强各民主党派基层组织的领导班子,在公司党委工作会议上,研究部署企业统战工作在转型升级、改革发展中的重大问题。做好与市统战部门沟通协调工作,安排市侨联第五季“家乡惦记你活动”,组织暑期归国留学生和回国探亲华人华侨50余人,参观马钢生产线。12月初,中国侨联组织的海外华文媒体采风团来皖开展采风活动,来自美国、德国和中国香港等13个国家与地区的近30家华文媒体采风团来马钢调研参观,展示了马钢高质量发展水平。

二是加强党外代表人士队伍建设。把党外代表人士的教育培训纳入公司教育培训总体规划,分层分级分类实施培训,及时组织统战人士学习党的十九大精神。建立了党外人才库,采集具有副高以上职称的294名统一战线代表人士信息上报“全省统一战线基础信息库”。2018年在党外人才中提拔公司中层副职管理人员1名,中层管理人员助理1名,正科3名,副科19名;新增高级技术主管2名为九三学社成员。将党外后备干部纳入公司后备干部队伍建设的总体规划,坚持备用结合,动态管理,注重形成党外代表人士的合理结构和年龄梯次。

三是提升统战工作科学化水平。充分发挥统战人士人才荟萃优势,积极组织他们为企业改革发展建言献策,开辟合理化建议平台,对政协委员、各界人士的意见建议进行重点收集。积极支持民主党派组织开展活动,不定期召集党外代表人士开展座谈、协商,征求意见建议,充分展现马钢各界人士热爱马钢、珍惜岗位、主动担当、共建共享美好家园的精神风貌。安排民革马鞍山市委会一行11人就“马钢9号高炉工业遗产保护与利用”来马钢一铁总厂开展专题调研和民进马鞍山市委会一行4人赴马钢老年大学就文化养老课题进行专题调研,为人大代表、政协委员依法履职创造条件。

【团委工作】　一是加强团员青年政治教育。组织青年职工认真学习习近平新时代中国特色社会主义思想和党的十九大精神、团的十八大精神,开展“放飞新时代青春梦 十九大精神走进青年”宣讲活动二十余场。围绕庆祝改革开放40周年、马钢成立60周年,举办“走进新时代 青春勇担当”诵读会,联合关工委开展“传承马钢精神 绽放青春梦想”专访活动。开展团内表彰、评选第十四届“马钢杰出青年岗位能手”,举办了“奋斗的青春最美丽”杰出青年岗位能手故事汇。开展贯穿全年的“学雷锋精神 展青年风采”青年志愿服务主题活动,践行社会主义核心价值观。

二是带领青年职工岗位创新。及时学习宣传公司职代会和重要会议精神，把青年思想统一到公司改革发展的各项举措上。深化青年“双五小”技术攻关活动，吸引基层一线千余名青年参加项目攻关，共申报立项Ⅰ类项目636项。开展“一团一品”品牌创建活动，引导各级团组织突出工作重点、打造特色、形成品牌，服务本单位生产经营建设。深化“青”字号品牌活动。拓展青年突击队服务内容，组织“风雪中，团员青年请出列”抗击冰雪活动。推进“青安杯”竞赛，组织安全月系列活动，开展“青年安全生产示范岗”创建，命名表彰28个2016—2017年公司级青年文明号。

三是服务推动青年职工成长。充分发挥桥梁和纽带作用，组织公司领导及部门负责人与青年大学生面对面活动，倾听青年心声，帮助青年解决工作学习生活中遇到的困难。开展大学生住房首付款贷款工作，全年为66名大学生职工提供购房首付款低息贷款（申请通过138名），共计990万元。为青年婚恋交友搭建平台，先后与团市委、团雨山区委、省高速集团马鞍山中心、市日报社等单位开展马钢青年大学生职工交友联谊活动。以春节为契机广泛开展“1+100团干部集中服务青年月”活动。开展以“增强家园意识 激励青年成长”为主题的“家书暖人心”活动，基层单位共向近几年入职的外地大学生职工父母发出家书500多封。邀请公司领导与70余名外地单身大学生职工同吃年夜饭。开展困难青工慰问，为54户困难青工家庭发放了3.7万元的慰问金和慰问品。关注单身宿舍大学生生活改善和文体设施配备，开展单宿好声音K歌比赛、组织文明宿舍评选，丰富单宿青年业余文化生活。

四是加强基层团组织建设。着力破解基层团组织“缺编制、缺人员、缺经费、缺场所”问题，以积极进取、抢抓机遇的姿态对待改革。8月公司第十次团代会胜利召开，明确未来团的工作的总体要求和前进方向，民主选举产生了公司新一届团的委员会。开展团十八大代表的酝酿协商工作，冷轧总厂1名青工成功当选团十八大代表。努力构建与团员青年群体变化相适应的组织体系，指导姑山矿、南山矿、四钢轧总厂等10家二级单位进行换届改选工作。认真开展“智慧团建”的录入工作。努力建设青年的专属阵地，探索性地在姑山矿白象山铁矿井下-500米建设“青年之家”。坚持在每年年初下发团的活动经费指标通知，保障各级团组织经费。召开各直属团组织负责人述职考评会评价团干工作，选派班子成员参加中央团校开办的培训班，选调基层团干部到公司团委机关挂职锻炼。

（庆　辉）

纪委（监察审计部、巡察办公室、监事会工作办公室）

一、纪检监察工作

【基本情况】　深入学习贯彻习近平新时代中国特色社会主义思想和党的十九大及十九届二中、三中全会，十九届中央纪委二次全会、省纪委十届三次全会精神，按照省纪委、省国资委党委和公司党委工作部署，坚持党要管党、全面从严治党，认真履行纪检监察工作职责，协调推进党风建设和反腐倡廉工作重点任务落实，突出监督执纪问责，强化“两个责任”落实，持之以恒正风肃纪，以党风建设和反腐倡廉工作新的成效，推动全面从严治党和党建工作不断向纵深发展。围绕公司中心工作，强化融入服务和监督保障作用，加强执行上级决策部署和公司改革发展各项决策举措落实情况的监督检查，参与公司机关机构改革、人力资源优化、精益管理、品牌建设、巡视巡察审计发现问题整改、专题调研、事故事件调查等工作，落实“十三五”重点工程建设项目监督管理工作，为公司生产经营管理和改革发展提供了有力的纪律和监督保证。

【优化政治生态】　坚持政治引领不动摇，深入学习贯彻习近平新时代中国特色社会主义思想和党的十九大精神，坚决维护习近平总书记党中央的核心、全党的核心地位，坚决维护党中央权威和集中统一领导。分层次分类型组织了各级管理人员学习轮训研讨活动，教育引导党员干部统一思想认识，树牢“四个意识”，坚守“四个自信”，强化政治意识和责任意识。严格执行《关于新形势下党内政治生活的若干准则》，认真落实请示报告制度，加强对各单位党内政治生活状况、落实决策部署及执行党内法规等情况的督促检查，构建风清气正的良好政治生态。

深入推进“两学一做”学习教育常态化制度化，认真部署和推进“讲忠诚、严纪律、立政德”专题警示教育，开展党员干部和纪委委员专题研讨、“三查三问”对照检查及集中整治形式主义官僚主义专项行动，编印专题警示教育学习材料发放1100余册；督促指导下属单位党委（直属总支、支部）领导班子及成员坚持严的标准、严的措施、严的纪律,联系鲁炜案、“陈杨周”案、徽商集团窝案,及马钢近年来发生的少数党员干部违纪违法案件,进行一次全面的“党性体检”,撰写认识体会,开展对照检查,并抽调人员对“讲严立”专题民主生活会材料进行审核、把关并到会指导,促进深入查摆问题,抓好整改落实。强化警示教育,组织公司内部近年来发生违纪违法典型案件的16家单位开展专题警示教育“以案促改”工作,用身边事教育身边人,让党员干部知敬畏、存戒惧、守底线,更好地践行忠诚、干净、担当。

加强对内部监督工作的领导,协调整合利用内部监督资源和力量,发挥不同专业的优势,互为支持、相互借力,不断强化对人、财、物管理等重要领域和生产经营管理重点环节权力运行的制约监督,提高发现问题、处理问题和最终解决问题的能力。选聘了20名马钢党风廉政建设监督(信息)员,并做好信息征集、反馈等工作,拓宽了监督范围。

牵头组织开展以“查漏洞、抓反弹、补短板”为主要内容的中央巡视整改“回头看”自查自纠、督查整改、持续改进等工作,集中对中央巡视“回头看”、省委专项巡视、“4+4”专项整治、监事会监督检查涉及的四大块83个方面问题整改情况进行“回头看”,对督查组反馈的9个方面19个问题和自查自纠发现的13个问题落实整改,健全完善整改台账,推进持续改进,并将结果纳入综合考核。

【压实“两个责任”】　进一步完善落实党风廉政建设“两个责任”报告、约谈、考核和评议、责任追究等工作机制,把责任落实情况作为各级领导人员绩效考核的重要内容,组织公司全体中高层管理人员述责述廉,部分基层单位党委书记、纪委书记在党委工作会议上述责述廉和接受评议;督促41家单位党委书记和23家直属总支、支部书记提交抓党风廉政建设专项述职报告,纪委书记提交述职述廉和履职尽责报告。

认真履行纪委监督责任,落实党风建设和反腐倡廉工作责任制,严格先进集体、个人评选和拟提任人员的廉洁审核,全年审核反馈意见280余人次,实行党风廉政建设“一票否决”。把党风廉政建设纳入年度综合考核,完善考核指标和评价标准,对81家子(分)公司、二级单位及机关部门和292名中层管理人员进行了检查和考核。

【严肃监督执纪问责】　认真把握监督执纪“四种形态”,注重抓早抓小,用好用活用足“第一种形态”,综合运用函询、谈话、责令纠错等举措,让咬耳扯袖、红脸出汗成为常态,党纪轻处分和组织处理成为大多数。运用“四种形态”处置问题线索查处111人次,其中以批评教育为主的“第一种形态”92人次,占比82.9%;给予党纪轻处分和适当处理的“第二种形态”10人次,占比9%;给予党纪重处分、重大职务调整的“第三种形态”3人次,占比2.7%;严重违纪、涉嫌违法立案审查的“第四种形态”6人次,占比5.4%,体现了挺纪在前和常态化严管的工作要求。

规范信访举报受理和问题线索处置,共受理和办理信访件220件,办结192件,其中公司纪委自办101件,占52.6%。在信访件办理、问题线索初核中,对所属党员、管理人员进行谈话函询31人次、提醒谈话17人次、诫勉谈话37人次、责令纠错整改100余次。通过监督执纪收缴违规资金、挽回损失、经济处罚、纠正违规资金共计170余万元。

加强基层单位监督执纪工作领导和业务指导,下发责成立案通知书、纪检监察建议书、立案决定书等28份,压实相关单位和部门责任。构建执纪审查协作平台,缓解基层单位工作不平衡、执纪审查力量偏弱等问题。严肃查处违规违纪行为,经初核立案15件,对15名违规违纪人员予以立案审查调查,依规依纪予以处理。矿业公司驻张庄矿财务科原科长张立鸿因严重违纪涉嫌职务犯罪,经马钢纪委立案审查,给予开除党籍、解除劳动合同处分;由省纪委监委指定属地监委立案调查,移送司法机关依法追究刑事责任,犯贪污罪、受贿罪,被判处有期徒刑3年2个月,并处罚金30万元。公司纪委联合保卫部查办“钢刨花”掺假、偷盗焦油资源案件2起,移送公安机关处理。

严格执纪审理,确保纪律处分执行到位,审结案件16件,涉及16人,其中给予党纪处分14人,分别是:开除党籍6人,留党察看1人,撤销党内职务1人,党内严重警告2人,党内警告4人;给予政务处分9人,分别是:解除劳动合同5人,留用察看1人,撤职1人,行政警告2人;给予党纪政务双重处分7人。

严肃责任追究,按照“一案双查、一岗双责”要求开展党内问责,对2名负有领导责任的公司中层管理人员分别予以通报批评和诫勉谈话;对管理不到位的4名责任单位负责人进行党风廉政建设责任制考核。落实中高层管理人员问责制度,对履职不力、发生生产安全事故的12家单位相关中层管理人员27人次实施行政问责,分别给予记过、警告处分和扣发年薪等处理。

【持续正风肃纪】　贯彻落实习近平总书记关于纠正“四风”不能停步、作风建设永远在路上的重要指示精神，加强重要时间节点宣传教育和纪律要求。加大作风建设督查力度，特别是中秋国庆期间，公司及下属单位派出检查组66个，抽查财务账目单位41家，检查内部食堂27个，倒查车辆痕迹或加油记录100条。严肃处置“四风”问题线索，查处违反“酒桌办公”禁令、公款旅游、婚丧喜庆违规收受礼金、违规使用公车等违反中央八项规定精神问题6起，涉及18人，分别给予党内警告、诫勉谈话、上交违规费用等处理。

建立正风肃纪长效机制，协助党委制定贯彻落实中央八项规定精神深入推进作风建设的实施办法、加强机关作风建设十条规定等管理制度，组织110名新提拔和岗位调整的公司中层管理人员重新签订《廉洁从业公开承诺书》，指导基层单位开展无“小金库”情况自查和公开承诺，巩固深化工作成果。

【深化效能监察】 认真落实公司职代会部署，围绕“加速提升创新竞争力”工作主题，制定《马钢2018年效能监察工作意见》，注重对品种升级、结构优化、质量改善、节能减排、人力资源优化等工作落实情况的加强监察，对生产经营管理活动中存在的薄弱环节和易发生问题的关键领域、重要部门（岗位）开展监督检查。组织开展了2018年度招标制度执行情况的专项检查，同时对2017年被检查单位进行了“回头看”，检查结果和考核意见在全公司通报。围绕集团公司应收账款情况、股份公司建设工程甲供材管理、工程建设项目转固定资产工作等开展了摸底调研，及时发现管理短板，堵塞管理漏洞。

加强日常监察和专项检查，深化效能监察联络员制，规范和指导47家基层单位开展立项效能监察项目49个。组织开展公司层面规范蒸汽外转供管理的效能监察，协调修订《对外转供管理办法》《外转供协议》和《外转供合同》，督促完成30家内外部用户33个点位计量装置安装。加大重点工程建设项目监督频次，调整部分项目监督组成员，与13个工程建设项目部负责人签订廉洁承诺书，组织对10家单位12个重点工程项目进行了专项检查，并通报结果。

【预防职务犯罪】 持续推进纪律教育，既做到执纪必严、违纪必究，更注重抓早抓小、防微杜渐，用纪律管住大多数。利用现代信息技术手段，加强党规党纪教育，更新完善了马钢反腐倡廉知识测试系统的题库，指导安排52家基层单位重要岗位人员2336人开展了网上知识测试，组织到冷轧总厂、商品混凝土公司等25家单位开展廉洁从业教育讲座，2109人次接受教育。利用“安徽省党纪法规学习教育平台”，在全体党员干部中开展《中国共产党纪律处分条例》学习测试活动，1.12万党员干部在系统注册和参加测试，测试合格率达100%，达到了以考促学的目的。针对少数党员干部酒后驾驶机动车的行为，在全体党员中集中开展专项整治，全公司组织专题学习212场次，约谈9813人，签订《党员严禁酒驾醉驾承诺书》1.3万余人，取得阶段性成果。

大力弘扬清风正气，积极推进廉洁文化建设，组织开展廉洁文化作品征集，收到的88件各类作品，评选出微电影、视频公益广告、廉政漫画等作品55件，推荐参加省纪委“安徽廉洁文化精品工程”遴选，部分作品入选。在马钢纪检监察网站、“马钢家园”微信公众号进行集中展播，取得良好反响。

马钢系统深化预防职务犯罪工作，一体推进“不能腐、不敢腐、不想腐”体制机制，不仅有力提升了马钢党员干部廉洁从业意识和廉洁防范能力，也为马钢拓展市场、维护品牌形象提供了有力支撑，成功助力车轮产品进军国内外市场，防腐覆膜钢板顺利进入内蒙古优然牧业有限责任公司供应商名录并获得大额订单。

【加强自身建设】 聚焦主业主责，深化“三转”，逐步退出业务性评审、参与协调性工作，进一步明确机关机构改革后的职责定位，厘清集团总部与二级子公司职责权限界面。认真落实请示报告制度，按要求建立信息传递、重要事项报告等工作机制，多次派员参加省纪委执纪审查协作组和省审计厅专项工作。加强对下属单位纪委组织建设、工作业务指导，落实线索处置和案件查办情况报告制度，印发《马钢集团公司二级单位纪委书记、副书记提名考察办法（试行）》。坚持刀刃向内，加强委部机关人员业务培训和自我监督，严格执行监督执纪工作规则，印发审查调查谈话安全规范、突发事件处置预案及人才库管理等暂行规定，提高人员素质、业务能力和执纪水平，打造忠诚干净担当的工作队伍。委部机关被公司命名为马钢先进集体（先进部室），纪委党支部被公司党委、机关党委评为先进基层党组织。效能监察职能副主任樊新被评为集团公司“劳动模范”。

二、内部审计工作

【基本概况】 围绕公司工作主题，牢牢把握高质量发展这个根本，全面贯彻新发展理念，聚焦公司机构改革、人力资源优化和风险防控，积极开展审计工作，全年完成审计项目31个，其中，经济责任审计12项、生产经营审计8项、建设项目审计7项、专项及管理审计3项、内控审计1项。审计涉及资产总额362亿元,审减工程造价2768.2万元,审计发现长期挂账5474.35万元,少计收入多列成本561.92万元,损失浪费1022.32万元,违规资金338.34万元,其他各类不规范资金3720.67万元,提供了有价值的审计信息和建设性意见228条,发现股份公司内控一般缺陷14项。

【经济责任审计】 坚持应审尽审、凡审必严,根据党委工作部的委托,先后对第四钢轧总厂原厂长刘国平、销售公司原总经理王炜、长江钢铁股份有限公司原董事长李建设、废钢公司原总经理董雷、离退休中心原主任李兰、安徽中联海运有限公司原董事长王开定、仓配分公司原经理管孝群、马钢(香港)有限公司原总经理张勇、教培中心原主任张永涛、罗河矿业公司原总经理徐泰松、第三炼铁总厂原厂长丁晖、第二炼铁总厂原厂长伏明12名子(分)公司、二级单位主要负责人进行了任期经济责任审计,强化基层单位领导人员履职尽责和权力运行监督,为马钢集团公司加强干部监督管理提供有价值的信息,推进经济责任审计全覆盖。

【生产经营审计和专项审计调查】 强化对下属企业经营行为的规范和经营风险的防控,先后组织对马钢幼儿教育管理中心经营管理情况、马钢资产经营管理公司经营管理、马鞍山市住房公积金管理中心马钢分中心公积金归集与管理、马钢冶金固废资源综合利用分公司生产经营、马钢和菱实业公司生产经营、马钢集团投资有限公司经营管理、重机公司2018年生产经营、马钢(重庆)材料技术有限公司生产经营进行了审计,并开展了钢构公司潜亏及生产经营能力审计调查、项目潜亏真实性审核,对马钢江东集体企业内退职工生活费及养老保险金政府补贴发放情况进行了专项审计,揭露经营管理过程中存在的问题和薄弱环节,探求堵塞漏洞、解决问题的有效途径,提出改善经营管理、提高经济效益的措施。

【建设项目审计】 加强工程建设项目审计监督和评价,先后完成了马钢新区后期结构调整——四钢轧板坯连铸工程审计、能控中心301水处理站提标及新增脱脂水治理工程竣工决算审计、马钢(合肥)公司环保搬迁——二铁总厂4号高炉工程审计、马钢新区后期结构调整——四钢轧转炉及精炼工程审计、马鞍山铁矿资源综合利用国家级示范基地马钢高村项目竣工决算审计、南山矿和尚桥铁矿建设工程审计、高线改造工程审计7个审计项目,审计扣减工程款2768.2万元,促进了项目规范管理和节约投资。

【内控审计和风险管理监督】 加强内部控制设计和运行的有效性审查和评价,对股份公司开展了内控测试,发现运行缺陷14个,均为一般缺陷,并根据股份公司总经理办公会要求下达整改通知,督促责任单位和部门对内控缺陷加以整改。督促和指导矿业公司、销售公司对其下属子公司开展内控审核,发现内控缺陷42个,促进各子公司防范风险、提高经济效益。依据公司《风险控制管理办法》《内控手册》、风险数据库及风险应对措施、各单位和部门的风险识别评估表等,以及国资委监管要求、证监部门相关规定、国家相关的法律法规等,对股份公司进行风险管理监督和内控评价,要求各部门和子(分)公司对所管业务风险进行识别评估,并制定相应的应对措施,保证公司对战略风险、财务风险、市场风险和运营风险、法律风险、环保风险等控制措施得当,各项风险处于受控状态。

【审计问题整改及跟踪】 坚持问题导向,注重审计成果运用,落实审计问题整改,在审计报告中明确整改要求,90天内报送整改情况,报监察审计部审核验收。坚持每月梳理现场审计发现的问题,每季度向集团公司总经理办公会汇报审计及内控审核情况,并提出整改建议,下发整改通知,分解落实整改责任,跟踪协调落实问题整改,并在次季度汇报整改情况。据统计,2018年累计跟踪被审计单位在甲供材管理、薪酬管理、财务核算、招标管理、制度执行等方面存在的各类问题220个,已整改199个,整改完成率90.5%,;提出审计建议228条,采纳率100%。

【自身建设及其他】 加强审计制度建设,规范工作流程和审计文书,组织业务骨干编制了《内部审计操作指南》,发布了应收款项、采购业务、销售业务、工程、内控测试等14项业务操作指南;修订了《内部审计管理办法》《经济责任审计管理办法》《子公司审计管理办法》《内控审计管理办法》《建设项目审计管理办法》及《马钢内部审计报告规范》。加强审计人才培训,组织审计人员参加了中国内审协会举办的相关继续教育培训。通过组织2017年度优秀审计项目评选,评选出优秀审计项目8项;申报理论研讨论文两篇,推荐一篇审计报告参加安徽省内审协会的"审计报告质量提升"优秀成果展示活动,提高审计人员工作积极性。加强集团型子公司内部审计机构业务指导,在矿业公司、工程技术集团、销售公司设置了内部审计机构,帮助推进相关工作。接待了省审计厅投资中心对马钢建设项目审计全覆盖工作检查,配合做好省审计厅对马钢原董事长和总经理的经济责任审计工作,并督促落实相关问题整改。

三、党委巡察工作

【基本概况】 按照公司党委年度工作部署，克服时间紧、任务重等困难，强化专业力量调配和巡察组内部密切协作配合，提高工作效率，保证巡察质量，上半年采取“一托三”、下半年采取“一托二”方式，先后完成对马钢（扬州）钢材加工有限公司、检修公司、三铁总厂、轮轴事业部、国贸公司、监理公司、康泰公司、仓配公司、安徽马钢张庄矿业有限责任公司、教育培训中心、冷轧总厂、重机公司、罗河矿、技术中心、马钢（重庆）材料技术有限公司15家单位的巡察任务，使集团公司本届党委已完成巡察的单位达42家。同时，延伸巡察触角，对被巡察单位下属5个基层党（总）支部进行监督检查，了解掌握基层党建和管理存在的问题，并提出整改建议，帮助基层单位建立巡察制度；对2个“十三五”重点工程建设项目部党支部开展专项巡察，及时发现工程建设中的风险点，推动建设优质高效廉洁工程。

【强化监督合力】 针对机关机构改革后形成的大监督格局，借助信访、监察、审计、监事力量，共享资源，形成监督合力；制定下发《马钢被巡察党组织配合巡察工作规定》，规范被巡察党组织配合巡察工作的相关内容，列出责任清单，体现巡察的严肃性；组织修订《马钢党委巡察工作实施办法》，提高政治站位，推动巡察向纵深发展；制定延伸巡察基层党支部实施方案，规范巡察基层党支部的工作流程；严格台账管理，建立了巡察问题清单、任务清单、责任清单，跟踪督办，促进巡察整改全过程规范、受控；制定巡察工作档案管理办法，并及时与各巡察组协调落实归档应归档材料的范围和要求，完成巡察资料整理和建档工作，夯实基础管理。

【精准聚焦问题】 巡察组在驻点巡察过程中，立足“专”、突出“准”，掌握第一手资料，精准发力，着力发现问题，全年通过走访47个基层分厂、作业区，组织804名测评人员对67名测评对象进行测评，谈话495人次；共发现347个具体问题，收集整理问题和线索18条，向公司纪委移交问题线索3条，向党委工作部移交重点问题1个，移交被巡察单位问题线索14条；累计收缴违规款154万元，对相关责任人员给予严肃处理。

【落实闭环管理】 规范巡察工作报告、意见反馈、落实整改、审核验收等工作流程，督促被巡察单位及时报告整改方案和整改报告，建立长效机制，并在单位内部公开整改结果。督促2018年上半年被巡察单位开展整改，并审核整改方案，9家被巡察单位根据巡察组反馈意见，认真梳理问题清单，逐条落实整改责任，共制定417条措施，完成163个问题的整改，制定修订长效制度77项，落实持续改进。进一步压实巡察整改的主体责任，公司党委对22名被巡察单位党政主要领导进行了约谈或诫勉谈话。巡察办及时组织对巡察整改落实情况回访督查，实地抽查被巡察单位，并及时将督查结果进行了反馈，进一步巩固整改效果。

【加强成果运用】 巡察办就2017年巡察发现的普遍性和倾向性问题，提出28条管理建议，公司党委高度重视，及时印发《关于下发<2017年巡察发现问题的管理建议书>深化问题整改的通知》，在公司层面落实责任领导和责任单位（部门），按照制定自查自纠方案——整改落实——报告整改结果——检查考核（年度综合考核）的程序，督促10个部门、57家单位举一反三抓整改、标本兼治立规章，并将整改结果纳入了年度综合考核。

【做好结合文章】 深入贯彻中央及省委关于巡视巡察整改工作的部署和要求，把中央巡视“回头看”反馈意见、省委专项巡视反馈问题和内部巡察发现问题的整改工作有机结合起来，深挖问题产生的根源，优化整改措施，统筹安排，系统推进。在2018年12月5日至2019年1月25日，结合年度综合考核，再次集中对各单位各部门落实中央巡视“回头看”反馈意见、省委专项巡视反馈问题、“4+4”专项整治问题、省委督查组反馈问题、自查自纠问题，以及内部巡察发现问题和2017年巡察管理建议的整改落实情况进行了全面督查，综合施策，不断巩固整改效果。

四、监事办工作

【机构改革与职能调整】 根据集团公司机关机构改革，监事会工作办公室职能于2018年4月由资本运营部调整到监察审计部，顺利完成机构改革和职能调整等工作。原监事办17名专职监事，有8人调整到4家二级子公司担任专职监事，5人分别办理了工作调动、居家休养、协商解除劳动合同等手续，4人留在监事办工作。监事办工作职能由主要依托监事组开展工作，转为以对委派监事履职情况的综合管理，和对下属子公司监事会及子公司规范运作的监督管理为主。按照公司确定的监事办职能模块和主要职责，在充分征求各部门意见的基础上，制定《关于进一步明确监事会工作办公室管理职责的通知》，进一步明确监事办管理职责、部分子公司（单位）设立监事工作机构和严格委派监事选聘程序等要求。

【组织调研摸底】 为准确掌握子公司监事会及

监事基本情况,更好地履行工作职责,监事办通过填报《子公司监事会构成情况调查表》、向相关部门人员咨询、工商登记信息搜索等多渠道收集了解,共对集团公司、股份公司投资设立或参股的134家子公司监事会构成情况开展了摸底调研,汇总分析调研信息,向公司提交了《关于子公司监事会构成情况的调研报告》。对子公司监事会、委派监事基本情况及存在问题进行了认真的分析,根据调研情况和存在问题,提出了建立健全相关规章制度、加强委派监事队伍建设和强化委派监事履职情况的管理等建议。

【加强监督指导】 持续关注委派监事信息,建立完善子公司监事会、监事情况基本信息库,动态跟踪,及时掌握。向公司提出委派监事选派方案,报公司领导批准后,提交董事会审议通过,对部分子公司委派监事进行了调整。指导和监督专职监事正确履行工作职责,参加子公司相关会议,收集了解财务报表和生产经营改革情况,做好日常监督工作。借助参加审计、巡察等工作,对部分子公司监事会及子公司规范运作情况,以及委派监事履职情况进行了监督检查。加强与子公司和专职监事的沟通联系,跟踪督促子公司按照《关于进一步明确监事会工作办公室管理职责的通知》要求设立监事工作机构,并进行业务指导,帮助协调专职监事在子公司的工作和待遇等事宜。

【开展专项调查】 根据问题线索,对控股、参股或实际控制的子公司进行专项调查。在对雨山区纪委移送的"力生公司违规发放员工股权奖励损害马钢集团公司持有的股权权益问题"线索进行调查中,不但为集团公司挽回了股权收益损失499.77万元,还规范了力生公司股权分红行为,避免了今后集团公司持有的力生公司股权权益继续受到损害,保证了集团公司股权投资收益。不仅如此,监事办还按照领导要求,先后参与配合做好案件调查、安全生产事故调查、"十三五"重点工程项目抽查、招标监督等涉及子公司相关事务工作,在公司内部监督中发挥监事办作用。

(鲁世宣)

工　会

【群众性经济技术创新工作】 团结动员广大职工立足岗位广泛开展劳动竞赛和技能竞赛。围绕"挖潜增效、指标升级、提升质量、节能降耗",开展了铁前和钢后系统、矿山系统、设备运行管理、节能降耗、重点检修等对标竞赛;围绕品牌建设和多元产业,开展了EVI项目、能源管控、精益采购和营销、节能环保、工程技术、贸易物流等专项竞赛,1万多名职工参加了各类竞赛。开展品牌知识、"七五"普法网上竞赛和首届职工网上练兵等活动,参加网上练兵的职工达130万人次。广泛开展"提升创新力、巾帼在行动"主题活动,着力引领女职工立足岗位建功立业。组队参加"首钢杯"第九届全国钢铁行业技能竞赛,荣获团体总分第八名。

大力弘扬劳模精神和工匠精神。隆重召开集团公司"五一表彰大会",表彰12个先进单位、6个先进部室和22名劳动模范。举办马钢第二届职工经济技术创新成果发布会暨职工创新论坛,开展岗位职工创新创效成果和先进操作法评审,命名表彰34项一线职工创新创效成果和9项先进操作法,激发了职工创新创效热情。稳步推进工匠基地建设。新建成8个工匠基地。各基地累计完成培训4200人次,培养高级技师4名、技师69名,完成课题307项,获得专利42项、各类成果259项。加强合理化建议工作,引导职工找难点、攻难关、解难题。46家单位的职工申报合理化建议9000多条,同比增加7%。

【宣传教育工作】 各级工会组织把深入学习宣传贯彻习近平新时代中国特色社会主义思想和党的十九大精神作为首要政治任务,通过专题培训、集中宣讲、专栏宣传等多种形式,团结引领职工听党话跟党走。广泛开展庆祝改革开放40周年职工群众性主题宣传教育活动,激励和引导广大职工更加紧密地团结在以习近平同志为核心的党中央周围,不忘初心、牢记使命,切实把学习成果转化为正确的职业观念、坚定的理想信念。

加强职工文化建设。围绕庆祝马钢成立60周年,举办了"纪念毛主席视察马钢60周年暨马钢成立60周年"主题晚会、"奋进新时代"职工文艺汇演、"辉煌岁月·舞动马钢"女职工健身广场舞比赛、"如歌岁月·声动马钢"职工歌手比赛、"辉煌60年"职工书法美术摄影集邮展览等一系列活动,有效激发了职工做强做优做大马钢的豪情壮志。与此同时,稳步推进文体中心场馆升级改造工程,为职工提供功能更加丰富、环境更加舒适的文体活动场馆。

【维权帮扶工作】 坚持落实以职代会为基本形式的民主管理制度,召开3次职代会联席会议,分别审议通过了《企业与员工协商一致解除劳动合同有关规定的调整方案(草案)》《马钢企业年金方案〔2018年修订版〕(草案)》《2018年马钢集团薪酬调整方案(草案)》、公司机构改革及人员优化方案等,从源头上维护落实职工的民主管理权利。落实中央巡视组巡视“回头看”自查自纠整改任务,开展厂务公开民主管理专题调研检查。积极参与二铁总厂北区、长材事业部北区产线关停职工安置,工程技术集团规划设计院、飞马智科公司、表面技术公司职工劳动关系调整,幼教移交地方政府等工作。全国企业民主管理工作检查组对马钢企业民主管理工作给予了高度肯定。贯彻实施《安徽省妇女发展纲要(2011—2020年)》工作方案,举办各级心理健康讲座10余场。拓展“爱心牵手行”巾帼志愿活动,关心青年大学生职工成长,促进青年人才队伍稳定。

进一步做好精准帮扶工作。落实全总、省总《困难职工档案管理办法》,开展困难职工生活状况调查,调整公司级困难职工标准。扎实开展两节“送温暖”工作,累计走访慰问各类困难职工1.1万人次,发放慰问款769万元。职工互助帮困资金救助大病职工、家属400人次,发放大病救助金550万元。规范推进职工疗休养工作,完成疗养33批次1300人,特殊岗位健康疗养194人次,劳模休养32人次。调整公司在职因病非因工死亡职工遗属抚恤金标准,完成在档非因公死亡职工供养直系亲属资格审核认定393户397人,发放抚恤金268万元。深化“金秋助学”活动,通过“爱心助学”“金牌蓝领计划”等多种形式资助学生79人,发放助学款15.6万元。协调职工商业险理赔纠纷10余起,全年职工获赔款达1382万元。进一步优化互助保障计划,全年组织参保3.6万人次,办理赔付861人次,发放赔付金180万元。

【工会自身建设】 工会系统始终把党的政治建设摆在首位,按照公司党委统一部署,扎实开展“讲严立”专题警示教育和“三查三问”工作,持续推进“两学一做”学习教育常态化制度化,筑牢广大工会干部信仰之基。深入贯彻落实中央、省市《关于推进新时代产业工人队伍建设改革的实施意见》,牵头制定马钢推进产业工人队伍建设改革行动方案。履行协调小组办公室职责,推动各项举措稳步落地。深化集团管控模式下工会改革创新,梳理和调整集团层面工会工作职责,明晰职能定位和管控界面,着力构建精干高效的运行机制。推动互联网+工会建设,上线运行“马钢e工汇”,创新工会工作管理和服务模式。截至目前已有2.1万名职工下载安装使用APP客户端,网页浏览量超过600万次。马钢的做法在全省智慧工会建设推进会上进行了交流和展示,受到好评。

加强基层工会组织建设。修订《职工之家建设管理办法》,推动基层工会职工小家建设。指导新成立单位依法合规建设工会组织。加强工会干部队伍建设,组织参加上级和本级工会业务培训300多人次,不断提升工会干部服务职工的能力和水平。机关作风建设持续改进,通过开展党员活动日、结对共建、跟班蹲点等活动,深入基层调研、讲课、指导工作100多人次。与此同时,认真贯彻中央八项规定精神,落实全总《基层工会经费收支管理办法》和《安徽省基层工会经费收支管理实施办法(试行)》,进一步规范财务管理,扎实推进经费审计全覆盖,全面提升工会财务的业务水平和服务能力。

【荣誉】 2018年,马钢集团公司工会被中华全国总工会授予2017年度市级工会财务工作先进单位,被中国职工保险互助会授予2017年度全国职工互助保障先进单位;马钢(集团)控股有限公司被评为全国“安康杯”竞赛优胜集体、省劳动竞赛先进集体。集团公司工会牵头完成的管理创新项目《“六位一体”职工经济技术创新体系构建与实施》,荣获第十八届冶金企业管理创新成果三等奖、第十四届省企业管理创新成果一等奖。

(汪少云 查仁豪)

管理创新部

【战略管理】 组织对《马钢“十三五”发展规划》进行滚动调整,形成《马钢集团2018—2020年发展规划》并报送省国资委,提出公司及各产业板块未来三年战略目标和发展重点。对集团公司关键绩效指标体系进行了调整,新增品牌、两化融合管理体系成熟度等关键指标,同时,组织各产业板块对公司产业规划进行同步调整,根据需求对子规划调整给予指导。

【机构改革及人力资源优化】 组织赴宝武集团、沙钢集团开展调研;整理完成《改革方案》,经公司内部决策程序论证,形成《关于集团公司机关机构改革及人力资源优化的决定》《关于股份公司机关机构改革及人力资源优化的决定》。机关机构改革于6月完成阶段性目标,集团总部事务性职能剥离,管理效率得到较大提升,机关活力进一步释放。7月制订并下发

《关于深化子公司机关机构改革的指导意见》,牵头各专业部门和机关改革领导小组成员完成15家子公司机关机构改革方案的论证,为子公司机关机构改革的顺利实施提供保障。

【改革试点】 组织推进飞马智科、粉末冶金公司开展第二批模拟职业经理人制度试点,不断提高职工的积极性,提升企业的管控水平;推进粉末冶金公司员工持股试点工作,完成注册成立持股平台、符合条件骨干员工的股权认购、组织持股平台对粉末冶金增资扩股及注册变更等工作;开展飞马智科、欣创公司申报"安徽省创改首批试点单位"工作,协助指导两家单位细化试点工作方案,分解落实试点任务,跟踪试点进展,及时解决试点工作中的问题;协助飞马智科落实"双百行动",牵头制订《飞马智科"双百行动"综合改革实施方案》,持续跟踪指导飞马智科按照国资委要求开展各项工作。

【产业化发展相关工作】 推进废钢板块转型发展,做大废钢贸易体量;协调汽运公司购买股份公司资产相关工作,实行"采供一体"业务模式。牵头起草形成《马钢集团设计研究院改革方案》,协助设计研究院成功引入中钢设备公司、马鞍山经发区建投公司两家战略投资者,改革相关工作及人员安置已于6月份完成;整理形成《股份公司煤化工资源整合方案》,依托现有资源,对煤焦化公司化工业务实施剥离整合,优化资源配置,成立相应化工实体;编制《党委宣传部、新闻中心改革方案》并实施,做强文化宣传品牌,提升工作效率。

【综合管理体系】 策划集团公司申报省政府质量奖,完成安徽省政府质量奖申报。以矿业公司等8家子公司为试点,导入卓越绩效模式,推荐申报马鞍山市市长质量奖;完成集团公司质量、环境、职业健康安全管理体系认证以及股份公司质量、环境、职业健康安全、能源管理体系认证并顺利取证;表面、重机、汽运、物流、飞马智科、招标等十家子公司陆续通过体系认证并取得证书。上半年公司组织机构改革后,编写发布《集团管控管理办法》,组织集团各单位对管理制度进行系统梳理,指导督促相关单位2018年底完成大部分制度的编写修订,健全问责机制,不断加强制度执行力。

【精益工厂】 制订精益工厂评价管理办法,拟定创建精益工厂三年行动计划。以精益管理项目为抓手,将工作重心从精益现场管理逐步延伸到精益工厂创建上。引导全员参与,加强上下互动,开展样板区"6S"验收工作,树典型,立标杆,在试点单位全面导入PQCDSMEI(效率、品质、交货期、成本、安全、士气、环境、智能化)要素管理,积极营造精益工厂创建氛围,做好经验分享。牵头实施厂区美化亮化提升工作,改变现场环境,改善马钢"气"质。

【优化考核体系】 修订完善集团公司《经营绩效管理办法》、股份公司《生产经营绩效管理办法》。对各子公司引入经济增加值(EVA)评价指标,促进子公司树立资本成本意识,关注可持续发展和风险防控;在股份公司内部推行目标计划值管理,引导各制造单元按计划组织生产,实现资源配置最优化和组产效益最大化;在政策上加大外部创收激励力度,调动各子公司对外创收积极性,促进多元产业由"内生型"向"外向型"转变,提高马钢外部市场份额,修订完善《多元产业APQP及EVI项目专项激励办法》,促进多元产业创新模式,打造品牌,提升效益;制定《集团公司争取政策专项激励办法》,鼓励公司各单位加强对国家、省、市各项优惠和补贴政策的研究和争取,为公司降本增效。参与编制2018年集团公司工资总额预算,对各二级子公司2018年绩效及绩效工资总额进行预测和分解,制定2018年各板块负责人经营目标责任书,承办集团公司总经理与各板块负责人签订仪式,制定《2018年股份公司领导班子经营业绩评价标准》;制定模拟职业经理人年度和任期绩效考核办法。通过政策导向、制度引领,公平分配,激发员工岗位创效,实现个人与企业共成长。

【集团经营监控】 按月汇总编制集团公司运营评价报告,汇报公司经理层;多维度对集团20项战略KPI进行监控,对子公司预算目标完成情况进行日常监控,根据情况对子公司预算目标进行调整,确保完成集团公司全年预算目标;编制下发《集团公司2018年标杆管理工作实施方案》,要求各子分公司选定标杆及指标,按月进行对标分析,找出改进空间,利用标杆管理放眼长远、持续改进,推动子公司管理不断上台阶。

【信息化管理】 推进集团统一财务核算信息系统建设,在集团层面统筹规划会计核算方式与财务软件系统资源,除股份公司及其他分子公司已上线SAP系统的单位之外,推进集团下属30家会计核算主体集中上线金蝶EAS系统;集团财务共享中心建设工作全面启动,组织建设满足马钢目前与未来业务发展要求统一的报账平台,支持集中财务核算和各类财务管理的数据共享;集团人力资源信息系统一期上线;推进完成海关与马钢 ERP 系统数据联网交换相关工作马钢"智慧党建"平台一期完成;推进股份公司一体化计划系统、板带质量管理信息系统、长材系列技改工程等项目建设。

【管理创新】 以战略为引领,构建卓越管理创新体系,全面推动体制创新、机制创新和商业模式创新。以解决总体性、关键性、深层次问题为重点,全年组织实施公司级管理创新项目 20 项、单位级管理创新项目 193 项,其中管理创新部主创的成果一项获公司一等奖,一项二等奖,一项 2018 年冶金行业管理创新三等奖。

(胡善林)

投资管理部

【股权投资】 1. 组织完成了多项对外投资与合作工作。完成了集团公司重组废钢公司、合资设立马钢诚兴金属资源有限公司,股份公司设立全资子公司马钢(长春)钢材销售有限公司、设立马鞍山迈特冶金动力科技有限公司、合资设立马钢(武汉)材料技术有限公司、马钢瓦顿公司增资项目,投资公司合资设立马钢(上海)商业保理有限公司、马钢(上海)融资租赁有限公司项目,物流公司合资设立物流集装箱联运有限公司项目,飞马智科公司设立安徽祥盾信息科技有限公司项目;履行了工程技术集团合资设立马钢工程技术服务公司、参股滁州市奥体中心 PPP 项目,化工能源公司介休针状焦配套焦油深加工项目、焦炉煤气提氢项目,国贸公司组建油品贸易公司项目、南山围岩综合利用项目的集团公司决策程序。2. 开展了多个合资合作项目的前期研究工作。组织研究了股份公司嘉兴加工中心项目、成都加工中心项目、南非车轮项目、钢渣处理综合利用项目、售电公司项目、废钢公司合肥废钢基地项目、康泰公司垃圾分类项目、欣创公司生物质发电等项目。

【股权变动】 1. 推动集团公司内部资产重组。牵头组织废钢公司、化工能源公司、新型建材公司等资产重组工作,在集团层面打造新的发展平台;拟定工程技术集团增资方案,推进集团公司以部分现金和土地房产对工程技术集团增资。2. 协助子公司引入外部投资者。集团设计院增资扩股引入央企中钢设备和马鞍山经开区,引入资金 1860 万元;飞马智科增资扩股引入两家央企冶金规划院和中冶赛迪,引入资金 3900 万元。3. 有序开展三级以下及非主业清理工作。提升马钢东力公司级次,成为集团公司三级公司;转让持有黄山公司的 1.95%股权,防止进一步的投资损失;将持有的淮北矿业的 0.59%股权转换为上市公司股票,实现资本证券化;推进三家"僵尸企业"处置工作,协助一重马鞍山公司清算评估、挂牌转让。

【资本证券化】 1. 建立上市推进机制。确立公司板块分管领导企业上市工作负责制,企业上市汇报会共召开 5 次,布局总体工作安排。成立 4 家单位推进组织体系,建立信息沟通渠道。建立项目制管理制度,明确项目主体、项目负责人、项目组组成及职责。建立公司级、项目单位两级例会制工作推进机制及问题协调机制。动态细化工作网络,动态调整路线图,以严密的网络图落实阶段性日工作目标。建立每 2 周工作推进反馈机制,形成信息闭环。2. 推进上市,取得实效。飞马智科新三板挂牌按股权转让、股份制改造、增资扩股、挂牌申报四步推进先后开展并完成土地购买、房产证权属变更,马钢集团公司持有 5%股权的转让,股份制改造,增资扩股引进两家央企股东,编制公开转让说明书、章程、法律意见书、国有股权管理方案批复、合规合法性证明等材料,中介机构审核流程及问题整改等流程化工作,于 9 月 28 日取得挂牌受理函,12 月 25 日取得挂牌同意函。表面技术公司新三板挂牌按股权转让、股份制改造、挂牌申报三步推进。3 个月内完成股份制改造,在股份制公司基础上开展挂牌申报审计,编制公转书、法律意见书、章程、合规合法性证明及承诺等必备申报文件,履行中介机构内核等流程化工作,12 月 28 日已取得挂牌受理函。矿业公司明确港交所 IPO 申报上市路径,开展了不同上市资产范围的多轮方案论证,梳理关联交易、矿业权、民营持股等上市前期的问题。确定审计、律所两家中介机构,开展上市咨询工作。赴香港与多家投行沟通上市保荐事宜,确定光银国际为上市保荐人。新型建材公司确定增资扩股、收购当涂中天资产、港交所 IPO 申报为上市路径。完成土地、房产确权,增资扩股等前期工作,为后续港交所上市奠定了基础。

【投资风险控制】 1. 组织修订公司投资管理制度。根据国家、省国资委发布的最新管理制度,梳理公司内部投资管理制度,重新起草了《马钢(集团)控股有限公司股权投资与变动管理办法》《股权投资与变动风险管理办法》及《上市工作管理制度》。2. 日常风险防控。根据公司内控体系建设要求,每季度对内部的风险进行评估,做好相应的防范措施。3. 项目前期防范。严把股权投资和变动项目的前期风险,项目凡在立项或决策前,都需经深入分析必要性和可行性,对项目存在的风险进行全面识别和评估,制定风险防范预案。对于重大境外项目,要求委托第三方有资质咨询机构对项目所在国(地区)政治、经济、法律、政策、市场等风险做全面评估,制定风险防范预案以及突发事件应急预案。4. 项目过程防范。项目推进严格依法合规,按照规定履行决策、审批程序,规范开展涉及的财务审计、资产评估、进场交易等工作。在合同、协议及标的公司章程等法律文件中充分维护集团公司权益。

(唐何俊)

财务部

【预算管理】　紧抓年度预算目标,做好分解落实。根据集团公司年度预算目标,狠抓各单位预算指标分解落实,督促重点单位的预算目标分解情况,确保预算保障措施的落实、经营压力的传递。围绕年度预算目标和各单位生产经营具体情况,每月下达月度生产经营计划。对各单位月度经营计划进行刚性考核;规范月度经营情况快报和分析制度;按时完成月度经济责任制考核工作。因国家加快推进供给侧结构性改革,在化解钢铁过剩产能、取缔"地条钢"等政策措施推动下,优化了产能结构和市场环境,市场预期与年度预算偏差较大,4月、9月分别对公司全年经营情况进行再判断,对预算目标重新审核调整,并上报省国资委审批。做好经济活动分析,提供决策依据。积极做好公司战略执行情况评估报告中的财务评估,预测总体经济指标完成情况,分析多元板块各项指标完成情况。为改善经营管理,促进转型升级和结构调整,增强公司竞争力提供数据支持。

【资金管理】　坚持从严从紧原则,保证资金需求。坚持细化分解各项资金管控措施,确保现金流安全高效,确保生产经营和重点工程项目资金需求。根据现金预算和内部存款余额双重指标进行核定,理顺集团资金管控模式。优先保证生产经营资金周转,保证重点工程项目支出,压缩非生产性支出、非重点项目支出,严格控制对外投资,从严控制其他支出。拓展创新融资渠道,优化融资结构。受中美贸易战影响,资金市场实际利率波动较大,钢铁行业融资受限。面对新增融资成本较高、规模及存量贷款基准利率续贷受限局面,财务部持续统筹优化融资结构,拓展创新融资方式,调整融资策略,有效降低融资成本。控制融资规模,增加融资渠道。集团公司融资总额为374亿元,其中有息负债约243亿元,银行融资约273亿元,比年初有息负债267亿元降幅9.33%;资产负债率58.85%,比年初降幅5.86%。与工行马鞍山分行签订了《联合授信成员银行与授信企业框架协议》,联合授信额度为550亿元,后期根据需要还可动态调整。拓展融资方式,降低融资成本。集团公司本部12月末融资余额96亿元,其中中期票据10亿元,比年初融资余额93亿元增加了3亿元、增幅3.23%。拟重新注册中期票据30亿元,拟在两年内择期发行。拟于2019年初偿还融资成本较高的债转股基金。本部财务费用全年比预算下降0.35亿元,下降率8%;全集团财务费用比预算降低1.5亿元,降低率9%。

【税费管理】　争取财税优惠政策,合理减轻税负。积极与省财政厅、国土厅、税务局沟通、协调、汇报,牵头协助公司相关职能部门和各分子公司,统筹做好争取国家政策资金扶持工作。2018年争取各项政策资金24亿元,增加当期利润19亿元。作为公司降本增效的重要措施,财税政策返还增加了预算收入及净现金流入。应对国家税制改革,争取税费减免。应对补缴所得税。原市地税局经对集团本部2011—2015年度企业所得税进行评估检查,经多方沟通协调,依据税法不断完善证明材料,最终确定集团本部补缴2011—2015年度企业所得税1309万元。应对增值税政策调整。自2018年5月1日起,基于国家对部分行业增值税政策予以调低税率等内容的调整,财务部及时通知指导子公司在签订销售和采购合同时,就如何规范价格条款应对税率政策性调整提出指导意见。2018年因增值税税率调整少缴纳增值税约1.2亿元。应对个人所得税改革。修改后的《中华人民共和国个人所得税法》于2018年10月1日起执行,财务部及时充分了解个税新政变化,邀请税务局税务专家来公司宣讲辅导,使得公司平稳执行2018年第四季度个人所得税减除费用和税率调整工作。按照国家税务总局2016年42号公告要求,牵头组织完成集团公司2016年度和2017年度国别报告和主体文档的编制和递交工作,规避了马钢澳洲公司在当地高额的税务风险。

【资产管理】　加大内外投资管理,提高财务收益。梳理各项固定资产投资项目,加强投资项目评审,严格投资决策程序。配合参与集团公司对外投资项目的可行性研究、项目效益测算等投资项目立项前期的调研分析工作。加强对投资项目立项的前期程序和资料的审查,按照投资决策程序报公司决策。组织每月对固定资产投资重点项目进展情况进行汇总分析,监控项目进展和资金需求情况。参与对煤焦化公司拟与山西省介休市经华炭素公司合资等5项股权投资尽职调查。对集团本部14项、子公司12项固定资产投资项目进行了核查。下达年度集团本部投资项目计划及后评价工作计划,组织对纳入计划的项目进行综合性后评价。协助投资公司开展新股申购,全年共申购新股22只,股票出售累计实现收益74.09万元。规范产权管理程序,完善系统维护。强化子公司的产权管理主体责任,明确产权登记各项基础工作程序。2018年共办理马钢(上海)商业保理有限公司等11家单位的产权变更登记手续。完成马钢集团公司2017年度产权登记信息汇编上报工作。加强国有资产监管,防止资产流失。根据公司资产管理相关制度规定,审核办理有关固定资产的验收、报废、调拨、销售等相关手续,监督包括去产能在内的各项固定资产处置流程,协调处理固定资产管理中出现的问题。参与金海岸名邸土地及相关资产转让推进工作,组织召开粉末冶金等3家公司评估报告内审会,完成了设计院等5家单位资产评估结果备案工作。

【清欠工作】 持续加大清欠力度,降低资金占用。财务部作为公司清欠办公室牵头部门,积极组织、协调联合清欠,制定2018年应收账款周转率考核指标,督促加大应收款清欠力度,严控新增应收账款;协调内部清欠,要求加快内部单位工程决算办理;严格执行信用管理制度和先款后货销售政策,减少坏账损失。2018年纳入应收账款考核单位年末应收账款余额19.52亿元,应收账款周转率8.95次,均控制在合理范围内。

【风险监管】 财务风险专项监管,加强风险防控。按月收集集团15家子公司财务报表、季度分析报告,定期上报集团子公司财务风险汇总分析报告。9—10月,财务部参加公司巡察组,对冷轧总厂和重庆加工中心进行巡察,重点关注内控制度建设及执行情况、财务风险查排,对发现问题提出整改建议,并就可能存在的风险事项提出改进建议。9月,按公司要求,对共昌轧辊公司生产经营情况进行专题调研,将调研情况及财务建议上报公司。制度执行专项检查,查找风险改进。按照公司经营绩效管理办法,制定管理制度执行情况检查评价2018年工作计划,抽查集团所属单位,每月提交财务制度检查评价报告,提出其执行风险及相关改进建议。

【化解产能】 协助开展去产能工作,配合做好财务事项。积极协助做好化解过剩产能职工安置专项资金争取、落实、管理和使用工作。分两批从职工分流安置资金共管账户中申请划拨奖补资金2.92亿元,共管账户收到中央、省级奖补资金4.31亿元。接受省审计厅、省国资委、财政部驻皖特派办的审计和督查,配合公司落实整改意见。

【重点工作】 一是模拟国有资本投资运营集团运作,健全投资收益机制,强化集团资金、资产、资源有偿使用,建立集团资产收益机制和内部合理流动机制,落实子公司分红政策,提高分红比例。制发《关于进一步规范有关财务政策的通知》,以规范各子公司的利润分配、资金占用、资产占用和担保等行为,建立市场化资产收益机制。资金占用费按月计提、按季上交;土地使用费按月计提并上交;担保费用按次按年收取;审计报告出具后,利润分配方案提交董事会(股东大会)审批后,上交分红。全年收取资本收益8.26亿元。

二是提高金融服务能力,提升信用评级。响应国家深化金融体制改革、增强金融服务实体经济能力号召,在2017年取得良好经营业绩的基础上,着力开展集团公司信用升级工作,并已在7月实现双机构AAA信用评级目标。一方面有利于公司进一步加大直接融资力度,提高直接融资比重,择期选择发行可交换债、永续债、公司债等;另一方面也有利于提升企业市场形象,增加公司在银行的用信规模,降低融资成本,优化债务结构,防范债务风险,加快转型发展。

三是理顺集团内部母子公司之间资金关系,提高子公司融资能力。加强与银行沟通协商,支持子公司进行银行融资,并可为其增信提供担保,协助其提高融资能力,降低集团本部间接融资比重,优化集团内部融资结构。

四是实施保险集中管理,维护整体利益。2018年公司职工商业险继续以“广宣传、提服务、保赔付”为工作重点。同时在公司效益提升的情况下通过商谈,适度提高职工商业险的保费,降低承保公司亏损,切实提升职工理赔保障。同时在车险、财产险、货物运输险等险种上通过续标、费率商谈的方式续保,保费同比均有5%—10%的下降,实现了以较少保费支出取得较大保障的预期目标。公司所属合资公司本着“自愿参加,费用自理”的原则,也可按公司保险集中招标的费率进行各项险种的投保。

五是强化信息化支撑,加快建成集团财务集中核算和共享中心。按照集团公司信息化统一部署和财务管控的要求,财务部统一推进本部财务共享中心建设和开展财务集中核算上线项目。本部财务共享中心建设从 2017 年 9 月全面启动,2018 年 1 月,本部共享正式上线运行,实施单位有集团本部等 5 家单位,9 月,本部共享中心建设实现验收。集中核算上线项目于 2018 年 7 月全面启动,以 8 月初为初始化时点,顺利实现公司集中核算 26 家单位全面上线。9 月开始,公司集中核算上线项目转入新老系统并行和验收阶段。2018 年 12 月,集中核算上线单位新老系统并行结束,实现甩账运行。

六是协调开展国资委集中监督检查,配合提供资料。根据省国资委统一部署,2018 年 7 月 30 日至 10 月底,省属企业第五监事会指导中天运会计师事务所对马钢(集团)控股有限公司(以下简称"马钢"或"公司")开展了集中监督检查。检查内容主要包括 2017 年度马钢改革发展、内部控制、财务管理、资产管理、投资管理、采购与招标管理、人力资源与薪酬管理等方面情况。财务部作为牵头部门,负责做好检查的各项协调配合工作。拟定集团《关于认真做好省国资委集中监督检查事项自查工作的通知》,要求集团本部及各级分子公司按照省国资委检查内容逐项准备自查报告备查。协调安排检查前期调研,收集汇总近 70 家各级分子公司马钢联系人名单及联系方式,筹备召开省国资委集中监督检查进驻会议,做好检查组与各单位工作对接。将资料清单逐项分解落实到各相关部门及单位,收集、汇总并及时提供,安排部门及相关人员访谈,调阅资料,协调解决各检查组检查过程中遇到的各类问题等,顺利完成本次检查工作任务。

【制度建设】　完善财管管控制度,明确职责流程。为适应当前公司机构改革、转型发展需要,提高专业化管理水平,不断完善健全财务制度建设,加强风险管控,对已有的财务制度持续修订完善,明确责任分工,本年度修订或新颁布管理文件 24 份。组织完成 2017 年度财务会计制度汇编。

【队伍建设】　注重知识更新,提高专业素养。财务部组织开展了形式多样的业务培训,4 月,组织集团所属 52 家单位约 150 名财务人员,参加"税收与我零距离"税法宣传月进马钢活动;11 月,组织集团公司 56 人次,参加上海财经大学新会计准则专业知识培训学习。组织集团公司申报 2017 年高级会计师 7 人评审资料汇总报送。组织集团公司财务人员网校继续教育工作。开展"结对共建",践行优质服务。财务部党支部与南山矿业公司高村铁矿采选联合党支部结为"结对共建"党支部,加强沟通交流,共同开展党员学习教育活动,共创共建品牌党支部,践行机关优质服务主题实践活动,与推进矩阵式党建工作相互融合。持续开展管理人员跟班蹲点工作,提高管理能力。部领导带领各管理模块人员约 40 人次,前往集团分子公司约 17 家开展专题调研,对发现问题及时提出意见和建议。增强党性教育,提高责任担当。在公司及机关党委的指导下,立足部门管理职能,丰富党建活动形式,践行合格党员标准,全面提升党员队伍的建设水平和服务能力,充分发挥党员干部的示范引领作用,为助力公司改革创新、转型发展提供组织保证。积极开展红色教育党建主题学习活动,7 月,与合作单位建设银行开展党支部共建活动,前往横山抗日英雄纪念碑广场,敬献花篮并重温入党誓词;11 月,财务部全体党员前往泾县革命老区,参观皖南事变烈士陵园、云岭新四军军部旧址,缅怀革命先烈,牢记党员在新时期的使命和责任。

(范　玲)

安全管理部(能源环保部)

【基本情况】　2018 年上半年,公司对机关机构进行了优化整合,成立集团安全管理部(与集团能源环保部合署办公),设立安全管理、消防管理(能源管理、环保管理)管理模块。按照新的集团管控模式和运行机制,明确了法人负责、"党政同责、一岗双责"、分级管理的集团管控思路和原则,确立了与二级子公司职能权限界面;同时强化集团公司安全生产(防火)委员会、能源环保委员会组织领导,首次设立"双主任",由集团公司党委书记和总经理同时担任委员会主任。集团能源环保管理制度体系基本建立,完成《环境保护管理办法》《能源管理办法》等 10 项管理制度的发布。

【主要绩效】　2018 年,安全生产形势总体保持平稳。全年集团公司未发生职工工亡、重伤事故;发生属地工亡事故 6 起,工亡 7 人,较去年增加 2 人;千人负伤率为 0.6‰,与 2017 年相比下降 0.2‰。较大及以上火灾事故为零。股份公司本部吨钢综合能耗创历史新低,全年完成 576.4 千克标煤/吨,较计划值下降 3.6

千克标煤/吨，较上年下降7千克标煤/吨。

钢铁板块能效水平进步显著。主要生产工序满足国家标准限额要求，全年能耗总量完成政府要求。环保绩效显著提升。钢铁、矿业以及其他制造单元全年污染物控制总体稳定，污染物达标排放，省市突出环境问题整治成效十分显著，环保合规性管理进一步强化，全年未发生重大环境风险事件及污染事故，维护了公司生产经营的稳定运行。

【安全责任落实】 一是公司以1号文下发了《2018年安全生产工作计划》，与各单位签订了安全生产目标管理责任书。二是制定发布了《生产安全事故事件中层管理人员问责管理办法》，按照全面覆盖、从严处理、刚性标准、快速执行的原则，切实加大对不履行安全生产职责，尤其是对事故负有管理责任的单位中层管理人员的责任追究处罚力度。三是制定公司安全生产禁令。4月10日，公司正式发布实施了《马钢集团公司安全生产禁令(试行)》并以多种形式开展宣贯活动。禁令简明扼要地提出了全员安全生产基本职责和工作规范。禁令将作为开展全员安全培训的基本材料，并将成为开展安全监督检查，进行事故责任追究的重要依据。四是梳理完善集团公司安全管理制度体系。新的管控模式建立后，重新修订并发布了安全生产责任制，安全、消防管理制度共15项。

【专项治理】 一是按照国家、省、市关于开展钢铁企业重大生产安全事故隐患排查治理专项行动的工作部署，公司制定了专项行动实施方案，组织各单位认真开展重大生产安全事故隐患排查和治理工作。9月，省安监局对公司7家相关单位开展了重大生产安全事故隐患排查治理专项行动验收确认专项督查，相关单位对督查发现的问题积极落实整改。二是开展安全生产攻坚行动。按照政府布置，公司自5月起至10月底组织各单位开展了安全生产攻坚行动。攻坚行动从汛期安全生产攻坚战、安全生产宣传教育攻坚战、隐患排查治理攻坚战、重点行业领域专项治理攻坚战四个方面组织开展，共排查治理各类隐患1568项，其中职工个人举报隐患152项。三是组织开展设备设施检维修、工程建设和拆除等领域安全专项治理行动。各单位8月底制定专项治理的实施方案，完成安排部署，9月至10月开展自查自改和互查工作；公司在11月对各单位开展专项督查。四是开展危险化学品安全生产大排查大清理行动。组织相关单位自查发现隐患55项，全部完成整改，7月接受了慈湖高新区安监局的本市互交叉互查，发现问题8处，都已完成整改。五是根据省、市有关通知要求，公司组织各单位开展了有限空间作业条件确认工作，按照国家相关规定对有限空间展开全面排查，建立管理台账，完善有限空间作业管理制度。

【灾害性天气应急响应】 一是做好雨雪冰冻天气的应急响应工作。年初，针对我省出现的大范围持续雨雪冰冻天气，公司制定了应对冰冻雨雪天气安全工作方案，成立了领导小组，明确了相关部门及单位职责，并对各单位应对恶劣天气提出了具体要求，确保了公司生产经营各项工作安全有序开展。二是2018年7月至8月，经受几次台风的严峻考验，公司积极做好防范工作，保证生产物流、电气设备的安全运行。三是认真做好防暑降温工作。公司提早下发了防暑降温工作通知，下达防暑降温费用计划，确保防暑降温工作有序开展。各单位结合实际，制定了防暑降温工作计划和实施方案，对防暑降温的设备、设施检查、维护以及饮料、药品的发放进行了认真的安排和落实。

【消防安全管理】 一是修订《办公楼消防安全管理办法》，明确责任主体和各入驻单位的消防管理责任；从制度、硬件设施、日常维护等方面，全方位首次开展大楼消防安全检测评估，并制定问题落实整改措施。二是开展消防控制室专项排查，针对重点关注的23个控制室，发现并整改问题16项。三是落实开展今冬明春火灾防控工作。要求各子公司加强组织领导，制定今冬明春火灾防控实施方案，从严从实抓好各项责任措施落实，消除安全隐患，强化防寒防冻工作，为公司生产经营发展营造良好的消防安全环境。四是整改消除新闻中心办公楼重大火灾隐患1项。

【落实事故防范措施】 针对当年安全事故所暴露的问题，公司主要领导在5月和7月两次召开专题会议，深入分析事故教训，并布置各单位举一反三，全面开展排查整治工作。一是厂房钢结构设施受损及腐蚀安全专项检查。年初公司组织各单位全面排查厂房、墙面及构筑物受损、腐蚀、锈蚀、脱焊等隐患，对存在的各类隐患进行全面评估、整改，专业管理部门对各单位检查工作开展情况进行了抽查。二是对二铁北区提前实施永久关停。年初公司组织相关部门对二铁北区开展了深入细致的安全风险评估工作，根据评估结果，针对二铁北区存在的严重系统性安全风险，公司决策提前半年时间对二铁北区实施永久性关停。三是开展煤气及煤气设施专项检查。2月，公司下发了通知，组织相关单位开展了煤气系统隐患排查，在各单位自查的基础上，公司进行了督查并下发问题整改通报。

四是认真吸取“7·17”事故教训,开展专项整改工作。股份公司梳理完善管理制度和作业标准、开展煤气专项隐患排查治理、加强煤气作业管控、开展教育培训等方面专项整治;工程技术集团认真吸取事故教训,开展安全大检查和专项治理工作;矿业公司结合自身特点,认真开展非煤矿山综合整治攻坚行动,做好防洪防汛和防暑降温工作,组织开展了三季度安全、现场管理和“三反管理”检查。五是加强重点工程安全监管。集团管理部门开展了在建工程及检修项目安全专项检查,对检查发现的问题,及时通报相关单位落实整改;股份公司加强二铁总厂1号高炉大修工程等重点施工现场的安全监督管理,及时发现和消除现场安全隐患。

【品牌建设】 股份公司被评为安徽省环境信用评级“诚信企业”;完成钢铁、热电、焦化、电镀等4个行业排污许可取证;长钢公司获“安徽省节水型企业”;股份公司A号烧结机获得300平方米以上烧结机全国重点大型耗能钢铁生产设备节能降耗对标竞赛“冠军炉”称号;股份公司等6家子公司顺利通过安徽省能源专项审计等。

【环保治理】 一是统筹推进超低排放改造。针对国家污染防治攻坚战等环保刚性政策要求和自身发展需要,重点结合钢铁超低排放改造,针对钢铁、矿业、物流等板块,自主编制了《马钢集团公司超低排放改造三年行动方案》并发布实施。全年集团公司立项29亿元,实施了焦化筒仓、港务料场密闭大棚、焦炉烟气脱硫脱硝、运输通栏封闭等140余项超低排放改造及环境整治项目,成效明显。二是围绕中央环保督察信访件、省市督察问题及其他突出环境问题,通过加大治理力度、投入力度及整改力度,股份公司南北渣山环境问题、二硅钢水处理不达标、和尚桥高村铁矿综合环境整治、019料场环境问题、股份公司电炉灰等危废处置问题等历史难题得以解决。

【环保督察迎检】 2018年是环保督察年,围绕第二批中央生态环境保护督察“回头看”,省、市各级部门开展了四大类、30余次的专项督查活动,内容涉及大气、固(危)废、水专项。公司制定了中央环保督察“回头看”以及各类督察迎检方案,紧密联合采购、物流、制造、工程建设、保卫、厂容绿化、信访、宣传等部门,协同管理,有效控制了现场环境风险和总量控制目标任务,全年圆满完成省、中央环保督察“回头看”及专项督察、省市各类环保检查,受到省市好评,维护了公司形象和生产经营大局稳定。

【精益管理】 结合全面精益管理和精益工厂创建,钢铁、矿业、物流等围绕能源环保管理,推进精益运行,实施能源经济运行,环保设施高效运行维护,无组织排放控制,环保在线监控,固废规范处置、污水综合达标管理以及能耗、煤耗、取水总量控制等,编制了集团公司环境管控综合方案,股份公司制定了相应预案和控煤三年行动方案并组织落实,矿业公司南山矿聘请环保“小管家”,系统梳理环境问题,落实改进成效显著;股份公司、矿业公司坚持能源环保工作“日调度、周小结、月评价”,并持续开展能源环保专项检查及季度督查,促进能源环保工作PDCA循环;同时,积极应对污染投诉及环保舆情,如针对绿满江淮环保公益组织在网上持续数月发布股份公司相关负面信息,通过对接交流、现场答疑,取得对方充分认可与肯定,展示了马钢良好的社会形象。

(王　琼)

法律事务部

【基本情况】 2018年,法律事务部起草法治建设工作推进计划并上报公司;完成起草商标国际注册方案并上报公司;根据管控模式的要求,完成部门相关管理制度的编写及修订:修订《合同管理办法》,编写《法律纠纷案件管理办法》《外聘律师管理办法》《重大事项法律审核办法》等;参与重大项目提供法律服务,包括与中钢设备合作的集团设计院重组项目、表面技术公司新三板上市挂牌项目、莫桑比克太特钢钒项目、埃斯科特钢股权转移项目、浙江大明阪和金属材料科技有限公司股权转让项目、中联海运购置进口二手船舶项目、设立成都、武汉加工中心、诚兴金属材料公司等十多项重大项目,法律顾问全程参加项目内部研究、外部商谈,参加项目可研、招投标等流程,开展尽职调查,审查起草框架协议、合作协议、公司章程和法律意见书等法律文件。组织处理澳大利亚双反实地核查及应诉等涉外法律事务。办理工商登记事务15件;办理临时授权委托107件。办理常年授权委托13件,变更12件,注销33件;新刻制(含换刻)合同专用章10枚,变更使用范围的合同专用章5枚。完成各单位授权委托证书的年检、备案工作;办理各分子公司自行授权备案93份。审查各单位送审重大合同90件,章程协议20余份,出具法律意见460余条。审查公司及下属单位重大管理制度15件,出具法律意见30余条。办理各类诉讼及仲裁案件28起，涉案金额总计7105多万元，另有5起案件，不涉及具体金额；已结案22起，挽回或减少直接经济损失达1452余万元。办理破产案件1起，向破产管理人申报债权4500余元，提出约17万元的债务异议。办理各类非诉案件11起，涉及买卖合同纠纷、租赁合同纠纷、拆迁补偿纠纷、票据纠纷等各类问题。办理协助执行案件40余起，妥善处理法院协助执行事务，维护企业和职工权益。举办合同管理资格（持证上岗）培训1期，共257人参加培训；单独为马建公司举办一期合同管理知识培训，参加培训人数约23人。

【制度建设】　基于集团公司2018年5月的机关机构调整，对集团公司的管理模式及职能部门、直属机构的职权划分都做了较大的调整。根据管控的要求，相应起草了《重大事项法律审核办法》《法律纠纷案件管理办法》《外聘律师管理办法》《法律服务聘用合同管理办法》和《子公司章程管理办法》，重新修订了《合同管理办法》（其中前3项已发布）。

【重大法律事务】　2018年，法律事务部在公司的重大生产经营活动中参与并承担了多项重大法律事务，为公司做好法律风险防控。一是集团设计院重组项目。全程参与公司内部讨论以及与中钢设备的合作商谈；参与人员安置各类专题会、讨论会；审查、修改增资协议、章程等法律文件。目前中钢设备对集团设计院的增资及工商变更登记已完成；人员安置已完成。二是莫桑比克太特钢钒项目。全程参与公司内部讨论以及与中钢设备、漳泽电力的合作商谈；赴莫桑比克实地调查，并起草法务报告；审查项目相关的法律顾问协议等法律文件。该项目已终止。三是全程参与浙江大明阪和金属材料科技有限公司股权转让项目。四是中联海运购置进口二手船舶项目。全程参与中联海运公司召开的各类讨论会；审查、修改船舶购买协议等法律文件；赴日本办理进口8万吨二手船舶法律文件交接。中联海运已完成购买日本8万吨二手船舶；因交通运输部出台的关于二手船舶进口的新政策规定，拟从希腊进口5万吨二手船舶事宜已终止。五是全程参加表面公司“新三板”挂牌项目的推进。六是全程参与设立武汉合资公司项目的筹建、谈判及尽调工作。2018年10月9日，马钢（武汉）材料科技有限公司在武汉市江夏区行政审批局注册成立。七是设立成都合资公司。全程参与公司内部讨论及四川银讯阪和的商谈，起草法务尽职调查，以及起草股权转让协议，修改公司章程。该项目已暂停。八是设立山西合资公司从事针状焦及配套焦油生产。全程参与了与路鑫集团的合作洽谈，已完成尽职调查工作。九是巨龙公司清产核资事项。起草报送市政府的《关于协助办理马鞍山市马钢巨龙有限责任公司清产核资后续事宜的请示》以及答复马鞍山市新慈控股有限公司的《关于马鞍山市马钢巨龙有限责任公司股权变更等有关事宜的函》。十是澳大利亚双反应诉事项。全程参与完成ADC现场核查，就ADC对原告和进口商的现场核查报告回答相关问题，提交行业无损抗辩和对初裁的抗辩，并就此事前往澳洲进行游说工作。澳洲反倾销委员会公布案件基本实施报告，终止反补贴调查。

【纠纷事务管理】　2018年，集团公司、股份公司共受理诉讼及仲裁案件28起，涉及侵权纠纷、买卖合同纠纷、建设工程合同纠纷、票据纠纷、行政诉讼等。涉案金额总计7104.58万元，另有5起案件，不涉及具体金额。结案22起，挽回或减少直接经济损失总计达1453.92余万元。办理破产案件1起，向破产管理人申报债权4571.82元，提出169701.43元的债务异议。办理各类非诉案件11起，涉及买卖合同纠纷、租赁合同纠纷、拆迁补偿纠纷、票据纠纷等问题。办理法院协助执行案件42余起，包括销售公司、汽运公司系列执行案件，采购中心协助执行案件等，同时妥善处理法院协助执行事务，维护企业和职工权益。继续开展典型案例汇编工作，按计划完成发布2017年下半年典型案例分析4起，根据案件办理情况向相关单位提出管理建议书，指导涉诉单位完成整改。

【工商登记和临时授权委托管理】　一是工商登记审批事务。2018年，集团公司、股份公司共办理工商登记审批事务12件，办理集团公司法定代表人变更登记，修订股份公司章程；按时完成集团、股份公司工商年报公示和股份公司的外商投资企业联合年报工作；完成化工能源公司、武汉钢材公司、长春公司、迈特冶金动力科技公司、马钢（上海）融资租赁公司、马钢商业保理公司等工商设立登记；指导协助各子、分公司完成各类变更登记，包括安徽马钢自动化信息技术有限公司变更为飞马智科信息技术股份有限公司，物流公司法定代表人变更，废钢公司执行董事、经理变更，矿业公司董事、监事会主席变更，中联海运董事长变更等。二是临时授权委托事务。2018年，集团公司、股份公司共办理临时授权委托事务107件，其中集团36件，股份71件。为响应公司无纸化办公的要求，重新梳理授权委托审批流程，实现从申请单位发起到法务部审核再到公司批准的全程网络化审批，提高了审批效率。

【商标管理事务】 延续上年度商标管理工作,一是完成股份公司、集团公司商标国际注册工作。2008年3月,股份公司将车轮及金属材料共6件商标申请了马德里国际注册,并在澳大利亚、英国等16个国家获得商标权保护,现该国际注册10年有效期即将届满,需重新申请商标国际注册。2018年3月,法务部向公司提出《关于商标国际注册的方案意见》,建议按照海外公司布局及钢材出口市场拓展情况,优先从马德里国际注册成员国中选择28国申请股份公司商标注册,在7个海外公司所在地申请集团公司商标国际注册的方案,该方案取得公司批准。经商谈,选择委托南京天一商标事务所办理集团、股份公司商标国际注册事务。二是指导商标注册申请工作。为推进企业品牌战略,扩大品牌影响力,提升市场竞争能力,输送公司、嘉华建材公司先后向法务部提出商标注册申请。经法务部多次与该两家公司研究探讨,同时委托与马钢有长期合作关系的南京天一商标事务所进行专业检索与指导。2018年1月19日,法务部邀请南京天一商标事务所相关业务人员分别赶赴输送公司、嘉华建材公司,与两家公司管理层及业务骨干人员进行座谈,对商标申请及未来品牌拓展工作进行探讨研究,并就商标申请工作形成初步方案。输送公司委托南京天一代理商标注册申请工作,处于审查公告阶段。三是配合商标行政管理工作。为响应国家和安徽省品牌战略规划建设,积极配合雨山区市场监管局以马钢为基础的铁基新材料专业商标品牌基地建设,定期通报品牌基地经营发展情况并提供相关基础数据,并接受市工商局及雨山区市场监管局的商标业务指导,完成相关工作任务。

【合同管理】 一是规章制度及重大合同的审查起草。审查各单位送审重大合同近90余件,出具法律意见460余条,包括工程与设备管理部送审的《马钢北区钢渣处理综合利用项目征迁协议书》、废钢公司送审的拟与安徽诚兴金属、马钢国贸、马鞍山新慈投资、马鞍山钢晨实业签署的合资协议及建设方案,工程技术集团《联合体协议书》,财务部送审的集团公司为矿业公司提供最高额担保协议(包括民生银行和兴业银行),科技管理部送审的TUV NORD认证合同及相关文件等;审查《集团公司管控方案》《文件与记录管理办法》《科技业务合同管理办法》和《对外投资管理办法》等重大规章制度14件,出具法律意见40条。审查2018年度集团(股份)意外险、家财险、国内货运险、海洋货运险保险协议。二是常年授权委托和合同专用章管理。审查并办理常年法人授权委托27份,变更12件,注销33件;基本完成各单位授权委托证书的年检、备案工作;办理了工程与设备管理部、采购中心、热电厂、铁运公司和销售公司等相关授权事项及人员的变更,办理各分子公司自行授权备案266份。新刻制合同专用章5枚(如原企管部的“马鞍山钢铁股份有限公司关联交易合同专用章”,工程技术集团申请刻制的“安徽马钢工程技术集团有限公司钢结构工程分公司合同专用章”等);换刻合同专用章5枚,均是因年代久远章面磨损或印章柄断裂重新刻制而缴销的制造部的“马鞍山钢铁股份有限公司加工制作业务合同专用章”、采购中心的“马鞍山钢铁股份有限公司废旧物资合同专用章”、表面公司的“马鞍山马钢表面工程技术有限公司合同专用章”“马鞍山马钢表面工程技术有限公司合同专用章”;因业务调整而变更使用范围的合同专用章5枚,均为采购中心持有,分别为“马鞍山钢铁股份有限公司原料合同专用章”“马鞍山钢铁股份有限公司原料合同专用章”“马鞍山钢铁股份有限公司原料合同专用章”“马鞍山钢铁股份有限公司原料合同专用章”“马鞍山钢铁股份有限公司原料合同专用章”。三是合同管理检查。2018年12月5日至19日,对公司下属31家子、分公司以及业务主管部门开展年度合同管理检查工作,现场检查后,将对各单位取得的成绩以及检查中发现的问题逐个进行书面反馈,对检查不合格的单位进行通报及考核,并要求各单位对照检查反馈意见进行整改,限期提交整改报告。2018年9月12日至22日,对公司下属17家子、分公司以及业务主管部门开展年中合同管理检查工作,现场检查后对各单位检查中发现的问题逐个进行了口头反馈,书面反馈及考核将在年底随同年度检查结果一同通报。四是合同管理资格(持证上岗)培训。2018年1月3日至4日,开展马建公司合同管理培训工作。2018年10月23日至25日,举办2018年合同管理知识培训工作,共有250余人参加。

【其他法律服务】 一是处理金海岸名邸项目及相关资产转让事宜;二是处理一重马鞍山公司闲置土地、厂房处置等问题;三是参与原资本运营部组织的马钢欧邦彩板项目后评价调研,出具调研意见;四是处理中联海运通过司法拍卖竞得船舶后续处置事宜;五是处理子公司股改过程中居家休养人员处理问题;六是参与马钢考克利尔公司重组专题;七是马建集团法人治理结构调整专题会;八是办理广州、重庆区域销售公司清算工作。

（陶 晟）

科技管理部

【品牌建设】 系统策划制订了《2018年马钢品牌建设战略行动计划》，全面推进品牌建设20项重点任务的落实。新编制、发布《品牌战略管理办法》等6项体系文件，推动10家试点单位品牌培育管理手册发布，在钢铁行业中率先导入品牌培育管理体系。建立品牌危机管理机制，完善品牌危机形象恢复后处理过程。整合马钢品牌营销传播，完成《马钢品牌整合营销传播规划报告》，以马钢汽车板为对象实施产品品牌整合营销传播案例实战，树立"用一个声音说话"的理念。确定马钢品牌培育管理体系自评价模型，首次开展自评价得分为524.5分，体系已成功建立运行。系统策划品牌专项培训，培养自评师队伍，公司全体员工的品牌意识和专业管理素质进一步提升。实施"2018品牌就在身边工程"，持续营造品牌建设的浓厚氛围。精准品牌传播，提升马钢品牌知名度和美誉度，马钢精彩亮相中国首届自主品牌博览会，全国品牌故事大赛总决赛创历史最佳成绩，冠名承办首届"马钢杯"马鞍山市品牌故事大赛。品牌建设成果显著，公司蝉联"中国十大卓越品牌钢铁企业"，2个项目荣膺"2017年中国企业品牌创新成果"，9项成果获冶金管理现代化创新成果奖，获"安徽工业精品"1项、"冶金行业品质卓越产品"2项。

【技术创新平台建设】 积极推进集团各产业板块企业技术中心、工程技术研究中心等技术创新平台建设。安徽省经信委发布2017年度省认定企业技术中心评价结果，股份公司技术中心被评价为优秀企业技术中心，这是近年来取得的最好评价结果；矿业公司成功申报省级企业技术中心；多元板块的六家单位（马建公司、飞马智科、比亚西公司、表面技术公司、欣创公司、和菱实业公司）技术中心获评省级合格企业技术中心；矿业公司获批省级企业技术中心，重机公司、轨道交通公司、输送设备公司获批市级工程技术研究中心。新增矿业公司、工程技术集团2家高新技术企业。首次申报组织申报"轨道交通关键零部件先进制造技术"国家地方联合工程研究中心，已获国家发改委批准建设。

【产学研合作管理】 探索技术创新供应链思维，完善"产学研用"合作机制，与中国钢研集团、北科大、安工大等开展产学研深化合作对接，一批重大项目签订实施；与中科院、清华大学、合工大等大院大所开展科技成果转化对接；与中国铁路总公司、中国中车、铁道科学院建立了合作互访机制，一批合作项目有序推进。

【科技项目管理】 瞄准当期生产经营难题和未来发展核心技术培育布局科研项目，2018年组织在研国家、省市、公司各类科研项目超过490项，其中承担国家项目8项、安徽省科技重大专项及其他政府项目11项，集团管控科研项目6项，股份公司管控项目170项、多元板块项目167项，高管项目135项，科研项目创效近3亿元，有力地支撑了公司生产经营。积极研究政府科技政策，争取国家财政补贴资金支持。2018年，公司总计获得政府科技政策支持的到账资金3088.69万元。其中，国家和省级项目财政支持839.33万元，科技成果配套奖励77.50万元，工业倍增、轨道交通产业基地建设、平台建设专项财政支持等2171.86万元。

【EVI和APQP项目管理】 钢铁板块2018年新增新能源汽车用钢、CSP流程、环保治理等3个APQP项目组，开发56个新产品，转产29个新产品，全年累计销售新产品62万吨，销售利润1.8亿元；实施EVI项目19项，全年新增销售订单35万吨，销售利润1.2亿元。全年多元板块下达并实施集团管控级APQP和EVI项目28项，其中APQP项目13项，新增销售约8000万元，EVI项目15项，新增销售约1.6亿元。

【技术标准管理】 强化技术标准管理，积极组织推进国际标准、国家标准和行业标准制订项目。2018年，主持或参与制修订并发布4个国家标准和10个行业标准；11项行业标准新获立项，由马钢主持的在研（制修订）标准有25个（国际标准1个、国家标准4个、行业标准20个）；截至2018年年底，公司共主持制订发布国家标准21项、行业标准36项。马钢华阳设备诊断工程服务标准化试点项目获省级服务业标准化试点项目。

【知识产权管理】 积极组织开展知识产权布局和创新实践，加快马钢国际专利布局。制订发布专利计划，开展专利工作督察和督导，2018年，公司申报专利726件，受理专利520项，授权专利376项，超额完成年度计划。组织构建轨道交通、硅钢、汽车板和煤化工技术等专利池。《基于连铸中间包升降液压缸同步控制系统的同步控制方法》申报国际专利。

【科技成果管理】 2018年,马钢加大科技成果培育力度,5项科技成果荣获冶金科学技术奖,其中一等奖1项(《马钢高速车轮制造技术创新》项目),二等奖2项,三等奖2项,在行业处于第一梯队。2项科技成果获安徽省科学技术奖,其中一等奖1项(《高低温韧性热轧H型钢关键制造技术研究》项目),二等奖1项。

【智能制造工作推进】 科技管理部牵头组织制定《马钢智能制造发展规划纲要》,确定马钢智能制造指导思想、推进原则、总体目标和重点任务。组织推进马钢集团与北京科技大学联合成立“马钢-北科大冶金智能制造技术创新中心”,并正式挂牌运行。

【科协工作】 2018年,公司科协立足“四服务一加强”工作职责,重点开展了技术讲座、学术研讨等技术交流活动,举办全国科技活动周及全国科普日活动,开展“讲理想、比贡献”暨“品牌故事大赛”演讲比赛活动,举办第二届马钢创新方法大赛,组织参加首届中国创新方法大赛活动,组织行业重点学术论文征集、评审等活动。2018年,组织专题技术讲座和学术研讨活30余场次;组织科技人员参加重点学术交流会、研讨会等共计20余场次,征集报送论文74篇,宣讲论文29篇。成功举办2018年全国科技活动周活动和全国科普日活动,活动期间重点开展了科技政策宣讲培训、创新成果展览展示、科普知识展览、科普知识讲座、专题学术交流等活动共计60余项。积极开展群众性技术创新活动,将“讲理想、比贡献”演讲比赛与公司品牌建设工作相结合,举办了首届“讲理想、比贡献”暨“品牌故事大赛”活动,取得良好效果。推荐2名选手参加了市科协演讲比赛,分获第一名和第二名,包揽2项一等奖。举办了以“方法推动创新 创新建设品牌”为主题的第二届马钢创新方法大赛活动,全公司总计22支代表队、79个创新项目、286名参赛选手参加了大赛决赛,评出项目成果一等奖8项、二等奖16项、三等奖24项、总分前五名的团体6个。组织参加了国家科技部和中国科协联合主办的首届中国创新方法大赛总决赛,马钢5个项目代表安徽赛区参加全国比赛(安徽省共6个项目参赛),获一等奖1项和二等奖4项。

(秦玲玲)

集团公司直属机构

行政事务中心（马钢公积金分中心、档案馆）

【基本情况】 2018年，行政事务中心作为公司机关机构改革新成立的集团公司直属机构，认真贯彻落实党和国家的方针政策，围绕集团公司年度生产经营目标和品牌建设、精益工厂建设等重点工作，秉承“精益管理，追求卓越；后勤服务，永无止境”的工作理念，夯实工作基础，加强管理力度，提高服务质量，各项工作迈上新台阶，取得新成效，为公司生产经营建设和职工后勤服务保障提供有力支撑。

【公益支持管理】 1. 定点扶贫显成效。在定点帮扶马楼村和李集村的脱贫工作中，马钢提高政治站位，强化责任落实，持续自我加压，加大扶贫力度。为准确把握脱贫攻坚新形势、新任务、新要求，公司党委将习近平脱贫攻坚的战略思想和省委省政府的工作部署纳入党委中心组学习内容；为制定切实可行的帮扶措施，公司领导每季度深入贫困村调研走访，实地了解贫困村的困难和需求；为加强责任落实，公司党委每季度定期听取定点扶贫工作汇报，及时推进各项帮扶举措。2018年实施帮扶项目7个，李集村农机合作社项目和村集体入股大户分红项目为李村集体增收共计14万元。马楼村小学教工宿舍改造和篮球场硬化工程的实施改善了教师待遇和教学条件。“助学金”计划作为国家扶贫政策未脱钩前的长效机制。李集村道路亮化工程项目的实施为脱贫后的美好乡村建设提供有力支持。组织部分公司领导和中层管理人员到结对贫困户家中走访慰问，按照“一户一案”的原则，提供医疗补助、支持种养殖资金等帮扶。2. 公益活动久传承。在第5个“全国扶贫日”和第26个“国际消除贫困日”期间组织募捐活动，共募集善款152.2万元。响应市慈善总会“慈善一日捐”号召捐款60万元，公司荣获全市“2017年度慈善捐赠贡献奖”。组织1829名职工无偿献血共509400毫升，1名职工成功捐献造血干细胞，公司先后荣获安徽省和马鞍山市无偿献血“先进单位”称号。设计布展参加全市第27届金秋花展，并荣获唯一的一等奖。植树节期间，组织公司领导和机关员工开展义务植树活动。

【绿化管理】 1.“五线四面”绿化提升工程全面完成。作为公司品牌建设的重要内容之一，先后对高炉西路南段、高炉西路北段、马钢大道、高线大道、钢轧西路、四钢轧板坯库南景观面及资源分公司南区入口、四号线1号门、五号线19号门的景观面进行了绿化美化，共计完成绿化提升线路近7400米，新建绿化面积126000余平方米。2. 绿化养护工作有序开展。根据季节特点，及时督促绿化养护单位适应季节变化，切实做好绿地除草、施肥、修剪、防治病虫害等绿地养护工作，完成了201643平方米绿地养护交接工作。3. 绿地损毁占用严格审批。根据各单位新建项目施工和厂区检修保产等生产建设实际需要，及时开展现场勘查，按照公司绿地占用审批制度办理相关手续，2018年办理许可证227份，损毁占用绿地66113.7平方米，其中临时占用损毁绿地35375平方米，永久占用绿地30738.7平方米，移植苗木3269株。

【厂容环境卫生管理】 1. 建立长效机制。围绕蓝天保卫战行动和环保督查“回头看”，分别制订《蓝天保卫战厂区环境卫生行动方案》《重点区域绿植保洁方案》和《行政事务中心迎接中央环保督察“回头看”工作实施方案》等工作制度，对道路保洁、重点区域绿植保洁、厂区生活垃圾的收集与转运、物料堆场、地磅房出入口清理、运输车辆管理和施工扬尘管控等方面明确标准和要求，并形成长效机制。2. 采取有效措施。以加大厂区主次要干道机械清扫和人工循环保洁频次、不间断进行洒水降尘、重点区域绿植保洁、物料出入口安装车辆冲洗装置、资源分公司南、北渣山突击绿化建设、食堂油烟无组织排放专项治理等为重点，多措并举，全力维护好厂区道路和环境卫生。3. 加大整治力度。将厂区道路划分5条清扫线路，每天机械清扫4次，并配合人工循环保洁；针对北区重点区域和主、次干道分别进行不间断的14遍、6遍频次的洒水降尘；在67个物料堆场、地磅房出入口增加保洁人员，进行全天候不间断保洁；对重点路段和区域受污染的绿植进行机械冲洗、轻重度修剪、树种更换、地面硬化等进行递进式治理。4. 强化督查考核。厂容监察大队加班加点，全天候不间断巡察，一方面监督保洁单位落实情况，另一方面加强对运输车辆抛洒的查处。此外，及时落实数字化城管各项任务，对市城管提交的环境卫生案件进行确权，属于马钢辖区内的及时督促责任单位进行整改，按时处置率和办结率均达90%以上。2018年，厂容监察累计巡查线路近10万公里，查出和解决影响厂区环境卫生各类案件500余起，其中，要求限期整改的26起，考核处罚的13起。

【爱国卫生管理】 1. 推进"四室"建设工作。马钢现有"四室"5080个,针对"点多、面广,各单位环境差异大、建设水平不一"等情况,开展"四室"等级评定工作,采取片区互评、公司复审的两级评定方式,科学公正地评定等级,逐步消除"不达标四室"。通过"四室"现场突击抽查,及时整改各类问题;编撰"四室"建设标准化指南,以图文方式直观进行指导;开展"最佳四室"评选活动,调动职工创建热情;启动筹建"数字四室"信息化管理平台,提高应急处置能力等,"四室"管理工作步入新台阶,取得新成效,各具特色的"四室"文化逐步形成。2. 加强爱国卫生管理。围绕全国卫生城市复审迎检及病媒生物防治工作,组织各单位开展卫生大扫除和"除四害"活动;按要求更换垃圾桶,并加强定置摆放、垃圾分类及回收管理;对餐厨垃圾回收流程进行全程监管,确保餐厨垃圾回收符合国家相关要求。3. 丰富"创卫"形式内容。组织19家单位申报创建爱国卫生先进单位、无烟单位和健康单位,组织3家单位爱国卫生先进单位复审迎检,并组织培训和指导。无烟单位和健康单位的创建以爱国卫生先进单位为前提,突出主题,通过开展控烟知识宣传与指导、设置禁止吸烟警语和标志、无烟灰缸摆放等,打造控烟环境;通过开展健康教育活动,提高健康知识普及率,"创卫"单位均顺利通过审核。

【史志管理】 1. 确保年鉴编纂质量,增加编纂信息。完成2018年版《马钢年鉴》的编纂出版工作,做到框架早设计,大纲早下发,增加了年鉴的信息量。完成中国钢铁工业协会要求的《中国工业史(钢铁卷)》中马钢有关"正国级领导人视察、在全国或冶金行业有重大影响的要事"条目的起草、审定和上报工作。完成《中国钢铁工业年鉴》《安徽年鉴》、省冶金工业协会和《马鞍山年鉴》要求的年鉴材料供稿工作。2. 筹备续修公司志书相关准备工作。提出续修志书建议,草拟修志相关实施方案、资料初稿。

【后勤服务管理】 1. 企业补充医疗保险,缓解职工因病致贫压力。通过编印《马钢企业补充医疗保险政策问答》在马钢宣网宣传政策,在离退休中心、汽运公司等单位开展业务培训等方式,增强职工对政策的认识和了解;针对企业补充医疗保险基金收支专项审计查出的问题及时进行整改,确保基金管理和使用更加规范。2018年为在职和退休职工、医疗统管人员、工伤职工报销或发放7个项目的医疗费用近6000万元,其中,大病重症医疗补助款报销2714人次、1233.6万元。2. 商业保险赔付帮助职工解决理赔纠纷。履行职工人身商业保险的管理职责,开展政策咨询和争议调处工作,近10起索赔纠纷得到妥善解决,有效确保职工及时拿到医疗补助款。2018年,帮助公司职工得到商业险赔付1417人次,赔付金额524.62万元。3. 体检项目优化提高疾病预测能力。2018年组织近2万名职工健康体检。同时,根据职工需求,开展健康体检工作调研,在优化体检项目和市场比价基础上,向公司提出将体检周期调整为1年的书面建议,得到公司批准。并要求体检机构为2019年的职工健康体检做好各项准备工作。4. 健康教育活动帮助职工增强健康意识。组织200名职工参加为期100天的全国"万步有约"职业人群健步走激励花山赛区大赛;联合马钢新闻中心在马钢日报上开设健康专栏,每周发布健康科普知识,提高职工健康教育知晓率。邀请市中心医院慢病专家先后到18家单位,为2万多名职工健康宣讲,提高防病、控病意识。5. 计划生育政策性奖励体现公司人文关怀。坚持"三个不变",依法落实全面两孩政策,全面完成马钢与市政府签订的人口和计划生育目标管理任务,被评为全市"2017年度计划生育工作优秀单位"称号。2018年为1098名独生子女父母办理退休一次性奖励329.4万元,发放独生子女父母保健费122.3万元,报销学杂费、托费1305人次,58.2万元。6. 食品卫生监管保障职工饮食健康。每月开展食堂食品和桶装饮用水卫生情况的专项巡查,并对工作餐食材标准进行全面升级,职工工作餐质量得到进一步提高。

【公积金管理】 开通12329短信平台和住房公积金综合服务平台,为职工提供更加优质的服务;2月和7月两次调整住房公积金缴存基数,46213人次的职工公积金月缴存额上调;7月起,马钢的住房公积金缴存政策与全市接轨,其中,由于缴存"封顶线"上调而直接受益的职工占职工总数的45.5%;审批公积金贷款996笔,金额27014.6万元,办理大学生首贷64笔、960万元,办理公积金贷款委托划转还贷951笔,审核发放职工住房补贴354人、417.3万元,受理单身大学生职工、低收入职工家庭、人才型职工家庭的公租房安置申请,共安置了68户(人),办理退房59户(人)。

【档案管理】 1. 创新档案工作管理体制。为适应公司机构改革需要,优化集团公司和股份公司档案资源配置,通过创新管理模式,整合业务流程,调整内设机构,进一步加强了外部融合和内部优化,强化了管理职能。2. 推进数字档案平台建设。组织数字档案馆二、三期项目建设,完成了协同办公平台、SAP系统中4个业务模块、招投标等业务系统归档接口研发工作,并对一期系统平台功能进行测试、完善和优化。组织热电总厂等试点单位存量项目档案数字化技术攻关工作,扫描、挂接工程图纸177687张、文档144893页。精心布置,推进国家档案局试点项目建设,攻克了采购、销售业务系统历史数据推送等技术难题。上报的“基于云平台的数字档案馆建设”案例荣获全国企业档案工作管理创新优秀案例“优秀奖”、安徽省企业档案工作管理创新优秀案例“一等奖”。3. 加强档案资源体系建设。2018年接收、整编公司机关与股份公司二级单位文件材料44391卷/件,验收重点工程建设项目竣工档案1103卷,光盘105张。为庆祝公司成立60周年,积极开展历史档案征集工作,通过精心策划、宣传发动,征集到老照片1090张、老物件142件、文献史料76件,丰富了档案馆藏资源。指定专人,跟踪收集去产能、“9·20”纪念活动等公司重大活动档案。与海外事业管理部联手推进境外公司档案的收集、归档工作,填补了境外档案归档的空白。4. 强化档案开发利用工作。增设智能档案密集架,完善档案基础设施建设,确保档案实体与信息安全。在机关机构改革、省国资委专项检查、省审计厅专项审计、配合澳大利亚车轮“双反”实地核查、美国“337调查”反倾销案例等多项工作中充分发挥出档案资源的重要作用。5. 完善档案专业化管理。组织专业人员修订11项档案工作标准规范及业务指南,进一步完善马钢档案标准体系。持续开展建设“业务好、服务好、协作好、绩效好、环境好”的“五好”档案馆品牌建设。落实行政事务中心巡查工作制度,切实开展档案专项巡查和治理工作。开展档案工作评选表彰,定期举办档案业务培训,加强公司内、外部业务交流,积极推进档案人才队伍建设。

【办公楼综合管理】 1. 强化维保工作的监督管理。围绕办公楼安全稳定运行,落实日巡查、周检查、季考核制度,对办公楼每日进行巡查,对设施设备每周进行检查,对维保单位每季进行考核,全年发现隐患并组织维修2940次,监督维保单位做好特种设备及消防设备的定期维检、水箱定期清洗、开水炉滤芯更换等工作。2. 强化工程项目安全施工。签订安全协议、进行安全交底是工程项目施工前的规定动作,特别是针对高空作业项目,对施工单位的高空作业资质、作业人员高空操作证进行严格审查,并通过每日早安会重点强调施工安全。2018年组织实施办公楼维修改造项目21项,全面完成了办公楼钢构件防腐、幕墙及屋面防水、卫生间下水管道渗漏改造、办公室及地下车库渗漏改造、东侧汽车棚的除锈及顶棚改造、413会议室的木地板更新及音响系统更新、800人会堂的LED屏更新、20层东和厅地毯更新、办公楼筒灯更新、办公楼内部损坏公辅设施维修、幕墙损坏玻璃的更换等工程,无一起安全事故发生。3. 强化综合事务高效运行。为避免部分工程项目在工作时间作业影响办公楼正常办公秩序,及时为办公楼各入驻部室和单位做好后勤保障工作,职工利用双休日、节假日以及工作以外时间加班加点已形成常态。根据公司机关机构改革工作安排,原定2周完成的20余家入驻部室及单位的办公用房调整搬迁任务仅用1周时间完成;公司413会议室空调、音响、木地板的升级改造工程20天的工期提前12天完成;针对1月强降雪天气,及时启动应急预案,全体人员和各入驻部室及单位的应急突击队员在上班高峰期来临前及时清除积雪和冰冻;办公楼卫生保洁和大院绿化养护的及时跟进,营造了干净整治美观的办公环境。4. 强化会议服务细致周到。组织会议中心员工对新音响设备的操作和维护进行培训。在提高操作技能的基础上,对会议音响灯光效果、会场温度都建立了新标准,从细微之处入手,提供优质服务。圆满完成公司文艺汇演、“五一”表彰、“七一”表彰大会、迎新大会、公司团代会、职代会、各类培训等重要会务工作。2018年共完成会议服务1680场,其中大型会议94场,共服务3.39万人次。

【党建工作】 1. 强化组织建设,建强基本队伍。行政事务中心党总支成立后,组建了5个党支部,成立9个党小组,选拔优秀党员担任党支部书记和支委委员,实行双向进入、交叉任职。制定了13项党建工作制度,印发《党支部工作检查考核细则》,形成一套可操作、可量化、可考核的具有中心特色的党支部标准化工作制度体系。2. 创新活动载体,拓展基本阵地。注重运用共产党员网、安徽先锋网或党员现代远程教育站点等“两微一端”信息化手段开展党员教育。各支部“共产党员微信”和“安徽先锋网”党员订阅率均超过了50%,党组织负责人订阅率达到100%。3. 深化机制融合,落实基本制度。强化“三会一课”管理,组织开展“讲忠诚、严纪律、立正德”专题警示教育民主生活会。认真贯彻民主议事和参与决策机制,通过总支委会、支委会工作前置,落实“三重一大”事项决策制度。建立责任落实和监督监管机制,支部班子成员切实履行“一岗双责”。4. 发挥品牌效应,丰富基本活动。以优质服务为落脚点,划分“党员责任区”,创建“党员示范岗”,并按不同专业、不同单元,开展“一室一品”品牌创建活动,将党建标准化建设与中心重点工作相结合,根据党支部的工作特色,推动党支部创建“党建+精益工场”“党建+蓝天保卫战”“党建+精准扶贫”“党建+环保督查回头看”“党建+专业管理”等品牌工作,有效提升了基层党支部的凝聚力、战斗力,发挥了基层党支部的品牌效应。

(庞　湃)

人力资源服务中心

【机构改革】 2018 年 5 月 31 日,经马钢集团公司批复成立马钢集团公司人力资源服务中心,9 月 30 日正式挂牌运行。成立之初,主要围绕公司人力资源优化和去产能工作,承担落聘转岗、去产能转岗人员的培训及再上岗等工作。2018 年 4 月,根据马钢集团机关机构改革决定和人力资源管理体系变革要求,赋予人力资源服务中心新的业务内容,2018 年 5 月中旬,按新的功能定位运行。人力资源服务中心主要承接集团人力资源事务性工作和服务职能,具体承担集团薪酬发放、社保征缴、退休审核、年金事务、员工招聘、离岗政策、内部流动、劳动合同、入离职、职称评定、转岗培训、HR 信息系统运维、报表统计等多项业务工作。中心下设综合管理室、培训招聘室、员工服务室、薪酬发放室、信息化室。

【员工服务】 1. 社保征缴。一是社保征缴。2018 年,公司实际缴纳各项社会保险费共计 10.05 亿元,其中养老保险 6.55 亿元、失业保险 0.28 亿元、医疗保险 2.86 亿元、大病救助险 0.04 亿元、工伤保险 0.25 亿元、生育保险 0.07 亿元。二是系统维护。马鞍山市人社局保险系统,录入新增员工参保信息,线上办理保险新增和续保 650 人,停保 1733 人(含工程技术集团、飞马智科、表面公司社会保险单独缴费);马钢养老保险系统,录入新增员工 650 人相关信息,办理保险补缴 30 人、转移保险关系 63 人、内部调动 5561 人(含工程技术集团、飞马智科、长材事业部)、减员(含解除合同、退休、在职死亡、退休死亡)3643 人。三是缴费管理。对员工社会保险欠缴情况进行分析、提出相关对策,并开展催缴等工作。协助做好市人社局征缴中心管理和市新社保系统上线运行相关事宜。四是数据核对。针对市人社局新社会保险系统上线后出具月社会保险结算表数据与马钢申报数据不一致的情况,与市人社局征缴中心、信息中心进行对接、核对、确认。

2. 年金事务。一是年金征缴。按月审核 63 家单位(含 5 家合资单位)年金缴费,并及时与财务对账、汇总报年金账户管理人。2018 年,公司企业年金缴费共计 1.78 亿元,其中合资企业缴费 0.04 亿元。二是年金支付。按月汇总、传递员工年金支付、转移信息,登记台账,2018 年,核对 2484 人企业年金支付、转移相关信息。三是年金管理。参与制定下发了《马钢合资企业参加马钢企业年金计划的相关规定》,参与修订《马钢企业年金方案》;参与年金账户管理人调整方案策划,按时完成年金账户管理人移交工作。

3. 政府奖补。一是稳岗补贴。争取市里拨付给马钢 2017 年度稳岗补贴 2071 万元;按照市人社局要求,及时登录安徽省阳光就业网上服务大厅进行 2018 年稳岗补贴申报,10 月底,市里拨付给马钢 2018 年度稳岗补贴 1324 万元,合计 3395 万元。二是费率降低。养老保险费费率和失业保险费费率分别继续降低 1%,工伤保险费费率自 2018 年 5 月起降低 0.65%。三是社保补贴。市里分期拨付给马钢 2016 年去产能脱困升级离岗安置 1045 人的 2017 年度社保补贴 640 万元;按照市人社局要求,配合市人社局对 2017 年去产能脱困升级离岗安置 1646 人档案进行审核,10 月底,市里拨付给马钢这部分人社保补贴 347 万元。合计 987 万元。12 月上报市人社局上述人员的 2018 年度社保奖补资金申请报告、审批表及 2072 人基本情况花名册。四是基数调整。拟文下发 2018 年度社会保险缴费基数调整通知,7 月完成马钢员工社会保险缴费基数调整工作,2018 年度人均缴费基数由 2017 年度的 5177 元增至 6439 元。五是内退调资。按照公司规定,结合 2018 年省市调整企业退休人员基本养老金精神,下发了公司内部退养人员调整退养工资通知,完成各单位 235 人退养工资增发审批工作。六是社保卡换发。按照市人社局《关于做好省统一近日社保卡换发工作的通知》及集团公司要求,报送公司在册职工社保卡换发相关数据,并收集 192 人家庭住址、808 人照片的相关信息。

4. 退休审核。每月定期收集、归返、预审退休职工档案,报经市人社局审批。2018 年,经市人社局审批 2137 人退休,同步完成养老保险系统员工退休数据录入、人力资源信息系统减员等相关手续。梳理公司员工退休审核相关规定,草拟《员工退休申报与审批管理办法》。同时,做好离退休人员养老金统筹外项目支付工作，对退休人员管理业务进行重新梳理、提出相关建议。

5. 信访接待。根据国家、公司有关政策，热情接待、解答职工有关退休待遇、年金支付以及工伤待遇等来信来访。参与原马钢医院内部退养人员、原二钢退休人员、长材事业部工伤人员、重机公司解除劳动合同人员等相关待遇接访、回复。对实名举报重机公司办理一名协商解除劳动合同的相关事项进行调查回复；参与1名工伤解合诉求工伤待遇、1名退休职工诉讼相关待遇的处理。

6. 内部流动。办理656人入职、93人离职手续，录入公司人力资源系统相关信息。办理集团各子公司内部及跨子公司2444人调动手续。自9月1日起办理14人劳动合同签订、131人续签手续。

7. 政策离岗。2018年居家休养办理481人，其中股份公司377人；协商解除合同办理437人，其中股份公司252人；编外管理办理31人，其中股份公司23人；协议保留劳动关系办理62人，其中股份公司32人。收集、申报市人社局因病、非因工市劳动能力鉴定101人材料，安排94人参加鉴定，鉴定达到大部分丧失劳动能力及以上的69人。配合公司幼教移交劳动关系转移三方协议签订以及相关人员社保接续工作。按照安永审计要求，提供离职、协商解除劳动合同、居家休养人员相关审批办理材料。审批8人工伤职工一次性伤残补助金101118元、1人工伤丧葬费补差31960元，审批40名工伤人员协商解除合同一次性就业补助金2763140元，调整了公司自行认定的44名工伤退休人员生活护理费标准。

【薪酬发放】 短时间内完成了薪酬发放业务的平稳过渡，每月完成集团公司45家、股份公司30家，共75家部门、分子公司及二级单位薪酬发放工作。同时办理公司机关公积金支取以及房贴申请业务。根据省国资委要求，完成了集团范围职工薪酬调查，参与2018年马钢集团工资总额预算编制工作。组织开展了薪酬发放流程制度及流程梳理工作，积极推动集团公司薪酬非现金集中发放机关、姑山矿、长材事业部、重机公司4个发放单元试点工作。配合集团党委工作部（人力资源部）参与集团公司新人力资源信息系统建设，作为薪酬模块的主要责任单位，完成新系统中薪酬模块的系统设计，并按照公司要求在短短3个月时间内完成以薪酬核算为标志的系统一期的上线工作。

【培训招聘】 1. 转岗培训。根据公司去产能计划总体安排，积极做好关停产线员工转岗培训工作。共组织中板线、二铁北区、长材事业部北区等6个批次1963人次转岗培训。同时持续跟踪南山矿、原耐火公司等单位待转岗人员安置、培训情况，并做好相关服务。

2. 招聘代理。按照集团2018年新员工补充计划，组织完成了2018年社会化高端操维岗招聘工作，1924人报名，通过笔试、面试、体检，录用259人。并有序组织了新员工入职报到、入职典礼等相关工作。2018年，集团公司共报到新员工649人。利用互联网平台，加强与专业招聘网站合作，先后完成了共昌轧辊、融资租赁、商业保理、财务共享中心、瑞泰马钢、飞马智科、欣创、新闻中心、汽运公司等10家单位代理招聘工作，招聘人员130余人。

3. 实习服务。协调安排北京科技大学、安徽工业大学、武汉科技大学等院校在校学生到公司生产实习，共接待实习学生47批次3363人。同时，完成了2018年集团公司政工、工程系列中、高级评审工作。

【信息化】 为加强信息沟通和工作交流，人力资源服务中心编发了8期《人力资源服务》和《人力资源信息》。同时完成了市统计局、中钢协等上级年报，为公司相关部门定期或不定时提供各类报表和数据。积极参与集团HR信息系统项目、财务共享信息化建设，负责人事、薪酬福利等模块的功能需求提出与沟通对接等事宜。参与公司HR信息系统建设，完成公司新人力资源信息系统薪酬核算、人事模块上线运行。按照公司信息系统开发要求，重新梳理保险、年金和退休审核业务模块需求，就业务需求与系统开发程度进行分析，并与系统开发项目组进行多次商讨、完善，确保上线。

【市场开拓】 为扩大服务范围，做好合资企业人力资源服务，先后赴长江钢铁、合肥板材、合肥加工中心、和菱实业、比亚西、嘉华建材、瑞泰马钢、共昌轧辊等合资企业调研，了解企业需求，商讨交流合作服务方式。积极为有关合资企业相关人力资源问题提供解决方案。启动实施长江钢铁人力资源综合服务项目，共5大项、17个子项。加强合资企业HR业务交流，组织两场次座谈交流会，并开展马钢合资企业人力资源管理论文评选及论坛活动。

【党建工作】 制定了人力资源服务中心14项党建制度和2018年支部工作计划和理论学习计划，坚持召开支部委员会，研究中心重大事项。“七一”期间，开展优秀党员、党小组表彰、征文以及瞻仰西梁山革命烈士陵园等活动。组织党员和职工开展慈善捐助，开展义务送清凉活动及福利院慰问等活动。开展组织生活会、“三查三问”等活动。开展了人力资源服务中心核心业务培训班,共举办了12场讲座,并开展首届中心业务技能竞赛等活动。定期组织学习人力资源管理、管理沟通、团队塑造等业务知识学习,选派人员参加中钢协、劳动学会等举办的年会、论坛。以中心任务分解为主线,坚持每周一办公例会、每月职工大会,检查落实工作,着力构建了责任落实体系。制定了人力资源服务中心工作人员10条服务准则,推行挂牌上岗,规范服务。对薪酬发放、培训招聘、退休审核、社保征缴等人事活动,进行认真评估,规范业务流程,识别中心业务管理风险点,制定下发了中心16个业务流程。开展服务之星评选、合理化建议、送温暖、慈善捐助、文化娱乐等活动。配备了宣传栏、文化墙、液晶大屏、公示栏,打造创立职工之家,营造服务文化氛围。

(孙　歆)

财务共享中心

【机构改革】　2018年4月4日,马钢集团公司筹建马钢财务共享中心,5月25日,马钢召开财务信息化建设推进会,5月30日,马钢召开财务共享中心建设动员大会,8月22日,财务共享系统银企直联模块正式上线运行,8月31日,完成办公场所3号楼改造,9月28日,财务共享中心迁入新办公楼。10月26日,财务共享中心正式揭牌,10月30日,完成财务共享中心高级业务蓝图规划设计。

【中心建设】　在集团公司的安排部署下,共享中心同管理创新部、飞马智科等单位密切配合,多次奔赴宝钢股份、长虹集团、万科、唐钢股份等已实施财务共享的大型企业进行学习、交流。通过借鉴同行的成功经验,学习财务共享相关知识,树立共享中心建设理念,理清工作思路、明确功能定位,通过改革驱动和创新驱动全面启动马钢财务共享中心建设。

【组织建设】　财务共享中心的建设,为财务管理职能与会计核算职能分离奠定了基础,为战略财务、业务财务人才的释放提供了可能,从而实现企业财务由价值守护向价值创造转变。截至2018年末,集团公司94家子分公司,124个核算主体,共有各类身份财务人员539名,其中80%财务人员从事基础会计核算工作;已基本完成集团财务部、股份计财部、矿业公司及工程技术集团岗位梳理与人员分离工作,150余名会计核算人员陆续转入共享中心,共享中心已全部或部分承接以上单位会计核算业务。为保证会计核算业务的平稳交接,中心按区域设立了机关、太白大道、南部厂区以及佳山4个工作站,确保各分子公司会计核算工作安全持续稳定,同时对共享系统上线后的各类业务进行指导和维护,保证共享系统稳定运行,已先后完成行政人事组、运营维护组、费用核算组、采购核算组、销售核算组、资金结算组的组建工作,即将启动资产总账组、税务核算组的组建。

【蓝图设计】　2018年,历经5个月的时间,与金蝶项目组共同对集团94家分子公司124家核算主体单位进行调研,对集团不同业态的48家分子公司进行现场访谈,梳理诊断建设条件,明确共享需求,集团层面整体规划制度、流程及系统体系。通过共享蓝图规划,明确了集团管控需求,明确了与集团管控需求相匹配的财务共享中心战略定位,梳理优化了财务核心业务流程,规划满足共享要求的全集团信息化系统集成方案,同时明确了战略财务、业务财务与共享财务三者之间的定位与关系。在此基础上,马钢财务共享建设全面展开。

【统一核算】　在集团层面统筹规划会计核算方式与财务软件系统资源,除已上线SAP系统的单位之外,全面推进集团下属29家子分公司会计核算主体集中上线并启用金蝶EAS会计核算系统,为共享业务的实施保证了基础核算系统的相对统一。同时建立集团公司共享平台报表体系,在平台上实现集团所有并表单位的报表列示,为加强集团管控提供了有效的财务工具。

【制度建设】　为树立马钢品牌形象,有效防范经营风险,在资金支付、费用报销、主数据管理方面逐步形成一系列的制度文件,促使业务流程标准化、透明化,促进各项经营活动有序开展。截至2018年末,已经完成应付款项支付、人力资源主数据和HR系统运维等管理办法,费用报销、差旅费报销、财务主数据、财务用户权限等一系列制度文件也已进入征求意见与完善阶段。

【系统建设】　财务共享系统及前端各业务系统的建设与优化整合,是实施全面财务共享的基石,在时间紧、任务重的情况下,各项目组全力推进各个子系统建设,包括人力资源信息系统、销售业务系统、采购业务系统、影像与协同系统、银企财企直联、系统集成。

【党群工作】　持续开展党组织和工会组织建设。2018年6月20日,成立共享中心党支部;10月24日,财务共享中心工会成立。开展党支部标准化建设，按照集团管控思路的要求，从制度、系统、流程等方面逐项落实，有序推进各项工作。

（张　静　　金　花）

离退休职工中心

【老干部工作】 截至2018年12月31日，马钢离休干部196人，其中副厅级以上的有25人；退休干部610人。2018年，按照十九大报告中提出的“认真做好离退休干部工作”的总要求，贯彻中组部〔2016〕3号文件和省委〔2016〕51号文件精神，精益服务老干部，全面落实离休干部的政治、生活待遇，做到生活上照顾、思想上沟通、精神上关怀，让公司党委放心、让老干部满意。全年赴异地看望慰问离休干部16人次，审核、上报、调整了210名离休干部护理费，为居住在外地离休干部报销医药费共计30多万元，服务老干部安全出车1200余次，行驶5万多公里。组织离退休干部参加“庆祝改革开放40周年”系列活动，举办马钢生产经营形势报告会，开展“送温馨祝福、献生日礼物”登门祝寿、赴扬州加工中心及郑蒲港新区参观考察等活动。牵头召开省直17家单位老干部工作第十协作组年度工作会议，老干部工作再上新台阶。切实推进创建离退休干部“五好”党支部，争当“四好”老干部活动，鹊桥站退休干部党支部被授予“全市首届示范离退休干部党支部”荣誉称号、雨山站离休党支部书记朱凯获得“全市首届最美离退休党员干部”荣誉称号。

【退休(内退)职工服务管理】 截至2018年12月31日，马钢离退休职工共计37786人，离退休职工中心牢固树立“以人为本，服务为先”的管理理念，紧紧围绕“精益服务，精准帮扶”工作主题，坚持“六个老有”工作方针，全面加强新时代马钢老龄工作，切实维护和谐稳定大局。

一是日常服务持续改进。服务工作切合实际，2018年共接收新退休人员1816人，按时审核发放离退休职工企业补贴共1.22亿元。为800多名户口及住址变动的离退休职工调整所属服务站，审核办理2885名退休职工家属非职工居民医疗保险，报销费用28万元。协助处理离退休职工丧事722起；办理工伤抚恤12人，发放矽肺补助15.8万元。修缮整治了塘岔、山南活动室，各活动室常年对外开放，接待老同志20多万人次。协助做好退伍军人信息采集工作，处理离退休职工各类查档4000多人次。维稳工作扎实有效，热情接待离退休职工来信、来访、来电3万多人次，妥善处理上级批转件、市长电话11件，及时协调化解矛盾，合法合规解决诉求，维护离退休职工利益。

二是精准帮扶病弱残。重点关注重病、高龄、失能、失独、空巢、独居、家庭困难的弱势群体，加大走访慰问频次和帮扶救助力度，尽心尽力解决他们的燃眉之急。取得公司工会支持，全年大病救助2646人，共计132万元，慰问特殊困难退休职工和困难党员1126人次，发放慰问金59.35万元，办理住院补助1.4万人次、140万元，将“真扶弱、扶真弱”落到实处，让困难退休职工充分感受到组织的关爱与温暖。

【基础管理】 一是制度建设落地有声。根据新形势下服务工作的发展需要，修订了《离退休服务管理工作标准》《安全考核办法》《老干部专用车辆管理办法》和《离退休(内退)职工满意度考核办法》，完善工作内容，明确工作流程，增强服务管理的精准性和操作性，促进了服务管理向标准化、规范化推进。以“双百”考核为抓手，以雨山站“双百”资料整理归档工作为标杆，采取面对面学习交流、点对点上门取经的方式，推动了各服务站制度建设齐头并进。

二是实行片组长动态管理。挑选63名身体好、素质高、能力强、相对年轻且热爱老龄事业的离退休职工担任片组长，提高了片组长待遇，充实了基层服务力量。定期检查各服务站新退休职工见面会落实情况、片组长例会制度和走访制度实行情况，深入开展全员岗位绩效考核和退休(内退)职工满意度调查考核，严格奖惩，进一步激发了员工工作积极性、主动性和创造性。

三是培训教育有的放矢。采取“请进来、走出去”、自办培训班等形式，加大培训力度，促进了“精益服务、精准帮扶”工作质量的整体提升。一是以新修订的《服务管理工作标准》为内容，分5期对全体职工及片组长共530人进行了培训，进一步提高了业务能力和管理水平；二是组织开展了转岗安置人员培训，使新员工顺利适应新岗位，平稳融入中心队伍；三是结合“大走访、大调研”活动，开展了计算机操作培训，提高了离退休职工信息录入的工作效率，保证了各类数据的准确性；四是邀请市人社局、公司人力资源中心等单位领导为员工讲解医疗保险、工伤保险等相关政策及办理流程，指导员工正确应用好政策，维护好退休工伤职工的合法权益；同时，分别赴南山、姑山矿等对退休人员管理开展上门业务指导。

【工作调研】 全年开展多形式、全覆盖的“大走访、大调研”活动,及时更新完善离退休职工基础信息,了解离退休职工主要诉求,通过大走访、大调研,加强了对公司251名退休劳模摸底调查工作,摸清各类困难退休职工2500多人、外地退休职工2614人,无法联系的退休职工由1000多人下降到38人,对离退休职工代表反映的13个方面的意见建议给予及时答复和妥善解决。针对离退休职工服务管理、困难帮扶、支部建设等方面产生的新问题,认真剖析原因,思考对策,撰写调研报告23篇。按时完成省委、市委老干部局开展的全省老干部调研、信息上报工作,信息采用146篇。充分利用中心网站、马钢日报等宣传媒体,围绕中心工作,唱响主旋律。全年在《中国冶金报》《中国冶金信息网》《皖江晚报》等公司外媒体宣传刊发中心稿件10篇、《马钢日报》刊登稿件210余篇、马钢电视台播发新闻10条、中心网站用稿330余篇。

【老年文化生活】 结合毛主席视察9号高炉暨马钢成立60周年活动,深入老同志家中征集老照片96张、老物件92件,协助公司工会成功举办了“辉煌60年”马钢职工美术书法摄影作品展、“如歌岁月·声动马钢”十佳职工歌手大赛、“马钢颂”主题晚会。结合自身特点,组织开展了“我与马钢共成长”之“永恒的记忆,不变的情怀”主题征文活动,举办了“纪念毛主席视察马钢60周年”集邮展览,组织召开离退休老干部“我看改革开放40年”“马钢发展60年”座谈会,举办了涉老法律知识讲座,组织退休劳模参观考察新农村建设,评选表彰“马钢健康老人”、优秀片组长140人,组织开展了门球、台球、麻将、扑克、象棋、桥牌等各类比赛活动,在公司羽毛球、乒乓球联赛中,双双获得“体育道德风尚奖”。

公司关工委积极发挥自身优势和作用,到基层,到青年职工中开展“传承红色基因,放飞中国梦想”的主题教育、帮困助学马钢困难职工家庭等活动,对青年职工进行爱国主义及爱岗敬业职业道德教育,激励青年员工在马钢高质量发展中建功立业,为马钢的建设与发展,构建和谐社会做出贡献。

马钢新四军历史研究会本着“围绕中心,服务大局,以史鉴今,资政育人”的宗旨,开展了“弘扬铁军精神,助力脱贫攻坚”帮扶慰问活动,走访帮扶了阜南县22名贫困学生和两户贫困家庭,并作为全省“弘扬铁军精神,助力脱贫攻坚和乡村振兴”工作典型单位,在全省作了经验交流发言。

马钢老年大学充分利用教学资源,“正规办学、规范管理”,极大地丰富了广大退休职工的精神文化生活。2018年入学人数持续增长,秋季学期仅校本部和东校区就达6360人次,三所矿山分校也健康发展,全校总入学人数突破6600人次,班级数近200个,聘任教师110人,不仅保证了本校教学活动需要,还为安工大老年大学、马钢矿山分校和市福利院的“校外班”提供了师资。2018年,马钢老年大学被选举为“中国老年大学协会企业工作委员会副主任单位”,马钢老年大学苏鉴钢被推举为“安徽省老年大学协会常委理事”。

【荣誉】 2018年,中心先后荣获第五届省属企业文明单位、全省老干部信息工作先进单位、全省离退休干部新四军历史研究“正能量团队”先进集体、老年大学省级示范校、全市老干部信息工作先进单位、公司28届文明单位、马钢维护稳定、治安综合治理工作先进单位、公司新闻报道先进单位、马钢人口与计划生育工作标兵单位等荣誉称号。

(彭新华)

教育培训中心

【概况】 马钢教育培训中心成立于2009年8月。中心以安徽冶金科技职业学院、安徽马钢技师学院的人员及资产为基础,保留原“安徽冶金科技职业学院”“安徽马钢技师学院”“马钢党校”“马钢高级技校”“马钢卫校”的牌子。中心的三大任务是:员工培训,高等、中等学历教育,管理研究和科研开发。

中心占地面积约22万平方米,总建筑面积约13万平方米,固定资产总值1.3亿元,建有10个计算机机房、3个多媒体语音室以及数控、汽车、电气等50多个实验室、20多个校外实习、实训基地。中心设有“国家职业技能鉴定所”,可以组织冶金、机械、电气、计算机等近100个工种的中高级技能鉴定。图书馆藏书22.23万册,安装了图书计算机管理系统,建有电子阅览室。以教学管理系统、办公自动化系统、“校园一卡通”系统为主要内容的统一校园信息门户已经基本建成。《安徽冶金科技职业学院学报》是经原国家新闻出版署(现为国家新闻出版广电总局)批准的具有CN和ISSN刊号的刊物,《马钢党校》是具有准印证号的出版物。

【培训工作】 全面完成马钢集团公司培训任务。全年共完成公司各类人员培训107个项目、14121人次，新开发培训项目及课程94项，完成职业技能鉴定2237人次。协助公司有关部门举办各类培训30个班次、2709人次；配合公司有关部门积极做好各类大赛的组织、辅导与参赛工作，协助厂矿开展技能竞赛与岗位练兵活动，参赛及受训2000余人次。

【创新方法】 持续推进创新方法行动计划，开展创新方法应用、专利布局与规避等专项培训。7—9月，中心承办了马钢第二届创新方法大赛，并于11月代表安徽省参加中国首届创新方法大赛，获1个一等奖、4个二等奖。

【党建工作】 深入学习贯彻党的十九大精神，扎实开展“讲忠诚、严纪律、立政德”专题警示教育。按照公司党委部署，组织开展党的十九大精神基层宣讲活动，2名教师代表马钢参加省委宣传部组织的全省理论宣讲微视频比赛，分获省国资委系统一等奖、二等奖，并获全省总决赛优秀奖。深化党支部标准化建设，结合实际修订完善党建标准化建设“三个清单”，抓好整改落实，接受公司专项督查。全年提拔6名科级管理人员，3名科级管理人员转岗，3名科级管理人员改非。全年共发展预备党员40名，16名预备党员按期转正。

【学历教育】 全年共完成中高职教学任务52331学时。持续推进2018年省高等教育质量工程、振兴计划和创新发展行动计划项目；科学编制2018级中高职各专业人才培养方案；组织完成了《信息安全与管理》《物流管理》和《3D打印技术》等中高职新专业申报工作；构建以优质课程建设为重点，以精品开放课程、“教学做”一体化课程为特色的学院课程体系。学生参加全国及省市各类大赛中取得了优异成绩。其中，国赛荣获2个二等奖、省赛荣获2个一等奖。

【师资队伍建设】 中心制订《安徽冶金科技职业学院“百骏”工程、“双十”计划遴选及考核办法》，6月开展“百骏”工程、“双十”计划教师遴选工作，38名教师荣获学院“百骏”工程教师称号、5名教师荣获学院“双十”计划教师称号。今年有6名老师获得高级职称，7名教师获得中级职称，5名教师获得高职“双师型”教师称号。

【招生就业】 2018年中高职招生1201人，比上年增加了541人。坚持以就业为导向，就业指导中心为1042名毕业生发布170条招聘信息，提供7343个就业岗位；举办校园专场招聘45场次，提供了3408个就业岗位；举行本市企业中型招聘会两场，有87家企业前来招聘，提供2160个岗位信息。2018年，为马钢输送了173名优秀毕业生。

【校企合作】 强化校企合作，2018年10月，中心与马钢南山矿业公司、马钢轮轴事业部等单位共建“马钢金蓝匠心培育基地”“马钢金蓝生态矿山创客基地”“马钢先进制造创客基地”和“马钢绿色制造创客基地”。2018年9月，学院与安徽梦都集团联合开办首届“梦都职业经理人班”，标志学院校企合作、产教融合进入了新阶段。学院与安徽金研激光再制造技术开发有限公司签署了联合开展企业新型学徒制培训工作的合作协议。

【科研管理】 参与公司党委承担的中国政研会“基于矩阵模式的国有企业思想政治工作探索与思考”课题研究，担负课题主干研究工作。协助公司组织开展“马钢家园文化建设”“大型国企矩阵式党建的理论与实践”等调查研究。积极组织科研项目和技术服务，全年共有7个科研项目立项，其中“发挥企业办学主体作用的有效政策和实现机制研究”等5个课题获得全省高校科研项目立项，“产业工人队伍建设研究”课题获得省委党校立项。

【管理咨询】 中心聘请北京千秋业教育顾问公司开展管理咨询业务，进一步完善学院发展战略规划与质量体系建设。

【基础设施建设】 投资590万元改造西侧围墙、新建体育场看台；投资35万元，改造污水提升井；投资282万元维修学生公寓等；投资35万元新建自控系行车实训室；投资80万元升级改造冶金系多媒体仿真实训室、信息中心录播室设备等。

【校园文化】 大力弘扬社会主义核心价值观，积极开展文明校园创建工作，中心被命名为省国资委系统文明单位、马鞍山市文明单位、马钢文明单位，1名教师被命名为2018年第三季度“马鞍山好人”。在2018年“爱我国防”大学生主题演讲马鞍山市比赛中，获得两个二等奖；在安徽省第五届大学生艺术展演活动中，选送的舞蹈作品《且吟春雨》《茉莉花开》分获二等奖和三等奖。

（王　丽）

新闻中心

【主要指标】 2018年，《马钢日报》全年出报250

期;电视播出马钢新闻250期,新闻视野52期,各类专题50部。冶金报记者站对外发稿省级以上报刊见报180余篇,其中各版头条76篇。《国家标志性工程再显“马钢力量”》获中国企业新闻奖消息一等奖,冶金记协好新闻一等奖,安徽新闻奖二等奖;《马钢人挥手告别“功勋炉”》获冶金记协好新闻一等奖,安徽经济好新闻一等奖,马鞍山市新闻奖一等奖;《重奖,让活力竞相迸发》获冶金记协好新闻一等奖;《马钢精彩亮相中国自主品牌博览会》获全国企业电视好新闻消息类一等奖;《不朽的丰碑》获全国企业电视好新闻专题类一等奖;《超过180万人次一起狂欢的钢铁圈直播秀在马钢举行》获“中企电视”微信公众号优秀作品一等奖;采编部被授予“全国企业电视优秀团队”奖;胡亚南、颜玲、丁勇被评为全国企业电视分会先进个人;张泓被中国报业协会授予全国二十佳新闻工作者;张明伟被评为全国优秀冶金新闻摄影工作者。

【党建工作】 强化思想政治建设,深入学习习近平新时代中国特色社会主义思想和党的十九大精神,开展马克思主义新闻观教育系列活动,分别邀请安师大和南广学院教授开展专题讲座,对100多名公司专兼职宣传思想工作者进行马克思主义新闻观培训。夯实基层组织基础,全面推进基层党组织标准化建设,提高组织力和战斗力。6月,根据中心改革的要求和业务区域划分,对中心的两个支部进行人员调整,增强基层组织的活力。2018年输送了3名入党积极分子参加公司举办的入党积极分子培训班,全部结业。在发展中,注重倾向生产、工作一线,3名职工发展成为预备党员,1名职工按期转正,保证了党员发展的标准和质量。开展结对共建,中心第一党支部、第二党支部,分别与三铁总厂球团分厂党支部、炼铁分厂党支部联合开展为期半年的“唱响好声音、凝聚正能量”结对共建活动。

【新闻宣传】 一是旗帜鲜明,把握方向导向。始终坚持正面宣传为主,把握正确政治方向和舆论导向,认真学习宣传贯彻习近平新时代中国特色社会主义思想和党的十九大精神。在各媒体平台开设《新时代新作为新篇章》专栏,累计刊发60多篇重点报道,集中组织开展“讲忠诚、严纪律、立政德”专题警示教育宣传,推出40多期、200余篇稿件。在公司改革建设关键时期,及时推出社论、评论员文章、马钢时评等评论文章,发挥舆论引导作用。

二是融入中心,抓好重大宣传。围绕公司重点、难点、热点、亮点工作,踏准节拍、精准发力,重大宣传浓墨重彩。2018年,各媒体平台联手联动,主要做了年初冰冻灾害、公司机关机构改革、品牌建设、打造本质安全环保企业、精益工厂建设、二铁北区关停、马钢成立60周年、长材北区关停等重大主题宣传,开设专栏、推出系列报道、播发评论,集中展现马钢取得的辉煌成就,大力宣传马钢践行新发展理念,推进高质量发展的新举措、新作为、新业绩,凝聚思想共识,激励职工奋斗。

三是深化走转改,提升宣传效果。坚持大小兼顾、以小见大,讲好马钢故事。在二铁北区炉机、长材北区转炉系统永久性关停等重要事件中,既注重反映公司的决策部署和总厂的缜密落实,还通过一线职工的真实话语,折射马钢人政治担当和家园情怀。特别是长材北区关停,记者当晚11点上炉台,全程记录,第二天上午迅速推出微信图文视频,中国冶金报当天就作了转发。坚持抓深度、见高度。《北行记》系列报道,从不同侧面揭示和提炼宿马工业园、临涣焦化、盛隆化工三家企业的管理经验和经营理念,提供借鉴样板。坚持调动资源,强化联动。开辟一把手访谈栏目,邀请部门和单位一把手撰写署名文章,对公司重要会议精神和重大决策进行政策解读和宣贯。坚持拓展渠道,媒体融合。夏季高温期间,在报纸、电视、新媒同步推出“高温下的坚守”栏目,全面真实展现马钢人的工匠精神和敬业态度。

【企业管理】 在公司党委的坚强领导下,新闻中心改革全面展开,6月底完成了新的机构设置,岗位人员调整到位。一是体制机制之变。为有效承接公司机关机构改革下放的各项职责权力,中心建立健全相关制度,通过规范采购、招标、财务、考核等管理制度,促进管理高效透明。二是业务流程之变,中心在国内企业媒体中率先将原有线电视新闻部和报社记者部及部分版面编辑、排版、校对,整合成立采编部,初步构建“一次采集、多元生成、综合报道”的运作模式。三是组织结构之变。实施改革后,新闻中心由原8个部门精减至5个。四是人力资源之变。在岗职工优化精减16人,科级管理人员由原来的13个精减至8个,通过大学招聘、公司内部公开招聘,增加了7名年轻同事,采编一线增添了“新鲜血液”。五是精神面貌之变。重新核定岗位系数、采编考核制度,有保有压、有奖有罚,分配向采编一线倾斜,有效调动了采编人员的积极性、主动性。

【项目建设】 1. 新闻中心高清演播室改造工程。原演播室使用已近10年,随着数字化设备的迅速发展和观众对电视节目质量要求的提高，传统的演播室已难以适应目前电视节目的制作需要。为助力高质量发展，提升马钢新闻、专题等各类节目制作质量，对现有演播室进行全面升级改造。改造后的演播室将原有演播区域划分为1号演播室、2号演播室、虚拟演播室和导控室。9月18日投入运行。

2. 新闻中心网络枢纽改造工程。作为新闻中心、档案馆、保卫部、工程管理部、离退休中心以及康泰公司数据交换的网络节点，新闻中心承担了公司重要的网络枢纽作用。为提供更优越的网络资源，中心主动联系飞马智科公司，对中心的网络架构进行了梳理，并制定了详细的改造方案。在不影响中心原网络正常运行的前提下，在5楼增设新机房，并按照标准完成建设及相应楼层的综合布线，按计划将上行及相关单位等光缆接入新机房，经由3层交换机进行路由转发和管理并将新布线的信息点全部接入到新网络中。8月，新网络启用，整体运行稳定高效。

3. 马钢内外网站改版升级工作。现行的马钢宣传系统平台自2009年上线以来，多年未更新升级，在实际使用中暴露出各系统条块分割、无法形成合力等问题，并且存在较大的网络安全隐患，亟须改造升级。升级项目于8月1日经公司审批通过立项，中心对现有的内外网站的栏目进行了梳理，最终确定了网站的栏目和设计风格，并制定了详细的网站改版的需求分析方案。新版网站将与马钢家园微信公众号、新版APP客户端共同打造马钢"中央厨房"式的全媒体发布平台。9月10日，新版网站成功上线试运行，9月20日正式上线。

4. 新闻中心计算机照排系统升级改造项目。原系统于2000年投入使用，在实际使用中暴露出硬件老化、系统陈旧、功能单一等问题，改造升级方案获得公司同意。由于项目计算机软件"方正畅享全媒体新闻生产系统""方正新媒体数字报刊系统管理平台"为方正集团独家专利产品，经招标公司同意，采取应招拟不招手续，以独家谈判供货的形式进行采购。为节约成本，和采购方多次协商技术问题及采购价格，充分做好项目启动前的准备工作。

（戴　虹）

保卫部（武装部）

【基本情况】　2018年，保卫部以打击犯罪精准化、工程安保系统化、门禁管理规范化、治安巡防常态化、专项整治长效化为工作重点，持续深化治安打防管控工作，全力推动保卫工作实现高质量发展，为公司改革发展和稳产顺行提供了有力支撑。保卫部先后获得"第五届省属企业文明单位""马钢先进集体""马钢先进基层党委""马钢先进基层纪检组织""马钢治安综合治理工作先进单位"等荣誉称号。

马钢武装工作全面贯彻新时代强军思想和新形势下军事战略方针，加强国防教育，强化国防观念，抓好民兵预备役建设，落实战备训练，大力开展双拥、民兵参建等活动，完成了民兵整组、动员潜力调查、双拥模范城迎检、学生军训等工作任务。开展河道清淤、疏浚，组织排涝泵房、矿山尾矿库安全检查，备齐备足市级防汛物资，落实防汛值班、巡堤查险、应对强台风等工作措施，确保了马钢平安度汛。坚持平战结合，做好人防工事维护改造、日常管理和开发利用工作，圆满完成"9·18"防空警报试鸣任务。

【维稳反恐】　关注维稳动态，做好各类维稳信息收集上报、矛盾纠纷排查化解工作，积极稳妥处置各类突发事件。顺利完成了公司机关机构改革、一钢轧中板线、二铁北区、长材北区炼钢系统永久性关停及人员分流等敏感时期的稳控工作，确保了马钢政治治安大局的稳定。全年共收集各类情况信息11条。协助相关部门处置上访事件191起（群访13起）；处置各类突发事件16起，出动警力1300余人次。结合马钢实际，建立健全反恐怖工作机制，推动反恐怖工作平台建设，强化反恐怖工作保障，积极组织开展反恐形势教育、反恐实战演练，加强检查督导，狠抓排查治理，全力提升反恐工作能力和水平。先后发布了《反恐怖工作管理办法》和《马钢反恐怖工作履职报告、问题通报、约谈、问责规定实施细则》，结合公司形势，适时在二铁北区组织开展了近年来最大规模的维稳反恐暨突发事件处置应急演练，为反恐目标整体受控提供了保障。

【综合治理】　深化平安马钢建设，把防控风险、服务发展和破解难题、补齐短板摆在突出位置，层层落实综治领导责任制和目标管理责任制，持续完善基层治理体系，着力打造"共建、共治、共享"的综合治理新格局。全年深入22家重点发案单位对其整改落实情况进行督导；对存在严重问题的3家单位进行考核追责。将"七五"普法宣贯工作落到实处。先后开展了"送宪法到基层"活动、"尊法守法·携手筑梦"职工法律知识竞赛活动、"学习新宪法，作为新时代"普法征文活动。全年讲授法制课20课时，举办普法讲座10

余次。强化禁种铲毒工作,开展多种形式的禁毒宣传教育,加强易制毒化学品管控,确保了禁毒工作的有力推进。加强厂区行车秩序管控,压降交通事故发生率。全年在各类整治中查处车辆超速160余起、违停1400余起、抛洒1800余起、“三超”620余起。

【治安管理】　精准打击犯罪团伙。创新信息引领、情报支撑,综合利用各种资源和手段,对系列性、团伙性各类侵财犯罪实施精准打击,全年共打掉16个犯罪团伙,受到公司领导的高度评价。持续推动“大巡防”工作。不断完善和拓展“机动车定点巡逻”“携犬徒步巡逻”“‘警灯闪烁’交管摩托车巡逻”三种方式相结合的治安巡逻模式,形成多层次、全覆盖的治安防控网络。深入开展专项整治行动。联合公安机关多次对厂区周边“城中村”和违法收购站点进行摸排、整治,适时开展了“春风行动专项整治”“扫黑除恶专项斗争”“冬季治安专项整治”等集中行动,促进了厂区治安形势的明显好转。全年保卫部共抓获各类违法犯罪嫌疑人3359人,其中移交公安机关打击处理760人次,缴获各类物资531.49吨。为重点工程保平安。强化服务保障,主动对接业主单位,全程跟进服务保障,实现了重点工程治安的全方位管控,为长材系列升级改造、特钢优棒项目等公司“十三五”重点工程建设以及二铁北区拆除、1号高炉大修等项目创造了良好的治安环境。落实警情响应。发挥指挥中心的枢纽作用,扁平化指挥,协同作战,全年指挥中心共接处警43起;开展治安巡查540余次,协调解决各类情况2399起;部署完成抽堵盲板作业封道警戒等任务48起,出动警力480余人次。周密组织安保警卫工作。按照“无缝对接”工作标准和“零差错率”工作目标,不断提升安保警卫工作的质量和水平。全年共完成省、市领导视察马钢、马钢成立60周年系列活动等安保警卫任务126起,出动警力784人次。

【门禁管理】　深入推进门禁管理规范化建设,先后制定下发了《保卫部经保队员执勤动作标准》《门禁单位绩效量化评比方案》和《保卫部经保队员手机管控管理规定》。通过检查、考核、评比、验收,不断提升门禁工作的达标率。通过互学互助、集中培训、劳动竞赛、岗位练兵等形式,不断提升文明规范执勤水平。通过提前预判、合理调度、有效疏导,保障了湖南路道口改造、厂区及周边道路施工期间的职工出行。通过队员们的恪尽职守,履职尽责,严查细过,筑牢了门禁“最后一道防线”。通过积极筹划,深入调研,综合施策,为即将投入的门禁系统升级改造奠定了基础。全年门禁查验车辆788.31万辆次,门禁刷卡968.91万人次;收取物资“三单”7857万张;门禁查违2344起。办理车辆通行证6.85万张、门禁卡3.35万张。

【日常战备建设】　根据上级军事机关的部署,结合公司实际和担负任务,拟制攻关计划。围绕战役通道、交通节点和重要防卫目标组织战场勘察,现地研究任务需求、力量运用、组织指挥和协同保障等问题。修订完善防卫作战、动员支前基本方案和配套方案计划。进一步规范战备秩序,加快战备基础设施建设。围绕“稳、水、火、矿、震”五项应急任务,组织应急预案修订,抓好应急队伍的优化配置,切实做好应急处置准备。

【民兵整组工作】　按照军分区统一部署,完成了年度民兵组织整顿工作。公司基干民兵组建任务分为三类,包括:(1)应急力量。马钢民兵应急队伍编为应急排。(2)专业力量。有防空分队、防化救援分队、工程抢修分队、保交护路分队装备维修分队五类。(3)特殊力量。根据上级军事机关的要求,完成了民兵工作管理系统、退伍军人管理系统、地方与军事专业对口技术人员管理系统和预编预备役人员管理系统的登记录入工作,并制作上报了马钢基干民兵花名册、马钢现役部队预编预备役人员(查找人员)花名册。

【国防教育】　着力抓好党的十九大精神和习近平主席关于国防和军队建设一系列重要论述的学习,围绕习主席系列讲话精神中的战略思想,以“三严三实”和“两学一做”学习教育为推动,深入开展民兵思想政治工作。提高全员国防观念,指导各二级单位武装部开展战备教育、民兵光荣传统教育。充分发挥现代传媒功能,逐步建立全方位、多渠道的国防教育平台,组织形式多样的国防教育活动,进一步提高广大干部职工的国防意识。通过参观见学现役部队和邀请教员到有关单位开展国防知识讲座等形式,落实“全民国防教育日”活动。深化爱国主义教育,指导完成安冶学院开展学生入学军训工作,将学生军事训练作为国防教育的重点内容,增强学生国防观念和政治觉悟。

【双拥工作】　结合建军91周年组织开展双拥工作,积极开展对优抚对象走访慰问、组织召开座谈会、评选先进个人、走访慰问驻地官兵等活动。切实做好军烈属、生活困难的优抚对象排忧解难工作,精心组织了相对固定的112个拥军优属服务小组,除正常的重大节日外,平时经常组织开展为军烈属及伤残军人做好事活动,把送温暖落到实处。按照省民政厅的指示精神,继续开展对在企业退休的1953年底后入伍的参战参试退役战士情况统计审报与审批工作。完成了退休“涉核”老兵体检任务。因地制宜组织开展形式多样的双拥宣传教育，结合创建全国双拥模范城任务加大宣传力度，指导各二级单位结合“抗日战争胜利纪念日”“南京大屠杀死难者国家公祭日”等重要时机，广泛开展拥军优属、拥政爱民主题教育活动。

【防汛工作】 遵照“早做准备、提前落实、防重于抢、有备无患”的防汛工作原则，未雨绸缪，精心准备，积极行动，全力以赴做好防汛各项工作。5月上旬组织开展了汛前矿山安全工作大检查，下发了2018年马钢防汛工作意见。按照市防汛抗旱指挥部关于市级防汛物资储备的部署，对防汛物资进行清仓盘库，备足备齐编织袋等防汛物资，对能控中心新区、港料厂等排涝泵房进行了全面检查。按照均衡负担、公平就近的原则，对今年的防汛任务做出了局部调整，减轻了主线单位的防汛任务，优化了公司防汛队伍的构成。5月下旬开始，组织12家防汛值守单位上堤认领防守任务，熟悉堤段路线，掌握土源位置，落实防汛责任制。按照工作部署有条不紊做好防汛值班、巡堤查险、应对强台风等各项工作，保障了公司防守堤段安全度汛。

【人防工作】 坚持以问题为导向，全面梳理排查人防工程存在的隐患，做好早期人防工程定期安全检查，加强开发利用日常管理。关注人防工程进度和质量，按期完成人防工程的维护和改造。按照《公司2018年人防建设计划》要求，从3月底开始动工建设，8月中旬前完成雨山2号、3号洞通道五洞室爆破及被覆、雨山3号—5号洞通道及三洞室除险支护、雨山5号洞弯道除险支护和二铁总厂防空洞洞口除险改造建设，做到保证质量、保证安全、保证工期。认真做好防空警报器的管理和试鸣工作。根据市人防办统一部署，于8月中下旬牵头组织各相关单位，配合市人防办对防空警报器系统进行了全面的检查和维护，完成全部设备与市人防办指挥中心的联动调试，顺利完成了“9·18”防空警报试鸣工作。

（吴　雄）

马钢股份有限公司

马钢年鉴

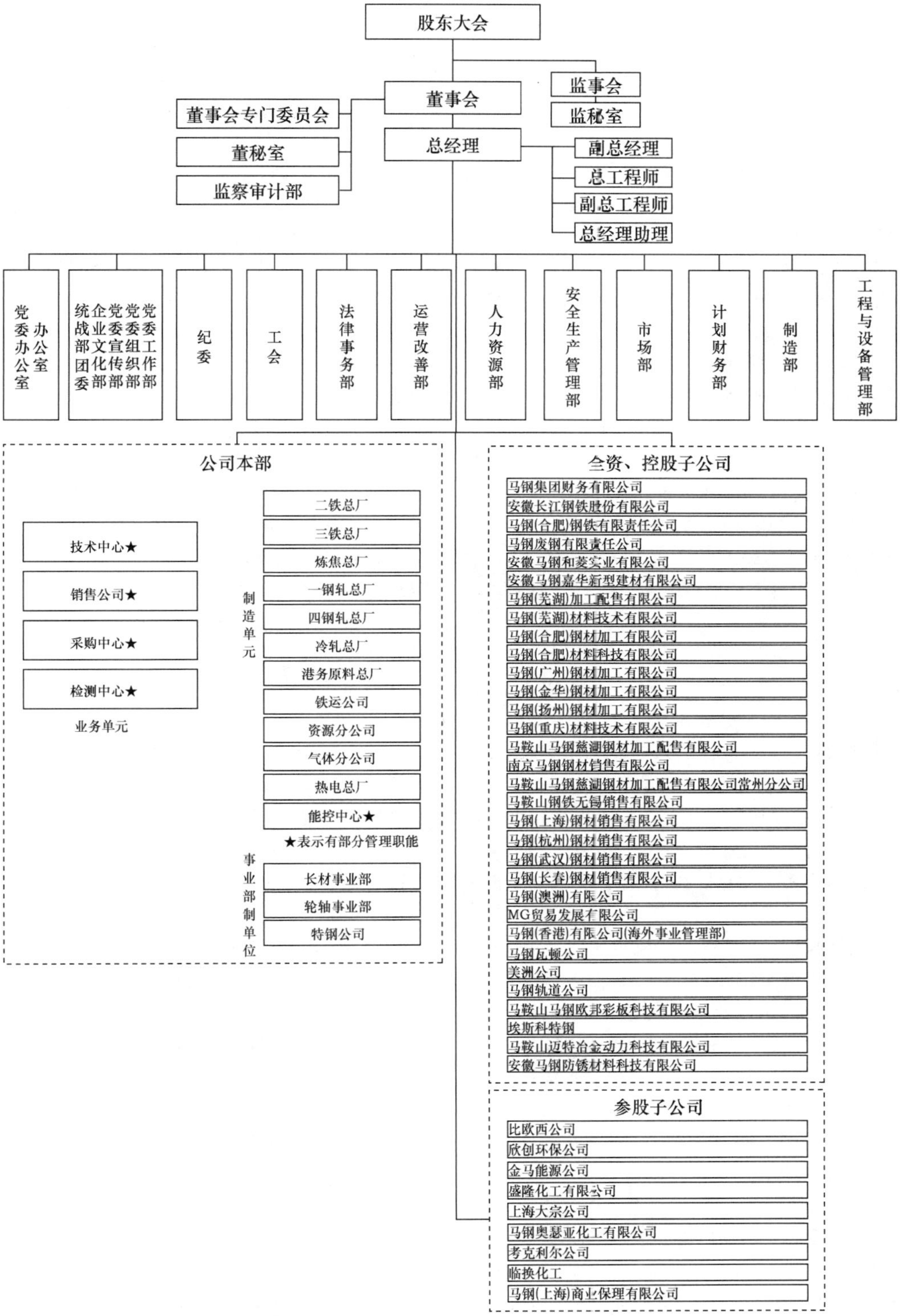

图 2　马钢股份有限公司组织机构图　　　　（运营改善部）

董事会

【股东大会】 2018年,公司召开两次股东大会,即2017年度股东周年大会、2018年第二次临时股东大会(2018年第一次临时股东大会因故取消)。

1. 2017年度股东周年大会。会议于2018年6月28日,在安徽省马鞍山市九华西路8号马钢办公楼以现场方式召开。会议议题是:

(1)审议及批准董事会2017年度工作报告;

(2)审议及批准监事会2017年度工作报告;

(3)审议及批准2017年度经审计财务报告;

(4)审议及批准聘任安永华明会计师事务所(特殊普通合伙)为公司2018年度审计师并授权董事会在2017年基础上决定其酬金的方案;

(5)审议及批准2017年度利润分配方案;

(6)审议及批准关于修订《公司章程》及其附件的议案;

(7)审议及批准公司在银行间市场注册及发行总额不超过78亿元人民币短期融资券,亦提请股东大会授权公司董事会及董事会获授权人士,根据公司需要确定公司短期融资券的具体条款和条件以及其他相关事宜。

此外,会议还听取了公司独立董事2017年度述职报告。

上述议题均获得大会批准,没有否决或修改提案的情况。

大华会计师事务所(特殊普通合伙)沈骏俊先生被委任为该次股东大会的点票监察员。公司境内律师北京市中伦(上海)律师事务所陈屹律师、吴轶律师出席该次股东大会,并出具法律意见书。

上述内容刊登在2018年6月29日《上海证券报》及上海证券交易所网站(http://www.sse.com.cn)、香港联合交易所有限公司网站(http://www.hkex.com.hk)上。

2. 2018年第二次临时股东大会。会议于2018年11月21日,在安徽省马鞍山市九华西路8号马钢办公楼以现场方式召开。会议议题是:

(1)审议及批准本公司与马钢(集团)控股有限公司签订的《持续关联交易补充协议》,以更新本公司与其于2015年9月10日签署的2016—2018年《持续关联交易协议》项下2018年之建议交易上限;

(2)审议及批准本公司与安徽欣创节能环保科技股份有限公司签订的《节能环保补充协议》,以更新本公司与其于2015年9月10日签署的2016—2018年《节能环保协议》项下2018年之建议交易上限;

(3)审议及批准本公司与马钢(集团)控股有限公司签订的2019—2021年《矿石购销协议》项下拟进行的交易及年度建议上限;

(4)审议及批准本公司与安徽欣创节能环保科技股份有限公司签订的2019—2021年《节能环保协议》项下拟进行的交易及年度建议上限;

(5)审议及批准本公司与马钢(集团)控股有限公司签订的2019—2021年《持续关联交易协议》项下拟进行的交易及年度建议上限;

(6)审议及批准马钢集团财务有限公司与马钢(集团)控股有限公司签订的2019—2021年《金融服务协议》项下拟进行贷款服务的交易及年度建议上限;

(7)审议及批准《马鞍山马钢废钢有限责任公司股权转让协议》;

(8)审议及批准《安徽马钢嘉华新型建材有限公司增资协议》;

(9)审议及批准《安徽马钢化工能源科技有限公司增资协议》;

(10)审议及批准本公司与马鞍山马钢废钢有限责任公司签订的2019—2021年《持续关联交易协议》项下拟进行的交易及年度建议上限;

(11)审议及批准本公司与安徽马钢嘉华新型建材有限公司签订的2019—2021年《持续关联交易协议》项下拟进行的交易及年度建议上限;

(12)审议及批准本公司与安徽马钢化工能源科技有限公司签订的2019—2021年《持续关联交易协议》项下拟进行的交易及年度建议上限;

(13)审议及批准公司2018年中期利润分配方案。

上述议题均获得大会批准,没有否决或修改提案的情况。

大华会计师事务所(特殊普通合伙)安徽分所陈龙先生被委任为该次股东大会的点票监察员。公司境内律师北京市中伦(上海)律师事务所吴轶律师、王凡律师出席该次股东大会,并出具法律意见书。

上述内容刊登在2018年11月22日《上海证券报》及上海证券交易所网站(http://www.sse.com.cn)、香港联合交易所有限公司网站(http://www.hkex.com.hk)上。

【董事会日常工作】

1. 2018 年董事会共召开 14 次董事会议。会议的主要内容是：

（1）批准 2017 年 4 季度资产报废处置方案；

（2）批准公司控股子公司马钢（合肥）钢铁公司冶炼区域资产处置方案；

（3）批准公司开展金融衍生品套期保值业务；

（4）批准公司关于 2017 年底资产减值处置的议案；

（5）批准公司 2018 年生产经营计划；

（6）批准公司 2018 年资金计划；

（7）批准公司 2018 年投资方案；

（8）批准马钢集团财务有限公司 2018 年理财产品投资业务经营计划；

（9）批准二铁总厂 1 号高炉大修工程项目立项及投资概算；

（10）批准“十三五”长材系列技改工程配套信息化项目立项及投资概算；

（11）批准一钢轧总厂转炉三次除尘系统工程项目立项及投资概算；

（12）批准轮轴事业部车轮热处理系统改造工程项目立项及投资概算；

（13）批准马钢轨道交通装备有限公司智能化升级项目立项及投资概算；

（14）批准设立马鞍山冶金动力科技信息有限公司；

（15）同意安徽临涣化工有限公司将生产设备、厂房及其附属土地使用权、其他附属设施出租给临涣焦化股份有限公司；

（16）批准马鞍山马钢废钢有限责任公司等 6 家子公司对其章程修改；

（17）听取董事、总经理钱海帆关于公司 2017 年生产经营情况的汇报；

（18）听取安管部关于公司 2017 年安全生产工作情况及 2018 年主要工作计划的汇报；

（19）同意高海潮先生辞去公司常务副总经理、总工程师职务；

（20）批准关于 2017 年四季度存货跌价准备变动、坏账准备变动和固定资产处置的议案；

（21）批准关于会计政策变更的议案；

（22）通过公司 2017 年经审计财务报告；

（23）通过公司 2017 年利润分配预案；

（24）通过董事会 2017 年工作报告；

（25）同意支付安永华明会计师事务所（特殊普通合伙）年度审计费及中期执行商定程序费；

（26）建议股东大会续聘安永华明会计师事务所（特殊普通合伙）为本公司 2018 年度审计师并授权董事会决定其酬金；

（27）批准相关董事、高级管理人员 2017 年薪酬；

（28）通过公司 2017 年度报告全文及年度报告摘要；

（29）批准公司 2017 年度内控评价报告，并授权董事长签署；

（30）批准公司 2017 年度社会责任报告，并授权董事长签署；

（31）通过《公司章程》及其附件《董事会议事规则》修改方案；

（32）批准新修订的《公司总经理工作细则》；

（33）批准新修订的《公司财务、会计内控制度》；

（34）批准公司 2018 年化解钢铁过剩产能工作计划；

（35）同意 2017 年度在《矿石购销协议》项下的关联交易；

（36）同意 2017 年度在《持续关联交易协议》项下的关联交易；

（37）同意 2017 年度在《节能环保协议》项下的关联交易；

（38）同意 2017 年度在《金融服务协议》项下的关联交易；

（39）同意 2017 年度在《后勤综合服务协议》项下的关联交易；

（40）同意调整马钢（香港）有限公司等子公司部分委派人员；

（41）批准安徽马钢嘉华新型建材有限公司增设监事会，并委派人员；

（42）批准投资设立马钢（武汉）材料技术有限公司；

（43）批准投资设立马钢（东北）钢材销售有限公司；

（44）同意开展设立马钢成都加工中心的工作；

（45）听取审核委员会对会计师事务所年度审计工作的总结报告；

（46）听取 2017 年董事会战略发展委员会履职情况报告；

（47）听取 2017 年董事会审核（审计）委员会履职情况报告；

(48)听取2017年董事会提名委员会履职情况报告;

(49)听取2017年董事会薪酬委员会履职情况报告;

(50)听取企管部关于公司2017年内控情况的汇报、关于2018年公司领导班子经营业绩评价标准的汇报;

(51)听取市场部2017年期货套保工作总结与2018年计划;

(52)听取瓦顿公司2017年情况汇报及改善计划;

(53)同意委派马钢化工能源科技有限公司人员;

(54)同意委派安徽长江钢铁股份有限公司人员;

(55)批准公司参股设立马钢(上海)商业保理有限公司;

(56)批准全资子公司马钢(香港)有限公司参股设立马钢(上海)融资租赁有限公司;

(57)批准公司购买安徽马钢自动化信息技术有限公司和马鞍山马钢表面工程技术有限公司房产;

(58)批准公司转让土地暨安徽马钢嘉华新型建材有限公司购买土地的议案;

(59)批准公司机关机构改革及人力资源优化方案;

(60)批准公司2018年一季度未经审计财务报告;

(61)批准公司2018年一季度报告;

(62)聘任董事会秘书,委任联席公司秘书;

(63)批准公司向马钢(集团)控股有限公司全资子公司安徽马钢汽车运输服务有限公司出售资产;

(64)批准成立独立董事委员会,对公司2018年须提请独立股东批准的关联交易进行审核;

(65)聘请财务顾问、独立财务顾问、关联交易价格专项顾问、境内法律顾问、境外法律顾问,协助公司完成2018年须提请独立股东批准的关联交易的相关工作;

(66)批准关于修改马钢集团财务有限公司《公司章程》的议案;

(67)同意调整安徽马钢和菱实业有限公司等子公司部分委派人员;

(68)听取企管部关于公司2018年一季度关联交易情况、内控情况的汇报;

(69)听取计财部关于2017年投资方案执行情况的汇报;

(70)听取瓦顿公司2018年一季度运营改善情况汇报;

(71)同意公司在银行间市场注册及发行总额不超过78亿元人民币短期融资券;

(72)批准公司2017年年度股东大会议程;

(73)同意调整安徽长江钢铁股份有限公司等子公司部分委派人员;

(74)同意公司发行H股可转换公司债券;

(75)同意提请公司股东大会授权董事会并由董事会转授权公司董事长,全权办理与本次发行H股可转换公司债券有关的事宜;

(76)批准特钢公司新建大方坯连铸机及配套改造工程项目立项及投资概算;

(77)批准长江钢铁股份有限公司新建16.5×10^4立方米高炉气柜项目立项及投资概算;

(78)批准安徽马钢化工能源科技有限公司改变出资方式;

(79)批准将煤焦化公司部分设备资产出售给化工能源公司;

(80)批准公司与常州润和房地产开发有限公司签署《实物抵债协议补充协议》;

(81)同意调整马钢(长春)钢材销售有限公司等子公司部分委派人员;

(82)批准广州马钢钢材销售有限公司、马钢(重庆)钢材销售有限公司清算财产分配方案及清偿顺序;

(83)批准变更公司在香港联交所电子呈交系统第二位授权人士;

(84)同意公司将全资子公司马鞍山马钢废钢有限责任公司55%股权转让给公司控股股东马钢(集团)控股有限公司;

(85)同意公司全资子公司安徽马钢化工能源科技有限公司进行增资,公司放弃对本次增资的优先认购权;

(86)同意公司控股子公司安徽马钢嘉华新型建材有限公司进行增资,公司放弃对本次增资的优先认购权;

(87)同意公司与马钢集团签署《持续关联交易补充协议》;

(88)同意公司与马钢集团控股子公司安徽欣创节能环保科技股份有限公司签署《节能环保补充协议》;

(89)同意公司与马钢集团签署2019—2021年《持续关联交易协议》;

(90)同意公司与欣创环保签署2019—2021年《节能环保协议》;

（91）同意公司与马钢集团签署2019—2021年《矿石购销协议》；

（92）同意公司控股子公司马钢集团财务有限公司与马钢集团签署2019—2021年《金融服务协议》；

（93）同意公司与废钢公司签署2019—2021年《持续关联交易协议》；

（94）同意公司与化工公司签署2019—2021年《持续关联交易协议》；

（95）同意公司与嘉华公司签署2019—2021年《持续关联交易协议》；

（96）批准新修订的《公司关联交易内部控制办法》；

（97）批准关于马钢（武汉）材料技术有限公司股权变化的议案；

（98）批准关于收购四川银讯阪和汽车部件有限公司股权的议案；

（99）批准公司参股子公司一重集团马鞍山重工有限公司资产处置方案；

（100）同意公司参股子公司上海大宗钢铁电子交易有限公司进行清算；

（101）同意调整盛隆化工有限公司等子公司委派人员；

（102）批准关于存货跌价准备变动、坏账准备变动的议案；

（103）批准关于会计政策变更的议案；

（104）批准公司2018年未经审计半年度财务报告、半年度报告全文及摘要；

（105）通过公司2018年中期利润分配预案；

（106）同意授权公司董事长在7000万欧元额度内，对全资子公司马钢瓦顿股份有限公司分次增资；

（107）批准炼焦总厂新建筒仓项目立项及投资概算；

（108）批准炼焦总厂7号、8号焦炉烟气脱硫脱硝项目立项及投资概算；

（109）批准能控中心1号制氢站更新改造工程项目立项及投资概算；

（110）批准能控中心北区鼓风机站2号、3号风机新增鼓风脱湿系统工程项目立项及投资概算；

（111）批准马钢原料场环保升级及智能化改造工程项目立项及投资概算；

（112）批准长江钢铁股份有限公司1号高炉改造（结合高炉中修）项目立项及投资概算；

（113）批准公司将持有的马鞍山马钢考克利尔国际培训中心有限公司50%的股权出售给飞马智科信息技术股份有限公司；

（114）听取董事、总经理钱海帆关于2018年上半年生产经营情况的汇报；

（115）听取计财部关于2018年上半年关联交易情况的汇报；

（116）听取运改部关于2018年上半年内控情况的汇报；

（117）听取市场部关于2018年上半年期货套期保值工作情况的汇报；

（118）听取安管部关于2018年上半年安全生产工作情况的汇报；

（119）取消公司2018年第一次临时股东大会、第一次A股类别股东大会、第一次H股类别股东大会；

（120）批准公司2018年第二次临时股东大会议程；

（121）批准公司2018年第三季度未经审计财务报告；

（122）批准公司2018年第三季度报告；

（123）批准节能减排CCPP综合利用发电工程项目立项及投资概算；

（124）同意调整马钢集团财务有限公司委派人员；

（125）同意《临涣焦化股份有限公司吸收合并安徽临涣化工有限责任公司重组方案》，并委派人员；

（126）批准马钢高端汽车和轨道交通零部件线棒材深加工项目（线材二期、棒材一期）立项及投资概算；

（127）批准马钢合肥公司环保搬迁项目-炼焦总厂焦炉系统工程项目立项及投资概算；

（128）批准炼焦总厂集装箱运输智能化环保改造工程项目立项及投资概算；

（129）批准能控中心一硅钢废水处理站提标改造工程项目立项及投资概算；

（130）批准关于一重集团马鞍山重工有限公司资产降价挂牌出售的议案；

（131）批准关于贯彻落实《上市公司治理准则》（2018年）的议案；

（132）同意调整马钢轨道交通装备有限公司等子公司委派人员；

（133）批准新修订的《马鞍山钢铁股份有限公司信息披露管理办法》；

（134）批准公司与马钢（集团）控股有限公司（“集

团公司”)之间2019年《后勤综合服务协议》;

(135)批准关于2018年度资产报废处置的议案。

2.2018年董事会专门委员会工作情况:

(1)战略发展委员会。战略发展委员会共召开1次会议,会议主要内容是:听取关于公司2017年战略执行情况的汇报;审议通过《马鞍山钢铁股份有限公司董事会战略发展委员会2017年履职情况报告》。

(2)审核(审计)委员会。审核(审计)委员会共召开6次会议,主要工作如下:

1)与公司管理层和财务部门讨论公司未经审计的2017年财务会计报表,就有关问题进行了解和沟通,同意提交公司外聘会计师事务所审计,同时与外聘会计师事务所讨论年度审计的工作时间安排。

2)批准关于会计政策变更的议案。

3)审阅公司2017年经审计的财务报告,与公司审计部门及外聘会计师事务所就2017年经审计的财务报告及有关问题进行讨论和沟通,认为公司在所有重大方面均遵循了《企业会计准则》的要求,并进行了充分的披露,不存在重大疏漏。

4)通过公司2017年利润分配预案。

5)经审议,认为2017年度《矿石购销协议》项下的持续关联交易为本公司与马钢(集团)控股有限公司(“集团公司”)按照一般商业条款规定及按市场价格为定价标准的交易,符合本公司及股东的最佳利益,2017年度采购矿石的总金额未超过该协议规定的上限人民币4873170000元;2017年度马钢集团财务有限公司与集团公司之间发生的《金融服务协议》项下的持续关联交易按一般商业条款进行,符合本公司及股东的整体利益,并且未超过列明的上限,即最高日贷款余额不超过人民币5亿元,利息、手续费及服务费不高于人民币6000万元;其他日常关联交易均为本公司与集团公司在日常业务过程中进行的交易,与一般商业条款比较,其条款对本公司至少同样有利,报告期该等交易按照相关协议条款进行,且未超过列明的上限。

6)经审议,认为公司对外担保情况合法合规。截至2017年12月31日,公司为全资子公司马钢瓦顿股份有限公司提供担保欧元42百万元,折合人民币约3.28亿元;为全资子公司马钢(香港)有限公司提供贸易融资授信担保人民币30亿元。此外,公司的控股子公司安徽长江钢铁股份有限公司为其全资子公司提供担保合计人民币1.5亿元。

7)通过公司2017年度内部控制评价报告。

8)通过外聘会计师事务所2017年度公司审计工作的总结报告。

9)同意支付安永华明会计师事务所(特殊普通合伙)2017年度报酬共计人民币538.5万元,包括年度审计费人民币480万元(含内控审计费人民币60万元)和中期财务报告执行商定程序费人民币58.5万元。按照惯例,审计人员在公司工作期间的食宿费全部由公司承担。

10)同意续聘安永华明会计师事务所(特殊普通合伙)为本公司2018年度审计师。

11)通过《马鞍山钢铁股份有限公司董事会审核(审计)委员会2017年履职情况报告》。

12)审阅了公司2018年第一季度未经审计的财务报告,认为公司在所有重大方面均遵循了《企业会计准则》的要求,并进行了充分的披露,不存在重大疏漏。

13)审阅了公司2018年半年度未经审计的财务报告,认为公司在所有重大方面均遵循了《企业会计准则》的要求,并进行了充分的披露,不存在重大疏漏。

14)同意公司2018年中期利润分配方案的建议。

15)审阅了公司2018年第三季度未经审计的财务报告,认为公司在所有重大方面均遵循了《企业会计准则》的要求,并进行了充分的披露,不存在重大疏漏。

16)讨论公司外聘会计师事务所2018年年度审计计划书。

此外,委员会还定期听取公司关于内控相关工作的汇报,并就内控审计中发现的问题督促公司改进。

(3)提名委员会。提名委员会共召开2次会议,会议主要内容是:

1)审议《马鞍山钢铁股份有限公司董事会提名委员会2017年履职情况报告》。

2)对公司董事会秘书人选进行审查,认为何红云女士符合任职资格,建议董事会予以聘任。

(4)薪酬委员会。薪酬委员会共召开1次会议,会议主要内容是:

1)对在公司领取薪酬的执行董事、高级管理人员2017年经营业绩进行了考核,并按本人岗位绩效评价结果及实际任职月数测算薪酬。

2)通过《马鞍山钢铁股份有限公司董事会薪酬委员会2017年履职情况报告》。

3. 董事会对股东大会决议的执行情况:

(1)根据股东大会授权,决定了安永华明会计师事务所(特殊普通合伙)进行2017年度财务报告审计、财务报告相关内部控制审计及执行中期商定程序的酬金。

(2)按照股东大会决议,完成了 2017 年末期利润分配工作和 2018 年中期利润分配工作,完成了废钢公司股权转让工作、嘉华公司和化工公司增资工作。

(3)根据股东大会决议,发行了人民币 10 亿元的短期融资券,兑付 2015 年度第一期、第二期共计人民币 40 亿元的中期票据,兑付 2017 年度第一期、第二期共计人民币 30 亿元的短期融资券。

公司运作遵守相关国家法律、法规、规章及规范性文件,决策规范、合理,生产经营正常运营。

【董事会秘书室工作】 2018 年,董事会秘书室在公司领导下,为公司规范运作做了大量工作,并通过加强与证券监管机构、证券中介机构的沟通,以及对投资者的服务,努力维护公司在资本市场的形象。

具体工作主要是:

1. 股东大会及董事会工作。共筹备或承办 2 次股东大会及 14 次董事会会议、1 次董事会战略发展委员会会议、6 次董事会审核(审计)委员会会议、2 次董事会提名委员会会议、1 次董事会薪酬委员会会议,准备相关会议文件,做好与会务有关的组织、记录等各项工作,及时对董事会所决定的事项拟文、行文,并且按规定作必要的公告。在相关部门的配合下,向独立董事提供公司生产经营情况,汇报监管机构最新监管要求,为其履职提供便利。

2. 信息披露工作。就公司重大事项在境内外共起草或发布通函 3 份、公告 55 份,信息披露工作做到了及时、准确和完整。编制及披露 2017 年年度报告、2017 年年度社会责任报告、2018 年半年度报告及 2018 年第一季度、第三季度报告,圆满完成了公司定期报告的相关披露工作。

3. 规范运作工作:

(1)根据《公司法》及其他有关规定或有关机构要求,结合公司情况,起草了《公司章程》及其附件《董事会议事规则》修改方案,方案于 2018 年 3 月 20 日获董事会审议通过,于 2018 年 6 月 28 日获股东大会审议批准。

(2)根据相关规定,结合公司情况,起草了《总经理工作细则修改方案》,方案于 2018 年 3 月 20 日获董事会审议批准。

(3)根据证监会的要求及上交所《上市公司环境信息披露指引》的规定,起草了《公司信息披露管理办法》修改方案,方案于 2018 年 11 月 21 日获董事会审议批准。

4. 关联交易工作:

(1)2016—2018 年《矿石购销协议》《持续关联交易协议》和《节能环保协议》于 2018 年年底到期,且《持续关联交易协议》和《节能环保协议》2018 年交易上限不足;2018 年《后勤综合服务协议》和《金融服务协议》也将于年底到期,《金融服务协议》交易上限多年以来严重不足,财务公司发展严重受限。同时,根据集团公司做强钢铁主业,进行钢铁产业链延伸,发展战略性新兴产业的战略布局,需要将废钢公司、嘉华建材、化工公司三家子公司的控制权由股份公司提升到集团公司层面。为此,公司从 2018 年初开始布局全年关联交易工作,4 月正式启动,包括《废钢公司股权转让协议》《矿石购销协议》和《金融服务协议》在内的 12 份关联交易协议于 8 月 15 日获董事会审议通过,于 11 月 21 日在公司 2018 年第二次临时股东大会上全部获得独立股东批准,其中《金融服务协议》因境外股东的不理解和国际著名机构投资者服务公司的负面评价,难度非常大,经过各方共同努力,《金融服务协议》最终以 53.84%的赞成率艰难过会。本次关联交易工作从策划到独立股东批准,共历时 10 个月。

本次关联交易工作中,董秘室除了配合计财部梳理关联交易情况和相关尽职调查以外,还负责编制关联交易工作进度表、监控整个工作进度;负责组织联络财务顾问、独立财务顾问、境内法律顾问、境外法律顾问及股东调查公司等中介机构;负责组织协调中介机构起草、修改协议、通函、财务顾问报告、独立财务顾问报告,香港联交所对通函、独立财务顾问的审核及公司独立董事委员会对独立财务顾问报告的审阅、董事会和股东大会对 12 份协议的审议、审批;在各中介机构的支持与配合下,负责组织以董事长丁毅为团长的路演团组,赴英国、美国和香港路演,共举行 18 场会谈,向境外股东介绍了国内经济形势、产业政策和公司生产经营情况、关联交易情况;在各中介机构的支持与配合下,负责联络并向境内大的机构投资者介绍产业政策和公司生产经营情况、关联交易情况,争取该等投资者的支持与理解。该等协议的顺利过会,为集团公司落实“十三五”规划,做强做精钢铁主业,实现延伸产业链和发展战略性新兴产业打下必不可少基础。

(2)其他。会同管理创新部、投资部妥善处理集团公司与股份公司及其他相关方组建马钢保理公司、马钢融资租赁公司涉及的一次性关联交易;先后配合管理创新部、计财部做好公司关联交易的日常管理。

5. 投资者关系管理工作:

(1)2018 年,组织公司 2017 年度业绩推介会,来自花旗银行、美林证券、汇丰控股等国际投资机构共约50位投资者参会。

(2)2018年,组织境外路演两次:第一次香港路演,先后拜访了国际投资机构美林证券和摩根大通,与其及其客户惠灵顿投资、贝莱德资产、TT国际等20多位投资者进行现场会谈,并与其客户POLUNIN、POINT 72、GAM等40多位投资者举行了两场电话会议。第二次英国、美国和香港关联交易路演,举行18场会谈,拜访或以电话会议形式与TT国际、POLUNIN、施罗德等40多位投资者进行沟通和交流。

(3)2018年5月,在计财部、市场部的支持与配合下,参加安徽省上市公司协会联合全景网在"全景·路演天下"互动平台开展的2018年度安徽上市公司投资者集体接待日活动,共有31位投资者提问,答复率100%。

(4)2018年6月,根据公司领导指示,响应上交所"我是股东"活动的倡议,会同国元证券组织公司A股股东走进马钢,公司董事、副总经理张文洋亲自出席,计财部和市场部主要领导陪同,共接待14位股东,就各位股东关注的问题予以回应。

(5)2018年,参加瑞银、摩根大通、花旗银行、华创证券、长江证券及招商证券等策略会9次,举行多场一对一或一对多交流会。

(6)2018年,接待来访的投资机构逾13次,电话会议近20次,通过E互动回答投资者问题超过20人次,并认真负责地回复了一些中小股东来电。协助公司领导做好与中介机构的协调工作,使投资者和市场有关人士对公司有较为客观、公正、全面的认识。

6. 资本市场品牌工作。为落实公司品牌战略规划及2018年品牌工作计划,在公司主要领导的支持及党委工作部、科技管理部、行政事务部等相关部门的配合下,积极申报资本市场各种奖项。公司在资本市场颇获赞誉,所获奖项如下:

序号	奖项名称
1	2017年港股100强—最具投资价值奖
2	2018年度"中国最佳董事会50强"
3	安徽上市公司履行社会责任贡献奖
4	进入2018"金翼奖"港股通公司价值实力排行榜
5	股份公司董事长丁毅获2018"金翼奖"港股通公司卓越人物称号
6	进入"2018年中国上市公司百强排行榜",获"中国百强企业奖"

7. 其他工作。与资本运营部或计财部等一起,做好对外投资及对相关子公司的规范管理工作;与管理创新部或运改部、监察审计部等一起,做好内部控制和风险管理相关的工作。

(徐亚彦)

监事会

【监事会工作】 2018年,监事会在各位股东的大力支持下,以维护和保障股东利益为己任,认真履行《公司法》和《公司章程》所赋予的监督职能,为公司的规范运作和健康发展发挥了应有的推动作用。

1. 监事会会议情况。

(1)2018年,公司监事会共召开了10次会议,在及时全面了解公司生产经营情况和财务状况的基础上,审议通过了公司财务报告和年度报告、社会责任报告及内部控制评价报告等35项议案。审议的所有事项均符合《公司法》及《公司章程》的有关规定,审议程序合法合规。

(2)本年度监事会成员列席了公司2次股东大会、14次董事会议,参与了公司重大决策部署落实过程,及时提示了公司在生产经营、财务管理及内部控制中可能出现的风险与问题,对公司重大经营决策与财务风险管控的研究提出了合理建议,增强了对公司依法经营的监督。

监事会的相关公告信息披露于《上海证券报》及上海证券交易所网站(http/www.sse.com.cn)、香港联合交易所有限公司网站(http/www.hkex.com.hk)上。

2. 依法履职,发表意见。

(1)公司依法运作情况。2018年,监事会对公司运作情况进行了监督,认为:公司能够严格按照国家有关法律、法规的要求依法运作、规范经营;公司决策程序合法有效,董事会运作规范、决策合理,认真执行了股东大会的各项决议；公司董事、总经理及其他高级管理人员恪尽职守、勤勉尽责，未发现有违反法律、法规、《公司章程》或损害公司及股东利益的行为。

（2）检查公司财务情况。监事会对报告期内的公司财务体系和财务状况进行了检查，认为：本年度公司财务制度健全，资产处置合理，财务运作规范，未发现有违规违纪问题。安永华明会计师事务所（特殊普通合伙）出具的标准无保留意见审计报告真实、客观地反映了公司的财务状况和经营成果。公司定期报告的编制和审议程序合法、合规，不存在虚假记载、误导性陈述或者重大遗漏。

（3）公司重大事项情况。报告期内，监事会对公司重大投资、资产处置、关联交易等事项进行了监督和核查，未发现公司实施的重大经营事项存在违反法定审批程序、交易定价不合理等情况，符合公司发展的实际需要，决策程序合法合规，未发现损害公司与股东利益的行为。

（4）内部控制评价报告。2018 年，按照企业内部控制规范体系的规定，监事会对董事会建立和实施内部控制进行了监督。监事会认为：公司已按照企业内部控制规范体系和相关规定的要求，建立了较为完善的内控制度，在所有重大方面保持了有效的财务报告内部控制，并能得到有效执行。公司的内部控制评价报告真实、客观地反映了公司内部控制制度的建设和运行情况，不存在虚假记载或误导性陈述。

（5）风险监督评价报告。报告期内，公司从教育、制度、监督、预防、惩处等方面入手，加强公司治理和内部控制，规范各级管理人员经营行为，防治舞弊风险，为维护公司利益、股东和员工合法权益，促进公司持续稳定健康发展做出了积极贡献。

（6）反舞弊情况报告。报告期内，公司风险管理工作做了大量富有成效的工作，共筛选了 435 个风险点，其中重要风险 176 个、一般风险 259 个；针对战略风险、财务风险、市场风险和运营风险、法律风险、环保风险等采取控制措施得当，各项风险处于受控状态，为公司取得较好收益起到了一定的保障作用。

（7）信息披露情况。报告期内，监事会定期检查公司内幕信息知情人档案，对重大事项信息披露情况进行监督。监事会认为：公司严格按照内幕信息管理制度的要求，做好内幕信息管理以及内幕信息知情人登记、报备工作，能够如实、完整地记录内幕信息在公开前的报告、传递、编制、审核、披露等各环节内幕信息知情人名单，未发现有内幕信息知情人利用内幕信息进行股票交易的情况，未发生监管部门要求查处、整改的情况。

【监事会秘书室工作】 2018 年，根据监事会工作部署，为公司监事能更好地履行工作职责做好相关的服务工作。

1. 监事会会务工作。共筹备召开 10 次监事会议，准备相关会议资料，做好会议记录和纪要的整理归档，并为会议决定事项拟文、行文。

2. 协助做好信息披露和股东大会、董事会及监事会各项决议执行情况的督办工作。

3. 为方便监事更好地履职尽责，在相关部门的配合下，及时向独立监事提供公司生产经营情况，汇报监管机构最新监管要求，为其履职提供便利。

4. 组织协调工作。一是做好监事会与证监会、国资委、上交所、联交所以及公司有关部门的沟通协调工作，建立信息渠道，发挥桥梁纽带作用。二是受理公司股东的来信来访，及时向监事会汇报。

5. 调查研究工作。调查监事会各项计划的执行情况，对监事会提出的相关专题进行调研，并提出相应的调研报告，供监事会和公司领导决策参考。

6. 关注和了解公司治理方面的问题，及时向监事会反馈情况，协助监事会加强监督。

（沐韵琴）

·股份公司机关部门·

运营改善部

【机构改革】 2018 年，马钢集团公司实施了集团公司机关、股份公司机关机构改革及人力资源优化。运营改善部为新设部门。部门成立后，紧盯股份公司发展战略及重点工作，逐层分解细化各项 KPI 和专项工作指标，加速提升管理体系创新竞争力，加速提升过程控制和持续改进能力，加速提升管理体系运行效率和有效性，提升综合管理水平和风险管控能力，营造品质卓越、客户至上的质量文化氛围，打造产品和服务的行业领先品牌，为公司生产经营高质量发展做好支撑。

【体系建设】 参照《企业标准体系要求》（GB/T 15496—2017），贯穿卓越绩效理念，基于 ISO 9001—2015 高阶结构、过程方法和 PDAC 循环，融合体系方法，实现从碎片化向体系化转变，从零敲碎打向整体谋划转变;与先进企业对标,结合公司实际情况,对公司所有管理经营过程进行系统梳理、识别,完成总体结构设计,在流程、风险、监测(分析)等方面进行创新,继续完善公司相关方管理、采购及供应链管理、风险控制、知识管理、内部审核等方面的建设,提高管理体系运行有效性和效率;按照"统一管理,共同实施"要求,强化管理体系建设的统筹规划和顶层设计,避免多头管理和重复评价,维护公司体系管理的规范性、统一性和权威性。

【管理创新】 一是细化流程设计。在新版《组织机构及职责分工管理程序》中,新增了"生产过程控制模块"的"产品放行管理(检验和试验)"业务流程13项,监视测量与信息化管理模块的"监视测量管理"业务流程29项;产品设计开发模块的"过程设计和开发""产品和过程确认""设计更改""转产和项目交接"等业务流程17项;新增了风险与应急管理过程,明确了"战略、市场、舆情、安全、环保等预警与应急管理"的职责分工。二是强化风险意识。首次将"风险控制"纳入新修订的所有管理标准中,在7月以后修订发布的所有管理标准均对"风险点"进行识别并提出应对措施,明确主责单位。把风险管理贯穿管理标准设计中,提升风险管理的系统性和有效性;如《客服运行管理办法》中识别"顾客抱怨的处理不及时""抱怨整改验证无效果"2个重要风险点并制定了对策。

【风险防控】 一是基于流程优化,开展风险评估。一方面以季度为频次开展经常性风险排查,覆盖股份公司26家单位,梳理风险点447个,对于其中重要风险185个,明确主责单位、制订应对措施。扩充季度内控工作报告内容,结合当前工作情况,增加了经营风险管控、财务风险管控等工作内容。二是注重源头设计,对管理标准新增规范化的风控要求。2018年新制(修)订的管理标准均按照"一图、一点、一指表"(即流程图、风险点、绩效指标)的原则进行编写,已发布的94份管理标准中,共识别风险点109项。三是坚持全面监控,重点把控公司两端市场风险。2018年11月对马钢销售及采购相关业务流程开展了内部管控专项穿行测试,制订专项穿行测试行动计划,涉及22个业务流程,共发现缺陷12项,其中重要缺陷9项。

【绩效管理】 一是建立承接战略目标落地的综合指标体系和过程指标体系,实现"目标指标化、指标数据化、管理模式化"。一方面发挥目标计划值在绩效管理导向上的作用,引导工作思路跟随公司转变。绩效管理从年初方案制定就紧紧围绕公司战略,精心设计指标、精细测算偏差,精益过程评价,绩效管理每月跟踪35项核心计划准确率,将异常监控和纠偏降偏融入每月工作中,与各计划编制部门紧密联系。另一方面针对关键经营要素,建立分析模型,分析盈亏促使对症下药。以年度预算为参照,结合公司经营计划,逐月跟踪各项关键因素、指标绩效情况,通过统计分析,尝试建立分析模型,使公司各项生产经营过程效益通过关键指标绩效得以体现,并使预算、计划、实际通过生产经营情况分布图形象展现,各项指标的月度经营计划值,分析计划与实际偏差的原因一目了然。二是牵头"包、保、核"工作,按照保障行动计划,跟踪节点进展保障落实。组织各单位按照年度计划和目标,对绩效指标进行了分解并制订行动计划,对需要公司协调解决的保障问题,提交问题清单。分片召开"铁前""钢轧""经营""能源""研发""包、保、核"专题会,制定保障措施,明确牵头单位。发布年度"包、保、核"工作行动计划,明确完成时间节点以推动"保障"工作落实,确保年度各项指标任务完成。

【对标管理】 一是拓展对标的深度,确保对标竞争力的有效性。将安管部、工设部两部门作为试点,开展制度对标、流程对标、职能对标,截至年底,已修订管理标准37份;拓展对标业务范围,成立财务经营、人力资源、采购管理、营销管理、节能减排等9个专业化对标小组,对标指标超过245项,较去年增加9项;采用"五力模型"等分析工具应用于竞争力分析报告,使竞争力分析报告的结论分析更加精准、切中要点。二是对标先进不放松,保持持续强有力的竞争力。组织或协调人力资源部、检测中心、采购中心等单位赴湛江钢铁、沙钢、宝钢等先进企业,在机构设置、检测业务、采购流程等方面开展对标,在机构设置、业务流程等方面不断优化,保持机构高效、业务精干。

【两化融合】 2018年股份公司获得两化融合管理体系认证证书以来,公司围绕"不断提升核心竞争力,稳步提升两化融合成熟度"以及"持续打造新型能力,不断优化业务流程,提高管理效率"这两个目标,投资建设了"马钢IPS系统现"实现公司计划集中管控,公司各主要产线的资源平衡和综合计划的优化与控制;以及"马钢QMS系统"以实现从炼钢到成品全过程质量数据归集、在线质量监控、产品和冶金规范管理、在线质量判定、表面缺陷跟踪、全流程工艺质量追溯、质量改进管理等。11月通过"中国两化融合服务平台"进行评估,总得分77.35分,在同行业中高于97.52%的企业。

【技术创新体系建设】 一方面以需求为导向，依托“政产学研用”开放协同的技术创新体系，推进“省院”对接，以项目为载体，加强与高校院所的产学研合作。2018年，马钢主要与北京科技大学、东北大学、钢研科技集团、上海交通大学、西南交通大学等高等院校开展了产学研合作。累计签订119份技术开发(服务)合作合同、科研设备(仪器、材料)采购合同，合同金额5268万元。另一方面认真研究国家“双创”、供给侧改革以及科技创新政策，争取政府政策资源支持。策划申报国家类项目共4项(其中国家重点研发计划项目2项、工信部工业强基工程“一揽子”重点突破方向项目1项、工信部工业转型升级(中国制造2025)项目1项)，策划申报省科技重大专项9项(其中1项已获得立项)。2018年股份公司总计获得政府科技政策支持的到账资金2479.79万元；发挥技术输出创效功能，按照股份公司《技术和管理输出管理办法》要求，规范技术输出管理。2018年签订了12份对外技术输出合同，合同金额300余万元。三措并举有力支撑了公司科研开发和产品升级。截至2018年末，马钢股份公司已拥有1个国家级企业技术中心、1个工信部“工业产品(车轮、H型钢)质量控制和技术评价实验室”以及1个省级工程研究中心(“安徽省高性能建筑用钢工程研究中心”)；重点推进“马钢轮轴创新能力建设工程”项目以及策划申报“安徽省高性能建筑用钢创新中心”项目。

【科研攻关】 以增强自主创新能力为核心，聚焦市场、现场和问题，强化科研项目管理。2018年马钢股份承担国家和省、市级在研科技项目10项，其中国家863项目课题1项、国家973项目1项、国家重点研发项目课题5项、省科技重大专项1个、省对外合作项目1项。马钢承担的863课题“30吨轴重重载列车车轮材料服役行为及关键设计、制备技术”已于2018年6月3日通过科技部组织的结题验收。

【新产品开发】 APQP项目组重点围绕新产品开发，开展56项新产品开发项目，转产新产品36个，较2017年有较大幅度提升，其中“轨道交通高速车轴用钢EA4T产品”“800MPa级热镀锌双相钢”“M35W300D高磁感无取向硅钢”“超-超临界高压锅炉管用P91连铸圆坯”“重载列车用AAR-BM车轮”5个产品评为省级新产品。2018年累计开发新产品67.07万吨，完成年度计划的221.36%。

【EVI和APQP项目管理】 按照卓越绩效模式“方法-展开-学习-整合”的思路，全面深化和拓展EVI+APQP管理模式。顺应市场发展要求，新增“新能源汽车用钢”“CSP流程”“环保治理”3个APQP小组；进一步深入推进EVI技术服务工作，围绕汽车、发电机制造等领域开展EVI服务，其中“吉利汽车FE、NL平台新车型零部件认证”及“东风神龙、商用车、股份、柳汽新车型设计及材料认证技术服务”项目成果显著；全年共开展19项EVI项目，6个项目于2018年5月通过结题验收，新增销售订单33.24万吨，销售净利润1.2亿元。

【技术标准管理】 强化技术标准管理，积极组织推进国际标准、国家标准和行业标准的制订项目。由股份公司主持修订的ISO 5948:2018国际标准于2018年11月已获批准，目前处于出版阶段；主持制/修订的6项国家行业标准已正式发布；参与修订的TB/T 2819—2018、TB/T 1400.2—2018两项铁路行业标准已正式发布；11项行业标准获批立项。此外，马钢首次作为《国家职业技能标准》修订轧钢组组长单位，牵头开展了《国家职业技能标准　金属轧制工》和《国家职业技能标准　金属材料热处理工》两项标准修订工作。

【知识产权管理】 一方面科学布局，提升产品竞争力。把知识产权与企业产业结构调整、技术开发、市场营销紧密结合，构建了多个专利池，以保护公司技术和产品。轮轴领域专利池授权专利21件，环保领域专利池授权专利19件。对接目标市场，积极布局国际专利申请，在轮轴方面，3件贝氏体车轮方面国际专利申请将进入澳大利亚、美国、德国、巴西、捷克、乌克兰、意大利、日本、俄罗斯等国家，以获得目标市场的竞争优势。另一方面运用专利，减少成本降风险。围绕马钢产品结构，积极推进重点产品、重点市场专利分析和预警工作，有效降低产品销售和市场开拓过程的侵权风险。供株洲机车公司参展德国的车轮，在参展前进行了专利侵权预警分析，避免因侵犯知识产权被搜查、扣押、撤展等给公司国际形象和市场营销带来的损害。全年受理专利311件，其中发明专利178件；授权专利220件，其中发明专利50件，比2017年度增加30项。

【科技成果管理】 强化科技成果培育与管理，建立“科研攻关-知识产权-科技成果”的培育孵化机制，在科研项目立项时同步设定知识产权和科技成果目标。2018年5个项目获冶金行业科学技术奖、安徽省科技进步奖，其中“马钢高速车轮制造技术创新”获冶金行业科学技术奖一等奖，“高低温韧性热轧H型钢关键制造技术研究”获安徽省科技进步奖一等奖。

“40—45t 轴重重载矿运列车用 AAR-CM 车轮”成功申报省首台(套)重大技术装备,“高寒地区结构用热轧 H 型钢开发与市场开拓”获 2018 年度中国钢铁工业产品开发市场开拓奖。

【质量管理体系及产品认证】　一是质量管理体系运行有效,股份公司体系和产品认证证书保持率 100%。全年共策划组织体系认证、产品认证、顾客二方审核、创奖创优等外部、内部审核共计 61 次,较上年同期增加 18 次,同比增加 42%。顺利通过 IATF 16949 质量管理体系、ISO 9001 等四标一体化年度监督审核以及 ISO 22163:2017(原 IRIS)质量管理体系的换版审核。完成标动、客车、货车、机车车轮 CRCC 产品认证以及出口车轮产品 AAR M-1003 质量管理体系年度监督审核。

二是积极应对市场变化,开展各类认证工作。车轮产品完成了 6 种规格车轮的 TSI 认证;H 型钢产品通过了出口日本 JIS 认证换证复评审核,通过了法国船级社认证和中国船级社工厂认可定期审核,并继 Yamal(亚马尔)项目之后,通过了俄罗斯阿穆尔天然气处理厂项目(AGPP)业主单位和总包方的联合二方审核;酸洗板带产品通过了 TUV 汉德认证公司的欧盟 PED 监督审核;汽车板产品先后通过上汽大众、一汽集团、吉利汽车、众泰汽车、观致汽车等多家汽车主机厂的二方审核,其中马钢镀锌 CR340LA 汽车板获得通用汽车全球一级工程认证;通过开展产品认证,提升了公司企业和产品品牌形象,支撑了销售单元拓展国内外市场,扩大了公司产品市场份额,提高了公司产品的市场竞争力;同时实现与下游客户(经销商和用户)实现了共赢。

三是加强质量源头管控,健全供应商准入和退出机制,策划、组织实施供应商二方审核。全年对 49 家供应商实施了现场二方审核,通过规范准入,优化供应商二方审核方式,实现对供应商质量管理体系能力进行成熟度评价,将公司采购要求传递给了供应商家,促进供应商质量管理水平的提升(其中 A 类合金产品供应商的质量合格率由 2017 年同期 98.21%提高到目前的 98.58%)。

四是围绕“加速提升创新竞争力”工作主题,2018 年,股份公司各单位以问题为导向,广泛开展 QC 小组工作。全年共注册登记了 484 篇 QC 活动课题,钢轧、铁前公辅系统分别占比 44%、56%,坚持活动的 QC 小组数 455 个,成果率达 94%,创造经济效益约 9400 万元。公司推荐优秀 QC 小组成果参加全国、行业、省、市各项优秀质量管理小组评选活动和成果发表比赛,共获得各级 QC 成果奖 39 项,其中国家级奖项 1 项、省级奖项 5 项、行业奖项 27 项、市级奖项 6 项,其中轮轴事业部金刚钻 QC 小组被评为“全国优秀质量管理小组”。

【品牌建设】　紧扣“提升创新竞争力”的品牌定位,围绕打造“1345”品牌建设工程,侧重企业整体品牌,做精做优钢铁品牌,突出产品品牌,持续构建并完善股份公司品牌培育管理体系,完成《马钢股份有限公司品牌培育管理手册》和相关程序文件的编制。组织品牌建设工作研讨,促进了基层各单位之间品牌建设工作经验交流与分享。通过召开技术服务年会和客户大会,参加各类行业展会及技术交流、第六届全国品牌故事大赛,承办马鞍山市“质量月”活动启动仪式,组织优质产品参加国家、行业、安徽省名牌、安徽工业精品的推荐参评等全方位、多途径展现马钢精神风貌和企业品牌形象,提升马钢产品的美誉度、知名度。股份公司钢材价格较行业价格高 37 元,其中板材价格较行业价格高 70 元。新增冶金产品实物质量“特优质量奖产品”1 项及“金杯奖产品”5 项、“冶金行业品质卓越产品”2 项。2018 年 5 月,在中国品牌建设促进会组织的品牌价值评价中,经专家评审、技术机构测算、品牌评价发布工作委员会审定,股份公司的品牌强度 888,品牌价值 33.06 亿元。此外,股份公司入选由全球商业新闻领导者《财富》和世界领先的人力资源咨询机构怡安翰威特首次联合发布“2018 中国最佳董事会 50 强”榜单。

(姚　辉)

人力资源部

【规划配置】　1. 人力资源优化。一是总体设计,制定集团公司优化方案。根据《马钢集团化解过剩产能实现脱困发展人员退出分流安置总体方案》和公司“十三五”人力资源规划目标,制定、下发《马钢集团公司 2018 年人力资源优化方案》,确定了 2018 年集团公司人力资源优化总体思路、优化目标和主要措施。2018 年集团公司人力资源优化总体目标:集团公司在岗人数减少 1400 人,至 2018 年末在岗人数控制在 37371 人以内,其中:股份公司在岗人数减少 800 人,2018 年末在岗人数控制在 23265 人以内。统筹策划股份公司人员优化与去产能人员安置工作,引导员工自愿选择离岗政策,及时开展转岗培训,多渠道安置去产能人员。截至2018年12月末,股份公司在岗人员净减少超过800人,完成了年初设计的优化目标。二是参加公司机关改革和人员优化工作。参与制定公司《关于集团公司机关机构改革及人力资源优化的决定》和《关于股份公司机关机构改革及人力资源优化决定》,按照机关改革及人力资源优化总体工作部署,制定下发《集团公司股份公司机关人力资源优化实施方案》,明确了机关人力资源优化的主要思路、原则和相关要求。根据管理职责核定下发了集团、股份管理部室模块(内设机构)和岗位定员,组织开展各管理部室人员聘用工作,征集各分子公司安置岗位,组织机关未聘用人员向分子公司定向安置,确保机关人力资源优化工作平稳有序。三是对标和人力资源规划工作。组织开展产线对标人力资源对标工作。成立了对标工作组,梳理了15家单位58条(个)产线(工序)的装备及2017年年底人员配置情况,对标行业内相关单位产线数据,马钢对标产线人数共5853人,对标企业共5695人,马钢多158人,落后比例为2.7%。开展工序劳动生产率对标工作。分析股份公司人力资源现状和综合劳动生产率的行业排名,得出结论是提升劳动生产率主要依靠减少在岗人员;分析铁、钢、轧三大工序劳动生产率及行业排名,寻找工序劳动生产率低的主要原因,从装备大型化、提升自动化水平、机构精简、提高岗位定员水平、业务外包等方面,提出提高劳动生产率的途径及措施。四是编制股份公司2019—2021年人力资源规划。分析钢铁行业人力资源现状及劳动生产率发展趋势,结合马钢实际,梳理人力资源存在的主要问题,确定未来3年在岗员工总量及劳动生产率提升目标,确定人员结构目标,设计薪酬规划目标。提出实现目标的主要措施。

2. 机构编制定员管理。根据公司有关决定,下达了调整机构设置及编制定员的通知和批复,主要有《关于下发董秘室(监秘室)岗位设置与定员的通知》《关于下发运营改善部内设机构与岗位定员的通知》《关于下发人力资源部内设机构与岗位定员的通知》《关于下发安全生产管理部内设机构与岗位定员的通知》《关于下发计划财务部内设机构与岗位定员的通知》《关于下发市场部内设机构与岗位定员的通知》《关于下发制造部内设机构与岗位定员的通知》《关于下发工程与设备管理部内设机构与岗位定员的通知》《关于调整采购中心、能控中心机构设置与岗位定员的通知》《关于调整二铁总厂岗位定员的通知》《关于特钢公司优棒生产线机构设置与岗位定员的通知》《关于港务原料总厂等单位接收二铁总厂北区职工核增临时定员的道知》《关于热电总厂设立183MVCCPP项目部的批复》《关于下达炼焦总厂机构设置与岗位定员的通知》《关于下达化工能源公司机构设置与岗位定员的通知》。

3. 劳务管理。根据公司预算编制纲要,下发了股份公司2018年生产性劳务费用计划,审核了各单位上报的劳务费用分解计划,完成了合同签订工作。按照劳动合同法及公司劳务管理有关规定,开展了2018年劳务单位资质年审及评价工作。依据相关法律法规,为长材事业部、炼焦总厂劳务人员共52人办理了劳务清退补偿手续,补偿费用共156万元。为防范劳动法律法规风险,启动了顶岗劳务转外包工作。

4. 人力资源信息系统建设。参与集团公司人力资源新系统的建设工作。在集团公司组织下,参与人力资源新信息系统项目建设工作。提出功能需求,开展蓝图设计,参照国家职业大典,完成了集团公司职位体系设计工作。按照项目推进计划完成股份公司各单位人力资源主数据填报与审查、查询报表设计及薪酬发放等工作。

【员工管理】 1. 人力资源优化配套工作。一是完善离岗政策。按照公司相关要求,完善协商一致解除合同政策的修订工作,持续推进编外、保留劳动关系等离岗政策的实施。二是员工离岗政策办理。人力资源优化政策办理窗口期开启后,严格按照政策规定及时办理相关离岗手续,后因业务划拨,配合人力资源服务中心办理相关业务,2018年共办理编外20人,保留劳动关系新办25人、续签94人,协商一致解除劳动合同194人,阶段性办理居家休养359人。

2. 新员工补充。一是高校毕业生招聘。2018年度高校毕业生招聘通过组织多场校园专场招聘和网络招聘,共招聘高校毕业生110人,其中博士2人、研究生38人、本科生70人,补充到技术业务一线岗位。二是操维岗招聘。根据公司新员工补充工作安排,2018年操维岗招聘工作经过笔试、面试及体检等环节,共招聘安冶院等高职院校毕业生448人(其中股份公司340人),补充到操作维护一线岗位,改善一线员工年龄、知识、技能结构。三是人才引进。通过外部人力资源市场,公开选聘引进4名优秀人才服务公司。

3. 人员安置。一是去产能人员安置。2018年完成二铁总厂北区去产能人员安置工作,至6月底,顺利完成全部安置对象539人(含科级管理人员、作业长及技术业务岗)的岗位安置工作;一钢轧总厂板坯、中板线关停产线人员安置工作平稳有序,共安置员工331人。11月底,完成长材北区去产能人员安置工作,共划拨安置71人。二是配合公司完成公司机关机构改革及人力资源优化工作。截至6月底,共完成公司机关811人的划拨调动工作。

4. 员工内部配置。按要求做好员工的日常调动工作。根据公司内部各单位人员配置需要,2018年各单位申请内部调动88人次,根据调配会研究内部调动员工85人次。配合公司相关部门做好人员调动工作。根据公司领导指令及党委工作部等单位的工作需要,配合做好中层管理人员的调动及调整等工作。

5. 全员岗位绩效考核。根据公司全员岗位绩效工作计划安排,组织各单位开展了2018年全员岗位绩效考核,并于2019年1月底汇总整理各单位全年绩效考核结果,督促全员岗位绩效工作的推进,并完成岗位绩效考核过程跟踪和结果的年度验收评估。

6. 员工满意度工作。组织开展了2018年度员工满意度调查工作,从企业文化、沟通协作、薪酬福利、职业发展、职业健康、运营管理等6个维度设计了40个题目,共9660人参加了2018年度员工满意度测评,综合满意度为89.8%,比2017年上升1.9%,员工满意度保持持续上升。

7. 制度建设及其他日常管理。一是劳动纪律管理。配合公司劳动纪律督察组到各单位不定期进行劳动纪律检查,下发检查通报,收集各单位劳动纪律检查报表。二是员工离职办理。按照管理程序,做好各单位自愿离职、进入合资公司及违规违纪解除合同的手续办理工作,2018年共办理自愿离职97人,其中进入合资公司7人,因违规违纪解除合同8人。三是规范技术业务岗聘用管理。制定《技术业务岗位员工聘用管理办法》,进一步加强员工管理,制定了《员工待转岗管理办法》和《员工内部流动管理办法》,根据质量管理体系要求修订了《人力资源管理程序》和《员工手册》等管理文件。

【人才开发与培训】 1. 加强后备人才队伍培养。2018年,聚焦公司人才结构性矛盾,以基层培养为核心,深化新入职大学生“引导式成长”,固化模块化培养,新入职员工通过入职培训、岗位认知培养、岗位能力培养、能力拓展培养、项目引导培养5个模块实施,促进新入职大学生成长与公司人才规划协调发展。2018年,共计112名高校毕业生分配到18个二级单位及部门进行为期18个月的培养。拓展订单式培养。以突出满足公司需要为宗旨,实现培训目标与企业用工需求的无缝对接。2018年,共60多所高等职业院校和高校342名与马钢签订就业协议的毕业生分配到15家单位,到拟从事高端操作维护岗位开展订单式培养。

2. 重点培训实施。一是加强作业长培训。围绕基层工作关系、工作指导、工作改善和工作安全等现场管理重点问题,组织开展四期作业长在职研修,共计174人参加。开展2期后备作业长任职资格培训,共112人参加,加强培训考核,80人获得任职资格。二是以高级技术主管为代表,实施大师讲坛7期,共计354人参加;举办高级研修班两期,共计174人参加。三是加强安全生产培训。为提升外来单位及股份公司相关管理人员安全意识,开展外来单位安全专项培训,约140人参加;开展“煤气工安全技术操作技能培训”,对股份公司340名煤气相关作业人员强化安全技术知识和安全操作技能的培训;举办了股份公司煤气安全管理培训暨六项标准宣贯。

3. 人才队伍建设。根据公司人才工作实际,坚持高端引领策略,关注重点少数,引导人才队伍健康发展。一是积极实施人才引进。2018年引进高校博士毕业生2人,社会化成熟人才2名。二是积极研究使用政策、拓展人才发展通道。积极推荐高层次人才参加政府人才工程和各类专家人选推荐申报。截至2018年10月,1人获安徽省政府特殊津贴,2人当选安徽省战略性新兴产业领军人才,5人当选第三批马鞍山市级大师工作室领办人,2人当选第四届马鞍山市首席技师,2人当选2018年马鞍山市“名师带高徒”活动名师。三是组织选拔职工参加“首钢杯”钢铁行业技能竞赛,强化参赛选手技能提升,取得优秀成绩。

【薪酬管理】 1. 工资总额管理。一是为进一步推动股份公司人力资源优化工作,提高劳动生产率,在《股份公司2017年工资总额管理办法》基础上,编制各单位月度工资总额计划,工资总额包干使用,各单位增人不增资、减人不减资。二是完成股份公司2017年工资总额决算及2018年工资总额预算编制工作。三是下达股份公司各二级单位2018年工资津贴包干基数。四是整理汇总2017年股份公司各单位职工收入情况、工资计划等材料,为统计分析工作提供保障。五是根据去产能人员安置情况,及时调整各单位工资总额,确保人员分流与工资调整同步。六是下发各单位2018年工资总额计划31.53亿元,其中本部24.61亿元,合资公司6.92亿元。七是根据集团公司要求，完成合资公司2018年工资总额统计及分析工作。

2. 薪酬结构调整。根据“调结构、提保障”薪酬调整总体思路以及《2018年职工薪酬调整方案》，及时完成2018年股份公司职工薪酬调整工作，优化职工薪酬结构，提高薪酬保障作用。2018年共对股份公司27155人的年功工资、保留工资及岗位工资单元进行变更审核。

（孙皖峰）

安全生产管理部

【基本情况】 2018年，公司认真贯彻落实国家、省、市有关安全生产工作精神和部署，以重大生产安全事故隐患排查治理为主线，以推进安全生产攻坚行动为重点，以落实安全生产责任为抓手，着力推进外来单位专项治理，加强检维修、建设工程安全管理，规范做好消防、特种设备、职业卫生管理工作，开展安全生产培训教育和宣传；按照公司机关机构改革的要求，对标宝钢制定安全生产管理制度修订推进计划，同时吸取事故教训，加强煤气安全管理，制定了6项煤气管理制度，夯实安全生产管理基础。2018年，无职工工亡、重伤事故，轻伤事故14起，轻伤14人；属地工亡事故4起，工亡5人。

【专项行动】 一是开展重大生产安全事故隐患排查治理专项行动。2018年年初，国家安监总局下发了《关于开展钢铁企业重大生产安全事故隐患排查治理专项行动的通知》，随即省、市安监局先后下发了相关通知，布置此项工作。3月12日，公司制定了《马钢重大生产安全事故隐患排查治理专项行动实施方案》，要求各单位认真贯彻落实通知精神，贯穿全年，分5个阶段精心组织开展重大生产安全事故隐患排查治理和安全大检查，对查出的重大隐患和需淘汰的落后产能、工艺、设备要建立台账，认真进行整改，全面做到隐患整改“五落实”。省安监局组织专家对公司二铁总厂、三铁总厂、一钢轧总厂、特钢公司、能控中心、四钢轧总厂、长材事业部等7家相关单位开展了重大生产安全事故隐患排查治理专项行动验收确认专项督查检查，安全生产管理部下发了检查情况通报。国家应急管理部对马钢重大生产安全事故隐患排查治理工作开展了核验，安全生产管理部下发了通报并对整改情况进行了验证，同时将整改情况上报政府部门。此项工作虽已结束，马钢对金属冶金单位重大事故隐患的排查治理工作将继续开展。

二是开展安全生产攻坚行动。根据政府部门要求，公司制定了《马钢股份公司“安全生产攻坚行动”实施方案》，重点突出重点单位、重点区域、重点单元、重点环节安全隐患排查治理。着重抓好公司高温熔融金属、危险化学品、涉爆粉尘、有限空间及煤气作业、检维修作业、重点建设工程项目和危险检修项目等风险较大作业环境的检查。

三是继续开展外来单位专项治理行动。2018年，公司认真总结2017年外来单位安全专项系统整治经验，分析存在的问题和差距，继续深入扎实地开展专项整治工作。健全完善外来单位安全管理制度和措施，强化外来单位准入管理，加强对外来单位管理人员的安全教育培训，对外来单位管理相关制度进行全面修订，着手固化整治行动成果，建立更为刚性有效的外来单位安全管理机制。

【专项治理】 一是开展厂房钢结构设施受损及腐蚀安全专项检查。为吸取教训，摸清公司厂房屋顶、墙面、钢结构构筑物情况，组织各单位全面排查厂房屋顶、墙面及构筑物受损、腐蚀、锈蚀、脱焊等隐患，对存在的各类隐患进行全面评估、整改，专业管理部门对各单位检查工作开展情况进行了抽查。二是外来单位专项检查。为了进一步加强对外来单位（人员）的安全管理，防止外来单位人员人身伤害事故的发生，根据公司职业健康安全管理体系和安全标准化体系运行的要求，2018年2月8日至12日，公司组织开展了外来单位（人员）安全专项检查。同时对外来单位专项整治工作进行了专项督查。三是根据省、市《关于继续深入开展工贸行业有限空间作业条件确认工作的通知》，为确保有限空间的作业安全，公司组织各单位按照国家相关规定对本单位的有限空间展开全面排查，建立有限空间管理台账，完善有限空间作业管理制度。四是建筑施工安全专项治理。按照政府部门的要求，公司制定了建筑施工安全专项治理实施方案，各单位组织专门力量，集中开展专项治理，严查违法违规行为和事故隐患。各相关专业管理部门结合专项治理工作方案，细化监督检查计划和施工现场检查内容，对重点工程项目实现检查“全覆盖”。五是夏季电缆消防安全专项检查。针对夏季发生电气火灾事故的特点，公司于2018年6月29日至7月6日对公司人员聚焦场所、重点防火单位的电缆隧道、电缆、竖井、电缆夹层、电缆桥架、液压站及电气房所开展消防安全检查,下发检查通报,要求各单位立即整改,公司对整改情况进行了跟踪验证。六是开展季节性防火检查。7月下旬和12月下旬公司领导带队,安全生产管理部、工程与设备管理部、制造部牵头组织专业人员开展上、下半年消防安全大排查大整治活动暨防火安全大检查并下发检查通报,要求各单位按时整改,公司监督整改完成进度,实行“闭环管理”。七是开展安全生产大检查。公司于7月17日至8月3日开展了上半年安全生产大检查,12月19日至29日开展了下半年安全生产大检查,公司领导亲自带队,重点对国家、省市政府各项要求的落实情况、重大危险源的监控管理情况、事故发生后的整改和防范措施的落实情况、重大事故隐患整改完成情况、公司《安全生产禁令》的执行情况以及各项专项行动和日常重要工作的开展情况进行了检查。

【煤气安全专项整治】　为深刻吸取公司“7·17”煤气泄漏事故教训,安全生产管理部会同相关部门并组织专家对炼焦总厂开展了煤气管理诊断式安全专项检查,对检查结果进行了分析、通报并提出改进措施。同时下发了《关于开展煤气系统安全隐患大排查的通知》,会同相关部门开展了煤气安全管理专项检查,对煤气生产、存储、使用单位煤气安全管理情况进行了细致的梳理。针对公司煤气管理存在的问题,公司组成了煤气安全管理制度、标准联合编写组,草拟了《煤气安全管理办法》《煤气通用安全技术规程》《煤气设备设施动火作业管理办法》《煤气设备设施盲板作业管理办法》《煤气设备设施停送气作业管理办法》《煤气设备设施检修作业管理办法》六项煤气安全管理制度和标准,并下发征求意见稿,广泛征求各相关部门及单位意见。为了确保新修订的制度、标准职责明确,流程清晰,编写组对反馈的意见进行了多轮讨论、研究,形成初稿。编写组为了使制度、标准发布后能够严格满足国家法律法规和行业标准要求,还邀请了同行业煤气管理领域和研究单位权威专家进行评审论证,确保制度合规性和符合性。公司邀请专业人员进行宣贯,按照“全覆盖、全通过”的原则组织了两轮(243人参加)培训、三次闭卷(分A—F六套试卷)考试,参加培训的全体人员(包括公司经营层领导)都要求高分通过(80分以上合格),各单位也组织开展培训和考试。安全生产管理部组织相关部门和人员对各单位培训工作开展情况和效果进行检查和考核。

【重点检修建设项目管理】　一是在建工程及检修项目安全专项检查。为深刻吸取事故教训,规范在建工程及检修项目实施过程中的承包、分包行为,强化项目实施全过程安全监管,5月21日至23日,公司开展了在建工程及检修项目安全专项检查。主要对项目发包环节、外来单位及人员准入环节以及施工作业全过程监管环节进行检查。二是重点工程安全监管。为了加强对二铁总厂1号高炉大修工程施工现场的安全监督管理,按照公司1号高炉大修前安全专题会上的布置,公司成立了安全巡查组,每天安排人员对检修现场开展安全巡查工作,及时发现和消除大修过程中的安全隐患,制止习惯性违章行为;同时,还不定期组织人员对其他重点建设项目现场进行巡查工作。在1号高炉大修过程中,首次对参检单位进行过程评价,检修结束后形成评价报告报公司及参检单位(总部)。投产前检查验收。分别对长材事业部、特钢公司、四钢轧总厂、冷轧总厂、二铁总厂1号高炉等项目进行了试生产前安全专项检查,并及时下发通报,责成相关项目部按要求进行整改。

【重点时段安全生产工作】　一是做好灾害天气的应急准备和响应。年初,全省出现大范围持续雨雪冰冻天气,公司制定了应对冰冻雨雪天气安全工作方案,成立了领导小组,明确了相关部门及单位职责,并对各单位应对恶劣天气提出了具体要求,确保了公司生产经营各项工作安全有序开展。7月、8月,马钢经受几次台风的严峻考验,全公司上下严阵以待,积极做好防范工作,保证生产物流、电气设备的安全运行。二是认真做好防暑降温工作。下发了《关于做好2018年防暑降温工作的通知》,并下达了第一批防暑降温费用计划。针对公司机关机构改革、部分产线调整以及人力资源优化,及时下发了《关于下达股份公司第二批防暑降温费用调整计划的通知》,以确保防暑降温工作有序开展。各单位结合具体实际,研究制定了防暑降温工作计划和实施方案,并对防暑降温的设备、设施检查、维护以及饮料、药品的发放进行了认真的安排和落实。三是为了确保春节、“两会”期间、中秋、国庆等安全生产稳定,下发了加强节日期间安全生产工作的通知,公司布置各重点单位负责人24小时值班,加强重点部位的值守安保工作。公司领导亲自带队对公司生产现场及工程建设现场开展安全检查,节日期间管理部门每天对各单位重点作业现场开展巡查,确保节日期间安全生产平稳。

【特种设备管理】　开展压力管道定期检验隐患整改工作。2018年特种设备管理最重要的工作就是开展压力管道检验注册工作。股份公司共有约350公里的压力管道未进行定期检验和注册办证，在工程与设备管理部和安全生产管理部的大力推动下，各单位压力管道的检验工作有序推进，公司完成了250公里的管道检验，还剩余100公里将在2019年上半年完成。组织对各单位特种设备目录进行重新梳理，进一步明确特种设备的监督管理范围；组织开展了特种设备相关作业单位的特种作业资质审查工作。按照2018年特种设备工作计划安排，公司对19家单位开展了特种设备专项检查，对检查出的问题进行了通报。

【职业健康监护】 组织开展二铁总厂4号高炉和3号烧结机工程职业病危害防护设施控制效果评价、炼焦总厂7号焦炉烟气脱硫脱硝项目及新建筒仓项目（南区）等职业危害预评价，最大限度地消除或减少职业病危害。按计划完成职工健康体检工作。对公司各单位及公司合资控股单位开展职业卫生工作基本要求检查评估工作，夯实职业卫生基础，查找存在问题，提升职业卫生管理水平。公司切实加强对职业卫生重点岗位、重点人群的监督管理，树立“职业病危害因素浓度（强度）超标就是隐患”的理念，将职业病危害因素分析和治理纳入风险分级管控和隐患排查治理双重预防机制中。

【安全管理制度修订】 制定公司安全生产禁令。为贯彻落实国家、省、市关于安全生产领域改革发展意见精神，以及关于全面落实企业安全生产主体责任，加大对安全生产违规行为的责任追究力度，确保安全生产，公司于4月11日二季度安委会上发布了《马钢公司安全生产禁令》（以下简称《禁令》），并以多种形式开展《禁令》宣贯活动。为检查和督促各单位落实《禁令》学习和执行情况，公司进行了专项督查，下发检查通报，要求各单位对照督查中发现的问题认真梳理总结，举一反三，进一步细查《禁令》宣贯、学习以及执行情况。公司于3月1日发布了《生产安全事故事件中层管理人员问责管理办法》，此次发布的《问责管理办法》是马钢第一次专门针对中层管理人员的管理办法，也是迄今为止最严格、最严厉的管理办法，旨在深入落实安全生产责任制，强化安全生产约束机制，提升公司中层管理人员的安全责任意识，促进安全生产工作落实，防范安全事故发生。为保证安全生产经费的投入，公司制定了《安全费用管理办法》，对《职业健康安全技术措施项目管理办法》进行了修订。由于公司机构改革，部门职能调整，安全生产管理正在全面对标宝钢安全生产管理体系，对公司安全生产管理制度进行全面梳理，已形成制（修）订清单，制订推进计划。

【宣传教育培训】 2018年年初，安全生产管理部编制下发了《2018年公司安全培训工作计划》，按计划组织开展特种作业人员、特种设备操作人员和管理人员的培训取证和复审工作；举办危化品单位、金属冶炼单位及普通生产经营单位负责人及安全管理人员安全资格培训班。2018年，共对3080多名特种作业人员进行复审培训，330名安全管理人员进行取证培训，480多名特种作业人员进行取证培训；对60多名特种设备管理人员进行培训，540多名特种设备操作人员进行复审培训；190名特种设备操作人员进行取证培训。举办安全生产管理标准讲座，邀请中钢集团武汉安全环保研究院冶金安全技术研究与培训中心技术部部长展之发授课，公司140多名各级安全管理人员参加学习培训。

2018年的“安全生产月”是全国第十七个“安全生产活动月”，公司围绕“生命至上安全发展”的活动主题，营造安全宣传氛围。公司下发了《关于组织学习2018年全国“安全生产月”系列宣教片的通知》。组织职工观看警示教育片，开展主题征文活动。组织8860多名职工参加网上“安全生产月”应急测试和安全知识竞赛活动，开展全国安全生产咨询日活动；开展安全生产法律法规宣传活动；组织职工参加市举办的安全月文艺汇演和演讲比赛。组织30人代表队参加市举办的“三项岗位”人员安全知识大赛，马钢代表队总分第一名，再一次荣获团体一等奖。另外，在6个单项奖中分别取得主要负责人、特种作业人员（高压电工、高处作业、焊接作业）4个单项第一名。

（郭佩琼）

市场部

【营销管理】 1. 公司产品结构持续优化，经营效果明显提升。公司2018年产品结构调整取得良好成绩，全年板带比达到65.16%，钢材品种钢比例达56.3%；全部钢材直供比例达67.8%，其中板带产品直供比约80.5%，有力提升了公司产品品种结构和市场拓展能力。重点产品销售取得快速提升，产品结构得到深入调整。全年汽车板同比上年增长22.1%，由231万吨提升至282万吨规模，全国市场占有率达9%，较上年提升1.8%。家电板达246.8万吨，继续保持国内行业领先优势。彩涂板销售15.5万吨，比上年增长64.9%,并积极同国内重点工程项目合作,如供应北京雄安新区配套装配式建筑生产基地项目、港珠澳大桥项目等。车轮及环件销售18.5万吨,比上年增长15.6%,其中获铁标货车轮订单4.8万吨,销售大功率机车轮5996件、轮对7172套。市场研判积极有效,经营决策体系不断完善,分品种的市场分析及价格监测体系建立运行,两头市场趋势研判准确性进一步提升。在冶金规划院发布的"2018年钢铁企业综合竞争力评级"中,马钢跻身最高等级,竞争力达到"A+"水平。

2. 进一步完善营销渠道,优化市场布局。围绕公司产品的市场定位和目标客户群,进一步调整和完善钢材产品销售渠道,加大优势产品布局。其中,汽车板以省内合肥和芜湖为中心,重庆和上海为两翼,面向全国市场进行销售。并于2018年筹备新设武汉加工中心,拓展服务终端能力,辐射中部和西南新兴市场;新设长春公司,定点服务汽车终端。家电板优先供应省内战略客户,确保市场份额,同时配套供应战略客户在其他生产基地的部分市场份额。型材稳固华东市场,提高专业用钢领域市场开拓水平,并持续稳步推进H型钢国际化品牌建设。建筑用钢集中供应省内重点工程市场。电商平台继续拓展,进一步巩固网上电商销售力度,现货中心交易大幅提升。

3. 积极推进国际化经营,勇于面对国际贸易摩擦。2018年,马钢钢材出口114万吨。海外市场潜力巨大,已成为马钢经营中的重要区域市场。为积极推进国际化经营,在美国、韩国、中东等地增设分支机构,形成覆盖亚洲、欧洲、美洲的海外市场及业务布局,后期将进一步发挥销售公司、海外公司、MGV公司等平台优势,打响马钢产品国际品牌,加大马钢中高端板材、H型钢、轮轴、优特钢等产品的海外市场销售力度。在积极推进国际化经营的同时,勇于面对国际贸易摩擦。继美国337调查应诉胜利后,虽然遏制了国际贸易保护抬头的风向标,但贸易摩擦纠纷不断。2018年,公司陆续收到欧盟、土耳其、加拿大等组织和国家发出的保障性措施的调查问卷,公司积极应对,市场部牵头组织回答问卷,并配合中国钢铁工业协会参加相关产品无损害抗辩。与此同时,公司还受到澳大利亚车轮"双反"的调查,公司快速响应,成立工作组,经过精心筹备,妥善做好了出口商问卷的回答和实地核查接待等工作,圆满完成了相关工作。公司积极应对国际贸易摩擦,大大提升了马钢在国际市场的品牌形象,也为今后更好的拓展海外市场提供了强有力保证。

4. 产品结构调整取得新突破,多种高端产品受市场青睐。高速车轮是高技术含量、高风险产品,国内外市场一直以来被欧美和日本等少数发达国家垄断。马钢作为国内最大的车轮生产厂家,为奋力赶超世界先进水平,连续多年进行艰难的探索和实践,于2015年成功研发出时速350千米/小时动车组车轮,当年6月进行装车运行考核。继2017年中国标准动车组"复兴号"中的"蓝海豚"和"金凤凰"机车均由马钢制造车轮之后,2018年高速车轮首次出口德国,马钢瓦顿高速车轮在兰新客运专线进行60万公里装车运行试验。另外,1200兆帕级热轧超高强钢(M950JJ)实现国内首发,镀锌汽车板获得通用全球一级工程认证,铁路货车转向架用弹簧钢通过中车齐齐哈尔车辆厂CRCC认证,硅钢和磁极钢产品通过哈电前面质量认证。

5. 加强客户满意度监测,不断提升公司顾客满意度和忠诚度。公司结合卓越绩效管理要求,加强客户满意度监测,围绕客户关心的问题持续改善。加强客户关系管理,梳理现有客户分布情况,结合销量、品种和价格对客户贡献和忠诚度进行全面深入分析,适度调整客户结构。探索客户管理经验,加强客户资源、准入、分类和退出管理,逐步建立科学合理的客户贡献评价指标体系。为更全面、公正了解客户对公司产品及服务的满意度,公司2018年引进第三方客户满意度调查。2018年上半年,公司顾客满意度提高至89.5%。

【采购管理】 1. 采购保供能力持续增强。矿石采购长协锁定优质资源,与VALE开展BRBF品质优化联合实验,保障生产用料供需平衡。煤焦采购在原有长协和战略合作的基础上继续开发供货新渠道,先后开发四川瘦煤、山西肥煤等炼焦煤新资源,进一步强化定制焦保供,定制焦质量指标明显好转。合金资源先后与云南驰宏、攀钢钒钛等战略供应商签订长期协议,战略供应商采购占比较上年提高6.54%。首次尝试并成功实现期货现货交割采购硅锰。熔剂资源通过分散布局,统筹兼顾,规避保产风险,特殊时期启动以船代库、外港备库等方式确保资源量;钢后辅料推行综合评标和后评价制度,加大优质供方合作。

2. 坚持精益采购策略,采购降本效果明显。将成本拓展到各个供应链,从成本源头控制成本,并且将非生产性费用实施精益化管理,进而覆盖采购、物流、生产、研发、销售等各个运营环节。进口矿采购均价69.62美元,低于公司考核指数1.47美元,全年降本626.76万美元。煤焦全年与计划相比多降本1.1亿元。合金有色方面,硅锰、硅铁较南钢、沙钢平均采购价低78.58元/吨,全年对标降本772万元,通过研判市场走势，提高经营库存等措施，实现降本3342万元。耐材辅料降本588.3万元，材料降本3066万元。

3. 持续打造安全、稳定、高效、可持续、有竞争力的供应链。加强供应商动态评价，全年通过招标平台引进供应商47家，动态评价取消供应商253家。提高采购集中度，强化战略合作，2018年与52家供应商建立了战略合作关系，战略供应商采购资金占比达67%。进一步取消独家采购，对104个独家采购项目清单进行全面梳理，制订计划，通过引进供应商，大力推进现场试用和品种替代，全年共取消独家采购品种31项。

【经营管理】 1. 加强经营计划的策划及过程监控。紧紧围绕公司当期生产经营要素，在市场研判的基础上，结合产品边际利润排序，优化资源分配，确定月度经营计划。同时，围绕月度经营目标，加强了对制造降本、结构调整、期间费用及库存控制等各子计划管控力度。2018年，公司经营计划全面推进"计划值"管理，全年经营计划准确率83.33%，有效支撑公司的生产经营。2018年，全年铁、钢、材分别完成1409万吨、1530万吨、1430万吨，完成计划的97%、98%、98%。

2. 加强盘库工作管理。2018年，按节点完成公司产成品、中间品、在产品及大宗原燃辅料的季度盘库工作和对各加工中心的半年度盘库。公司各类钢材库存账物相符，无盈亏，且库存均在公司控制标准以内。大宗原燃料有盘盈，截至年末，共计盘盈2952万元，各类库存总量均在公司控制标准以内。

3. 合理制定可利用资源销售计划、拓宽第三方指数定价应用范围、现场库存管控等方式，加强资源综合管理。可利用资源销售在环保管控持续进行下，加强对客户管理，并对可利用资源产出、堆存、计划评审、销售、出库等环节进行合法与合规管控，特别是4月二铁北区高炉提前退出后，新增可利用资源顺利销售出库，全力支持了公司主线生产，全年销售量245万吨，营业收入3.43亿元，创历史新高。稳步推进自用材的工作，审核公司自用材的计划及协调自用材的资源分配，全年审核采购中心计划总量6.43万吨，自产比例92.13%，为股份公司节省外购资金累计2.16亿元。按照《2018年度水渣包销协议》，2018年水渣销售工作有序进行，为公司铁前稳定生产提供支撑。全年水渣销售额达6.07亿元，同比增收3.27亿元。含税销售均价141元/吨，较2017年均价上涨78元/吨。

【期货管理】 1. 开展期货业务，规避市场风险。2018年，在董事会的批准和授权下，市场部期货工作组继续按套期保值原则开展期货业务，根据采购和销售业务的需求，全年完成钢材的卖出和原燃料的买入共8个项目的套保交易，完成套保项目141.5万吨（比上年增长37%），约占公司全年购销总量的3%，其中，铁矿石83.2万吨，焦炭30万吨，热轧卷4万吨，焦煤21.2万吨，锰硅合金3.1万吨，为公司规避市场风险3272万元，全年实现期货账户资金增长3340万元。

2. 期货业务获得公司内部的支持和交易所的表彰。2018年上半年，期货工作组首次在期货上进行原燃料的买入交割，先后完成锰硅和焦煤的实物交割，熟悉了交割业务流程，从仓单接收、财务结算及质检、物流等方面实现了期货交割和现货采购业务的深度融合，为公司建立了期货采购模式和渠道。2018年年底，锰硅合金的套保参加郑商所"套保优秀示范企业"评审活动，经案例申报和现场答辩通过评审，郑商所颁发铭牌并予以5万元企业建设费奖励。

（市场部）

计划财务部

【成本管理】 2018年，成本管理重点围绕强化成本管理，提升企业效益，开展了一系列工作。一是通过对标科学设计降本增效指标，打造成本精益管控能力。采取工序产线对标，从铁前到钢后所有主要产线，选取行业先进单位作为标杆，按月撰写对标分析报告，通过和行业平均对标、行业先进对标，助力公司各单位工序成本比上年实现降本6.4亿元，公司产品制造成本在行业中排名持续进步，其中铁水制造成本在57家对标单位排名第29位，排名较上年上升18位。二是实行成本计划值管理，创新成本管控模式。计财部制定详细的实施方案，持续梳理优化产品BOM值，对信息化系统进行相应的优化，整体制造成本与目标值偏差率控制在2%以内，其中板带制造单元的计划值偏差率稳定控制在0.5%以内，这是多年来控制精度的最好水平。三是完善和深化月度生产经营计划的效益评审工作。一方面开展效益评估工作。每月计财部根据采购部门提供的对下月的原料预测采购价格以及销售部门提供的下月钢材销售价格，准确评估物料成本、钢材边际利润，及时提供给市场部，为公司的销售接单、排产、资源平衡以及优化品种结构提供依据。全年产品结构增效1.2亿元。另一方面开展效益预测工作。为了及时反映当月公司的经营状况，计财部每周进行周成本预测,每月根据两头市场价格变化、品种结构完成情况以及二级单位成本完成情况进行效益预测,编制经营快报,并将经营结果与预算和上年同期进行对比分析,为公司经营提供依据。四是强化成本管理与考核工作。首先计财部每月按公司月结时间节点完成成本月结工作,撰写月结报告,并及时和制造单元沟通,梳理和优化流程,不断提高核算的准确性;其次是日成本管理工作,牵头对日成本核算系统进行持续改进和优化,为公司降本增效寻找空间;通过修订优化研发费用核算工作,全年归集研发费用7.18亿元,有力支撑了公司科研项目申报、争取政策资金以及所得税加计扣除;加强绩效考核工作。计财部每月及时计算各单位制造成本、边际利润、模拟利润、资金占用等指标完成情况,并撰写部门绩效评价报告,为公司领导全方位、全流程整体了解各部门、各业务单元运行效果提供数据支撑。

【资金管理】 1. 严格资金控制,提高资金使用效率。按照"量入为出、以收定支"的原则,将采购资金的总额与销售收入挂钩,控制存货资金占用以保证生产经营现金流。

2. 顺利完成股份公司的主体信用评级由"AA+"调升至"AAA",为股份公司后续的资本市场融资铺平道路。

3. 采用多种融资手段,努力降低资金成本。一是紧跟市场,积极调整资本市场直接融资。2018年,偿还到期40亿元中期票据和30亿元短期融资券。发行10亿元短期融资券。二是债券市场与股权交叉的融资,拟发行H股可转债。准备在中国香港市场发行可转换公司债券的发行方案和具体条款,已完成报批股东大会等公司内部的审批工作。按规定收集、整理相关资料报送国资委,并已获得国资委批准。2019年将根据公司的实际需求及资金市场行情,决定是否择期发行。三是密切关注汇率和利率市场行情,及时调整美元资产和负债的配比结构,有效规避汇率风险,使得美元贷款的综合成本约为3.67%,比央行一年期贷款基准利率下浮15.6%。四是密切关注资金市场变化,适时调整融资品种,通过增加银行端间接融资,降低资本市场直接融资,全年利息支出比计划减少1.9亿元。五是关注海外市场资金行情,积极找寻银行用信额度,开拓跨境融资手段和增加融资总额。2018年公司的跨境融资增长迅速,有力地替代了直接融资减少的部分融资需求。六是加大银行承兑汇票付款力度。2018年通过各家银行和财务公司开具银行承兑汇票约16.27亿元,缓解了融资压力,并有效地降低了利息支出。七是利用财务公司平台,提高存量资金收益率。通过分期分批,将存量资金采取定期存款和多批次7天通知存款,取得了存量资金的增量效益,全年产生的利息收入比计划增加2000万元。

4. 配合公司内控管理,完善资金内控制度。为了规范股份公司销售业务收取银行承兑汇票承兑金融机构可接受范围的管理,规避票据风险,已拟定《马钢股份公司销售业务可接受票据承兑金融机构管理办法》待下发。

【投资及资产管理】 1. 固定资产投资的管理。一是牵头组织重大投资项目的各项前期工作,完成各项审批、备案手续,为各项投资项目的开工建设奠定了基础。如原料场环保升级及智能化改造工程、节能减排CCPP综合利用发电工程、炼焦总厂南区新建筒仓工程、二铁总厂1号高炉大修工程等重大项目。二是根据环保要求和公司实际情况,对股份公司固定资产投资项目流程进行了梳理和调整。三是组织完成项目后评价工作。制订了后评价工作计划,部署了各项工作。四是建立了对股份子公司投资管理制度,根据省国资委、集团公司的要求,建立了股份公司子公司的投资管理办法,并对长钢、合肥公司、和菱等项目进行了审批。五是建立并落实了重大固定资产投资项目党委前置的讨论程序。2018年共完成8个项目的党委前置审议。六是落实国家产能置换政策,完成了股份公司和长江钢"转炉改电炉"项目的前置审批。

2. 股份公司股权投资方面。2018年公司将原资本运营部管理的股份公司股权投资及子公司管理工作调整到计财部,股份公司目前实际运作的控股子公司33家,联营公司11家,参股公司8家,正在清算的2家。计财部在股份公司股权管理方面开展的工作:一是重新修订了《马鞍山钢铁股份有限公司投资管理办法》,明确各部门职责,优化股权投资流程,规范子公司管理。二是完成子公司新设与重组整合工作。如组织了对化工能源、废钢公司、马钢嘉华新型建材、马钢麦考利尔的审计评估,流程审批,重组整合工作;完成新项目调研、论证,流程审批工作,成立了马钢(武汉)材料技术有限公司;完成了对成都项目合作方四川银讯阪和公司审计评估工作,并对股份公司拟通过收购股权的方式,设立成都加工中心的投资项目开展流程审批工作;完成了对嘉兴项目的尽职调查工作,项目的后续工作正在推进中;完成了对52家子公司的日常管理工作。

3. 资产管理。一是固定资产方面。及时做好固定资产暂估入账转固工作。2018年全年新增固定资产225354万元；积极参与公司固定资产外销、报废工作。2018年处置销售原值约88981万元，实现销售收入29972万元，全年报废的资产原值约231301万元；配合相关部门做好年度固定资产盘点工作，及时发现处理固定资产使用和管理中存在的问题，使固定资产账实相符。二是无形资产（土地）的管理工作。2018年支付建设用地资金3800万元，取得使用土地权证并核销转无形资产13113万元。三是完成钢铁行业化解过剩产能工作。在去产能领导小组的领导下，计财部完成了马钢集团公司《2018年化解钢铁过剩产能工作计划》的编制和上报，保持与省、市各相关部门的对口联系和协商，落实上级部门布置的任务。督促公司内部相关单位按照上级要求做好设备关停、资产处置、人员安置和奖补资金的使用。顺利完成2018年度去产能的各项工作。

【税务管理】 一是充分应用出口退税政策，2018年为公司获得免、抵、退税52700万元。二是展开了公司2017年度企业所得税汇算工作。为股份公司获得2017年度减免企业所得税7984万元。三是利用政策，抵减公司增值税44万元。四是就公司资产重组进行了税收筹划，减免5000万税费。五是积极争取财政优惠政策。全年为公司申请并获批延期缴纳增值税税款合计27333万元，延期缴纳城建税、房产税等地方税费9077万元，合计缓交36410万元，有效缓解公司资金压力。

【会计基础工作】 1. 完成关联交易的相关工作。2018年增加了计财部关联交易管理职能，负责日常审核关联交易补充协议，做好各协议的额度控制和定期汇报等工作，以及关联交易协议制订的相关工作。完成制订2018年节能环保和持续关联交易增补协议、3家公司股权划转及增资的关联交易协议、2019—2021年新一轮持续关联交易协议等12份协议等工作，于2018年11月23日全部获得股东大会通过，这项工作是马钢股份上市以来时间最紧、工作量和难度最大的一次。

2. 加强会计基础工作。一是进一步规范会计基础工作，加强财务会计内部控制，有效控制财务风险，修订了《股份公司财务会计内控制度》和《关联交易内部控制管理办法》。二是加强对外投资财务监管与风险防控。进一步加强对外投资的日常财务管理。按季度报送子公司财务风险分析报告，并对子公司财务风险管理提出建议；对子公司的内控执行情况进行检查，并提交相应报告供公司参考决策；参与子公司相关工作。协调子公司配合安永审计工作；牵头组织完成子公司的关联交易规范工作；对各子公司董事会、股东会议案提出表决意见；完成马钢合肥公司的资产处置等工作。

3. 协调相关审计工作。一是协助安永做好联交所、上交所2017年年报及2018年季度、半年度报告的披露和期后审核说明工作。二是根据安永会计师事务所出具给公司的《2017年度管理建议书》的内容，就相关的问题下发整改通知，配合各有关单位进行了认真整改，梳理、汇总反馈给安永审计。三是积极配合省国资委检查组、省审计厅检查组等政府部门对马钢股份进行的检查工作。

4. 加强内部控制管理和风险评估工作。根据《关于开展马钢股份公司2017年风险管理与内部控制测试的通知》和《关于开展2018年风险评估工作的通知》要求，对公司财务方面的内控制度进行了梳理，对梳理中发现的问题进行研究并加以修订，配合公司、会计师事务所完成内控测试及整改工作，同时认真梳理开展风险评估工作，并按要求汇总上报风险评估结果及改进情况。

5. 积极配合财务共享中心的调研工作，梳理股份公司财务核算业务和管理职责。

6. 进一步提高财务信息化管理水平。2018年，在做好SAP系统各类财务主数据的日常维护与管理工作的基础上，积极优化SAP系统的财务应用，及时为公司的新增业务需求提供系统完善与支撑。

7. 财务预算工作。计财部根据公司要求编制并下发《马钢股份公司2019年财务预算编制纲要》，编制2019年财务预算，实行预算管理。

【统计管理】 一是夯实统计工作的法制基础，为进一步规范马钢统计工作。及时适应企业组织机构和产品结构的变化需要，根据马钢的发展模式，计财部修订了公司统计管理办法，明确各专业统计的职责范围，细化统计违规行为，加大了违反统计纪律的处罚力度，提高了统计数据质量，使数据更加客观地反映了生产经营实际。二是组织开展公司全国第四次经济普查准备阶段工作，完成经济普查清查情况表的填报。三是发挥统计优势，提升统计服务能力。针对严禁新增过剩产能打击“地条钢”工作整理并提供相关生产线的产量、产能、设备情况等方面资料；配合公司相关部门完成了公司2017年碳排放报告编制、公司2018年金杯、特优质量奖十大产品申报、公司2018年15个品种

“安徽名牌”产品申报、2018年度第一期短期融资债券项目尽职调查、中诚信和联合资信两家信用评级公司对马钢2018年跟踪评级资料更新,此外积极配合有关政府部门完成定期、不定期的调研工作。三是完成对国家统计局、中钢协、国资委、省冶金协会、省统计局、市统计局等各级政府部门周报、月度、季报和年度报表上报任务。

(王晓红)

制造部

【基本情况】 2018年,制造部以“持续推进精益运营 加速提升创新竞争力”为工作主题,克服产能起伏大、生产平衡复杂多变等不利因素,生产、计划、技术、质量、客服多方联动,全面落实目标值管理,降低非计划材占比,努力提升订单兑现率,全力打造适应高质量发展的制造体系。

【生产组织】 以高炉为核心,坚持高炉体检、预警和应对机制,落实环保限产条件下生产应急预案,优化配煤配矿结构,高炉稳定顺行1760天。在环保压力大、原燃料低库存运行的情况下,创新物流运行模式,合理安排自产矿下山和原燃辅料保供,稳定高炉生产外部环境。做好1号高炉大修停、开炉方案以及二铁北区中型高炉产能置换退出方案的评审。精细制定铁水平衡方案,根据四钢轧转炉检修节点,利用鱼雷罐缓冲等多种手段组织铁水运输高效保供,实现炼钢系统的高效生产,确保铁钢全面平衡。推进目标计划值管理,优化组产模式和资源配置,确保了生产稳定顺行、优势机组产能提升。全年系统运行稳定、高效,连续26个月铁水零铸块。

2018年产铁1409万吨,扣除二铁总厂北区落后产能淘汰提前退出、1号高炉大修推迟等影响因素,与年计划持平,同等条件下比2017年多产铁22.6万吨。产钢1530万吨,考虑退出产能128万吨,实际组产水平高于2017年。生产成品钢材1430万吨,在淘汰落后产能、品种结构优化的基础上,保持了2017年的水平。

强化铁钢比控制,转炉铁钢比完成0.936,较年计划降低0.01,多产钢10万吨,创近年来最好水平;板带订单条目兑现率86.73%,比上年提升0.5%;质量总损失8.63元/吨,万吨材质量异议起数0.81起,比上年降低0.1起;煤比143千克/吨,比上年提高4.3千克/吨;燃料比519.4千克/吨,比上年降低1.1千克/吨;转炉钢铁料消耗1069.1千克/吨,比上年降低5.3千克/吨。全面完成年度目标任务,生产稳定高效。

【品种结构】 聚焦高端客户需求,扩大高附加值产品占比。围绕3条热轧机组薄规格组产、冷轧品种结构调整、镀锌汽车板生产能力提升等主攻方向寻找突破口,明确了产线接单规则,提升板带机组品种钢生产能力。品种钢比例股份本部板带产品66.41%,合肥板材67.13%,比上年增长2.74%、10.99%。汽车板产量比2017年增加54万吨,支撑公司完成了280万吨汽车板年度销售目标。镀锌汽车外板合格交库3.08万吨,综判合格率78.5%,比上年增加1.47万吨、合格率提高1.3%。冷轧、镀锌汽车外板月生产能力稳定在2万吨水平。大功率机车轮、重载车轮产量分别比上年增长19%、147%。特钢车轴坯市场占有率保持行业第一,300千米/小时复兴号高铁齿轮钢顺利通过小批量试用,并实现装车;弹簧钢线材销量1.38万吨,比上年增长了5.3倍。汽车紧固件用钢每月产量稳定在1000吨以上,市场规模逐步扩大。鹅颈H型钢批量生产0.33万吨。HR500E以上级别抗震钢筋生产6.98万吨,比上年增加6.13万吨。

【订单管理】 以提升制造过程控制能力为突破口,全面提升订单兑现率。一方面通过强化产销紧密衔接,加强接单前生产能力与订单结构的匹配,优化机组品种规格接单和订单产线分工。另一方面,以提升重点订单兑现为突破口,通过实施计划预排、重点计划监控、瓶颈工序产能攻关等措施,全系统联动,推动制造系统保供能力和过程控制能力的有效提升。

【技术进步】 2018年共承担公司科研攻关项目21项。22MnB5块状翘皮缺陷的解决,实现直接经济效益450万元。高强钢铸坯热装工艺改进,实现经济效益100万元。Q345B新成分工艺优化,增加直接经济效益约1260万元。热轧酸洗板横折印缺陷由2.24%降低至0.79%,实现经济效益约1000万元。培养轧制模型团队,开展板带产品高精度轧制技术攻关,1580产线1.75毫米以下薄规格产量连续4个月持续上升,典型钢种SAE1022-ZC表观浪形控制命中率由52%提升到74%,Q345C终轧温度命中率由65%提升至96%。非计划材占比由2017的13.51%降低至2018年的12.81%,强力支撑板带产线接单能力提升。

深化行业对标,瞄准国内行业先进产线,组织策划实施制造系统产线对标管理工作。各高炉利用系数、燃料比均达到行业平均水平，2018 年铁水成本排名由 2017 年的 47 位提升至 29 位。钢铁料消耗、质量异议起数持续降低，质量总损失、让改率等指标趋势向好。

【质量控制】 贯彻产品“零缺陷出厂”理念。在钢轧系统深入推进质量“三不”原则，强化厂际间质量仲裁与质量责任追溯，做好工序过程质量控制，全年工艺参数抽检符合率 98.86%。组织开展产品审核 102 次，完成 31 条产线的制造过程审核，迎接重点顾客的二方审核 11 次、认证审核 8 次、体系审核 5 次。公司产品质量损失、板带产品让改率保持稳定，外部异议持续降低。规范检化验流程管理。修订《检验管理办法》，规范检验需求和检验流程，新编制发布《公司检验项目及检验周期清单》，明确了具备检验能力的项目、检验周期和检验方法。组织检测中心制订《2018 年先进实验室对标改进行动计划》，并持续跟踪落实情况。

组织开展“质量大宣传、大讨论”活动。在宣网论坛“点将论道”专栏发起质量讨论帖，撰写心得体会文章 109 篇；编制《质量改进提升行动计划》，梳理 PFMEA、作业指导书、岗位作业标准等技术文件 1690 份。

【客户服务】 规范客服体系运行和评价机制，有效调动客服人员工作积极性，持续提升客户服务效果。充分发挥引进人才的引领作用，通过导师带徒等方式，着力培养调模专业技术人才。通过识别用户的特殊需求，开发个性化牌号和工艺优化，满足日益细化的客户需求。

2018 年，10 名技术经理共执行了 1411 天的客户服务工作，形成客户服务报告 139 篇、客户服务信息传递单 28 份，解决客户抱怨 1277 起，新建“a 值”定义 17 个。其中，对齐齐哈尔中车集团的客户服务得到了客户的来函表扬。

【信息化工作】 IPS/QMS 信息化项目持续推进。2018 年完成了 IPS/QMS 项目规格书审核验收，完成了 IPS 系统原型和 QMS 应用软件平台质量设计、质量判定模块的开发搭建，确定了生产管理系统业务流程的实现方案。编制、整理和提交了包括销售产品家族编码、各机组排产约束规则在内的主数据及技术规则，提出了订单开口量、板坯宽度、长度优化等算法，完成了 QMS 项目一期 1.2 万多个数据的采集和验证工作。IPS/QMS 系统已完成联合出厂测试并于 2018 年 12 月中旬开始进行系统的集成测试。

（卢学蕾）

工程与设备管理部

【基本情况】 2018 年，根据公司机关机构改革及人力资源优化决定，原工程管理部、原设备部合并成立工程与设备管理部，除采购职能外，整体承接原两部门管理职能，同时纳入原计量处管理职能。2018 年，加快业务融合，不断优化流程，以担当迎变革，以制度促规范，全力推进各项工作的顺利开展。

工程与设备管理部成立后，按照公司管理过程分工，快速识别并策划了部门内部过程分解和岗位设置，梳理出基建技改工程、总图土地管理、运行管理、检修管理、备件管理、计量管理、固定资产管理、工业建筑与防震减灾、三电管理等几大主要流程并开展了相关文件、标准的修订工作。与采购中心对接优化整合了采购流程，与检测中心、能控中心完成了计量操作业务与计量管理职能的分离；将基建技改合同、检修合同、外转供合同等合同管理统一归口管理，将定额管理与工程造价管理进一步优化整合。

【重点项目进展情况】 2018 年，在建重点基建技改项目共 29 项，计划投资额 73 亿元，按期推进 26 项，全年完成固定资产投资 24 亿元；特钢优棒、长材事业部中型材、冷轧一硅钢适应性改造、二硅钢常化机组等重点产线按期投产，二铁 1 号高炉大修按期推进，为公司产品结构调整做出了贡献。

1. 公司重点建设项目。长材事业部型材升级改造工程，总投资 4.5 亿元，工程技术集团总包，主体工程 2017 年 7 月 18 日正式开工建设，2018 年 8 月 9 日开始进行轧制区热负荷试车，9 月 5 日开始试生产。特钢优棒生产线工程，总投资 5.9 亿元，马钢工程技术集团 EPC 总包，2017 年 6 月 8 日土建开工，2018 年 9 月 28 日完成全线热负荷试车，10 月交付生产。冷轧总厂一硅钢适应性改造工程，总投资 1.32 亿元，中冶南方 EPC 总包，2018 年 3 月 21 开工，1 号轧机改造 8 月 4 日完成热负荷试车，2 号连退炉 8 月 10 日开始热负荷试车，8 月 15 日出成品卷并交付生产。冷轧总厂二硅钢新增常化机组工程，总投资 1.28 亿元，中冶南方 EPC 总包，2017 年 8 月 21 日土建开始施工，2018 年 10 月 18 日开始热负荷试车，10 月 23 日交付生产。化工能源公司（南区）净化系统合并工程，总投资 3.8 亿元，中冶焦耐 EPC 总包，2017 年 8 月 6 日现场开工建设,新AS系统计划2019年4月8日投产。一钢轧总厂新建六机六流方坯连铸机工程,总投资1亿元,2018年2月开工,6月进入设备安装阶段,12月21日正式进行热负荷试车。二铁总厂1号高炉大修工程,总投资5.2亿元,主体工程由中冶华天总包,水渣系统由工程技术集团总包,2018年10月10日开始停炉,2019年2月23日出铁水。异型坯连铸机工程,总投资3.3亿元,工程技术集团总包,2017年9月20日举行开工仪式,完成现场拆除、初步设计审查等,已组织大包台和连铸机前段设备基础的施工。重型H型钢轧钢生产线项目,总投资11.96亿元,工程技术集团总包,2017年9月20日举行开工仪式,已完成初步设计审查工作,现场桩基已施工。港务原料总厂环保升级及智能化改造工程,总投资15亿元,工程分4个标段,一次料场3号B型棚环保升级改造及料场智能化改造由中冶赛迪总包,混匀料场环保升级改造标段由中冶华天总包,一次料场C型棚环保升级标段目前处于封标状态,2018年10月开始进行技术交流,2019年3月现场开始桩基施工计划。炼焦总厂南区新建筒仓项目,总投资4.2亿元,中冶赛迪总包,2018年9月30日举行开工仪式,筒仓主体基础施工完成,已进行筒仓主体库底板及漏斗施工,计划2020年11月建成投产。炼焦总厂7号、8号焦炉烟气脱硫脱硝工程,总投资1.5亿元,由江苏智道和上海克硫联合体总包,7号焦炉脱硫脱硝工程2018年10月11日开工建设,已进行脱硫脱硝塔主体结构焊接和余热锅炉安装。特钢公司新建大方坯连铸机及配套改造工程,总投资4.2亿元,由工程技术集团(公司设计院)总包,前期进行退火炉、连铸系统拆除搬迁标段的交流和招投标工作,2019年2月15日退火炉工程现场正式开工,3月1日退火炉桩基全部完成,完成漩流池支护方案的专家评审。

2. 其他项目推进情况。四钢轧总厂1580毫米热轧生产线新建3号加热炉工程,总投资8900万元,设计和设备供货由中冶京诚承担,土建施工由马建集团承担,2017年6月28日正式开工建设,2018年3月30日加热炉点火烘炉,6月18日交付使用。港务原料总厂新料场功能置换固废处理系统工程,总投资6000万元,1月5日桩基进场施工,7月底主体建设完成,9月30日前完成脱锌脱钾富铁料子系统建设。资源分公司北区钢渣处理综合利用工程,总投资5653万元,由工程技术集团EPC总承包,2017年11月10日开工,2018年10月底全面进入热负荷试车。

【设备管理】 1. 继续以设备零故障管理、OEE评价改进、设备功能精度管理为抓手,提升运行质量。完善了OEE评价改进机制,使其更符合质量管理体系认证需要。坚持周通报、月分析,督促改进。每季度开展OEE竞赛评比,年度对标交流。2018年开展OEE指标评价改进的生产线已增加到32条,并覆盖到合肥公司。围绕产品“质量控制点”,推动“设备、技术、生产及维护”四方协同,推进全员参与“设备精度”管理,降低产品质量缺陷,提升产品质量。2018年公司16条设备精度管理竞赛推进产线,设备精度评分提高3.2%,支撑了高端产品生产。在公司工会的大力支持下,根据产线需求特点,在铁前、公辅产线开展零故障竞赛、在钢轧产线开展OEE、精度管理竞赛。参赛产线范围不断扩大,已经覆盖到马钢(合肥)公司、长钢公司。常态化组织经验分享交流,促进产线共同提升。

2. 规范流程,为动力系统设备安全稳定运行提供有力支撑。积极开展设备设施消缺,重点对高炉煤气管道(设施)泄漏隐患进行治理。高度重视特种设备检验,特别是压力管道管理,规范设备检验规程、检验工作流程,积极推进公司33万米管道的检测取证工作。

3. 刚性计划柔性组织,实现检修与生产的协同一致。以年度计划为刚性基础,月度计划以检修模型、设备状况、产品市场价格为依据,柔性组织安排;实施中精细管控安全、质量、工期目标;2018年顺利完成了主要生产线大中修86项,为公司实现系统运行最优、效益最大化提供有力支撑。

4. 不断优化协力维保管控,构建“三个一致”管控模式。通过考核指标量化,费用调整挂钩,充分调动维保单位积极性,2018年在二铁、三铁继续开展重点、关键设备领养工作,将生产、点检、检修三方融为目标一致的有机整体,努力构建设备功能提精度,业主单位提效率,维保单位提效益的“三个一致”管控模式。

5. 全年设备、备件及材料的保供稳定及时。生产消耗件费用完成预期目标。新技术交流、进口备件国产化、修复基地建设及零库存等管理工作正常推进。很好支撑了当期生产、运行、重点检修及抢修的正常实施。

【项目管理】 1. 加快管理文件的制修订,保障专业管控体系有效运行。修订发布《基建技改工程项目管理办法》《基建技改工程结算管理办法》《建设工程甲供材供应与结算管理办法》《基建技改工程试生产期间费用管理办法》和《基建技改建设项目竣工验收管理办法》等管理文件。修订《基建技改工程质量管理办法》《基建技改工程现场管理办法》《基建技改工程开工报告管理办法》和《基建技改工程项目经理部与项目经理职责管理办法》等管理文件。

2. 加强工程质量、监督和现场管理工作。一是强化施工质量检查,严格过程控制。全年组织开展季度综合质量检查4次,土建钢结构、设备安装质量专项检查9次,施工现场质量巡检督查7次和不定期巡查,排查质量安全隐患,强化落实整改和考核。二是加强质量监督管理的制度建设,完善质量监督流程。认真贯彻落实《冶金建设工程质量监督实施细则》和《工程质量安全手册》等法规要求,正确履行质量监督管理职能,规范质量监督行为,督促各责任主体单位不断完善质量管理体系建设,并且在日常工作中落实各项管理要求;编写股份公司管理文件《工程质量监督管理办法》,并根据冶金工业工程质量监督总站要求,开展质量监督档案资料规范化管理工作。三是开展质量月活动,树立高质量发展意识。积极响应冶金工业工程质量监督总站文件精神,马钢监督站2018年9月下发《关于在股份公司重点工程建设领域开展2018年"质量月"活动的通知》,对在建重点工程开展"质量月"活动做出了具体安排。各项目部围绕"强化质量监管 推动高质量发展"的活动主题,开展了形式多样的质量专项活动,在"质量月"活动期间取得了一定的成效。

3. 加快推动股份公司建设项目竣工验收和转固等相关工作。一是落实公司全面推动工程项目转固工作的会议精神,全面梳理在建工程的结算竣工验收核销与转固状态,组织制订股份公司AD工程项目结算、验收核销与转固工作流程和工作方案,完成正式与暂估转固共72项。二是全年共组织完成建设项目竣工验收评审或核销39项。三是工程项目后评价工作。根据计划财务部项目后评价计划,完成了5号焦炉大修工程的实施过程后评价工作。四是工程项目审计工作。组织完成四钢轧连铸工程、二铁总厂4号高炉工程、四钢轧转炉工程审计资料提供、审计报告征求意见稿回复意见和整改工作,组织完成高线改造工程审计资料提供和审计报告征求意见稿回复意见。

【主要业务工作】 1. 建安工程招标采购管理。全年完成建安工程(含总包)采购152项,金额103578万元;其中采用招标方式88项,金额43623万元。全年完成建安(含总包)结算28项,结算金额23853万元。

2. 固定资产管理。完成转固资产3.5亿元,调拨资产1.1亿元,销售资产900万元;完成公司去产能生产线(资产原值共计9.97亿元,净值约2.35亿元)资产处置前期准备的第三方评估工作。

3. 工业建筑管理。组织公司建(构)筑物结构可靠性鉴定9项,对二铁总厂铁一区所属建(构)筑物、三铁总厂A、B号高炉出铁场框架开裂等重点问题进行了处理。安排专项资金2000万元,针对10个主要生产厂的主体工业建筑钢结构进行防腐。安排专项资金1500万元,重点对新区道路进行整治。同时,利用马钢防震减灾网站认真做好防震减灾法律、法规、科普知识及工作动态的宣传。

4. 动力设备管理。开展外转供动力介质治理工作,利用国家"三供一业"政策,完成股份公司外转供水剥离6457户(水量约207.6万立方米/年),节约水费约402万元/年;完成公司外部转供蒸汽用户的装表计量工作。开展公司水管道漏水治理,在消除管道泄漏,提高管网运行安全的同时消除对周边煤气支架等构筑物的影响。

5. 电气设备管理。加强电仪类故障防控工作,组织召开专业研讨会,在统计分析的基础上,制定并落实防范措施;组织"三电"活动,召开新产品新技术交流会12场次,三电专题会4场,分享各类事故教训和经验,同步推进各单位的隐患消缺工作;安排专项资金1928万元,继续推进淘汰高耗能机电产品工作;完成工业控制系统信息安全防护能力评估工作,逐步建立和完善防护体系。

6. 工程合同管理。一是合同签订工作。围绕2018年重点基建技改项目的建设,高效办理重型H型钢、异型坯连铸机,六机六流方坯连铸机,炼焦总厂新建筒仓,1号高炉大修等重大合同事宜,为2018年重点建设项目顺利实施创造了条件。合同签订总数311份,合同总金额318892.6719万元,其中建安合同155份,合同金额311594.6257万元,设备合同72份,合同金额4825.9112万元,其他费合同84份,合同金额2472.135万元。二是合同报量审批工作。报量审批655份,报量审批总金额240739.76975万元,其中建安报量审批327份,审批金额228758.40982万元,设备报量审批222份,审批金额9986.63193万元,其他费报量审批106份,审批金额1994.728万元。三是工程款支付工作。工程款支付总额225210.98827万元,其中建安(其他)费支付211972.6114万元,设备费支付13238.3769万元。四是协助清欠工作。签订三方转账协议1.2亿元,帮助公司内部单位解决超信用期应收账款,提升了公司内部单位资金回笼率,进一步加大了清欠力度。

7. 工程造价管理。一是建安工程招议标标底编制工作。完成建安工程标底(控制价)编制 41 项,金额 6413.57 万元。二是工程(索赔)结算办理工作。完成工程索赔、开口合同结算 30 项,结算金额为 9123.24 万元。三是工程费用测算工作。完成工程项目建安费用测算和估(概)算费用审定 14 项,金额 2484.67 万元。四是检修预算审核工作。完成审核检修工程预算 1222 份,金额 30680.51 万元。

8. 定额管理。5 月国家实施减税政策,建筑安装工程增值税由 11%调整为 10%,工程材料增值税由 17%调整为 16%,组织对定额预算软件进行了升级。

9. 工程材料价格管理。完成造价、检修施工单位委托的材料核价 347 份,5062 条;每月及时更新甲供材料数据库,提供甲供材结算清单 31 份;编制发布 12 期马钢建设工程材料信息价;根据商品混凝土调差流程,完成马钢嘉华公司商品混凝土第二批和第三批调差工作。

10. 工程资料档案管理工作。共计接收、登记、整理工程图纸 2539 份,35550 套;共计发放施工单位、招标单位图纸 1333 份,6780 套;发放公司相关单位图纸 3473 份,10419 套;共登记收发地勘报告、可研报告、方案设计、初步设计等文本 184 套,977 本,光盘 58 张;整理归档 3474 套图纸资料入库。

11.《冶金动力》杂志出版工作。全年共筛选收录稿件 383 篇,刊用 277 篇,用稿率 72.3%。组织 2018 年钢铁工业高质量发展暨全国冶金供排水专业年会、2018 年全国冶金制氧专业年会、2018 年全国冶金热电专业年会,参会代表共计 232 人,编印了 2018 年全国冶金供排水专业会议论文集、2018 年全国冶金制氧专业会议论文集、2018 年全国冶金热电专业会议论文集,共收录论文 122 篇。

12. 计量管理工作。测量资源管理方面,2018 年培训计量人员 263 人次,股份公司测量设备 A 类 12236 台,B 类 28752 台,C 类 27226 台,共 68214 台;完成股份公司 4 项强检授权项目的复查换证工作。测量过程管理,梳理股份公司重要测量过程 245 项,其中 151 项进行了测量不确定度评定工作。体系分析改进管理,2018 年 6 月顺利通过测量体系外部审核;共完成公司 17 家生产、公辅单位的年度内审,发现各类问题 112 项,其中不合格项 1 项,建议整改项 53 项,警示性意见 58 项。

13. 总图及土地管理工作。一是协调土地出让、收储、转让、出资相关工作,办理北区钢渣处理综合利用项目土地出让挂牌、征迁等事项、完成嘉华建材地块土地转让,协调嘉华建材公司办证和历史遗留相关事宜、协调薛家凹 9.67 万平方米土地转让和马建 4 万平方米土地转让款项尾款的支付事宜、办理重型 H 型钢项目用地购买与出让等事宜。二是协调土地权属证书办理,完成特钢公司、表面技术公司、飞马智科等公司的土地、房产权属事宜的协调办理。三是协调股份公司土地征迁拆迁和涉及的项目推进工作,完成优棒征地工作、协调三台路改造工程实施,为重型 H 型钢项目建设做好准备工作、协调长沟雨山河水系整治的施工配合工作、推进新区 300 米通廊的清理工作。四是协调总图规划相关工作,配合长材中型材改造、优棒工程、二铁总厂 1 号高炉大修等 24 个新建项目的规划办证工作。五是加强总图土地日常巡查,重点巡查 300 米通廊,督促相关单位清理非法废料加工和生产问题,配合市规划局核查涉及马钢卫星图斑 4 处的协调处理。六是房地产项目管理工作,配合金海岸土地对外转让工作,转让价款 14.1 亿元,取得净利润约 1.9 亿元,完成金海岸名邸一期房屋销售 62 套约 15646 平方米,实现销售金额 8548 余万元,回笼资金 9040 万元。

(黄远顺)

海外事业管理部(马钢(香港)有限公司)

【海外营销布局】 2018 年,海外事业管理部贯彻和落实公司国际化经营战略,开拓和服务中东及北非市场的需求,完成股份公司在中东迪拜 JEBELALI 自贸区的子公司设立,人员派遣到位。

【政企对接、政策争取】 通过加强外贸信息归口统计和分析,加强政企联络,深入研究省、市两级外贸促进政策的基础上,积极挖潜新增项目 3 个。2018 年共组织指导股份公司、国贸公司等单位申报外贸促进政策资金项目 11 个,实际兑付到账 1067 万元,其中,省级项目资金 727 万元、市级项目资金 340 万元,效益显著。牵头顺利完成股份公司海关 AEO 一般认证审核。

【海外公司管理与服务】 2018 年,海外事业管理着力完善枢纽功能,促进海外公司与本部的业务协同和发展。1. 加强党支部建设,健全组织生活。调整了海外支部成员、组织海外支部委员补选,完善组织机构。2. 组织定期和不定期召开视频会,重点推进和落实国内外两个市场的信息共享,业务联系,海外客户开发,问题交流。3. 编辑《海外事业管理动态》6 期。4. 与香港公司合署,按照海外业务在香港公司平台运营管理一体化的战略规划,积极推进香港公司成为股份涉外业务平台、海外投融资平台、境外子公司管理平台、国际化人才培养平台的建设。推动销售公司、采购中心在香港公司平台上的离岸业务操作。5. 联合公司档案馆对各海外公司加强档案专项管理,首次实现海外子公司档案归档公司本部。同时,对各海外公司有关设立、变更的文件、批复等材料进行了追踪和梳理,实现归档。6. 服务保障海外公司员工,2018 年,按程序派驻召回及续任 7 人次;落实回国、出差报请假 65 批次。7. 澳洲公司托管运营精益管理,合营企业持续获得毛利,实现净利润 457 万澳元。3 月,将合营矿石开采完涉及的各项工作处理完毕,完成澳洲税务局要求的转让定价本地报告申报,配合集团完成国别报告和主体文档涉及事项。

【境外人才培养】 第一期香港公司人才培训于 2 月结束,3 月,第二期 2 人赴港开始培训,境外培训形成常态化。

【技术引进项目管理】 2018 年,项目部加速提升创新竞争力,做好技术项目引进商务工作,圆满完成公司冷轧改造等系列工作。完成设备进口 1500 万美元,签约进口项目合同 40 个,合同总金额折合 4000 万美元。重点完成了特钢钢坯出口轧制、瓦顿车轮来料加工、重机牌坊销售等系列工作以及特钢大方坯连铸机、精整线等重点项目签约,CCPP、1720 轧机改造等项目技术谈判及上网招标。

【马钢(香港)有限公司经营情况】 2018 年,营业收入 97 亿港元,其中铁矿和焦煤收入 72.75 亿港元,钢材销售收入 21.6 亿港元,海运费收入 2.77 亿港元,比上年增加 69.52 亿港元;融资总额 8.73 亿美元,较上年增长 319.71%;实现税前利润 6227.79 万港元,比上年增加 4503.93 万港元。

2018 年,马钢(香港)公司作为股份公司融资平台,继 2017 年获得 3 家境外金融机构 2.3 亿美元独立 DA 授信额度的基础上,获得了更优惠的授信条件,且独立 DA 授信总额增至 2.8 亿美元。

根据股份公司钢材出口策略,全力巩固原有传统香港市场,开发海外直供终端和专业经销商,努力扩大销售半径,增大品种钢的比例,做强马钢品牌,提升产品品牌价值。2018 年共签订 40 份钢材销售合同,合计 120995 吨,出运量约为 126573.816 吨。

在履行正常工作汇报和定期信息上报制度的同时,根据中国香港“一国两制”的特殊经济政治背景开展党建工作,结合香港实际,在香港窗口公司党组织直接领导下,党建工作以各种形式有序展开。在港每位党员严格按照上级党组织的统一部署,从思想、组织、行动上与中央保持高度一致。

安保方面,坚持预防为主,防治结合。通过安全教育,增强全员安全意识和自我防护能力。2018 年未发生安全事故。

(俞 斌 张 勇)

·股份公司二级单位·

销售公司

【主要经济指标】 2018 年,销售钢材 1558.2 万吨(不含车轮),比上年增加 2 万吨;实现税前销售收入 605.2 亿元,比上年增加 42.8 亿元。其中销售板带材 944 万吨(不含供合肥热轧基料),出口 110.4 万吨(不含车轮),汽车板 281 万吨。通过现货中心线上销售钢材 70.6 万吨,销售收入 33.8 亿元。分(子)公司全年销售钢材 571.8 万吨,销售收入 238 亿元,通过剪切加工配送服务实现净利润 1.37 亿元。

【经营管理】 2018 年,销售公司紧紧围绕公司下达的经营指标和重点工作,贯彻落实集团公司职代会精神,通过再造服务流程、推动服务重心再前移,实施目标计划值管理,优化调整客户群结构,调整产品结构,较好地完成了公司下达的经营指标和任务。全年客户满意度 87.5%,品种钢销售占比 56%。直供终端客户保有数超过 1300 家,其中板带产品新增终端用户 190 余家,板带直供比达到 81%。

一是调整产品结构,提升产品竞争力。汽车板销售历经 11 年的努力,首次达产,全年销售 280 万吨,逆势增长,较上年增幅 21.7%,其中高强钢销售 159 万吨,比上年增长 58.7%。彩涂板近 10 年来首次实现了 2 条彩涂线同步组产的新局面,全年销售 16.5 万吨,较上年增幅 73.6%,同宝武价格差距,由 2017 年年底的 1295 元,缩小到 2018 年的 760 元,盈利能力显著提高。全年开发销售新产品65万吨,比上年增长5%。热轧产品加强了同中车、中集等重点客户的合作,全年销售集装箱板23.9万吨,比上年增长52.1%,铁路及耐候用钢9.4万吨,比上年增长400%。酸洗产品今年重点推广冷成型钢,全年销售8.7万吨,比上年增长了98%,取得较好的经济效益。冷轧搪瓷钢产品持续增量,全年销售7.1万吨,比上年增长24%,新开发了冷轧耐候钢产品,进入中国中车客车车辆制造行业,全年净增了5000余吨。

二是调整客户结构,完善渠道建设。汽车板产品陆续开启了美系、德系、日系等高端合资品牌汽车主机厂认证,完成了上汽通用、一汽解放、吉利汽车、东风商用车等主机厂自制件的批量供货;实现了对重庆长安侧围外板批量供货,具备中高端轿车整车供货能力。提升重点客户的销售份额,推动销售渠道的高端化,主机厂销售量近65万吨,增幅22.3%,合资品牌销售量4万吨,增幅17.6%。家电产品紧盯行业内前三名企业,新开发了凯硕电脑、毛瑟包装等用户,巩固了家电行业的品牌地位。彩涂产品瞄准宝钢、烨辉等中高端彩涂品牌,开发了山东鸿星科技、深圳道铭等一批重点客户;打通了外委基料加工的新型销售模式,为马钢生产镀铝锌基板彩涂扫清了道路。重点工程业务表现突出,供应大型水利工程引江济淮项目2万吨高强螺纹钢筋;低温钢筋成功打入中海油浙江LNG项目,供应低温钢筋约1400吨。

三是完善管理流程,提升竞争能力。推动服务重心前移,围绕客户贴身服务,增强分子公司的渠道维护能力和管控能力。着力强化品种业务部对专业品种的市场研究、客户开发、渠道管控、价格管控、库存管控等五大管理职能。推行营销集中一贯制管理,打造管理部、品种部、分子公司三大板块"纵到底、横到边的矩阵式管理协同机制"。通过完善管理流程,实现公司总体营销流程高效。以稳定汽车板的月度销售计划量为抓手,探索并实施了所有品种的目标计划值管理,制定全年各项任务指标,保证公司战略目标、年度综合计划、全面预算的实现。实行动态跟踪管理,推进全年工作任务进展平稳有序。坚持每月进行经营评价分析,在过程中发现问题、解决问题、修正工作计划和措施。

四是强化基础建设,推动服务升级。持续信息化建设,构建了以客户为焦点的计划体系,牵头设计并创建了网上下单系统,在所有客户、所有品种中进行推广,实现了80%以上的板带订单从网上下单系统中申报。加强客户需求管理,提高了计划管理信息系统的规范化、有效性和可用性。对接飞马智科和财务共享中心,设立了"取消纸质返单、实现自动过账"信息化项目,提升销售结算效率,提高产成品库存信息的准确性。新成立了武汉加工中心和长春区域公司,进一步完善公司的加工、配送、仓储等各项服务功能,构建汽车、家电、建筑等产业服务供应链体系,更好地开发和服务区域客户。

五是夯实安全基础、强化安全管理。落实安全管理主体责任,完善安全管理体系,健全安全规章制度,倾力编织覆盖全面的安全生产防护网,着力打造以人为本的安全型企业。建立了销售公司内部安全管理体系,并持续运行改善了9个加工中心的安全生产标准化。依据职业健康安全管理体系及安全生产标准化要求,修订完善了《销售公司安全生产责任制》等9个规章制度,编制了操作规程、安全检查手册等4个规程。实行安全例会制,分子公司领导带队,全员参与,保证每项安全工作都落到实处。开展安全文化建设,努力把安全工作向更高层次推进。

【分(子)公司经营情况】 引导分(子)公司抢抓市场机遇,改善生产经营效果。全年分(子)公司销售钢材571.8万吨,占销售公司总销量的56%;主营业务收入238亿元;净利润1.37亿元。销售汽车板188万吨,比上年增幅26%;彩涂板销售10.5万吨,比上年增幅112%,品种钢234万吨,比上年增幅25%。有效管控库存节奏,在确保终端备库前提下,优化库存结构,坚持低库存运营,月均库存43.95万吨,较2017年月均库存下降4.64万吨,比上年下降9.5%,规避了市场波动的经营风险。

(荀 著)

采购中心

【主要经济指标】 2018年,采购中心紧紧围绕公司"加速提升创新竞争力"工作主题,牢牢把握"创新推动精益采购、加速提升采购竞争力"工作目标,积极应对市场变化,为公司实现全面精益运营新跨越提供了有力的资源保障。全年采购到货总量约4000万吨,其中进口矿1596万吨,自产矿594万吨,国产矿119万吨,煤焦1167万吨,合金有色26.5万吨,各类辅料490万吨;全年采购结算总金额418亿元,其中矿石126.3亿元,煤焦147.4亿元,合金有色36.7亿元,耐材辅料21亿元,备件24.8亿元,材料15.6亿元,废钢46.2亿元;全年采购降本4.07亿元,超额完成公司下达指标;全年原燃辅料到货质量综合合格率89.68%,比2017年提高8.9%。采购计划综合兑现率100.2%;全年销售废旧物资1.51亿元,比上年增长37%;实现设备、备件采购系统整合工作平稳过渡。

【资源保供】 2018年,国家环保政策、安全监管力度持续加强、铁路运力和部分资源紧张给保供带来严峻挑战,采购中心迎难而上、积极应对,实现了安全、优质、高效保供目标。矿石资源时刻关注采购供应全流程,长协锁定优质资源,探索新定价模式,现货适时调节库存,保障生产用料供需平衡。煤焦资源继续巩固并深化战略合作,长协合同履约稳定,"研产供"扎实开展并取得成效,定制焦质量指标明显好转。合金资源先后与云南驰宏等战略供应商签订长期协议,战略供应商采购占比较去年提高6.54%,首次尝试并成功实现期货现货交割采购硅锰。熔剂资源通过分散布局,统筹兼顾,规避保产风险,推行综合评标和后评价制度,加大优质供方合作。材料板块密切关注计划兑现、合同履约情况,针对检修、工程项目等现场突发事件紧急追加用料,快速响应,及时应对,有力保障供应。备件供应坚持服务现场、紧盯市场原则,灵活调整采购策略,圆满完成冷轧总厂齿轮箱等30余项紧急备件供应工作。同时在面对连续暴雪灾害、环保高压、雨季和马钢自备码头停产整治困难期间,及时启动应急保供预案,外部落实资源、内部平衡物流,统筹兼顾物流和场地调配,多措并举,保证了各类资源按生产需求时间节点到达。

【降本增效】 坚持精益采购、降本创效要求,努力提升市场预测和研判能力,准确把握市场脉搏,超额完成公司下达指标任务。全年开展1236个项目的招标,招标品种、范围进一步扩展和延伸。进口矿全年采购均价69.62美元,低于公司考核指数1.47美元,共降本626.76万美元。煤焦采取指数定价、价格联动等多种方式降低成本,全年与计划相比多降本1.1亿元。合金有色准确研判市场和开展战略合作,硅锰、硅铁较南钢、沙钢平均采购价低78.58元/吨,全年对标降本772万元;采用经营库存、避峰就谷采购等手段,实现降本3342万元。耐材辅料采取品种合并、资源替代等方式实现采购降本;熔剂抓住矿山关停复产有利时机洽谈下调价格,其中云粉价格下调约15%,降本588.3万元。材料采取差异化采购策略,扩大招标范围,推动品种归并、聚量、分段式招标等举措实现降本。年初准确预判石墨电极市场趋势,降本3066万元。备件通过功能总包、清单式、修复基地专业化等方式,采购金额比上年增加约40%。进口备件全力推进OEM向OPM采购转变,节约采购成本约300万元。远洋物流通过提高FOB运费扣减水平、市场租船实现降本310万美元,高效率适用保函降低海关资金占用成本118万元。

【供应链建设】 围绕打造"安全、稳定、高效、可持续、有竞争力供应链"工作目标,持续强化供应链建设。一是严把供应商准入。依托招标平台向社会公开征集供应商,分品种优化准入条件,通过自荐、评审、二方审核等流程严把准入程序。二是加强供应商动态评价。强化优胜劣汰机制,对供应商日常绩效进行监控及动态评价,及时更新供应商名录。对原设备、备件供应商进行整合。全年通过招标平台引进供应商47家,动态评价取消供应商253家。三是强化战略供应商合作。与52家供应商建立了战略合作关系,2018年战略供应商采购资金比例达到67%以上。四是推进取消独家采购。对104个独家采购项目清单进行全面梳理,制订计划,通过引进供应商,大力推进现场试用和品种替代,全年共取消独家采购品种31项。

【基础管理】 加强价格、合同管理。按周开展市场分析和成本预测;严把合同审核,开展季度自查、专项检查并及时整改。质量管理常抓不懈。实行二方审核常态化,对16家供方开展了二方审核;坚持开展公司原燃辅料督查,材料、备件实行"2+2"督查制度,全年共组织51次抽查;全年处理原燃辅料质量异议2199批185万吨,扣罚1504万元。各类制度不断完善。新制定、修订《原燃材料采购管理程序》《合同管理办法》等管理文件10个,规范业务运作,确保各类风险控制有效。制定下发《公务接待管理办法》和《专用车管理办法》,加强了供应商进厂运输车辆管理。体系管理稳步推进。新设立体系管理部,组织质量体系知识专题培训,参与公司各类体系审核和客户认证30余次。备件采购顺利整合融入。成立通用、非标备件部,接纳职能调整和去产能、机关减员分流人员50多人,人员妥善合理安置到位,实现整合后业务、人员有序衔接和平稳过渡。坚持管理创新。"构建跨行业计划协调系统、提升煤焦供应链全过程效率"和"打造安全、稳定、高效、可持续、有竞争力的供应链"两个项目获得公司年度管理创新成果二等奖。信息化工作有序推进。实现耐材和进口现货矿采购系统上线,稳步推进财务共享系统建设,采购工作效率不断提高。

【党群工作】 一是加强政治理论学习教育。坚持党总支中心组学习和季度政工例会等制度,利用“三会一课”和微信等信息化方式广泛组织党员学习,党员学习覆盖面达100%。二是扎实开展党组织标准化建设。组织专题学习培训,坚持开展党内评比表彰,对照标准查找不足并组织整改,及时调整党组织设置和配备人员,组织党员参与检查、巡查,与宁波中远海运开展党建共建交流活动,完善党建制度和台账,不断提高党组织标准化建设水平。三是认真开展“讲严立”专题警示教育活动。制定实施方案,列出问题清单、整改清单和责任清单,制定持续改进措施。组织召开“三查三问”对照检查会,取得预期效果。四是党风廉政建设常抓不懈。开展专题讲座、知识测试等形式多样的廉洁从业教育活动,组织管理人员填写《廉洁从业承诺书》,坚持开展岗位廉洁风险点查找修订工作。五是及时组织落实巡察问题整改。针对巡察发现的问题,制订和落实整改措施,明确责任领导、部门和整改期限,各项问题已基本整改到位。六是发挥舆论宣传引导作用。深入开展公司职代会、党委工作会议等重要会议精神宣传,组织参加政研论文、“爱我家园”等征文活动获两个二等奖,全年外发见报稿130余篇。七是围绕维护职工权益开展工会工作。开展了送温暖、扶贫募捐、提高市场预测准确率劳动竞赛等活动,参加公司工会女工读书征文活动获得二、三等奖各1个,参加公司乒乓球联赛获得男子甲级团体第一。

(唐　军)

检测中心

【机构改革】 2018年6月,根据《关于印发〈集团公司股份公司机关人力资源优化实施方案〉的通知》(马钢集〔2018〕60号)、《关于股份公司机关机构改革及人力资源优化决定》(马钢股〔2018〕19号)和《关于计量业务及人员划拨的通知》(企管〔2018〕5号)等相关文件要求,原计量管理处非管理职能业务及人员划拨到检测中心。检测中心积极落实公司机构改革方案,新成立物资计量板块“一室三站”,即物资量管理室、标准站、物量站和维检站,做到有序衔接、稳步推进各项工作。

【检测管理】 一是原燃辅料检验全面加强。推行原燃辅料异常数据预警管理机制,明确职责,细化措施,制订防范预案,建立奖惩制度,预警质量异常来料信息60批,及时纠错29批,避免劣质物料影响公司生产。按品种分解检验时限,加大检验时限抽查频次,抽查106批次检验时限符合规定;强化加急检验管理,受理加急检验42批次,效率提升72.33%,进一步保障了生产周期。及时排查铁水砷超标问题,加大物料检验验证、监督力度,砷含量维持在可控范围;协调解决新料场炉灰等物料检验;关注自产焦炭干湿转换,在干熄焦炉检修期间加强湿焦水分检测,为高炉干湿焦水分转换提供依据。推进取制样工序优化整合,对二铁槽下检验业务进行调整;重新设计并实行锌锭、紫铜板样品的转运流程,加快冶金石灰粉检验节奏,利用荧光检测合并检验有害元素;充分利用检验记录仪、弃样返查等手段,提高检验准确性。全年外购原燃辅料检验1788万吨,质量扣减款降低公司采购成本1613万元。二是理化检验成效显著。积极推进质量改进提升行动,制定检测项目全覆盖的质量控制活动计划;检测质量异议较2017年下降57.7%,未发生检验质量事故和服务态度投诉。开展特钢钢样、渣样检验技术攻关,将钢样检验周期由80%样品在5分钟内完成提高至90%样品在3.5分钟内完成,渣样平均检验周期由19分钟缩短至14分钟,检验成功率由62%提高至95%。开展X荧光法分析锌锅样,在人员未增的情况下完成了锌锅检验量翻一番的任务;优化物理检验流程,确保了特钢圆坯、大棒、高线以及车轮产品的检验及时性。充分调动检测资源,支撑公司产品结构调整和新产品开发,开拓汽车板粗糙度及部分辅料品种采购验证检验新领域;新增钢铁中铌含量、硅钢中包和轧硬卷碳硫检测以及拉伸和硬度、冷轧北区锌液和碱液的增量检测、乳化液新增项目检测等。检验抽查合格率、及时率均为100%,检验量较2017年增长9.6%;实现理化检验收入约2.2亿元。三是钢轧检判精准高效。持续推进车轮质量安全风险防控体系建设,开展车轮危害性缺陷单件确认、北美车轮的抛丸质量检查,共检查车轮40万件;完成动车车轮9个规格164件检查,首次完成出口德国DE920E时速320公里高速车轮160件的装车运行,确保车轮产品检验准确率100%,实现车轮轮箍质量异议零损失。落实好新产品、换版产品主数据核查和判定功能维护;完成新中型材、优棒QS数据上传、MES系统开具质量证明书和区域打印,确保了新增产线的检判和产品的订单兑现率。全年检验非板带类产品578.86万吨,钢材产品判定准确率、及时率均达100%。四是物资量管理平稳推进。整理分析未回空、漏磅、匹配异常、冲销以及设备等原因造成的计量异常,提出整改建议和针对性处理措施;计量异常数据由年初的257起下降到90起,呈明显回落态势。着重进行水转汽、水转皮带比对以及船舶规范管理的监管,开展船舶亏吨、压载水、水尺刻度标尺规范度检查,对偏差率亏吨超标的41艘船舶进行原因分析、重点关注,并跟踪整改结果。关注公司销售客服系统平台计量异议情况,及时进行内查外调,提高客户的满意度;月均异议6.78起,低于公司下达的18起考核基数。控制、调整三台在线产品商贸秤合理允差,做好四钢轧热轧钢卷秤改造的前期工作;开展合理允差月度评价;汽车衡全部通过市计量测试研究所的强检。商贸秤合理允差管理充盈吨位1539吨,利润628万元;计量板块全年总收入约5909万元。

【基础管理】 一是建立检测“大管控”模式。积极稳妥推进集中管控“两步走”,从原燃辅料管控迈向包括检化验和综判全流程的集中管控,实现各检验板块流程全面融合,高效运行;创建了设备维修、试样跟踪等“群管理”模式,建立了化学成分、计量异常数据处理流程,及时掌握非常规试样的接样、转序;质量督查全流程跟踪、全天候机动,提升了检验环节的规范性;优化了检测数据发布渠道,实现了检测“大管控”的目标。二是实验室认可体系取得新成绩。完成了实验室认可换证复评,实现11个技术能力的扩项,通过了8项技术能力变更的认定,实施中心新版认可体系文件的修订和发布,有力支撑了公司的产品认证和销售。质量体系融合运行。配合公司各类体系、产品认证工作47次;建立了中心常用审核资料库;计量板块组织机构变更后,顺利完成校准实验室的CNAS认可、测量体系变更以及质量、安全、环境体系与检测中心各体系的融合。三是品牌建设落地见效。重新设计优棒、线材、棒材质量证明书模版,增加防伪标志、二维码等新元素,提高公司服务质量和品牌形象;积极参与公司各项品牌活动,在“品牌故事”演讲比赛和马钢汽车板品牌特质征集活动中获奖,尤其是在第六届全国品牌故事征文安徽赛区荣获第一名,并代表公司参加全国比赛,这是公司历年来的最好成绩。四是安全生产扎实推进。新进厂38人三级安全教育率100%,特种作业持证54人,持证率100%,68人接受职业卫生、工伤保险条例等知识培训;开展煤气泄漏、退火炉气体泄漏应急处置演练,提高了职工安全防护和防灾避灾能力;排查86起隐患均得到有效治理;加强协力维保和施工单位的安全监督监管,确保现场施工安全;安全标准化证书通过了复审。五是实验室升级达标竞赛深入开展。制定竞赛“升级版”方案,通过质量、设备、现场、安全、综合管理等指标评比,推进实验室管理能力提升,跻身同行业一流实验室;全年共评出月度A级实验室16个,B级实验室35个。六是运行改善成果丰硕。坚持问题导向,立足现场“解难题、提效能”,建立运行改善机制,管理、技术和技能人才“人人带题上岗”,围绕创新创效、保产服务、队伍素质、检测文化建设等,主动作为、积极攻关,切实改进改善工作现状;共计立项122个改善提案,22项已经结题。七是人力资源优化配置。做好原计量管理处254名职工定员定编的对接、并轨等工作;分流安置公司14名去产能人员,24名新员工充实到理化、车轮等紧缺岗位;安排好职工的离岗安置工作;强化三支队伍建设,推进技术技能人才培养和考评,评聘8名技术主管、47名技术专家、87名技术能手。通过“双导师带徒”“名师讲堂”和青年大学生送外培训等形式,强化青年人才培养;深化大工种管理,6个项目列入公司大工种清单。八是技术创新蓬勃开展。在研公司级科研项目5个、结题3个,中心级技术攻关13个、QC活动32项;评审奖励岗位技术创新成果92项,较去年增加88%;备案技术秘密3项,制修订企业标准3项,参与2项行业标准的制定,申请专利5项、授权1项,公开发布发表技术论文7篇;举办科技讲座3场,参加各类学术、技术交流活动30余场,与宝武、沙钢等检测同行交流经验,学术气氛大大提高。九是精益工厂创建不断深入。找准创建切入点,举办“四室”管理培训班,开展“四室”自评;制定《检测中心精益工厂建设第一阶段工作内容》,开展“6S”问题点的排查和整改,查找出239个问题点已全部整改;合理改善工作环境,编制精益工厂资料,制作“6S”可视化看板,提高了职工的关注度。

【检验硬件设施建设】 一是“十三五”检化验能力建设项目统筹实施。快分实验室进入设备联调阶段,硅钢自动检测线已安装调试,物理加工9台套加工中心全面投入使用,兹维克120吨全自动棒材拉伸自动化调试完毕。项目建设缓解了试样加工、端淬和金相检验瓶颈,满足了产能释放,有效解决了冲击试样和硬度试样加工问题。二是烧结矿取制样自动化按节点推进。在对标国际一流水平、多轮次交流考察比对的基础上,充分论证确立项目方案,提供技术需求,实行技术封口,目前项目已进入施工阶段,计划2019年6月建成。三是有序安排实验室改造提升。检化验二站检验大厅、检化验三站湿法力学间、7道轨道衡大修改造按期完工,彩板实验室搬迁建设顺利验收,提升了实验室现场硬件条件。四是检验信息化系统完善升级。推进检化验系统改造,增设实验室管理等功能;实现外购原辅料水分、粒度等物理指标由LES系统转向QS系统录入;开发管控中心试样进度管理系统;一、三钢检化验系统功能业已具备;变更ERP系统业务79项;外购原辅料检验条码功能正在开发。

【党群工作】 一是党建工作做实做深。举办"十九大"精神、《中国共产党纪律处分条例》知识竞赛;推动基层党建标准化建设,组织党建品牌创建活动;坚持跟班蹲点,对收到意见建议及时回复或解决。认真开好"讲严立"民主生活会、三查三问对照检查会;参加公司"两无"视频创新案例评选,组织党员开展学习教育活动,不断激发党员队伍活力。二是筑牢廉洁风险防控基础。修订中心廉洁从业"七不准"为"十不准",签订《检测中心党风建设和反腐倡廉工作责任书》,将党风廉政和反腐倡廉工作落实到人;拍摄"红线"警示教育微电影;成立了中心廉洁风险防控测试小组,测试抽查了18个岗位;持续推进巡察整改工作,加强综合治理,为生产检验保驾护航。三是注重先进典型示范作用。召开年度"双先"表彰大会,表彰了4个先进集体、6个先进作业区和54名先进个人;"三八"节期间,表彰了先进女职工和在公司技能大赛中获奖的女职工。中心获公司劳动竞赛先进集体、工人先锋号、标杆作业区、巾帼文明岗、公司劳模等一批荣誉称号,并被评为马钢第29届文明单位、第五届安徽省属企业文明单位,增强了职工的自豪感、归属感,2018年共征集合理化建议157条,职工队伍整体素质进一步提升。五是落实关爱职工举措。高温期间为一线职工"送清凉",春节慰问大病重症职工和困难职工,并发放慰问金及公司互助帮困金;落实好公司的疗休养政策;开展文化娱乐活动,丰富了职工精神文化生活。

(杨　彬)

技术中心(新产品开发中心)

【科研工作】 2018年,开展科研项目128项,比上年增长12%,其中政府项目13项;申报发明专利174项,完成计划的202%;制修订国家及行业标准7项、企业标准34项。省级以上科技进步奖3项,"马钢高速车轮制造技术创新"获冶金科学技术一等奖,2个项目分获省科技进步一、二等奖;公司技术创新成果奖5项,其中获一等奖2项;公司优秀科研项目奖3项,其中获一等奖1项;管理创新项目获公司1个一等奖、2个二等奖和1个三等奖。

【新产品开发】 开发新产品67万吨,比上年增长30%,销售利润1.67亿元,超额完成年度计划。

车轮:高速车轮通过TSI认证并首次出口德国;贝氏体钢车轮在神华批量运用;EA1N车轴通过TSI认证、重载车轴获AAR证书并出口欧洲、澳洲和北美。

特钢:开发60余个新品,涵盖轨道交通、汽车零部件、高端能源及高端机械等,其中高铁齿轮钢18CrNiMo7-6通过中车认证并在复兴号装车试用,成功开发深海采油接头用不锈钢AISI 410。

型钢:国内首发Q450级专用车大梁用热轧H型钢并独家供货;Q450级桥梁用热轧H型钢首次批量应用;国内首发热轧花纹H型钢并批量供应;深中通道用T型钢应用于世界级工程。

线棒材:轨道交通用弹簧钢通过CRCC认证并供货;汽车悬架簧钢通过上汽、中国弹簧和蒂森克努伯认证;汽车冷镦钢通过一汽、上汽认证;成功开发军工和轨道交通用冷镦钢产品。

热轧结构钢:1200兆帕级热轧超高强钢国内首发;海底管线钢X65MO应用七大海底管道工程;耐酸钢Q345NS应用马钢煤气管道,提高服役寿命3倍以上;铁道货车用钢S450AW获铁科院第三方评价合格;实现CSP铁素体轧制工艺顺行。

家电板:薄规格环保型耐高温家电无铬钝化板批量生产,伺服器专用导电热镀锌板通过富士康认证,极薄规格电池壳用钢DCK通过盛达认证并形成批量。

彩涂板:成功开发美的冰箱用彩涂板、特殊行业用耐双氧水彩涂板及镀铝锌彩涂板;电视机背板用彩涂板通过索尼新机型认证并批量供货。

硅钢:M50W470在上海电气测评合格;新能源汽

车用硅钢通过南京越博试用；二次退火型硅钢试用性能达到国内一流水平；迈进多涂层体系，0.30—0.35毫米驱动电机用硅钢无铬涂层试制成功。

汽车板：先进高强钢研发进展显著，冷成形先进高强钢DP980形成批量、QP980与镀锌DP980开发成功；形成包含镀层、高冷弯、抗氢致延迟断裂热成形钢在内的产品家族。

【EVI推进】 实施18个EVI项目，新增订单30.6万吨，新增销售利润1.18亿元。长材完成供南高齿GE风电用钢产品认证，减速器齿轮坯质量提优方案得到温岭精锻认可；汽车板开展46个车型客户服务，通过了54个牌号认证，其中包括通用全球一级工程认证和上汽大众认证，通过了一汽集团二方审核；家电板与格力合作实现空调外机轻量化材质替代、壳体用彩涂板开发与技术支持；硅钢成为深圳大地和合格供应商，通过新动力电机等用户认证，提升了在新能源汽车驱动电机领域的影响力。

【平台建设】 国家级企业技术中心评价排名提升至138位，“轨道交通关键零部件先进制造技术国家地方联合工程研究中心”已由国家发改委公示，“安徽省轨道交通轮轴工程研究中心”通过省发改委验收，申报了“安徽省高性能建筑用钢创新中心”。

【技术服务】 集中优势技术力量，高质高效解决制造单元技术难题，助推公司精益制造水平提升。围绕综合利用和节能环保，开展电炉灰等8项固危废处置技术攻关；开发钢渣制备高性能填料及生态护岸工程用材料等综合利用技术；开发加热炉分段燃烧监控技术并在四钢轧应用。围绕高炉稳定顺行与指标提升，持续监控入炉有害元素，优化配煤配矿降本；开展高炉工艺参数测试、炉役后期监护、大修及投产跟踪；推进烧结降耗、高炉长寿技术成果的现场应用。围绕炼钢工艺优化，美标车轮超探报警率攻关后减少50%以上；研究板坯角部横裂纹控制关键技术；解决M950JJ、QP980铸坯断裂问题；提高钢水洁净度，推动0.3毫米极薄规格电池壳钢批量生产；夹杂物塑性化工艺在国铁、标动、德铁高速车轮产品中推广应用。围绕情报信息，持续进行了科技政策、行业前沿技术、热轧生产线及环保措施的跟踪调研，开展了一系列产品专利分析，为科研立项、产品技术路线选择和专利布局提供方向。围绕对外经营，江南公司（省一站）实现利润480万元；技术咨询公司创收1410万元，实现利润590万元。

【品牌建设】 大力推行品牌战略，成功策划召开家电板、硅钢、特钢和汽车板技术服务年会。参加亚洲汽车轻量化展览、安徽省改革开放40周年科技成果展。着力品牌培育管理体系作业识别，开展“2018品牌就在身边工程”，通过走访客户和延伸技术服务推介产品，提高用户对公司品牌的认可度。征集上报8篇品牌故事征文，获全国品牌故事大赛省二等奖2项和优秀奖3项、全国二等奖1项。

【科研检验】 全面实行检验、设备维修内部市场化；完善科研检验手段，投资1000万元添置场发射扫描电镜+EBSD、电感耦合等离子体质谱仪等设备；实现了微合金钢、管线钢和车轮钢光谱标样创效；承担在研国家项目1项，开展技术支撑APQP项目和EVI服务任务20项，疑难杂样检测57项。完成车轮断裂韧性、纯净度生产检验、原辅料复验仲裁等任务；完成特种设备检验2449台，压力管道21余万米；全年实现检验产值1802万元。

【企业管理】 在基础管理上，执行周工作备忘制度，强化工作落实。坚持制度自我诊断，持续开展体系文件辨识更新，确保持续有效。简化管理流程、加强管控服务，提高管理效率和质量。在绩效评价上，强化责任落实，对部门服务质量打分评价；实行问题追溯，在充分调查的基础上给予合理考评以督促有效整改；在队伍建设上，按“一年现场培训、两年导师带徒和三年定向培养”模式，结合驻厂导师带徒展开培训；开办四期高级研修班；积极申报市级、公司级人才梯队；强化后备干部培养，6名职工在公司优秀青年干部选拔中脱颖而出。在安全、环保及设备管理上，全面宣贯《安全生产禁令》，推进“安全生产攻坚行动方案”，落实隐患排查治理，开展“安全生产月”活动，全年事故为零。加强实验室达标排放管理，落实环境管控，实现环保目标。加强设备基础管理和项目管理，完善实验平台，提升设备保障能力。

【党群工作】 深入学习贯彻党的十九大精神，持续开展季度党员创先争优活动，全年评选40名“党员六带头之星”；深入推进“项目党建”“用户党建共建”工作，案例入选省委组织部“党建微案例”；落实党风廉政建设和反腐倡廉，开展“小金库”自查和“三查三问”专项行动，对中心外委检修项目、检验设备使用效能等进行了专项巡察、通报和考核；优化了基层党组织结构，建立了党建经费管理办法，规范了支部教育活动，支部组织力得到提升；牢牢把握意识形态主旋律，组织读书、征文和“点将论道”大讨论，全年中心网组发中心报道5C0余篇，《中国冶金报》《马钢日报》等媒体发布报道近百篇;树立创新典型,弘扬创新文化,开展"创新十佳"评选表彰活动;组织 EVI 项目劳动竞赛,征集合理化建议等群众性技术创新工作;服务青年切实需求,"青"字号工程富有生机活力。

(万　炜)

铁路运输公司

【主要技术经济指标】 2018 年,完成铁路运输总运量 3726 万吨,劳动生产率 2.28 万吨/(人·年);局车返厂率 0.55%;厂车周转 0.70 天。主要设备检修:完成内燃机车大中修 10 台,完成普通车辆大修 85 辆,混铁水车年修 50 辆。主要指标:总成本 3.91 亿元,总收入 3.64 亿元;全年实现降本增效 753 万元,超计划 268 万元;安全生产实现工亡、重大行车事故、重大设备事故、重大火灾爆炸事故为零,一般行车事故得到有效控制,万吨事故率 0.0021,实现连续安全运行 7986 天。

【运输保产】 以打造高效优质运输保产品牌为抓手,对内夯实运输组织基础管理,对外加强协调与沟通,提高保产能力和服务质量。优化运输组织方案。以稳定、优质、高效为原则,编制下发了《2018 年运输组织方案》,并随着公司生产结构变化进行了 3 次方案调整。期间,因设备检修、生产波动,及时出台临时保产方案,有力地支撑了股份公司生产。做好阶段性重点保产工作。在年初暴雪期间,全公司上下打破作业界面、不分工种,连续奋战,保障了铁路运输的畅通;在三铁总厂 A 炉 30 天中修期间,利用路局集装箱完成了新区焦化干熄焦至二铁总厂焦炭库卸车工作;在二铁北区、长材北区永久性关停过渡期间,制定特护方案、落实特护措施,配合完成了其关停前的安全运输及放残铁工作。做好物流优化铁路增量工作。围绕股份公司物流优化方案中涉及铁路运输的 9 个项目,开展大量前期规划和调研,与内部生产单位加强沟通,确认细节与节点,与外部路局有关部门联系,寻求支持。加强运输基础管理工作。开展工艺纪律检查,进一步规范车站作业;根据各站生产组织的变化,开展了《车站工作组织细则》修订工作;下发了《混铁车作业时间标准》等文件,进一步规范了混铁车的运行与维检。运输服务质量不断提高。在股份公司工序满意度调查评比中,连续三个季度位列公辅系统第一名。

【安全管理】 以全面落实安全生产责任为基础,以强化现场巡查为抓手,以提升全员安全素养为目标,不断筑牢安全基础,努力提升安全管理水平。强化安全生产责任。制定了《铁运公司安全生产事故事件问责办法》,与各站段签署安全生产责任书,将安全考核指标细化分解,明确各级别人员安全生产职责,层层传递压力;通过机关各室与站段挂钩、管理人员风险抵押等形式进一步压实责任。持续推进体系建设。按照安全标准化体系运行要求,不断规范管理行为,突出示范班组效应,持续改善安全生产条件。1 月通过了安全标准化二级企业复审;开展了职业健康知识讲座、职工定期体检、环境定期检测,有效控制了职业病危害;加强隐患排查、危险源防范工作,按照《马钢重大生产安全事故隐患排查治理专项行动实施方案》要求,开展了煤气报警仪等专项治理。全方位开展安全教育培训及演练。认真落实马钢安全生产相关会议精神,积极开展"禁令"学习活动;制作了典型事故案例微视频;全年开展各类应急演练 9 次;开展了全员安全大讨论活动,近 3000 人次参与,收集安全心得 180 余篇,有效推动员工安全意识提升。抓好外来劳务人员安全工作。根据公司六点工作要求,对在建的基建技改及检修工程进行全过程安全督查,确保安全处于可控状态;下发了《业务总包、工序(工作量)委托、维修协力等劳务人员安全管理办法》,明确公司外来劳务人员安全管理责任并纳入车间安全职责范畴,做到同管理、同考核。2018 年,安全工作取得历史最好效果。

【设备管理】 坚持精细化管理,强化设备状态把控,不断夯实基础管理,设备保障能力稳步提升。做好设备基础管理。下发了《2018 年铁运公司设备工作计划》,以目标和问题为导向,层层分解指标,制定措施并明确责任;健全设备运行目标评价和考核办法,全面提升设备管理能力;启动了设备"四大标准"修订工作。引进新设备、新工艺,提升检修和保障能力。首次引进了数字无线调车指挥系统,建成了内燃机车柴油机气缸盖检修中心,机车遥控已进入人员培训阶段,平板车脱轨制动装置的投用以及机车安控系统的升级,标志着我们在强化设备本质安全上又迈上了新的台阶。此外,为适应公司"去产能"生产结构调整,自行改造渣锅车、方坯车 80 余辆,既满足了生产需要,又节约了采购成本 3400 余万元。加大隐患整治力度。完成了 55 辆混铁车登乘棚改造;开展了混铁车大、小车架焊缝裂纹修复,消除了混铁车运行隐患;组织了钢结构、构筑物、铁水线、马南线等重点设备设施隐患消缺工作。实施检修项目工序外委。组织开展了铁路车辆铆焊和铁路道口电气设备维修两个工序外委，通过优化管理流程，加强过程管控和安全作业指导等，满足了检修保产需要。

【技术进步】 完成了两座铁水信号楼升级改造；"六机六流"第一阶段铁路改造项目已建成投运；重型H型钢铁路改造项目也正按工程节点稳步推进。大力开展创新工作。每季度召开创新工作室经验交流会，纪荣创新工作室被命名为马钢创新工作室。全年取得技术创新成果73项，"320吨混铁水车关键部件检修技术的创新与应用"获马钢2017年度科技创新成果三等奖，实现了公司在马钢级技术创新上的突破；全年专利申报16项，其中发明专利两项，申报数量再创新高；QC活动获安徽冶金协会优秀QC成果发布一等奖，TRIZ创新方法小组在马钢第二届创新方法大赛上分别获得一、二、三等奖，其中"基于TRIZ改善内燃机车气门座圈拆卸修复"项目代表安徽省参加了中国首届创新方法大赛并获得了一等奖的优异成绩；铁路信号综合智能系统作为我公司首个产学研合作项目，已经通过相关论证并立项，目前正在积极推进中。2018年申报管理创新7个项目，其中，2个获马钢管理创新二等奖、1个获三等奖。此外，参与了行业团标的制定，承担了《冶金企业铁路行车组织规则编制规则》的修订工作。

【环保工作】 围绕中央环保督察"回头看"、蓝天保卫战和固体废物专项整治3项重点工作，盯住节点、制定措施、细抓严管、监督到位，环保工作全面受控。做好钢渣全热焖运输保障工作。股份公司提出南区钢渣"全热焖"目标后，积极配合3个钢厂和资源分公司，做好运输衔接，确保弃渣工作平稳过渡。加强南山精矿运输的环保管控。在巩固原有降噪措施的同时，对马南线运输扬尘抛洒现象进行了重点整治，下发了《马南线列车防尘环保运行管理考核办法》，明确运行、鸣笛、车皮清扫等作业标准，确保运行受控，全年环保有效投诉为零。加强铁路施工现场管理。建立巡察制度，每周两次对各施工现场进行检查，督促施工单位做好工地边界围挡、堆场覆盖、出入车辆冲洗工作，严格按规定做好施工土方外排。强化固废管理。以对固废的源头控制为重点，加强固体废物分类收集工作，建立了无利用价值固体废物存放点，同时规范流程、健全相关台账和记录，按规定做好危险废物的回收、暂存、转运、处置。

【企业管理】 以精益运营为主线，以专项改进为突破，以全员改善为基础，不断完善各项管理制度，持续提升管理有效性和成熟度。一是强化重点工作落实。拟定了2018年重点工作和调研课题25项，逐一分解落实责任，按节点推进。二是完善管理体系建设。下发了《铁运公司2018年综合管理体系建设实施意见》，制订了推进计划，全年新编制、修订体系文件13份，对公司236个岗位工作标准重新修订；通过了股份公司环境、测量、能源、质量管理体系内审。三是持续推进品牌建设工作。下发了《铁运公司"2018品牌就在身边工程"实施方案》，确立了创建高品质运输工序保障、铁运特色安全文化、内燃机车轮修示范基地三项"子品牌"，公司品牌建设初现成效，有力助推了公司安全、运输、设备保障工作。四是开展降本增效和创收工作。通过局车组织质量管控、铁水均衡调配以及替代运输项目等措施，全年实现物流降本820万元，通过承接第三者运输和外部检修，实现创收169万元。五是推进精益工厂创建。按照跟进单位工作要求，制订整治计划、措施，先后召开5次现场推进会，树立标杆，带动后进，全员参与，创建工作得到公司部门及3A公司专家一致好评。六是做好人力资源工作。完成了焦化、一厂信号楼合并；二铁北区、长材北区停产后，下线3台机车，减员42人；全年政策性离岗及退休共实现减员143人；为配合公司去产能政策，接收安置二铁北区分流人员23名。七是积极开展教育培训工作。在继续开展乘务员技能等级复审、晋升的基础上，开展了调度员技能考评及等级管理工作，调动了员工学习业务技能的积极性；完成了职工培训机考中心的建设工作；继续开展技术技能型人才大讲台活动。

【党群工作】 一是开展庆祝铁运公司建厂60周年系列活动。完成了公司展厅改造和专题宣传片的拍摄制作，组织了《幸福路》职工文艺汇演，鼓舞士气、凝聚人心。二是开展岗位创新创效活动。开展全员合理化建议，依托"马钢e工汇"平台开展职工网上练兵，开展了各类型劳动竞赛及技术比武活动，有效促进职工队伍活力和素质的提升。三是开展作业区升级竞赛活动。下发了作业区升级竞赛相关办法，进一步完善了作业区建设标准，促进了作业区自主管理能力的提升。四是民主管理有效落实。完善以职代会为基本形式的民主管理制度，依法合规审议事关职工切身利益的重大事项。五是困难帮扶持续深化。开展慰问走访、金秋助学等活动，发放慰问款和大病救助金52.48万元。

2018年，铁运公司获得第五届省属企业文明单位、第十一届安徽省文明单位等荣誉。

（阮　健）

港务原料总厂

【主要技术经济指标】 2018年,自备码头完成卸船量1010万吨,混匀矿1453万吨,外供总量4982万吨,分别比上年提升10万吨、19万吨、141万吨。烘干筛分块矿外供248万吨,比上年增加30万吨。固废处理系统工程自4月26日正式动工至9月30日投产,达到使用功能,日均处理灰量由76吨提高到430吨。混匀矿一级品率100%。全年设备可开动率99.42%,设备事故故障停机率0.13‰。

【安全生产】 以高炉为中心,克服水源地督查、暴雪暴雨的影响,做好应急保供和炉机检修期间的生产管控,生产组织有序,系统运行稳定,影响高炉事故为零,生产能力再创新高。以"零故障"管理为目标,创新诊断式设备检查模式,加强对关键设备的维护和应急保障,全年安排计划检修11922项,现场维护4812项,故障及非计划检修144项。持续推进隐患排查与整改,对部分通廊进行封闭;对全厂电气房所、电缆通道、电气消防进行改造;对料场排水系统进一步优化;开展了块矿煤气系统专项检查,确保达到技术标准。深化"诊断式"隐患排查治理,推进事故预防科学化、标准化,提升安全生产整体预控能力,全年排查隐患357处,整改率100%。针对改造和检修项目多的特点,实行"旁站式安全监护"和"点到制"安全管理,立足长远,全面落实"四不干""四不要""四受控",安全文化持续深入推广。

【环保工作】 根据马钢蓝天保卫战会议精神,制定了总厂2018年蓝天保卫战行动方案,实施四级管控。采取切实可行的环保措施,料场苫盖总覆盖率达到60%;开展了码头三项治理、料场排水、喷雾抑尘等工作,解决了作业现场扬尘等问题;根据《钢铁企业超低排改造工作方案》的要求,编制了我厂2018—2020三年改造工作方案,A、B高炉供料系统除尘项目投入运行,目前已启动C26、C27更新改造和3号矿槽增设除尘器等工程。

【改革发展】 全面贯彻精益理念,以争创一流的精神激励职工,以最少码头岸线、最少库存、最少原料周转时间创造最优接卸效率、最优混匀矿指标、最优劳动生产率。推进人力资源优化工作,上报后备人才需求计划,合理配置中层管理人员,提拔调整科级管理人员5名,稳妥安置二铁总厂分流50人。以职工能力提升为核心,举办了桥机工、胶带机工、机械点检员三工种职业技能竞赛和各类培训,逐步满足大工种能力要求。在公司的关心支持下,启动了原料场环保升级及智能化改造项目,9月成立马钢原料场环保升级及智能化改造工程项目部,预计到2021年12月完工投入使用。

【技术进步】 2018年,混匀一分厂外供混匀矿38堆,混匀二分厂外供混匀矿34堆,合格率均达100%,居于行业领先水平。完成了"减少码头卸船洒落料、提升码头作业安全性能""二铁四座高炉焦炭分炉计量""提升块矿烘干产能与系统稳定性"技术攻关项目的结题资产划转;推进了"提高2号混匀系统混匀矿质量技术攻关"产学研项目;积极开展专利的收集和申报工作,授权专利6项,新申报专利5项;邵世平、杨杰两个创新工作室完成创新创效成果34项,同时开展了首届港料工匠选树活动。量身打造品牌,创建了港口卸船能力、混匀矿质量、外供保产、块矿烘干及冶金尘泥循环利用工艺等具有总厂特色的品牌。

【党群工作】 深入学习贯彻党的十九大精神,举办了"学习十九大建功在岗位"知识竞赛;围绕总厂中心工作,打造"三比三看""一带一"先锋活动、矩阵式党建等特色品牌;全面推行"党建+"模式,与生产建设和改革发展深度融合,获得省文明单位称号。发挥宣传舆论引导作用,全年对外投稿466篇,编制《港务原料》49期,加大网络宣传力度,总厂网站全年各版块发布稿件、文章1800余篇。切实履行监督监察职能,在工程建设、职工薪酬管理等环节大力开展监督工作,在全厂范围开展整治"小金库"检查工作。工会组织积极开展群众性经济创新、民主管理、困难帮扶等工作,被评为2018年安徽省模范职工之家。团的工作围绕"传承马钢精神绽放青春风采"主题,动员和激发青年职工的担当和主人翁意识,引导青年积极投身新一轮建设取得新成绩。总厂被评为安徽省第五届省属企业文明单位。

(胡静波)

第二炼铁总厂

【主要技术经济指标】 2018年,生产合格生铁784.04万吨,烧结矿1002.58万吨,球团矿269.31万吨；自发电 3.48 亿千瓦时；高炉利用系数 2.397 吨/(立方米·天)；烧结机利用系数 1.269 吨/(平方米·小时)；球团竖炉利用系数 7.558 吨/(平方米·小时)；全年降本增效 6.67 亿元；无工亡、火灾、设备、爆炸事故。

【生产组织】 紧紧围绕稳定高效生产，完善高炉体检预警应对机制，建立"铁烧球"运行评价体系，全厂生产取得新进步。一是高炉基本实现稳定均衡生产。克服了年初气温较低雨雪频繁、1 号高炉炉役后期特护、临涣焦质量下滑等众多不利因素，精心调整，合理组产，高炉生产保持稳定。尤其是 1 号高炉炉役后期生产特护成果显著，大修停炉前保持安全稳定生产；3 号高炉日产已稳稳站在 3000 吨以上生产平台；4 号高炉日产铁水 7900 吨，进入提产第一档，在 2018 年 7 月"全国重点大型耗能钢铁生产设备节能降耗对标竞赛"中取得第二名，位列"优胜炉"第一名的好成绩。二是烧结生产平稳增长。坚持以"服务高炉"为宗旨，细化"三机对四炉"生产管控，强化混匀矿换堆管理，制定雨雪天气进料制度，消除系统瓶颈制约，生产应变能力显著增强，烧结矿产量比上年增产 100 万吨。三是球团产量再创新高。克服环保达标排放、1 号和 2 号竖炉炉役后期护炉、膨润土质量波动等不利影响，建立体检制度、严格工艺操作纪律，实现高效生产，球团矿比上年增产 6 万吨，创历史最好水平。四是组产保供科学有序。建立生产经营评审与评价制度，评审分析生产经营活动、生产决策更加科学合理，评价分析生产经营效果、生产经营持续改善。及时掌握原燃料及能源动力介质保供信息，主动加强内外协调，生产运行更加稳定；全厂各道工序坚持以高炉生产为中心，积极协作，主动配合，也为高炉稳定均衡生产提供了可靠保证。

【降本增效】 紧紧围绕公司下达吨铁降本 84 元目标，与同行先进开展对标，挖掘降本增效潜力。高炉以开展降低消耗及增煤节焦攻关为重点，持续探索优化操作制度，在 1 号高炉炉役后期操作难度大、干湿焦转换及外购焦大量使用的不利因素影响下，燃料比与上年相比下降了 3 千克，3 号、4 号高炉部分经济指标优于对标单位。烧结强化生产过程控制，提高混匀矿磁精粉配用比例，加大对无烟煤监管，固体燃耗比上年下降了 1.15 千克/吨。球团优化工艺与操作制度，稳定竖炉炉况，释放竖炉产能，工序能耗比上年降低 1.45 千克标煤/吨。优化配料结构，科学配用固废资源，原燃料降本 4.92 亿元。全年吨铁降本 86.31 元，兑现率达 102.8%。

【节能减排】 完成了 1 号、2 号烧结机 6 台环境除尘器输灰系统改造，实现除尘灰封闭管路输送。实施了 1 号高炉热风炉预热器改造，对煤气除尘进行湿改干，2 号高炉热风炉采取智能燃烧，节能减排取得新成效。自发电创历史新高。强化自发电设施运行管理，完成了 4 号高炉 TRT 系统设备消缺，4 座高炉吨铁发电量为 36.1 千瓦时/吨，超公司计划 1.42 千瓦时/吨；3 号烧结机废气成功引入了余热发电系统，吨矿发电达 8.1 千瓦时/吨，与上年相比上升了 2.66 千瓦时/吨。全年自发电 3.48 亿千瓦时，比上年多发电 3000 万千瓦时。减排工作成果卓著。5 套脱硫设施运行正常，综合脱硫效率达到 87.5%，比上年提高了 3.1%，减排二氧化硫 1.1 万吨，全厂环保设备同步作业率达到 99.6%以上。全面强化中央、省环保督查回头看期间现场环境管控。督查期间总厂成立现场环境管控工作小组，制定现场环境质量保障工作方案，严格落实总厂环境管控各项措施，强化对托管运营单位管理，厂区环境、空气质量大幅改善。为防止不测事件发生，部门、分厂安排专人 24 小时轮流值班，全天候监控，督查期间污染物排放达到或优于国家标准，受到公司环保部门高度好评。

【设备保障】 1 号高炉大修紧张有序。经过紧张有序筹备，10 月 10 日 1 号高炉安全顺利停炉，快速移交总包与施工单位实施大修；大修项目部针对工程设计、材料供应、设备制造与安装、现场交叉施工等众多大修环节，全面跟进，严格管控，牢牢把控工程进度、质量、安全等工作落实，大修按计划有序推进。圆满完成 1 号、2 号竖炉中修。安全、高质、快速完成了 224 个检修项目，为球团优质、高效生产提供了强力支撑。设备基础管理不断增强。以设备运行"零故障"为目标，强化设备点检、群检责任落实，持续开展专业化、制度化设备隐患排查整改，推行设备信息化管理，加强设备维保队伍管理和检修质量监督，设备运行水平与保驾能力显著提升。高炉设备作业率 99.24%、烧结 97.52%、球团 97.97%，均好于公司下达目标要求。

【技改攻关】 氧化铁皮与瓦斯灰受料系统改造项目圆满完成。针对炼铁瓦斯灰输送与烧结固废配用难题，投资 950 万元，新建了氧化铁皮项目，改造了瓦斯灰收集输送设施，年增加效益 3600 多万元，解决环境二次污染，获得经济与社会效益双丰收。3 号高炉煤气脱盐改造项目成功实施。有效解决了煤气管道腐蚀难题。设备改造稳步推进。4 号高炉均压煤气回收第一阶段改造已经完成,资源回收、大气环境进一步改善;实施了高炉控制系统卡件更新、安保电源改造,保证了高炉稳定生产;球团4号造球盘更新,入炉生球质量进一步提升;针对设备存在问题与隐患,逢修必改,系统运行更加稳定。

【1号高炉特护与大修停炉】 成立1号高炉役后期生产特护组,制定保供方案和紧急事态预案,全面监控高炉趋势变化,24小时跟班特护,定期召开特护例会,提出问题,解决问题,1号高炉大修停炉前保持安全稳定生产。精准控制洗炉料量,全程跟踪气流变化,合理减薄炉墙渣皮厚度,多举联动,活化炉缸,料线成功降至风口平面以下。依据炉缸侵蚀模型,精确计算炉缸残铁,找准铁口,快速钻眼,放残铁400多吨,炉墙无挂料、无残存,40小时交付检修,创造了大型高炉大修停炉时间最短新纪录。

【去产能工作】 坚定不移地执行公司部署,全面落实北区去产能。北区实现安全永久性停产。成立了北区永久停产领导机构,认真梳理停炉停机的各个环节,反复商讨,仔细研判,制定了高炉降料线、放残铁、水电气关停等各种方案和预案,责任到人,细化到点,严格落实,4月27日北区安全、顺利、快速全面实现永久性停产。职工分流安置稳定有序。加强政策宣传、舆论引导和解疑释惑,制定了周密的安置方案和应急处置预案,明确分流渠道、安置人员数量和时间,紧盯职工分流风险点,北区541名职工分流安置公正、公平顺利圆满完成。设备拆除与老工业遗址保护全面推进。根据《马钢2018年化解钢铁过剩产能工作计划》,编制完成了北区设备、设施整体拆除组织方案,设备和设施拆除、划拨、核销等处置工作安全有序推进,10号、11号、13号3座高炉及热风炉主体项目已安全顺利拆除。积极配合公司永久性保留9号高炉,成立拆除加固项目部对9号高炉进行保护,同时收集整理文件、影像和图片资料,为今后建立工业遗址提供了良好的基础条件。

【企业管理】 制度体系建设逐步完善。根据体系建设要求,开展了总厂管理标准与制度梳理、审核与修订,制订完善管理标准109个、作业文件38个、一般制度127个、办事流程61个,坚持制度管人,按流程办事。精益现场管理稳步推进。坚持现场每周检查通报、月度星级评比、季度总结、半年颁发"金牛奖、蜗牛牌",现场管理水平持续提升。"跑冒滴漏"专项治理稳步推进。组织开展"跑冒滴漏"专项治理,查找"跑冒滴漏"522个,制订整改计划,强力推进,每周督查,有力支撑了稳定生产。人力资源优化稳步推进。坚决执行公司人力资源优化4项政策,办理居家休养43人、解除劳动合同32人、编外管理2人、保留劳动关系1人。安全管理全面强化。加强安全基础建设,深入落实安全生产标准化;强化外来人员及大修施工现场安全监管,对所有外来单位进行了资质审查,建立了安全管理联动和自我评价机制;组织开展隐患排查治理工作,总厂保持安全生产。

【党群工作】 全面加强党的领导,持续强化党的建设,充分发挥党群组织优势。一是扎实开展"讲严立"专题警示教育。贯彻落实习近平新时代中国特色社会主义思想和新时代党的建设总要求,落实全面从严治党、严肃党内政治生活、纯洁党内政治文化、净化优化政治生态,广大党员干部担当作为不断增强。二是强化思想教育和形势任务宣传。开展了征集学习《年轻》《差不多先生传》心得体会文章活动,共征集学习体会文章56篇,在总厂刊发优秀文章18篇;与《马钢日报》联合举办了"我与9号高炉的情缘"征文活动,在各类媒体发稿510多篇;积极开展政研活动,组织撰写思想政治工作研究文章和调研报告13篇,其中2篇分别获得公司一等奖和三等奖。三是团的工作有声有色。开展"牢记使命跟党走"主题教育活动,组织"讲理想,比贡献"暨"品牌故事大赛"演讲征文活动,征集"双五小"项目,开展导师带徒,培养青年职工岗位成才。四是深入推进职工创新创效。积极发挥职工聪明才智,征集合理化建议738条,岗位创新创效成果54项,命名先进操作法17项。五是积极培养人才。组织开展总厂第七届职业技能竞赛,328名职工参加7工种技能竞赛,7名职工获得总厂"技术状元"称号,高炉炼铁工刘洋在第九届全国钢铁行业技能大赛中荣获第4名。六是关心职工生活。为全厂职工办理了意外伤害保险,帮扶救助困难职工,组织开展"夏送清凉"等活动,总厂家园文化和谐温馨。

(*石天顺*)

第三炼铁总厂

【主要技术经济指标】 2018年,生产合格铁水624.83万吨,烧结矿805.04万吨,球团矿236.73万吨,降本总额48809.14万元,吨铁降本78.12元。

【企业管理】 一是构建人才体系框架,细化人才培养的目标、任务和评价。建立公平公开公正的人才选聘机制，在关键岗位公开招聘高炉代理炉长。立足于工匠基地，强化培训体系建设，全年组织 180 余场次，培训 5800 人次，覆盖了总厂全体职工。持续开展职业技能竞赛，共计 216 名职工参加竞赛。继高炉仿真实训系统开发使用之后，相继开发了运转、烧结模拟操作、练兵和竞赛于一体的多功能平台，有效推动了技术进步和职工技能素质提升。《建立基于高炉仿真系统的大型高炉工长培训制度》获得了马钢管理创新成果二等奖。二是强化综合体系推进工作，推进体系化管理，以综合体系为抓手承接公司卓越绩效管理，坚持梳理文件的科学性和有效性，同时稳步推进岗位操作规程的符合性排查和整改工作。三是根据公司二铁北区去产能职工转岗安置工作安排，成立安置领导小组，积极稳妥地完成了转岗职工的迎接、宣传、培训上岗和导师带徒工作。完成了竖炉停产去产能安置人员转岗培训上岗工作。四是以精益“6S”管理为切入点，全面推进精益现场管理，通过评选授牌“金牛奖”和“蜗牛奖”，加强观念转变，促进全员参与。成立 TnPM 工作小组 50 个，按照 PDCA 有序推进；采用样板区达标验收、红牌作战、改善亮点、挑战 PK 赛和自主改进等方式综合推进。全年累计完成有效改善亮点 1570 条，现场环境明显改善，职工素养明显提升，精益现场管理效果初显。五是定期开展安全生产大检查，完善职业健康体系建设，推进安全生产标准化。安全隐患排查治理深入有效，查出问题 183 项，治理 137 项，不具备治理的制定有效防控措施。加大外协和劳务的安全管理力度，重新修订管理办法，加强安全过程监督检查，对严重违规的单位一律停工整顿，屡教不改的禁止入厂。总厂全年轻伤以上事故为零。

【生产组织】 一是紧紧围绕稳定高效目标，建立以高炉为中心的烧结、球团、喷煤、水处理、转底炉、设备和外部配煤配矿八大工序高效协同的生产联动体系。二是以公司下达的计划值为基础，制订月度生产经营计划，加强内控体系管控，实行闭环管理；定期对经营效果评价，分析问题、查找短板、改善运行、固化标准，生产任务全面完成。三是“一炉一策”差异化组产成效明显，A 高炉在中修后最大化释放潜能，在炉况稳定的基础上提高产量；B 高炉基于炉役晚期不利条件，在保证炉缸安全的基础上稳产、低耗。四是管理部门强化过程管控。通过合理系统谋划和组织生产，确保了总厂各条生产线有序攻守退，成功化解了外部因素劣化对生产组织的不利影响。五是强化信息沟通。分层次建立总厂、分厂和专业生产管控微信群，坚持周六生产协调联动例会制度，重点解决现场难点问题、遇事扯皮问题，有效消除了管理盲区。坚持日早会、周体检会、月评价会，完善 PDCA 循环，做到事事有人管，事事有跟踪，事事有回复，有效保证了高炉系统的高效联动运行。

【设备保障】 设备保障显著增强。一是逐步推进标准化建设。根据《股份公司设备“四大标准”评价审核实施计划》，对总厂设备进行全面梳理、自查自评、制定措施，重点推行检修管理现场标准化、过程标准化、质量标准化，推动了设备标准化运行的有效落实。二是加强重点设备的周期性管理，对高炉、烧结、球团 3 条生产线的关键设备进行全面梳理，确定使用寿命周期，按期更换；实行点检员点检路径跟踪，确保设备周期性管理落地。三是提高设备信息化水平。建立设备信息化系统，完善日报表及大数据平台，完成数据库开发，A 高炉成功运行炉顶生产群检智能监控系统。四是协力管理不断规范。开展“以我为主”的协力维修管理，实行月度绩效考核，推动全厂协力参与设备巡检、周修计划编制、自主维修，在烧结区域率先开展了主动维保，设备领养的试点工作，全面打造协力维保与生产运行利益共同体。全年设备作业率 98.21%，较上年上升 2.7%；设备事故大幅下降；设备运行稳定性提升。

【降本增效】 铁水成本持续降低，行业排名由 2017 年 45 名提高到 2018 年 15 名，排位进步 30 位；降本增效目标完成率达 101%，全面完成公司下达的降本任务，在“全国重点大型耗能钢铁生产设备节能降耗对标竞赛”中，A 烧结机获得了 300—400 平方米组别“冠军炉”称号，B 高炉获得了 4000 立方米以上组别“优胜炉”称号，节能降耗取得新突破。

【技术创新】 瞄准行业先进水平，开展全方位对标，深化与安徽工业大学、东北大学的产学研合作，成效显著。炼铁工序：针对高炉炉龄接近 12 年现状，完善建立炼铁、烧结、球团工序的体检预警机制和稳定评价体系，组织高炉技术团队开展技术攻关，实现 A 炉产量连续达到日产 9000 吨的目标，B 高炉继续在确保炉缸安全情况下，实现日产 8800 吨的一档稳定目标；高炉煤比稳定在 150 千克/吨水平；A、B 高炉利用系数分别以 2.16 吨/(立方米·天)、2.19 吨/(立方米·天)跻身行业先进水平；全年完成公司级高炉攻关项目 4 项。烧结工序：加大对原料粒级、水分和过程智能控制技术的研究，对余热发电提效优化，形成了独具特色的“低压、恒速、均风、超厚料层”低燃耗稳质量的操作控制技术；与上年同期相比，一级品率提高 17.29%，工序能耗降低 1.75 千克标煤/吨，固体燃耗降低 4.31 千克标煤/吨。“大型烧结机高效、环保、节能绿色集成综合技术”获中钢协冶金科学技术三等奖。球团工序：通过不断完善回转窑焙烧控制技术，进一步提升了过程控制水平，抗压强度平均达 2632N/P，提高了 140N/P，开展节能、低温焙烧综合技术攻关，链窑主抽变频节电，工序能耗较上年同期下降 2.1 千克标煤/吨。《220 万吨/年链篦机-回转窑环保、节能、低温焙烧综合技术的开发与应用》获公司技术创新三等奖。转底炉工序：通过对转底炉配料系统和热工参数的攻关，攻克危废电炉灰首次进转底炉使用的难题，危废电炉灰稳定配用 3%，累计处理固(危)废 82612 吨，《钢铁尘泥转底炉法环保处理系统集成及高效应用技术研究》获公司技术创新二等奖。通过不断完善技术创新机制，逐步构建了“项目—专利—成果”培育机制。全年共 2 项发明专利和 11 项实用新型专利获得授权；《基于创新方法研制皮带输送机清除物料杂物装置》创新项目获中国首届创新方法大赛总决赛二等奖；《在线可更换刀头的皮带头轮刮料装置研发》获第三届冶金青年创新创意方法大赛二等奖；《提高 B 高炉年均喷煤比》获安徽省冶金行业 QC 成果一等奖。

【能控环保】　加强环境管理体系建设，深入落实绿色发展理念。实行区域环境承包制，明确到人，落实责任。针对三铁总厂新区不新的局面，加大生产过程环保管控，对暴露出的问题及时制定方案组织落实，开展了煤场封闭、烧结熔破及燃破治理、高炉返焦及返矿管状皮带输送技术攻关；对全厂绿化进行了总体规划和完善，组织了烧结和球团脱硫脱硝超低排放技术交流，在中央环保督查“回头看”期间，总厂制定了环境管控行动方案，加强了对道路保洁、重污染区域、垃圾存放和无组织排放 4 个方面的管控，实现了清洁生产和“节能减排、达标排放”的工作目标。

【党群工作】　全面推进党建标准化工作，通过构建目标值管理体系，以高炉稳定顺行为中心，推进总厂各项工作有序开展，总厂党委被授予公司“党建标准化”先进党组织。通过开展跟班蹲点、基层调研、主题大讨论等活动，传递管理导向，掌握职工思想动态，解决存在问题。深入开展党风廉政建设，梳理风险防控体系，把落实“两个责任”纳入党建目标值管理。积极落实整改公司党委第三巡察组反馈的问题，建立销号管理和制度长效管理机制，新制定发布管理文件 18 份，修订完善文件 6 份。充分发挥“一报一刊一站”引导功能，弘扬正能量，服务大局。加强对意识形态管控，建章立制，严格管理微信群等新媒介。被授予马钢网络宣传工作先进单位。提升服务意识，为全厂职工办理了《在职职工意外伤害保障计划》，为大病特困职工办理帮困、疗休养和健康休养；组织防暑降温巡视、职工子女成材工作和冬送温暖夏送清凉等活动，打造职工信赖之家。总厂工会被授予全国总工会“模范职工之家”称号。被安徽省国资委文明委授予“第五届省属企业文明单位”称号。

（陈艳艳）

第一钢轧总厂

【主要技术经济指标】　2018 年，产钢 188.26 万吨，其中，板坯 13.56 万吨、CSP 薄板坯 174.65 万吨、方坯 0.05 万吨；钢材 183.82 万吨，其中，中板 12.81 万吨、CSP 钢卷 171.01 万吨。钢铁料消耗 1069.94 千克/吨，钢坯合格率 100%，中板合格率 100%，热轧薄板合格率 99.98%，中板成材率 94.73%，热轧薄板成材率 97.96%。

【生产组织】　以计划执行率、计划兑现率指标为中心，根据市场变化调整组产模式，采取有效措施确保生产安全平稳有序，全年 CSP 计划兑现率 95.91%，较 2017 年上升 0.03%。但受品种结构调整、生产难度增大等多重因素影响，全年 CSP 计划执行率 97.72%，较 2017 年下降 0.61%。深入推进精益生产的理念，以细化生产标准化过程管理、提升产品质量为工作重点，强化生产过程监控和结果评价。以生产稳定性为核心开展技术攻关和劳动竞赛活动，狠抓各项事故纠正预防措施的落实与完善，各类事故大幅减少。在生产难度明显增加的情况下，铸机漏钢、轧机堆钢次数与上年基本持平，CSP 轧机 9 月份全月无堆钢。

【品种质量】　围绕质量改进目标，持续推进流程管控项目的实施，在 2017 年的基础上对控制清单和相应的规格线、控制限以及目标过程能力进行梳理更新，确定了覆盖炼钢、精炼、连铸和热轧 4 个工序的公司级过程控制点 5 个，按照日监控、月分析、持续改进的工作模式进行管理，各控制点的过程能力基本都完成公司设定的目标值，有力支撑了产品质量的稳定与提升。冷轧表面质量追溯大幅降低，与上年相比，线状夹杂平均每月下降1206吨,孔洞平均每月下降218吨,划伤、色差和瓦楞印2018年基本没有追溯。全年平均吨材损失为4.14元/吨,比上年下降0.49元/吨,其中冷轧追溯吨材损失1.44元/吨,比上年下降1.48元/吨。硅钢基料质量显著改善,无铝硅钢单中包稳定浇注12炉以上,实现批量化生产,成品磁性能指标趋于稳定,成品表面质量控制稳定,线状夹杂缺陷让步率稳定控制在1.5%以下。CSP双线生产1.5毫米薄规格产量大幅提升,全年CSP线2.0毫米以下薄规格产量33.60万吨,与2017年相比增加10.92万吨。全年开发试生产22MnB5、M510L、Q235NHB、SAE1022、30号钢、Q345NQR2、M380CL等新钢种。动态监控质量管理体系的运行状态,重点关注薄弱部位和薄弱环节的运行效果,及时整改、验证,持续改进质量管理体系运行效果。进一步规范岗位标准化作业,组织完成了关键岗位操作指导书考试,确保技术文件核心内容得到操作人员的理解和贯彻,提升了制造过程中质量控制的有效性。围绕生产稳定、工艺优化、质量提升、降本增效和设备保障等方面,开展44项技术攻关工作和30个QC小组课题,热轧物流分厂行车点检QC小组荣获"冶金行业优秀质量管理小组"称号。

【设备管理】 坚持工艺主导、设备主动,按照"运行有效、保障有力、系统优化、节能降耗"的基本要求,深化设备综合效率评价(OEE)体系建设,提高了CSP生产线功能精度。以建立健全设备履历、设备档案管理为基础,通过状态监测和故障诊断技术,提高设备状态的把控和故障诊断能力,合理编制检修模型,实现设备管理由"预防维修"模式向"预知维修"模式转变。与上年相比,设备故障次数下降26.53%,设备故障时间下降32.52%。3号转炉获公司设备零故障管理竞赛优胜生产线,CSP生产线获公司设备精度管理竞赛二等奖、综合效率竞赛三等奖。高度关注影响产品质量的设备问题,强化设备与生产、技术的交流,强调设备功能投用和设备精度控制对提升品种质量的支撑作用;完善设备管理标准、技术标准和工作标准,建立关键生产线维检精度模型,及时解决影响产品质量的设备问题,保障设备应有的精度,实现设备稳定、经济、高效运行。板坯连铸机、中板轧机分别于2018年3月15日、3月23日永久性停产,现场值守看护、职工分流安置平稳有序。项目建设稳步推进,方坯连铸机、重异型坯连铸机工程以及三次除尘项目按时间节点推进,方坯连铸机已于2018年12月21日成功热试。

【降本增效】 深入推进以"日成本"核算为核心的成本管理模式,以本工序历史最好水平和行业先进水平为目标,进一步对标挖潜。通过提高生产稳定性,优化转炉操作,加大钢区回收,以及与武钢对标等措施,金属料消耗降本43.17元/吨,完成了降本任务的126.97%。通过采用合金替代、转炉少渣冶炼、转炉滑板挡渣等措施,合金辅料降本34.13元/吨,完成了降本任务的189.61%。以合理用能和节约用能为宗旨,探索并落实低产能条件下节能降耗措施。CSP加热炉通过优化燃烧控制、加强煤气阀的检修清洗、优化调整空煤比、停轧炉温控制等措施,减少非生产性煤气消耗,在薄规格产品比例大幅度上升、出炉钢温提高20℃的情况下,煤气能耗、CSP加热烧损率均与上年控制水平持平。积极推进降低备件库存资金措施,提高备件上机率,减少新产生的库存,全年备件上机率100%。并采取替代、修改等手段减少现有库存备件,备件库存比年初下降441.50万元,降幅7.55%。加大回收备件自修和修旧利废工作力度,进一步扩大备件的修复品种,规范备件修旧的管理,全年备件自修节约费用1071.76万元,外委修复备件1428.88万元,超额完成公司下达的任务。降本增效工作按照公司下达的目标持续推进,2018年降本1.35亿元。

【企业管理】 不断推进安全生产标准化示范班组建设,已有58个班组通过验收,达标率90.63%,其中1个班组获市、国家级模范班组。以规范市隐患排查治理系统建设为基础,完善总厂、分厂、作业区(班组)隐患三级查报队伍,提高隐患排查的广度与深度,在市隐患排查治理系统绩效考评中保持A级企业管理水平。认真梳理火灾防控区域,落实消防安全责任,组织开展隐患排查整治。针对在建工程,成立了由16名专职安全员组成的项目部安全室,"定点、定人、定时"全过程监护施工作业安全。全年工亡、重伤、重大生产事故、重大火灾事故、重大爆炸事故、重大设备事故均为"零",轻伤1人,年千人负伤率0.68‰。认真落实综治工作领导责任制、目标管理责任制、重大问题责任追究制。加强高位合金料仓、地下电缆隧道及放射源使用、管理、交接班情况的检查。制定实施《一钢轧总厂重点工程建设治安保卫工作方案》,明确施工单位在技改建设中的职责,建立了方坯连铸机、重异型坯连铸机项目联勤联防微信群,总厂护厂队和保卫部三大队重点工程保卫组建立联合巡查机制,"白加黑"不间断进行施工现场巡查,及时处置发现的问题。进一步开展人力资源优化工作,与先进企业对标,努力提高劳动生产率。统筹生产和建设期间的人员安排,做好过渡转型期的人力资源规划及劳动组织。根据新项目方坯、重异型坯连铸机的筹备进度,积极安排相关人员展开培训。启动精益工厂创建工作,设立29个样板区,自查自改存在的问题,周小结,月评价,职工自主改善意识明显增强、精神面貌焕然一新,精炼分厂摘得首个"金牛奖"。

【党建工作】 认真开展支部"创先争优"、党员双"两无"和"创党员示范岗,建党员模范责任区"活动,按照程序和标准做好入党积极分子培养教育和组织发展工作。项目部临时党支部成立督查室持续开展工程建设的督查活动,督促工程建设规范推进。开展党员赴红色教育基地参观学习接受革命传统教育活动,全厂524名党员参加了轮训。开展"讲忠诚、严纪律、立政德"专题警示教育,结合8个方面开展检查调研。开展巡视、巡察、效能监察及审计整改方面违规行为专项治理。重视技改工作中的反腐倡廉工作,成立了临时党支部,在项目部全体人员中开展多种形式的警示教育,坚决预防项目部人员职务犯罪。组织开展《一钢轧总厂党风建设和反腐倡廉知识》测试,全厂管理岗、"三管六外"等风险岗位共258人参加并全部合格。围绕人力资源优化、生产工艺改进、产品竞争力提高等具体工作开展效能监察,努力拓展效能监察的范围和领域,进一步建立完善监督保证机制。

【精神文明建设】 抓好党委中心组、支部中心组、党小组3个层次的学习。围绕两个文明建设,结合总厂二次创业的实际情况,与时俱进开展宣传工作。积极参加马钢成立50周年各类宣传活动,撰写各类征文50余篇,获得二等奖1个、三等奖2个。组织参加《年轻》《差不多先生》心得体会征文,获得二等奖、三等奖各1篇,被评为优秀组织奖。继续开展"最美一钢轧人"评选宣传活动,12名职工获奖。围绕生产重点工序指标及关键点开展了12项劳动竞赛活动,积极参加公司CSP生产线供冷轧基料合格率、CSP生产线质量总损失、"四定"完成率对标竞赛,以及围绕设备精度、设备稳定运行零故障、节能降耗开展的相关竞赛活动。继续开展合理化建议活动,收到建议324条。开展先进操作法、创新创效成果申报评审活动,表彰了5项先进操作法、15项创新创效成果。职工技能比武获佳绩,参加马钢首届网上练兵,58人获奖,占公司获奖总数的22.66%,获奖人数在参赛单位中名列第一。王宏军代表马钢参加全国冶金行业热轧技能大赛获技术能手称号,陈志刚、汤永刚参加市机冶化工工会首届钳工大赛分别获得第一名、第五名。建立送温暖活动长效机制,坚持开展日常困难职工家庭走访慰问活动。春节期间,为172名困难职工发放慰问款共计25.76万元。开展金秋助学活动,发放助学金和物质奖励5.8万元。组织开展中长跑、羽毛球、游泳等群众性职工文体活动,总厂拔河队代表公司参加世界拔河锦标赛、全国拔河锦标赛,荣获男子600千克、640千克级公开组季军、亚军、男女混580千克地方组冠军。

(张　荣)

长材事业部

【主要技术经济指标】 2018年,产钢447.4万吨、材405.2万吨。其中南区棒材103.2万吨、大H型钢85.1万吨、小H型钢57.4万吨、中型材3.7万吨,北区线材58.6万吨、棒材65.3万吨、型一7.2万吨、型二24.8万吨。全年钢铁料消耗南区1068.92千克/吨,北区1055.1千克/吨,铁钢比南区0.909,北区0.906。综合成材率南区棒材100.78%,大H型钢96.46%,小H型钢95.97%,北区线材98.74%,棒材102.64%,型一97.53%,型二98.27%。全年吨钢降本平均73元,相比BOM降本3.27亿元。销售收入150亿元;实现净利润17亿元,经营业绩创历史最好水平。

【去产能工作】 2018年10月29日,长材事业部北区3号转炉及4号转炉永久性停产,永久退出炼钢产能128万吨。这不仅标志着北区炼钢系统全部永久性关停,也标志着马钢化解钢铁过剩产能三年目标任务按计划圆满完成。事业部两级党政班子精心策划,通盘权衡,稳妥有序推进北区"去产能"职工安置。各产线发挥团结协作的优良作风,树立"一盘棋"思想,最大限度为转岗员工保留住了珍贵的岗位。通过政策性离岗、公司其他单位安置和内部安置,北区1254名员工全部妥善安置,兑现了事业部"一个不落下,人人有岗上"的郑重承诺。强化岗位培训。全年实施内训80项,培训3128人次;外训40期,201人次。举办"首届职工技能比武"大赛,炼钢工、连铸工、棒材轧钢工等一批优秀技工脱颖而出。事业部2名职工参加了"首钢杯"钢铁行业职业技能大赛,其中女工朱新华获得天车工比赛第24名。杨长荣、汪昌平领衔的技能大师工作室被评为2018年马鞍山市级技能大师工作室。

【重点工程】 新中型材项目按照工程节点要求顺利完工。2018年7月5日中型材加热炉点火烘炉,9

月6日产线热负荷试车全线贯通，进入生产阶段。2018年开发槽钢、U型钢、矿用钢、角钢等12个规格，实现原630生产线的产品全覆盖，并储备了开发普通工字钢、不等边角钢规格的能力。批量生产角钢、槽钢、U型钢、矿用钢等9个规格产品。

重型H型钢项目全面启动，完成了外方开球会、基本设计联络、详细设计联络、国内供货设备技术谈判、招投标等各项工作，介入总包单位设计过程，项目设计整体可控。在采购方面，创新采购流程，完成了加热炉、齿轮箱、开坯机、轧辊车床等长线设备公开招标采购，主电机采取竞争性谈判的采购模式。项目部优化编排网络节点，科学组织，以争创"鲁班奖"为目标，做好项目过程管控，争取工程早日顺利竣工。

【品牌建设】　遵循资源效益最大化原则，踩准"两头"节拍，现场连接市场，推行精品战略，深化产品创新，加快高端认证突破，扩大低温耐候产品、高强钢筋、铁路造车用材等高附加值产品比重。生产组织与市场营销始终保持均衡稳定和高效共赢的良好态势。

一是创新攻关成效彰显。转炉高效化冶炼周期降低4分钟/炉，打破班产和日产纪录；控制铝镇静钢氮含量方面取得显著效果，大幅提升冷镦钢以及H型钢品种钢钢水纯净度；天然气储罐专用低温钢筋研制取得突破，成功开发-165℃低温钢筋。

二是狠抓标准制定和认证工作。编制修订内控标准和企业标准11项；H型钢先后通过欧盟CE认证、新加坡BC1认证监督审核和JIS认证现场监督审核。推进长材产品创优创奖，热轧H型钢获省工业精品奖、《高低温韧性热轧H型钢关键制造技术研究》获省科学技术一等奖、《高强高低温韧性热轧H型钢开发与市场开拓》获中国钢铁工业产品开发市场开拓奖。

三是以专业化营销和"保姆式"服务，强力推介马钢品牌。调整建筑用钢销售重心，由量价结合转变为高强钢筋推广和应用，高强抗震钢筋的销售比例大幅增加，环比增幅接近100%。狠抓产品包装质量，优化质保书外观设计，高强钢筋抢滩江浙。相继成功中标深中通道2.5万吨型钢订单和华盛顿会议中心美标H型钢1.8万吨订单。型钢产品打入港珠澳大桥重点工程。自主开发的花纹H型钢首次运用于支护领域。新开发鹅颈钢、伸缩车梁用钢，不断增加马钢H型钢在中集专用车所占比例，年供货达2万吨，环比增幅100%。

【基础管理】　一是狠抓安全监督管理。安全实现轻伤以上事故为零，千人负伤率0.47。突出标准化管理在安全工作中的基础作用，全面开展隐患排查治理活动，取得明显效果，被市安监局综合绩效考评为A级企业。深刻吸取"7·17"煤气中毒事故教训，开展煤气隐患专项整治和安全生产应急救援预案演练活动，提升了应急救援处置能力。保护职工权益，预防、控制职业病危害，粉尘、噪声和高温等职业病危害因素监测率100%，接触职业病危害因素职工的职业健康体检全覆盖。二是深化环保工作，打赢"蓝天保卫战"。加强对污染排放等重要环境因素的管控，确保环境管理体系有效运行。落实三级巡查制度，实现污染物达标排放。在管理、设备优化、冶炼操作等方面采取强有力措施，有效控制转炉烟气无组织放散。三是精益现场稳步推进。按照公司"加速提升创新竞争力、实现全面精益运营"工作部署，制定了《精益现场管理推进评价办法》和《"6S"整理整顿执行标准》，建立了事业部精益现场管理组织体系、会议体系和评价体系，重点瞄准油污染治理、工具箱改善、现场四室等薄弱环节，开展精益改善活动，事业部现场面貌得到了一定的改善和提升。

【党群工作】　完善"两个责任"工作机制，全面落实从严治党主体责任、班子成员履行"一岗双责"责任，规范开展述责述廉等工作，事业部党委荣获省国资委"省属企业先进基层党组织"、公司"先进基层党委"光荣称号。积极开展文明创建活动，荣获"第五届安徽省省属企业文明单位""马钢第28届文明单位"称号。党建品牌效应逐步展现。规范开展"讲严立"专题警示教育活动。编制党建标准化学习教材，组织党建标准化和党务工作知识培训。开办"马钢长材"微信公众号，扩大宣传阵地，获"马钢新闻宣传报道先进单位"和"马钢对外宣传先进单位"称号。

马钢长材工匠基地正式建成。为解决生产现场难题，发挥技术创新、技能研修，助力长材事业部创新发展、助推马钢长材品牌建设发挥积极作用。大力开展家园文化建设。为职工新配更衣柜凳1270件，改造棒材职工浴室、H型钢职工食堂、钢区停车坪，修缮公厕9座，不断改善"四室"环境，四室达标率100%。关注职工生活用水质量，北区已全部实现饮用桶装净化水。深化绿色工厂创建。对H型钢、中型材、工匠基地等区域绿化全面升级改造，新增绿化面积1.8万平方米，已经形成"园在厂中，厂在园中"的绿色长材景观。通过夏季"冰点"和高温汤等特色活动，服务职工、感动职工，共建共享美好家园。

（薛　敏）

第四钢轧总厂

【主要技术经济指标】 2018年,累计产钢811万吨、热轧材792万吨,比上年分别增加15万吨和17万吨;计划兑现率95.35%,"质量异议起数"和"产品让改率"分别为0.25起/万吨和2.51%,均完成公司考核指标;设备故障率3.5‰、设备有效开动率99.65%,均高于目标值;钢铁料消耗控制在1075千克/吨以下,全年累计降本4.6亿元。

【生产管理】 生产效能进一步提升。以订单兑现为龙头,做好月计划的预评审,优化组产模式和产线分工,破解制约生产效能提升的瓶颈,推进工序高效联动、生产稳定受控,高效生产持续进步。转炉最高班产34炉,最高日产88炉,三炉三机正常日产稳定在81炉以上,炼钢产量跃上年产810万吨新平台。连铸非计划停浇率为1.46%,降低28.08%。三台铸机均实现在线连续调宽,为降低生产消耗,小浇次归并生产,满足客户小订单兑现,提升订单兑现率提供了有力保障。1580热轧通过3号加热炉建成投用、加热炉自动出钢、优化粗轧轧制时序、精轧升速轧制等措施,创造了班产222卷、日产608卷、月产33万吨的新纪录,全年完成342万吨,超设计产能。精益工厂积极创建。以精益工厂创建为目标,贯彻"清洁生产、精益制造"管理理念,建立健全总厂两级精益工厂推进机构,通过"样板先行,以点带面"全面改善现场作业环境。以精益管理网络平台为基础,围绕"八要素"和公司中长期计划,聚焦现场开展红牌作战行动、不要物清理、工具柜专项整治、可视化标识、四室打造、TnPM活动、"提案之星"评选、"金蜗"评比等专项活动,使广大员工自主改善意识不断提升,积极参与活动,从本质上不断改善现场环境。活动开展以来,样板区验收合格率95%、自查问题20826条、员工提案13655条、改善亮点3768项、改善率95.6%,逐步形成"生产整洁化、管理精细化、现场规范化",实现了精益工厂创建的阶段性目标。环保工作严格防控。坚持环保设施与主体设备同步运行,强化现场环境绩效管控,发现问题立行立改。利用在线监测、视频监控等信息化平台,关注污染物排放数据。制定环保限产应急预案,加强炼钢区域废气、废水排放精细化管控。系统梳理急需治理的环保问题,确定总厂超低排放改造项目,加快以除尘系统优化为代表的环保设施技术改造,实现总厂环保治理硬件升级,顺利通过中央环保督察"回头看""蓝天保卫战"等一系列检查。安全工作仍需完善。坚持党政同责、一岗双责、齐抓共管、失职追责,建立安全生产责任清单,强化安全生产责任制刚性执行。先后组织开展了"重大生产安全事故隐患排查治理专项行动""安全生产攻坚行动""设备设施检维修工程建设和拆除等领域专项整治"等行动。组织安全专项检查50次,累计上报马鞍山市"隐患排查治理体系信息系统"事故隐患138项、隐患整改率、防范受控率均达100%。但安全效果不佳,发生一起属地工亡事故,说明在落实安全责任、树立底线思维、加强制度执行力和相关方管理等方面,与规范要求仍然存在较大差距。

【技术质量】 技术创新扎实开展。围绕解决现场实际问题,开展总厂级技术攻关73项,申报专利65项、技术秘密28个。转炉加大强底吹工艺的试验和推广,碳氧积优良率平均71.2%,达国内领先水平。"一键炼钢"取得明显进步,一键率提升到75%。精炼加大洁净钢工艺攻关,严控钢水温度和成分,减少连铸非计划中断;连铸亚包晶钢高拉速攻关取得显著成效,拉速由每分钟1.25米提高至1.5米,有效缩短了小断面钢种浇注周期。铸坯角部横裂纹攻关经过8轮试验,实现了5个钢种铸坯裂纹改善阶段性可喜成果。同时,钢轧一体化生产排程成效初显,综合热装率平均达到25%,比上年提升60%以上。通过板坯自动喷涂系统的研制和炼钢熔剂上料系统、热轧表检仪、横切探伤仪等设备的升级改造,为稳质高产提供有力保障。为保障技术创新工作的扎实开展,更加注重攻关项目管理。一是通过滚动立项促进生产、质量、设备方面急切问题的解决;二是加快技术攻关小结评比频率,推行攻关项目周汇报、月小结、季评比,促进项目加快推进,同时提升了技术人员应用质量工具的水平。全年总厂级攻关共结题65项,结题率超过了80%的目标。品种结构调整支撑有力。强力支撑公司品种结构调整,取得一系列突破:热轧高强耐磨结构钢M950JJ成功应用于星马汽车;热轧汽车板及基料突破300万吨战略目标;热成型系列涂层板基料产量超10万吨大关;铁道用高强高耐候钢产量达9万吨以上,实现了向中车集团批量稳定供货。产品质量持续改善。强化"三不方针"质量监督意识,完善质量责任体系,加强质量管理,提升产品实物质量。炼钢以汽车板夹杂物控制为抓手,稳定过程控制,汽车板IF钢一级坯比例提升到85.2%(提升3.1%);铸坯清理一次合格率提升到90%以上

（提升10%）。热轧酸洗板表面质量改善效果显著，压氧缺陷降低47%、横折印缺陷降低70%以上；基本解决大梁钢系列板面生锈发红和氧化铁粉等问题；2250热轧一次合格率提升到91.34%（提升5.39%），进步明显；非计划材比例下降到5.5%（下降3.5%），有效支撑计划兑现率和效益提升。品牌建设不断深化。品牌培育有序推进，编制总厂《品牌管理办法》，制订《2018年品牌建设行动计划》，按照"把本职工作做到极致就是品牌"的理念，系统策划各部门、各单位在业务流程上与品牌创建的关系。重点围绕文化建设、技术创新、精益制造、多元服务4个方面开展工作。每季度召开品牌工作推进会，对亮点工作、存在问题进行点评。举办了总厂品牌故事大赛，选送《品牌背后的工匠精神》《月产49.3万吨——一个新的起点》参加公司大赛，不断提高全员对品牌创建的认知度、参与度、认同度。品牌建设成果丰硕。《基于降低能源消耗下的大工种培训》获"第十四届中国企业培训创新成果金奖"；《汽车用IF钢优质、高效生产技术集成及应用研究》获冶金科学技术奖三等奖；转炉作业区QC小组获中质协"全国优秀质量管理小组"；总厂获公司第二届创新方法大赛二等奖、《设备优化助力产品质量提升》获公司技术创新成果二等奖。继续保持Q345R容器板"金杯奖"称号，完成了《安徽省名牌产品——热轧汽车大梁用钢》的申报工作。

【对标降本】 制订降本增效行动计划，从生产、技术、设备、操作等方面细化分解为102个指标，每月跟踪评价、持续改进，81项指标均有不同幅度提升。通过转炉强底吹工艺应用、大包、中包铸余量控制等系列攻关，钢铁料消耗稳定在1075千克/吨以下，比上年下降5.6千克/吨；在汽车板放量情况下，通过热轧降低氧化铁皮烧损和中间坯切头尾攻关，综合成材率达97.41%，比上年仍提高0.03%，支撑了降本。通过搭建能源管理网络平台，加强能源数据分析管理，加大转炉煤气、钢轧系统蒸汽回收、优化LF炉错峰用电、热轧集中备料组产、优化加热炉加热工艺等，全年能源比上年多降本1300余万元。总厂完成公司吨钢56元降本任务目标值的110%。

【设备保障】 推进钢轧检修联动模式，实施连铸机和轧机联动检修机制，促进检修效率达到最大化。设备工艺精度管理进一步加强，针对三台连铸机精度、两条热轧生产线刚度要求，修订了精度管理办法。规范OEE评价中的数据来源，持续完善设备综合指标评价体系。设备、生产、工艺联动，分析制约设备能力发挥的因素，制定有效应对措施，系统地提升设备管理水平，与2017年同期相比1580从71.92%提升到73.3%，2250从70.72%提升到72.1%。强化设备动态管理。在已上线近两年的PMS（设备点巡检管理系统）平台上，进一步提升设备状态信息管理，除完善原有的设备点巡检信息采集外，重点增加了在线设备周期信息和备件周期信息管理的功能模块，加强了对设备运行寿命周期的掌控。加强设备目标值评价。在月度目标值中对两条热轧线分区域增加了MTTR和MTBF评价、考核。根据评价结果，做好设备的预警和预防工作，提高点检有效性。

【精益管理】 目标绩效管理不断强化。紧密围绕公司年度战略行动计划和总厂职代会确定的目标，制订总厂2018年重点工作，进行任务分解，设计量化目标指标，按周期跟踪监控评价，确保目标完成。建立明确的层级量化考核指标，承接公司级指标8项，总厂级指标27项，总厂分解指标56项，采用"水平-趋势-对比-分析"的方法，每月对绩效指标进行统计分析并形成绩效报告，根据SMART原则对指标动态进行跟踪修正，围绕指标提升，给予专项激励。体系建设不断完善。坚持卓越绩效管理理念和方法，紧密围绕公司品牌建设、精益工厂创建等战略目标，梳理、识别总厂管理过程16个、业务流程492个；持续完善制度建设，新增《品牌管理办法》《分层审核管理办法》等管理文件12个，修订更新管理文件64个。举一反三、持续改进，针对2017年公司体系外审中发现的52个不合格项和观察项，开展识别改进活动，发现同类项16个，均得到整改验证；制定《2018年四钢轧总厂综合管理体系自我评价方案》，对全厂综合管理体系运行情况，进行了两次全过程完整的自我评价，保证总厂综合体系运行的符合性和有效性。同时，接受、参与VDA6.3过程审核、PED认证监督审核、CRCC船板审核、CE/BC1换证审核共11次，审核中发现的平均不符合项和整改项数量（总数量/审核次数）较2017年下降20%。人力资源持续优化。本着"因事设岗、大岗位、岗位不相容、相对稳定"的原则，围绕产线实际，通过外包、技改、大工种等项目优化了32个岗位。办理各类在岗离岗人员67人，根据岗位需求，调入员工6人，新入职54人，较好地完成了人力资源优化目标，炼钢、热轧人均劳动生产率比上年分别提升6.46%和6.44%。重新评聘厂内高管38人，其中10人为首次评聘。新竞聘作业长5人，70人晋升初、中、高级工，23人晋升中、高级工程师，28人入选公司"1+2+4"人才培养计划。公司高管李应江被评为“省属企业第四批538高端人才”,邬琼工作室被评为“市级技能大师工作室”。

【党建工作】 组织集中轮训、分层宣讲,举办“党情国情厂情”知识竞赛、摄影比赛等活动。开展“不忘初心、牢记使命”主题教育和形势任务教育,宣传报道量质同升,四钢轧宣传片成功发布。严格落实党内政治生活,完善“三重一大”事项决策程序。积极探索新时代加强国有企业党建工作的新方法,启动了“一支部一品牌”创建工作。深入开展“讲严立”专题教育,以案促改,查摆问题,促进企业良性发展。“查漏洞、抓反弹、补短板”,全面落实中央巡视整改情况“回头看”工作。以矩阵式党建管理为引领,开展了精益现场管理、绩效考评和奖金公开等专项督查。建成启用炼钢、热轧工匠基地,开展劳动竞赛、技术比武、网上练兵等群众性经济技术活动。召开了第二次团代会。坚持开展困难帮扶和精准扶贫,全年慰问职工108人次,发放慰问帮扶资金23万元,向贫困地区捐款52086元。

2018年,总厂获得第四届“钢铁行业教育培训工作先进单位”,被公司授予“2017年度先进集体”、获公司2017年度管理创新先进单位;总厂党委被评为2017年度公司“先进基层党委”、被命名为“马钢第28届文明单位”。2号转炉在全国性节能降耗对标竞赛中,荣获“优胜炉”称号。

(黄厚铸)

冷轧总厂

【主要技术经济指标】 2018年,生产成品板带产量452万吨。其中汽车板188.83万吨;家电板65.02万吨;建筑板84.61万吨;硅钢42.74万吨;彩涂板17.63万吨;其他用板材70.80万吨。多条机组、产线连创历史新高,全年实现降本1.9亿元。

【生产组织】 以计划执行率和计划兑现率指标为中心,及时准确掌握各类订单信息,抓实生产前各项准备工作,按照效率、效益最大化组织生产,完成公司下达的计划执行率和计划兑现率等各项指标。针对汽车外板、高端家电板等成材率低的产品,成立技术攻关小组,为稳产提质增效做支撑。

【品牌建设】 围绕公司方针目标和总厂工作重点、难点、关键点,以及制约质量、消耗、成本、效益等方面的问题,积极开展技术项目攻关。总厂承接公司级技术攻关项目7项,总厂级技术攻关项目37项,申报专利61件,获得专利授权14件。为营造全员改进质量的氛围,促进品牌建设,积极提倡和坚持“小、实、活、新”的发展方向,吸引广大职工群众积极参与质量管理,全面激发职工的积极性和创造性。全年申报QC课题43个,其中12项成果进行发布。此外,总厂组织申报的“提高锌锅沉没辊运行稳定性”和“提高建筑彩板的耐腐蚀性能”项目在2018年马钢第二届创新方法大赛中分别获得二等奖和三等奖。总厂把品牌文化建设贯穿于生产线和职工岗位之中。树立“把工作做到极致就是品牌”的理念,坚持以公司品牌战略行动计划为指导,总厂、分厂分层次开展职工质量意识和品牌意识的培训教育,提升全员品牌意识,弘扬品牌文化。

【精益工厂】 积极推进精益工厂建设工作。总厂作为公司精益工厂试点单位,在继续夯实精益“6S”和精益TnPM的基础上,着力培养员工精益现场提升意识、微创新改善意识,全面巩固精益管理成果。从精益现场管理逐渐向创建精益工厂延伸。围绕PQCDSMEI(效率、品质、成本、交期、安全、士气、环境、智能)要素,将改善提案与PQCDSMEI要素微创新管理相结合。针对各单位生产、技术、质量、设备等方面的瓶颈问题开展焦点课题攻关活动,全厂焦点课题立项22个。总厂代表公司在深圳举办的精益管理高峰论坛交流会上获得第一名的好成绩。

【降本增效】 总厂以稳定生产、提升质量、控制消耗为核心,从生产管理、设备运行、备件管理、能源管理、节能改造等方面进行全面梳理,对比指标,拟出问题清单,制定对策措施,层层分解落实,实现降本增效。以生产设备稳定精确运行为基础,减少设备故障时间。合理安排计划停机和检修时间,充分采用避峰就谷组产,实现能源效益最大化。实行备件材料费用精细管理、科学降本。合理分解公司消耗指标,并纳入单位绩效考核。严格执行备件材料三级评审制度,合理控制申报费用,充分发挥各团队技术优势,开展备件自修工作。加强能源管理力度,降低能源消耗。自总厂成立能源督查工作小组以来,严格执行标准化停机、现场跑冒滴漏控制以及杜绝现场不合理用能和组产等因素实施能耗控制。全年能源降本约4700万元。

【设备管理】 始终坚持设备精准运行、服务于生产工艺的管理理念,提升设备综合运行能力。通过系列工作模式的转变创新,改善设备运行成效,设备运行指标稳中有升,设备故障停机率0.39%,低于公司

0.6%的考核指标,为实现总厂全年生产经营目标提供有力的支撑和保障。以质量和产量为出发点,瞄准关键产线,实施重点关注、改进、突破。规范设备点检、运行、检修制度,强化生产方对设备管理的参与度,加大事故预案及单点课的培训力度等,健全设备管理体系。持续推进以设备综合效率(OEE)为标准的评价体系,开展各类设备高效运行劳动竞赛,减少设备故障次数和停机时间,推进全员"设备精度"管理。全年完成22次产线年修,有效提升了设备性能和精度,为提质增效奠定了基础。

【技术改造】 2018年,总厂技术改造项目80多项,其中工程项目5项,分别是一硅钢1号轧机高牌号硅钢适应性改造项目、一硅钢2号连退提升改造项目、新增硅钢常化项目、2130磨辊间新增EDT打毛机项目、北区水处理改造项目。其中一硅钢1号轧机高牌号硅钢适应性改造和二硅钢新增常化机组两个项目均已按时间节点完成。同时,总厂紧跟新时代工业智能制造步伐,积极探索相关领域科技前沿,科学考察、严谨论证、结合实际,引进彩涂自动装套机器人、镀锌捞渣机器人和钢卷贴标机器人,完成13台各类机器人的投用。

【企业管理】 一是严格按照《冷轧总厂2018年单位工作绩效考核方案》评价标准对各单位进行测评、考核。每月对各单位绩效分、人均绩效奖、实际人均奖等项目进行趋势分析、评判,为各单位绩效评定、薪酬分配提供公平、公正、合理的依据。充分体现岗位绩效考评的杠杆作用。二是加强质量监控管理。不断完善标准化作业,以体系审核为契机,不断健全各类管理体系。先后通过海信、观致、美的、众泰、华晨汽车等9次技术性考察或两方审核;通过JIS产品认证第一阶段和第二阶段审核以及杭州汉德质量认证公司对汽车用钢产品IATF 16949:2016质量管理体系的监督审核。每月编发《冷轧责任追溯》共45期,对各类事故事件、质量异议、标准化体系检查等实行追责、考核,做到奖罚分明,举一反三,总结经验,吸取教训。三是发挥工匠精神。总厂大力弘扬劳模创新创业精神,发挥8个工匠团队带头人的引领示范作用,逐步培养大批"智慧出精品"的能工巧匠,形成各类操作技巧和工匠团队,为深化技术创新营造氛围。工匠团队充分利用工匠基地平台,每月制订活动计划,围绕解决生产经营中的重点和难点问题开展形式多样的技能培训、技术攻关。总厂全年编制《冷轧工匠》简报6期。四是持续推进人力资源优化工作。强化各类人员培训。修订、发布总厂《员工教育培训管理办法》和《员工教育经费管理办法》。按照培训计划节点进行完成率考核。根据新项目、新流程需要,以职业技能鉴定和取证培训为抓手,开展一专多能、一人多岗的培养,拓宽员工技能。全年共计539人次参加了公司相关部门组织的管理、技术业务类90期培训课程。充分发挥作业长基层管理作用,健全完善作业长组织机构和工作机制。对聘期已满的作业长进行岗位交流调整,对到期续聘的37名作业长进行了考核认定,新聘作业长12名。持续做好薪酬发放工作,严格执行公司薪酬发放管理规定,杜绝现金发放和一切违规违纪行为发生。积极做好人力资源管理信息系统薪酬模块维护和完善工作。2018年总厂2154人参加公司薪酬方案调整,人均增资426元。

【环境治理】 总厂以实际行动打好"蓝天、碧水、净土"保卫战,全面落实"绿水青山就是金山银山"的绿色发展理念。着力从咨询诊断、原料替代、改进工艺、过程控制、综合利用和末端治理6个方面进行系统治污。创新环保管理机制。年初,总厂在钢铁行业首推"环保排口长制"管理。建立总排口长和三级排口长体系,总厂75个排口均贴上了"铭牌"。从源头把关、过程控制、末端管理等方面强化污染源的治理。5月通过省企业环境信用评价(优秀),8月顺利通过省、中央督查组的环保督察。建立环境管理绩效体系。总厂建立了大气、水、固体废物等环境因素台账,拟定了环保管控应急预案,强化过程监控,加大考核力度。总厂始终贯彻环保"三同时"制度,从工艺和设备选型上力求选用少污染、无污染的设备,从而从源头上控制新污染,切实提高精益生产、清洁生产和环境质量。

【安全管理】 总厂始终贯彻"安全第一,预防为主,综合治理"的方针,落实安全生产责任制和安全生产主体责任,持续推进安全生产标准化体系有效运行。以安全生产标准为准则,以安全示范班组建设为抓手,以岗位安全隐患排查治理为基本,组织全员参与安全生产"1000"行动(即安全第一,违章为零、隐患为零、事故为零)。加强相关方安全管理,明确项目安全管理主体责任和属地管理责任。先后开展了"重大生产安全事故隐患排查治理""危险源辨识和有限空间作业及风险评价""设备设施检维修、工程建设、工程拆除专项治理"、消防知识竞赛、全员安全知识测评等行动。安全工作的稳定,有力保障了总厂生产经营的良性发展。

【党群工作】 树牢"四个意识"、坚定"四个自信”、做到“五个纯粹”,不断提高政治觉悟和政治能力。通过“三会一课”、形势报告会、政工例会、跟班蹲点宣讲、十九大征文、知识竞赛等多种形式,认真学习贯彻党的十九大精神,落实民主集中制原则。坚持党风廉政建设。举行“冷轧总厂中层党员干部廉洁从业责任书签字仪式”和“预防职务犯罪廉洁从业教育报告会”,组织党员干部到马鞍山监狱开展警示教育活动。开展专项治理工作,及时完善相关的工作制度或流程,对各项整改项目实施全过程管理,监督正常有效。推进惩防体系建设。落实党内监督制度,在重点工程项目二硅钢新增常化机组项目部推行项目监督。组织总厂开展反腐倡廉知识测试,加强对职工的正确引导工作。工会组织开展形式多样的文体活动,丰富职工文化生活。组织各类技能大赛,提升员工技能素质。坚持完善厂务公开制度,不断改善、提高职工生产生活环境,切实做好职工保障工作,营造良好的家园文化氛围,增强企业的凝聚力和竞争力。

(孙　琦)

特钢公司

【主要技术经济指标】　2018年,钢产量83.6万吨,比上年增长12.4%,钢日产最高4060吨,月产最高达7.5万吨;大棒线产量29.3万吨,比上年增长6.1%;高线产量37.9万吨,比上年增长29.4%。吨钢降本72.42元,超额完成公司计划;全年钢铁料消耗1071千克/吨,比上年下降4千克/吨。

【产品销售】　2018年,销售总量113.32万吨(其中外销82.37万吨;内销车轮供料30.95万吨),销售收入46.5亿元,比上年增长10亿元。吨钢万元产品达到1.08万吨,比上年增长了81.79%。全年内部利润1.97亿元。通过调整市场布局,在原“1+4”的基础上增加了东北、西南两个区域市场,形成“1+6”的市场布局,产品辐射到全国90多个城市或地区。

【新产品开发】　紧紧围绕特钢四大产品板块结构调整升级、市场开拓和提升特钢品牌总目标,全年开发102个新钢种(累计626个)。特钢新产品突破4万吨,比上年增长50%。

轨道交通关键零部件用钢:进一步拓展了高端轨道交通用钢领域,实现了转向架关键零部件用钢的系列化。开发的铁路货车转向架用60Si2CrVAT弹簧钢通过中车厂、包一机CRCC认证,并实现了批量供货;开发的复兴号高铁齿轮钢通过了中车戚墅堰认证并小批量装车运行;首次开发的铁路车辆紧固件用ML45Mn2热轧盘条,获得客户的充分认可。同时积极开展美标、欧标以及城轨用车轴的产品认证。

能源核心装备用钢:T91连铸工艺轧材、P22级以下产品分别通过了哈尔滨锅炉厂、上海锅炉厂认证并成为其合格供应商。成功开发深海采油树用高耐蚀性不锈钢AISI 410,并通过南京迪威尔认证。

汽车零部件用钢:开发汽车悬架簧用55SiCrV弹簧钢通过中弹芜湖分公司认证,并已稳定批量供货;积极开展上汽55Cr3汽车稳定杆等产品认证工作并获得了客户的初步认可。

高端制造用特殊钢:成功开发军工紧固件用ML30CrMnSiA、模具用H13热轧圆钢具备批量供货能力。

免退火冷镦钢热轧盘条获得中国钢铁工业协会2018年冶金产品实物质量认定“特优质量产品”,连铸工艺生产铁路车辆车轴用LZ50钢坯获得中国钢铁工业协会2018年冶金产品实物质量认定“金杯优质产品”;AISI4130石油采油树用连铸圆坯获得品质卓越产品称号;“时速350公里动车组用DZ2车轴钢”“高速车轴用钢EA4T产品”“重载列车用AAR-BM车轮”“超临界高压锅炉管用P91连铸圆坯”获安徽省新产品荣誉称号。

【技术攻关】　开展技术攻关共计158项,涉及生产工艺类项目51项,设备类项目107项。全年累计申报专利23项,其中发明专利14项,9项专利授权,超额完成公司年度计划目标。组织或参与编制了《高碳铬轴承钢热轧圆钢》《动车组用D2辗钢整体车轮》等5项企业标准。“马钢高速车轮制造技术创新”项目获冶金科学技术奖一等奖;“高速重载车轴钢冶金技术研发创新及产品开发”“超高功率电弧炉高效生产创新技术集成”“LF-RH工艺下的低成本精准控氮技术”项目分获得2017年马钢技术创新成果奖一等奖和三等奖,“轨道交通用高端车轮产品研发”获安徽省创新争先奖。连铸工艺改进QC小组荣获冶金行业优秀质量管理小组。

【体系建设】　持续创新质量管理,提高系统管控能力,深入推进“三不”质量原则,不断完善全流程质量信息跟踪管理(QMS)系统。以ISO 9001、IATF 16949质量管理体系为基础,结合轨道、汽车等领域及客户的特殊要求,不断创新改进质量管理体系,持续导入风险思维、过程方法和持续改进等先进的管理理念、方法，进一步梳理和完善特钢质量过程风险识别、过程质量评价体系、产品可追溯管理，大力推进轮轴质量信息跟踪管理系统（QMS），进一步提升质量管理和信息化水平；不断强化“写所需”、贯彻“做所写”，持续改进和优化各类作业文件，提高作业文件的标准化程度。持续开展覆盖全工序、全班组的三级工艺纪律检查和整改，累计检查2256项，总体符合率96.19%，生产过程控制的稳定性得到进一步加强。组织开展了为期5个月的“质量大反思、大讨论、大整改活动”，系统梳理并完成各类改进提案共计1155条。

【生产组织】　2018年，钢区满负荷生产，月产量最高7.5万吨，日计划兑现率90.2%；电炉炉龄创下新高，达704炉；连铸实现连续稳定浇铸61炉钢，红送组产模式日趋成熟。高线区域生产持续保持稳定，日计划兑现率达到97.9%。MES日成本系统、BOM系统总体运行平稳，整体ERP系统平稳运行率达99.96%。

【降本增效】　不断扩大450浸渍电极使用，LF电极消耗稳定控制在0.85千克/吨钢；外部质量损失比上年下降1.76元/吨钢。以能源管理体系建设为抓手，持续推进电炉电耗、加热炉和钢包烘烤燃耗等重要能源使用管理，加强过程控制，优化用能结构，降低能源消耗，全年吨钢综合能耗成本比2017年降低6.2元。

【安全和环保】　重大生产、设备、火灾、爆炸事故为零；工亡、重伤事故为零；轻伤1人，千人负伤率为1.0‰，完成了年初职代会制定的安全生产目标。完成1号除尘卸灰点的改造，优化作业环境，杜绝无组织放散。电炉除尘灰危废直接回收利用攻关取得突破，直接回收利用率达66%。推进LF炉除尘改造，落实建设工程项目环保“三同时”工作。

【精益现场】　借助3A公司丰富的经验和先进的管理理念，制定了相应的制度。以“6S”和TnPM小组活动为基石，按照计划扎实推进，将改善提案与PQDC-SMEI（效率、质量、交货期、成本、安全、士气、环境、智能化）要素管理相结合，导入红牌作战、OPL单点课、TnPM初期清扫培训，开展TnPM小组活动，通过微信、简报、媒体等多形式宣传管理成果，鼓舞士气，全员自我管理、自主管理和创新能力显著增强，初步形成了具有特钢特色的精益现场管理体系。

【工程建设】　马钢“十三五”重点工程——优棒生产线于2018年8月8日顺利建成投产，实现了“起点高、投资省、速度快、效果好”的工程建设总目标。

【人力资源】　对标特钢行业标杆，持续优化人力资源配置，充分发挥主体精干、人员高度精简的优势。通过设备技术改造，逐步提高自动化作业水平；推行大工种区域化作业，岗位人员配置不断优化。炼钢连铸生产线、大棒生产线、线材生产线劳动效率分别较去年提高13%、14%和27%。积极做好马钢去产能168名转岗职工的岗位培训，通过竞聘上岗补充到合金棒材等相关产线。

【党群工作】　深入学习贯彻党的十九大精神。扎实开展“讲严立”专题警示教育。搭建党支部工作经验分享平台，并形成制度化；建立党建微信群，发布党建工作动态，提供学习资料。推进党员标准化作业示范岗建设，围绕生产难点、重点，开展党员设备特护、公共卫生区域环境保洁等活动，并形成常态化。深化“酒桌办公”专项整治工作，严格廉洁从业各项管理规定，贯彻落实《加强机关作风建设十条规定》，转变工作作风，推动机关作风建设。在马钢“十三五”重点工程特钢优棒生产线项目部成立临时党支部，设立了工程项目监督组。扎实推进质量文化建设，围绕质量主题开展多形式的质量文化活动。建设厂区参观通道，展示马钢企业文化、特钢产品介绍、终端产品等内容，助推做强特钢品牌战略实施。开展职工技能比武活动。持续开展“特钢之星”评选活动。持续开展冬送温暖、夏送清凉、金秋助学活动；开展“六一”亲子、职工生日送祝福等活动。适时召开退休人员座谈会；举办青年交友联谊会，为单身青工搭建寻觅知音的平台。建立职工互助帮困基金，关爱职工身心健康。充分发挥宣传舆论引导作用，保持宣传形式的多样化、新颖化。通过“特钢之声”微信推送平台，利用简报、LED屏、橱窗灯箱文化长廊等，积极营造内聚合力，外塑形象的氛围。

（罗继胜）

轮轴事业部

【主要技术经济指标】　2018年，实现车轮箍环销售18.45万吨，比上年上升15%，完成公司计划的115%。销售收入16亿元，比上年上升18%。人均实现销售收入118万元，比上年增长16%；轨道交通公司全年销售轮对7172套、车轴12578根。主营业务收入1.28亿元，年度经营实现略有盈利的目标。

【生产组织】 全年各生产线订单量饱满、规格多、交货期阶段性密集,给生产组织提出了更高要求。生产系统以品种高兑现率为目标,以提高瓶颈工序效率为突破口,对主产线建立模型,为提高品种兑现率,快速响应市场需求变化提供了保证。全年车轮、箍环热轧量突破21万吨,比上年上升21.4%;全年交库量19.8万吨,比上年上升17.9%;品种按时交付率90.82%,保持了较高水平。车轴锻造13893根,比上年上升363%;轮对7879套,比上年上升161%。

【产品研发创新】 全年共申报专利27项,其中发明专利12项,授权7项;车轮新启动项目158个,箍环新规格173个,轮对新规格52个,车轴新规格60个;新增自主设计车轮18个,其中,250千米标准动车组车轮通过首检;两种规格的德铁高速车轮完成试制;160千米J3大功率客运机车轮通过铁总评审,即将装车考核;首次完成轮对齿轮箱压装;供欧洲的地铁轮对、BHP的重载车轴已批量供货。

省重大科技专项“减震降噪车轮研究开发及产业化”按计划顺利进行;公司级课题“马钢车轮热处理冷却工艺平台研究”完成首次技术交流及热处理实验;参与公司项目“贝氏体钢车轮试制攻关”,完成在神华的批量装车;通过市轨道交通轮轴工程技术研究中心认定;获市高新技术产品1项;申报马鞍山市科技小巨人项目,并通过初审;通过安徽省科技型中小企业审核。

【体系建设】 车轮、轨道公司均顺利通过IRIS换版外部审核,成熟度分别为66%、65%;车轮全年共接受二、三方认证审核20次,轨道公司10次,通过率100%。本部拥有的35张体系和产品认证证书持续有效,新增产品认证证书8张;德铁高速车轮通过TSI认证,轮对喷漆车轴通过现场审核,具备了德铁全系列车轮供货资质;弹性车轮、车轴生产线通过ALSTOM质量体系审核;CRCC动、机、客、货车轮通过年度监督审核;350千米中国标准动车组车轮通过监造核查。

【质量管理】 质量指标稳中有进。车轮综合合格率99.34%,万元损失53.7元,比上年降低20.7元,创历史最好水平;车轴产品综合合格率98.98%,完成98%的年度质量指标,轮对压装过程中车轮、车轴合格率分别为99.7%、98.57%,均完成了年度质量指标;针对顾客反映较多的车轮锈蚀、划伤等表面质量问题,开展专项攻关,返工率下降30%以上。QC活动全年注册52个,活动率100%,获得省及国家级奖项6个,其中精品分厂QC小组获得2018年度冶金行业优秀QC小组竞赛特等奖和全国优秀质量管理小组称号,精品和热处理作业区获得2018年度冶金行业质量信得过班组一等奖,实现了年度质量管理目标。

【品牌建设】 紧紧围绕马钢品牌核心“奔腾马精神”,继续发扬“快、好、优、特”的轮轴品牌形象,全面推进轮轴品牌建设。继续完善事业部外部网站、轮轴微信平台的建设;参加第二届安徽品牌故事征文大赛,获三等奖;获得BHP公司“最佳供应商”;AAR-BM系列重载车轮获省新产品证书;马钢高端车轮产品研发团队获得省级创新争先奖;“以打造高铁轮轴知名品牌为目标的技术创新管理体系构建”获省管理创新成果一等奖;马钢轮轴产品分别在“国家改革开放40周年展”“德国柏林铁路展会”“首届中国自主品牌博览会”“世界制造业大会”上精彩亮相,品牌知名度再次提升。

【现场管理】 作为公司首批创建精益工厂试点单位,在公司的关心和支持下,事业部扎实开展“推进精益管理、打造精益工厂”活动。各基层单位在咨询师和推进组的指导下,积极开展红牌行动,在示范作业区重点开展设备微缺陷治理工作,“6S”建设取得了一定的经验。全年完成改善亮点1086条,建立单点课1803个,发布各类管理办法21项。创建工作从“6S”常态化转入TnPM深化管理阶段,现场环境发生本质性改善,实现了“三年大变样”的目标。

【设备管理】 以精益现场管理改进为契机,深入推进TnPM管理,设备综合效率显著提升。完善设备管理EAM信息系统,为设备长周期稳定运行提供信息积累;持续修订与完善设备四大标准,为设备运行达到“安、稳、长、满、优”的要求提供支撑。能源管理体系不断健全,全年工序能耗低于标杆指标值440元/吨;认真开展环境保护专项管理,制定《轮轴事业部蓝天保卫战行动方案》,着力解决厂区大气污染防治突出问题,全年污染物排放达标率、固废综合利用率均为100%,顺利通过了省、中央环保督察“回头看”检查工作。

设备技术改造方面:弹性车轮压装线、1号检测线、南迁的精品加工检测线、RQMC加工中心均已交付生产;新3号检测线完成功能考核,正在进行产量达标攻关;二线液压站改造土建工程基本结束,后续工作有序推进;炉前上料系统、热处理系统的改造已完成方案审查,正在进行设备制造。轮轴一期项目、新建高速车轴生产线项目完成了转固目标;成品库扩建工程项目、轮对解体清洗车间项目立项已获批准,预计2019年年底建成。

【党群工作】 深入学习贯彻党的十九大精神，扎实开展“讲、严、立”，“三查三问”等警示教育和专题民主生活会；强化纪检监督，严格落实中央巡视组“回头看”问题整改及公司第一巡察组对事业部巡察中发现问题的整改；坚持领导管理人员跟班蹲点工作；积极推进基层党组织标准化建设，深化支部品牌创建工作。开展“不忘初心、牢记使命”学习教育活动，组织部分党员骨干赴金寨进行初心使命教育，重温入党誓词。工会不断完善组织体系，深化劳动竞赛、合理化建议等群众性技术创新活动，举办多工种职业技能竞赛，收集合理化建议 546 条。团委以夯实“青”字号品牌为立足点，开展“一团一品”活动，参加“青安杯”竞赛，获全国“最佳青年安全监督岗”称号。武装保卫和治安综合治理以强化内部治安防范为主线，认真落实治安联防管理责任制，全年实现重大治安案件、火灾、交通事故为零的目标。

（黄　海）

能源管控中心

【主要技术经济指标】 2018 年主要产品产量：完成供电量 84.65 亿千瓦时，自发电 1418 万千瓦时；供应工业原水 1.73 亿吨、工业净水 1.05 亿吨、循环水 1.14 亿吨、生活水 0.27 亿吨、软化水 1254 千吨；年产冷风 155.61 亿立方米、压缩空气 27.26 亿立方米、蒸汽 852.72 万吉焦；加工输送高炉、焦炉、转炉煤气 1.22 亿吉焦、氢气 0.18 亿立方米；供应氧气 13.53 亿立方米、氮气 18.76 亿立方米、氩气 0.41 亿立方米。吨钢综合能耗 576.37 千克标煤/吨。

【安全保供】 全面梳理各项介质关键运行参数，完善调度管控平台，优化管控方式。编制 12 项平衡措施及预案，应对重大生产方式变更。评审和实施方案能源介质停 120 余项，创新“两机一炉”混风运行高炉保产新模式。持续加大“两票三制”和“工艺纪律”执行检查力度，所有问题全部整改。全年实现安全操作达 27.79 万次，其中堵抽风险极高的盲板 1030 块。在巩固大风机、氢站系统“体检”的基础上，进一步将“体检”拓展至空压机系统，实现重要设备 OEE 指标大于 70%。利用红外热像、局放检测等新技术强化设备精密点检，采用新型材料和技术，延长管网、线缆使用周期。优化柔性检修模式，检修计划兑现率 96.7%。全年公司问责事故为零，公司、中心通报事故同比下降 9%、37.5%。其中电力 110 千伏系统全年无事故，主要设备事故停机率不大于 1.2‰，设备可开动率 100%。抓好重点隐患整治工作，65 项设备隐患中，已经完成（或待验收）27 项，正在实施（含跨年）16 项。推进各类安全隐患排查治理，创新分厂领导担任项目经理，加大了施工检修现场安全管理力度。广泛开展各类专业安全检查，电力系统专业监督检查 1000 多次，督促整改问题 100 多项。配合公司重新制定了《煤气通用安全技术规程》等六项煤气安全管理标准。中心职工囊括了市电工安全生产大赛前五名，全年实现了人身、消防、交通事故为零，夺取公司安全生产金牌“四连冠”。

【能源管理】 编制 2018—2020 年股份公司能源发展规划及 2018—2020 年股份公司煤炭减量替代方案，编发 2018 年股份公司能源工作计划，分解至各制造单元。定期通报、评价公司能源工作、重点能源项目推进及区域能源经济运行情况，协助解决重难点问题。从生产组织、设备运行状态、操作方式、节能设施运行等方面，强化对超出能耗基准值产线的管控，制定改进措施。开展能源月度 BOM 值偏差分析与纠正、指标优化设计等工作，确保动力能源 BOM 偏差率达到±2%的控制目标。制订 2018 年股份公司重点能源项目实施计划，确立 35 个能源项目，签订《重点能源项目目标责任书》，完成和实施 27 项。对标宝钢、唐钢编制了能源对标方案，在 2018 年“全国重点大型耗能钢铁生产设备节能降耗对标竞赛”中三铁总厂 A 号烧结机获得 300 平方米以上烧结机“冠军炉”荣誉称号，二铁 4 号高炉、三铁 B 号高炉、四钢轧 2 号转炉分别获得“优胜炉”荣誉称号。

【环保管理】 制定股份公司 2018—2020 年环保三年行动计划，200 项环境治理工程，2018 年安排实施的超低排放改造计划项目共 73 项。已完成热电烟气超低排改造等 21 个项目，有效提升公司环保抗风险能力。积极与有关单位研讨固危废处置新技术，先后举办炼焦废水处理、工业废气治理、污染场地修复、全氧燃烧等技术交流，推进了环保新技术的吸收和运用。认真部署中央环保督察“回头看”专项工作，制定方案，针对问题立行立改，确保现场环境绩效全程受控，顺利通过检查。严格管控无组织排放，利用信息化系统，实施对重点炉窑、转运站等的全程监控，实现国控污染源在线日均值达标率 100%，重点炉窑无组织排放次数同比下降 16.7%，确保了 PM10、PM2.5 达标。大力推进固危废处置,处置电炉灰 4436.05 吨,焦炉煤气废脱硫剂 100.43 吨,外委处置危废 10756 吨,处理生化污泥 8058 吨。强化取用水管理,结合淘汰产线,整合分散水排口,实施取用水、排水指标联动,二硅钢水处理、019 新料场环境整治获得省市各级政府好评。深入摸排公司黑臭水体排口,协同做好城市水系治理工作。实现"费改税"平稳过渡,减免环境税约 400 万元。完成排污许可证申领工作。股份公司荣获安徽省"国控"企业环境信用评价最高等级"环保诚信企业"。

【动力管理】 建立公司动力运行管理信息网络,实时传递生产异议、停复役、系统运行风险等各类信息。制定公司动力运行管理推进计划,修订《动力介质供用管理办法》等 6 项公司级管理标准。对接公司职能调整,承担动力量值管理工作,理顺相关具体业务,并于与动力运行、动力监察协同联动。梳理全公司所有介质厂际计量点共计 866 处,并与 EMS 系统进行一一对应,为后续计量信息化进行准备。加强与公司年、月、周的生产、检修计划的对接,不断优化调整公司动力能源运行计划,结合能源季节性生产特点及公司动态任务情况,做好月度测算成本和经济技术的指标测算和分解落实,关键经济指标分解到日,注明运行关注要点,并通过指标设计、偏差分析,提高了能源精细管控水平。强化中心能源调、南北区调度与公司总调、设备调的多方协作,实施信息沟通,动态调控,寻找把握生产有序进行与能介经济运行的契合点,达到安全保产、经济运行的目标。建立公司动力事故台账和质量异议台账,进一步指导中心动力运行管理,能源保供调控。着力提高能源介质质量全面梳理评审检化验周期及点位,以提高能源产品的质量监测能力,为满足了用户需求,增加用户端检测点位。以走访调研、专业指导为主,为用户提供专业性服务,协助用户做好能源介质的安全经济运行,有效解决硅钢含氧量高、3 号高炉并网煤气冷凝水 pH 值偏高等问题。

【降本增效】 制定 25 项降本措施,下达至各降本单位,细化变动成本和主要经济技术指标,形成自上而下的指标责任体系。通过日统计、周分析、月评价,进一步完善跟踪评价体系。同时,对标行业先进指标及历史最好成绩,以劳动竞赛、QC 活动等形式促进精益运营,实现指标进步。充分利用新老区联通管,实现南北区高、焦炉煤气资源合理利用,节约外购天然气 219.6 万元。以新老区氧气、氮气、氩气联通管,合理调配氧气、氮气、氩气资源的,减少气体放散。十一空 5 号干燥机节能改造、三加压机前新增高炉煤气管道、增加三加压掺烧一、三气柜转炉煤气等一批改造项目的投运,提升了能源介质的利用率。规范外转供用户的收费管理,安装 18 处蒸汽计量表,开展"民用电"剥离,319 户民用电转入市供电系统,44 条马钢产权供电线路转科达售电托管,4350 户居民用水实现剥离,通过"三供一业"剥离措施,挽回公司电费损失 2100 万元,实现供水年经济效益 398 万元。全年度累计完成降本 6109 万元,比全年计划多降本 1309 万元。

【重点工程建设】 加强模拟项目部管理,规范开展中心项目后评价,公辅改造项目、新建重型 H 型钢等公司重点项目稳步推进,成立 132 个项目部,已完成 96 项。继完成临时三空站的搬迁工作后,抓紧新建三空站的建设工程,目前已在进行设备调试。31 号变电所扩容改造工程根据总图需求,多次召开拆除方案和事故预案专题会,全程安全管控获得了公司的好评。号 2869、号 2870 两条线路迁建工程,克服了诸多外部条件制约,按期完成了线路改造,满足了优棒厂房的建设要求。优棒 DN1400 混煤管道改造工程,克服多单位工程建设交叉作业、超长跨 38 米桁架吊装及道路封闭等不利因素,经多次研讨,择优选用方案,确保项目顺利实施。

【改革管理】 人力资源优化工作有序进行,办理离岗、转岗、接收等各类人员 142 人。推进岗位绩效管理导向和激励机制,实行操作维护岗、技术业务岗、作业长人员奖金系数晋升奖励。创新员工培训方式,积极推进技能拓展提升、高管首席带教、导师代徒、订单式培训、大工种兼会师徒互带等五个类别培训项目,签订 100 余对师徒培训合同,41 对员工跨原工种岗位互为师徒,提升了员工培训效果。全面贯彻落实公司"十三五"规划,制定 2018—2020 年能源管理信息化、热力、供配电、供排水、燃气、人力资源六个方面三年规划,确立阶段性目标,分步实施,有序推进。工匠基地一期工程建设完成验收,形成了涵盖能控系统各专业的高技能人才培训基地。精益工厂积极创建,坚持样板先行、整体跟进、持续改善的思路推进,以党政领导为组长的精益工厂管理领导小组,按期推动、定期总结,适时修订了《能控中心精益工厂管理评价办法(暂行)》《精益工厂管理可视化标准》等十余部标准、制度。大力开展了现场"不要物"清理,主控室操作台、设备机座围堰等标色标识、设备点检可视化规范化等工作,自查整改问题 901 项,现场专项改善 740 项,金点子提案 34 项,效果显著。完善体系管理标准,评审修订管理标准 174 篇、工作标准 336 篇、技术标准 642

篇，公司级各类管理标准25篇，开展综合管理体系季度评价，整改问题102项。技术进步成效明显，1项QC成果获省冶金行业展示一等奖、申报发明专利23项、技术创新成果3项，其中1项获公司三等奖。全年编写单点课103篇，11篇参加公司优秀单点课评选，申报管理创新课题18项。

【党群工作】 认真学习贯彻党的十九大精神，围绕中心重点工作，开展“讲、严、立”专题警示教育和“不忘初心、牢记使命”主题教育等活动。牢固把握正确的舆论导向，凝聚思想共识，引导职工融入各项生产经营，获得“马钢对外宣传工作先进单位”等3项宣传先进单位称号。结合中心实际，不断推进矩阵式党建和党建标准化工作，制定矩阵式党建工作实施意见、党员安全“两无”活动及党员教育培训计划，全面布置、有效进行。继续开展领导干部“跟班蹲点”工作，广泛听取职工意见，征求职工建议，全面落实《关于新形势下党内政治生活的若干准则》规定，促进党建创新发展和“党员活动日”的蓬勃开展。表彰了10名第三届“能控之星”。在公司首届网上练兵活动中获优秀组织奖。2018年共征集合理化建议947条，26条申报公司一、二级建议，申报岗位创新创效成果20条，先进操作法12条，获得“公司劳动竞赛先进单位”等四项光荣称号。

（程伟春）

热电总厂

【主要技术经济指标】 2018年，发电39.77亿千瓦时，供热515.53万吉焦；实现内部利润1.69亿元，超公司内部利润计划3759万元；实现安全生产“六为零”，圆满完成了总厂四届三次职代会制定的各项目标。南区和北区11号、12号、13号机组发电标煤耗分别为388.55克/千瓦时、284.92克/千瓦时、306.71克/千瓦时、376.42克/千瓦时。南区、北区厂用电率分别为10.22%、6.01%。

【安全管理】 精益理念融入安全，安全管理水平再提高。一是完善安全生产管理体系。深入贯彻落实安全生产责任制，层层签订安全生产责任书。制定总厂安全事故管理人员问责办法，加大安全绩效考核力度。新增应急预案2份，完善应急预案体系。二是强化安全隐患排查。积极构建安全风险“六项机制”，深入开展钢结构隐患排查等专项治理，全年更新辨识危险源571个，开展专项督查36次，发布安全管理预警3次，排查安全隐患350项，整改率达100%。三是强化安全教育培训。开展全员《安规》考试，进行《安全生产责任制》《安全生产禁令》学习，举办有限空间作业安全、粉尘防爆专项培训。组织各项应急救援演练，首次开展无通知煤气中毒演练。四是加强外来单位专项整治。做好外来人员安全教育，按照无差别原则进行安全管理。安全形势总体平稳，连续12年荣获公司安全生产金牌单位。

【设备保障】 推进设备基础管理。完成四大标准修订，持续开展专业检查，夯实设备管理基础。强化关键设备有效管控。同上年相比，设备可开动率提升4.26%，设备作业率提升4.72%，非计划检修率显著下降。优化检修过程管理。重新修订各专业检修规程，完成管理体系清单更新。强化检修验收，完善三级质量验收标准，高质量完成1号炉、3号炉、6号炉、3号机、4号机、12号机组及13号机组冷却塔大修工作。规范备品备件管理。严格执行备件评审制度，提高备件采购可行性、科学性。严格执行招投标制度，扩大备件招标范围，加快备件国产化应用，降低采购成本。进一步加强备件修复，提高有效使用率。

【生产管理】 一是运行控制精确度提高。针对煤气资源少、煤质不稳定、外部临时检修多等复杂情况，进一步梳理生产管理流程，明确生产管理责任，坚持“压红线”运行、小指标竞赛和技术监督，保证指标控制精确度不断提高。二是生产基础管理水平提高。稳步推进“包、保、核”行动计划，重点加强燃煤质量监控，确保生产平稳、有序、受控；强化“两票三制”管理，定期进行工艺纪律检查，严格落实整改，进一步提高基础管理水平。三是技术成果质量水平提高。2018年，总厂深挖技术潜力，有序推进技改技措25项，有力支撑生产经营目标实现。发布专业技术秘密20项，发表论文19篇，1篇论文荣获全国热电年会一等奖。申报国家专利9项，授权专利4项。1项管理创新成果荣获公司二等奖，两项QC成果分别荣获冶金行业特等奖和市三等奖。参加市品牌故事大赛，荣获三等奖。

【精益现场】 完善组织管理。加强顶层设计，制订“6S”管理和精益工厂工作计划。成立总厂、分厂两级精益现场管理推进领导小组，确定4个现场管理样板区。开展定期巡查工作。采用部门管理、分厂互查的方式，定期开展日常巡查。初步筛选出不合格项193项，全部整改完毕。深度融入生产检修。结合机组检修,深入推进现场定置管理,全力保障检修高效率完成。

【环保工作】 环保工作取得阶段性成果。所有煤粉炉超低排改造全部完成,达到国家标准。在线设施运行稳定,各排口监测数据日均值100%达标。大力推进南区煤粉炉污泥掺烧改造。依法合规处置各类生产危废,未发生环保事件。增设环保公示大屏,落实公开公示工作。深入贯彻绿色经营理念,顺利通过中央及省、市环保督查组检查。

【节能技改】 节能技改效果显著。大力推动EMC节能项目,全面完成南区煤粉锅炉6台引风机变频改造、北区12号机5台风机水泵变频改造,恢复11号机两台循环水泵变频功能,节电率近20%,南区厂用电率明显下降,北区厂用电率创历史最佳。乏汽回收、冷端节能等改造项目稳定运行,发电工序能耗明显低于公司计划值。全面梳理南区用水网络,通过统筹规划、合理改造,全年再增节水量16万吨。

【新机组建设】 新机组建设顺利启动。经公司批准,总厂节能减排CCPP综合利用发电工程正式立项,计划在南区新建一台180兆瓦级别煤气高效发电机组。新机组可显著提高煤气利用率,降低煤气放散,大幅提高公司自发电总量和自发电比例,满足国家超净排指标要求,为马钢节能减排、高质量发展做出突出贡献。

【对外经营】 多种经营稳步发展。修订《技术输出管理办法》《经营类收入奖励管理办法》,不断完善制度建设。主动与客户对接,做好产品宣贯及客户回访工作。加强市场预测及应对,全年冷凝水销售收入300余万元,粉煤灰销售收入1300余万元。积极拓展对外技术输出内容,完成长钢机组抢修及日常保产工作。

【党建工作】 深入开展党建标准化。全面梳理党建工作,新增、修订党务标准化文件10余篇,完善制度基础。深入开展"讲严立"专题警示教育。完成年度党员示范岗、责任区评选,全年发展党员5名,5名党员转正。成立意识形态工作领导小组,制定实施办法,加强自媒体管理。紧紧围绕生产经营重点,改版《热电人》,充分发挥厂报宣传阵地作用。全年刊发52期,稿件近1400篇,外发190余篇,多篇报道被行业、省市媒体转载,树立了热电良好形象。先后开展"安康杯"、节能降耗对标、能源系统运行精细调控及总厂各专业劳动竞赛活动。作业区建设升级竞赛活动受公司肯定,一个作业区和一个分厂分别荣获标杆作业区及"工人先锋号"称号。深入开展岗位微创新活动,全年征集职工合理化建议267条。积极配合"马钢e工汇"推进工作,多人次受公司网上练兵表彰。全年共探望员工及家属93人次,发放慰问金3.81万元。安排职工参加公司疗养20人次。为17名员工子女发放"金秋助学"奖励。

(张大鹏)

炼焦总厂

【主要技术经济指标】 2018年,累计生产焦炭451.2万吨,干熄焦发电5.24亿千瓦时,完成了以"焦炭保供"为主的各项目标任务。

【生产组织】 以高炉需求为关注焦点,开展煤焦质量全流程管理控制,稳定焦炭产量及质量,实现了生产秩序均衡、稳定、有序、高效的目标,超额完成了股份公司下达的生产任务。通过加强煤场动态管理,全年接卸洗煤580.3万吨、动力煤41.3万吨;针对煤炭质量指标波动,进一步严格控制煤场管理和周期置换,完善信息记录,加强质量异常煤的管理,实现了异常煤可追溯性;针对南区筒仓项目建设期间场地受限的问题,总厂制定应急保产预案,合理利用现有场地,保障了原料煤保供;加强配煤精确性管理、焦炉热工优化管理,走访用户了解需求,保持焦炉与干熄炉生产长久稳定,为大高炉长周期稳定顺行超1700天提供了有力支撑。

【设备保障】 强化设备状态把控,持续开展设备星级竞赛,紧抓设备"零故障"绩效管理工作,提高重点产线设备保供能力,重点产线设备故障明显下降。严格控制材料备件费用,完善进出库管理台账,定期组织人员对库房"账物"符合性进行检查,做到上下联动。积极做好重点检修项目的组织实施,顺利完成6号焦炉1号炭化室深火道揭顶翻修、新区熄焦车轨道大修、3号堆取料机大修、4号汽轮发电机组大修等数项大中修和改造任务。

【安全管理】 下发了《生产安全事故、事件管理人员问责管理办法》,进一步细化了安全生产责任制度,完善了班组安全升级达标活动。继续实施科级管理岗位安全风险抵押;完善焦化安全信息管理平台,有效实施动态管理和监控。全年在岗员工接受安全教育率100%,特种作业人员持证上岗率100%,全年未发生人身伤害事故,连续两年获得马钢"安全金牌"称号。

定期开展多层次的应急预案演练，重新修订隐患排查治理相关制度，定期进行检查，对检查发现的问题要求落实整改，形成 PDCA 循环。面对今年以来基建技改项目多的特点，深入开展工程项目现场安全巡查，严格相关方的准入手续。消防大队全年接处警 33 起，动火现场监护 251 天台次，危化救援处置 3 起，出色完成各项任务，获得马钢消防先进单位称号。

【环境保护】 圆满完成了中央“回头看”及省、市各类环保专项督察迎检工作。下发了《炼焦总厂蓝天保卫战行动方案》，编制《超低排放提标改造三年行动计划》，相关环保提标改造项目正在有序进行中。开展焦炉无烟炉竞赛活动，焦炉无组织放散管理水平显著提高。全年排污申报率 100%，环境污染事故为零；环保设施同步运行率 99.86%；基建技改项目环评执行率 100%，竣工项目环保验收合格率 100%；焦油渣、生化污泥、除尘灰等工业固废综合利用率和危险废弃物安全处置率均为 100%。

【基建技改】 焦炉机车无人化及智能化改造项目调试工作已经基本完成，处于试运行阶段；总投资 4.2 亿元的筒仓项目于 2018 年 9 月 29 日正式开工，一期工程计划于 2019 年四季度完成；新区 7 号焦炉烟气脱硫脱硝项目正在紧锣密鼓地进行中，计划 2019 年 5 月具备上线投用条件。此外其余焦炉烟气脱硫脱硝工程、集装箱智能化环保改造工程、新建 7 米焦炉工程、在线除尘设备改造等规划项目正在有序推进中。

【人力资源优化】 以精干高效、服务、服从生产为原则，进行人员适应性调整，1 名科级管理人员走上了马钢合资企业山东盛隆焦化总工程师岗位，4 名技术业务岗人员进入科级管理人员岗位，6 名技术业务岗人员被选为重点工程项目组副组长，47 名作业长重新聘任，妥善接收安排二铁总厂分流职工 36 人。李强大师工作室被授予“国家级技能大师工作室”称号，何谋龙被列入安徽省 538 拔尖人才计划。

【科技攻关】 抓住生产建设的重点难点问题，积极开展科研及技术创新攻关活动，2018—2019 年度科研及技术攻关项目共 33 项：股份公司级 7 项，总厂级 9 项，分厂级 17 项。其中“利用新技术控制 7.63 米焦炉石墨生长”等多个项目获得国家、冶金、行业级奖项，“超大容积顶装焦炉焦炭粒级与孔焦量提高技术创新与实践”等多个项目获得马钢级奖项。全年受理专利 25 项，获授权专利 20 项，其中发明专利 4 项。依托雄厚的技术力量，为淮北临涣焦化、芜湖新兴铸管等多家单位的焦炉和干熄焦提供技术服务，获得客户好评，品牌美誉度不断提升。

【现场管理】 开展现场“6S 标准化”示范工作，全面推进“两线四室”整治，加强绿化管理，严格执行绿化占用审批程序，监督施工过程中绿化苗木的移植与恢复，做好空置土地绿化、补植补种等工作。结合场地要求，对散乱于现场的备件逐步集中，按流程进行处置。扎实推进现场管理竞赛，加强物流管理，减少物料抛洒，推进定置管理，落实标牌上墙。各党支部积极开展现场环境整治活动，清理整治多处“脏、乱、差”卫生死角。

【培训工作】 针对管理序列，加强领导力培训，强化管理能力培养，重视后备管理人才储备；针对技术业务序列，注重加强入职培训，到关键岗位进行集中轮训，通过导师带徒等途径，促进新入职大学生快速成长，以适应总厂发展需要；针对操作维护序列，积极构建大工种培训模式，推动一专多能、操检合一，鼓励职工参加职业资格统考，提高技能发挥才干。全年举办各类培训 152 项，培训 2508 人次。

【党群工作】 认真学习贯彻党的十九大精神，大力开展形势任务教育，弘扬工匠精神，广泛宣传先进人物事迹。积极开展文明单位创建工作，增强职工的责任心和集体荣誉感。扎实推进“两学一做”学习教育常态化制度化，组织开展党员活动日，推进“党员示范岗”“党员责任区”建设和党员安全“两无”、矩阵式党建等活动，推动党组织标准化建设工作规范有序开展。全面贯彻落实党风廉政建设责任制，深入推进“讲忠诚、严纪律、立政德”专题警示教育活动，扎实开展廉洁风险防控建设，强化廉洁从业教育，严防违规违纪事件发生。深入开展巡视巡查整改情况“回头看”工作。开展群众性经济技术活动，炼焦工匠基地正式挂牌，李强工作室获得“全国冶金行业创新工作室”荣誉称号。焦化摄影协会参加了“中国平遥十八届国际摄影大展”，提高了摄影品牌的知名度。开展“送温暖”“送清凉”工作，发放慰问金、慰问品共计 42.3 万元。团员青年围绕总厂中心工作，认真开展青年“双五小”“青安杯”竞赛等活动。

（屈克林）

气体分公司

【主要技术经济指标】 2018 年，气体分公司生产合格氧气 8.42 亿立方米,氮气 12.22 亿立方米,氩气 0.15 亿立方米。全年实现重大生产事故、重大设备事故、火灾爆炸事故、环保污染事故均为零,岗位噪声控制达标。

【气体介质供应】 2018 年,在公司生产模式不断调整、用气需求变动的频繁情况下,气体分公司始终坚持以安全保供为第一要务,密切关注公司生产变化,及时调整运行方式,精心生产、精准操作,以控制氧气放散和氧气生产综合电耗为重点,加强调度监控,强化制氧机组负荷调整,在确保安全供气的同时努力实现经济运行。分公司自我加压,勇担风险,适时根据公司生产需求,及时启停制氧机组,克服了四台制氧机组运行年久、突发故障增多的困难,化解了马钢 BOC 公司制氧机故障检修 40 多天、分公司在无备用机组情况下承担巨大保产压力的风险,备用机组全年 13 次顺利应急启运,有力地保证了公司生产用气。积极发挥专业功能,优化氮气保供系统,利用闲置的 12500 立方米氮压机实施区域管线改造,增加氮气输送量,减少一台制氧机组运行,不仅解决公司氮气保供难题,而且减少 300 余万元的运营成本。积极寻求技术合作,开展方案论证,拟在线处理氧气故障阀门,消除公司氧气管网重大安全隐患,避免因氧气管网停运而给公司生产造成巨大损失。

【设备管理】 2018 年,分公司不断优化设备保供系统,为生产稳定提供强力支撑。加强设备基础管理。以"符合性、有效性"为目标,组织开展设备工作标准的修订和完善,为加强管理提供科学指导。圆满完成了三万制氧机组中修,消除了设备隐患,提升了设备性能。稳步推进 3000 立方米液氧储槽及配套工程项目,为安全保供提供后备手段。完成二万制氧机空分系统阀门自动控制投入,氩系统不仅得到稳定,而且氩气产量大幅提高。实施三万五、二万制氧机低压氮气管网连通改造,实现氮压机互备,增强了保供的安全性。实施二万机组循环水泵房增设冷却风机改造,消除了机组运行风险。成立仪电攻关组,对仪电设备全面评估、梳理排查,不断优化控制逻辑、消除系统隐患,保证机组长周期稳定运行。组织开展电缆防火隐患专项整治、配电设备隐患专项整治、防雷系统整修等,消除各类设备隐患百余项,确保设备状态可控、完好,为保证公司生产气体介质供应提供了有力的保障。

【安全管理】 作为危化品企业,分公司始终把安全生产作为"重中之重"。严格执行《马钢公司安全生产禁令》,不断健全安全管理体系,修订完善分公司安全生产责任制,建立岗位安全责任清单,强化员工安全责任意识。坚持隐患排查治理工作制度,全年通过层层排查发现安全生产隐患 105 项,全部整改完毕。拓展应急预案演练活动范围,实行常态化管理,不断提升员工应变保障能力。加大安全生产工作检查,编制下发《安检通报》,对发现问题跟踪督促整改,严格考核,不讲情面。加强对建设、检修项目各类危险作业活动管理,将外来单位属地安全监管作为重难点强化管控,开展专项整治活动。在今年繁重的外来单位施工作业中,大力推行施工现场"旁站式监管""24 小时监控"管理模式,严格规范危险作业审批确认制,严格把好外来施工单位的"入门"关、"交底"关、"确认"关,对违规行为做到及时发现、及时制止、严厉考核,确保了外来单位施工安全。2018 年被公司评为"安全生产金牌单位"及"消防先进单位"。

【气体营销】 2018 年,受钢铁行业拉动,液态低温产品供不应求。受马钢 BOC 公司设备故障、制氧设备检修等因素影响,分公司可供外销产品资源大幅减少。为抓住市场的大好形势,分公司以变应变,执行灵活的销售及定价机制,快速应对市场行情变化,把握市场价格波动,扩大高附加值产品销售,大力开拓医用氧产品销售市场,争取销售利润的最大化。为增强市场开拓能力,分公司充分利用和挖掘设备优势,不断攻克技术难关,不断自主开发出高附加值产品,继医用氧、食品添加剂氮气开发成功后又增添高纯度氮气、氩气新产品,为公司多元产业助力。全年分公司销售利润再次超过 1 亿元。其中医用氧产品销售量增长迅速,全年累计销售医用氧 11543.47 吨,较 2017 年度增长 100%,医用氧产品位列安徽省市场占有率第一。

【人力资源优化】 加强人才队伍建设。加强科级人员管理,不断完善科级人员绩效考核办法,实行责、权、利相统一,将绩效与考核挂钩,做到有功必奖、有过必罚。坚持干部选拔任用标准,严格任用制度。优化考核机制,加大分配制度改革,修订完善生产经营绩效管理办法、员工岗位绩效评价体系,坚持分配向一线、向关键岗位倾斜,增加任务重、责任大、技术含量高的岗位人员收入,建立多劳多得、少劳少得、不劳不得的公平合理的分配机制。做好人才开发和培养工作,坚持构建以需求为导向的分类分层人才培训体系,加强培训的有效性和实用性。坚持职工讲堂、技术竞赛、岗位练兵等有效学习形式开展员工适应性培训。坚持"导师带徒"活动,不断提升年轻技术人员的业务能力。积极推进区域化大工种作业,组织 24 人参加"一专多能”和区域化作业模式的培训,13名员工通过技能考评,实现了一专多能。加强高技能人才建设,充分发挥人才领军作用,建设首席技师“蒋小林工作室”,推荐高级技师石成军、周金城进入马鞍山市高层次人才库。2018年,分公司获得中钢协“第四届钢铁行业教育培训工作先进单位”荣誉。

【党群工作】 深入贯彻学习党的十九大精神,坚持集中培训和网络平台学习相结合,专题讲座和开展讨论相结合,利用多种形式开展培训。深入开展“讲忠诚、严纪律、立政德”专题警示教育,以“再查找、再对照、再深化”为主题,认真开展“三查三问”工作。扎实推进基层党组织标准化建设,着力打造标准党建、活力党建、品牌党建,基层党支部标准化工作做到全覆盖。成功召开分公司第四次党代会,明确了分公司未来发展道路及方向。党委班子成员深入基层讲党课,加强与基层职工的思想交流;坚持开展年度“供气双佳”评选活动;继续开展“书香供气”职工读书征文活动,引导职工在阅读中汲取智慧、陶冶情操。建立微信工作群、QQ工作群,充分将党建工作融入分公司生产经营。坚持关心职工生产生活,努力提高职工收入,调动职工工作积极性。二万制氧机作业区QC小组获得冶金行业“全国优秀QC质量管理小组”称号,“蒋小林技能大师工作室”获得马鞍山市第三批市级技能大师工作室荣誉,陶实林“岗位创新”成果获公司二等奖,氧二分厂获公司“工人先锋号”称号、四万制氧机作业区获公司“标杆作业区”荣誉。

（马咏梅）

资源分公司

【主要技术经济指标】 2018年,回收冶金固废资源224万吨,生产冶金石灰116万吨;销售冶金固废资源245万吨,实现销售收入3.98亿元、利润7000万元,产供销量、销售收入、营业利润等指标创历史最好水平。全年设备开动率大于95%;重大人身伤害事故、重大生产事故、重大火灾事故、爆炸事故、重大交通事故、重大设备事故为零。

【生产经营】 坚决落实公司生产经营和降本增效计划,持续优化决策机制,生产经营水平进一步提升。克服环保严控、煤气紧张、多座石灰窑大中修等突出困难,统筹石灰产供平衡,严格落实生产流程“三不”方针,建立石灰窑体检制度,强化全过程检化验制度和水化残渣制度,继续推进无烟煤和大焦替代试验,优化改造工艺,深入节能降耗,实现石灰平稳保供、产质量同步提升,全面完成降本增效任务。在环保严格管控、料场容量大幅减少的条件下,统筹回收稳定保产,分门别类制定回收保产方案,建立以保产、降库为核心的高效产销对接机制,确保公司生产稳定顺行。针对环保严控给固废销售带来的严重制约,统筹销售安全保产,建立“现货+期货”、挂牌定价、指数联动、顺标、商务谈判、紧急议标等灵活销售模式;成功召开首次客户大会,优化客户关系,形成共赢机制。

【环保工作】 以迎接中央生态环保督察“回头看”为契机,提高政治站位,按照“标本兼治、综合治理、本质环保”要求,系统制定《蓝天碧水净土保卫战行动方案》,成功实施环境整治改造工程,建立全方位全过程严管严控模式。对固废基地,实施场地硬化5万多平方米、循环水系改造2000多平方米、绿化3万多平方米,美化亮化1000多平方米,建设物料大棚2000多平方米,安装汽车冲洗装置4套,购置抑尘雾炮7台;西山雨污分离项目有效推进,南区污水处理项目完成设计并通过公司评审。通过艰苦努力,基本实现固废无扬尘、废水零外排,厂区环境焕然一新,融入水清岸绿产业优美丽长江(马鞍山)经济带,在行业内树立了固废环境治理管控的典范,赢得了各级领导、督查部门及兄弟企业的广泛赞扬。对石灰区域,重点强化环保设施稳定运行和粉尘达标排放,并按照2020年超低排要求,编制了提标改造方案。与此同时,积极承担社会责任,投入共建资金2600万元,全力配合雨山区推进八段沟区域环境治理;围绕中央生态环保督察“回头看”转办件(25-3号),强化政治担当,全面深入核查,圆满完成整改任务。

【南区钢渣全封闭运行与公司固危废保产】 围绕南区钢渣全封闭处理,优化钢渣热闷工艺规程和作业标准,强化制度刚性执行,推进区域协同,实现稳产达产。特别是自2018年7月13日公司领导主持召开南区钢渣全量封闭翻渣作业专题会后,与相关单位并肩作战、紧密协作,2018年7月21日起实现钢渣不上渣线热泼、全部封闭作业的目标,最高日封闭处理钢渣110余罐,热闷近百罐。围绕公司固危废处置保产,抓好顶层设计,规范转移与收储标准,严格过程监管。特别是在二铁北区高炉永久性停产,致使原铁前近40万吨固危废处置途径中断后,与相关单位一道,积极探索公司内部消化处置路径,大力开展自循环使用试验攻关。与此同时,加大危废外委处置力度,与滁州超越、芜湖海创等企业积极开展技术交流和业务合作,确保危废风险全面受控。2018年共协调自循环处置利用危废1.24万吨,依法依规外委处置危废1.5万吨。

【工程建设与综合利用产业化】 围绕首先解决环保问题,北区钢渣处理综合利用项目稳步推进,在项目部、设计、施工、监理等各方共同努力下,工程于2018年10月28日基本竣工。围绕推进钢渣深度利用,以建设钢渣棒磨、磁选生产线为主要内容的钢渣综合利用升级项目,完成前期可行性研究,协调推动项目选址和评审立项。围绕公司危废妥善处置,对接国内知名环保企业,积极推进危废处置项目合作。围绕公司自循环废钢业务整合,完成前期调研策划,编制完成业务整合和加工基地建设方案。围绕争取综合利用政策,积极开展中央财政预算内项目申报。

【体系建设和专项管理】 全面修订完善管理体系,质量、职业健康安全、环境、能源体系有效运行,测量体系通过公司内审,体系自评价工作顺利完成,专业管理由"碎片化"向"体系化"转变。强化安全生产管理,修订补充安全管理制度60多项,对照公司"7·17"煤气泄漏事故全面开展自查自纠,规范相关方管理,引进注册安全工程师,成功获得"省级安全生产标准化二级企业"称号,首次荣获集团公司安全生产金牌。加强设备管理,导入备件材料目标计划值管理,倡导精确维修,推行新项目全维保模式,顺利完成南区2号焦炭窑大修,稳步推进南区4号套筒窑大修,提前开展北区1号麦尔兹窑中修。完善客户管理办法,严格客户资质审查,健全客户档案,加强客户评价,建立全过程客户环保管控流程。推进精益工厂创建,积极跟进三铁总厂,深化现场"6S"管理,厂区环境和"两线四室"面貌显著改善。规范外委管理,完善合同文本,严控费用审批流程,加大违约考核力度,依法合规规避风险,落实相关方评价制度,外委业务管控有力。

【人力资源优化】 贯彻公司人力资源系统优化实施方案,开展国内同类型产线对标,深化一人多专、一专多能,提前完成公司定员目标。推进人力资源信息系统建设,一期项目上线运行。加强关键人才培养,提拔科级管理人员2名,评聘内部高级技术业务主管4名,选拔优秀科技人员1名,招聘新大学生4名,向公司推荐后备干部3名、"1+2+4"专业后备人才8名。加强作业长队伍建设,成立了作业长研修分会和理事会。抓住公司机关机构改革和结构调整之机,引进机关高素质干部5名,引入二铁北区、铁运公司等单位优秀员工29名。持续开展岗位交流,2018年岗位交流率超过10%,其中科级管理岗位交流率超过50%。

【创新驱动与品牌建设】 围绕科技创新,组织编制《马钢500TPD套筒石灰窑烟气余热循环利用》项目可研报告并申报立项,参与完成《钢渣制备高性能橡胶功能充填料技术开发》《基于钢渣的生态护岸工程用材料制备及应用技术研究》等产学研合作项目。围绕管理创新,完善决策机制,出台了"三重一大"决策制度实施意见;创新管理模式,深化授权机制,建立了首问负责制;加强执行力建设,优化总经理办公会PDCA机制,严格落实重点工作督查督办和综合检查通报制度,推行刚性考核;优化经营绩效管理办法和KPI体系,形成科学竞争机制;规范运营管理,强化风险控制,通过公司首次生产经营审计;深化管理创新活动,获公司管理创新三等奖1项。全面推进品牌建设,构建形成五大品牌体系,环保、固危废、管理等品牌亮点纷呈。

【党建工作】 深入学习贯彻党的十九大精神。贯彻全面从严治党要求,扎实开展"讲严立"专题警示教育和"三查三问"工作。深化党建融合,创新开展具有自主特色的"展党员风采、做环保先锋"主题实践活动和"青春再铸、永无止境"主题教育活动,"党员安全微视频"荣获集团公司二等奖。基层党组织标准化通过公司验收,首批试点建成智慧党建平台。修订廉洁风险防控体系,廉洁从业制度深入落实。

【和谐企业建设】 深化回收与石灰单元文化融合,提炼形成具有资源特色的企业使命、愿景、精神等文化理念,荣获"第五届省属企业文明单位"称号。深入开展"改革发展、创新超越"系列争创活动和"走进新时代、青春勇担当"大型诵读活动。积极开展全员提合理化建议活动,开展提高钢渣热闷率、提升石灰质量、改善环保绩效等劳动竞赛。改善职工待遇,全年职工收入进一步提升。积极投身精准扶贫攻坚战,开展了定点扶贫工作和"扶贫日"捐款活动。

(周功烈)

仓储配送公司

【主要技术经济指标】 2018年,完成各类炉料出入库总量2800万吨,物资出入库总金额70亿元,废旧物资回收销售总额1.47亿元。实现全年炉料、物资保供安全运行无事故。

【生产保供】 坚持以服务股份公司生产经营为主要目标，持之以恒地做好炉料、物资供应以及废旧物资回收工作，实现保供、回收服务安全高效。以高炉长周期稳定运行为重点，持续加强对焦炭、块矿等炉料的仓储加工与配送工作，严格按照公司计划供料，月均计划兑现率达99%。尤其在年初暴雪极端天气、二铁北区高炉关停、1号高炉大修、因环保要求江边码头停卸整治等重大生产变化时期，积极与公司有关部门、生产厂进行沟通、协调，确保了定置焦接卸、干湿焦转换、水运炉料改用汽车倒运等紧急保供措施的有效落实。在钢后炉料供应中，紧跟钢厂生产变化，对供料做出实时调整，持续做好合金及贵重辅料押车、合金直送炉台、部分辅料直供改库供等重点工作，并按照公司统一部署，完成了耐材上线、合金增容等工作。在备件供应中，严格执行公司管理规定，持续做好备件入库验收管理，加强零库存备件过程控制。针对一钢区域库房拆除、新建17000平方米大库等实际变化，进一步优化业务流程和库区设置，并对历史遗留的账物分离备件进行归类梳理，为公司掌握备件真实状况、提高备件管理水平提供了强有力支撑。在材料供应中，积极适应公司产线调整、重点项目建设、工艺技术改进等重大生产经营变化，紧扣用户需求精准服务，努力提高材料保供快速反应能力。持续优化材料仓储配送流程，通过减少二次配送，强化直供料验收工作，有效降低了物流成本，提高了配送效率。在综合回收工作中，扎实开展公司日常废旧物资回收，积极配合采购中心做好销售工作。在二铁1号高炉大修和北区拆除期间，按照区域物流通畅、公司资产不流失的总体原则，克服时间长、种类多、场地狭小等不利因素，积极组织人力物力，全天候实施回收作业，做到拆除物资及时入库。2018年共完成回收销售总额1.47亿元，比上年增加3600万元。在重点工程建设中，借助公司产线结构调整契机，努力推动仓储设施建设，为逐步优化仓储配送结构、提升仓储配送能力奠定了基础。积极配合公司重要产线工程建设，对一钢区域18号、19号备件库房进行拆迁移库，按时间节点完成了备件搬迁，并实现安全拆除。顺利完成备件中心17000平方米还建库房建设，现已具备投入使用条件。同时完成了炉料二站焦炭卸车线改造、配送中心丁酮库升级等工程。

【经营业绩】 2018年，公司对仓配公司下达的利润指标2267万元，与2017年实际完成利润相比增长20%。2018年，受二铁北区高炉拆除、长材北区转炉关停等去产能措施影响，炉灰及氧化铁皮的仓储加工、焦炭筛分配送等业务量均急剧缩减，相应的服务费收入与同期相比有大幅降低，完成下达的利润指标有较大的压力。仓配公司通过优质服务、降本、创收、争取政策性补贴等多种方式，圆满地完成了公司下达的各项任务指标。一是通过竭诚为股份公司提供保产服务，获得了各二级单位的一致好评，各生产厂对仓配公司的月度服务奖励评价均在95分以上，由此带来了可观的收入，服务费较上年增加2300万元。二是加强费用管理，通过多渠道降本增效。严控汽运费、劳务费、修理费、办公费等成本支出，全年实现降本增效2000万元。三是积极争取政府政策补贴，获得营业外收入。共收到国家去产能补贴近800万元，获得税收返还275万元。四是稳定开展对外经营，在闲置库房租赁的基础上，积极开拓了散装料、钢坯装卸存储等业务，全年共实现对外经营收入210万元。

【企业管理】 针对公司巡察及审计提出的问题和不足，紧密结合工作实际，修订完善了科级管理人员安全生产事故问责办法、各类会议制度、《单项奖管理办法》等近30项规章制度，不断提高制度执行力，规范各项管理工作；坚持管理创新，提升管理水平，以制度约束人，以机制激励人，努力构建内部严谨、优质、高效的工作运行机制。在人力资源管理方面，服从公司统一安排，认真落实公司有关部署，妥善安置了二铁北区、耐火公司、机关改革分流人员45人。在全员培训工作中，重点利用工匠培训基地，对特种作业人员进行持续培训，全年参加叉车、行车、起重等工种培训人员近300人，为大工种区域化作业提供人才储备。在安全管理方面，不断强化职工安全意识和防护技能，实现了全年无事故的目标。推行区域安全监管新模式，对重大危险作业，集中区域单位安全管理人员的力量，群策群防，将总面积13000平方米的两个备件库安全拆除，确保重点工程项目安全有序进行。成功举办了煤气泄漏事故应急预案演练和“119”消防技能竞赛，参与人数达150余人，有效普及了应急救援、消防安全知识和实际操作技能。坚持创建安全标准化示范作业区，2018年有三个作业区通过公司验收，一个班组荣获马钢优秀安全标准化示范班组称号。在设备管理方面，贴近生产一线，加强设备群检专检、合理安排大中修，定期组织设备知识集中培训，努力提高全员设备管理水平。同时认真做好设备更新改造，扎实开展设备日常维护。为保产保供的稳定顺行提供了有力保障。在环保管理方面，019料场的环保问题，一直是一大难题,组织人员对炉灰、氧化铁皮等物料进行造堆、覆盖、现场清理、道路清扫,直到2018年10月底,在中央环保督查前全部清运完毕。认真做好对炉料二站扬尘治理和控制,开展一铁焦炭库超低排放改造的前期准备工作。通过认真落实公司节能减排工作计划,使现场环境绩效得到持续提升,确保了全年环境目标实现。在管理体系运行方面,进一步完善管理体系,广泛开展了法律法规、标准以及体系文件的学习培训。管理过程控制有效,管理体系运行稳定。按照物流公司"三标一体化"工作计划,接受并通过了三体系的外部审核;为物流公司申报和通过5A物流企业审核作出了应有贡献。推动精益工厂创建,按公司要求建立了推进组织体系,广泛动员、加强培训,按计划有序推进。坚持开展现场管理周抽查、月巡查、季度大检查,严格考核,定期通报。进一步深化现场环境治理,开展了现场环境专项整治活动,构建了良好的现场文明卫生环境。加大对基层班组硬件设施的投入,改善了基层职工作业、休息环境,巩固"两线四室"创建成果,持续提升了管理水平。在综合治理方面,组织签订综治工作目标管理责任书,明确管理职责;做好重大节日期间和废旧物资回收期间的治安保卫和防盗工作;采取培训、检查等多种方式,严格物资三单管理,保障物资出入安全,全年未发生综治保卫案件。

【精神文明建设】　一是大力开展形势任务教育。深入学习贯彻党的十九大精神,以开展"讲严立"专题警示教育为契机,分层次抓好理论学习和形势教育。二是注重党员干部队伍建设,提升干事创业向心力。三是注重基层党组织建设,提升服务发展战斗力。推动党建工作紧紧围绕改革创新和生产经营开展工作,充分发挥矩阵式党建的服务融入和监督保障功能。四是注重党风廉政建设,提升防腐拒变免疫力。落实"两个责任",完善工作机制,以各级管理人员和关键岗位人员为重点,广泛开展形式多样的廉洁教育活动,组织专题学习36场,约谈党员224人次。五是注重文化宣传建设,紧密围绕保产保供,发挥新闻宣传的舆论引导作用,外发稿件近300篇;通过赴阜南县扶贫慰问、利用义卖救助孤残儿童、帮扶贫困大学生等社会服务活动,提升了仓配公司的社会形象和影响力。六是充分发挥工会维护职工合法权益的基本职能和桥梁纽带作用,深入开展群众性经济技术创新活动,征集合理化建议81条;落实职工互助帮困活动。积极开展各项宣教文体活动,参加公司"舞动马钢"广场舞比赛、微视频大赛、马钢十佳职工歌手大赛等活动,并取得了较好的成绩。

(徐今来)

·股份公司合资公司·

马钢(合肥)钢铁有限公司(合肥板材公司)

【主要技术经济指标】　2018年,公司合并营业收入54.9亿元,利润总额1.81亿元,净利润1.78亿元。其中钢铁公司营业收入6204.05万元,利润总额1.27亿元;合肥板材公司营业收入54.02亿元,比上年增长42.31%,实现利润总额4120.55万元,比上年增长98.63%;工业供水公司营业收入3686.65万元,比上年增长12.36%,利润总额1031.46万元,比上年增长57.59%。合肥板材公司和工业供水公司利润均创历史最好水平。

全年产品产量稳步增长。全年酸轧产量122.59万吨,比上年增长16.83%;连退产量87.41万吨,比上年增长5.44%;镀锌产量33.66万吨,比上年增长95.29%;工业供水公司工业水产量1804.65吨,比上年增长20.98%。全年订单条目兑现率稳步提高,连退86.1%,比上年提高5.94%;镀锌90.56%,远超年度目标。产品质量不断改善,酸轧、连退、镀锌合格率分别达到99.75%、99.9%、99.62%,比上年分别提高0.04%、0.12%和1.69%。产品让改率3.1%,优于4.24%的控制目标;万吨质量异议1.17起,比上年下降0.47起;吨材赔付0.873元,比上年减少0.27元。全年实现重伤及以上事故为零。

【生产经营】　公司抢抓市场机遇,克服品种规格多、新产品试制多等组产不利因素,严把保供关和来料质量关,实施属性订单集中组产和大周期组产模式,开展技术攻关、成本控制及对标工作,产品产量和质量稳步提高,经济效益显著。产品结构持续优化。全年共生产汽车板49.64万吨,汽车板占比56.79%,比上年增幅6.31%;HC340/590DP等高强钢16.35万吨,占比18.71%,比上年提高10.83%;涂层板累计产量达8.35万吨,占镀锌机组产量的24.82%,形成了相对优势。全年开发了SPA-C耐候钢、HC180Y到HC260Y含磷钢,并形成了批量生产能力。并顺利完成了

7.455万吨出口材任务。技术攻关助力生产。全年设立了“1号、2号连退炉炉辊结瘤攻关”等37个攻关项目,4个股份公司指定项目,并结合实际增加了“板带材表面质量缺陷分类与自动判定”等攻关项目。设备改造类攻关、工艺技术类攻关年底结题验证。全年评审通过了23个QC课题。深入开展成本控制及对标工作。根据股份公司的对标方案修订完善了公司2018年对标实施方案,把公司生产经营的全流程纳入对标体系,围绕重点工作,选定权重大、影响大、涉及面广的关键指标作为对标跟踪的重点,以点带面,实现指标的全面提升。4—9月,21项指标与预算比累计降本1153万元,较降本目标多降205万元。其中修理费用累计降低574万元,镀锌成材率累计降本338.62万元,酸轧成材率、铝硅锭消耗、包装成本及外购能源等降本效果也较为明显。

【企业管理】 2018年,合肥板材公司充分发挥专业管理优势。对标挖潜成效明显,除电耗、盐酸消耗外,其他均优于或持平本部指标;通过引进光伏发电、稀碱废水项目新技术新工艺和争取直供电优惠,进一步降低了能源成本,固废、危废处置率达到了100%,完成了政府部门下达的节能指标。层级管理运行平稳,全员绩效体系持续优化,员工成长积分导向作用日益明显。完成了15名年轻后备干部选拔工作,并举办了由后备干部、优秀作业长、技能主管参加的公司企业管理能力提升培训班;重新选聘技术业务主管和技能主管,构筑起精干高效的“三支队伍”。各部门积极贯彻落实相关政策,争取各级政府政策资金支持4000余万元。

【体系建设】 顺利完成了“体系建设年”各项目标任务。在完成ISO 9001/IATF 16949质量管理体系复审基础上,先后通过了环境管理体系、职业健康安全管理体系、两化融合管理体系、能源管理体系认证,建立了内控管理体系。供电管理获得了工信部“全国工业领域电力需求侧管理示范企业”称号。导入了卓越绩效管理模式,自评报告初稿已编制完成并经合肥市质协专家评审。精益工厂建设自4月份启动,组建了9个参赛单位和16个TnPM推进小组,活动范围还延伸到了8家外协单位,公司上下已掀起了创建热潮。制度体系建设深入推进,全年组织了3场次6个通用制度的专项考试,共216人参加考试,开启了全面推进制度学习与运用的制度建设新阶段。

【冶炼资产处置】 一是工业保护遗产移交。2018年1月9日,合肥市土地储备中心、马钢(合肥)公司、瑶海区人民政府、市国资委共同签订了《马(合)钢工业遗存保护保留范围资产移交备忘录》,明确了“马(合)钢工业遗存保护保留范围资产移交后,该4座高炉视为拆除。”次日工业遗存保护保留范围资产于现场完成了移交。此次共移交瑶海区政府工业遗产保护资产净值7345.43万元,涉及面积约15.11万平方米,资产506项。

二是资产招拍挂。在完成了工业保护遗产移交、余下资产评估,在履行相关法定程序并经省国资委备案后,公司剩余待处置资产分为两个标的在省产权交易中心挂牌交易。2018年6月15日,两个标的分别由江西百盛达金属有限公司和安徽鑫广德再生资源有限公司摘牌。其中标的一最终成交价比挂牌价(评估值)高出1450万元,不含税达3550.87万元;标的二最终成交价比挂牌价(评估值)高出7500万元,不含税达25777.37万元。

三是资产拆除。2018年6月14日,合肥市政府与马钢集团公司再次召开会议并形成纪要,对招拍挂后的资产处置工作进行了安排。7月10日,公司分别与两家中标单位签订了产权交易合同,同时还签订了《安全(消防)、综治、环保、维稳主体责任转移协议》,完成了资产移交和产权转移。7月27日,合肥市政府召开马钢(合肥)公司冶炼区域资产拆除工作专题会,就资产拆除涉及的安全、消防、环保工作制定了详细方案,会后两家中标单位正式进入现场拆除。至年底,标的一已全部拆除,标的二已完成大部分拆除工作。

【精神文明建设】 持续推进民主管理、厂务公开、职工代表视察工作。开展群众性创建工作、QC小组活动,2名职工获得了马钢岗位技术能手称号,1名职工获得技术能手二等奖和二级技师。开展科技创新工作,首次制定了专利管理办法并进行了专利申报,成立了创新工作室。职工收入增幅明显,福利待遇持续改善,公积金缴费基数进一步提高,在传统“五险一金”基础上增加了企业年金。职工食堂实施委托运营,服务水平有了质的提高,通过丰富菜肴品种、提高餐补、增开零售窗口,进一步满足了职工生活。公租房二次配租,解决了新进职工住房难问题。公司工会持续开展慰问和帮扶工作,全年发放慰问金1.52万元,大病救助13.64万元;积极履行社会责任,募集扶贫资金3.49万元用于精准扶贫。

【荣誉】 2018年,合肥板材公司荣获合肥市质协“2018年度质量管理先进单位”荣誉称号、合肥循环经济示范园管委会“2017年度自主创新先进单位”和“文明单位”称号、工信部“全国工业领域电力需求侧管理示范企业”称号;板材公司能环中心制氢制氮班组荣获合肥市“2018 年度安全管理标准化示范班组”荣誉称号。

(朱道林)

长江钢铁股份有限公司

【概况】 长江钢铁股份有限公司是安徽省重要的建筑用钢生产基地,公司位于马鞍山市当涂县太白镇工业园,主营业务为黑色金属冶炼及其压延加工与产品销售。公司主导产品“荣恒”牌热轧带肋钢筋为“安徽名牌产品”。2011 年 4 月 27 日,公司与马钢股份公司联合重组,纳入马钢公司总体发展规划。截至 2018 年年底,职工 4300 人,总资产 109 亿元。

【生产经营】 2018 年,长江钢铁践行新的发展理念,抢抓国家供给侧结构性改革持续深化机遇,围绕年初制定的工作目标,以“持续推进提质增效,大力提增品牌竞争力”为工作主题,生产经营建设平稳有序运行。全年共生产生铁 391 万吨、钢 434 万吨、钢材 439 万吨;实现销售收入 162.32 亿元、利润总额 28.32 亿元、上缴税金 13.21 亿元。

【安全生产】 认真落实安全生产责任制,严把外来单位准入关,加强参与大中修的外来单位安全管控力度,全面推行“保姆式”安全管理模式,进一步加强对危险作业管控,组织开展包括外来人员在内的安全专项培训,适时进行各类安全事故应急预案编制、演练、评估、修订工作,同时加大对违章违纪考核力度,提高违章违纪成本,有效地遏制了各类生产安全事故发生。创新事故隐患排查治理方式,在公司现有的日常排查、专业检查、季度检查的基础上,定期邀请马鞍山市安全生产协会专家来公司进行全面安全体检,取得较好效果。先后完成了煤气管道、炼钢 6 台行车、电气、西气东输管道等隐患整改项目。着力开展“亲情铸安”等有长钢特色的安全文化建设,获得了员工亲属的大力支持。多措并举确保了公司安全生产形势总体平稳可控。

【节能环保】 长江钢铁始终坚持和践行“绿水青山就是金山银山”的理念,将环境经营视为企业经营战略的核心要素,把节能减排作为企业生产经营活动和运营管理的重要内容。2018 年,公司吨钢综合能耗 557 千克标煤/吨,比上年下降 3 千克标煤/吨;能源总量约 242.33 万吨标煤,比上年下降 3 万吨标煤,顺利完成政府相关部门下达的“能源双控”及“煤炭减量”双目标。吨钢新水消耗降至 1.93 立方米/吨,比上年节约新水消耗量 22 万立方米。同时,以环保迎检为抓手,认真贯彻落实中央“打击固体废物环境违法行为专项行动”,确保依法合规做好固危废处置。加大环保投入,投资 1.6 亿元,先后开展了烧结环境除尘改造、高炉炉前除尘器改造、北渠和综合水处理水塘改造、噪声治理等项目。还对照钢铁企业超低排放改造要求,编制公司 3 年超低排放改造行动方案,并加快推进实施。全年环境污染事故为零,工业固废利用率不小于 99%,危废安全处置率 100%。

【荣誉】 2018 年,公司荣获“安徽省节水型企业”称号;在安徽省企业环境信用评价中,公司获得“环保良好企业”等级;公司“荣恒”品牌获“中国国有钢厂优质建筑用钢品牌”。

(韩　远)

和菱实业有限公司

【主要经营指标】 2018 年,累计完成营业收入 3.77 亿元,利润总额 3025.51 万元。利润指标不仅完成了股份公司下达的预算目标,也实现了五年发展规划中提出的奋斗目标。

【生产经营】 2018 年,和菱实业公司紧紧围绕“持续创新力提升,推动高质量发展”工作主题,全力落实“做优做大和菱实业包装、车桥、捆带业务”要求,经营管理取得好成绩。

一是完成全年目标,企业发展跃上崭新平台。承接马钢发展战略,制定公司五年发展规划,确立使命、愿景和核心价值观,构建了特色企业文化,并通过制作宣传片、印制企业文化宣传画进行宣传,扩大企业文化影响力;提出“包装走出去、车桥上等级、捆带全系列、开平板块化”目标思路,通过启动捆带线改造项目、优质客户策略、“业务总包”“塑带互保”“开平互补”等措施,使马钢十八届二次职代会提出的“做优做大和菱实业包装车桥捆带业务”要求落地。

二是围绕顾客导向,市场开拓持续跟进研判。以客户需求为导向,跟进发展,做强制造产业,实现产品增效。通过细分客户市场、提升自我能力、变革运营模式、引导顾客期望、增加客户价值、整合企业资源等营销主要措施，开展APQP先期质量策划，使“和菱实业优质客户营销策略”全面落地。捆带业务采取塑带互保和技术营销措施，客户满意度达到96.9%，固定客户达到59家，全年外销捆带5168.54吨，超额完成预算利润指标；开平业务采取仓储服务以及与马钢各加工中心开平互补等方式，与13家客户保持合作关系，客户满意度为96.75%，全年开平仓储量达20774吨，实现了盈利；车桥业务满足客户需求，开发了带提升功能的主车承载桥，第二代轻量化车桥进行了工业化试制，客户满意度平均为95.7%，在严格风险控制、保证经营安全的前提下，全年内销车桥（轴）2163根，出口车轴5087根，受“公改铁”运输方式变化的影响，距离预算利润指标还有较大差距。

三是贯彻协同要求，服务马钢做出新的贡献。由保产型向经营型转变，精耕细作，做优包装服务，体现服务增值。坚持“三个有利于”和“有接有弃”的原则，承接股份部分产线顶岗业务，放弃酸再生操作业务，落实协同发展要求。根据股份公司的统一安排，又承接了冷轧生产、检修、发货行车52台，配备132人；承接了冷轧出入口拆包点15个，配备60人；承接冷轧南区叉车操作2台，配备6人；承接了四钢轧总厂横切机组操作业务，配备23人。按照业务总包模式，相继承担四钢轧总厂热轧1580线、2250线平整机组自动打捆机维保、操作，配备维修人员23人；推行EVI项目方式，实现一、四钢轧热轧自动打捆机业务总包故障率进一步下降，CSP由5%下降到2%、2250线由27.7%下降到10%、1580线由8.26%下降到4%，总包效果持续体现。作为精益工厂创建跟进单位，全面满足现场管理要求，大力开展“6S”等活动，员工精神面貌和现场管理水平都有较大提升，多次获得甲方单项活动表扬；积极配合各大主机厂来马钢现场进行二方审核，确保了所辖作业区满足审核要求。全年完成包装量1472万吨，超额完成预算利润指标，没有因为一起包装原因影响股份主线生产，包装服务客户满意度达到99.78%。

【安全管理】　强化主体责任，安全管控持续展开。始终坚持“安全第一，预防为主，综合治理”的方针，贯彻安全红线意识和底线思维，坚持“党政同责、一岗双责、齐抓共管、失职追责”，确保安全生产责任制刚性执行。开展安全生产风险管控“六项机制”建设，健全和完善安全风险查找、研判、预警、防范、处置、责任机制，提升安全生产事故预防能力。宣讲《生产安全事故事件中层管理人员问责管理办法》和《安全生产禁令（试行）》，组织开展“重大生产安全事故隐患排查治理专项行动”“安全生产攻坚行动”等行动，邀请第三方对照安全标准化一级企业开展现场诊断，查找出192条不合规项，除电气方面的项外，其余的已经全部整改完毕。按照“管业务必须管安全”的要求，实行外来单位归口管理，严格进入审批流程，全面落实相关方管理要求。加强安全检查考核，全年查找各类隐患1446项，整改率100%；加大安全隐患排查治理，全年投入资金179.8万元进行安全、消防整改。

【技改基建】　严格环保规定，设备基建全面加大投入。认真落实环保各项法规，确保环保设备运行正常和排放符合要求，适应国家节能减排新要求；采用外购塑料圆护板替代钢质喷漆圆护板，于3月底停用了包材喷漆生产线，兑现了环保承诺。通过近几年用水量统计及验证分析，发现地下水管泄漏严重，随即对本部地下水管进行更新，使水耗指标明显下降，由8000—10000吨/月降到1000—3000吨/月。按照“提高设备精度系数、保证产品质量、满足在线生产”思路，对包材铁制品、开平机组、车桥机床进行大修技改；捆带业务着眼于下一轮发展需要和落实环保、安全要求，按照20根捆带进行全线技改，计划增装有机废气处理设备，减少废气的排放总量。加快推进现场员工更衣室等建设，在四钢轧总厂的大力支持下，新建了热轧和菱综合楼，为员工更衣、培训创造了条件；现场作业区休息室及时新增空调、更衣柜，改善了员工学习休息环境。全年设备技改和基建工程共投入资金1521万元。

【科技创新】　面向市场现场，技术革新展示有力支撑。坚持科学方法和思想的指导，围绕“四新”开展技术革新，工程技术人员以项目组的方式承担了10个课题研究工作，其中四项已经结题。继续完善了捆带锁扣一体机功能，10台捆带锁扣一体机全面运用，降低了员工劳动强度、提高了捆带使用率，通过减少人员和捆带切头节约了包装成本；成功开发防锈纸自动裁剪机，包装现场使用效果良好。广泛开展合理化建议活动，2018年共收到合理化建议30条，经过评审全部得到实施并进行了奖励。大力开展专利申报，参与国家标准修订，提高企业知名度，依靠科技进步，提高产品价值。全年申报专利9项，其中发明专利4项；作为主要单位参与修订的国标《包装用钢带》（GB/T 25820—2018）于2018年5月14日正式发布，并将于2019年2月1日正式实施；根据皖经信科技〔2018〕96号文《关于公布2017年度省认定企业技术中心评价结果的通知》，和菱实业为省认定企业技术中心。

【企业管理】 一是优化组织结构,管理全覆盖迈出坚实步伐。根据业务发展和管理需要,成立安全生产部,配强安全管理力量;结合马钢厂区的现状,重新成立两个包装部,包装一部负责冷轧南区、特钢、埃斯科特钢的包装和顶岗业务,包装二部承担一钢轧总厂、四钢轧总厂、冷轧总厂北区的包装和顶岗业务以及包材制作,实行区域业务维护;捆带部、车桥部继续实行捆带、车桥业务的一体化运营,两种模式确保经营责任落地。按照"扁平化、精减、高效"原则,重新梳理安全生产、技术质量、计划财务、综合管理共四个部门职能。公开招聘两个业务部门经理,配齐一线管理人员;所有管理岗位在符合内控要求、承担管理职能的前提下实行A、B岗制,保证管理工作的有序委托、有效运行。

二是依靠专业模式,精细管理取得重要突破。结合企业发展特点,推进"六化一提升"管理,运用"七大计划"联动,保持公司有序运营;实施精细化管理,推动品牌建设,制定精益工厂创建计划,提升运营质量。体系建设不断完善,质量、环境体系顺利通过监督审核,IATF 16949转版初步完成;实行质量滚动检查考核,提升产品实物质量。包装材料合格率达到99.94%,超计划目标0.34%;车轴(桥)工序综合一次合格率达到99.89%,超计划目标0.29%;捆带产品达到99.92%,超计划目标0.12%。依靠团队力量,构建了卓越绩效管理模式,成为全市接受2018年马鞍山市市长质量奖现场审核的7家单位之一、6家参加最后陈述会单位之一,获得了2018年马鞍山市市长质量奖提名奖。加强品牌建设,完善品牌建设体系,落实集团品牌试点单位建设要求,"高档板材L型包装(L系列)"和"山地桥"牌挂车车桥(车轴)再次通过安徽名牌复审,"马钢自动打捆机总包"EVI项目通过科技管理部组织的结题验收。

【精神文明建设】 认真贯彻落实马钢党委《关于在全公司范围内迅速组织开展学习宣传贯彻党的十九大精神的通知》和《关于进一步深入开展党的十九大精神轮训》通知,深入开展"大学习、大宣讲、大培训、大调研、大落实"。进一步树牢"四个意识"、坚定"四个自信"、做到"两个坚决维护"。加强宣传文化建设。坚持社会主义核心价值观,落实意识形态工作责任制,强化宣传阵地和舆情监管;深入家园文化、品牌文化、精益文化的宣贯。管理人员"跟班蹲点"形成制度化,通过"零距离"接触员工与解决实际问题结合起来。抓好党组织建设。严格执行党组织前置讨论重要工作程序要求,认真贯彻民主集中制原则,按时召开了"讲严立"和"三查三问"党员领导人员民主生活会,把征求群众意见逐条分解落实整改;严格经营层领导分工负责制,突出"三重一大"问题按程序决策,重大事项提交公司董事会研究。完善和巩固基层党组织和标准化建设效果,2018年10月通过了马钢党委专项督查的检查验收。完成党总支换届选举工作。认真落实"三会一课"制度,严格党内组织生活,党员领导干部坚持为党员讲党课,过好双重组织生活。开展党员"两无"、党员示范岗和"跨区域保产"等党内实践活动。2018年,有2名党员被马钢党委评为优秀党务工作者和优秀党员,有6名党员被党总支评为优秀党员,7名员工向党组织递交了入党申请书。着力推动廉洁从业。开展正反典型教育和"讲严立"专题警示教育。贯彻落实党风廉政"两个责任",制定和落实《和菱实业公司推进廉洁风险防控管理工作实施方案》,严格执行《招标管理办法》和《非招标目录》要求,做好招标采购工作,与所有供应商和销售商签订《业务合作廉洁协议》。根据马钢党委关于集团管控等12个方面违规行为专项治理工作的要求,组织相关部门和人员对照所列12个方面59项内容,逐项逐条进行对照自查自纠。开展以"查漏洞、抓反弹、补短板"为主要内容的中央巡视"回头看"反馈意见等系列整改整治工作。结合实际,把《马钢一钢轧、四钢轧热轧自动打捆机一体化维护总包》作为效能监察立项,提高管理水平。认真接受监察审计部生产经营情况审计、省国资委集中监督检查审计、配合省审计厅对马钢领导任期经济责任审计,针对存在问题和不规范操作迅速进行整改。

落实依靠方针,职工收入得到有效保障。支持工会、共青团、女工等群团组织按照各自的章程和职能独立开展工作,实施2018年"我们的节日"主题活动,常态化开展劳动竞赛和员工喜闻乐见文体活动;召开了和菱实业首次职代会、第二次工代会。坚持"正面激励和指标约束"相结合的原则,依据预算分解经营指标,保证2018年各项经营责任落地。参照马钢工资调整方案,增设年功工资,及时兑现效益奖;修订《员工管理规定》,使患大病的员工每月另享受1100元的生活补贴;多方寻找依据,妥善解决了遗留的退休人员物业补贴问题。完善了"管理、技术、操作"三个序列员工职业生涯通道,重新聘用了66名工人技师。组织开展职工年度健康体检,为职工做好大病预防工作。安排10名职工参加马钢疗休养活动;对困难、工伤员工和劳务派遣困难员工进行互助帮困、开展送温暖活动。响应无偿献血号召,积极组织员工开展义务献血,35

名员工献血10900毫升，血小板2个治疗量。切实履行“包户结对帮扶”社会责任，落实“春节慰问米面油、捐赠衣物和慰问金”等有关措施，体现对扶贫对象的关怀；积极响应《2018年扶贫日募捐活动》号召，公司组织了三场募捐，624名员工共捐款20625元。认真履行社会治安综合治理成员单位的职责，切实做好社会治安综合治理目标管理责任书落实工作。全年未发生重大治安事故和安全生产事故。

（杨　健）

埃斯科特钢有限公司

【主要经营指标】 2018年，实现销售12718吨，超额完成11000吨全年销售目标；实现销售收入6406万元。

【市场开拓】 围绕全年销售目标，全体营销人员奋力跑市场、抢客户、抓订单，市场逐步打开，客户逐步增加。全年拜访客户75家，其中批量供货20家，新客户30家，试样客户28家。成功向浙江裕泰、瑞帆汽车等中、高端汽车紧固件厂批量供货2000多吨；成功向中车齐厂正式批量供货约2200吨铁路货车转向架弹簧银亮棒；通过浙江裕荣弹簧实现马钢60Si2CrVat弹簧材料出口瑞典ABB公司；推动了马钢、奇瑞、中弹建立战略合作关系；历时3年完成中弹、辽阳蒂森认证供样及小批量供货；开发了高端轴承钢客户韩国大明机械，实现来料前期加工业务。

【生产运营】 以客户订单评审为起点，以满足交货期为根本，生产组织围绕月度计划整体推进，及时更新周计划和日计划，兼顾计划性和灵活性，提高了生产效率，缩短了交货期；通过生产流程优化、工序产能匹配衔接，强化生产拉练、操作技能练兵等措施，南北区月产量逐步提高，南区搬迁线ICB线生产效率提升约50%，基本达到设计产能。全年南、北区月产量最好水平分别突破500吨和800吨，确保了重点客户、重点订单的兑现。南区精棒通过完善搬迁线配套设施，满足终端客户要求，全年精棒累计生产3352吨，比上年增加2887吨，增幅达6倍以上；北区精线于去年5月全面建成完工，通过调试生产摸索及正常运行，全年精线累计生产4659吨。

【项目建设】 北区线材项目从去年初开始，全力展开酸洗线、拉拔线设备安装调试，通过精心策划，精准实施，克服了重重困难，酸洗线和拉拔线相继完成设备安装调试并实现批量稳定生产；南区棒材生产区域通过完善现有搬迁线配套项目，新增的两条无芯磨床机组、一条二辊矫机组分别于3月和5月顺利完工，7月完成首批800吨铁路弹簧订单，在满足向国内汽车弹簧和稳定杆供货的基础上，进一步拓展了国内铁路弹簧市场。

【技术进步】 以满足中高端客户需求为目标，积极摸索技术工艺，大力开展产品试制研发，不断推动技术进步，实现产品质量稳步提高，逐步得到客户认可，满足了大部分客户的要求，市场品牌初步建立。通过酸洗磷化线药剂的替换和环形段改造，解决了磷化前生锈导致磷化膜质量问题；通过预处理工艺，提高了磷化膜附着力及膜重；开发了强缩冷镦钢精丝和薄壁套筒精丝产品，并用自主研发的热处理工艺，使轴承钢精丝球化等级、脱碳等指标均位于行业前列，受到舍弗勒、南钢、双动等客户的好评。全年签订客户技术协议30余项；相继开展了冷镦钢精丝产品工艺开发等8项技术攻关和9项QC活动。全年共开发15个品种53个规格的新产品，为市场开拓满足客户提供了品种质量支撑。

【体系建设】 把体系建设作为工作重点，强化流程梳理，促进工作质量和产品质量提高。通过完善“写所需”，严格“做所写”，规范“记所做”。铁路弹簧银亮棒通过中车齐厂CRCC认证，年内顺利通过汉德机构南区棒材监督审核和北区线材扩证审核，南北区均获得IATF 16949认证证书。全年引进认证客户9家，推进认证客户6家，通过二方客户审核9家，为精棒、精线产品进入国内中高端汽车零部件企业及轨道交通行业提供了“通行证”。

【现场管理】 以体系、客户及产品认证审核为契机，以现场管理为抓手，稳步推进精益工厂建设，对客户提出的现场管理问题和建议加强整改落实，对照先进企业现场管理办法，投入数万元费用制作和完善现场各类标识300多个，开展定置管理、看板作业、各工作功能区域划分及“四室”环境整治，全年开展各类现场管理检查30多次，落实各类整改40多项，为生产组织稳定有序、产品质量稳定控制、现场环境整洁美观提供了保证，公司现场定置管理和“6S”受到来厂认证客户的好评，向外展示了企业的形象。

【安全环保】 全年在岗员工接受安全教育率、特种作业岗位操作人员持证率及特种设备年检率实现3个100%；完成内部环境因素监测及职工职业健康体检及档案建立；全年组织各类安全综合大检查40次，查除隐患150余项,开具违章罚单20份,考核金额9300元,确保安全生产制度严格执行,安全隐患及时排查整改;开展了安全月活动及罩式炉天然气泄漏抢险抢救应急预案演练。全年未发生重伤以上人身安全事故;完成一期二期项目安全预评价、设计专篇和职业病危害预评价、职业卫生专篇,以及现有建成项目职业病控制效果评价,更换了过期消防器材。严格落实环保规定,完成项目环境影响报告表、南区法国搬迁线及北区2万吨高品质线材环境验收;通过水、气、粉尘等外围环境监测;完成危废处置备案及危废处置协议签订,安全处置率达100%;各类污染事故、投诉为零。

【党群工作】 一是加强理论学习。党支部以习近平新时代中国特色社会主义思想为指导,重点学习党的十九大精神,扎实开展"讲严立"专题警示教育和"三查三问"工作。二是夯实党建标准化。党支部严格落实"三会一课"制度,抓好党员活动室"六有"建设、党员活动日、党员"两无"活动及与特钢党委党建协作共建;开展"七一"党内各类先进评比表彰、重温入党誓词等活动,抓好党员发展工作。三是发挥纪检监察作用。签订党风廉政建设责任书,抓好党员干部廉洁自律,扎实开展马钢党委巡视整改情况"回头看",抓好责任清单整改落实。四是健全风险防控体系。严格落实"三重一大"决策制度,充分发挥党组织政治核心和领导核心作用,履行党委前置程序,积极做好集体决策带进董事会,充分发挥沟通、协调、参议、决策作用。五是加强企业文化建设。积极组织员工参与读书征文等活动;组织开展职工文体系列活动,与特钢共同举办了羽毛球、青年篮球赛等文体活动;开展合理化建议活动,全年征集职工合理化建议52条。六是切实保障职工福利。为全体员工免费购买了商业保险;积极与马钢工会协调,为全体员工办理了省总工会实施的四大类职工互助保险计划,为女职工免费购买了女职工互助保险;开展高温季节"送清凉"、职工生日慰问及探视、慰问生活困难、大病员工,全年发放慰问金7000元;为大病员工组织捐款20220元;全年发放员工福利共计42545元。

(张　磊)

欧邦彩板科技有限公司

【企业管理】 以质量、环境、职业健康安全体系建设为抓手,强化企业内部管理。公司通过内部业务流程梳理,聘请了北京国金衡信认证公司专家对管理体系进行策划,编制发布了《综合管理体系手册》,将企业内部内控制度与"三标"标准要求结合,积极落实贯标工作。经过近一年的贯标工作,公司顺利通过了北京国金衡信认证公司外审,取得了质量、环境、职业健康安全体系认证。

【公司投资】 根据股东会决议,公司投资200万元新建的一条连续覆膜板生产线已进入订单生产阶段,全年累计生产覆膜板24.55万平方米。

【降本增效】 继续深入推进建筑金属保温装饰一体板业务,形成了以"项目成本"核算为核心的成本管理模式,以行业先进水平为目标,进一步对标挖潜。以合理安排进度、节约用料为宗旨,加大成本管理力度,通过预算与结算的对比分析总结经验,积累技术经济资料,提高效益。

【市场开拓】 公司的生产经营紧紧围绕覆膜板、覆膜一体板两大类产品,不断摸索开发覆膜板和建筑覆膜板用户。

【重点项目】 实施公司管控下的项目经理制,积极为项目业主提供金属覆膜保温装饰一体板的建筑外观效果图、排版设计、二次深化设计和现场技术指导服务。2018年,完成瑞泰马钢创新中心项目5500平方米,港务原料中控楼项目5000平方米,覆膜一体板材料受到业主方的广泛认可。

(周凯波)

防锈材料科技有限公司

【主要经营指标】 2018年度,实现销售收入1370万元。其中:销售防锈产品1342吨,实现销售收入1300万元;销售覆膜编织布防护罩等新产品实现收入70万元。

【市场开拓】 2018年,公司积极开发外部市场,重点是大型国有钢铁企业的包装公司,已经成功开发了攀钢、邯钢和首钢的多个包装公司,包括攀钢成都板材,西昌钢钒、攀钢钒、邯钢冷轧总厂、首实包装公司、合肥板材公司、武汉北湖盛福等等,已经供货520多吨,销售额500余万元。

【客户服务】 为了保供终端用户,采取了多项措施。一是建立完善的售后服务体系,满足用户的要求,打消客户的后顾之忧；二是全力保障交货期，做到销售、生产、配送等各个环节争分夺秒；三是提升现场环境、提高包装标准、培训车间工人、全方位高标准提升公司的加工能力；四是提高售后服务的效应时间，凡马鞍山地区内的客户提起质量异议的，生产人员及营销人员必须在 2 小时内到达现场并处理问题。外地客户可以做到 2 日内到达现场，解决问题。

【经营管理】 公司始终把安全生产和产品质量放在第一位，不断改进工艺、设备，提高生产效率，提升产品质量，在做好防锈纸的基础上，不断开发新产品，已逐步延伸生产无纺布防护罩、覆膜编织布防护罩等。防锈材料公司将秉持依托股东方，积极开拓市场，坚持国有企业规范化管理方向，走民营机制之路，面向市场，服务社会，逐步做大、做强、做优。

（辛晓莉）

比欧西气体有限公司

【概况】 马钢比欧西气体有限责任公司是马钢股份有限公司与比欧西（中国）投资有限公司（林德集团）共同投资经营的合资企业，双方各占 50%的股份。公司于 2005 年 2 月 16 日正式注册成立，占地约 2.67 万平方米，员工 32 人，总投资 8.2 亿元。公司为马钢新区的公辅配套设施，拥有两套世界先进水平的 40000 立方米/小时空气分离装置，通过管道向马钢新区提供氧气、氮气、氩气等气体原料，并提供相关的工程和技术服务。

【主要经营指标】 2018 年，公司累计实现销售收入 54960 万元，实现税后利润 16785 万元，全年供气可靠性达到 100%、设备可靠性达到 99.93%，实现了为马钢股份公司生产保供的目标，全年无重大伤亡事故，无重大环境事故及重大产品质量事故。

【生产经营】 公司设备运行稳定，全年共生产管道氧气 595884 千立方米，管道氮气 750600 千立方米，管道氩气 25485 千立方米，液体氧气 19815868 立方米，液体氮气 29334823 立方米，液体氩气 706888 立方米。产品质量全部达到了合同要求。氧气放散率 0.6%、液氧损失率均小于目标值，$SPC=0.813$ 千瓦时/立方米（液氧产品单位电耗）。各项指标完成较好，达到成本节约的目标。2018 年，公司核心管理工作持续向以关注装置经济运行和强化执行力为主要管理目标的方向转变，继续以简单有效的工作原则，优化以信息化为主要管理手段的生产管理体系；继续建立和完善“过程执行监控体系”，完成工作过程评审与绩效管理的有机结合，全面提升了各项工作的执行质量；继续贯彻以计划维修 PM 为主，以隐患管理为核心、以 SAP PM 为管理枢纽的设备管理理念，及时发现消除隐患，保证设备稳定和生产顺行；持续开展工艺过程研究，全年完成技术变更及工艺改进 16 项。这些项目的实施后，弥补了管理和技术缺陷。

【安全管理】 2018 年，重点从风险评估及隐患排查与治理、员工行为安全意识提升、应急演练模式改进等多方面入手；进一步加强公司安全生产管理工作，完善了风险管控和隐患排查治理双重预防机制，其中通过各种激励和处罚机制优化和实施使承包商及员工的安全意识有了明显的提升。同时，对检维修工作许可制度和“承包商管理程序”的执行进行了强化监督，全年工作许可证执行评审的符合率 99.5%以上，全年承包商现场作业安全管理符合率达 99.5%。此外，通过专题培训、安全技术知识学习、安全小组会议、安全通告、安全宣传等形式继续加强员工安全、健康、环保和质量控制方面的能力和意识，开发和优化了各类应急预案，并扎实有效地开展了演练工作，推进安全生产工作。

【财务管理】 2018 年，在接受投资双方的监督、及时准确地提供双方管理所需资料、满足投资各方的管理要求外，在马钢公司有关部门领导和科室的指导下，进一步完善各类财务分析报表，为生产经营提供财务分析及指导；积极向花山区政府争取税收奖励政策，全年取得 350 万元的税收返还；按三标一体化修订和补充现有的财务管理制度，更好地对公司的资产进行管控；2018 年实现净利润 1.68 亿元。按照董事会决议，完成 2017 年和 2018 年利润分配各 1.5 亿元，按股东双方投资比例各分配 50%，并于 12 月全部支付完毕。

（比欧西公司）

金马能源股份有限公司

【主要经营指标】 2018 年，公司累计生产焦炭 220 万吨，加工焦油 17.7 万吨、粗苯 16 万吨、液化天然气 2.6 万吨，外供煤气 4.2 亿立方米；实现销售收入

74.5 亿元,利税 14 亿元,净利润 8 亿元。

【项目建设】 1. 年产 1 亿立方米液化天然气项目于 2018 年 3 月底建成,实现了当年投产、当年收益。2. 金源化工年产 20 万吨苯加氢扩改项目完成安评、环评等前期手续办理工作。3. 投资 1.2 亿元,先后完成了煤场密闭大棚、烟气脱硫脱硝、废水和 VOC 处理等环保技改项目,实现了粉尘废气有效控制、废水余热回收利用、焦炉烟气超低排放。4. 焦粒造气项目整体施工进度约达到项目总体工程量的 80%(包括土建、现场设备制作及安装),2019 年 4 月建成。空分项目整体施工进度约达到项目总体工程量的 60%(包括土建、现场设备制作及安装),2019 年 4 月建成。5. 1 号、2 号焦炉干熄焦项目桩基工程全部完成,已开始土建前期工作,预计 2019 年 12 月建成。

(王晓红)

盛隆化工有限公司

【主要经营指标】 2018 年,生产焦炭 220 万吨、焦油 9.58 万吨,苯 3.28 万吨,硫铵 3.11 万吨,甲醇 24 万吨;实现销售收入 51.57 亿元,实现利润 11.68 亿元,较 2017 年增加 3.9 亿元,增幅 50.12%。

【企业管理】 1. 破解企业发展瓶颈。重点监控点申报已通过公示,成为枣庄地区第一家重点监控企业。完成了“两村一校”的搬迁,对厂区周边经营业户进行了清理,同时历史遗留的土地问题也得到解决。2. 重点工程建设。投资 3000 万元建设了脱硫液提盐项目,已进入试生产阶段,减少了环境污染,解决了脱硫废液中副盐无法处理的行业难题,实现变废为宝,延伸产品链。同时加速新旧动能转换,实现智能增值,不断提高公司自动化智能化水平。3. 技术创新管理。在产业创新升级和新技术应用等方面,开发了焦炉烟道气脱硫脱硝技术开发项目,中试工程顺利运行。2018 年共申报完成 7 项专利,含 2 项发明专利及 5 项实用新型专利。4. 商业模式拓展。实施差异化生产和销售策略,坚持“源头采购,终端销售”的原则,通过随市场波动控库存,不断提高焦炭主产品质量标准,减少质量扣罚。还从“产、供、销、运、储、验、卫”全流程管控,重点加强了煤耗、途耗过程监管,有效提高了经济效益。5. 安全管理。安全管理导入新模块,在“互联网+安全管理”的基础上,创新开展了隐患排查双向回购机制,通过采取正负激励措施,防止了隐瞒隐患不报的不良现象,实现了安全生产,杜绝了人身事故,安全周期持续延长,管理基础更加稳固。6. 环保治理。通过采取一系列有效措施,一二期在线监测氮氧化物、二氧化硫达到了国家标准,一批影响企业生存发展的环保工程相继开工和投用。全年实现了不停产,不限产,满负荷生产,在市场上行的机遇期通过产量的增量,提高了企业效益。7. 强化经营管理。一是通过将月度生产经营和财务指标对标的制度化,对存在的问题开展技术交流,对异常指标及时跟踪分析;二是在原料煤配比上,最大限度地进行合理配煤,防止指标浪费,成本控制取得新成效;三是努力降低融资成本和财务费用,积极争取各项税收优惠政策。

(王晓红)

马钢奥瑟亚化工有限公司

【主要经营指标】 2018 年,公司生产总值 85360 万元,销售额 82934 万元;实现利润总额 5970 万元,净利润 4364 万元。

【生产管理】 2018 年,公司围绕“精益生产、诚信经营、合作共赢”的生产经营方针,通过有序组织确保全年生产过程平稳顺行。生产过程中严格执行生产和销售计划,以市场需求为生产导向,以客户需要为改进目标,确保产品质量达到客户满意。通过全体员工共同努力,克服原料焦油质量不稳、产品市场变化快、现场改造任务重、安全环保压力大等诸多困难,圆满完成全年生产计划任务。全年累计处理焦油 235666 吨,月平均处理 19639 吨,日均处理量 701 吨。生产产品:沥青 99555 吨,炭黑油 38152 吨,蒽油 61021 吨,轻油 2156 吨,酚油 4510 吨,工业萘 29143 吨,洗油 9799 吨,粗酚 1661 吨,产品总收率 97.55%。

【设备状况】 2018 年,设备运行情况总体较平稳。全年完成设备大修共两次,完成检修项目共 210 项,检修过程中的安全和环保事故为零,主要检修项目围绕如何降低能源介质消耗和提高工厂环保设施高效运行开展,使得全年能源介质消耗逐步降低,工厂环境得到较大改善;现场设备故障主要集中在离心泵机械密封泄漏、管道泄漏,其中全年机械密封泄漏处理 57 次,管道补焊、更换 70 余次;积极推动设备技术改造升级,确保全厂设备稳定高效运行。

【安全管理】 坚持“安全第一、预防为主、综合治理”的方针，加强安全教育培训，提高员工安全技能，强化现场危险作业管理，以安全“六项机制”、隐患排查双防控体系建设为抓手，有效控制风险、治理隐患、防范事故。扎实开展“安全月”活动，加强事故应急预案演练，提高应急处置能力。通过狠抓安全管理，实现了“六为零”目标，确保了公司的安全生产。

【OCI 营销】 以客户为关注焦点，积极联络沟通客户，听取客户的意见与诉求，落实解决客户提出的问题并及时向客户反馈；强化销售管理，注重过程服务，努力营造良好的经营环境；巩固老市场，开拓新市场，不断优化销售渠道；密切关注市场动态，积极应对市场变化，提高快速反应能力；以市场为导向，动态调整产品销售品种结构，在兼顾客户利益的同时，追求公司收益最大化；加强市场调研，为公司决策提供依据；以周边焦油采购为基础，远距离比价、择优采购作补充，满足生产需求，降低采购成本；加强备件材料采购与工程项目资金费用管理，在为生产运营、定修、重点检修提供过程服务的同时，努力节省开支。2018 年采购焦油总量 23.39 万吨；国内主要产品销售量：沥青 3.71 万吨、工业萘 2.91 万吨、炭黑油 3.75 万吨、蒽油 4.39 万吨、洗油 0.84 万吨，内销收入（不含税）5.61 亿元；沥青出口 6.1 万吨，创外汇 4747 万美元；出口增量申报政府补贴 50.64 万元。

【企业管理】 加强体系建设，提升公司管理水平。经过半年多的努力，公司通过了 ISO 9001、ISO 14001、OHSAS 18001 体系认证，并通过开展日常管理评审，做到持续改进，不断提高运行的有效性。同时，公司鼓励技术研发，申报各项技术发明及实用新型专利共计 13 项；新建部门图书室，丰富员工精神生活，提升员工职业素养。

【企业荣誉】 2018 年，公司荣列“2018 年马鞍山企业 100 强”综合排序第 52 名，连续三届获得马鞍山市雨山区“年度突出贡献奖”，并且取得了“马鞍山市劳动保障诚信 A 级企业”和“工人先锋号”称号。

（钟小庆）

马钢集团矿业有限公司

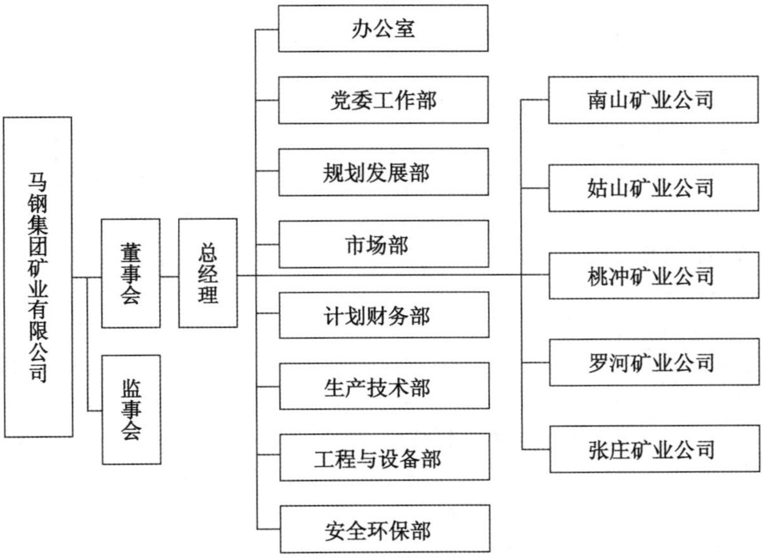

图3　马钢集团矿业有限公司组织机构图

董事会

【董事会工作】 1. 2018 年 1 月 20 日,召开马钢集团矿业有限公司第二届董事会第二十三次会议。会议审议通过以下决议:

(1)研究了人事安排。根据集团公司董事会第五十九次会议决定事项,委派陆克从为矿业公司董事、董事长。因年龄原因,杨阳不再担任矿业公司董事长、董事职务。根据马钢集干〔2018〕1 号文件,因年龄原因,徐泰松不再担任矿业公司董事、罗河矿业公司董事长、董事职务;委派吴新义为罗河矿业公司董事长(集团公司中层副职)。

(2)研究制订公司 2018 年预算方案,同意报集团公司批准。会议研究同意核销南山矿、姑山矿、罗河矿 2017 年度各类资产损失 5295 万元。

(3)研究决定公司 2018 年生产计划。

(4)研究了张庄矿部分生产经营策略调整方案,同意张庄矿部分生产经营策略调整方案,同时要完善相关管理制度。会议要求各单位要结合实际,优化经营方案,上报矿业公司审批。

(5)研究决定公司企业文化及相关绩效指标。

2. 2018 年 1 月 31 日,以书面形式召开马钢集团矿业有限公司第二届董事会第二十四次会议。会议审议通过以下决议:

经公司董事表决,同意马钢集团矿业有限公司启用在中国银行股份有限公司马鞍山分行 20000 万元的敞口授信总量,总量项下全部为短期流动资金贷款额度 20000 万元,由马钢(集团)控股有限公司提供全额连带责任保证担保;并同意在中国银行股份有限公司马鞍山分行开立 5000 万元全额保证金银行承兑汇票。本决议经参会董事签字确认后生效,有效期一年。

3. 2018 年 3 月 2 日,召开马钢集团矿业有限公司董事会第二十五次会议。会议审议通过以下决议:

(1)审议"关于出资设立马钢(上海)商业保理有限公司的议案"。同意公司与马钢集团投资有限公司、马鞍山钢铁股份有限公司、安徽马钢工程技术集团有限公司、马钢国际经济贸易有限公司共同出资设立马钢(上海)商业保理有限公司,马钢矿业公司持股 10%。同意委派赵雄江任保理公司董事,委派黄旭东任保理公司监事。

(2)审议"关于公司向中国民生银行股份有限公司马鞍山分行申请额度为人民币壹亿元的综合授信的议案"。同意公司向中国民生银行股份有限公司马鞍山分行申请额度为人民币壹亿元的综合授信。

4. 2018 年 3 月 22 日,以书面方式召开马钢集团矿业有限公司董事会第二十六次会议。会议审议通过以下决议:

(1)审议《关于缴纳姑山铁矿采矿权(钓鱼山矿区)价款的议案》。同意向安徽省国土资源厅缴纳姑山铁矿采矿权(钓鱼山矿区)价款 253.28 万元(贰佰伍拾叁万贰仟捌佰元整)。

(2)审议《关于公司向中国民生银行股份有限公司马鞍山分行申请额度为人民币贰亿元的综合授信的议案》。同意公司向中国民生银行股份有限公司马鞍山分行申请额度为人民币贰亿元的综合授信,报请马钢集团公司提供担保事宜。

(3)审议《关于张庄矿业公司拟香港 H 股上市的议案》。同意张庄矿业公司开展股改、上市工作。

5. 2018 年 5 月 5 日,召开马钢集团矿业有限公司董事会第二十七次会议。会议审议通过以下决议:

(1)审议通过《关于调整罗河矿业公司委派董事的议案》。根据人事变动和工作需要,经报请集团公司批准,委派赵雄江、王宏喜担任罗河矿业公司董事,赖永兵不再担任罗河矿业公司董事。

(2)审议通过《关于公司向兴业银行马鞍山分行申请额度为人民币贰亿元贷款授信的议案》。同意公司向兴业银行马鞍山分行申请额度为人民币贰亿元贷款授信,报请马钢集团公司提供担保。

6. 2018 年 7 月 7 日,召开马钢集团矿业有限公司董事会第二十八次会议。会议审议通过以下决议:

审议通过《关于青阳白云石矿辅料基地建设配套项目追加投资的议案》。同意青阳白云石矿辅料基地建设配套项目追加投资 800 万元。

7. 2018 年 7 月 21 日,召开马钢集团矿业有限公司董事会第二十九次会议。会议审议通过以下决议:

审议通过《高村铁矿 450 万吨/年围岩综合利用加工系统项目立项议案》。同意高村铁矿 450 万吨/年围岩综合利用加工系统作为新项目单独立项,上报集团公司批准。

原则同意高村铁矿 450 万吨/年围岩综合利用加工系统项目采取 EPC 总包方式加快建设。

8. 2018 年 7 月 28 日,召开马钢集团矿业有限公司董事会第三十次会议。会议审议通过以下决议:

审议通过《关于开展钟九铁矿200万吨/年采选工程建设项目的议案》。要求姑山矿进一步优化项目建设方案后，提交集团公司研究决定。

9. 2018年9月1日，召开马钢集团矿业有限公司董事会第三十一次会议。会议审议通过了以下决议：

会议原则同意桃冲矿老虎垅石灰岩矿400万吨/年技改扩建工程项目立项，要求桃冲矿进一步优化项目设计方案后，上报集团公司研究决定。

10. 2018年10月16日，召开马钢集团矿业有限公司董事会第三十二次会议。会议审议了通过了以下决议：

（1）根据集团公司《关于张华等同志工作职务的通知》（马钢集干〔2018〕15号）文件精神，聘任张华为矿业公司总经理（法人代表），王文潇不再担任矿业公司总经理（法人代表）职务。

（2）依据集团公司原则通过的《马钢矿业板块管控方案》，调整矿业公司机关部门设置。调整后的矿业公司机关共设置8个部门，具体为：办公室（党委办公室，董事会办公室，工会及团委）；党委工作部（人力资源部，纪委，武装部）；规划发展部（运营改善部）；市场部（非金属矿产部）；计划财务部；生产技术部（技术中心）；工程与设备部（采购供应中心）；安全环保部。尽快完善各部门功能定位。

（3）原则同意张庄矿年产60万立方米尾矿加气混凝土板材（砌块）及2.4亿块尾矿灰砂砖项目立项。补充完善相关材料后，上报集团公司审议批准。

（4）同意南山矿环保应急工程费用3000万元从成本中列支，调整对南山矿的考核指标。

11. 2018年11月10日，召开马钢集团矿业有限公司董事会第三十三次会议。会议审议通过以下决议：

（1）根据《马钢集团矿业有限公司章程》规定，为加强矿业板块业务协同和技术支撑，拟建议补选董事3人，其中矿业公司1人、马钢股份公司1人、外部董事1人，报集团公司批准委派。

（2）原则同意设立南山含铁围岩综合利用项目合资公司，要求从合资背景、合作方选择、定价机制等方面完善材料，报集团公司审议。

（3）研究筹备成立马钢矿业生态科技有限责任公司，抓紧形成具体方案，报公司董事会审议。

（4）原则同意罗河铁矿一期500万吨/年扩能工程项目立项，上报集团公司审议批准。

（5）研究了矿业公司2019年度生产计划（初稿），完善后报公司董事会批准。

12. 2018年12月20日，召开马钢集团矿业有限公司董事会第三十四次会议。会议审议通过了以下决议：

（1）审议并同意公司2019年度生产经营计划。

（2）审议并原则同意公司总体战略规划（2018—2022年）、马钢矿业绿色矿山建设规划、马钢矿业数字矿山规划。

（3）审议并原则同意桃冲矿业公司青阳县长龙岗冶金用白云岩矿200万吨/年技改工程项目，报集团公司批准。

（4）研究了姑山露转井项目风井及南部主运输巷建设项目，要求从“投资、市场、安全”方面进一步论证后，提交矿业公司董事会审议。

（5）审议并原则同意启动张庄矿H股上市工作，报集团公司批准。

（6）审议并同意聘任张华为矿业公司总经理（法人代表）。

（马艳芸）

监事会

【监事会工作】 马钢集团矿业有限公司监事会成员列席董事会历次会议，并充分发表意见和建议。

（马艳芸）

·矿业公司机关·

矿业管理

【基本情况】 2018年，是矿业公司经营绩效指标再创新纪录、“六型”矿山建设迈出重要步伐的一年。矿业公司坚持以习近平新时代中国特色社会主义思想和党的十九大精神为指导，紧扣“加速提升创新竞争力、全力打造六型矿山”工作主题，深入精益运营，强化创新创效，开创了马钢矿业高质量发展新局面。2018年生产矿产品1733万吨，其中含铁矿产品756万吨、冶金熔剂199万吨、非铁矿产品778万吨；实现营业收入48.15亿元；利润总额4.26亿元，五家分（子）公司全部实现盈利；上交各类税费7.38亿元；EVA值

1.88亿元。皖宝矿业、铜陵远大、矿院爆破、江南化工等参股公司也取得了经营性盈利。

【生产经营】 1. 铁矿主业生产组织稳定有序。针对老产线资源逐步枯竭、新产线产能释放受限等不利条件,加强生产组织,优化资源配置,推进柔性化组产模式和品种结构优化调整,保持了生产稳定均衡高效。(1)产品质量稳步提升。紧盯大型高炉在用料结构、成分结构以及质量稳定性等需求,强化提质降杂,高品质精矿继续维持高品位,低品位精矿质量大幅提升。罗河矿、张庄矿铁精矿品位继续稳定在66%以上,南山矿实施"五品联动",创新应用淘洗工艺,凹精、东精品位分别提升0.88%、0.81%;姑山矿大力开展产品质量攻关,和精、白精品位同比提升0.74%、0.71%;铁精矿平均品位从65.13%提高到65.61%。张庄精矿获六安名牌产品称号。(2)市场意识不断提高。坚持市场引领、用户至上,积极对接用户需求,努力为用户提供解决方案,用户满意度和市场适应能力不断提升。积极开辟外部市场,开发了霍邱光成炉料、河南南阳汉冶、南钢国贸、江苏长强钢铁、江苏旋力特钢等一批新用户。(3)持续发展能力明显增强。探索发展新路径,张庄矿H股上市工作通过集团公司批准,前期工作有序开展。以项目建设为支撑推进可持续发展,姑山矿露转井项目稳步推进,钟九铁矿200万吨/年采选建设项目顺利立项,罗河矿一期500万吨/年扩能项目开发利用方案通过外部评审。

2. 资源综合利用产业强力推进。以市场为导向,强化资源整合,资源利用体量、效益和竞争力进一步提升。(1)资源管理逐步规范。发布了《非矿产资源综合利用管理办法(试行)》《非矿产资源销售管理办法(试行)》。(2)利用水平不断提升。抢抓市场机遇,加大资源综合利用力度,全年非铁矿产品产量778万吨,实现销售收入1.4亿元,成为重要的经济效益增长极。(3)后续项目加快推进。南山矿高村铁矿450万吨/年围岩综合利用加工系统项目开工建设,张庄矿尾砂制砖项目顺利立项,省交通厅科研项目《改性铁尾砂在公路路基和路面基层中的绿色应用》实验成功。辅料基地发展壮大。桃冲矿青阳白云石100万吨/年技改达产工程、老虎垅石灰岩矿200万吨/年扩能技改项目建成投产,青阳200万吨/年技改项目、老虎垅400万吨/年技改项目正式立项,社会化港口升级改造项目完成方案论证,千万吨级辅料基地建设初见成效。

【深化改革】 1. 管控模式全面构建。《矿业板块管控方案》获得集团公司批准,矿业公司机关机构改革与职能调整基本完成,差异化评价模式全面推行。各分子公司领导分工、机构设置、职能划分方案编制完成。矿业公司被列为集团公司深化改革试点单位。

2. 运营管理不断强化。制订实施了年度战略行动计划,推动了各项重点工作有效落实。科学设置经济运行的8个KPI指标,并实行季度分析会制度,运营管控能力不断提升。以2个精益工厂试点为推动,扎实开展精益工厂创建,职工自主改善意识明显增强。推进品牌建设,发布了《品牌培育管理手册》。

3. 专业管理持续深化。强化财务管理,完成会计报表共享系统、费用报销共享系统、线上审批和财企直连等工作;强化工程管理,修订完善了《工程管理办法》,加强关键过程管控,实行了承包商准入、评级、淘汰制。强化设备物资管理,TnPM设备管理持续推进,启动标杆红旗设备创建工作,星级达标、六源消减等活动持续开展,高压辊磨机国产化APQP项目实施完成,全年集中处理低效无效资产回笼资金近1000万元,争取直购电政策返还4920万元。

4. 强化人力资源管理。人力资源新系统上线运行,搭建了矿业板块人力资源集中管理新平台。

【创新发展】 1. 技术创新成果突出。完善创新体系,矿业公司及各分(子)公司技术中心相继挂牌,矿业公司、张庄矿技术中心通过省级技术中心认证。大力推进技术研发攻关,承担了"十三五"国家重点研发计划《金属非金属矿山重大灾害致灾机理及防控技术研究》,90米高中段高效回采技术成功实施,精矿淘洗技术、铜硫分离技术成功应用,红矿焙烧试验研究取得突破,2018年获冶金行业科学技术奖二等奖2项、三等奖1项,获授权专利60项,其中发明专利5项。矿业公司、张庄矿被认定为高新技术企业。

2. 绿色矿山建设力度加大。编制了《绿色矿山建设规划》,围绕资源开发、环境保护、民生改善3个重点,持续推进资源开发、地质环境治理与保护、生态复垦治理和绿色再造,张庄矿获得国家"绿色工厂"称号,青阳白云石矿成为安徽省绿色矿山示范企业,桃冲老虎垅石灰岩矿通过芜湖市绿色矿山建设验收。

3. "两化融合"深入推进。发布了《数字矿山建设规划》,井下智能采矿项目正式实施,井下运输水平无人驾驶项目试运行并在行业内逐步推广。罗河矿通过"两化融合"贯标体系、能源体系认证,南山矿和尚桥选矿厂获马鞍山"数字化车间"称号,姑山矿白象山铁矿被列为数字化采矿试点。

【安全环保】 树立"安全环保是企业核心竞争

力”的观念。

1. 安全生产主体责任有效落实。持续推进体系建设、机制建设和专项整治，建立了以“1243”为主要内容的安全管理体系，双重预防机制暨六项机制建设、安全生产标准化和班组标准化建设成效明显；强化外来单位和人员安全监管，加大安全风险分级管控和隐患排查治理力度，保持了良好的安全态势。矿业公司10个班组、10名班组长获第三届全国安全管理标准化创建示范班组、优秀班组长称号；罗河矿被列为国家、安徽省非煤矿山首批“双重预防机制”建设试点企业。打造本质环保型企业。扎实开展环境整治专项行动，对2017年中央环保督察及2018年省环保督察涉及的环境问题进行提标升级并及时整改销案；制定实施了环境综合整治及超低排放改造方案，2018年投入环保改造资金超过1.4亿元。

2. 强化问题梳理。坚持问题导向，对安全生产、环境保护、资源、土地等方面的问题进行了梳理排查，制定了问题清单、责任清单、整改清单，并积极协调解决。

【企业管理】 1. 人文矿山持续打造。在马钢企业文化的指引下，发布了以“高效开发资源、绿色智能发展”为企业使命，以“打造可持续的国内一流冶金矿业公司”为愿景，以平安、质量、科技、精益、人文、可持续“六型”矿山为企业目标的企业文化理念体系。“美丽矿山工业基地建设”前期工作扎实开展。

2. 矿业形象积极展现。成功召开了马钢矿业首届年会，密切了相关方关系，促进了开放合作发展。举办了“绿色矿山院士行——走进马钢矿业”系列活动，承办了全国冶金矿山人力资源年会，提高了马钢矿业品牌影响力。

3. 队伍建设不断优化。举办了全体科级管理人员培训班、管理技能提升培训班，管理人员思想观念不断转变、管理技能持续提升。以2个工匠基地、26个职工创新工作室为载体，积极开展岗位创新创效和职工素质提升活动，组队参加了第二届全国冶金矿山行业职业技能竞赛并取得良好成绩。

4. 群团作用有效发挥。围绕重点工作，开展了“万人查隐患、五矿铸安康”百日安全活动和以“深挖潜力、激发活力、精益运营”为主题的“削减成本”劳动竞赛，为公司各项目标任务的完成提供了有力支持。

【党群工作】 推进全面从严治党，开展“讲严立”专题警示教育和“三查三问”工作。加大党风廉政建设工作力度，坚持“标本兼治、综合治理、惩防并举、注重预防”的方针，党组织主体责任和纪委监督责任有效落实。打造党建工作品牌，开展了“转型发展大讨论”“一个支部一个品牌”等特色活动。

（马艳芸）

·矿业公司二级单位·

南山矿业公司

【主要技术经济指标】 2018年，南山矿完成采剥总量2534.76万吨，生产铁矿石935.23万吨，生产铁精矿275.20万吨。采出矿石平均品位19.33%，其中高村18.61%，和采20.86%。原矿成本66.42元/吨，其中高村60.33元/吨，和采79.16元/吨。铁精矿成本480.96元/吨，其中凹选511.10元/吨，东选590.51元/吨，和选425.53元/吨。铁精矿平均品位64.42%，其中凹和精64.68%，东精65.07%。实现营业收入18.02亿元，实现内部利润9033万元。

【生产经营】 2018年，面对两个采场资源禀赋差、采剥不平衡、配矿条件恶化、二铁总厂1号高炉检修、环保整治、恶劣天气以及生产经营和工程建设并行交织等生产组织中的诸多困难和挑战，全矿干部职工以勇于担当的精神，克难奋进，顽强拼搏，战胜了一个又一个困难。通过深入实施“五品联动”机制，创新应用淘洗工艺，强化精心操作和管理，组织开展以“深挖潜力，激发活力，精益运营”为主要内容的“削减成本”劳动竞赛，为全面完成生产任务提供了保证。

1. 稳产提质增效。高村铁矿通过适时开拓-102米新水平，优化采场生产布局，稳定采出矿石品位，确保均衡配矿，满足了选厂生产需求。和尚桥铁矿通过认真制定组产方案，加大采场稻田泥的剥离力度，积极发挥“头顶库”项目的作用，为生产创造了条件。两采场均完成了采矿任务。凹山选矿厂通过积极实施“提质降杂”工艺技术改造，精矿品位大幅提升，2018年生产成品矿135万吨。和尚桥选矿厂积极开展以“降铝控硅”为代表的工艺技术改造，稳质稳产。2018年生产成品矿101.79万吨。东山车间强化设备管控，精心操作，2018年生产成品矿14.38万吨。铁运车间通过提高现有车组的运行效率，充分发挥凹山+87m排土线的作用，缓解了和尚桥稻田泥运排压力，2018年完成运输总量1338万吨。尾矿车间积极做好排尾工艺流程转换，优化生产水平衡系统，确保了两库安全度汛和生产稳定顺行。动力车间切实加强电力、通信保障，积极推进并即将完成外转供电改造移交工作。酸水车间通过优化生产工艺，降本成效显著。

2. 技术创新支撑有力。完成了以选厂“提高精矿质量”等为代表的多项技术攻关，为生产经营提供了有力的技术支撑。组织开展了科技创新和岗位创新创效等活动，成果丰硕。1 项成果荣获首届中国创新方法大赛二等奖；1 项成果荣获第二届马钢创新方法大赛一等奖；2 项专利成果荣获国家授权专利；3 项成果荣获马钢技术创新、岗位创效成果一等奖；5 项爆破成果荣获中国爆破行业协会一、二、三等奖；5 项成果荣获第三届冶金青年创新创意大赛二、三等奖。《大型金属露天矿绿色开发爆破关键技术与示范》《孔口悬吊法或孔内支撑法》分别被中国爆破行业协会评定为爆破样板工程和爆破工法。和尚桥选矿厂被评为“2018 年马鞍山市数字化车间”。

3. 设备保产有力。围绕生产建设中心，持续开展设备点检定修竞赛和设备效能维护等级竞赛，设备运行效率稳步提高。2018 年，全矿主要设备完好率 96.2%，采掘、运输、磨选等关键设备作业率分别为 86.1%、73.5%、94.6%，均居历史较好水平。规范用电管理，大力节能降耗。2018 年电耗总量 4.27 亿千瓦时，同比下降 4.1%，直购电返还 2388 万元。推进修旧利废工作，2018 年共计修旧 397 件套，创造修旧价值 757.3 万元，节省成本费用 496.4 万元。

4. 物资保供有效。通过对石灰、胶带等大宗物资推行单耗承包，水泵过流件、火工器材、采选备件等实行年度聚量议价采购，钢球、絮凝剂委托招标公司招标采购，有效控制了采购成本。积极做好废旧物资招标竞价销售和危废处置工作。2018 年完成采购 235 批次，报废物资综合利用 354 万元，年度平均库存占用 2035 万元，低于矿业公司考核指标 2300 万元。

【改革与管理】 1. 安全管理常抓不懈。认真贯彻非煤矿山安全生产攻坚行动，加强“六项机制”和双重预防体系建设，深化安全标准化和隐患排查治理体系建设，系统抓好班组安全工作，夯实安全基础管理，全矿安全生产态势平稳。通过举办安全生产宣誓、安全员培训班、精益现场管理促进安全生产等系列主题活动，强化全员安全教育，提高全员安全意识。组织职工参加“万人查隐患，五矿铸安康”安全隐患查找随手拍活动，共整改各类安全隐患 385 条。修订完善了防洪防汛应急预案，开展了排土场防坍塌、有限空间作业等现场处置方案演练，严格落实“属地、属人、属事”管理职责，切实加强属地管理。2018 年，有 3 个班组荣获“全国安全管理标准化示范班组”称号，有 2 名班组长获得全国安全标准化创建“优秀班组长”称号。

2. 环保绩效持续提升。认真贯彻落实国家、省、市及马钢环保工作部署，积极开展蓝天、碧水、净土保卫战。通过制定南山矿《2018 年蓝天保卫战工作方案》等管理文件，夯实了环境保护制度基础。开展重要环境风险识别，共梳理出 33 项环境风险点。与高校院所合作组建了“南山环保管家”团队，不断提升环保管理人员业务能力，打造专业环保队伍。以中央和省、市环保督察为契机，全面梳理各产线、各项目存在的环保问题，投入 8000 多万元实施了 62 项环保提升项目，解决了环境突出问题，矿区面貌得到较大改善。制定并启动了超低排放改造三年行动计划。召开了环保工作会议，展示了环保工作成果。

3. 精益工厂创建成效明显。作为集团公司八家试点单位之一，南山矿遵循“试点先行、重点突破、全员跟进、稳步实施”的原则，通过采取领导分片包干、和尚桥产线样板先行、建立例会制度、全员宣贯培训等举措，完善创建机制，建立评价体系，拓展创建范围，提升创建水平，由常态化的“6S”进阶到 TnPM 的全面深入，取得了阶段性成效。2018 年共发现问题点 9256 个，问题点整改率 100%；征集一般提案 3742 个、优秀提案 1064 个，提案改善率 95%以上；开展 OPL 单点课程 200 多个，各类培训 80 多场次，职工受教育比例达 100%，评比表彰精益班组 26 个。

4. 管理体系深化运行。对《综合管理体系管理手册》第一版进行了第 1 次修改；新修订管理制度 5 个；对全矿环境因素开展“双辨识”工作，识别出 400 项消耗类环境因素、200 项排放类环境因素和 5 类重要环境因素。顺利通过了外部监督审核。

5. 标杆管理不断改进。以“对比标杆找短板，对比短板定项目，对比项目提绩效，对比绩效促改进”的工作思路，加强指标的管理和控制，优化生产工艺，不断完善工艺流程，合理组织生产，确保各项指标达标创新。2018 年与标杆企业相比，高村铁矿炸药单耗、磨机效率等指标均有不同程度的进步。高村矿车效率提升项目通过集团公司结题验收。

6. 品牌建设持续强化。制定了“2018 年品牌就在身边工程”实施方案，努力打造“凹精”产品质量、“精益工厂创建”“工匠基地创新平台”三大品牌。品牌建设取得积极成效：通过技术攻关，凹精外运品位基本稳定在64%以上；精益工厂创建有序推进；职工创新工作室共完成岗位创新创效项目232项，提交合理化建议316条。

7. 人力资源持续优化。全面贯彻落实《矿业板块管控方案》，制定了机构改革、领导分工、部门职能划分方案并上报矿业公司。优化人力资源配置，对凹山、东山车间168名人员进行转岗分流，与23名人员协商解除劳动合同，竞聘录用25名预备岗人员。加大人才培养，择优评聘了岗位技术带头人26名、优秀科技人员4名、技术能手2人，2人被评为马钢高级技术主管，3人荣获马鞍山市、马钢首席技师，1人入选省属企业“538”英才工程。

【重点项目建设】 1. 转型发展迈出坚实步伐。“头顶库”项目如期建成，“碎矿前移”项目进入试运行阶段。高村铁矿450万吨/年围岩综合利用项目开工建设。积极筹划高村排土场存量围岩综合利用、着力推动选厂尾砂资源综合利用，转型发展迈出新步伐。东山坑、凹山坑、凹山排土场、城门峒尾矿库生态修复治理工程积极推进。与此同时，重点工程项目竣工验收工作稳步推进。

2. 规划引领发展。鉴于采场矿石资源禀赋差、现有可采铁矿资源日渐枯竭的实际情况，在对全矿保有矿石资源情况、现有生产工艺水平、资源综合利用现状和存在主要问题进行分析的基础上，初步完成了《南山矿区未来三年规划》的编制工作。确定了“采场稳产接续，精矿建材双赢，辅助集体整合、企业升级转型”的发展方向，明确了未来三年生产规划，为建设可持续矿山提供了思路。

【花山留守处情况】 2018年，花山留守处一是推进苗木产品结构调整，积极承揽环保提升绿化工程项目，增加了创收，锻炼了队伍。2018年承揽矿山绿化工程总量486万元，苗木销售5万余元。二是积极做好后勤保障工作，完成了供电移交改造工作。三是严格留守处费用的管控工作。四是认真做好转型发展相关工作。

【精神文明建设】 党建固根铸魂充分体现。认真学习贯彻党的十九大精神和习近平新时代中国特色社会主义思想，不断提高政治思想工作水平。将党建工作深度融入生产经营，组织了“党员环保整治在行动”主题党日活动，征集了23个“党员活动日典型案例”。按照“六有”标准对全矿21个党员教育活动室进行考核验收，并对16个党建工作制度的落实情况开展督查，党建标准化工作进一步深化。组织开展了“讲严立”专题警示教育和“三查三问”专题活动，组织了党总支（支部）书记党建述职评议考核工作和“一个支部一个品牌”主题党日活动并进行了评选表彰，党建工作责任制进一步完善。坚持党管干部原则，加强干部队伍建设。2018年提拔科级管理人员15人，交流15人，改非10人；对后备科级管理人员进行充实调整，建立了62人的后备干部队伍。加强党风廉政建设。开展了集团公司党委巡视整改落实情况“回头看”、《中国共产党纪律处分条例》宣贯测试工作。在全矿梳理了344个业务风险点，强化了57个风险防控项目流程，为生产经营和改革发展提供了纪律保证。

以人为本深入落实。形式多样地开展了庆祝改革开放40周年、马钢成立60周年系列活动以及“我为高质量发展建言献策”思想大讨论活动，凝聚了干群力量。深入开展“建功新时代、最美南山人”评选活动，2018年共有86名优秀职工获得表彰。成功召开了第十二次团代会。南山矿团委荣获“全国钢铁行业青安杯竞赛先进集体”。加强企业文化建设，调整成立10个文体工作协会。加强民主管理，顺利通过中质协厂务公开体系外审。开展职工代表巡视，保障职工合法权益。通过送温暖、金秋助学等形式，广泛开展困难职工帮扶和精准扶贫工作，2018年发放慰问金130余万元。

2018年南山矿先后荣获第五届全国文明单位、全国无偿献血促进奖、省第十一届文明单位、马钢第二十八届文明单位，南山矿党委被评为省国资委、马钢集团“先进基层党组织”。

（王传龙）

姑山矿业公司

【主要经济技术指标】 2018年，生产成品矿173.8万吨，完成年计划的106.6%；实现销售收入11.07亿元，内部利润5150万元，上缴税费1.27亿元，EVA值126.06万元；白精品位达到65.6%，和精品位达到65.96%，创出新的质量水平，全年轻伤以上人身伤害事故为零。取得了较好的经营业绩。

【安全管理】 落实安全生产责任制，强化安全生产主体责任，做到“党政同责、一岗双责”。坚持开展“三零杯”竞赛、“平安姑山”检查、重点场所和季节性安全检查，将排查出的隐患整改、销案，做到闭环管理。

深化安全标准化示范班组创优活动,2018 年公司有 3 个班组、3 名班组长荣获全国安全标准化示范班组、优秀班组长称号。将合同采矿单位工作纳入公司总体管理中,加强了合同采矿单位安全管理和员工三级教育、复工教育。成功举办了马鞍山市非煤矿山应急预案演练暨和睦山铁矿井下冒顶片帮应急预案演练,提高了现场应急处置能力。公司被列为省"双重预防"建设的试点单位。

【环保管理】 践行习近平生态文明发展思想,完善制度、强化领导、明确责任,落实《姑山矿业公司生态建设规划(2015—2020 年)》各项具体工作。开展了姑山铁矿采坑、内排土场的生态复垦和地质环境治理,姑山采场水质改善研究,后观音山地表地质环境治理工作。完成了和睦山堆矿场地硬化工程、白象山铁矿矿井水处理工艺改造、钓鱼山循环水池建设、和睦山厂区降噪改造。落实了白象山铁矿集约化开采技术研究、选矿除尘系统的改造升级和专业化托管运营、姑山矿区清洁生产审核。矿区社会经济发展目标、生态环境发展指标、管理指标等均有明显提高,正在迈上资源安全与生态保护相统筹、矿山建设与绿水青山相协同、企业发展与人民意愿相一致的矿业发展新路子。

【生产管理】 白象山铁矿克服大水、岩石破碎等不利因素,完成-500 米井底车场开拓量 1200 米、斜坡道施工 1700 米、-330 米中段充填管道铺设、-270 米大巷过 F5 断层施工、-390 米及以下中段的充填系统优化等关键工作,为全矿成品矿生产提供了充足的原矿。

和睦山铁矿积极谋划办法措施,克服地压呈现、多分层回采等不利因素,解决了近顶底柱下安全采矿、高溜井垮塌等诸多难题,合理布局各采区的出矿量及掘进量,保证了矿石货源的有效衔接,全年共采出原矿 91.8 万吨,生产成品矿 40.7 万吨。

姑山铁矿加大采矿管理力度,加强对协力保产单位的技术指导,强化合同管理和生产任务考核,充分利用有限资源,2018 年共采出原矿 34 万吨。

选矿厂技术攻关方面:龙山(白象山)选厂选矿系统实施工艺设备结构调整,研制、应用有压均流分矿及冷却、除尘水小循环利用,白精品位达到 65.6%。和睦山选矿系统优化了碎矿系统的生产关系,改进了重磁拉选矿预选系统,开发了细筛-两段淘洗串联新工艺,使和精矿品位稳定在 66%以上。

辅助后勤方面:铁运车间积极推动"绿色运输",实现内运 32 万吨,外运 6.5 万吨,同时为生产提供了钢球及备件保供。汽运队保障了 40 万人次安全通勤,并完成了成品矿铲装、落地堆存、矿粉内部倒运等任务。行政科全力做好供水、供气、职工就餐等保障工作。平稳推进"三供一业"分离移交改造工作,顺利完成生活区物业现状移交、天然气改造工程。

【后备矿山建设】 建立了全体班子成员、各管理部门和相关单位为成员的项目部体系,举全矿之力建设新矿山。打破职级,按层级管理。经理全面授权,常务经理在经理授权范围统一指挥,项目部办公室负责日常运行。

姑山露转井项目完成了工程项目资料、现场的移交接收工作,通过了项目初步设计审查,制定了相关管理制度 7 项,加强了对施工单位的管理;全面完成主副井、充填井的掘砌工程,副井-350 米中段开拓稳步推进,尾矿管线输送工程铺设基本完成。

钟九铁矿项目完成了初步设计、职业卫生预评价审查工作,取得了采矿权证,举行了项目启动仪式;开展了工业场地"三通一平"工作,完善了供电、排水、运输等总图方案。

和睦山铁矿深部资源完成了探矿权证的申请,取得了探矿权证。

【技术攻关】 1. 加强平台建设。成立了姑山矿业公司研发所,以问题为导向,以效益为目标,开展技术创新工作。

2. 找准课题研究。开展了姑山矿区生活污水处理技术、细粒尾矿综合利用、白象山选厂湿筛厂房降噪技术等课题的研究,为环境保护的落实提供了支撑。开展了红矿选矿提质试验、赤铁精配入磁铁精造球综合技术、白象山数字化采区试验等课题的研究以及钟九铁矿建设防治水的研究,促进了提质增效和数字化矿山建设。

3. 促进成果转化。开展了和睦山铁矿多中段开采安全顺行技术攻关,降低了矿房变形的速度,提高了回采率和采矿的安全性。开展了姑山铁矿充填井穿越复杂地层技术攻关,提高了工程施工的效率和安全度。在白象山选矿开展了磨选关键设备结构优化技术攻关,完成了磁铁矿高效新工艺的研发,并在和睦山选矿系统改造应用成功,促进了效益增加。

4. 科研成果喜人。《CTX 旋转磁场干式磁选机在超细碎闭路碎矿回路中的应用研究》项目获冶金行业科学技术奖二等奖。《提高和睦山选矿精度新工艺》获得矿业公司技术攻关一等奖。组织参加马钢第二届创新方法大赛,3 项成果分获一、二、三等奖。5 项成果分获马钢技术创新成果、岗位创新创效、管理创新成果奖二、三等奖。全年共申报专利26项,已获国家授权专利6项。

【企业管理】 1. 开展精益现场管理"三项竞赛"。开展"改造一个难点,打造两个样板""TnPM"及"仓库管理"3项"白象奖""金象奖"竞赛活动,并与削减成本竞赛、降本增效、职工岗位创新创效活动相紧密结合起来,全面提升公司的管理水平,打造出19个样板,改造了30个难点,促进生产规范化、管理精益化。

2. 实施TnPM二期工程。全方位规范TnPM文件体系的标准化工作,修订、完善了16个管理制度。积极开展六源攻关消减工作、单点课活动。充分利用现有网络平台,将机旁物料管理纳入物资系统运行,减少资金占用。矿业公司考核的12台设备的KPI和2个能源管理指标全部超计划完成。

3. 人力资源优化平稳推进。开展了符合离岗政策条件的员工信息调研摸底。共完成优化包括居家休养、辞职、协议解除劳动关系、调出、退休等全民在岗职工45人。在矿山系统率先开展了首届高级业务主管评聘工作,9名员工当选。完成了省属企业"538英才"、马钢"1+2+4"后备人才选拔推荐工作。完成了马钢高级技术主管、马钢优秀科技人员、马钢技术能手增补、等级调整工作。

【精神文明建设】 重修"龙山亭",凝聚全员共建美好姑山家园的强大合力。

1. 全面强化党的建设。扎实开展"讲、严、立"专题警示教育,召开"三查三问"对照检查会,对照反面典型撰写学习心得,精准查找自身在思想和行动上存在问题与不足,严明党的政治纪律和政治规矩。围绕改革开放40周年、马钢成立60周年,在全体党员及青年骨干中开展"强化责任、加快创新、推进精益、打造品牌"主题教育实践活动。开展了"一支部·一品牌·一亮点"案例征集活动,开展"走出去"对标先进,以及党支部结对共建活动;组织人员到马钢炼焦总厂、铜陵冬瓜山铜矿等单位学习党建工作;开展"马钢e工汇""党的知识"岗位练兵活动。

2. 经济技术创新深入开展。深化"六位一体"经济技术活动,发挥6个创新工作室的示范引领作用,以创新工作室为载体,组织开展各项技能培训。以日常训练和岗位练兵为载体,开展了电机车司机、电焊工等6工种技能竞赛,提高了职工的岗位技能。依托"马钢e工汇"平台,开展网上练兵活动,促进职工队伍素质提升。结合公司生产实际,在不同时期开展了"除尘、降噪、减排""削减成本"等6项劳动竞赛,为公司全年成品矿任务顺利完成打下了坚实的群众基础。

3. 健全民主制度。积极发挥工会组织的作用,保障职工知情权、参与权和监督权,把维护职工群众的根本利益作为出发点和落脚点,坚持为职工办实事办好事,完善职工互助帮扶机制,积极为困难职工排忧解难。深化民主管理和厂务公开,切实维护广大职工的合法权益,努力促进企业的和谐稳定,建设和谐姑山家园。

4. 综合治理维护矿山和谐稳定。紧紧围绕建设和谐矿区目标,不断创新综治维稳工作思路,开展普法、禁毒宣传教育,加强门禁管理及土地巡查,维护矿山合法权益,加强矿乡共建,有效管控涉农纠纷,营造了良好的生产经营秩序。

(芮　锋)

桃冲矿业公司

【主要经济技术指标】 生产成品铁矿23.65万吨,石灰石101.49万吨,白云石96.33万吨,白云石产量创历史新高。实现营业收入2.53亿元,上缴各项税费4076.78万元。老虎垅石灰石矿、青阳白云石矿实现利润2083.77万元、3332.51万元,刷新历史经营新成绩。完成了集团矿业公司下达的经营目标任务,盈利9.40万元(不含"三供一业"上缴的299.30万元)。

【生产经营】 1. 主业生产。面对井下铁矿石资源萎缩,强化生产组织、细化技术措施、优化生产工艺,稳定末期资源开采能力,保持了生产稳定。长龙山铁矿积极发挥找矿工作组的作用,开展地质探矿等工作,增加可采矿量25万吨;加大边残矿回收力度,2018年回收边、残矿23.03万吨,有力地保证了铁矿石生产稳定。长龙山选矿厂完成产品结构调整,不再生产成本高的精粉,全部生产边际贡献高的粉矿,粉矿量与预算比提高10.57%。运输车间强化调度指挥,积极做好发运工作,全年组织矿产品发运45万吨。采、选、运系统高效运转,实现了采掘总量42.12万吨,生产、销售铁矿石产品23.65万吨。

2. 辅料生产。2018年,辅料生产线历经中央和省级环保督查"回头看"两轮大考,在狠抓环保项目建设同时,合规、合法、高效组织辅料生产和销售。通过快速提升环境保护政治站位,强化环保项目建设,高效组织辅料生产和市场开拓,先后完成了青阳矿100万吨/

年技改工程建设并按期达产、老虎垅矿绿色矿山工程建设。青阳矿、老虎垅矿营业收入全年累计分别达到8424.23万元、6223.62万元,实现利润3332.51万元和2083.77万元,均创造了建矿以来新业绩。老虎垅矿抓住市场有利时机满负荷组织生产,在二季度受环保等外部因素影响导致停产39天的情况下,优化劳动组合,强化内部管理,1—6月生产石灰石产品101.49万吨,完成计划的101.49%,实现时间过半、任务过半的目标。6—12月,老虎垅矿停产开展绿色矿山建设,充分体现绿色经营。青阳矿努力消化100万吨/年达产技改工程新老系统对接停产、环保"回头看"、治超、物流及市场下行等不利因素,生产白云石产品77.32万吨,完成计划的109.16%,超计划6.48万吨,产量创投产以来最高记录。

【重点工程】 1. 青阳白云石矿。加强项目建设管理,狠抓工程进度,3月31日青阳白云石矿100万吨技改扩能项目工程建设完成并组织了试生产,运行效果远超预期;完成了观景台、皮带长廊封闭、除尘设施升级等绿色矿山深化、拓展各项工程;9月30日生活基地开工建设,主体工程现已封顶;200万吨技改扩能工程项目方案已通过集团矿业公司总经理办公会、董事会审查批准。

2. 老虎垅石灰石矿。经过短短6个月的绿色矿山工程建设,12月18日以芜湖市第一名成绩通过验收;400万吨技改扩能项目,完成了储量核实报告、可行性研究等6个文本编制和专家评审,9月30日获集团公司批准立项。

3. 虚拟矿山建设。完成了外购铁矿石深加工产品方案,为"虚拟矿山"建设提供依据。

4. 社会化港口升级改造工程。完成了项目市场调研和方案编制。

【企业管理】 1. 安全管理。坚持安全发展、绿色发展的理念,推进安全标准化一级企业体系运行、安全管理标准化示范班组创建,强化双重预防机制建设,切实狠抓安全责任落实,实现了安全生产"五个为零"目标。(1)强化教育培训。2018年共举办4期培训班,参培人员416人次;修订了《桃冲矿业公司应急救援预案》,开展3次应急预案演练,125人次参加观摩学习。(2)强化隐患排查治理。查出隐患392项,全部落实整改;辨识出危险源492个,制定关键任务作业指导书10项。(3)强化相关方的安全管理。将外来单位安全管理工作纳入内部安全管理体系,缴存安全保证金53.80万元,2018年累计考核1.34万元,有效促进了相关方依法按章作业,确保了属地安全。(4)强化环境保护。认真落实"绿水青山就是金山银山"的理念,按期完成了青阳矿、老虎垅矿绿色矿山建设阶段性目标任务,环保设备、设施与主体设备同步运行率达100%;加大环保检查力度,发现问题64项,全部落实整改。(5)强化依法合规生产建设。认真执行安全环保"三同时"等制度,完成青阳矿安全生产许可证延期审批,老虎垅矿200万吨/年项目安全生产许可证申办和水土保持设施及环保设施竣工验收,老虎垅矿400万吨/年技改工程职业病危害预评价通过评审。

2. 降本增效。深化降本增效工作,全力推行标杆管理,通过科学组产、产线对标、创新创效、盘活资源、削减成本劳动竞赛等平台和活动的开展,多维度降本增效。(1)提高工效、科学组产。树立精益生产是基石的思想,加强生产过程的管控,各系统、各环节紧密衔接,实现三条产线稳定高效运行。(2)盘活资源、政策降本。盘活江边码头、原水泥厂等资源,创收17.46万元;固废综合利用271.78万元;直供电兑现62.30万元。(3)科学对标、深挖潜力。产线对标达标率90.00%,选矿钢球单耗、电耗等指标位列冶金矿山第一名。(4)立足岗位、创新创效。加大创新创效管理力度,完成青阳矿高压供电系统技术改造、老虎垅矿辅料大棚亮化系统工程技改等20余项,节约费用40.56万元;完成自制备件25.86万元。(5)强化管控,以质增效。强化质量管控,铁矿石产品、白云石产品质量异议分别下降66.67%、51.85%,石灰石产品质量异议为零。(6)节能降耗、修旧利废。实行井下分区供电、分时供风和避峰用电,节约电费48.25万元;修旧利废项目183项,修复价值231.56万元。

3. 人力资源优化。破立并举,精干高效,人力资源优化深度推进。实施了井下采矿经营方式变革,撤销了4个直属班组,25名职工替代原劳务工岗位;清退劳务工88人,节约劳务费用约365万元;人力资源优化38人,超目标2人,2018年岗位变动238人次,培训857人次,培训面占在职职工总数的138.5%,为巩固人力资源优化成果和精益生产经营提供了保证。

4. 体系建设。按照PDCA循环,持续改进,推进"三标一体化"体系有效运行。废止36项、修订19项、新增17项制度和岗位作业标准,分手册2次修订并发布;完成了体系内审和管理评审;通过外部监督审核,老虎垅矿纳入体系运行,实现了体系全覆盖。持续完善内控体系建设,严格程序,规范运作,完成了公司层面4个控制流程和业务层面8个控制流程的自评工作，内控体系达标率达98.74%。

5. 管理创新。不断完善技术创新体系，成立了技术研发中心；组织了80余人次参加各项培训和科技活动；完成了长龙山铁矿W13线以西矿体探采等两项技术攻关，开展了虚拟矿山建设可行性等两个项目的研究；完成了“提升马钢优质白云石供应保障能力”EVI项目；“提高+63m边残矿的回采率”QC成果获省冶金行业二等奖；“打造千万吨级辅料基地，实现桃冲产业转型”等12项管理创新项目结题，“矿山末期边残矿统一回收模式探索”“以七化为核心的绿色矿山建设”分别获集团公司管理创新成果二、三等奖。

6. 品牌建设。通过强化精益现场管理，全力打造老矿山品牌文化，全年投入30余万元进行现场整治、文化提升工作，建立周通报、月评价制度，梳理整改了733项问题，考核3.58万元；对75个“四室”进行了自评、复核，优秀“四室”达标率提升15.1%。同时，将深化企业文化建设融入精益现场管理当中，共投入70余万元，建成了百年矿山、安全、环保、品牌建设等文化长廊，进一步促进了矿山品牌文化建设工作。

【精神文明建设】 1. 党建工作。持续深入学习贯彻落实党的十九大精神和习近平新时代中国特色社会主义思想，认真落实领导干部党建联系点制度和下基层跟班蹲点制度，与基层职工广泛接触，了解思想动态，听取意见和建议，着力解决职工群众关心的各类问题。2018年领导班子成员跟班蹲点60次，收到意见和建议70条，解决问题70个。严格落实《桃冲矿党委关于落实党组织研究讨论是经理层决策重大问题前置程序的要求的实施细则》，修订完善《桃冲矿党委议事规则》，召开党委扩大会议28次，党政联席会6次，研究讨论“三重一大”事项51项，切实发挥党组织的领导核心和政治核心作用。开展“讲严立”专题警示教育，完成中央巡视整改“回头看”、集团公司2017年巡察发现问题及集团公司党委2018年上半年巡察发现问题自查自纠工作。在2017年取得的成果基础上，对13个基层党员活动室党员远程教育终端设备设施的配备进行了补充和完善，利用矩阵式党建片区活动与党支部“达标创先”百分法考核开展成果经验交流。严格落实“党员活动日”制度，开展“不忘初心 牢记使命”“讲忠诚、严纪律、立政德”等主题教育活动。坚持德才兼备、以德为先的用人导向和20字好干部标准，2名同志走上副科级管理岗位，1名副科级管理人员提拔聘用为正科级管理人员，交流副科级以上管理人员7人次，按程序推荐确定了15名后备科级管理人员，发展新党员4人，按期转正2人。提升各级管理人员的政治素养和理论水平，组织《差不多先生传》《年轻》学习研讨，共形成53篇理论成果；刊发《桃矿宣传》12期、《情况反映》30期；围绕生产经营、项目建设、品牌建设、降本增效和党建工作，做好内部宣传和外部报道，矿电视台播出稿件688篇，马钢日报及省部级以上报刊等媒体刊登宣传稿件129篇，各类网站、马钢电视台用稿179篇。贯彻落实领导干部“一岗双责”，认真落实党风廉政建设党委主体责任和纪委监督责任，与11个支部签订了《党风建设和反腐倡廉工作责任书》，与岗位变动的3名基层单位负责人签订无小金库承诺书，以党小组为单位签订《党员严禁酒驾醉驾承诺书》；组织重要岗位及“三管六外”人员赴小岗村接受革命传统教育，认真开展“岗位之星”推荐、评审工作。实施党建和发展“双百”考核，不断创新考核方法。

2. 群团工作。弘扬工匠精神，开展“1+4”创新工作室创建工作；深化民主管理，职代会提案件件有落实；征集合理化建议148条；开展生产劳动竞赛、“安康杯”竞赛、职工技能竞赛和“削减成本劳动竞赛”。举办职工健身运动会，丰富了职工生活，稳定了职工队伍。11月8日，“记者节，我们在矿井下”活动在社会上引起了强烈反响，团委积极开展“走进新时代、青春勇担当”诵读赛、专利知识培训、“青安岗”竞赛、“双五小”等活动，引导青工在矿山转型发展中展现作为。

3. 和谐家园建设。扎实推进“三供一业”分离移交工作。经过充分沟通和协调，签订了《桃冲矿职工家属区“三供一业”分离移交协议》，编制了“三供一业”改造移交实施方案。供电移交接近尾声，供气、供水、物业改造正在加快推进中。开展第八批住房补贴工作，发放困难补助42万元、液化气补贴81万元。开展金秋助学活动；积极参与青阳县蓉城镇扶贫活动，切实履行社会责任。

（孙宗荣　朱　冰）

罗河矿业公司

【主要经济技术指标】 2018年，入磨原矿298万吨，生产矿产品157万吨，其中：成品矿132万吨，销售成品矿130万吨，实现销售收入7.4亿元，在完成107万立方米充填量、充填成本同比增加4500万元的前提下，实现利润总额1.52亿元，上缴税费1.45亿元，

EVA 值 7540 万元。

【生产经营】 1. 生产组织稳定有序。聚焦现场、聚焦产线,加强生产组织,优化过程管理,推进柔性组产模式和品种结构优化调整,保持了生产稳定均衡高效。2018 年入磨原矿 298 万吨,生产成品矿 132 万吨,创造历史最好水平。

2. 经营业绩大幅提升。坚持以市场为导向,优化调整产品结构,全年销售成品矿 130 万吨,实现销售收入 7.4 亿元,在完成 107 万立方米充填量、充填成本同比增加 4500 万元的前提下,实现利润总额 1.52 亿元。

3. 财务指标显著改善。推行全面预算管理和对标挖潜,铁精矿单位制造成本 337.13 元,比预算下降 28.87 元;精益资金管理,年末存量资金大幅上升、应收款项大幅下降、银行贷款减少 0.85 亿元;年末资产负债率 43.2%,2018 年销售利润率 20.54%、净资产收益率 10.28%,盈利能力和抵御风险能力处于国内冶金矿山一流水平。

4. 产品质量稳步提升。紧盯客户在用料结构、成分结构以及质量稳定性等方面的需求,着力强化提质降杂,开展指标提升攻关,铁精矿品位 66.82%,同比提升 0.32%。

5. 一期扩能扎实推进。一期 500 万吨扩能项目,顺利通过项目可研、开发利用方案、安全预评价外部评审,完成集团公司立项程序,已正式立项。

【市场营销】 1. 研判市场抢抓机遇。强化市场跟踪与研究,灵活调整经营策略,坚持市场引领、客户至上,动态优化资源配置,加大盈利能力强的铁精矿销售,2018 年销售铁精矿 103.26 万吨,有效支撑了经营创效。

2. 构建战略客户网络。2018 年初的"方大特钢"事件,对罗河矿业公司既是挑战更是机遇,倒逼我们完善营销布局,优化客户结构,重点开发南京钢铁、铜陵富鑫、芜湖富鑫、池州恒鑫、铜陵旋力等战略客户。

3. 以产品和服务创造价值。坚持以客户为中心,积极对接客户需求,全过程控制产品质量,努力为客户提供解决方案,2018 年矿产品销售加价 1465 万元、同比上升 24.8%,含硫扣款为零、质量异议为零。"罗河铁精"在业内拥有良好的口碑,客户信任感和忠诚度进一步提升。

4. 精益采购保供有力。开展采购供应一体化建设,严格执行采购招议标制度,推行最优价采购策略,优化净化营商环境,实现经济安全保供和采购降本增效。

【安全环保】 1. 安全生产责任有效落实。持续推进体系建设,双重预防机制和班组安全标准化建设取得突破;强化协力保产单位和人员安全监管,加大安全风险分级管控和隐患排查治理力度,全年安全考核 35 次、考核金额 18.5 万元,轻伤以上安全事故为零。

2. 环境整治活动扎实开展。树立"安全环保是企业核心竞争力"的观念,严格落实中央环保监督"回头看"、蓝天保卫战要求,通过强化领导、落实责任、制定方案、现场管控、应急响应,扎实开展环境整治专项活动,圆满通过"回头看"及各类专项督察,受到集团公司、矿业公司和庐江县好评。

【企业管理】 1. 体系建设深入推进。"两化融合"贯标体系和能源管理体系获得认证,罗河矿被列为国家、安徽省非煤矿山首批"双重预防机制"建设试点单位,选厂磨选维修班荣获全国安全标准化示范班组称号,"三标一体化"通过第三方审核验收。

2. 项目管理扎实开展。先后成立铜硫分离、国家高新技术企业申报、充填工艺、数字化矿山三维建模、溜井防治水、爆破一体化等多个 APQP 攻关项目组,开展技术创新和改进攻关 35 项。

3. 科技矿山建设有序实施。选矿作业、充填作业实现全流程在线监测控制,井下部分铲运机实现现场遥控驾驶,组织实施井下电机车无人驾驶,空压机房、地磅房、环水泵房实现无人值守,球磨分级智能磨矿系统实现重大突破,磨矿台时能力提升 20%以上。

4. 工程和设备管理有效规范。强化工程管理,加强关键过程和工程进度、工程质量的管控;强化设备物资管理,TnPM 设备管理持续推进,星级达标、六源消减等活动持续开展,2018 年开展设备改造攻关 55 项,争取直购电政策返还 450 万元。

5. 人力资源管理稳步提升。2018 年组织教育培训 92 场次、903 人次,28 人通过技能等级鉴定;完善工资正常增长机制,职工收入水平上升 11.24%。

6. 美丽矿山建设初具雏形。全面推行精益现场管理,大力开展矿区综合整治和环境综合治理,矿容矿貌进一步改观,"绿色工厂"跃然眼前,"美丽罗河"初具雏形。

【党群工作】 1. 加强党的领导。深入贯彻落实新时代党的建设总要求,坚持党委决策前置程序,充分发挥"把方向、管大局、保落实"作用,为罗河矿业公司高质量发展提供了坚强有力的保障。

2. 加强党的建设。坚定不移推进全面从严治党,扎实开展"讲忠诚、严纪律、立政德"专题警示教育和

“三查三问”工作，着力提升党组织建设，深化基层党组织标准化建设，党组织战斗堡垒作用、党员先锋模范作用充分发挥。

3. 强化党风廉政建设。落实党风廉政建设“两个责任”，坚持“标本兼治、综合治理、惩防并举、注重预防”方针，加强关键岗位、关键人员廉洁从业教育，2018年未发生职工违纪违法事件。

4. 群团作用有效发挥。围绕重点工作，开展百日安全活动和以“深挖潜力、激发活力、精益运营”为主体的消减成本劳动竞赛，扎实开展群众性技术创新活动，开展多场次职工喜闻乐见的文体活动。

5. 困难帮扶持续深化。坚持企业发展与地方经济社会发展互利共赢，时刻铭记自身的社会责任，2018年投入扶贫资金20万元，结对帮扶工作取得了新成效；开展了互助帮困、金秋助学、大学生住房借款等活动，有效促进职工队伍的稳定。

（张　政）

张庄矿业公司

【主要技术经济指标】 2018年，生产成品矿150.45万吨，其中铁精矿120.34万吨、块矿30.11万吨，建材168.32万吨；实现销售收入9.12亿元、利润2.39亿元，上缴税金1.72亿元。精矿品位稳定在66%以上，各项指标满足客户要求。安全生产平稳有序，全年重伤及以上事故为零。

【技术创新】 技术创新不断取得新突破，创新体系进一步完善。编制了《张庄矿2018年科技创新工作计划》，完善技术研发组织体系和运行机制，深入推进“产学研”合作，技术中心通过省级认证。强化技术研发攻关，实施了6项技术研发攻关项目，90米高中段矿房开采技术研究已实践应用；高压辊磨机国产化APQP项目实施完成；超细尾砂脱水项目取得阶段性成效，省交通厅科研项目“改性铁尾砂在公路路基和路面基层中的绿色应用研究课题”实验成功。加强知识产权管理，制定了极细尾砂充填企业标准，并申报行业标准；全年获得授权专利10项；“地下金属矿山绿色安全高效关键技术开发”获中钢协、中国金属学会冶金科学技术二等奖。推进智慧矿山建设。智能采矿项目正式实施，选矿自动化集成管控一体化项目有序推进，井下运输水平无人驾驶项目试运行，并以承办的冶金矿协智慧矿山技术交流会为平台，在行业内逐步推广。本年度，张庄矿获得高新技术企业认定，通过两化融合体系认证，荣获安徽省专精特新企业称号。

【运营管理】 1. 积极推进精益运营管理，导入卓越绩效管理模式，全面推进标准化作业，建立差异化考核评价机制，提高管理绩效。加强运营管控，编制了年度战略行动计划（重点工作）实施方案，按项目制运作，建立了项目立项—责任落实—组织实施—结果反馈—绩效评估—奖惩管理的运行机制，推动了各项工作落实。推行差异化绩效考评制度，坚持聚焦目标、聚焦问题、聚焦两场，建立了科学合理，充分激发员工活力的考核评价体系，并实施差异化考核分配。全面推行标准化作业，编制了《综合管理手册》，修订完善了技术规程，有效促进了管理规范、操作标准、生产稳定。打造精益现场，以“6S”管理为抓手，持续推进高水平现场管理，现场环境显著改善。强化发运现场管理，确保厂区清洁有序和物流过程安全顺畅；扎实推进矿区“亮化、美化、绿化”工程，“精益工厂”创建基础不断夯实。

2. 深入落实“经营矿山”理念，以创新为驱动，着力构建企业发展新模式。扎实开展资产证券化工作，坚定上市不动摇，明确了在H股上市的工作路径。推进产业链延伸。致力于资源综合利用价值最大化，开展了张庄矿尾矿延伸加工利用可行性研究，张庄矿60万立方米加气混凝土砌块（板材）/尾灰砂砖项目通过评审并获得集团公司批准立项。致力于推动经营模式转变，编制了《4A级工业旅游景区创建规划》，前期工作有序开展。积极利用国家政策资金，认真研究产业政策和财税政策，完成了8个国家政策资金支持项目申报工作，全年收到国家政策奖励资金1479.58万元。

【安全环保】 打造本质安全型企业。落实安全生产主体责任。按照“02234”安全管理理念，健全完善安全管理体系，扎实开展一级安全生产标准化达标创建和双重预防机制建设；坚持隐患排查治理长效机制，分层分级落实危险源管控，安全风险管理不断加强；强化安全监管，加大相关合作方单位和人员的安全管理力度，坚持每月开展专项安全生产活动；制定了《张庄矿生产安全事故事件问责管理办法》，加大安全生产问责考核，保持了良好安全态势。张庄矿被评为马钢集团安全生产金牌单位，1号副井提升班荣获全国安全管理标准化示范班组称号。打造本质环保型企业。定期对环保设施进行专业维护，确保各项环境因素符合标准规范，降低了环境风险。坚持问题导向，系统地梳理出10条环保问题,并制定整改方案,解决了一批环保遗留问题。顺利通过水保设施“三同时”验收。有序推动绿色环保矿山建设,张庄矿被列为国家级“绿色工厂”。

【党群工作】 深入贯彻党的十九大精神,严格组织生活,用活宣传载体,利用“三会一课”“两微一端”等形式,实现了科级管理人员和普通党员党的十九大精神学习全覆盖。深入推进基层党组织建设,完成了党总支及党支部换届选举工作。坚持“四个同步”和“六有”标准,党支部标准化建设要求有效落实并通过集团公司验收。着力打造党建特色品牌。开展了与相关合作方和政府有关机构的结对共建,助推了生产经营各项工作扎实开展。落实巡察整改,坚持立行立改、标本兼治、统筹推进,巡察整改各项工作基本完成并逐步深化。坚持以文化力提升竞争力,总结提炼形成了“以开发矿产资源,创造卓越价值”为使命,以“打造矿业知名品牌、建设安全高效生态智慧矿山”为愿景的企业文化体系,并积极推动文化根植,促进职工与企业的思想融合、价值融合。发挥群团作用,扎实推进群众性经济技术创新活动,开展了选矿厂球磨工、碎矿工职业技能竞赛以及井下文明施工劳动竞赛。保护职工权益,为全体职工购买了意外伤害险。成立了团委,坚持“一月一主题”活动,推动广大青年为公司生产经营建设发展建功立业。

【荣誉】 2018年,管理党支部获得马钢集团安全“两无”活动先进基层党支部称号;政工党支部获得马钢集团先进基层党支部称号;选矿党支部获得马钢集团矿业公司安全“两无”活动先进基层党支部称号;安全环保部、地质质量部、张庄铁矿、中煤五建三处张庄项目部等部门单位获得公司先进集体称号;1名职工获得马钢集团安全“两无”活动先进个人称号;1名职工获评马钢集团优秀党员;1名职工获评马钢集团优秀党务工作者;2名职工获得马钢集团矿业公司安全“两无”活动先进个人称号;5名职工获得公司安全“两无”活动先进个人称号;10名职工获得公司优秀党员称号;2名职工获得公司优秀党务工作者称号;5名职工获得公司标兵称号;15名职工获得公司先进工作者称号。

(徐光荣)

马钢工程技术集团有限公司

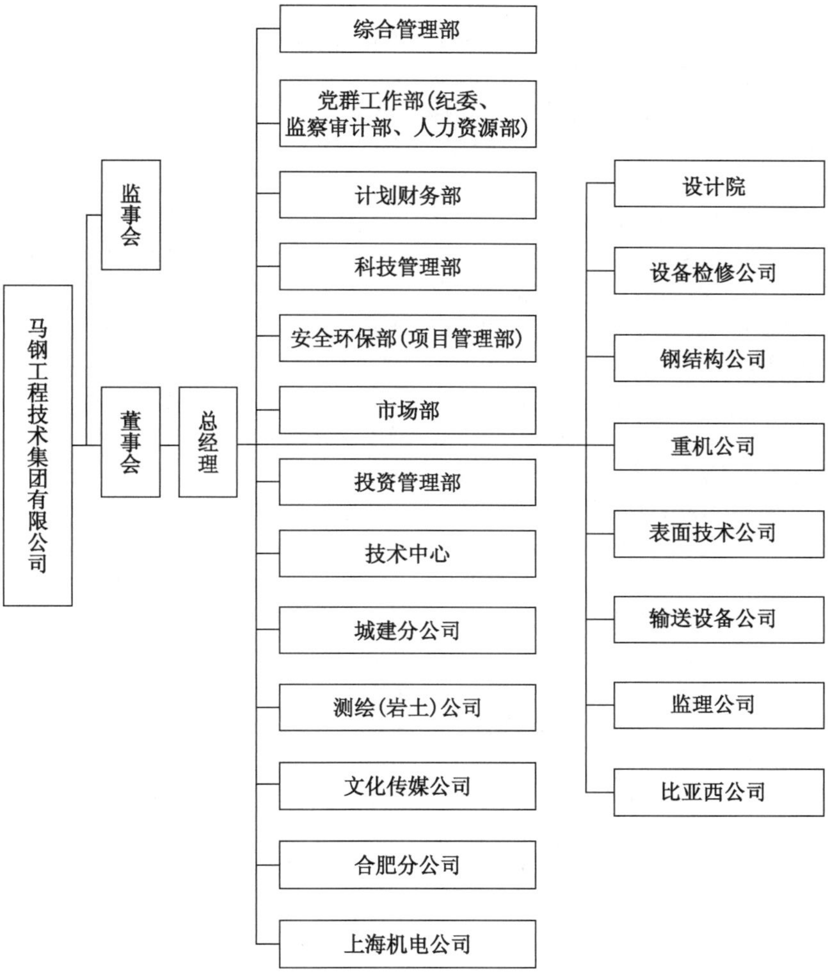

图 4　工程技术集团组织机构图

董事会

【董事会工作】 2018年,工程技术集团董事会紧紧围绕生产经营、运营管理、改革发展等重点工作,主要通过召开公司董事会作出决议,注重依法决策和科学决策,不断提升决策效率和决策质量,促进了企业生产经营和改革发展。

1. 2018年2月1日,工程技术集团以通讯方式召开第二届董事会第二十四次会议。审议通过《关于检修公司购买中迪钢业资产的议案》;同意安徽马钢设备检修有限公司收购雨山区法院拍卖的位于雨山经济开发园区内的中迪钢业资产。

2. 2018年3月7日,工程技术集团以通讯方式召开第二届董事会第二十五次会议。审议通过《关于参股马钢商业保理公司的议案》;审议通过《马钢工程技术集团2018年生产经营计划》;审议通过《马钢集团设计研究院改革方案》;审议通过《马钢工程技术集团设计研究院人员安置方案》。

3. 2018年3月19日,工程技术集团召开第二届董事会第二十六次会议。审议通过《关于向马鞍山农村商业银行申请授信的议案》;同意向马鞍山农村商业银行申请综合授信人民币贰亿元整,期限为36个月,用于开立银行信用证、保函、银承等。

4. 2018年3月28日,工程技术集团以通讯方式召开第二届董事会第二十七次会议。审议通过马钢集团设计研究院有限责任公司《增资扩股投资协议》《增资扩股投资补充协议》。

5. 2018年4月19日,工程技术集团召开第二届董事会第二十八次会议。审议通过《马钢集团设计研究院有限责任公司章程》。审议通过《关于马钢集团设计研究院有限责任公司董事会、监事会建议人选的议案》;同意委派陈孝文、许洲、连炜担任马钢集团设计研究院有限责任公司董事,提名陈孝文担任董事长,推荐黄朝武担任监事会主席,并报中钢设备有限公司按相关程序选举,职工监事由职工代表民主选举产生。审议通过《马钢集团设计研究院有限责任公司经营层岗位公开竞聘方案》。审议通过《关于向集团公司购买土地使用权的议案》。审议通过《关于表面技术公司新三板挂牌前股权转让引入战投的议案》;同意在表面技术公司新三板申报股改前通过股权转让引入中国重型机械研究院股份公司。审议通过《关于马钢集团设计研究院有限责任公司土地和房产产权转移等事项的议案》。审议通过《关于对工程技术集团和重机公司增加资本的议案》。审议通过《关于向马鞍山农村商业银行申请授信的议案》;同意向马鞍山农村商业银行申请综合授信人民币贰亿元整,期限为36个月,用于开立银行信用证、保函、银承等。审议通过《关于计提坏账准备、存货跌价准备、固定资产减值准备的议案》。审议通过《2018年工程技术集团财务预算》。审议通过《关于上海马钢机电科技有限责任公司董事会董事建议人选的议案》;同意委派卢军担任上海马钢机电科技有限责任公司董事。

6. 2018年5月10日,工程技术集团以通讯方式召开第二届董事会第二十九次会议。审议通过《关于表面技术公司股权转让的议案》;同意采用股权转让方式引入投资者,转让马钢工程技术集团持有的表面技术公司价值1000万元股权。审议通过《关于钢结构工程分公司生产工艺流程再造项目立项的议案》;项目投资800万元,自备资金,项目建成后入固定资产。

7. 2018年6月19日,工程技术集团召开第二届董事会第三十次会议。审议通过《工程技术集团组织机构设置及职能》;同意设置技术中心、综合管理部、党群工作部(纪委、监察审计部、人力资源部)、计划财务部、科技管理部、安全环保部(项目管理部)、市场部、投资管理部。审议通过《关于重机公司对去产能资产处置损失核销的议案》;同意对重机公司去产能资产处置净损失进行核销。审议通过《关于申请对工程技术集团和部分子公司增资的议案》;同意申请马钢集团以现金和土地使用权相结合的出资方式对工程技术集团进行增资。审议通过《关于安徽马钢东力传动设备有限公司股权转让的议案》;同意安徽马钢重型机械制造有限公司将持有的安徽马钢东力传动设备有限公司51%股权转让给母公司安徽马钢工程技术集团有限公司。审议通过《关于重机公司、输送公司委托贷款的议案》;同意重机公司给予工程技术集团贷款不超过5400万元,重机公司给予输送公司委托贷款600万元,贷款利率4.7%,贷款期限一年。审议通过《关于撤销安徽马钢工程技术集团有限公司设计研究院的议案》;同意撤销安徽马钢工程技术集团有限公司设计研究院。审议通过《关于陶明华等同志工作职务的议案》;同意聘任陶明华为工程技术集团副总经理,聘任张太平为工程技术集团副总经理。

8. 2018年8月10日,工程技术集团以通讯方式召开第二届董事会第三十一次会议。审议通过《关于马鞍山马钢表面工程技术有限公司整体变更设立股份有限公司的议案》。

9. 2018 年 8 月 30 日，工程技术集团召开第二届董事会第三十二次会议。审议通过《关于修改工程技术集团章程和营业执照的议案》。审议通过《关于表面技术公司股份制改造调整委派董事、监事人选的议案》；同意将表面技术公司的马钢方面 4 名董事调整为夏会明（董事长、法定代表人）、朱广宏、杨凡、连炜；原监事会成员陈捍华保持不变。审议通过《关于重机公司融资租赁设备项目投资立项的议案》。审议通过《关于购买重机公司、输送公司房产及办理房产权证的议案》。审议通过《关于合资成立马钢工程技术服务公司（工程及设备再制造产业基地）的议案》；同意安徽马钢工程技术集团有限公司与马鞍山雨山经济开发区经济发展有限公司合资成立马钢工程技术服务公司，购买中迪钢业资产，作为生产区域。整合现有设备检修公司和电气修造公司相关资源，建设工程和设备再制造产业基地。审议通过《关于承揽天津滨海新区临港核心区环境整治 PPP 项目的议案》；同意工程技术集团与天津临港投资开发有限公司合资成立项目公司，对天津临港综合配套服务区南区进行环境综合整治。审议通过《关于参与组建滁州奥体中心建设有限公司（PPP 项目公司）的议案》；同意工程技术集团出资参与滁州市奥体中心 PPP 项目公司（公司名称以工商登记为准）的组建。

10. 2018 年 10 月 25 日，工程技术集团召开第二届董事会第三十三次会议。审议通过《关于工程技术集团章程修订的议案》；同意对公司章程第九条公司经营范围相关内容的修改。审议通过《关于工程技术集团“三重一大”决策制度实施细则修订的议案》。审议通过《关于工程技术集团董事会议事规则修订的议案》。审议通过《关于工程技术集团总经理工作细则修订的议案》。审议通过《关于工程技术集团设计及施工资质分立的议案》；同意工程技术集团保留工程设计建筑行业（建筑工程）专业甲级资质及施工资质，其余设计资质分立划转至马钢集团设计院。审议通过《关于启用中国银行授信的议案》；同意启用 2018 年 6 月 1 日在中国银行马鞍山分行取得的 7250 万元敞口授信总量，以足额合格的应收账款质押担保。审议通过《关于审批工程技术服务公司出资人协议及章程的议案》。审议通过《关于工程技术服务公司董事、监事委派人选的议案》；同意委派程建国、黄加坤、连炜、杨凡为工程技术服务公司董事，程建国为董事长，委派刁节和为工程技术服务公司监事。审议通过《马钢集团设计院增资方案》；同意将马钢集团设计研究院有限责任公司注册资本 1337.84 万元人民币增加至 2846.069104 万元人民币。审议通过《关于马钢集团设计院章程修订的议案》；会议讨论了设备检修公司建设智慧检修中心及配套设施相关事项，同意设备检修公司开展相关前期工作。

（赵家星）

监事会

【监事会工作】 2018 年，工程技术集团监事会按照年初确立的工作思路与目标，不断加强队伍素质建设，改进工作方式、方法，通过强化日常监督，紧密结合公司实际工作，注重协调落实，正确行使监事会相关职能。

（赵家星）

·工程技术集团机关·

工程技术管理

【主要经济指标】 2018 年，工程技术集团实现营业收入 37.16 亿元（含监理公司），利润总额 6237 万元，净利润 5200 万元，超额完成年度预算目标。设计院实现营业收入 6.88 亿元，利润总额 510 万元。钢结构公司实现营业收入 7.29 亿元，比上年增长 7175 万元，利润总额 486 万元，比上年增长 1904 万元，实现扭亏为盈。设备检修公司（含电气修造公司）实现营业收入 7.82 亿元，比上年增长 7363 万元，利润总额 2152 万元，比上年增长 297 万元。重机公司实现营业收入 5.8 亿元，比上年增长 1.1 亿元，利润总额 399 万元，比上年增长 1716 万元，实现扭亏为盈。表面技术公司实现营业收入 2.6 亿元，比上年增长 2473 万元，利润总额 2104 万元。输送设备公司实现营业收入 1.83 亿元，比上年增长 3043 万元，利润总额 155 万元，比上年增长 415 万元，实现扭亏为盈。监理公司实现营业收入 1700 万元，比上年增长 198 万元，利润总额 190 万元,比上年增长32万元。比亚西公司实现营业收入4.18亿元,比上年增长6102万元,利润总额674万元,比上年增长277万元。

【改革改制】 1. 积极推动改革改制。集团设计院完成引入中钢设备、市经开区建投战略投资者,重新选聘组建经营层。表面技术公司完成股份制改造,启动"新三板"挂牌工作。工程技术集团与雨山经开区合资成立冶金工业技术服务公司,进一步优化维检技术服务资源。

2. 管控模式不断完善。承接公司管理职能下移,制定工程技术集团管控方案,明确工程技术集团本部与各单位职能权限界面,有序开展机关机构改革。

3. 积极谋划资源资产专业化整合。开展吊装物流业务整合调研。配合CCPP项目,开展设备检修基地和钢结构产业基地建设调研。

【工程项目管理】 1. 重点工程建设有序推进。长材事业部型材升级改造、一钢轧总厂六机六流方坯连铸机、资源分公司北区渣处理、南山矿凹选碎矿前移等总承包项目圆满完成。重型H型钢轧钢生产线、重型H型钢异型坯、1号高炉大修渣处理等重点工程项目抓紧推进中。在市场化导向下建立总承包项目管理模式,工程技术集团逐步实现由保产服务型向市场经营型转变。

2. 内部保产确保稳定。立足内部市场,强化专业协同,优质高效地完成马钢各类大中修、抢修、定修项目,在确保生产稳定顺行的前提下实现盈利。根据工艺特点和业主要求,做好工程概预算编制,优化方案设计,实现项目工期、质量、成本、安全、环保"五大目标"的统一。

【市场开拓】 1. 外部市场业绩显著。签订六安大昌原料场项目合同,承揽济钢搬迁、日照钢铁搬迁、南钢4号连铸机等外部项目。2018年签订外部合同额10.31亿元,实现外部收入11.4亿元,比上年增长1.8亿元。

2. 国际化经营取得进展。俄罗斯MMK、澳大利亚ADY、土耳其车轴、玻利维亚穆通综合钢厂、莫桑比克钛钢钒等海外项目有序推进。

3. 大力拓展转型业务。参建慈湖水厂取水头部迁改、泗县安置房等市政工程项目。与新日铁住金公司合作推广转底炉技术。与上海化工院合作开展土壤与地下水污染监测业务。

【经营管理】 1. 内部管理规范开展。建立季度风控测试制度,已完成前三季度风控测试。健全"三标"管理体系,开展内审自查工作和外部审计工作。

2. 精益工厂积极创建。设备检修公司、重机公司2家为精益工厂创建试点单位,重型H型钢轧钢生产线项目筹划创建精益施工现场。

3. 人力资源优化效果明显。2018年人力资源优化350人,在岗人数由成立之初的8500人下降至目前的4500人左右。劳动关系规范管理,平稳有序完成设计院改革290名员工劳动合同换签工作。表面技术公司人员安置工作稳步推进,已完成197名员工劳动合同换签工作。

4. 人才队伍建设取得实效。申报省属企业第四批"538英才工程"领军人才1名、高端人才1名,增补马钢集团高级技术主管3名,申报市"骏马工程"人才45名,申报马钢集团"1+2+4"后备人才77名。重型H型钢轧钢生产线、重型H型钢异型坯项目经理公开竞聘。

5. 本质安全型、本质环保型企业全力打造。承接马钢集团安全、消防、能源、环保的部分管理职能下移,制定相关责任制,建立安全生产例会制度。认真总结全年安全生产工作,特别是今年以来发生的数起外来单位人员安全生产事故的教训。认真组织中央、省环保督察"回头看"迎检工作,扎实开展在建工程及检修项目安全专项检查,确保各项整改措施落实到位。

6. 资金风险有效控制。加大清欠力度,完成资金回笼38.95亿元,应收账款比年初下降2.31亿元,下降幅度18%。大力争取银行授信,获得各类授信额度共计3.5亿元。审计检查认真开展。对各子公司资金管理进行检查,对上海机电公司、马建集团进行内部审计。配合省国资委集中监督检查、省审计厅审计。

7. 社会责任积极履行。积极参与马钢集团定点扶贫工作,动员职工注册中国社会扶贫网爱心人士。

【科技创新与技术服务】 1. 信息化建设取得成果。业财一体化合同财务系统全面上线运行,人力资源信息系统建设有序推进。

2. 技术创新成绩突出。获得授权专利65件,其中发明专利20件。工程技术集团、电气修造公司、输送设备公司通过高新技术企业认定,目前工程技术集团高新技术企业已达6家。表面技术公司与安徽工业大学、市质监局启动政校企国际标准共建项目。以客户需求为导向的张庄矿高压辊磨对辊国产化、减少混铁车内铁水降温、降低高炉TRT励磁系统电气故障率等7项APQP、EVI项目取得良好成绩,技术服务模式逐步建立。

3. 对标管理系统推进。制定对杆管理办法,建立对标管理体系,各单位按月实施各层级对标,专业指标提升明显。

4. 品牌建设持续推进。编制《品牌管理手册》及支撑性程序文件，重点工程现场宣传EPC总承包品牌。

5. 资质认证取得进展。工程技术集团获冶金施工总承包一级、建筑施工总承包二级资质。马建集团获水利水电总承包二级、环保一级、河湖整治一级资质。电气修造公司获输变电三级资质。钢结构公司获钢结构一级资质，顺利通过A2级压力容器制造和余热锅炉换证复审、加拿大资质认证周期性审核、欧盟资质鉴证审核。

【党建工作】 1. 党的思想建设和宣传工作不断加强。深入学习贯彻习近平新时代中国特色社会主义思想和党的十九大精神，扎实开展“讲忠诚、严纪律、立政德”专题警示教育，深入开展“三查三问”集中整治形式主义、官僚主义专项行动。舆论宣传载体和渠道不断创新，马钢劳模、党员示范岗等先进典型持续传递正能量。

2. 党的组织建设不断加强。严格遵守党章党规党纪，严格执行重大事项党委会前置程序及“三会一课”制度。明确“三重一大”事项决策范围，按规范决策程序执行。胜利召开工程技术集团第一次党代会，顺利完成工程技术集团党委、纪委换届。按照党建标准化要求，规范党支部建设，着力提升基层党组织建设制度化、规范化、科学化水平。成立型材升级改造项目临时党支部，在开展项目建设的同时进行党组织生活，进一步激发了党员的工作热情。

3. 党风廉政建设不断加强。党委班子成员认真履行“一岗双责”，用好监督执纪问责“四种形态”，扎牢制度的笼子。以鲁炜案、安徽省“陈、杨、周”案、徽商集团窝案、马钢集团和工程技术集团近年来发生的少数党员干部违纪违法案件等为反面教材，突出用身边事教育身边人。认真清理“小金库”、整治“酒桌办公”及“酒驾”。认真查办信访案件，严肃处理违纪违规人员。

（赵家星）

·工程技术集团二级单位·

设计研究院（集团设计研究院）

【主要技术经济指标】 2018年，共实现营业收入7.02亿元，利润总额508万元，签订合同总额26.78亿元。全年共承接项目400余项，其中工程总承包28项，共发A1幅面施工图24000余张。

【重点项目建设】 建立重点项目督查制度，加强现场安全巡查，努力实现项目工期、质量、成本、安全、环保和廉政目标的统一。公司内部圆满完成了型材升级改造、南山凹选节能减排升级改造项目—碎矿前移工程、硅钢推拉式酸洗机组改造、生产管控中心大楼改造和六机六流方坯连铸机等总承包项目；重型H型钢生产线、异型坯连铸机、大方坯连铸机和1号高炉大修渣处理等工程在年内顺利开工建设。外部项目中江苏利淮钢铁3号连铸机改造、越南和发2号高炉渣处理改造和河北敬业6号连铸机工程分别于年内建成。俄罗斯MMK公司带式冷却机和山钢日照基地连铸机搬迁等工程稳步推进。

【市场开拓】 在做好公司内部项目承接的同时，外部市场开拓成绩斐然，外部合同额首次突破5亿元。与中钢、淮钢、日照铸福钢铁、上海立谊环保、福建马坑、铜陵旋力等老客户继续签约，并开拓了首矿大昌、航天炬能、新冶高科、合肥水泥院等新市场和新业务。海外经营取得进展，成功与越南和发钢铁公司、澳大利亚ADY公司等进行合作。积极开展全过程工程咨询业务，被列为马鞍山市全过程工程咨询试点企业名单。

【技术创新】 2018年共有6个项目获冶金行业部级优秀工程设计奖；共获得专利授权32件（其中发明专利4件）；荣获2018年工程技术集团技术创新大会一、二、三等奖共4项。BIM三维设计作品和设计团队荣获国际、国内和省内7项大奖。制定并发布18A0版质量、环境、职业健康安全管理体系文件，顺利通过“三标”管理体系认证审核并获得认证。2018年度开展业务建设项目23项，科研开发项目20项，稳步推进以转底炉生产线工程技术、直接还原-电炉炼钢短流程工艺和钢渣综合利用等为代表的重点科研开发项目。

【企业管理】 平稳有序实施集团设计院改革工作，重新选聘经营层，并完成进入合资公司人员的劳动合同换签和中层管理人员的岗位竞聘。建立健全与设计院改革发展相适应的管理制度，新制定发布30多项管理制度和管理办法。突出战略规划引领，研究制定《2018—2020年战略发展规划》。加强品牌建设，制订品牌工作计划，积极培育“马钢设计”品牌。对标行业内先进企业，建立多维度标杆管理体系。开通企业微信系统，精心建设外部门户网站和微信公众号。

多渠道有针对性地引进人才,全年共招录各类专业技术人才16人。开展各类专业、项目管理和岗位适应性培训,参训率达到100%。扎实推进人才队伍建设,大胆启用优秀、年轻的技术人员和管理人员,申报获批省属企业第四批"538英才工程"领军人才2名,申报市"骏马工程"人才6名,申报集团"1+2+4"后备人才45名。

【党群工作】 根据公司统一部署,开展"讲忠诚、严纪律、立政德"专题警示教育,深入开展"三查三问"集中整治形式主义、官僚主义专项行动。根据业务流程对基层党支部进行重新调整。院纪委组织"三管六外人员"赴白湖监狱开展廉洁从业警示教育活动;针对"新建六机六流方坯连铸机工程项目"开展效能监察。

【企业文化建设】 初步构建"建成国内一流的咨询、设计、总包一站式工程技术服务商"的企业愿景、"规范、创新、卓越、共赢"的经营理念和"打造有激情的创新团队,建设有温度的企业家园"的企业文化。工会紧密结合生产经营实际,开展月度劳动竞赛和年底攻坚战劳动竞赛;主动融入基层,深入工程施工现场开展慰问和检查。丰富青年业余文化生活,组织新入院员工开展素质拓展活动,BIM技术研究院获省国资委"青年文明号"称号。

(甘富媛)

重型机械制造有限公司

【主要经济技术指标】 2018年,完成机械产品总产量2.5871万吨;实现销售收入5.78亿元;内部利润完成487.2万元;机械加工件产品综合合格率98.79%;铸钢件综合合格率98.63%;铆焊件综合合格率98.26%;锻件综合合格率97.63%;千人负伤率2.68‰。

【生产经营】 2018年,重机公司围绕"坚持制造服务双轮驱动,坚定创新引领持续发展"的工作主题,持续强化基础管理,系统推进品牌建设,深入推进公司转型发展,取得了经营绩效持续攀升、市场服务能力不断提升的好成绩。职工收入实现较大幅度增长。

1. 持续推进双轮驱动转型发展,规模效应逐步显现。

持续加大市场开发力度,订单承接量大幅增长。2018年承接机械产品订单4.3亿元,比上年增长42%,机械产品承接总量25024吨,其中成套设备承接量3970吨。锻坯类承接量明显放大,年度合同承接总量为近年新高,8000吨油压机全年实现产量10344吨,历史首次突破10000吨大关。

为业主持续创造价值,培育重机技术服务品牌。技术服务业务紧紧围绕"全面提升管理水平,拓展延伸维保总包模式"的目标,实施了冷轧、热轧磨辊间按吨钢结算的总包服务;立足钢轧、车轮产线技术服务市场,对标国内外同行业先进水平,通过实施连铸扇形段辊组改造、轧辊磨削技术质量攻关、磨床工技能大赛、车轮预加工工序优化和产能提升改造,大大提升了技术服务的品牌效应。为客户创造价值的同时,实现了自身效益的提升,2018年实现维保收入2亿元。

2. 提升制造产效,确保重点项目订单兑现。以提升各制造单元产量为着力点,强化生产月度计划重点项目兑现率、周计划、订单号等执行情况检查、考核,加强各制造单元、部门间信息沟通,确保项目、备件高效推进。(1)稳步推进长材事业部中型材、特钢公司优棒、一钢轧六机六流、上海亚新150吨钢包回转台、江苏中重济钢检查台等项目;(2)完成四钢轧轧制线、万向接轴、导卫,长材事业部水平辊、框架等备件和修复件生产;(3)圆满完成四钢轧2250和1580轧机中修备件及现场施工组织,多次高效完成冷轧总厂齿轮及齿轮轴、资源公司风机轴、长材事业部北区齿轮轴等主线厂矿备件的临时抢制生产。

3. 强化资金管理,盘活存量资产,深化降本增效。严格执行资金审批权限、支付流程,定期召开资金平衡会,按照资金计划进行资金支付;取得财务公司授信,并通过财务公司开具电票,确保了生产经营所需资金。加强应收账款清欠工作,制定《重机公司交易对象授信管理办法》,对相关客户信用进行打分、授信;严格评审合同资金支付条款,按照合同条款及时催收到期货款,杜绝新的超信用期应收款发生;完成应收账款清欠年度目标,2018年应收账款周转率4.5次,资金回笼率100%以上。

盘活原15吨电炉存量资产,改造为CSP、六机六流铸机离线维保基地及结构件临时制作场地;开展了报废设备及废旧物资处置工作,2018年销售2000余万元,既盘活了资金,又释放了场地资源。

采购管理从优化供应商队伍开始,大力推进集中招标、年度锁定价等措施,招标比例逐年上升。其中紧固件、焊材等材料采购采取锁定价方式,采购价格低于市场5%左右,钢材采购通过明确付款方式条款,价格下降约150元/吨；节能降耗上通过精细管理，主要吨产品消耗呈大幅下降，为历年来最低水平，2018年节能降耗676万元，其中大锻件吨耗下降42%，车轮预加工片耗下降21%。充分发挥重机公司设备检修资源优势，积极承担内部设备改造及股份公司数控机床大修业务，增添利润增长点，全年创收285万元。

【企业管理】 组织开展三标一体化认证工作，5月实现了三标一体化认证达标；积极开展对标管理，对标宝钢，连铸结晶器、扇形段过钢量达到对标指标，磨辊上线合格率达到99%，超过98%的对标指标；车轮加工平均月产超过4.3万件折算产量，超过4.2万件的目标；有序组织管理创新，“冷轧磨辊总包技术服务”获马钢管理现代化创新成果三等奖；建立了技术服务系统初级信息化平台；公司聘用常年法律顾问，负责法律咨询、诉讼、法务培训等，针对公司工程款结算、劳务费用支付、人力资源管理等涉及法律风险方面的问题，法律顾问及时提出有效的防范措施，规避企业经营风险。

精益现场管理作为马钢集团公司8家试点单位之一，坚持以问题为导向，以全员参与为抓手，将精益工厂创建工作与企业文化高度融合，开展了工具箱和“四室”PK赛、“红牌作战”、多级培训、参观交流以及金牛奖和蜗牛牌评选、考核兑现等一系列工作。完成了3A顾问公司辅导老师提出问题点改善数据824条，各分厂自查问题点10161件，整改10161件，人均自查件数为12.14件，征集职工改善提案1834个，9人次获得“重机公司改善之星”，3个班组获得“最美小家”称号，有效实现了现场改观、工作效率和质量提高、成本降低的目标。

【技术创新】 技术创新创效持续发力，有效提升市场竞争能力。2018年度完成专利申报11项，节能型环冷机开发制作荣获安徽省科技进步三等奖；成功研制张庄矿高压辊磨机对辊、型材700和900等系列矫直机。通过中型材、优棒项目，实现了型、棒轧机系列化开发和制造；5月，“马鞍山市重型冶金设备工程技术研究中心”获得马鞍山市认定；组织和申报的“大包回转台”“轧辊”等两项安徽省高新技术产品获批；在推进在线精度检测技术应用方面，与冷轧总厂达成设备精度年度检测协议，持续为冷轧总厂提供在线精度检测及精度恢复技术服务。

【党群工作】 全面加强基层党建工作，扎实贯彻落实党的十九大精神。按照党组织标准化建设要求扎实开展各项工作，并做好党支部日常工作汇报和考核工作。制定党的十九大精神集中轮训计划，组织开展了3次党的十九大精神集中学习专题党课、廉洁文化公开课、党员活动日学习、全体党员赴金寨红色教育基地参观学习、党支部书记讲党课竞赛等活动；扎实开展中央巡视整改“回头看”自查自纠工作，梳理问题25项，制定措施104条、完成整改25项；认真开展“讲忠诚、严纪律、立政德”专题警示教育；扎实开展党建工作调研；认真做好省国资委督查组、省审计厅、马钢党委第三巡察组的巡察和审计迎检工作，认真落实巡察和审计意见和建议的整改工作。

融入生产经营，创造性开展群团工作，推进企业文化建设。建成马钢重机工匠基地并顺利通过集团公司验收，为提升职工技能、发挥技术团队作用提供平台；举办了羽毛球和乒乓球比赛、系列征文、诵读会、职工书画摄影展等庆祝重机成立60周年系列活动；以中国工会十七大、省工会十四大精神为指导，全面落实民主管理和厂务公开，开展困难职工帮扶，为职工购买大病、意外互助保险，为职工排忧解难；贴近现场，开展劳动竞赛、技能竞赛以及合理化建议活动，促进职工岗位创新创效。针对重点和难点开展党员“安全两无”“安康杯”及团委“青安杯”竞赛活动，把各项竞赛活动落实在现场，查隐患、促整改、见实效。

（李升银）

设备检修公司

【主要经济指标】 2018年，实现收入82659万元（含电气修造公司），比上年增长14386万元；实现利润2335万元，比上年增加1130万元。

【资质认证】 公司（包括电气修造公司）顺利通过质量、环境、职业健康安全管理管理体系认证；检修公司技术中心获批2018年马鞍山市“第十一批市级企业技术中心”；电气修造公司获批“国家高新技术企业”。取得了电气修造公司输变电工程专业承包三级资质、电力工程施工总承包三级资质、冶金工程施工总承包三级资质，取得了检修公司起重机械特种设备安装（C类）、维修（A类）资质。

【企业管理】 1. 精益工厂全面实施。以提升精益管理水平为目标，以提升全员素质为基础，全面推动精益工厂管理。成立推进委员会与办公室，建立周例会与月度评价会机制，制定下发《精益现场管理实施方案》《精益“6S”推行手册》等指导性文件，构筑较为完善的推进体系。开展“最佳休息室、最佳更衣室、最佳库房、最佳检修现场”等专项评比活动,全面提升作业区与检修现场“6S”管理水平。

2. 协力管理规范运作。开发外来单位人员信息管理系统,全面锁定劳务人员信息,严把劳务人员入口关,保证协力队伍稳定;开展社会化招聘劳务派遣人员,充实维保检修力量;试行混岗劳务层级管理,推行协力劳务技能评定,激励劳务人员自我提升。劳务人员素质明显改善,维检质量和效率稳步提升。

3. 物资管理降本增效。优化岗位设置,规范物资采购流程;盘活存量资产,降低采购费用,实现零库存管理;加强工机具管理,确保各单位设备维检需要;发挥设备租赁站作用,提高关键工机具的使用效率。

4. 安全管理全面覆盖。健全安全生产责任体系,落实安全生产责任制。加强安全教育培训,强化危险源管控,完善应急救援体系,提高职工的应急救援能力;建立月度安全环保消防综合检查和安全员例会制度,着力做好安全隐患消缺;严格落实外来单位安全管理责任和安全保证金制度,加大现场违章违纪处罚力度。开展特种作业人员持证上岗专项整治工作,对到期未审和假冒证件的现象进行严肃处理。强化气瓶使用管理,发布公司《气瓶安全管理办法》,根据国家规范设计制作气瓶防倾倒装置并推广使用。

【技术创新】 搭建高层次技术创新平台,鼓励职工创新创造。自主研发高炉中套拉拔装置,提升高炉检修效率和安全性;设计制造全集成、全封闭、数字化液压管道在线酸冲洗装置,提高液压施工技术水平;鼓励创新成果转化,提升专业技术实力,获得马钢岗位创新创效成果二、三等奖各一项、马钢先进操作法两项;积极引导专利成果申报,公司现共拥有授权专利36件,其中发明专利5件,另外还有25件发明专利已受理或在实审阶段。

【维检服务】 1. 服务意识显著增强。全面开展“增强服务意识,提升服务质量”主题实践活动,引导全体员工认清形势、统一思想,进一步做优维保服务。

2. 维保资源优化整合。为适应股份公司快节奏生产需要,解决较为突出的难点和重点问题,针对各产线实施人力资源精准配置。结合马钢产能调整,重新进行人力资源调配,置换部分产线协力劳务,强化维保检修力量。做好新增产线(中型材、优棒线)维保资源安排,充分发掘内部潜力,与建设项目同步培训,与生产人员同步上岗。

3. 专业总包效果提升。TRT检修效率明显加快,安装精度明显提高,实现了TRT设备长周期稳定高效运行,高炉循环经济效能显著提升。2018年,二铁、三铁专业总包TRT共发电49799万度,较上年多发电6453万度,为业主多创经济效益3870万元。

4. 重点工程高效完成。着力协调公司内外部专业资源,在保证各产线稳定顺行的前提下,积极投身马钢基建技改工程和大修项目施工,较好完成了长材事业部中型材升级改造、一钢轧总厂2号转炉大修和新建六机六流等工程项目。

【市场开拓】 2018年,内部市场共签订合同487份,合同金额69333万元,其中承揽马钢股份公司设备大中修项目371项,合同额13027万元;外部市场共签订马钢外部项目合同29项,合同金额8176万元,比上年增收3367万元。与南京钢铁公司项目合同额从2017年的45万元增加到今年的3695万元;山西安泰钢铁公司大修工程合同额也从2017年700万元增加到今年的1400万元;成功开拓铜陵旋力特钢市场,签订了790万元的检修合同;与普莱克斯公司签订了为期两年的风机维修服务协议。加强项目合作。与上海博比公司多次进行项目合作,形成战略合作关系;与中钢国际就玻利维亚、莫桑比克等国际项目多次展开交流洽谈。通过加强项目合作,市场渠道进一步拓宽,检修公司的知名度进一步凸显。

【改革改制】 1. 机构调整稳步实施。设立市场开发部,着力拓展马钢外部市场,承担外部工程项目管理。以二铁总厂北区和长材事业部去产能为契机,按照维检产线和专业划分,推进基层组织机构调整,将铁前维检部、原钢轧维检北部、轧钢维检南部、能源维检部部分作业区,根据专业性质进行重新调整划分。12月,结合股份公司相关要求,再次进行机构调整,撤销钢轧维检北部,成立轧钢维检北部和炼钢维检北部,优化管理幅度,强化维保效果。

2. 协同发展取得实效。加强“一体化”管理模式下检修公司和电气修造公司的协同发展,拓展电气修造公司业务范围,将检修公司原有的水泵修复业务划入电气修造公司,厘清板块业务划分,促进专业化发展。2018年,电气修造公司经营面貌发生根本性改变,实现收入4943万元,利润335万元。

【党群工作】 1. 突出政治学习。深入学习宣传贯彻习近平新时代中国特色社会主义思想和党的十九大精神,认真开展“讲忠诚、严纪律、立政德”专题警示教育活动,广泛开展学习《年轻》《差不多先生传》心得体会文章征集活动,引导广大干部职工树立精益思想和奋斗精神。

2. 突出党建支撑。深化矩阵式党建工作，确定活动课题，丰富活动形式和内容，进一步固化工作成效。深化干部队伍管理，进一步完善科级管理人员选拔任用和绩效考核管理。加强基层党组织建设，深入推进党组织建设标准化工作，认真落实"三会一课"等制度，进一步夯实党建基础工作。全面开展党员民主评议工作，深入推动党内民主。

3. 严肃作风纪律。配合马钢党委巡察，建立整改长效机制。在马钢党委开展巡察期间，积极做好相关配合工作，确保了巡察工作顺利推进，并在其后认真落实反馈整改意见。严格执行《马钢集团公司党委贯彻〈中国共产党问责条例〉实施办法》和"一岗双责"制度，推进"两个责任"落实。组织签订廉洁从业承诺书，全面开展党员酒驾醉驾问题整治工作。

4. 加强企业文化建设。丰富完善检修特色文化内涵，着力发挥文化引领作用，加强文化软实力建设，支撑企业改革发展与和谐建设。加强品牌传播，设计制作公司专题宣传片和宣传画册，策划启动微信公众号升级设计工作，展示推介公司对外形象宣传，为企业市场化发展提供企业文化支撑。总结提炼检修公司文化理念识别体系，确立经营理念、价值理念等系列检修文化理念用语。

5. 突出群团作用发挥。创新工作室活动取得新进展，新命名两个创新工作室，范兴海创新工作室晋升为马钢级，并跻身全国冶金行业"优秀职工创新工作室"。合理化建议活动再创新高，征集1009条合理化建议，其中等级建议370项。积极组织职工参加"品牌知识网上竞赛"、十大工种"职工网上练兵"等活动，荣获优秀组织奖。切实关心职工的生活冷暖，常态化开展好生日送祝福、困难帮扶慰问及互助帮困活动。丰富群众性文体活动，积极组织羽毛球赛、环湖健步走等活动。制定实施《关于助推青年人才职业成长的指导意见》，帮助青年职工快速成长。

（张 峰）

表面技术公司

【主要经济技术指标】 2018年，表面技术公司作为钢铁行业装备制造服务供应商，在马钢集团、工程技术集团的坚强领导下，围绕"加快改革创新，实现精益运营"的工作主题，着力主线服务需求，深耕马钢内部市场，抢抓基建技改项目，积极拓展外部市场，推动产品与技术升级，品牌与美誉度齐头并进，效率与效益同步提升。全年实现销售总额25000万元，其中马钢外部市场实现销售总额4500万元，实现利润总额2000万元。

【生产经营】 2018年，表面公司应对同质化竞争和人力资源短缺的压力，摒弃杂而广的传统经营思维，树立开发高端产品、服务高端客户的理念，围绕钢铁产业链，着力培育壮大核心技术，打响产品、服务品牌，促进企业高质量发展。自主设计制造的8台套车轮检测线机械手已在两条生产线投入运行，性能获得用户认可，为公司带来良好的声誉和效益，并赢得了3台重型全液压智能机械手的业务。随着股份公司车轮产业的发展与提升，研发出新一代车轮自动淬火台样机通过验收，转为批量制造。冷轧工艺辊工艺的优化、成本的降低、产出效率的提升，为公司在内外部市场争取到大量订单，业务总量实现翻番。持续优化的锌渣泵获得用户赞许，不断有国内外客户表达合作意愿。外部喷焊辊业务总量大幅提升，首次超过内部业务总量。沉没辊业务实现了为普瑞特公司配套。异型坯铜板挤进了莱芜钢铁。炉辊业务也有一定增长，首支高温炉辊上机试用。电镀轧辊在多轮汽车面板轧制使用过程中质量保持稳定，2018年电镀轧辊总量达到5300多支。继F型泥炮研发试用成功后，新研发的E型泥炮也上机使用，为今后总包马钢所有高炉泥炮奠定基础。完成7套转底炉换热器的制作，创历史纪录。在长材事业部H型钢轧机修复中，利用新添置专用机具首次尝试孔类修复并获得成功，首次完成的2250轧机牌坊在线修复项目的质量和工期得到用户高度认可。激光熔覆技术的应用和硬面辊的推广也在陆续开展。

在继续保持原有客户的基础上，新开辟一批外部终端和渠道客户。日照钢铁已成为业务总量近千万元的外部根据地式客户，二重和西重所业务总量分别超过500万元，此外，邯钢、普瑞特、包钢、中冶南方、莱芜钢铁、柳钢等客户的业务量也实现突破和攀升。

2018年，完成中型材、特钢优棒、硅钢改造、新六机六流专项工程等158项，近3900吨。完成二铁1号机、2号机、3号机，一、四钢轧总厂的CSP产线、1580产线、2250产线等检修备件155项，2100吨。完成铜板修旧58套，新制6套，沉没辊稳定辊137套，喷焊辊843根。全年完成产品实物总量15000吨，内销收入18457万。

【技术创新】 2018年，表面技术公司通过加强与高校、科研院所合作，技术创新平台有效建立，跟踪并研发冶金装备再制造前沿技术，积累和扩展专业产品制造能力。市第一批A类小巨人项目通过验收，项目400万贷款转为无偿补助，60万利息返还。省级博士后工作站获批筹建。与安工大、市质监局启动“政校企国际标准共建项目”。通过积极争取，获得参加一项行业标准编制资格。与宝钢工业技术服务公司签署战略框架协议，落实了合作项目。与中冶赛迪就纳米电镀开展多轮交流，双方拟定共建研究中心。公司被认定为2018年度安徽省“专、精、特、新”企业，并获得“国家知识产权优势企业”。全年完成专利申报10件，其中发明专利5件，实用新型专利5件；获得专利授权10件，其中发明专利2件，实用新型专利8件；获安徽省高新技术产品认定1项；马钢APQP项目立项1项。

积极导入卓越绩效管理体系，一批年轻技术骨干通过培训作为公司自评师参加市长质量奖申报工作，编制发布了公司“十三五战略规划”、《品牌培育管理手册》和《年度战略行动计划》，顺利通过三标体系认证，加入安徽省金属学会和安徽省质量协会。“马钢表面”商标获得注册批准。继续与中央媒体合作推荐马钢表面。公司荣获“2018年度钢铁装备技术品牌供应商”荣誉称号。

【企业管理】 精益采购强力保供，持续打造稳定、高效、合规的外委采购供应链。对采购项目在招标采购前进行价格评审，每周两次集中审批采购合同，对招标、比价、独家采购方式进行审定，控制最终采购价，降低采购费用，2018年招标采购比例为40.69%。

成立质量检测中心，强化质量管控，加大考核力度，产品实物质量显著提升。强化外委件质量把关，落实责任追究和质量索赔。2018年质量异议比上年下降20%，未发生重大质量事故。

修订完善设备专项管理和考核制度。坚持设备每周例行检查，曝光存在问题。落实设备点检职责，实现设备巡检点检全覆盖。遏制设备劣化，设备大中修总投入310万余元，先后完成超音速退锌槽、电镀二期镀槽及清洗槽改造、X2012A龙门铣、TPX6113镗床等产线设备大修工作，老设备焕发新活力。加大固定资产投入，不断提升装备能力，新增固定资产投入900余万元，订购了数控龙门铣、数控立式铣床、数控卧式车床、自动焊接工作站、20立方米空压机、等离子喷涂等设备，提升了设备及公辅设施配套能力。积极构建设备管理信息化系统，完成系统架构设计和主要数据维护，整个系统设计紧密贴近工作流程。

以“生命至上，安全发展”为主题，深入开展“安全生产月”活动。针对性加强特种设备的安全管理，保障特种设备的安全运行。落实属地管理，加强外来单位的安全监管，提高外来单位安全管理水平。严格推行安全禁令，杜绝违章作业，公司安全形势持续保持平稳，2018年度荣获集团公司安全生产金牌单位，取得安全生产金牌三连冠。

长效组织开展精益现场管理专项整治活动，联系实际制定“精益工厂”综合治理方案，按照网格化责任到人的管理机制，建立常态化、制度化管理方式，保持现场管理常抓不懈。结合精益现场管理要求，加大对废旧物资、废钢回收，2018年通过招标中心集中处理，回收资金180万元。积极开展法律诉讼，2018年回笼长期欠款321万元。

【改革改制】 2018年，全面启动申报“新三板”挂牌上市工作，围绕企业股份制改制要求，对内部管理和原有运营模式进行股份制规范改造。按照上市公司要求，梳理生产、采购、入库、销售各环节，完成四次审计评估。重新界定会计核算方式，启动规范化的产品月结模式。继续推进人力资源优化。2018年政策性离岗安置28人，在岗人数由250人下降到203人，人均劳动生产率突破120万元。人才队伍建设取得实效。增补马钢集团高级技术主管1名，申报获批省属企业“538英才工程”高端人才1名，申报市“骏马工程”人才5名，申报马钢集团后备人才8名，申报获评“高级技师”2名，提拔年轻干部3名，评选马钢及表面公司优秀科技人员、技术能手48名。

根据“新三板”独立法人企业规范劳动用工关系要求，通过政策宣传、方案制定、职代会表决、分层换签、社保转缴等步骤，203名员工完成合同换签工作，少数未换签人员正在进行妥善安置。在集团有关部门的大力协助下，解决了无证房产办证的历史难题。调整营业范围和董事会成员。在集团领导、部门、咨询机构以及公司相关人员长期努力下，完成了大量繁杂工作，于12月27日向股转系统提交了挂牌申请。

（车小求）

钢结构工程分公司

【主要经济指标】 2018年，完成经营收入7.39

亿元，超预算1.21亿元，同比增长8248万元；实现利润466万元，超预算457万元，同比增长1041万元，主要财务指标超计划完成年度预算。

【市场开拓】 参与建设的型材升级改造、特钢优棒、六机六流、冷轧硅钢等马钢重点工程建成投产，高质量完成混铁车维保服务，顺利完成马钢、长钢、山西安泰等内外部检修改造项目，成功签订广州富士康、昆山体育公园、大连石化、宁波镇海、龙腾特钢、日本UACJ等国内外钢结构订单；优化营销体系，引入电商销售，拓展H型钢销售，实现销售模式创新；完善客户评价体系，重点客户试行项目经理制，强化客户沟通，客户满意度得到提升。2018年新签合同7.5亿元，其中外部合同3.13亿元。

【精益运营】 以精益工厂创建为契机，立足盘活存量设备资源，适量增加关键设备，持续开展装备升级和产线再造，按工序流程整合制作生产线，提高生产效率。推行集中下料，提高主材利用率。引进焊接机器人，首台焊接机器人上线试用，智能制造向前迈出坚实一步；按照“同业归并”的原则，对公司本部制造单元实施整合，炉窑与混铁车维保合并；明晰职责，强化职能管理，成立工程技术部和安全环保部；梳理和界定机关岗位职责和标准，理顺业务流程；在原有基础上，修订、发布管理体系文件213项，管理有章可循；按照“样板先行，以点带面”的原则，以制作分厂、H型钢加工中心和炉窑(混铁)工程部为试点，以精益工厂建设为突破，建立常态化监督检查机制，推动精益工厂建设落地见效，并逐步扩展、完善；结合产线整合、装备升级、“四室”整治，落实“两级检查”制度，完善自查自纠管理体系，不断提高基层自主管理能力，促进由“被动检查”向“自我完善”转变；围绕资金和成本管理，推进全面预算管理，持续跟踪年度预算执行，坚持以收定支平衡资金，主要财务指标超年度预算计划；严格项目决算和分包结算审批管理，在项目管理单位审减3600万元的基础上，通过过程数据管控，二审又审减750万元，分包结算审减率为4.2%；动态监控应收账款，持续清欠，采取激励约束措施，落实月度清欠计划，资金回笼加快，资金回笼率达到102.71%。

【内部管理】 严格落实安全生产责任制，推行“班前6分钟”“点到制”，开展“隐患随手拍”和“季度金银牌”评比活动，持续推进“安全标准化”，加强相关方准入和过程管理；严格执行《安全生产禁令》，加强重点领域专项整治和安全隐患排查治理，严肃安全事故问责。安全管理总体平稳，逐步健全和完善环保管理体系，加强环保知识和政策法规的培训、宣传，提高全员环保意识，邀请集团公司环保专家对中层以上管理人员开展环保法律法规专业知识培训；严格过程管理、巡查和考核，加大环保设备设施投入，获开发区环保专项补助20万元；推广水性漆应用，从涂装源头降低VOC排放，制定《废旧物资管理办法》，规范废旧物资储存、回收、处置，同时实现部分固废有效增值，年增效10万元；持续推进集中采购，主材直采比例不断扩大，高强螺栓、油漆等辅材实行年度采购，2018年降低采购成本170余万元；盘点库存材料，多渠道利用，年度降低库存4593吨，盘活资金1600多万元；逐步移交闲置土地，年初移交宁芜路办公基地土地，西村基地在清理过程中，2019年将逐步移交；推行设备维修集中管理，新增设备、设施开展可行性调研，并建立后评价机制；通过A2级压力容器制造许可资格证复审，完成余热锅炉取证审核和三标体系内审，日标H等级认证按计划有序推进，发布美标认证《质量手册》及相关标准，通过加拿大资质认证年度审核，完成欧盟资质鉴证审核。

【技术创新】 大力开展技术创新，共申报APQP项目7项、EVI项目3项，3项列为马钢集团2018年APQP及EVI项目计划，并组织实施，其中“优化混铁车内衬结构，减少混铁车铁水温降”EVI项目完成结题，可为股份公司降本6000万元/年。申报市级质量改进案例1项，获得市三等奖；焊接工程QC小组获省质量管理成果二等奖和“冶金行业优秀质量管理小组”称号；1项成果获得工程技术集团技术创新成果三等奖；2018年申报专利17项，其中发明专利4项；国家授权专利6项，其中发明专利2项；参与制定《焊接H型钢》国家标准，获政府专项补助15万元。

【队伍建设】 举办“基于绩效提升的领导力发展”培训班，开展环保法规、预决算、信息化等专业技能培训，召开青年员工座谈会；组织焊工外方取证(日本、加拿大、美标、欧标)理论及实操培训；张烨被授予马鞍山市“五一劳动奖章”，被评为第二届“诗城杰出工匠”，刘军被评为“诗城优秀工匠”；积极参加全国钢铁行业职业技能竞赛，戴飞取得第五名，并荣获“全国钢铁行业技术能手”称号；5名焊工代表马钢参加全市“焊接与热切割”技能比赛，肖翠林、戴飞分获一、二等奖，张笑发、尹翔分获三等奖；在第二届全国焊接机器人操作竞赛中，公司获得“优秀组织奖”，张宁、朱磊磊两人被授予“全国焊接机器人操作优秀选手”称号。

【党群工作】 以“讲、严、立”专题警示教育活动和“三查三问”工作为抓手,扎实开展巡视整改工作。对中央巡视“回头看”、省委专项巡视巡查、“八个专项整治”和监事会监督检查查找出的问题,制定整改措施,已完成整改,并持续巩固。党委开展以分包合同管理、内控管理、劳务管理和精益现场“四室”建设为主要内容的专项巡查,对存在整改项的基层单位领导班子进行约谈,实现“查漏洞、促整改、重实效”的目标。认真部署《中国共产党纪律处分条例》宣贯工作,开展党风廉政警示教育及十九大知识竞赛,举办“廉政书画、摄影作品展”,共征集作品106件。积极开展“不忘初心牢记使命”主题教育,开展“最佳党员活动日”方案征集、评选。成功召开第一次工会会员代表大会,选举产生新一届工会委员会和经费审查委员会;2018年共征集合理化建议146条,其中等级建议64条;彭清兵1项先进操作法被评为马钢集团先进操作法;设备制造厂制造二组荣获马钢标杆班组,叶晓理荣获马钢优秀班组长。深入开展“送温暖”活动,慰问职工130人,发放慰问金12万元,为41名患大病重症的职工家庭发放互助帮困金21万元。组织无偿献血,共献血20400毫升;开展扶贫捐款,筹集善款24310元。

(徐峻峰)

输送设备公司

【主要经济指标】　2018年,任务承接总量15016.71吨,总价18947.96万元(其中备件项12040.73吨、15571.79万元),总价是计划的111.46%,是上年的107.26%;分厂入库产量7871.42吨,分厂入库产值9543.78万元,分别是上年的118.61%和122.66%;销售收入18678.37万元,是计划的116.74%,是上年的123.60%(其中马钢公司外部销售2724万元,是上年的139.53%);利润总额141万元,超预算计划260.23%,较上年增加439.95万元。

【生产经营】　市场开拓成效显著,生产经营绩效再创新高。以生产经营大纲为指导,以技术开发为支撑,以营销业绩考核为推动,依托马钢及工程技术集团,立足内外市场开拓,强化销售和资金回笼考核。马钢集团内部,以输送类等特色产品为主导,稳定托辊、滚筒、炉箅条、输送辊等备件,备件总收入突破10000万元;做好内部输送设备等工程项目技术服务,成功收获南山矿头顶库治理新型静音托辊开发项目、股份公司型材升级与料场改造、特钢优棒工程等订单;获取工程集团六安大昌料场管状皮带机,基本锁定长材重型H型钢收集装置,与目标市场—桃冲矿初步达成“智能皮带桥”开发项目落户意向。外部市场,保持与广州特瑞特克、苏州东亦石、南方路机等老客户关系,业务量基本稳定;与中煤科工上海公司开展多方位合作,签订年度供货协议;获取上海铁睿等多份澳矿滚筒订单,总金额超400万元,被评为澳矿优质供应商;成为柳州钢铁炉篦条合格供方并首次签约供货合同,与日照钢铁签订600平方米烧结台车篦条等三年总包合同;获取浙江巨化管机项目,并完成设计、制作、安装与调试;与无锡华九、铜陵蓝天等首次开展业务合作。内部生产组织以南山矿头顶库治理改造、型材升级改造、特钢优棒工程、二铁1号高炉大修项目等为抓手,加大内部消化力度,工程项与备件兼顾,强化工期、质量、成本控制,整体实现安全稳定运行。

【技术研发与产品结构调整】　科技创新成果丰硕,企业竞争力有效支撑。自主研发制造的“露天矿用多自由度多功能带式输送机”荣获马钢集团公司科技创新成果奖二等奖、工程技术集团科技创新成果一等奖;开展新型履带式移动输送机新产品标准策划、国内第三方鉴定,并通过中国重型机械工业协会国内首台(套)科学技术成果鉴定,完成省级高新技术产品申报并在安徽省科技成果网进行科技成果登记;开展“移动破碎后连续智能皮带桥设计与开发”安徽省科技重大专项申报,积累了经验;成功开发APQP项目——“环保静音托辊”;开发生产履带式储带移置输送机、低阻尼滚筒、耐热抗粘篦条、新规格圆盘给料机等新产品。浙江巨化硫酸厂DG200圆管输送机整机设计工艺时首次在硫酸厂环境下采用304不锈钢材料,实现管机桁架水平和垂直方向同时转弯的三维空间设计;申报1项发明专利、5项实用新型专利,获2项发明、2项实用新型专利授权,并获得1项控制系统软件著作权。高端输送设备工程技术研究中心已完成市级申报,公司通过国家级高新技术企业认定。

【综合管理】　基础管理持续改进,精益运营理念初步构建。完成中频炉改造、架体分厂喷漆漆雾净化处理一期项目,规范危、固废处置,废气达标排放。定期进行重点设备点检保养,及时更新、规范处置淘汰设备。通过国金衡信QEO三标体系认证,马钢输送设备品牌MGSS通过国家商标审核,现处于公示阶段。完成征信体系建设,信用等级达标AA+。制定年度成本费用计划,盘活库存,超信用期项目款清收效果明显,积极参与财务共享中心建设。按照内控要求,完善内控流程并及时进行风险识别、评估与控制。持续推进人力资源优化配置,继续全员岗位绩效年度评价。成功申报并获批一名技术高管,完成技术(业务)主管选聘,组织后备人才推荐,完成人力资源主数据采集,新系统按时上线使用。公司 ERP 管理系统—制造智慧生产链建设荣获马钢管理创新成果三等奖。精益现场管理持续推进,整体环境明显改善;强化合同等专项管理,继续完善物资采购、外委外协等管理制度,建立安全、高效、可持续供应链,物资采购招标占总金额 93%(包括应招拟不招、非招标目录),外委产品一次交验合格率大于 99%。安全生产“七为零”目标基本实现,通过安全生产标准化二级验收。

【党群工作】 党建工作全面加强,特色文化体系形成。贯彻新时代党的建设总要求,深入学习贯彻习近平新时代中国特色社会主义思想,充分发挥党总支的领导作用,把方向、管大局、保落实,依照规定讨论和决定企业重大事项。严守党的政治纪律和政治规矩,严肃党内生活,扎实开展“讲严立”专题警示教育和“三查三问”工作,党员干部“四个意识”进一步树牢,“两个坚决维护”进一步落实。宣传践行社会主义核心价值观,荣获马钢集团第 28 届文明单位称号。丰富企业文化内涵,加大输送设备公司企业文化宣传力度,着力打造输送设备公司特色文化体系。综治、档案、计生及其他各项工作都取得了新成绩。

深入落实企业民主管理,健全以职工代表大会为基本形式的民主管理制度,推进厂务公开,围绕企业生产经营和发展目标,认真做好职代会提案征集及合理化建议征集、评审活动。积极开展班组升级达标竞赛活动,1 个班组获得马钢集团公司工人先锋号、1 个班组获得马钢集团公司标杆班组称号。关爱职工身心健康,邀请马钢中心医院专家来公司进行健康知识讲座,在春节、元宵、中秋等重大节假日,开展丰富多彩的文化娱乐活动。坚持开展互助帮困、慰问走访、金秋助学等活动,切实履行社会责任,组织开展扶贫募捐活动。

(胡文婷)

博力建设监理有限责任公司

【主要指标】 2018 年,完成(上报)监理产值 1716 万元,其中,外部产值 267 万元,外部市场占 15.56%。上缴利润 190.6 万元,完成了考核指标的 106%,再创历史最好记录。全年监理工程项目 122 项,未发生监理责任的质量安全事故,工程监理质量合格率 100%,监理合同履约率 100%,工程监理顾客满意度达 95 分以上。财务预算执行情况良好,公司无不良资产和不良债务,资金状况良好。

【企业管理】 1. 经营业绩硕果累累。(1)市场开拓工作成效显著。全面承接马钢监理工程任务,同时,积极寻求与十七冶、中钢矿院和工程技术集团等有实力的设计、施工总承包单位及项目管理公司建立战略合作,积极开拓外部市场。2018 年承揽监理项目 89 项,合同金额 1397 万元,其中,外部工程 14 项,合同金额 247 万元,占合同总额的 13.02%。(2)项目结算和索赔结算及时跟进。经营部按月列出项目结算计划,落实到部门和责任人,做到责任明确,分工具体,推进有力。2018 年结算项目 61 项,结算金额 887 万元。索赔项目 5 项,对应建安量 8509 万元,相应增加监理费 138.5 万元。(3)合同管理更加规范。严格遵循《合同法》及上级主管部门有关合同管理规定,合同签订严格按照合同预审、洽谈、草签、报审、签订等程序进行。同时,合同登记造册及时,档案齐全,管理规范。未发现违法、违规合同,未发生合同纠纷案件,合同履约率 100%。公司继续保持了安徽省和马鞍山市“守合同重信用”单位称号。

2. 工程监理管控有力。(1)继续实行总监负责制。根据项目特点和实际需要,按照监理规范要求,认真谋划监理部组织机构、人员安排和资源配置。项目实行总监负责制,通过总监,使得公司各项管理制度得以贯彻执行,确保监理合同全面履行。(2)严格审批监理作业文件。为确保工程监理工作质量受控,项目管理部对在建全部监理工程的监理规划、监理评估报告、监理工作总结等实行严格的审批制。在审批监理作业文件过程中,认真审核,严格把关,做到了全面履职,确保工程监理质量受控。(3)全面推行定置化管理。监理内业资料定置化管理工作开展以来,项目管理的规范性、有效性和标准工作得到了有效贯彻和执行,形成了独具特色的企业做法,展现了企业外部形象,赢得了业主好评。全年完成科技归档资料 66 卷,荣誉奖牌 2 件,获奖证书 3 件,各类声像档案 48 张。(4)坚持开展项目检查和考核。公司常态化开展了监理事业部项目巡查和公司定期检查,同时,认真落实上级主管部门的各项检查和考核工作。在落实内部检查方面,通过公司季度检查和监理事业部巡查,认真查找项目监理部在工程质量、安全监理过程中存在的问题和不足,检查结果及时通报并评价反馈,对要求整改的问题,跟踪落实,及时整改。在检查过程中还积极与监理事业部、项目总监及监理工程师进行沟通交流,全面落实公司相关管理制度及工程监理工作要求,持续改进公司内业管理。(5)技术质量工作措施有力。一是组织开展ISO 9001:2015版文件的换版工作,顺利通过质量管理体系外部审核。二是常态化修订公司BL—GFBZH《相关法律法规标准规范目录汇编》并购置相关常用新版规范,全面落实最新相关规范标准以及上级主管部门文件要求。三是起草并完成公司资质范围内涉及脚手架、深基坑、模板、砌筑、吊装、拆除工程实施细则等内控策划文件电子版模块,不断完善和推进技术基础工作。

3. 基础管理不断加强。(1)全面落实内部巡察整改。2018年接受马钢专项巡察,共收到5类16项问题整改任务。已立行立改、长期坚持的2项,已完成整改并长期坚持的11项,继续完善整改2项,整改过程中1项。(2)持续开展机关机构改革和人力资源优化。按照批准后的机构改革方案,开展机关人员定编定岗工作,优化管理流程再造。同时,进一步加强机关作风建设,强化为基层做好服务。2018年办理退休手续2人,居家休养1人,新入职大学生2人,全年人力资源优化目标全面实现,人事效率逐渐提高。(3)加强风险识别与控制,提升资金和成本管控能力。根据集团公司统一安排,每季度开展风险识别与控制,有效遏制了生产经营和管理工作中的风险。资金管理方面,坚持"以收定支、量入为出"原则,加大资金回笼和清欠力度,加快应收账款周转。同时,制定了《资金风险应急预案》,积极应对资金风险。在成本控制上,坚持以《财务管理预算办法》为纲领,加强财务预算执行考核,压缩非生产性开支。按照《成本费用核算办法》,做好成本的归集与应用。(4)坚持开展对标管理。公司选取了产值、利润两项指标与自身历史最好水平对标,选取劳动生产率一项指标与马鞍山市同行业对标。经努力工作,产值、利润分别高出历史最好水平的13.18%和20.25%。通过人力资源优化,全员劳动生产率高出马鞍山市同行业的5%。(5)重视职工教育培训工作。2018年安排56人次参加了监理规范、继续教育、管理能力提升等培训。组织开展了6场约180人次参加安装工程监理等专项培训,取得省级监理师证书2人,取得市级监理员证书17人。(6)信息化建设工作全面推进。公司业财一体化系统正式上线运行,协同办公体系全面推进和应用,人力资源管理系统即将正式上线。信息化建设工作的全面实施,优化了管理流程,提升了人事效率,提高了资源利用率。

【党群工作】 1. 党的思想建设和宣传工作不断加强。深入学习习近平新时代中国特色社会主义思想和党的十九大精神,扎实开展"讲严立"专题警示教育,深入开展"三查三问"集中整治形式主义、官僚主义专项行动。通过舆论宣传为公司生产经营、改革发展、和谐企业建设营造良好氛围。

2. 党的组织建设不断加强。贯彻新时代党的建设总要求,落实党支部决策前置程序、民主集中制及"三会一课"为制度。按照党建标准化建设要求,以《党支部工作手册》为实施载体,规范党支部建设制度化、规范化、科学化水平。

3. 党风廉政建设不断加强。支部领导班子认真落实"一岗双责",坚持开展正反典型案例警示教育,在科级管理人员和重点岗位人员中开展签订廉洁从业承诺书活动。同时,将党风廉政建设向基层延伸,在重点项目监理部开展廉洁从业教育。在公司范围内,全面开展清理"小金库"和严肃整治"酒桌办公"活动。在全体党员中,开展拒绝"酒驾"承诺。

4. 工会工作充分发挥。工会组织围绕企业发展目标,不断加强自身建设。充分利用职工大会制度形式实施民主管理,坚持厂务公开。坚持把维护的中心放在职工关心的热点和难点上,关注职工的工作、学习和生活,切实维护好女职工合法权益,扎实开展夏季送清凉、节日慰问、大病住院探望等活动。

【主要成果】 宿马现代产业园区二期公租房3号楼工程获2017年度宿州市优质工程"金鸡奖"、马钢煤焦化公司煤气净化合并项目被评为2017年度市监理示范工程,同时,获工程技术集团项目成果评选二等奖,节能环保型高温材料智能化制造基地钢铁高温材料创新中心——不定型耐火材料主厂房获2018年度市监理示范工程。7名同志获市2017年度"优秀总监"称号,4名同志获"优秀监理工程师"称号。

(檀言来)

比亚西钢筋焊网有限公司

【主要经营指标】 2018年,实现销售收入3.98亿元,较2017年收入增加0.41亿元,增幅11.62%;销量合计9.6万吨,较2017年增加0.1万吨;在2017年基本盈亏持平的基础上,经营绩效大幅好转,全年利润总额647万元。

【文化建设】 1. 建设家园文化、凝聚人心。公司经营团队深刻认识重塑比亚西企业文化的重要性,围绕“以共同信仰凝聚人,以合理制度规范人,以高尚人格感化人,以共同利益激励人,以宽广胸怀容纳人”的管理思想,践行“始立于心,得于人和,顺于天道,成于勤恳”的做事理念建设企业文化,从而改变员工的精神面貌。管理模式从“防控型”向“激励型”转变,针对不同岗位,不同年龄层次的员工采取不同的激励政策,化解情绪矛盾,解除后顾之忧,提高员工满意度,逐步打造具有比亚西特色的“家园文化”。企业文化建设助力2018年喜人的经营业绩,更为今后的长期、健康、快速发展奠定了坚实的基础。

2. 分享企业发展成果,激发工作热情。企业发展首要因素是人,公平、公正的分配机制关乎企业的凝聚力、员工的工作热情。2018年随着公司效益提升,职工收入进一步提高,在员工收入普遍增长的前提下分配机制公平、公正,员工看到了企业发展的实绩,对公司未来的信心不断增强,工作热情高涨。

【供应链建设】 1. 调整生产模式,激发员工活力、充分释放产能。钢筋焊网行业明显的淡季、旺季特征是生产管理的难题。公司本部月生产量历年峰值瓶颈6000吨,难以满足旺季的供货需求,严重制约公司经营业绩的提升。为此,3月,对生产系统模式进行调整,首先调整了不合理的作业时间,将之前白班8:30—18:00、夜班22:00—8:30改为白班8:00—16:00、夜班16:00—24:00,不为节省峰值用电而影响员工身体,增强了员工的认同感。管理人员率先垂范,生产任务重时上机作业,加强和员工的沟通交流,认真听取意见,增强了员工的归属感。同时注重科学管理,按“人、机、料、法、环”五个方面进行梳理分析,合理配置资源,优化生产流程管理。对人力资源进行补充,避免因人员不足被动停机。生产管理一系列新举措,极大焕发了员工的工作热情,生产效率较去年有大幅提高。4—12月,效率指数较上年同期均提高25%以上,旺季产能的极大释放,为2018年的经营业绩提供了有效保障。

2. 注重技术创新、夯实产品质量。比亚西公司是中国钢筋焊网行业7项行业标准、国家标准的主要参编单位,产能居行业前列,完全有条件生产优质焊网产品。但长期以来,受制于诸多主客观因素,比亚西公司产品质量不够稳定,严重制约了企业健康、快速发展。3月,公司发明了焊网专用原料及轧制工艺(该项发明专利已获申请权)。自4月起,比亚西公司使用焊网专用牌号原料生产的冷轧带肋钢筋及焊网等产品,性能的优质、稳定。比亚西公司也在2018年被中国质量协会授予“中国金属制品行业质量领军企业”,过硬的产品质量,为市场营销取得重大突破提供了强有力支撑。

3. 重塑销售模式,破解资金困局。囿于长期以来劣币驱逐良币的市场环境,4月,与安徽水利集团签订了标的额较大预付款焊网合同,极大增强了销售人员工作信心。之后销售团队不辱使命,现款甚至预付款接踵而至。这在一直处于赊销模式的钢筋焊网行业创造了一项奇迹,缓解了公司极度紧张的资金链,为后续快速、健康发展创造了条件。

4. 培育战略客户,筹划长期发展。2018年公司顺势而为,凭借公司质量优势,借助马钢的销售平台,联合营销,充分发挥马钢品牌对比亚西公司的品牌支撑,开发战略市场、培育优质稳定的长期客户。主要有中国铁路物资、中国物贸集团、安徽水利物资公司、安徽高路建设公司、上海龙平公司、南宁骏前公司及中铁各局物资公司(中铁七局、中铁上海局、中铁十五局、中铁二十局等物资公司)、中铁物华东集团、中铁物贸上海公司、武汉公司、西安公司、中铁物资河南公司、上海公司等。

【基础管理】 进一步完善管理制度,堵塞管理漏洞,提升企业管理水平。建立了质量、环境、职业健康安全管理体系并有效运行,也通过了马钢公司、第三方和新加坡比亚西公司的审计。在公司内部对销售员开展法务知识、生产知识培训;利用社会培训机构对相关人员进行采购、生产管理、设备维护等方面的培训,提高了员工的业务水平。结合马钢现场整治的成功经验,对公司现场进行整改,大幅改善现场环境状况,提高了现场竞争力,获得客户和职工的好评。在内部管理上,坚持“三重一大”集体决策制度,有效防范廉洁风险。同时,加强党建工作,充分发挥党支部的战斗堡垒和党员的先锋模范作用,通过矩阵化工作的开展,为生产经营保驾护航。

(徐　敏)

集团公司其他分子公司

国际经济贸易有限公司

【主要经济指标】 2018年,实现贸易收入51.5亿元,利润总额6404万元(已审计);全年无重大经营风险事件发生。

【风险管理】 借力上级部门的巡察和审计督察力度落实风险防控管理各相关环节。结合业务流程重新梳理风险点,规范业务审批权限,已完成修订授信管理制度,建立了授信审批流程和授信备案登记、核销登记。通过登记管理手段建立授信动态管理体系,及时催办和预警,达到控制风险目的。对发生的典型贸易案例开展讲座,共同学习、讨论,举一反三,避免发生类似风险。通过日常和年度评价,进一步优化供方、客户队伍。利用“企查查”软件,编制监控周报,及时跟踪、反馈供方、客户变化情况。开展合同季度检查,落实整改,加强奖罚考核。强化对库存的管理,实行月度、年度的实地盘存工作。通过努力提升客观和规则在管理中的比重、减少主观比重,较好的规避了经营风险。

【市场经营】 依托现有贸易平台,以“合作、共赢”加强与贸易商的诚信交往。在风险可控前提下,继续巩固矿石贸易,大力推动钢坯加工和贴牌业务的开展,整体局面有了明显改观。矿石业务在克服商业环境劣化和竞争力弱化等因素后,2018年矿石贸易量达到600万吨,稳定了矿石贸易量。以股份公司富裕轧钢产能为依托,积极拓展钢坯采购、钢材销售上下游渠道,实现了长材和板材多品种委托加工业务流程的开通。进一步扩大贴牌业务,做好与相关单位的沟通与协调工作,贴牌业务单月完成量过两万吨的成绩。铁合金贸易通过增加新的品种,继续扩大原有品种,2018年完成量突破2万吨。焦煤品种积极把握市场的波动机会,进行了库存销售,获利颇丰。合金贸易业务通过与较有实力的生产厂建立贸易业务往来,取得了较好的业绩;燃料油通过小批量多频次锁油扩大赢利;酒水通过提升服务水平扩大业务量,2018年实现销售净利润比上年增长40%。在价格波动加剧、经营难度加大的情况下,利用期货金融工具来服务实体贸易,提高了业务部门开展期现结合的积极性和建立流动库存的信心和心理承受能力。积极沟通银行等金融机构,2018年共获得银行授信15.5亿元,积极开展资金的有效运作,为进出口业务顺利开展创造了条件。

【子公司管理】 国贸公司充分发挥子公司地区优势,发挥资源、品牌效应。上海公司依托“马钢国贸”品牌,把握市场机会,煤炭、废钢、钢坯、酒水等主要业务均创历史最好业绩。美泰澳门公司完成了1000万美元境外增资备案工作,开立了NRA账户,建立了海外子公司的财务核算体系,完成美泰澳门公司各项规章制度的设立工作,开展了美泰公司业务。为进一步扩大与中石化长江燃料公司的合作空间,在马钢集团大力支持下,筹建了安徽马钢长燃能源有限公司。

【党建工作】 面对国贸多年来实行的精兵路线形成人手少的常态,用“双岗双责”去实现新时代的需要,让有能力、有进取心的年轻同志多担些担子,坚持不懈地将党建、经济建设、工会建设三位一体融合发展。持续推进矩阵式党建工作,完善了矩阵式党建工作考核管理办法,完成了党支部标准化建设专项督查迎检工作。深入学习贯彻习近平新时代中国特色社会主义思想和党的十九大精神,扎实推进“两学一做”学习教育常态化、制度化,不断强化党要管党、从严治党的党建意识。在全体党员中开展《中国共产党纪律处分条例》学习测试。安排了“讲、严、立”专题民主生活会。结合党员活动日,组织全体党员赴泾县接受革命传统教育,开展了国贸支部与铜陵润华集团支部共建活动。做好派驻海外公司党员的服务工作,利用各种技术手段开展学习教育活动。坚持标准发展党员的同时积极引导,让更多有能力的优秀同志加入党组织。

(冯松武)

飞马智科信息技术股份有限公司

【主要经济指标】 2018年,实现营业收入4.4891亿元、利润总额4436.87万元,同比增长30.36%、61.73%。实现外部收入8978.2元,同比增长82.45%,外部收入占比达21%,经营指标实现快速提升。未发生工亡、重伤、重大爆炸火灾事故。

【产业发展】 1. 内外市场开拓成果显著,签订合同总额高于去年同期。充分发挥产业专业优势,积极服务内外部市场,以内部抓重点项目、外部强市场开拓为思路,构建市场有效渠道,拓宽市场发展空间。对内,以打造精品工程为目标,推动重点工程高质量建设,高效完成长材中型材、特钢优棒项目的调试工作,积极推进IPS & QMS、焦化无人机车、财务共享信息化等重点项目建设;其中,成功完成的瑞泰马钢新建工厂整体信息化系统集成及机器人应用项目,中建材集团拟在其耐火行业内全面推广。对外,通过组建市场拓展部、创新运维模式、调整人才队伍结构、创新激励机制等途径,充分调动员工开发市场的积极性、主动性,不断提高外部市场份额。2018年签订内外部合同5.57亿元,比上年增长6.45%,其中外部合同超亿元。2. 新业务推行子公司化运营,培育壮大产业发展新动能。大力发展新兴产业,通过子公司化运营,不断提升专业化运营能力。成功注册成立安徽祥盾信息科技有限公司,进一步占据省内信息咨询服务市场;"安徽祥云"商标注册成功并获得证书,祥云公司入选安徽省"皖企登云"第一批推荐云平台服务商;与日本企业积极合作,拟筹建机器人公司;稳妥推进市政务云公司筹建和马鞍山市民卡公司入股工作,通过一系列公司化运营措施,不断培育新的经济增长点。3. 开展外部战略合作,业务能力进一步增强。先后完成与日本NC网络、安徽电信、安徽联通、均瑶集团、安工大、博康云信等签订战略合作协议,积极推进双方在工业机器人、大数据、智能制造、智慧城市等方面开展合作,进一步提高企业盈利水平。

【深化改革】 在集团公司指导下,着力增强改革的系统性、整体性、协同性,在重要领域和关键环节取得突破性进展。1. 顺利完成股份制改造和一期战略投资者引入工作。公司以"股改-引战投-新三板申报"为整体思路,制定新三板挂牌路线图和时间计划表,紧锣密鼓地推进各项工作,2018年4月24日完成股份制改造,8月27日引入中冶赛迪、冶金规划院两家战略投资者,9月28日向全国股转中心递交挂牌申请,12月17日收到同意飞马智科股票在全国中小企业股份转让系统挂牌的函,证券名称为飞马智科,证券代码为873158,标志着公司成功迈入资本市场。2. 成功入选"双百行动"企业,再获改革创新发展新平台。2018年年初,公司聚焦企业发展重难点问题,研究制定《自动化公司深化改革创新发展试点企业实施方案》,根据时间节点有序组织推进;8月,在集团公司的支持下,成功入选国务院国资委国企改革"双百行动"企业,对公司前期推进国企改革工作的充分肯定及下一步继续深化改革的重大激励。在集团公司相关部门指导下,围绕"五突破一加强",完成双百行动综合改革实施方案及实施方案台账的编制工作,已上报国务院国资委备案,目前正在逐项实施中。3. 进一步做好企业发展规划设计,推动产业转型发展。为进一步加快信息产业发展,重点推进云计算、智能制造等应用领域,经反复调研、专题讨论并获集团公司董事会批准,公司正式启动集研发创新、高端制造、云计算基地为一体的智能装备及大数据产业园项目建设,建设内容包括研发中心、区域大数据中心、机器人研发生产基地、电子类产品智造基地。

【基础管理】 全力推动"一个平台、五个方向"发展战略,以卓越绩效管理模式推动企业规范化管理,不断提升企业的综合能力。1. 卓越绩效全面导入。根据集团公司统一部署,在中质协专家指导下,按照卓越绩效理念和方法,以问题为导向,积极开展现场诊断、流程梳理、动态评价、持续改进等工作,2018年4月首次申报马鞍山市第八届市长质量奖,顺利通过资格审核、材料文审、现场审查、现场陈述答辩4个环节,获市长质量奖提名奖,标志着公司在追求卓越的征途中取得了阶段性成果。2. 合同与法务管理切实加强。配置专业人员,强化公司合同管理及法律事务工作,累计开展合同调研4次,组织参加专题培训5次、审批常规合同1200余份,5人获得"合同管理"资格证书。加强对公司重大合同项目、重大投资行为等方面的法律支持,全年未发生一起合同纠纷事故,公司整体风险防控及合规经营水平实现显著提升。3. 加强项目采购管理。严格执行《采购管理程序》、2018年《非招标项目与目录》及相关规定,采用单价招标和年度备件招标方式,提高常用备品备件采购效率。4. 加强固定资产投资管理。累计下达年度固定资产投资及大中修项目5项,根据计划稳步实施推进。5. 做好企业资质管理工作。公司顺利通过质量、工程建设施工规范、环境、职业健康安全四体系认证。完成对信息系统集成及服务二级、电子与智能化工程专业承包二级、消防设施工程专业承包二级、安全技术防范行业一级等资质名称变更工作,进一步确保企业规范化运营。

【技术创新】 以省级企业技术中心和市工业机器人工程技术研究中心为支撑载体,着力提升企业创新能力。1. 加强各类科研与技术攻关。制订下发2018年科研项目计划15项,通过与工程项目紧密结合,推动全年科研任务落地,累计投入研发资金3900万元;完成2017年9项科研项目的结题验收。2. 积极争取各类政策支持。申请的马鞍山市科技"小巨人"培育获400万元政策支持;新三板挂牌、研发费加计扣除、CMMI3认证等项目获政府奖励、补贴320余万元。3. 持续推进科研及管理成果转化工作。2018年获得软著44项、授权专利5项，总体申报数量与质量同比有较大幅度提升；大力推进各成果实现产业化，“以智能制造为导向的产业转型升级发展”获第十八届冶金企业管理现代化创新成果三等奖；1项成果获省企业管理创新成果三等奖、1项成果获得省冶金质协二等奖、2个QC小组获“冶金行业优秀QC小组”。

【人力资源】 1. 根据马钢集团公司规范劳动关系和挂牌新三板“人员独立性”的要求，经过周密部署、精心组织、宣传发动，平稳有序完成全员劳动关系变更工作。2. 作为2018年马钢岗位层级试点单位之一，完成岗位层级管理的顶层设计，形成初步实施方案。3. 经集团公司批准，开展2018年员工招聘工作。4. 强化培训管理工作，制订2018年员工培训计划，2018年完成自办培训21项，送外及各类专项培训79项，累计培训公司内外966人次，培训兑现率91%。5. 着力优化人员结构设置，加强人才队伍建设，程鹏获全国“五一劳动奖章”，其工作室被马鞍山市命名为“2018年市级技能大师工作室”；周道付选拔成为省属企业第四批“538英才工程”拔尖人才；陆军获2017年度“马钢模范”称号；张世友获“安徽好人”称号；推荐47人申报马钢集团“1+2+4”后备人才培养对象。

【党群工作】 始终坚持党建工作是引领企业发展的“红色引擎”，突出党建政治核心作用，进一步提升“1234”党建特色品牌形象。1. 形势任务教育有序开展。深入学习贯彻习近平新时代中国特色社会主义思想和党的十九大精神，累计组织党委中心组学习12次，召开政工例会5次，领导干部下基层讲党课5次，确保学习教育全覆盖；扎实开展“不忘初心、牢记使命”主题教育和“讲严立”专题警示教育，深化“三查三问”，掀起“榜样”学习热潮，以活动实际成效推动各项工作展现新气象。强势宣传氛围浓厚。弘扬主旋律，抓榜样典型，推动形成以上率下、示范带动的良好氛围，累计在各类媒介发表重要新闻、先进事迹500余篇；其中“精益打造智能制造集成服务新优势”“争当自动化技术的领跑者”等刊登在《中国冶金报》；公司获“2017年马钢新闻报道先进单位”。2. 基层党组织建设着力加强。推进经理办公会、党委会制度常态化，2018年累计召开54次，研究讨论公司“三重一大”事项80余项。严格执行重大事项党委前置讨论程序，将党的建设与企业治理现代化深度融合、同频共振。深化“两个嵌入”特色主题活动，将11个重点工程项目与劳动竞赛、创新创效等有效结合，已全部结题验收。推动飞马智科智造引擎工匠基地建设，加快建设具有信息产业特色的培训和创新工作平台。3. 群团工作蒸蒸日上。顺利完成两级工会换届选举工作；通过开展系列节日主题活动2次、各类征文活动3次，营造浓厚家园氛围；持续开展互助帮困、金秋助学等活动，累计落实资金12.38万元；开展职工代表巡视工作，切实发挥职工在企业发展中的监督作用；组织青年创新创效、技术练兵、“讲理想、比贡献”演讲等特色活动，为青年技能水平与技术创新提供展示平台。

（王 艳）

物流有限公司

【主要经济指标】 2018年，超额完成集团公司调整后的预算目标，主要经济技术指标均有较大幅度提升：营业收入108902万元，较2017年73491万元增长48%；外部收入26852万元，较2017年9122万元增长194%；利润总额14525万元，较2017年9797万元增长48%；经济增加值（EVA）8114万元，较2017年4578万元增长77%；人均营收81万元，较2017年59万元增长37%；净资产收益率19%，较2017年15%增加4%。

【保产降本增效】 保产水平持续提高，优化降本稳步推进。按照股份公司生产总体要求，坚持工序服从，强化系统联动，实现提质增效，同时克服恶劣天气、环保整治、去产能等因素影响，保产保供有力，完成实物物流量8205万吨，同比增加281万吨。持续优化降本，2018年优化降本3500万元，协作成效显著。

【板块协同】 专业板块发展迅速，经营绩效显著提升。中联海运抓住市场行情机遇，快速提升运力，适时开展国际代理业务，大力拓展华润、华电、宝武等外部市场。营业收入完成2.8亿元，同比增长130%，利润完成6000万元，比上年增加92%。外部收入完成9854万元，比上年增加244%。汽运公司实施销售物流汽运专业化总包，拓展汽车产业链延伸业务。营业收入完成4.2亿元，比上年增加28%，利润完成4800万元，比上年增加34%。外部收入完成7667万元，比上年增加87%。

【市场开拓】 创新物流服务模式，外部市场开拓有力。充分利用马钢品牌和资源优势，开展互为市场业务，加大外部市场客户开拓力度，新增外部优质客户20多家。外部收入2.15亿元，比上年增加135%，占比21%，比上年增长9%。马钢宁波舟山港高层合作研讨会在宁波举行,集团公司党委常委、董事,物流公司董事长陆克从代表集团公司与宁波舟山港签订了战略合作协议。11 月 16 日,与中远海运集运公司签订战略合作框架协议。11 月 22 日,与华电煤业签订《战略合作框架协议》。实现强强联动,互惠共赢,共谋发展。

【基础管理】 不断加强基础管理,完善各项管理制度。全面导入“三标一体化”管理体系并通过认证;加大制度执行力度,确保公司运营有序,风险可控,健康发展。2018 年制修订管理制度 34 项;“以内外协同为目标的生态智能物流企业建设”获马钢管理创新成果一等奖、冶金企业管理现代化创新成果三等奖;经过认真调研、充分论证,完成公司机构改革方案设计,得到集团公司审核批准,目前已组织实施。

【品牌建设】 精心打造企业品牌,全面提升马钢物流形象。公司荣获国家 5A 级综合服务型物流企业,为国内钢铁行业首家,安徽省唯一一家,汽运公司、中联海运荣获国家 4A 级物流企业;马钢物流公司获评马鞍山市两化融合示范企业;物流公司成为上海运输协会多式联运分会副会长单位;作为案例提供单位,全国第六届大学生物流设计大赛正式冠名“马钢杯”;马钢物流智能装备研发制造基地规划设计正式启动。

【绿色物流】 绿色物流全面规划,重点工程有序推进。积极贯彻国家关于钢铁行业超低排放的政策要求,落实马钢关于超低排放的具体工作部署,配合股份公司实施铁前物流规划,制定物流公司超低排放改造 3 年行动方案,推行绿色仓储、绿色运输、绿色包装,全面推动物流板块高质量发展。积极顺应国家“散改集”发展趋势,整合马鞍山集装箱运输业务,合资成立集装箱运输专业公司。作为绿色物流的一个重要项目,国家第二批多式联运示范工程已全面启动,项目可研通过技术审查,完成集团内部立项审批程序,目前正在协调用地、规划报批。

【中联海运】 内部运力不断提升,2 万吨级船舶“中联 27”号海轮首航、“中联 56”号海轮首航,标志着中联海运公司自有运力达到 25 万吨;“中联 86”号海轮首航仪式在福建可门港举行,标志着马钢物流板块由江入海战略正式起航。航运自有运力的快速增长实现了自有运力低成本扩张,已成为区域内水路运输的引领者。公司新增运力既利于承担股份公司的保产保供,又利于公司外部运输市场的开拓。

【体系认证】 北京国金衡信认证有限公司向物流公司颁发了质量、环境、职业健康安全管理体系认证证书,标志着物流公司三标一体化综合管理体系初步建成。在体系建设过程中通过强化组织领导,明确各级管理者的责任,注重发动公司各部门、全体员工充分参与,汇聚全公司智慧,保证了体系建设的实效性和工作质量。

【荣誉】 马钢物流公司获评国内钢铁行业首家国家 5A 级综合服务型物流企业,该荣誉是中物联对物流公司成立 3 年来取得成绩的充分肯定。物流公司始终秉承专业化服务、集约化管理、产业化发展的思路,坚持绿色、智慧、协同、共享的经营理念,加速由传统企业物流向现代化物流企业转变,着力打造全流程物流企业,努力为客户提供全方位增值服务,不断提升行业影响力和区域竞争力,为钢铁行业物流产业发展提供了马钢样板。物流公司成功申报 5A 级综合服务型物流企业,为物流公司打造生态智慧物流企业、实现高质量发展搭建了新的平台。

2018 年 10 月 20 日,“马钢杯”全国大学生物流设计大赛启动,集团公司领导丁毅、陆克从出席仪式,公司相关部门、单位负责人参加。全国大学生物流设计大赛是一项全国性、具有品牌影响力的高水平赛事,也是物流专业领域交流的重要平台,云集了来自全国的权威专家、全国高校的优秀大学生。通过解决企业生产中的实际问题,对提高大学生组织策划能力、分析和解决问题能力、动手实践能力,促进教学相长,培养新时代大学生,发挥了积极作用。马钢高度重视此次大赛,成立了大赛领导小组、组织协调小组、品牌推介小组、业务小组以及决赛承办小组 5 个工作组,全力协助和配合大赛组委会做好筹备工作,精心做好大赛服务保障工作。物流公司作为具体承办单位,组织专业部门、专业人员全程参与案例编写和实地调研,协调案例编写小组完善大赛案例。

【党建工作】 根据集团公司党委《关于成立中国共产党马钢集团物流有限公司委员会的通知》,物流公司党委和纪委正式成立,徐劲松、钱时华、龙吉宁、祁尚民、许帮华 5 位同志任党委委员,徐劲松任党委书记。

在集团公司党委的正确领导下,公司党支部以认真学习党的十九大报告、习近平新时代中国特色社会主义思想为主线,扎实开展党支部召开“讲忠诚、严纪律、立政德”专题警示教育民主生活会、开展革命传统教育,组织党员到泾县参观新四军军部旧址、组织科级以上管理人员参观市看守所等重点工作;认真履行党组织议事前置程序;基层党组织标准化工作全面加强;

党风廉政建设深入推进；党务公开、厂务公开落到实处；选人用人程序严格规范。群团组织积极发挥桥梁纽带作用，围绕公司生产经营实际，创新工作方式方法，开展多种活动，引领团结职工岗位争先、岗位创效，形成强大合力，助推企业健康发展。

（琚　南）

汽车运输公司

【主要技术经济指标】　2018年，完成总收入4.35亿元（并表收入），实现利润总额4533万元，其中：运输总收入3.35亿元，修理收入3509万元，油品销售收入7422万元，其他经营收入3479万元。

【运输主业】　2018年，面对环保高度管控、组产频繁变化以及落后产线相继关停等因素给运输业务带来的极大冲击，公司上下沉着应对、克服困难，在完成固有保产任务的同时，努力创收增效。

1. 运力资源配置高效。随着股份公司长材北区炼钢转炉、型材轧机的永久性关停和钢铁企业超低排放改造工作的推进，公司提前谋划、主动应变，对部分运输业务进行了减量优化调整，注重各运输分公司组产能力相对均衡，实现了运输保产职责更加清晰和车辆资源高效利用。为满足日常增量任务带来的保产运输需求，适应性调整车辆人员配置，实施跨区域、多运输分公司协同保产，较好地发挥了规模运输的优势。

2. 专业管控能力增强。发布《马钢公路物流管理规范》，统一了公司管控车辆的标识管理、配置、装载及卫星监控等标准，有效遏制了超载、抛洒等违规事件的发生。应对恶劣天气、码头停产、环保督查的各项运输应急保障优质高效，专业化管控能力彰显力量。持续开展运输服务评价和“质量月”活动，不定期走访客户，超前跟进客户项目并策划保障方案，专业化精准服务能力和品牌影响力不断提升。全年运输服务质量评优率达99.5%以上。

3. 创效能力提升显著。全力落实物流板块专业化运营工作思路，大力推进汽运业务管理总包。1月，承接了三铁A炉水渣运输项目和马钢水渣运输汽运总包项目，销售物流汽运业务管理总包工作也已于去年6月正式实施。各项运输业务管理总包的实施，使运输主业实现了新的跨越、迈上了新的台阶，创效能力得到了显著提升，为公司进一步优化资源配置、实现规模增效奠定了坚实的基础。

【辅业经营】　坚持以“一业为主、多元发展”为指导，努力拓展业务创收渠道，借助主业发力，推动辅业增效，着力打造产业链延伸业务品牌。

汽车修理厂以服务站为依托，着力提升技术服务能力，先后建立了江淮叉车马鞍山特约维修站和华菱汽车维修服务站，法士特售后服务站建站工作正在落实，进一步扩大了修理市场。实施了分区（片）服务保障、运行高效的管控新模式，提升了服务保障能力。公司连续11年被评为“省汽车维修一类企业AAA级质量信誉单位”，连续四届获得中国汽车维修行业协会“全国诚信企业”荣誉称号，被安徽省汽车维修行业协会授予“安徽省影响力汽修品牌”荣誉称号。报废汽车拆解厂继续做好马钢各类报废车辆的回收拆解工作，积极开展可利用零件销售和工程机械社会竞卖工作。

油品贸易分公司密切关注成品油市场行情变化，把握燃油采购时机，努力扩大进销价差，取得了良好的经济效益。制定发布了《员工服务规范》，强化全体员工服务意识和服务能力，不断提升客户满意度。完成了综合贮油站资产的收购工作和股份公司燃油“采供一体”保障流程构建工作。

危运公司积极加强危化品运输从业人员教育培训工作，组织从业人员参加危险货物知识培训和危险品道路运输应急救援演练等活动，增强了职工安全意识和责任意识，确保危险品运输保产安全稳定顺行。在做好既有运输任务的同时，不断开拓危运新业务，取得了危险废物运输资质，增添了新的效益增长点。

交易市场积极落实马钢江淮战略协议，不断拓展新车销售业务，开拓了江淮叉车销售渠道。赴江淮厂考察交流，积极寻求区域销售政策指导和商务支持，全面商讨扩大马钢外部市场的可能性。同时，积极做好交易市场新场地规划方案论证立项实施和汽车产业链拓展的整体筹划工作。

按照集团公司“机关机构改革”和“深化车改工作”的要求，承接了集团公司的公务用车服务业务，成立了租赁分公司，并与集团和股份分别签订了公务用车租赁协议。

【企业管理】　全面推行精益运营管理，深入贯彻卓越理念，扎实推进综合管理体系建设，持续提升专业管理水平，为公司做强品牌提供了有力支撑。

1. 人事效率不断提高。认真贯彻落实集团公司人力资源优化和去产能政策，做好人力资源优化、富余人员的分流安置工作，进一步提高了劳动生产率。

2. 体系建设持续推进。以体系建设为抓手,推进体系化管理,推动管理升级。完成了卓越绩效自评报告的编写工作和第八届马鞍山市市长质量奖的申报工作。持续推进标杆体系建设,选取同行先进运输企业进行学习交流,每季度开展对标分析,形成经济活动分析报告,深入开展对标挖潜工作。通过了质量/环境/职业健康安全管理体系认证。

3. 安全管理扎实有效。强化安全风险管理和隐患排查整治,排查所有作业过程的安全风险点,实施清单式强制点检确认,提升了作业现场的安全风险防范水平。加强员工安全生产意识能力培训,开展了工伤管理及酒驾危害等安全知识培训、安全事故案例警示教育、全员安全知识测试、安全文化宣传、安全知识竞赛、现场应急处置方案演练等,进一步提高了全员安全生产意识和事故处置能力。

4. 精益现场初显成效。按照精益现场推进计划,以深化"6S"为抓手,选择了4家分公司作为"精益现场管理"样板单位,以点带面,重点突破,在摸索、固化"精益现场管理"方法的同时,打造规范的现场,让员工建立"主人意识、属地管理意识",加强员工发现问题和改善问题的意识,为下一步建立长效机制打下了基础。通过第一阶段整理整顿、现场环境及"四室"规范整治,公司现场管理水平不断提升。2018年,获得省级卫生先进单位荣誉称号。

【党群工作】 坚持以人为本,积极构建和谐工作环境。以党建工作为引领,融入嵌入生产经营,凝聚全员强大合力,为实现全面发展新跨越提供了坚强的政治保证。

1. 党建工作质量持续提升。以"基层党建工作联系点"为抓手,推进两级党组织切实履行好主体责任。组织开展了基层党支部书记抓党建述职评议,持续完善基层支部考核评价体系。扎实开展"讲忠诚、严纪律、立政德"专题警示教育,将专题警示教育与公司当前实际相结合、与推进企业党建和生产经营各项重点工作相结合,两手抓、两不误、两促进。

2. 党风廉政建设深入落实。认真落实党风廉政建设主体责任和监督责任,开展了严禁"小金库"等专项整治工作和厂务公开党委督查工作。开展了以"查漏洞、抓反弹、补短板"为内容的中央巡视"回头看"工作。组织科级管理人员开展了党风建设和反腐倡廉知识测试及《中国共产党纪律处分条例》知识测试,落实管理人员个人重要事项报告制度,加强对党员干部"八小时以外"监督管理。

3. 群团组织作用充分发挥。开展了以"当好主人翁、建功新时代"为主题的"抗雪灾、保生产""码头整治期间应急运输保产专项劳动竞赛"等系列劳动竞赛。深入开展"安康杯"竞赛,公司被评为集团公司"安康杯"竞赛先进单位和马鞍山市"安康杯"竞赛先进单位。组织召开了工会第七次会员代表大会,进一步加强了工会工作者队伍建设。共青团组织开展了技术沙龙交流系列学习活动,与公司工会联合举办了"读书征文　读诵经典"学习交流分享会,进一步加强与团员青年的沟通交流,积极引导团员青年融入中心、服务大局,为打造汽运品牌贡献青春力量。

(郭金雨)

财务有限公司

【经营概况】 2018年,进一步强化资金管理,灵活运用各种投资手段,持续拓宽产业链金融服务渠道,加大正回购、同业拆借等主动负债规模,资金精益运营水平进一步提升,各项业务合规稳健,为集团金融服务能力不断提高。全年实现综合效益4.05亿元,其中报表利润总额3.17亿元,比上年增加0.65亿元,增幅达25%,经营绩效创历史最好水平。

【服务实体】 强化服务先行意识,主动与成员单位和产业链上下游客户沟通联系,为客户量身打造科学合理的融资方案,2018年合计为27家集团内外部客户提供各类信贷业务授信139亿元。加大信贷业务营销力度,积极推介"一头在外"票据贴现业务,为37家上游供应商办理票据贴现193笔共计7.03亿元,比上年新增客户30家,贴现规模增加4.58亿元。

【信贷业务】 在主要成员单位削减贷款7.49亿元及与集团关联交易受限的情况下,不断拓宽信贷资产配置渠道,增加对其他成员单位的信贷投放,信贷资产日均余额65.10亿元,比上年增加6.17亿元,增长10.52%,最大限度满足了成员单位融资需求。不断提升买方信贷业务规模,大力发展新客户,通过完善业务流程、强化风险管控,完成买方信贷投放6600万元,比上年增加投放2000万元,全力支持马钢产品销售。

【资金和投资业务】 充分发挥外部融资平衡头寸与获取利差的积极作用,通过质押回购、同业拆借、票据再贴现等方式,加大外部融资力度,日均主动负债规模约9亿元,比上年增加3.60亿元,取得较大突破。

公司单日即时融资能力达20亿元以上，金融牌照优势凸显。充分利用成员单位结售汇需求旺盛的有利时机，以优惠价格吸引成员单位，不断提升自身结算效率，积极做好服务，促使结售汇业务量较上年同期大幅提升。2018年累计办理结售汇业务1449万美元，比上年增长157%。积极应对市场变化，克服资金配置压力，优化资产配置期限，拓宽配置渠道"以量补价"。同时加强市场研究，准确把握交易时机，有效延缓投资收益率降速，投资年化收益率达3.85%。

【票据业务】 逐步完善电票业务金融服务功能，加大电票业务培训与宣传力度，已有91家成员单位接入公司电票系统平台，2018年为成员单位办理电票承兑11.38亿元。加速电票服务平台建设，作为全国首批上线单位顺利实现纸电融合二期项目、上海票交所全直连项目上线，票据服务能力进一步增强。

【资金集中】 持续推进股权多元化企业入池，完成集团参股子公司瑞泰马钢、工程技术集团非并表子公司马鞍山马钢矿山岩土工程勘察、欣创环保控股子公司贵州欣川、集团控股子公司马钢诚兴金属等公司入池工作。2018年累计新增10户成员单位，截至年末全口径资金集中度达52.71%。

【业务创新】 主动应对投资市场变化，转变投资思路，开拓投资渠道，10月24日，抢抓债券市场利好机会成功办理首笔债券基金投资业务，12月10日，成功办理首笔券商资管业务。在符合监管及风险可控的前提下，不断提高资金收益率，增加了拓展资金配置渠道、调整资金配置策略的有效调控手段。

【风险管理与内部控制】 实施内控体系及各项风险管理评估，更新维护公司内控手册，修订完善25项内控制度，定期开展合规检查、测试。开展系统操作风险排查，启用信贷业务核算属性配置和保证金账户，完成非直连银行网银密钥功能分离，编制风险案例汇编，降低操作风险隐患。跟踪审查2017年度稽核项目整改情况，完成公司规章制度及有关部门全面稽核工作，详细梳理现行管理制度，对稽核发现问题逐项落实整改，促进公司合规运营。

【人力资源与信息化建设】 推进人力资源HR系统数据采集、优秀科技人员竞聘等人力资源管理手段创新，促进公司各岗位人员合理配置，激发员工工作热情。强化专项业务培训，组织管理人员和员工参加各类培训49期73人次，提高全员技术业务水平。组织开展年度专项课题研究，针对性解决公司经营热点、难点问题。稳步推进资金信息系统建设，在保障系统安全顺行的基础上，同步实施包括共享中心财企直连一期、票交所纸电融合二期、全直联、投资系统等6个项目建设工作。信息化建设多项目交叉并行开展，项目管理科学高效，满足了系统顺行与平台建设实际需求。

【企业文化建设】 精心构筑企业文化理念体系，扎实推进公司品牌建设，通过实施集团管控级EVI项目、建立个性化金融服务体系和专业顾问团队，把公司金融产品、服务打造成知名品牌，构建公司品牌信誉度。大力开展家园文化氛围建设，积极引导广大员工形成共同的价值观念和精神理念，组织开展登山、徒步等文体活动，凝聚全员团队意识。2018年，公司被评为马钢第28届文明单位、第五届安徽省省属企业文明单位。

【党建工作】 公司党支部始终将学习贯彻落实习近平新时代中国特色社会主义思想和党的十九大精神作为首要政治任务抓紧抓实，坚持做到各层级人员学习教育全覆盖。持续推进"两学一做"学习教育常态化制度化，深入开展党支部标准化建设，严格落实"三会一课"制度，组织全员到红色教育基地金寨县开展"缅怀先烈，不忘初心"革命传统教育，集中收看庆祝改革开放40周年大会、《榜样3》等重点内容，党组织凝聚力进一步增强。全力抓好党风廉政建设"两个责任"落实，扎实开展"讲严立"专题警示教育，组织管理人员签订廉洁从业承诺书、参加反腐倡廉网上测试，开展党员酒驾醉驾专项整治、节日期间廉洁自律警示教育，全员通过《中国共产党纪律处分条例》网上测试，时刻筑牢党风廉政建设的根基。扎实推进年度效能监察项目，认真开展中央巡视整改"回头看"自查自纠，对涉及问题已整改落实到位。

（姜　勇）

资产经营公司

【主要经营指标】 2018年，实现营业收入16.1亿元，其中：土地转让收入138717万元，房产转让收入10773万元，房产租金收入6033万元，土地租金收入5493万元，外转供水、供电收入178万元；实现考核利润3.45亿元，超考核目标2.85亿元；全年重大安全伤亡、设备、火灾事故为零；治安综合治理、人口与计生工作达到集团考核目标。

【资产经营】 2018年，围绕"加速提升创新竞争力”工作主题,以市场为导向,以资产经营为核心,以资产盘活为主线,多渠道、多手段增加资产收益。2018年共牵头完成盘活资产和争取政策项目7个,为集团公司增加资金或收益14.4亿元。

1. 盘活存量资产。包括转让出售金海岸名邸项目二、三期资产实现收入14.1亿元(评估价10.63亿元,溢价32%),利润3亿元;出售工程技术集团剩余4套上海房产,面积420平方米,成交总价2880万元(评估价2508万元,溢价14.8%),为工程技术集团创效1625万元;会同合肥公司处置关停冶炼区域资产2.76亿元,会同耐火处置关停闲置资产437.88万元,会同股份公司、工程技术集团、自动化公司处置资产120.83万元。

2. 实行资产有偿使用。按“谁使用、谁付费”的资产有偿使用原则,确保集团公司资产保值增值,2018年实现土地租金收入5493万元,房产租金收入6033万元。

3. 税收筹划节税增效。金海岸土地资产转让按账面收支计算,自行申报需缴纳土地增值税2.46亿元,通过税收筹划实际缴纳1.38亿元,节税增效1.1亿元;经与市税务部门协商,免交马钢办公楼2005—2017年土地使用水1012万元。

4. 争取政策回笼资金。根据省属企业“三供一业”分离移交工作政策相关规定,2018年申请省财政补助资金1.92亿元;向市开发区收回马钢四块闲置土地开竣工保证金50万元。

【企业管理】 1. 加强安全消防管理。落实安全生产主体责任,修订完善各项安全管理制度,全面加强经营性、非经营性和托管资产的安全管理工作,加大现场巡查及隐患整改力度;制订马钢办公楼消防安全管理制度,健全组织机构,明确工作职责,组织开展了办公楼消防安全评估、隐患整改及应急疏散演练工作。

2. 强化土地资产管理。将工程技术集团租赁使用的5宗土地,共计791亩,作价1.97亿元(含税),对其进行增资;盘活比亚西二期预留地块中的23亩土地转让给物流公司,用于马钢物流智能装备制造研发基地项目建设。

3. 保障集团资产安全正常使用。按照“效益优先、确保重点、消除隐患”的原则,重点保障公司资产的正常运转,消除资产的安全隐患,2018年安排修理72项,修理费约1023万元;重点工程已完成人力资源服务中心、财务共享中心区域办公楼维修工程并已交付使用;为满足投资公司办公需要,提前终止上海裕安大厦12层租赁,现正在组织改造。

4. 强化资产管理。对集团本部账面资产进行全面盘点,确保资产账实相符;资产管理信息化平台上线试运行,初步实现了资产经营、资产管理、工程管理、土地管理以及合同管理等的多部门协同合作,资产管理信息的实时采集、在线管控。

5. 规范马钢人才公寓管理。改造马钢人才公寓部分电器线路及配置读书间、自修室和入口大门等软硬件设施,改善公寓内外部环境;为马钢人才公寓新装空调100余台;根据公司相关规定,2018年发放单身大学生职工租房补贴64万元,较上年同期增长约16%。

【标杆管理和品牌建设】 选取武钢现代城服集团下属房产经营公司作为对照标杆。经过一年的不懈努力,经营性指标与标杆企业差距不断缩小,特别是经营能力指标中房屋出租率已经超过对手达到了97.5%,创历史最好水平;品牌建设选择2018年两项重点工作为创建品牌突破口,精心组织实施,其中“金海岸名邸房地产项目资产转让”项目完成率100%,“全面完成三供一业分离移交”项目完成率达到96%。

【“三供一业”专项工作】 马钢集团职工家属区“三供一业”分离移交涉及总户数为113287户,预计实施改造总费用约9亿元,其中省财政补助50%,计4.5亿元(已到账2.52亿元);经协商和争取,由马鞍山市(区)政府承担约6700万元、接收单位承担约1300万元;马钢承担3.7亿元。2018年累计完成移交109005户,完成率96%;签订移交框架协议2份,专项移交改造协议20份。马钢支付相关改造费用约1.23亿元,水、电、气完成改造并实现转换,物业改造也有序组织推进。“三供一业”改造并分离移交完成后,每年可为集团节省费用近9000万元。

【党群工作】 不断加强党建工作,促进党建与经营管理业务深度融合。

1. 不断强化党员队伍素质。2018年举办党建理论、廉政教育、安全知识等各类学习培训6场次,培训人员近100人次,年度全员培训率达到100%;组织党员开展主题党性教育活动;积极开展送温暖活动,为职工发放困难慰问金7500元。

2. 持续推进矩阵式党建。通过业务部门专业组的协同推进,保障经营管理工作与党建深度融合。

3. 提升党组织活力。加强基层党组织标准化建设,利用新媒体手段实现党组织与每个党员的“零距离”“无缝隙”沟通。

4. 加强反腐倡廉教育。坚持开展党支部书记“每季一讲”，提高各级管理人员、重要岗位人员廉洁意识和自觉性；签订廉洁从业承诺书，把党风廉政要求落实到重要岗位、关键岗位上。

（张 宣）

投资有限公司

【主要经营指标】 围绕资本投资运作主线，开展股权投资，强化证券投资，设立融资租赁公司和商业保理公司，2018 年，实现全年实现营业收入 2.88 亿元（合并），利润总额 1.39 亿元（合并），全年未发生经营风险事件，全面完成集团公司下达的目标任务。

【风险管理】 公开选聘中国诚信信用管理公司，对投资公司、融资租赁公司、商业保理公司进行风险管理体系搭建咨询，发布风控手册，构建与行业实践接轨的风险管理体系、制度和流程，建立风险管理与控制流程的长效机制。

【子公司管理】 1. 设立马钢（上海）融资租赁有限公司，积极构建金融产业布局。通过直租、回租、转租赁及联合租赁的方式，为集团内外部优质客户提供专业化、多元化的融资租赁服务。

2. 设立马海（上海）商业保理有限公司，打造新的投融资平台。坚持稳健经营和合规发展，确立“精耕细作供应链、战略合作金融圈”的发展定位，开发出线上（线下）的单笔保理、池保理、票据保理、坏账担保、再保理等八大业务模式。

【股权投资】 投资公司出资 2.5 亿元，持股 12.5%，与宝武集团、东方资产、鞍钢集团共同组建国内首家专注于钢铁行业的专业化资本运作平台——华宝冶金资产管理有限公司，深度参与行业产融结合。

【资本市场研究与投资】 通过对钢铁行业和马钢集团的形势分析，从资本运作角度提出有益建议，立足于金融控股平台，助力集团公司发展。

2018 年，投资公司实施券商定向资管计划项目、临时性资金管理项目及可转债/可交换债投资项目，获得较好的收益。

【人力资源管理】 遵循投资行业规律，对融资租赁公司和商业保理公司的用人机制进行市场化设计，除董事长和总经理为马钢身份员工外，其余员工均为市场化招聘人员，坚持薪酬与绩效、公司效益相匹配，良好的机制吸引了一批高素质人才加盟。

【企业培训与交流】 邀请集团公司领导及高管、国内行业专家和知名大学教授，对员工进行经济、业务、文化、时政等方面的培训。与鞍钢、太钢投资公司开展合作交流，定期研讨资金市场、债券市场和股票市场等的发展趋势，并把鞍钢投资公司作为标杆企业，定期开展对标活动。

【党建工作】 制定党支部标准化建设工作目标，并对工作目标进行细化分解。学习贯彻习近平新时代中国特色社会主义思想和党的十九大精神，推进“两学一做”学习教育常态化，开展“三会一课”制度。将党建工作要求纳入公司章程，明确在章程内设立党建专章。

（王志贤）

招标咨询有限公司

【主要技术经济指标】 2018 年，是招标公司转型发展、市场化运营的开局之年，全年承接招标业务 5644 项，累计招标总金额 78 亿元，较去年分别增长 4.95%、11.49%，其中：外部项目 76 项，项目总金额 4.42 亿元。2018 年实现营业收入 4100 万元，利润总额达 3100 万元，人均创利 79.5 万元，经济增加值（EVA）2099 万元，外部市场收入超 210 万元。各项主要技术经济指标大幅增长，超额完成集团公司下达的计划目标。

【重点项目】 支撑马钢转型发展新局面，应对项目建设快节奏，精益服务，取得理想效果。

1. 二铁 1 号高炉大修 EPC 总承包工程，深入现场，了解需求，快速响应，精心策划，中标总金额 4.68 亿元，确保总费用可控，实现总包有实力单位中标。

2. 炼焦总厂焦炉烟气脱硫脱硝 EPC 总承包工程，明确资质、设立门槛，公开招标、广开大门，扩大信息发布，吸引优质单位，实现结果优质优价。

3. 重型 H 型钢生产线项目系列招标，在轧机、矫直机、开坯机等项目中，优化评审条款，设置购销联动加分项，推进战略合作，有效支撑供应链建设。

4. 长材升级改造工程公辅配套项目，关注“工期、质量、成本、安全”，高效完成招标 87 项，中标总金额 1.22 亿元。

5. 煤焦化新建筒仓项目 EPC 总承包侧重方案评

审,确保生产保供,组织多次谈判,实现马钢降本要求。

6. 合同能源管理项目立足当前收益、关注长远成效,细致评审技术方案和收益分享比例,成功开展了1580热轧加热炉烟气余热回收、特钢电炉烟气余热回收等项目招标,实现马钢效益最大化。

7. 各类轧辊采购管理坚决维护马钢效益,强力支撑采购降本,在整体市场呈上涨趋势下,实现中标价格再次下降。完成大方坯连铸机等机电产品国际招标31项,招标总金额1.88亿元,为马钢节约外委服务费达150多万元。

8. 根据不同项目,优化招标策略和评标方法,优质开展企业年金基金受托管理、管理服务等项目,确保最优性价比。防范环保风险、研判市场走势,稳妥开展固废和矿山废石资源处置。

【市场开拓】 1. 快速办理各类代理机构入库手续,完成安徽省工程建设项目招标代理、政府采购代理、机电产品国际招标代理等备案。打通马鞍山市公共资源交易进场流程及代理机构备案。

2. 业务骨干带头,克服语言难关,深耕专业知识,成为马鞍山唯一掌握机电产品国际招标技能的代理机构。

3. 自学建设工程项目造价、监理、咨询等知识,借助马钢技术资源,初步具备建设工程招标代理一站式服务能力。

4. 树立"全员营销、全员创业"的理念,以政府采购为主攻方向,积极对接有关部门,成功打开外部市场。

5. 首次进场开展的雨山区送戏进万村外部业务,即取得让采购人非常满意的结果,迈出了外部市场门槛。成功中标马鞍山监狱年度招标代理,累计开展监狱委托项目12项,总金额1900余万元。牵头协调市经信委、供电公司等有关单位,积极推进"三供一业"分离移交系列项目备案、审批、招标及合同签订等各项工作。创新性引入EVI理念,先期介入马鞍山三年期市政一体化保洁项目,深入参与调研,帮助策划,多次向市、区有关领导报告,成功获得代理资格。2018年开拓安徽省马鞍山监狱、安徽工业大学、马鞍山港口集团、市环卫处、市城管局等15家客户,承接外部项目76项,招标总金额4.42亿元,收入超180万元。

【基础管理】 1. 为适应国家招投标相关法律法规修订,换版修订了集团公司《招标管理办法》,修订发布了2018年《非招标项目与目录》及相关规定,有力推动马钢招标管理工作提升。

2. 以顾客需求为关注焦点,以提高服务质量为目标,搭建了招标公司质量管理体系,8月,一次性通过了国金衡信的认证,获得了新版ISO 9001:2015体系认证证书。

3. 建立了内控体系,每季度开展风险识别和评价,制定防范措施。

【品牌建设】 1. 在体系建设上,完成了品牌培育管理手册的编制与发布,品牌体系运行有效,并成为集团公司首批品牌培育管理体系成功导入的分子公司之一。

2. 在品牌推广与传播上,参加省招协各项活动,积极推广"马钢招标"特色理念,面向公司内外,开展了23次较大规模的宣传(贯),在省内提高了"马钢招标"品牌的知名度,提升了品牌影响力。

【信息化建设】 持续优化马钢电子招投标平台,完善平台功能,开发电子发票功能、优化评标专家抽取模块。5月,一次性通过中国信息安全认证中心(ISCCC)检测认证,成为国内钢企中继宝武钢铁、鞍钢后,第三家通过认证的电子招投标交易平台。

【人才队伍建设】 1. 搭建特色平台,提高员工能力。"自我学习、自我提升、自我培训"周末大课堂、案例分析会、岗位技能竞赛等活动,推动个人业务能力快速成长,团队综合能力快速提升。

2. 做好顶层设计,致力打造招标实战、市场拓展、平台运营、管理咨询四支"精英团队",鼓励担当作为、建立容错纠错机制,形成"人人皆可成才、人人皆是人才"的良好环境。

3. 在外部市场拓展中,边开拓市场,边锤炼队伍,边培养人才。

4. 接受二铁总厂北区转岗7名职工,充实了团队力量,一定程度地缓解了人手不足局面。

【外部影响】 总结6年来国有企业招标采购经验、提炼特色理念,加强行业交流和理念推广应用。"服务创造价值""关注过程,更关注结果""最优性价比招标"等系列特色理念,得到了行业内的广泛认可和学习。市公共资源交易中心、花山区政府等来公司调研,安徽省产权交易中心、安徽工业大学、市兴马建设工程项目咨询有限公司等单位纷纷来访。2018年,总经理陶炜先后为安徽省皖中集团,马鞍山监狱等单位进行多场招标采购培训。并于年底担任安徽省招标投标协会采购专业委员会轮值主任,影响力进一步扩大。

【党群工作】 1. 以习近平新时代中国特色社会主义思想和党的十九大精神武装头脑,认真学习马钢党委编发的《理论学习参考》《新时代面对面》等内容，累计开展学习19次，达57学时。每季度开展党支部委员上党课活动，坚持落实"两学一做"要求，推进学习教育常态化制度化。注重意识形态教育，筑牢党员群众理想信念基础。

2. 严格按照党的基层组织标准化建设要求，规范开展"三会一课"活动，认真开展民主生活会、组织生活会、"讲严立"专题警示教育专题民主生活会、"三查三问"对照检查会，形成问题清单、责任清单和措施清单，定期对照检查落实情况。

3. 按照程序进行党支部换届选举工作，选举产生第二届党支部领导班子。完成工会和青工组的换届工作。发展2名预备党员，提拔2名副科级干部。

（方中峰）

废钢有限责任公司

【主要经济指标】 2018年，是马钢废钢公司发展历程中极不平凡的一年。公司坚持以习近平新时代中国特色社会主义思想和党的十九大精神为指导，深入践行新发展理念，全面落实公司"创新废钢管理模式，打造品牌竞争优势"工作主题，推进废钢品牌建设，抢抓市场机遇，加快基地建设，做大供销规模，完善品种结构，提升加工能力，严控产品质量，优化资源供给，助力废钢绿色可持续发展。累计销售废钢300.86万吨，营业收入68.36亿元，实现净利润1.37亿元，比上年分别增长45%、98%、104%。

【管理创新】 1. 基地建设稳步推进。根据业务发展的需要，按经营范围、资源产地、钢企所在地设立分子公司，利用协同效应促进贸易多元化，做大贸易金额。引入国有、集体或民营多种体制成立混合所有制公司。马钢诚兴公司建立并成功运营，马钢智信（宿马产业园）项目和马钢富园（郑蒲港）项目均已完成入园协议的签订。合肥城市矿产基地项目已完成可行性研究，后续工作正有序推进。

2. 对外经营成绩突出。发掘有资源、有场地、有地域优势的供应商，以全国大型钢铁企业为支点，通过打通国字头销售渠道，建立代采代销贸易模式，加速从保产服务向产业经营的转变。马钢利用自己多年保供基地的运营经验，在资金、渠道、机制上提供支持，为合作基地提供一整套运营管理方案，并负责基地的具体运营，通过构建跨区域性的废钢资源收购、加工、仓储和营销网络，快速占领市场，不断扩大市场份额，实现了"优势互补、强强联合、互惠共赢、协同发展"。2018年，成功开发11个省份共计21家钢厂用户，完成废钢对外经营100.66万吨，销售收入24.8亿元。

3. 管理体系逐步健全。根据公司风险控制的要求，梳理了对外经营管理的各项业务流程，进一步加强对外经营中的风险管理、合同管理、客户管理、资金管理。通过防范和控制合同风险，强化客户准入、评价及退出机制，降低资金风险，规范资金运作，确保资金安全，提高资金使用效率，切实维护公司的合法权益，确保经营持续、健康、稳定发展。

【市场研判】 1. 采购策略灵活精准。年初，废钢资源继续呈现供大于求、性价比高这一阶段性特征，总体走势先抑后扬再抑。废钢公司加强市场研判，采取灵活批量加价、库存控制、低位锁单、波段操作等策略；2018年，通过与沙钢对标有效降低采购成本千万元以上，采购降本与加工创效、管理创效共同为公司完成经营目标奠定了基础。为实现高效保供，公司努力克服增值税发票开具不畅对废钢采购的影响，完善供方管理，拓宽资源渠道；推动普通废钢打包块Ⅰ、破碎废钢Ⅰ等加工类新品种在炼钢工序中的使用，全年采购优质类废钢占比大于80%，为钢厂提高入炉废钢的堆比重、降低铁钢比创造了有利条件，提升了服务用户的效率。

2. 供应商管理规范有序。加强供应商管理，广泛引入竞争机制，通过供应商之间的良性竞争，提高履约效率。实行供应商分级管理和绩效管理。2018年，24个厂家获得该公司正式供方资质，合同兑现率101%。

【品牌战略】 1. 品牌建设稳步开展。完成了废钢行业标准《炼钢铁素炉料（废钢铁）加工利用技术条件》的起草工作。修订了马钢《熔炼用废钢企业标准》，对炼钢冷料重新定义和分类，使其更贴近生产实际。2018年，公司通过了中国质量认证中心质量、环境、职业健康安全3个体系换版认证。开展了形式多样的QC活动，全面提高质量管理水平，全年发布QC成果6项。启动"产学研一体化"工作，开展了"熔炼用废钢脱锌技术研发及应用"项目研究。

2. 质量管理持续加强。2018年，公司进一步完善质量标准化体系建设，继续推行采购、加工、判定、供应全流程质量管理，注重采购前端管理介入，严肃查处"问题"废钢，提高判定结果的公信力。通过废钢质量巡查、底部料筛分、密封容器和有害元素的管控、码头监装等环节来保障废钢质量,得到了钢厂用户的广泛认可。

【组产保供】 1. 生产保供均衡平稳。牢固树立大局意识和保供意识,通过库供、水运直供、基地保供三者相结合的灵活组产方式,合理安排保供计划;根据两头市场要求,合理控制库存;加强物流运输管理,形成废钢供应保质保量、生产组织紧凑平稳、运输安全保障有力的良好保供氛围,为整个保供工作提供有力的支撑。公司制定完善的安全应急方案和安全防范措施,积极应对恶劣天气对生产保供的影响,抓细求实,从而形成了上下联动的保供模式,2018 年未发生断料事故,较好地完成了年度保供计划。全年累计保供废钢约 210 万吨。

2. 资源回收及时到位。认真做好回收废钢分选和突击性回收管理,千方百计满足股份公司对回收镀锌废钢分类需求和大中修工程节点要求,2018 年累计回收废钢约 32 万吨。

3. 设备管理规范有效。强化设备日常点检、维护保养工作,2018 年未发生因设备故障而影响生产的事故,降低设备维护费用约 84 万元。

4. 信息化建设进一步完善。2018 年公司加强了对信息化工作的领导,进一步明确了信息化工作职能和任务,积极做好协调服务,紧跟公司信息化建设的步伐。4 月,公司启动了废钢贸易信息化,对贸易工厂进行了主数据维护,优化系统错误数据 41 起,防范了系统漏洞,保障信息化系统的正常运行。同时,废钢贸易过渡信息化项目于 8 月正式启动,11 月,完成了对外经营中从业务到财务结算全流程上线工作。

【安全环保】 1. 加强安全管理,保障安全生产。全面落实责任,深化风险管理,夯实安全基础工作。持续推进隐患排查体系建设,强化各级人员红线意识。加强外来单位和外来人员安全管理,开展劳务工复工教育、供应商安全告知、将外来人员纳入公司安全管理体系中,2018 年无工亡、重伤、轻伤、消防安全事故。在岗员工接受安全教育率 100%,特种作业人员持证上岗 100%。深入开展安全生产标准化建设,公司继续保持“安全生产标准化二级企业(商贸)”资质。

2. 全员参与环保,推进绿色生产。开展职业危害因素检测工作,粉尘、噪声排放均达到国家标准。开展危险因素识别和危险源辨识与评价、环境因素辨识与评价更新工作,辨识率和控制率 100%。危废、固体废弃物回收处置率 100%。2018 年无环境投诉事件及污染事故发生。

【基础管理】 深入学习贯彻习近平新时代中国特色社会主义思想和党的十九大精神,广泛开展“讲忠诚、严纪律、立政德”专题警示教育活动,健全巡察、巡视整改工作台账,2018 年,建立完善 26 项规章制度。认真开展党员示范岗、责任区活动,协同采购管理、生产管理、质量管理、资金风险管理、对外经营管理课题组进行监督检查,加强党风廉政建设,不断促进作风建设,矩阵式党建活动始终保持鲜明特色。牢牢掌握意识形态主动权,推动正能量成为主流。加强人才队伍建设,扎实开展全员绩效工作,认真做好人员招聘,培训开发和薪酬福利发放工作。互助帮困,关爱职工落在实处,建立困难职工档案,开展了“送温暖”、互助帮扶、“健康行”等活动,职工获得感不断增强。积极参与全国脱贫攻坚,开展了包户结对帮扶工作。

(杨祖年)

化工能源科技有限公司

【主要经济指标】 2018 年,化工能源公司在马钢公司的正确领导下,一手抓稳定,完善内部管理、加强运营改善,一手抓发展,谋划推进项目投资和合资合作,完成了年初设定的各项经营目标。全年净化焦炉煤气 3167 万吉焦,加工生产各类化产品 29.41 万吨,实现销售收入 23.26 亿元,其中外部收入 8.99 亿元,利润总额 2.365 亿元。

【发展平台构建】 年初,股份公司设立化工能源公司,实现了从股份公司二级单位到子公司的身份转变。3 月,完成安全生产许可证的申领和工商注册,7 月 1 日,财务系统正式独立核算,化工能源板块专业化发展平台初步构建完成。为加快发展壮大,12 月 31 日,集团公司向化工能源公司增资 7.33 亿元,化工能源公司成为集团一级子公司(集团公司持股 55%、股份公司持股 45%),实现了集团层面统筹发展化工能源产业的目标,为未来项目投资、股权整合和兼并重组提供条件。

【项目推进】 与西南化工设计院合作,发布了《马钢集团化工能源产业 2018 年—2022 年发展规划》,为未来发展明确了方向,即构建本部创新引领、多基地协同发展、板块一体化运营的产业格局,强化产业链延伸,发展化工贸易和技术服务产业。本部南区净化合并项目克服了边生产边建设的重重困难,循环水系统、电磁站等已投用,AS 区域主体设备安装完毕,基本具备投用条件，项目安全、质量、资金可控。努力打造马钢在山西的煤化工基地，成立了控股51%的山西福马炭材料科技有限公司，其4万吨/年针状焦及配套30万吨/年焦油精制项目完成奠基仪式，后续300万—500万吨焦化及配套化产项目也在积极推进；与南京晨虹特气合作的焦炉煤气提氢项目已完成可研文本、项目选址及总体布置等；加强与韩国奥瑟亚的合资合作，对马来西亚焦炉项目及山东奥瑟亚项目进行了前期调研。

【安全生产管理】 通过系统化、规范化、标准化的管理，实现了重大事故“五个零”目标，千人负伤率为零，各项安全目标圆满完成；通过修订《安全生产责任制》等安全管理制度，以及加大风险抵押的力度，公司形成了知责、明责、尽责的浓厚氛围；重点加强基建技改项目的外来单位和人员安全管理；实施规范化安全培训，提高了全员安全意识和特种操作技能，完成了氧化工艺等特种作业取证工作。2018年，公司消防形势良好，重点项目及检修现场的动火监护及消防管理工作稳步推进，未发生火灾及燃爆事故，荣获马钢公司“安全生产金牌”称号。

【环保绩效管理】 2018年处理废水155万吨，排口出水指标均大幅优于国家标准，固废、危废合规回收及处置，全年通过炼焦总厂处理生化污泥2万吨、焦油渣7300吨，未发生环境污染事故；环保专项工作有序推进，加强对欣创环保新区生化运营管理，同时积极开展降低老区生化药剂消耗攻关活动；通过了第二次全国污染源普查活动；积极开展“蓝天保卫战行动”，并顺利通过中央环保督查“回头看”；根据环保部门和马钢公司下发的超低排放要求，制定了《化工能源公司蓝天碧水净土保卫战三年行动方案》。

【生产管控】 坚持做好对股份公司炼焦总厂焦炉的工序协同，全年煤气鼓风机及循环氨水的日常管理持续改进，为焦炉无组织放散的受控奠定了基础，也支撑了马钢高炉取得连续稳定运行超1700天的新成绩。与股份公司钢轧系统联动，合理安排煤气设施停产检修，并通过持续攻关、工艺优化，3个净化系统出厂煤气质量均保持稳定，有效促进了公司钢铁强势品牌的建设。净化系统基本实现了系统稳定、流程可控和产品优良的目标，主要出厂化产品合格率均为100%；组织了对轻苯收率的攻关，2018年轻苯产量5.93万吨，焦油产量18.34万吨；苯加氢通过技术攻关，基本解决了重沸器管程、壳程堵塞的难题，产能进一步释放，2018年轻苯处理量6.93万吨，创历史新高。

【设备管理】 围绕设备长周期稳定运行和设备经济运行两大工作主题，开展设备星级竞赛，提高零故障管理水平，为生产顺行提供支撑，做到了“生产主导、设备主动”。全力做好公司能源管理，上半年完成各类能介单独计量的总体规划，相关工作正有序推进；顺利完成一净化挥发氨塔解体大修，二净化一系挥发、固定铵塔解体大修，苯加氢停产检修，三净化凉水架、克劳斯炉检修等20余项大中修、改造及消缺工作。

【技术创新】 全力推进技术创新和科技进步，针对技术难题，开展科技攻关；确定了2018—2019年度科技攻关25项；开展了集团公司EVI项目《提高并稳定化工能源公司南区出厂煤气质量》；注重产学研合作，申报了2019年科技成果奖培育项目2项；与安徽工业大学、中国煤科院联合申报了“安徽省煤化工新催化材料与新技术工程研究中心”；申报专利21项，受理15项，授权6项，申报软件著作权5项，获得授权4项。

【经营销售】 加强市场调研与开发，在巩固老客户的同时，积极开拓焦油、轻苯、粗酚钠等产品的新客户；根据市场行情及库存情况，合理调节采购和销售合同的兑现节奏，并与定价机制有效组合，整体经济效益有所提升。积极开拓煤焦油和轻粗苯的采购市场，2018年采购轻、粗苯1.2万吨，较往年有了明显的提高。全力稳定焦油质量，强化对马钢OCI的全面协同，充分发挥自备罐车及化产专用线有利条件，扩大采购半径，协助其外采购焦油0.5万吨，并处理高浓酚水1.28万吨，助推马钢OCI实现利润总额6000万元，创历史新高。

【品牌建设】 以打造“化工能源板块特色品牌”为目标，确立了3项“2018品牌就在身边”工程；微电影《0.01%的坚守》获得安徽省第二届品牌故事大赛三等奖；《提高焦化废水污染物去除效率》获得全国创新方法大赛二等奖；3项QC成果获省、市级荣誉；苯加氢班组荣获中国安全生产协会“安全生产标准化班组”称号；制定了《焦化燃料油》行业标准，参与了5项行标和国标的修订，申报了2项行业标准建议书。公司在行业的名誉度和品牌影响力进一步提升。

【人力资源】 做好马钢去产能政策的宣传解读和落实，按公司人力资源优化目标推进整体工作；招聘12名院校生；积极配合集团和股份公司机关机构改革，承接改革分流人员2人，办理职工退休20余人；按照集团公司要求，完成了《化工能源公司运营管控方案》制定。持续加强三支队伍建设，1人受聘为马钢高级技术主管，1人晋升为中层助理，3名优秀技术人才被提拔为项目副组长或科级管理人员。持续加强职工培训力度,开展各类技能、安全、体系等各类培训128项1711人次,培训计划兑现率100%,并公开选拔了出国培训人员,职工综合素质有所提高。

【党建工作】 认真组织学习习近平新时代中国特色社会主义思想和十九大、十九届二中、三中全会精神。组织建设全面推进,成立了6个党支部和净化合并项目临时党支部,2018年发展党员4名,5名预备党员转为正式党员,完成了党员信息库的建立。作风建设落到实处,以"讲、严、立"专题警示教育为载体,开展党风廉政建设和反腐教育;以效能监察为主导,强化监督责任有效落实,将"提升苯加氢产能项目"作为监察项目立项,同时对于净化合并工程项目,纪委也牵头成立督查组,全过程参与。积极开展群团活动,在推进全年"青安杯"竞赛、"双五小"活动的同时,开展了"一封家书暖人心""浓浓中秋情团圆一家亲"等活动,使青年职工感受到了浓浓的家园文化。

(秦星华)

·集体企业·

利民企业公司

【主要经济指标】 2018年,公司实现主营业务收入12.5亿元。其中:协力保产劳务系统5亿元;建安系统5.5亿元;生产贸易系统2亿元(不含利民创业园固废基地收入)。全年业务规模明显增长,其中劳务费收入和建安工程产值增幅较大。

【劳务总包】 协力保产劳务单位积极应对马钢生产变化,创造性开展工作,解决了新对接劳务过程中的各种困难,实现了几十项新增劳务的顺利对接,扩大了市场份额。2018年,劳务总包共174项。期间,已取得三标一体管理体系认证证书的马鞍山钢城利民劳动服务有限责任公司,积极作为,规范劳务总包管理,制定印发了《马鞍山钢城利民劳动服务公司机构设置和工作职责》,进一步明确各单位和部门工作职责,提高劳务总包的工作质量和工作效率,夯实利民公司生存发展的基础。

【市场开拓】 建安板块在马钢内部市场,接连在二铁总厂1号高炉大修、特钢优棒水处理、埃斯科特钢地平及钢结构项目、资源分公司南北区环境整治、耐火材料公司搬迁等10多项重点工程中,各项目按时优质高效地完成任务,得到了马钢领导的高度赞扬。在外部市场开拓上先后中标天长市污水处理、张家港市实业总公司改造等重大工程。2018年建安公司签订的合同金额超过15亿元。

【贸易转型】 2018年,星火微粉首次实现三条生产线同时生产,加工矿渣微粉50万吨、生产钢渣微粉15万吨,一举摘掉了投产以来连年亏损的帽子,实现利润逾200万元,同时,在利民创业园建设的马钢固废处置基地将于2019年5月投产使用。此外,商业贸易向农产品和实体经济转型不断进步,"占岭兰芽"牌茶叶获安徽省第十二届国际茶产业博览会"中国市场畅销品牌名茶"称号,品牌效应和经济效益持续提升。

【基础管理】 1. 财务系统管理。筹建了利民公司金蝶EAS财务核算项目,并在11月份开始试运行。

2. 安全管理。相继开展了"安全生产月""消防安全大检查""应急救援预案演练"等一系列活动,全年安全生产处于受控状态。

3. 工程管理。2018年建立了工程项目报量及进度款支付台账,堵塞了分包工程款项多付、超合同支付的漏洞,并通过对工程项目报量及进度款支付的历史发生数据,按项目进行详细统计,为日常工作提供了信息支撑,杜绝了以前由于信息不对称而造成的资金支付不规范现象。

4. 积极开展工程应收账款清欠工作。加速回笼历史沉淀资金,重点是工程质保金和长期挂账款项,公司在业务规模持续增长的前提下,应收账款余额明显下降。

【党群工作】 1. 组织建设。开展"讲忠诚、严纪律、立政德"专题警示教育。做好组织建设工作,落实党委决策前置程序,开好专题民主生活会,开展党员教育培训。

2. 党建创新融入劳务管理。公司党委积极探索在马钢劳务集中管理模式下党组织对接与合作新途径,建立了与外部劳务分包单位党建工作联系制度。

3. 做好纪检监察工作。学习条例落实制度,强化"两个责任"落实,切实加强反腐倡廉工作。开展了严禁"小金库"专项整治工作,明确各单位党政主要负责人是承担本单位"小金库"防治工作的第一责任人,公开承诺本单位无任何形式的"小金库",并在党务公开栏予以公示。

(汤　莉)

集团公司合资公司

马钢年鉴

嘉华商品混凝土有限公司

【主要经营指标】 2018年,实现产值3.03亿元(其中混凝土主业销售收入2.33亿元,其他营业收入5086.18万元);实现税前利润623万元;上缴税费1650万元。全员劳动生产率达163.41万元。

【外部市场】 2018年,在确保马钢内部混凝土供应的同时,加大混凝土主营产品对外部市场的开拓力度,使近年来外部市场占有率以每年2%的速度递增,由2016年的6%、2017年的8%,到2018年的10%。混凝土产品广泛涉及市政水系治理、市重点桥梁工程,以及万达、深业华府等房地产项目工程。

【内部保供】 克服混凝土原材料资源紧张、环保压力持续加大等困难,依托马钢内部资源优势,有选择性地采购张庄矿业公司和桃冲矿业公司的建材产品,对马钢项目混凝土实行快速保供,基本完成马钢重点工程混凝土的供应任务。

【环保改造】 对各分(项目)公司的生产线进行环保升级改造,已完工项目的资金投入为330余万元,后续环保项目已进入验收决算阶段。

【工序分包】 近年来,公司成功地将混凝土生产保供的泵送、维修等工序按照市场化运作模式实行分包,既节约了单位当期成本,又提高了工作效率,同时还体现了"多劳多得"的分配原则,让多做贡献者收入有所增加。

【转型发展】 与张庄矿业公司合作,总包销售尾矿砂石,公司做了大量的前期市场调研,并且,基于我们对砂石的生产与销售技术的了解,提前进行了对接。将承揽选矿尾砂石的销售变成了不是做简单的贸易,而是根据客户不同的需求,进行量身定做的二次加工。采购安装了新的筛分设备,对张庄矿选矿废砂石的混合料进行筛分处理,以合同分包的形式进行了造堆、装载、喷淋和车辆进出自动清洗等。同时,投入了必要的环保设施,加强了现场管理。由于合作顺畅,年初又增加了尾砂填充料的运输等两项新业务。

通过一年多的合作,张庄矿项目公司已经融入张庄矿业公司的生产流程,为打造"六型矿山"做出了贡献;2018年,张庄矿项目公司共生产销售尾矿砂石103.33万吨,实现销售收入4978.08万元。

【灌浆料生产】 灌浆料产品的市场需求量呈上升趋势,市场前景看好。随着灌浆料基地建设顺利完工投入生产,成为公司一个新的经济增长点,并为公司的中长期发展奠定了坚实的基础。2018年,灌浆料事业部共销售灌浆料产品980吨,实现销售收入85.92万元。

【清洗机制造】 清洗机装置专利产品已广泛地运用于马钢各厂矿,如矿山、港务原料厂、资源分公司等,在各大型车辆使用单位予以推广并取得了实效。2018年,公司共生产销售自动喷淋系统清洗机4台套,实现销售收入22.18万元。

【外加剂复配】 在混凝土外加剂的复配加工上,利用分公司富余人员和闲置厂房,改变商业模式,采购母液进行技术复配,基本确保本单位主业生产的需求。2018年共降低混凝土外加剂的采购成本22.7万元,单方混凝土降低成本0.52元。

【党群工作】 2018年,公司党总支、各党支部以及公司工会与基层工会组织,分别进行了换届选举。对涉及公司"三重一大"和关系到员工切身利益的事项,严格按照"党总支委员会前置、员工代表座谈、党政联席会研究、职工代表大会通过"等程序办理,如:上半年的年金缴纳、下半年的公积金调整等,坚决做到了"公平、公正、合规、合法"。同时,坚持做到党务、厂务公开。下半年,组织开展了"我们拿什么和民营企业竞争"大讨论,活动期间共收到员工来稿27篇,并选择部分稿件在《马钢日报》等媒体刊登。

【企业文化】 公司党组织以搭建"混凝土公司党员学习群""公司党支部党小组学习群"等微信平台,上下联动加强思想政治工作的针对性和及时性,学习交流党的理论,发布新信息,传递正能量。不断加大舆论宣传的工作力度,为公司做强主业和转型发展鸣锣开道,为生产经营鼓劲造势。同时,根据公司生产管理实际,不断提炼和丰富企业文化,"干就干干好,做就做不同"的一体化管理方针、"一笔一策,风险受控,哪壶不开提哪壶"的清欠文化、"为企业创造价值来实现自己的价值"的管理理念等,逐渐形成了具有合资企业特色的企业文化。

【员工福利】 为充分调动员工的工作积极性、主动性和创造性,增强公司凝聚力,以及对优秀人才的吸引,年初,着手研究提高员工薪酬待遇方案,并获得公司董事会批准。经测算,2018年员工工资收入与上年度同比增长约18%。同时,圆满解决了多年悬而未决的员工年金缴存问题。为体现公司重视人才、留住人才理念,对同时入职的不同学历、不同职称的员工缴纳公积金比例(并轨)调整时间做出具体的规定。

【社会责任】 2018年,为响应马鞍山市委、市政府和马钢集团公司党委的号召,我公司适时开展了一对一精准扶贫。在党总支主要负责人的带领下,公司相关管理人员多次深入和县姥桥困难户家里,不仅送去慰问金,还和当地村领导一起研究脱贫致富的有效途径。

(童红武)

康泰置地发展有限公司

【主要经济指标】 2018年,实现主营业务收入2.86亿元,利润1820万元,上缴税金588.3万元;重大安全、伤亡、火灾事故为零。

【安全管理】 按照构建安全生产“六项机制”要求,健全安全管理体系,建立问责机制,创新管理人员下基层抓安全制度落实;深入巩固安全效能监察工作成果,扩大安全联系卡制度实施面;按季度召开安全生产形势分析会,通过“安全生产月”、消防现场演练、安全知识测试等活动的开展,强化了职工“我要安全”的意识和科学逃生的技能;投入400多万元有效处理安全隐患30多处,重点解决了辖区内瓦屋面安全隐患和七里甸防汛隐患,是近年来投入最多、成效最显著的一年。全面开展资产现状排查,2018年共实施73项资产维修项目,费用合计1208万元,处理水电抢修200余项,有序实施了36项物整项目,共计446万元,保证每笔资金、每项工程都“卓见成效”。

【现场管理】 按照文明城市创建和“四室”建设相关要求,全面推行现场规范化管理,从制度层面量身打造标准化操作流程,实现工作场所“四定”制度规范上墙、现场物品定置摆放、保洁清扫定期到位。建立定期与不定期相结合的现场环境常态化督查机制,基本实现“检查—整改—再提升”的闭环管理,荣获“马鞍山市卫生先进单位”称号。“三供一业”移交改造工作全面铺开,涉及26栋中转楼的供水改造以及17栋中转楼、七里甸平房的用电改造基本完成,有序实施了9个物业小区的资产实物移交,并对马钢辖区内9个街道、70多个小区、500多栋楼的维修内容进行了现场确认和统计。按照集团公司要求,拟定了《马钢中转楼及平房清理整治工作初步意见》,在完成217号、218号中转楼清理整顿的基础上,对其实施拆除。基本办结了上湖家园、八三大院、金安小区、向山镇等地区拆迁安置收尾工作。

【服务工作】 1. 个性化服务送入宿舍。以建设“美好家园”为目标,结合单身大学生个性化需求,增设国学室、自习室、聊吧及多种体育设施,组织开展篮球赛、羽毛球赛、电子竞技、书画比赛等贴近单身大学生兴趣爱好的文体活动,建立微信群畅通沟通渠道,融洽了家园气氛。

2. 机关服务走入基层。机关各部门根据业务特点有针对性地开展对基层工作情况的调研,及时有效地解决了基层工作中遇到的问题。与此同时,建立起基层对机关的服务评价机制,并根据服务质量的反馈情况对机关工作效能进行考核,切实提升两级机关的服务水平。

3. 标准化服务贴近业主。更加重视对现有市场的维护,秉持主动服务的原则,开展对服务质量、工程质量回访和安全隐患排查整治等售后服务。建立标准化体系建设项目计划,整改并关闭“三标”体系外部审核不合格项目,结合业务单位的特点定制标准化工作流程,严格执行情况的跟踪完善,业主满意度明显提升,裕泰物业公司获得“雨山区服务业20强企业”荣誉称号。

【业务拓展】 1. 抢占马钢内部市场,瞄准国有企业“三供一业”分离移交的市场机遇,主动与各业主单位对接,打开了马钢姑山矿、桃冲矿住宅物业市场,通过承接姑山社区卫生服务中心物业项目开辟了公共设施物业服务新业态;积极参与马钢内部工程项目招投标,获得马钢资产经营公司、南山矿、张庄矿、欣创环保、股份公司二级总厂等一批技改、检修、绿化、防腐项目,是近年来业务量最高的一年,合同金额突破8000万元。

2. 勇拓外部市场,利用资质优势,积极参与外部市场招投标,物业服务业务成功进入马鞍山道路保洁物业服务市场,承接了当涂太白镇新年路道路保洁项目,坚持锁定楼宇物业市场,相继获得了花园中学、华东农产品物流园项目。建安业务入驻马钢集团及股份公司招标平台,投标范围延拓至合肥、芜湖,成为十一冶、十七冶等大型建筑企业的合格分包商。物资贸易业务先后获得轮胎、电缆厂家代理资格,超额完成全年经营目标。

【改革发展】 积极探索业务转型方向,先后对马钢棚户区改造、市场安置房建设、旧城改造等项目进行了大量的投资分析和实地考察;成功试点通过引入合作方盘活闲置资产，打开了租赁管理的新方式；开启“互联网+”思维，就开展城市环卫、居家养老、固废处理、垃圾分类、建筑智能化、环保工程等业务做了大量的综合调研，努力谋划业务发展新方向。持续优化人力资源，从分公司基层班组着手清理劳务用工，实现了人力资源效率提升。坚持“不拘一格降人才，不拘一格用人才”，通过开展部分管理人员岗位竞聘选拔工作，聘任了4名中层助理、2名中层副职和2名中层正职，企业发展中坚力量不断充实。重视对年轻职工的培养，组织团员青年开展多项培训和交流活动，由工会牵头组织开展“导师带徒”，有效帮促了年轻职工的成长。

【党建工作】 坚持用习近平新时代中国特色社会主义思想武装头脑、指导实践，坚决贯彻上级党委关于党建工作标准化要求，着力推进思想建设、组织建设、作风建设、制度建设和反腐倡廉建设，提高了公司党建科学化水平。重新修订了党委会议事规则，完善了“把方向”工作机制；坚持党要管党，全面从严治党，有效落实党委决策前置程序，提升了“管大局”能力水平；组织开展“讲严立”专题警示教育活动，优化跟班蹲点制度，强化了“保落实”方法措施。有效推进“两个责任”的落实，继续开展“四风”整治，抓好“六大纪律”建设，认真做好马钢巡察反馈意见的整改落实等工作。

【文化建设】 认真组织学习宣传习近平新时代中国特色社会主义思想，发动职工积极参与改革开放40周年和马钢成立60周年系列活动、观看爱国主义影片，让广大职工都能认得清形势、把握住方向、跟随上脚步。高度重视意识形态阵地建设，严格宣传报道考核，选派部分基层通讯员参加业务培训，2018年共撰写通讯报道333篇，其中马钢及以上外媒用稿量占比67%。持续推进厂务公开的制度化、规范化，认真落实职工代表大会制度，组织开展了“我为康泰公司转型发展献一计”大讨论活动，收集整理27条建议并分解至相关单位予以落实，切实提升职工对企业经营发展的参与度。以实现企业愿景与个人发展有机统一为目标，把企业发展成果惠及广大职工，职工人均收入较上年度增长10.6%。时刻关注每位职工，组织开展了帮扶慰问、“金秋助学”和“健康家园快步走”等活动，营造出和谐共建的发展氛围。

此外，公司切实履行社会责任，积极参与上级部门组织的精准扶贫工作，有序推进辖区内文明创建工作，并在综合治理、计划生育、爱国卫生、女职工劳动保护等方面也取得了较好的工作成绩。

（孔倩茹）

欣创节能环保科技股份有限公司

【主要经营指标】 2018年，实现营业收入9.9亿元，利润7960万元；外部市场营业收入2亿元，占比达到20%。

【重点工程】 制定《工程项目施工管理手册》，试行了项目经理责任制。公司的外部项目分布于山西、河北、江苏等省份，先后完成天长市11个镇污水处理厂项目、铜陵PPS污水厂项目、山西余吾瓦斯发电项目、市中心城区水系治理PPP项目部分标段等建设任务，公司首次实现外部工程项目收入大于马钢内部。

【专业化托管运营】 持续完善脱硫、除尘集中监控中心建设，标准化托管运营模式渐趋成熟。托管运营的马钢近百套除尘设施、14台套脱硫脱硝设施、100多处水处理设施运行稳定，排放达标，环境绩效优良，满足业主要求。利用马钢二铁总厂3号、1号高炉大修契机，完成环保设施改造，进一步提升环境效能。据统计，2018年脱硫系统平均同步运行率为99.82%，比上年提高0.23%；综合脱硫效率为90.7%，比上年上升4.46%。脱硝系统平均同步运行率为100%，比上年提高0.33%；脱硝效率为66.17%，比上年下降2.31%。托管运营的环竟设施实现“设备事故零发生”“小时均值达标”“运营水平逐年提高”3个目标，为我市和马钢通过中央和省环保督查“回头看”等专项检查做出了贡献。

【技术进步】 公司组建环保设计研究院，进一步充实设计团队力量。自主编制完成38项烟气治理项目技术方案、13项污水处理项目技术方案及21个项目的施工图设计工作及项目跟踪与技术服务等工作。

公司荣获2018年省技术创新示范企业，工程技术研究中心于4月顺利通过科技局组织的验收，在绩效考核中被评为优秀（马鞍山市仅2家）。2018年新立项包括湿法脱硫除白技术研究在内的研发项目14项，并与安徽工业大学建筑工程学院、能源与环境学院开展了在除尘净化、脱硝催化剂、半干法脱硫增效等方面的研发合作，达成了包括“新型高效旋转喷雾脱硫工艺技术开发”“微孔膜除尘装置增效技术开发与应用”等一批合作项目。

欣创公司承担集团公司内部科技攻关项目9项、

省重点研究与开发计划项目1项。2018年获授权专利5项,其中包括发明专利2项。“冶金烟尘超低排放技术与装备的开发及应用”项目获得省科技进步二等奖;“冶金矿槽颗粒物污染控制关键技术研究及应用”获马钢技术创新成果二等奖;高效防湿微孔膜除尘器XCFS认定为安徽省首台(套)重大技术装备,并获安徽省名牌产品。

【市场开拓】 1. 能源服务方面。山西七一瓦斯发电项目稳定运行,余吾瓦斯发电项目顺利竣工并投入商业运营;总承包中科瑞华原子能源技术有限公司模块化发电系统工程项目;以PC方式承揽河钢乐亭钢铁烧结余热发电项目;以EPC方式承揽山西王家裕瓦斯发电项目;唐山宝利源干熄焦发电项目有序推进中。

2. 大气治理方面。完成石钢炼钢除白项目;承接了铜陵旋力特钢除尘和水质运营托管运营业务。

3. 水环境治理方面。天长市11个镇污水处理厂项目建设完工并进入调试运营阶段;完成了铜陵PPS污水厂和黟县污水处理厂的施工;推进市中心城区水系治理(PPP)项目中黄家塘、宋山沟、印山支流、山河村等水系的治理工作。

【企业管理】 1月,获建筑工程施工总承包二级、市政公用工程施工总承包二级资质;7月,获环保专业承包一级(环保专业承包最高级资质);11月,获得大气污染防治工程甲级资质。安徽省冶金烟气工程技术中心通过验收;获批成为国家环保装备制造规范条件企业(大气治理)、国家服务型制造示范企业、国家两化融合管理贯标试点企业、省技术创新示范企业;获批组建省级博士后工作站。

发布了《品牌培育管理手册》,制定了《品牌管理办法》《品牌传播管理办法》《品牌战略管理办法》等制度,制定了《品牌战略规划(2018—2020年)》,建立了公司品牌管理工作制度体系。此外,根据集团公司的品牌建设工作统一部署,确定了“实施卓越绩效管理模式”“精益工厂建设”“推进产品产业化”3项工作为马钢“品牌就在身边”重点项目。

(王希通)

粉末冶金有限公司

【主要经营指标】 2018年生产还原铁粉32187.50吨,销售还原铁粉32692.80吨,销售收入14114.61万元,产量、销量及销售收入比上年分别增长28.32%、30.30%、21.54%,生产规模开创了新局面。实现税前利润1218.98万元(含政府收回去产能土地的补偿金)。

【生产经营】 围绕“两窑四炉”生产平台的稳产,积极实施月产3000吨还原铁粉达标工作。针对产品质量波动,采取多种措施,适时调整工艺,突出抓好隧道窑产品质量,1月、3月、5月均实现月产3000吨还原铁粉的目标,刷新生产历史最好记录,为规模增效奠定了基础、树立了信心。

【节能技改建设】 加强了对年产6万吨还原铁粉三期技改项目的领导,统筹谋划推进重要节点。8月底,新建236米长1号隧道窑基本建成。12月,4号精还原炉建设基本完工,配套的煤气管道总体更换同步完成并送气,消除了重大隐患。供电、能源介质及辅助保障有序推进,破碎工序关键设备不断得到完善,技改项目进入最后的扫尾冲刺阶段,为2019年形成“三窑六炉”生产新格局奠定了装备基础。

【科技创新】 为进一步改善产品结构,丰富公司产品系列,在保持马钢还原铁粉主产品优势的同时,强化了“产学研”相结合,科技引领步伐加快。8月,预混合合金粉项目试产,供4家客户使用,取得了比较满意的效果,填补了多年来无新产品的空白。积极摸索矿粉加工生产磁性材料用粉工艺,对生产线持续进行了完善。品种结构的优化正在形成,新的经济增长点有望成为现实。作为安徽省高新技术企业,已拥有1项发明专利、16项实用新型专利、4个高新技术产品和多项技术秘密,正在审核受理的发明专利3项、实用新型专利3项,系市铁基合金粉末冶金工程技术研究中心和市企业技术中心。12月,被市政府批准认定为2018年度市科技“小巨人”企业,被市经信委认定为市技术创新示范企业。科技创新引领,助推了公司实现打造国内一流金属粉材服务商的战略目标。

【安全环保】 牢固树立了安全生产红线意识和底线思维,以安全生产责任制为核心,突出生产一线危险源点风险防控,加大了检查监督考核力度,顺利实现安全生产无事故的目标。围绕环保督察与整改,强化环保是核心竞争力的理念,针对环保整治中出现的问题,加大环保投入和督查力度,全力以赴推进涉及粉尘、烟气、工业循环水的各项环保治理,打响环保整治攻坚战,现场环境面貌发生可喜变化。同时,加快办理技改项目环境保护影响评价,力争早日通过环评,实现生产工艺线环保全面达标，建设本质环保型企业。

【体制机制创新】 作为安徽省第一批混合所有制员工持股试点单位，公司在积极实施规模发展的同时，努力实现“国有控股、民营机制”的体制创新。9月，注册成立员工持股平台“马鞍山市粉冶企业管理中心(有限合伙)”，符合参股条件的13名公司员工认缴持股167万元，占公司总股本比例1.46%，在原马钢集团公司、安徽长江科技两方股东的基础上，成功引进了部分员工成为公司第三方股东，实现了新老股东会的平稳过渡，进一步深化体制变革取得了实质性突破。

【党的建设】 突出党组织的领导地位，党的建设不断得到加强。1月，顺利完成公司党支部到期改选工作，明确了新的支委班子成员职责与分工。公司党支部先后召开11次支委会，对涉及生产经营建设及改革发展的重要事项进行审议把关。“讲忠诚、严纪律、立政德”专题警示教育有序推进，进一步做好了马钢集团公司党委对我公司专项巡察发现问题的整改完善。认真学习贯彻习近平新时代中国特色社会主义思想和党的十九大精神，党支部(扩大)集中学习12次，召开全体党员大会3次，党课专题讲座1次，全体党员学习覆盖面与学习深度得到了加强。开展了民主评议党员、“七一”表彰、党员安全“两无”等活动，选配了1名专职党务工作者，吸收转入2名党员。全体党员认真学习了《中国共产党纪律处分条例》，29名同志参加了上级组织的在线学习测试，合格率达100%。党风廉政建设主体责任和监督责任得到落实，形成了风清气正的良好政治生态。加强了中层管理人员的年度考评和责任担当，招聘了8名新员工，推进了人力资源优化。

(蒋忠根)

嘉华新型建材有限公司

【主要经济指标】 2018年，公司产销矿渣微粉415万吨(本部137.79万吨、委托加工生产275.77万吨)，实现营业收入10.99亿元，利润总额1.35亿元，分别比上年增长1.47%、42.23%、11.55%。安全环保和质量达到目标要求。

【生产经营】 一是统筹做好环保和储运工作。针对长江生态保护“清废行动2018”中有关固废倾倒整治，以及有关码头环保提升大势的要求，克服场地不足、反复倒运和码头停工整治等不利条件，保证了高炉水渣和矿粉产品外发畅通。二是突破煤耗瓶颈，建立用煤新标准。针对煤耗偏高的问题，对标攻关，通过煤炭风干摊晒后使用；停止自中小贸易商采购，从马钢采购中心直接进货北方大矿直销煤，保证煤炭品质；适度加大新旧水渣混合使用等多项举措，降低原燃料水分的不利影响及烘干热能需求，煤耗自28.97千克/吨下降到20.94千克/吨。煤耗降低8.03千克/吨，按年生产矿粉137.79万吨计算，降本804.93万元。三是突破稀缺资源制约，建立物流新通道。针对长江不规范码头不断被取缔、码头费用不断上涨的趋势，将和县浙徽加工点水渣运输方式由“汽运+码头+船运+码头+汽运”改变为汽运(通过轮渡)一站式服务，运输费用由26.14元/吨减为16.68元/吨，降低9.46元/吨，按半年消化水渣30万吨计算，降本283万元，并实现了四方共赢。四是突破固有模式，精准调研再出发。针对热风炉检修方案争议，利用磨机堆焊停炉之机，邀请马钢炉窑专家深入火膛检查，年修立项由整体更换翻建变更为局部整修，每座热风炉年修费用从120万元以上降为20万元以内；优化磨机技改检修方案，为公司节约成本40余万元。

【人力资源优化】 一是公司优化组织架构，实现机构重组和职能调整，部门设置由10个减少为6个，精简40%。二是结合一线磨砺情况和现实表现，经过公告、报名、公司内外专家和职工代表面试评分、组织考察、支部研究、公示等程序，量才适用，一批敢担当、尽责任、干实事和口碑良好的人选得到了聘用，加大了干部能上能下的力度，树立了“有为者有位”的鲜明用人导向。三是结合马钢集团公司教育内外部培训资源条件，选送骨干进行卓越绩效管理封闭培训及市长质量奖材料撰写，参加“三标一体化”、精益现场管理等专题培训，资助一线职工参加技师培训，并充分利用行业重点协会的交流推介平台，安排干部和技术人员了解行业发展趋势和前沿技术，为企业取得领先竞争优势和创新发展提供支撑。四是反复与委托加工点协商，完善委托加工合同，增加代销量规定，增加水渣款与加工费冲抵规模、时限要求和后续措施，以及水渣单耗的考核要求，尽力消除弊端，防范品质和资金、资源利用的风险，促进委托加工健康发展。五是积极开展同业调研，主动与矿粉协会、北京科技大学合作，积极进行数据取样，筹备推出“中国矿粉运营指数”，力求量化反映监测和动态跟踪行业景气度走势、景气波动程度和强度,推进行业生态整体优化。

【研发创新】 研发成果积极在行业舞台展示和竞争,取得丰硕成果。“大宗固体废弃物资源化高效利用”荣获中国建材企管协会管理创新成果大赛二等奖,“高硫细粒尾矿充填用固结剂的研发”荣获2018年度“苏博特杯”混凝土与水泥制品行业技术革新奖三等奖。并且,作为主要起草单位之一,公司参与矿渣微粉产品国家标准修订1项、企业标准制定2项,显著提升了行业地位和影响力。

【上市筹备】 一是取得不动产所有权证。先后通过规划、治安、档案馆、征管局、冶金质监总站马钢监督站、消防、土地等各项手续要求,即将取得不动产权证。二是完成增资扩股及股权变更。完成资产评估工作、增资扩股专项审计以及股东方董事会批准手续,于12月14日实施分红,马钢集团公司实施增资和控股新型建材公司,解决了公司香港上市“大H套小h”的障碍,以及外地设立子公司扩大发展的前提。三是稳妥做好当涂子公司筹备。公司与马钢投资管理部及法务部、嘉华建材华东区反复协调,与当涂经济开发区、当涂法院、中天建材公司股东和资产管理人反复协商,形成招商引资、合资合作协议和章程等文件草案,做好成立当涂子公司及竞购中天建材公司前期准备工作。

【企业管理】 一是提升产品价格管理。年内三次修订《销售管理办法》,分别重点在客户优惠政策、不同市场条件下定价策略等方面补充完善。重点实行了区域同价销售,取消事前优惠,根据客户表现得分和后评估结果,给予优惠。二是提升规范采购管理。年初,一批协力保产合同到期,公司改变多采用顺标、后协商的习惯做法,从马钢招标平台扩大选择、招标采购。另外,零星办公文具和计算机、易耗品也改变由小型贸易商送货上门的做法,直接在大润发及大型电子商务平台比价采购,有效杜绝了人情债和廉洁风险。三是提升物流GPS安全监控。为严防水渣公路运输流失、产品公路运输串货的风险,公司建设车辆GPS物流跟踪监控系统,验证车辆往返点及行走轨迹,发现异常车辆及时组织专项排查治理,用信息化手段,防止舞弊和失窃事件发生。

【荣誉】 公司荣获中国建材企管协会颁发的“中国建材企业500强”“中国最具成长型企业100强”称号。

(徐　平)

瑞泰马钢新材料科技有限公司

【主要经济指标】 实现营业收入120170万元,利润总额3725万元,净资产收益率17%,自产收入占比45%。

【生产经营】 1. 新区项目建成投产,完成整体搬迁。围绕“投资、质量、进度、安全、文明施工和廉洁从业”六大目标,按照老公司生产经营工作、合资公司新项目建设和廉洁从业“一岗三责”要求,超常规推进节能环保型高温材料智能化制造基地和钢铁高温材料创新中心建设,成功举办“9·19”投产仪式,12月28日,完成整体搬迁。建设项目成为马钢集团与中国建材进行央企对接合作成功典范及徽商大会签约汇报项目;成为马鞍山市重点建设成就项目,并作为马鞍山市唯一一家入围申报为工信部智能制造综合标准化与新模式运用项目,通过省级评定;成为华东乃至全国智能化程度最高的绿色钢铁高温材料制造基地,将为不断做大做强做优、为中国高温材料产业转型升级产生深远影响。

2. 马钢股份耐材总包经营平稳有序。以“精品制造、精心服务”为目标,不断挖掘业主需求,增加总包范围和施工服务界面,提供延伸和增值服务,与业主开展联合攻关,合作引进开发新技术,提高客户满意度,改善总包运营效果。

3. 努力扩大自产比例,自产销售创历史新高,突破5亿元。优化外销市场结构,闸阀市场开发良好,宝钢RH耐材市场实现全面供货。大力收缩应收账款,通过法律程序,完成了对山西新泰欠款的回收;加强总包业务服务团队建设,专业化配置区域人员,开展区域负责人客户满意度调查,并依据调查结果进行人员调整。

4. 公司获中国建材总院安全生产先进集体、瑞泰科技优秀业绩奖、雨山区年度经济发展突出贡献先进集体;“节能环保型高温材料智能化制造基地及创新中心”项目获雨山区年度项目建设奖;“耐材总包业务定价机制”项目获瑞泰科技创新奖特等奖。

【科技进步】 1. 技术进步立项15项29个项目,并制定下发《联合攻关试用项目奖励办法》和新区《不定形产品操作规程》等4项管理制度。成立4个质量攻关小组,促进新区顺利投产。

2. 进一步强化原辅材料管理,修订9大类原料质量验证条件,持续做好工艺优化和调整。高温烧成滑板生产技术、四钢钢包预制砖试用等进展顺利;机压无碳钢包砖推广应用、优化轻烧滑板工艺方案、镁尖晶石碳质滑板工艺探索等效果良好;RH无铬砖生产技术日趋成熟。

3. 技术降本、新产品增效等降本增效工作成效显著。密切关注原辅材料市场行情,适时调整采购方式,降低采购价格,全面清理废旧物资。

4. 加强知识产权建设,制订下发专利管理办法和专利申报计划,申请专利6项,新增授权专利3项,获4项高新技术产品,制定的《莫来石质流钢砖》获工信部发布,主持编制了《无碳钢包衬砖》行业标准,参与了《镁钙砖》等3项冶标起草编制,完成了马钢耐火公司的专利承接及专利代理业务委托。

5. “节能环保型无碳钢包衬砖的研制与应用关键技术”和“新型节能环保型RH精炼炉用方镁石-尖晶石不烧砖及其配套耐火材料技术的研制与应用”两个项目,被中国耐火材料行业协会召开的科学技术成果评价会,评价为综合技术达到国际先进水平。“冶金中间包稳流装置制作及安全使用关键技术”“马钢四钢轧RH炉用无铬化耐材的开发与应用”项目,分别获中国建材技术革新二、三等奖;“节能环保型机压无碳钢包衬砖的研制与应用”“高效长寿滑板砖的研制与应用”分获瑞泰科技创新奖二等奖;完成1项国家标准奖补申请并获得补贴。进行了省级节能环保型高温材料智能制造工程研究中心申报。举办了钢铁高温材料科技发展研讨会,特聘了创新中心专家。

【企业管理】 1. 持续推进公司治理和人力资源优化。加强董事会建设,依法落实董事会、经理层和监事会职权,形成运行高效灵活的经营机制。开展提高工作质量“大反思、大讨论、大整改”活动。

2. 全面启动体系建设,拟定了公司两化融合、质量和环境管理等5个体系及卓越绩效评价推进计划。

3. 大力推进信息化,完成了各系统建设。制定并落实蓝天保卫战,进一步加强外来单位安全管理。按照“精干、高效”原则,不断推进人力资源优化和培训工作,盘活用好现有人力资源和做好员工补充招聘工作,新招聘50名员工,其中硕士研究生3人,本科23人,专科24人,平均年龄29.3岁,极大优化了公司人力资源结构,2018年举办各类培训班30余期。

4. 落实马钢多元产业板块重点工作,提升了合资品牌形象。参加马钢多元板块新材料及化工能源产业客户大会,制作了企业宣传片和宣传册,较好地提升了合资品牌形象。

5. 持续推进多元产业项目,进行了APQP项目“轻烧滑板砖开发”接转,“新型环保型RH精炼炉用无铬化耐火材料技术研究与应用”评审为马钢APQP项目。

【精神文明建设】 以党建促经营、以经营促发展取得显著成效。完成党组织关系转接,4月10日,马钢集团党委与瑞泰科技党委进行了瑞泰马钢党组织关系转接交割。5月4日,成立党委;5月18日,召开第一次党代会;7月27日,成立工会;11月19日,召开第一次工代会。创新开展“政治体检”和“财务体检”活动。5月19日,瑞泰科技将东方运营管理中心总部设在瑞泰马钢公司。公司党委获中国建材总院“先进基层党组织”称号。

(孙　俊)

马钢共昌联合轧辊有限公司

【主要经营指标】 2018年销售轧辊284支,共计8533吨,实现轧辊销售收入15237.86万元。同时,通过余料回收及协作服务实现销售收入281.92万元,全年营业收入15519.78万元,利润26.07万元,安全生产情况良好。

【生产经营】 公司通过重组改革连续三年实现盈利,借助马钢、美电、共昌三方资源、技术实力及市场,马钢轧辊在市场上的影响力逐步提升,订单业务也在不断增加,通过不断平衡支承辊业务与外协加工业务,充分发挥出各工序产能,产量稳定达到每月800吨。

【市场开拓】 在2017年基础上首先保持和维护已有客户关系,其次继续进行新的客户开发,主要有韩国Novelis、中国台湾中钢集团、中国台湾烨辉、鞍山钢铁股份有限公司、江苏沙钢集团和新兴有色金属企业河南明泰铝业股份有限公司等并进行了洽谈,通过了江苏沙钢集团的合格供方评审,并在鞍钢和明泰两公司取得了成果,依托股东方协助,2018年公司共签订合同38份,合同额21026万元。

【财务管理】 加强效益测算,为实现盈利,积极预测,从成本角度加以分析,从经营角度加以管控,严控非生产性支出,加强资金安全管理,在应收款下降的同时,确保汇票安全兑付。

【技术质量】 引进美国联合电钢锻钢支撑辊制造技术;生产的轧辊材质有美电牌号 DH3Cr、5CrMo、DH15,满足了板带冷、热轧机的使用要求。鉴于国内有些客户习惯于采用中国早期的轧辊材质牌号 70Cr3Mo,为满足这部分用户的要求,公司开发了 70Cr3Mo 热处理工艺,产品性能满足了客户技术要求。

(唐何俊)

力生生态集团有限公司

【主要经营指标】 2018 年实现服务经营收入 4.67 亿元,完成年度服务经营目标,实现工亡、重伤、食物中毒等重大事故为零。

【主体服务】 着力推进主体服务优质常态化。以服务业标准化试点为推动,全面落实工作餐服务标准化。

1. 强化工作餐标准化管理。一是加强工作餐流程管理。总结梳理、改进完善工作餐服务标准化体系,顺利通过食品安全管理体系复审和质量管理体系换版认证,严格落实工作餐"五统一",进一步加强工作餐质量日常监控、检查考核,有效保障食品卫生安全,确保工作餐质量稳定均衡提升。二是加强工作餐现场管理。扎实推进食堂"6S"管理,统一规范食堂定置和标识,做到定置定位合理、物品摆放有序、标识规范醒目、现场整洁卫生,提高了工作效率,提升了企业形象。三是加强工作餐服务质量。发挥大师工作室作用,加强改进菜单设计、菜肴研发管理,进一步丰富工作餐菜肴品种,提高菜肴质量;换发新式厨师工作服,推进微笑服务常态化,不断提升窗口形象和服务水平。

2. 围绕马钢厂容厂貌亮化、美化新要求,提升厂容厂貌服务水平。一是通过规范作业计划制订,推进现场作业标准化管理。利用微信群、QQ 群,加强信息传递、专业指导、过程管控和动态监督,强化管理人员每天到作业现场巡检制度等,促进了现场工作质量稳定提升。加大资金投入,提升环卫装备水平,投入近 300 万元,新增多功能抑尘车、洗扫车、洒水车等 6 台,按照国家卫生城市复审要求,改装垃圾清运车 6 台,提升了作业效率和作业质量。二是完善厂区环境应急保障机制。在抗击雪灾、台风的工作中,经受了考验,完成了任务,保障了服务。三是组织开展"蓝天保卫战"行动季专项活动。积极构建紧盯现场、目标清晰、标准量化、保障有力、及时高效的日常养护工作机制,推进绿地养护、道路清扫、洒水降尘的常态化管理,圆满地完成了马鞍山市卫生城市复审、马钢成立 60 周年纪念、马钢蓝天保卫战、中央环保督查"回头看"等厂区环境保障工作。

3. 提升防暑降温服务保障水平。改进发放形式,开发二维码提货券系统,增加防伪功能,实现了物品进、销、存信息化管理,提高工作效率。贴近主体需求,研发葡萄糖盐汽水等新品,尝试生产"沁夏"天然硒泉水,丰富品种,增加供应。改进包装设计,注册了商品条形码,为进入商场超市,拓展外部市场创造条件。

【市场经营】 1. 餐饮管理公司加快拓展公共餐饮市场步伐。新增托管合肥板材公司、六安张庄矿、含山县政府等 9 家单位食堂,实现了公司拓展市域以外团餐市场的突破,为进一步开拓省内外团餐市场积累了经验。市政公园酒店加强软硬件建设,提升力生品牌形象,大力拓展招待餐、升学宴、婚宴、年夜饭等市场空间,努力增收增效。

2. 园林建设公司紧盯马钢重点绿化改造提升工程项目,主动跟进,提升服务,进一步拓展了马钢内部绿化工程市场,2018 年承揽马钢"五线四面"绿化改造提升等 11 项厂区绿化工程;克服困难,申办了市政三级资质,园林设计室资质合并到力生公司,进一步增强拓展市场实力。

3. 暖通工程技术公司深耕马钢改造工程市场,2018 年承揽生产管控中心大楼中央空调新机组安装改造、四钢轧办公楼中央空调机组和管道改造等多个项目;新拓股份公司民用空调市场。

4. 马钢宾馆加大团队市场营销,提高客房入住率。黄山太白山庄等旅游酒店单位努力克服各种不利因素,积极拓展市场,创收增效。徽谷商贸公司深入拓展团体消费,收入与效益同步增长。

5. 幼儿教育中心面对补贴大幅压缩、资产和人员移交等压力和困难,拓展幼教市场、稳定师资队伍、提升教学质量,承办花山区红东幼儿园,开源节流,取得了好成绩。根据马鞍山市人民政府办公室关于印发《马钢公司所属幼儿园移交地方政府实施方案》的通知精神,12 月底,马钢幼儿园移交地方管理。

【企业管理】 1. 持续推进人力资源优化。通过区域整合、合理排班、工作量包干等措施,2018 年共优化主体服务单位劳动用工 70 余个岗位。加强改进班组建设。适应公司管理需要，对作业班组进行了优化，176 个作业班组优化为 126 个，班组长精减率达 30%。

2. 严格考核管理。2018 年考核 42 家(次)，考核中层以上管理人员 65 人次。严肃劳动纪律。严格请假审批管理，加大劳动纪律检查考核力度，对违纪人员进行处理和责任追究，解除劳动合同 16 人，强化管理。

3. 推进“6S”现场管理。在学习借鉴的基础上，在中心食堂、三钢食堂先行试点，不断总结完善，形成一套具有力生特色的“6S”现场管理规范，在公司全面实施推进，促进工作环境、工作质量、工作效率有效提高，提升公司整体形象。

4. 全面实施财务集中管理。重新定岗定编，全员竞聘上岗，优化了流程，精减了人员，精干比例达到 35%。深化食堂分项核算。加强经营数据分析应用，建立月、季经济分析制度，进行全面总结分析，有针对性加以改进，提升了食堂经营效果。

5. 改进提升采供管理。围绕工作餐菜肴研发，转变思路，以需定产，进一步拓展采购渠道，扩大集中采购品种，满足工作餐需求。

6. 加强车辆管理。完善 GPS 平台建设，制订下发《公司车辆 GPS 系统管理办法》，强化车辆运行过程受控管理。统一环卫车辆外观标识，提升了服务形象。加强安全工作，实施安全生产标准化管理，健全长效机制。

【创新发展】 1. 全面推进服务标准化工作。对公司现有管理制度进行全面梳理，按照标准化工作要求，充实完善、重新编制相关标准，形成《力生公司服务标准体系》，发布实施标准体系文件 226 项，其中自制标准 192 项，引用标准 34 项。通过了质量管理体系 ISO 9001，环境管理体系 ISO 14000，职业健康安全管理体系 ISO 18000，食品安全管理体系 ISO 22000，危害分析和关键控制点体系 HACCP 等认证，做到服务标准基本齐全，服务提供有据可依，标准覆盖率达到 90%以上，推动公司服务经营向规范化、高效化、品牌化发展，提升了公司管理、信誉、品牌、服务、理念等方面的“软实力”。

2. 扩大品牌影响力。公司当选为安徽省团餐委员会副理事长单位、马鞍山市质量协会品牌分会会长单位，荣获“安徽省餐饮业功勋企业”“安徽省餐饮业杰出团餐品牌”“安徽省园林绿化企业 50 强”“中国百家好食堂”等荣誉，提升了企业知名度和影响力。加强大师工作室建设。申报通过马鞍山市级技能大师工作室认定，获得市专项资金支持；着力提升菜肴创新、研发水平，全年创新、研发新式宴席菜肴 38 道、面点 44 种。

3. 积极参加技能竞赛。组队参加了“马鞍山市第五届中式烹调、中式面点”技能竞赛，公司选手包揽了中式面点前 4 名、卤菜制作前 2 名，夺得了中式烹调第 1 名和第 3 名。组队参加了全国第八届(安徽赛区)烹饪技能竞赛，荣获唯一一家企业团体金奖，我公司参赛选手获得 4 项特金奖、5 项金奖等荣誉。在 2018 年第八届中国徽菜博览会评比中，公司 4 名选手分别荣获“安徽省餐饮业十大烹饪工匠”“安徽省餐饮业十大服务工匠”和“安徽省餐饮业烹饪工匠”等荣誉。推进产业链延伸发展。先后开展厨余项目生产试验，工作餐加工配送中心调研、论证和选址、筹备工作。

【文化建设】 1. 深入推进企业文化建设。开展《力生之歌》征集，凝聚集体智慧，创作《力生之歌》，组织全员学唱，开展歌唱比赛，营造了氛围，激发了干劲；举行庆祝公司改制揭牌 6 周年升旗仪式，升力生旗帜，唱《力生之歌》，扬力生精神，展力生风貌，鼓力生干劲，充分展示了企业风貌，增强了企业凝聚力、向心力。

2. 公司党群组织紧紧围绕企业中心工作，认真学习贯彻党的十九大精神，深入开展“重品行，守规矩”主题教育活动，扎实推进党组织标准化建设，实现了党的政治建设、思想建设、组织建设、作风建设、纪律建设的新提升。深化“三创”党建品牌建设。组织“七一”表彰，开展传统教育，举行入党宣誓，重温入党誓词，进一步增强了党组织的战斗力、凝聚力。

3. 深化干部管理改革。根据公司实际，开展了职业经理人试点工作。深入加强党风党纪教育。对新提拔和调整中层管理人员开展任前廉政谈话；严格管理问责，对违纪人员进行了诫勉谈话。

4. 加强人才培养和引进工作。开展班组长、灶头厨师等岗位技能培训 580 人次，标准化专项培训 3000 人次；举办中式面点、宴会特色菜肴创新等技能竞赛，以赛促训，提升员工职业技能和业务水平。引进新生力量，面向高校，招聘了 8 名烹饪、园林、财会等专业大学生；通过一年实习考核，27 名第二届力生烹饪冠名班学生成为了公司新员工。

5. 持续深化民主管理。围绕重点工作，组织“蓝天保卫战行动季”职工代表专项督查。

6. 关心关爱职工。通过互助帮困、送温暖、全员办理大病意外商业险、参加全总互助保障等方式，2018 年为困难职工提供救助资金 35 万多元。开展健康体检,发放新工作服衬衫,努力提高职工收入与福利待遇。

7. 履行社会责任。响应脱贫攻坚“百企帮百村”等活动,积极开展工作,结对帮扶;组织公司爱心人士注册中国社会扶贫网,增加贫困地区农副产品采购品种,为雪灾期间高速滞留司乘人员免费送餐,奉献了企业爱心,提升了公司形象。

(刘向阳)

马鞍山钢铁建设集团有限公司

【经济技术指标】 2018年,面对经营管理不顺、任务严重不足、资金极度紧缺、职工队伍不稳等积重难返的各类问题矛盾,在马钢集团和工程技术集团的正确领导和关心支持下,公司紧紧围绕“聚焦现场对接市场、改革创新提质增效”的工作主题,着力于新机构、新体制、新发展,全力拓展市场、深化改革攻坚、规范施工经营、加快结算清欠,公司经营业绩大幅增长、职工工资及时发放、社保公积金按时缴纳,当期实现扭亏为盈,整体发展形势向好,实现营业收入25.7亿元,未经审计的利润总额1000万元,净利润520万元。与上年相比,收入增长9.12亿元,利润增长3961万元。

【改革管理】 深化改革汇聚新动能。企业管理流程再造顺利推进,改版发布了187项管理文件和作业文件;先后完成了全员竞聘上岗和高级经营层助理公开竞聘工作;构建了问责体系,处理安全环保、项目推进、违规违纪等事件5起,问责处分涉及公司高层、中层等责任人员计18人;全面推进项目经理负责制,组建了费控中心和区域项目管理公司。顺利通过了三标一体化管理复审;公司在省认定企业技术中心评价合格企业中位列马钢各专业产业板块第一、全省800家合格企业技术中心中排名第148位。公司资质管理取得新突破再获新成果,克服一切困难顺利通过了住建部特级资质延续注册,实现了环保工程、消防工程、电子智能化工程、防水防腐保温工程、城市及道路照明工程升一级、水利水电总承包升二级等6个升级目标,激发内生动力。

【市场开拓】 对接市场实现新跨越。面对有史以来的最大压力和挑战,公司全体职工倾注了满腔的热忱,克服市场同质化竞争激烈、融资垫资能力薄弱等困难,立足于市场转型,创新任务承揽模式,2018年签订合同额34.74亿元,比上年增长154%,创企业改制8年来最佳业绩。一是努力开拓马钢内部市场。在马钢集团公司领导的高度重视下,积极承接马钢内部土建工程,做到了马钢内部大项目全覆盖、小项目不丢失,确保了马钢内部市场份额。二是全力拓展外埠市场。加强与各大央企之间的沟通合作,先后承接了广东广青、山西晋南、广西盛隆、河北京唐、合肥云谷学校、福建福鼎等项目。三是转变项目承接模式。泗县安置房、慈湖取水口项目填补了公司承揽EPC总承包工程领域的空白。四是辅线单位齐头并进。各辅线单位不等不靠、主动作为,精心服务稳定老客户,克服困难积极开发新业务,在市场拓展、经营管理、凝聚职工等方面付出了诸多努力,稳定了一方队伍,为公司经营规模提升提供了有效支撑。

【生产管理】 聚焦现场谋求新突破。全力推行项目化管理,公司召开项目管理推进动员大会,在广东广青项目进行了劳务清包的有益探索,发布了新版《集团公司项目管理通则》,全面提升了项目部人员待遇,消除了部分职工对公司实施项目化管理的疑虑,项目经理的责权利初步得到了落实和体现。加强施工过程的有效管控。强化工程信息沟通管理,按照安全质量进度要求,信守合同、精心组织、规范施工,公司管理层驻点联系多个工程项目,加强与业主、监理的沟通,及时了解业主对工期、质量、安全管理等方面诉求,协调落实处理过程中的问题。强化技术挖潜。公司与安徽工业大学联合申报的“既有混凝土结构耐久性检测评估方法与维修加固关键技术”荣获安徽省科技进步奖成果二等奖,实现了重大政府奖项零的突破,2018年获新型发明专利5项,冶金部QC成果二等奖1项,部级工法1项,多项成果仍在申报受理之中,公司技术创新能力有所增强。重点工程展现综合实力。结合项目施工实际,组织开展了“决战四季度、冲刺年目标”活动,成立了大干四季度指挥部,本市以马钢六机六流、1号高炉大修、慈湖取水口项目为重心,外埠项目以广西防城港、山西晋南、福建福鼎项目为重点,举全公司之力投入大干热潮,指挥部靠前指挥、协调解决各类问题,确保项目有序推进。

【经营管理】 面对银行续贷周转期的生产运营资金问题和抽贷导致的资金紧张加剧局面,公司一度陷入资金链断链的危机,为确保施工经营需求,公司沉着应对、深度挖潜,采取多项措施筹措资金。一是加大老大难工程结算清欠和在建项目结算工作力度。要求已完项目尽快形成结算条件,加强工程资料管理,做好索赔签证,加快资金回笼,采取有效措施防范和规避风险。2018 年建设主体应收账款回款 6.8 亿元,年末应收账款余额 2.12 亿元,比年初下降 1.24 亿元,降幅高达 32.62%;完成工程结算任务 115 项,累计办理结算工程量 11.8 亿元。狠抓疑难项目清欠,定人、定时、定项目,采取发律师函、法律诉讼等措施,处理经济诉讼案件 42 起,合计案值 6380 万元,节约资金 642.9 万元,重点突破落实执行了合肥熔安动力等历史遗留老大难项目清欠,有效缓解了公司阶段性资金压力。二是全力应对银行还贷,公司一方面抓紧与非银机构对接融资,一方面在马钢集团的帮助下及时到账在建工程材料预付款 3300 万元,筹措资金还贷达 1.34 亿元(其中被银行抽贷 7000 万元)。三是加强预算管理。严格施工预算,规范工程过程管理,提高材料供应、分包费用及成本控制的计划性。大力压缩财务预算,严格执行“以收定支,量入为出”的资金平衡原则,严控费用支出,非生产性开支较上年降低 40%。四是严格小额款项清收。结合年初个人备用金借款额度高达 638 万的实际,严格执行《备用金管理办法》,加大清欠力度。截至 12 月末,备用金账面余额 284.54 万元,比年初下降了 55%;加强质保金的清理工作,公司梳理了 67 个项目质保金计 1200 万元,不遗余力地确保各项资金回笼,多举措不断改善资金紧缺局面。

【精神文明建设】 党建引领达到新高度。一是强化党的基层组织建设。认真开展“讲忠诚、严纪律、立政德”专题警示教育活动,以发挥党员示范作用为重点,践行党委服务计划书和党员服务承诺,公司顺利通过花山区经信委党工委和市委组织部党组织标准化建设验收。二是正面引导凝聚力量。通过马建集团报、公司门户网站等形式不断深化形势任务教育,深入开展党支部临时堡垒工程创建、党员先锋号、先模评比、合理化建议、劳动竞赛等活动,为职工岗位建功创效搭建平台。三是关心关爱职工。以保障职工生活为第一要务,在兑现按月发放职工工资、缴纳社保承诺的基础上,筹措资金补发了 2017 年度欠发工资,恢复了职工工作午餐制度,落实了春节和中秋发放职工福利措施,开展了职工年度健康体检,同时,通过马钢工会帮扶、互助帮困基金、金秋助学、大病救助、泰康大病保险、平安大病保险、市总职工意外伤害互助保障计划等平台加大帮扶力度,2018 年慰问困难职工 216 人次,计 9.23 万元;日常住院慰问职工 55 人次,发放慰问金 2.02 万元;职工保险赔付 104 人,理赔金额 49.14 万元;实施大病救助 18 人,救助金额 4.77 万元,多举措帮助困难职工度过生活难关。四是丰富和深化企业文化内涵。公司结合改革转型、努力打好扭亏脱困攻坚战的实际,广泛征求职工意见,以“自觉担当、建好家园”为当前公司全体职工共同践行的文化内涵,不断增强职工的主人翁责任感。五是确保职工队伍稳定。因企业运营状况不佳,职工思想复杂多变、队伍暗流涌动,两级党组织结合实际深入细致地开展职工思想政治工作,加强信访维稳,化解各类矛盾纠纷数十起,确保企业改革管理、施工经营各项工作平稳实施和大局稳定。

(王秀勤)

钢晨实业有限公司

【主要经营指标】 2018 年,面对钢铁行业全面好转的历史性机遇,公司坚持以市场为导向,及时调整经营策略,将机会变为优势,将优势变成效益,不断提高产品市场占有率和盈利能力,实现销售收入 29 亿元(不含远大公司和欣创公司)。

【市场开拓与项目开发】 积极开展项目开发工作。市场开发方面产生了 2 个一等奖、4 个二等奖,8 个三等奖。在基建技改方面:物流园投资建设了 3 号库项目,完成了磁盘吊改造、行车照明改造、园区道路硬化、备用电源、新桥动力系统大修等工程,并投资更新了 4 台保产运输车辆。公司完成了太阳能光伏发电项目,积极推进物流园道路开口事宜,目前正在履行项目审批前的审查工作,力争 2019 年上半年开始施工。报业分公司新增了骑马钉联动生产线。远大公司新建了 9000 平方米大棚厂房。在项目研究方面:完成了智慧仓储调研、废钢发展调研、合肥钢铁物流园项目前期可研、马钢焦炉煤气制氢项目研究报告等。

【企业管理】 组织开展融资工作,开拓融资渠道,在维持原授信额度的基础上,新增了保理公司授信 4000 万元,开发了农商行限额循环贷、徽行信 e 贷;建立资金运行评价体系,资金周转率提高了 25%,存量资金占用下降 37%,财务费用下降 38%。加强纳税筹划,做好增值税税率变动衔接工作,办理了土地标准变更以及仓储用地的减半政策,努力财政返还。

加强人力资源管理,引进专业人才,招聘应届大学毕业生。启动人才晋升的四条通道,制定了《钢晨实业高级人才评定管理暂行办法》。完善四级考核体系,调整了员工薪资。加大培训力度,2018 年组织学习 55 场次,153 人参加,培训 3993 课时。

创新体制机制,在钢材分公司试行阿米巴经营模式,在绿能公司推行经理公开竞聘。加强合同及授权管理,开展各实体业务费用专项审计及实体经理任期经济责任审计,调整部分实体业务授权及钢材阿米巴授权等。完成 EAS 系统升级工作,实现掌上办公,试用移动考勤,启动系统操作规程的编制工作。

积极推进贯标和认证工作。完成本部、钢材、报业、润滑油和神马公司的 ISO 9000 质量体系认证,绿能和氢业公司完成 ISO 14000 职业卫生体系认证,实现贯标全覆盖;本部、物流园和神马公司,钢晨实业获得企业征信 AA 级。在健峰集团指导下,持续推进 5S 工作,现场面貌明显改观、员工 5S 工作意识增强,为持续深化推进 5S 工作、提升员工素养、实现常态化管理奠定了基础。

深入开展安全生产工作。坚持安全培训、隐患排查、安全检查等安全标准化管理工作,修订了安全生产管理考核办法,落实安全生产责任制,2018 年未发生重伤及以上安全生产事故。

【精神文明建设】 深入学习贯彻党的十九大精神,积极开展党员"传、帮、带"活动,公司荣获开发区 2018 年度"非公企业先进基层党组织"荣誉称号,发展预备党员 4 名,培养积极分子 3 名。

加强党风廉政建设。印发公司红黄线制度,与经营、管理人员签订了廉洁承诺,并在我公司为甲方的合同中增加了廉洁条款内容。

加强企业民主管理。以"五一"劳动节和五四青年节为契机,组织开展"美丽后花园,靠你、靠我、靠大家"为主题的全员除草活动;举办以"5S"为主题的合理化建议活动,职工积极参与,共收集 139 条合理化建议。

关心职工疾苦。认真做好职工及直系亲属慰问,互助保险大病及意外伤害职工保险理赔、续保工作;组织近两年来获得"优秀员工"称号的职工开展疗养活动;完善薪资增长机制,职工收入持续提高。2018 年,公司共有 22 人获得"先进个人"称号,6 人获得"优秀员工"称号。

【钢材分公司】 在确保盈利的基础上,努力扩大经营规模,2018 年钢材销售量增长 11%,维持了安徽省现货销售市场龙头地位。钢材销售已初步形成现货、工程、板卷三大板块,现货中马钢、长钢、雨花钢材齐头并进,结构更趋合理、发展更为稳健。积极探索阿米巴经营管理模式,分别于 5 月、8 月进行了试运行。

【物流园公司】 继续打造仓储、钢贸两个平台,仓储货主已超过 240 家,与欧冶锦商完善了宝盈通的线螺操作流程,开发了微信车号自助查询系统。引进江苏鑫源公司,开发了酸洗板加工业务。积极与金融机构合作,开发钢晨享运平台,整合车辆资源,配送业务比上年增长 75%。面对环保升级,竭力稳定保产运输业务;仓储、保产、配送 3 项业务指标均突破历史记录。

【神马公司】 开发毛里塔尼亚块矿和混匀矿新品种,努力保持供销渠道畅通,基本稳定了精矿粉业务。废钢采取扩大马钢、鞍钢市场,维持本钢、萍钢的经营策略,新增了扬州恒润重工客户,废钢贸易增长 45%。紧紧抓住国家环保政策机遇,在环保政策紧、钢厂采购困难的情况下,开拓了池州东流的发货点,石灰石等辅料贸易大幅增长。

【报业分公司】 将求生存放在首位,抓住印厂资源洗牌和整合机会,及时调整市场开发策略,2018 年印量突破 5000 万对开张,比上年增长 11%。大力协调邮政、广告及运营商,基本稳定了《扬子晚报》《南京晨报》当前的印刷业务。攻克书刊制版技术瓶颈,拓宽制版市场半径,2018 年完成商务制版 2.5 万张,比上年增长 41%。

【润滑油分公司】 扎实推进各项业务,与中石化公司紧密配合,成功开发了马钢新建生产线设备国产初装油市场。在持续的环保高压下,转危为机,努力开辟渠道,大量处置酸碱污泥、含铬污泥等危险废弃物。稳定氧化铁皮回收劳务队伍,完成了保产任务。分公司多项业务及经营效益均取得历史性突破。

【绿能公司】 继续推进"煤改气"业务,科达电窑炉项目成功落地。面对丙烷和液态气体原料市场的大幅波动,努力运用各种方法稳定市场份额,提高毛利水平。

【铜陵远大公司】 加强与政府相关部门沟通协调,努力做好设备维护及市场准备,在政府批复同意复工后,立即组织安排生产。

【氢业公司】 多次与马钢能控中心协调,最大限度地保证氢气供应。与客户坦诚相商,在困难时期不离不弃,增进了双方合作关系。

(任婷婷)

境外公司

马钢瓦顿有限公司

【主要经营指标】 2018年，实现销售收入6358.8万欧元，比上年增加678万欧元；进一步加强销售一体化推进工作，销售本部轮轴产品1105.7万欧元。在两头市场负面影响的情况下，2018年经营性亏损1096.1万欧元，完成了股份公司下达的年度经营目标，较上年减亏632万欧元。

【生产经营】 2018年合同签约量为8254.7万欧元，比上年增长15.72%。毛坯车轮、车轴、轮对数量较上年均有明显提升。2018年，瓦顿公司启动实施自2014年被马钢收购以来的首次变革。首先是公司经理层调整。2月，解雇原生产副总经理Vallart；7月，解雇原总经理Duchange和人力资源总监Jarry；调整后的瓦顿经理层3人，由Daniel Cappelle先生担任总经理，Francois Demilly先生担任技术质量副总经理，谢峰同志担任销售副总经理。其次是部门整合、人力资源优化。总体思路是瓦顿所有管理职能全部合并到瓦朗谢纳工厂，敦刻尔克厂区只作为车轮锻造及工矿轮锻造热处理生产场所。年内已经对销售部和销售支持团队的人员和分工做了调整，其他的部门整合在2019年完成工作计划，并任命各部门负责人。截至年底，公司员工总数由年初的508人下降到440人，其中7月后实现减员44人。

（李　翔）

德国MG贸易发展有限公司

【主要经营指标】 2018年，完成贸易额1435.88万欧元（其中钢材贸易额747万欧元），实现税前利润68.40万欧元，税后净利润47.11万欧元。

【钢材销售】 根据董事会及上级部门的要求，MG公司以公司高端产品如汽车板、硅钢开拓为目标，以终端用户和贸易商为重点客户，通过直供+“借船出海”两条腿走路。2018年，共签订钢材合同13个，主要品种为汽车板、低碳镀锌、耐指纹镀锌板、电工钢等，合同数量13121吨，合同金额1036.924万美元；完成发货量为10593.08吨，发货金额约851.699万美元，货款均已安全到账。

【备品备件采购】 在“高效保供、大力降本”的原则指引下，通过精心安排国际物流、优化运输方式，实现物流成本降低；通过推广发货后30天付款方式，大幅减少资金占用和财务费用。2018年，累计签订销售合同66个，累计发货57批，实现销售金额3920552.80欧元；备品备件贸易实现毛利518713.34欧元。

此外，积极处理质量异议及故障处理，高质量完成紧急备件、材料采购，保障服务，获得好评。

【党建工作】 组织员工认真学习新时期党和国家的各种路线、方针、政策，并按照组织要求认真学习、践行“两学一做”和“讲严立”活动，持续深化习近平新时代中国特色社会主义思想的学习贯彻，坚定理想信念、提升政治定力、筑牢思想根基。认真学习国贸海外支部下发的《习近平同志在十九大上的报告》等学习材料。大力推动网络党建资料学习，并积极参加驻地使领馆组织的政治学习。

【综合管理】 2018年，每月定期向上级报送材料4份，积极搜集钢铁及相关行业相关信息、编制客户拜访报告等材料计41份。接待公司出访团组10批，72人次，重要团组均派人陪同并协调联络相关日程安排事宜，确保团组任务高效、顺利完成。

（王亨炎）

马钢（美洲）有限公司

【主要经营指标】 2018年营业收入502.4万美元，毛利润38.4万美元，净利润11.17万美元。2018年开发新客户2家。协助轮轴事业部共计销售车轮21598片；车轴4476根；轮对179套。完成钢材销售4900吨。完成备件采购合同8笔，合同金额86.2万美元。

【生产经营】 积极开拓轮轴产品市场渠道。2018年，虽然受中美贸易摩擦等外部因素影响，美洲公司坚持积极维护好上年已开发的市场渠道，建立了定期互访机制，在稳定现有车轮业务的基础上，车轴业务有显著突破。重点完成了Alstom美国公司的供应商资质申报工作；向新客户美国PROGRESS公司提供了样轮进行理化试验；维护GE公司渠道，共同探索规避中美贸易摩擦带来的负面影响的措施；与美国WABTEC公司的合作已步入正轨。

开拓拉丁美洲市场,完成阿根廷市场主要铁路厂商的注册工作及试单,并借助其在南美的影响力开拓智利、巴西等市场,维护和稳定墨西哥现有市场渠道。加拿大客户车轮业务、车轴业务有显著突破,已发展成为重要战略客户。

代表公司出席AAR年度会议两次,协助新产品认证、轨道交通公司车轴质量认证。代表轮轴事业部处理车轮质量异议两次,圆满解决了问题。

积极开拓公司其他钢材产品市场渠道。2018年销售钢材4900多吨,合同金额384万美元。

(张卫明)

马钢(韩国)事务所

【主要经营指标】 2018年,实现营业收入491350美元,折合人民币约329万元,全部为销售马钢钢材的佣金收入,利润总额为91.15万人民币。

【生产经营】 2018年,马钢(韩国)事务所操作合同签约量为164740吨,合同金额为9476万美元。合同实际装运量为17.05万吨,实际装运金额为9818.4万美元。出口量实现连续3年增长。2018年,共开发新客户13个,签订合同64个,合同总量164740吨。其中H型钢10095吨,彩涂卷600吨,镀锌卷520吨,冷卷32100吨,汽车板2290吨,热卷145400吨,切板425吨,线材2200吨。所有实际装运合同全部顺利、安全、及时结汇,没有发生任何资金风险。协助公司与韩国认证机构、认证咨询机构间的信息沟通。协助产品试样检验,KS证书换版,新钢种认证等事宜。协助公司出访菲律宾处理镀锌质量异议,取得良好效果。按照公司安排,到阿联酋迪拜具体实施马钢(中东)公司的设立申请等工作,并将所有相关文件资料及物品、银行账户与公司最后决定派驻人员顺利交接。

(华　震)

马钢(澳大利亚)有限公司

【主要经营指标】 2018年,澳洲公司继续由海外事业部托管,实现总收入2040万澳元,利润457万澳元。

【经营管理】 威拉拉合营企业的合营矿山金步巴的资源量于3月全部开采完毕,按照合营协议约定,威拉拉合营企业的协议随之终止。马钢继续完成每年纽曼矿的规定义务,并继续按照原有模式获得毛利。按照合营协议的规定,各合营参与方共同对合营企业矿石采完涉及的各项事宜做了确认,并落实了合营矿石采完之后的收尾运营方案,签署了相关协议。中方4家采取一致行动,选择了相同的税务安排方案,于4月开始执行。

(俞　斌)

统计资料

马钢年鉴

2018年马钢集团统计资料

主要指标完成情况

表1

指标名称	单位	本年实际			备注
		本年实际	本年实际子项	本年实际母项	
一、工业总产值					
新产品产值	万元	647898			
二、主要产品产量					
铁矿石原矿	吨	20782149			
铁矿石成品矿	吨	7548830			
烧结铁矿	吨	24209788			
球团铁矿	吨	6092561			
生铁	吨	18003927			
粗钢	吨	19641863			
钢材	吨	18688802			
焦炭	吨	4511199			
企业自发电量	万千瓦小时	602533			
钢丝	吨	77474			
三、销售及库存					
钢材销售量	吨	18709841			
钢材库存量	吨	181565			
钢坯销售量	吨	213179			
钢坯库存量	吨	225648			
产品销售率(实物)	%	100.11	18709841	18688802	
产品销售率(价值)	%	99.89	7696656	7705003	
四、产品质量及物耗					
生铁一级品率	%	69.16	12430289	17974267	
炼铁原料矿石消耗	千克/吨	1619.23	29152582260	18003929	
综合焦比	千克/吨	486.03	8750492600	18003929	
喷煤比	千克/吨	140.88	2536426910	18003929	
粗钢钢铁料消耗	千克/吨	1057.7	20775237120	19641862	
转炉炉衬寿命	炉	13816			
电炉冶炼综合电耗	千瓦时/吨	414.61	342760000	826709	

续表 1

指标名称	单位	本年实际			备注
		本年实际	本年实际子项	本年实际母项	
钢材质量等级品率	%	123.94	23103539	18641324	
钢材质量优等品率	%	64.79	12077474	18641324	
锭坯至材综合成材率	%	95.93	18817941	19616516	
五、能耗					
综合能源消费量	万吨标煤	1232.65			
万元产值能耗	吨标煤/万元	1.58	12326542	7790174	
吨钢综合能耗	千克标煤/吨	576.10	11315614584	19641863	
吨钢可比能耗	千克标煤/吨	537.40	10555501015	19641863	
吨钢耗新水	立方米/吨	3	58969587	19641863	
六、劳动工资					
全部从业人员劳动生产率	元/(人·年)	2040648	77901739600	38175	
年末全部从业人员	人	37494			
全部从业人员平均人数	人	38175			
全部从业人员工资总额	万元	368238			
七、固定资产投资					
本年固定资产投资完成额	万元	236300			
八、安全环保					
千人负伤率	‰	0.60	23	38175	
千人工亡率	‰	0	0	38175	
死亡人数	人	0			
工业废水排放处理率	%	100	1093119000	1093119000	
工业废气排放处理率	%	100	446138911707	446138911707	
污染物综合排放合格率	%	99.36	502940	506180	
九、外经外贸					
出口创汇率	%	6.38	490952	7696656	
钢铁产品出口额	万美元	74071			
其中:钢材	万美元	74071			
钢铁产品出口量	吨	1140578			
其中:钢材	吨	1140578			

（朱　宁）

主要产品生产能力

表 2

指标名称	单位	年初生产能力	本年新增能力		本年减少能力	年末生产能力
			本年新增能力合计	新建增加		
黑色金属矿采选						
铁矿石开采能力	万吨/年	1890.00			39.00	1851.00
铁矿石选矿处理原矿能力	万吨/年	2440.00			39.00	2401.00
人造块矿						
烧结铁矿	万吨/年	2918.00			297.00	2621.00
球团铁矿	万吨/年	695.00			55.00	640.00
炼铁产品						
生铁	万吨/年	1933.00			100.00	1833.00
粗钢	万吨/年	2298.50			128.00	2170.50
转炉钢	万吨/年	2188.50			128.00	2060.50
电炉钢	万吨/年	110.00				110.00
连铸坯	万吨/年	2409.50	60.00	60.00	411.00	2058.50
方坯	万吨/年	759.00	60.00	60.00	156.00	663.00
矩形坯	万吨/年	100.00			100.00	
板坯	万吨/年	1231.50			117.00	1114.50
圆坯	万吨/年	118.00			38.00	80.00
异型坯	万吨/年	201.00				201.00
钢材生产能力	万吨/年	2127.00	60.00	60.00	217.00	1970.00
热轧钢材	万吨/年	1567.00	60.00	60.00	217.00	1410.00
铁道用钢材	万吨/年	32.00				32.00
热轧大型型钢	万吨/年	252.00	60.00	60.00	65.00	247.00

续表 2

指标名称	单位	年初生产能力	本年新增能力		本年减少能力	年末生产能力
			本年新增能力合计	新建增加		
其中:H 型钢	万吨/年	187.00				187.00
热轧中小型型钢	万吨/年	42.00			42.00	
热轧棒材	万吨/年	78.00				78.00
热轧钢筋	万吨/年	611.00				611.00
线材(盘条)	万吨/年	121.00				121.00
其中:高速线材	万吨/年	121.00				121.00
热轧中板	万吨/年	110.00			110.00	
热轧中厚宽钢带	万吨/年	321.00				321.00
冷轧(拔)钢材	万吨/年	370.00				370.00
冷轧薄宽钢带	万吨/年	308.00				308.00
冷轧电工钢板(带)	万吨/年	62.00				62.00
镀涂层板(带)	万吨/年	190.00				190.00
镀层板(带)	万吨/年	160.00				160.00
其中:镀锌板(带)	万吨/年	160.00				160.00
热镀锌板(带)	万吨/年	160.00				160.00
涂层板(带)	万吨/年	30.00				30.00
钢丝及其制品合计	吨/年	12.00	3.00	3.00		15.00
钢丝	吨/年	12.00	3.00	3.00		15.00
焦炭	万吨/年	510.00				510.00
机焦	万吨/年	510.00				510.00

(朱　宁)

固定资产投资完成情况

表 3　　　　单位:万元

计划总投资	自开始建设累计完成投资	本年完成投资合计	按构成分：建筑工程	按构成分：安装工程	按构成分：设备购置	按构成分：其他费用	按工序分：烧结	按工序分：球团	按工序分：炼铁	按工序分：炼钢：炼钢合计	按工序分：炼钢：电炉	按工序分：炼钢：转炉	按工序分：连铸	按工序分：轧材	按工序分：焦化	按工序分：其他
2681573	1736256	195063	77085	9312	96686	11980	3465	3827	36838	10213	1203	9010	1153	94113	8771	36683
2402529	1889504	236300	82240	7870	134097	12093	1242		49200	2835	117	2718	11317	123702	25076	22928
142881	596567	42401	9950	5700	25476	1275	764		7326	2835	117	2718	253	13730	1757	15736
185000	184827															
1378700	706428	3955	3803		76	76	478		3345							132
22480	11615	965	965											965		
8800	3445	2431	337		2094									2431		
5590	993	378	73		305											378
15000	13564	2224	17		1845	362									2224	
15000	13973	100	100												100	
38000	24163	20995	5046		15050	899									20995	
52000	35460	35460	13128		22332				35460							
32000	24089	1885	1885						1885							
10000	9832	9832	9761			71							9832			
33000	1232	1232	1039		193								1232			
119648	1743	1743	1731			12								1743		
45000	36565	21025	7459		12918	648								21025		
36000	20900	16357	9054		5811	1492								16357		
8000	6580	440			207	233								440		
8900	5376	3876	422		3284	170								3876		
12800	10701	9401	2560		6841									9401		
13200	8598	8598	2122		6470	6								8598		
6000	2664	2664	2534		82	48										2664
6000	4681	107	91		16									107		
59000	46626	45029	10163	986	30629	3251								45029		
8500	4018	4018			468	3550										4018
9000	7951	1184		1184					1184							
132030	106913															

续表 3

计划总投资	其中：							本年固定资产投资实际到位资金
	增加产能	增加新产品	改进工艺	节约能源	提高产品质量	保护环境	其他	自筹资金
2681573	3234	62317	40583	6168	24429	37762	20570	201730
2402529	3164	55444	63157	11548	41649	42438	18900	242150
142881		621	9440	3369	9628	14394	4949	42500
185000								
1378700	3164					396	395	4000
22480		772			97	96		1000
8800					2188	243		2500
5590			378					400
15000					1334	890		2500
15000							100	100
38000			16796			4199		20000
52000			21276			10638	3546	40000
32000			943			566	376	2000
10000		7866				983	983	10000
33000		986			123	123		1500
119648		1569	174					2000
45000					21025			21000
36000				8179		1636	6542	16500
8000			440					500
8900			3876					4000
12800		7521			1880			9500
13200			6878		860	860		9000
6000						2664		2800
6000		86			11	10		150
59000		36023			4503	4503		45000
8500			2009				2009	4000
9000			947			237		1200
132030								

（朱　宁）

2018年年底保有的地质储量及三级矿量

表4

开拓矿量				采准矿量				备采矿量				累计亏欠量		年底存储矿量	
矿量/万吨	金属量/万吨	品位/%	月数	矿量/万吨	金属量/万吨	品位/%	月数	矿量/万吨	金属量/万吨	品位/%	月数	掘进/米	剥离/万吨	合计	其中:永久不能放的
9927.48	2746.35	27.66		1033.38	373.65	36.16		2785.58	910.36	32.68					
3962.00	881.94	22.26	158.48					124.00	28.40	22.90	4.96				
1912.00	369.59	19.33	45.89					143.00	29.64	20.73	3.43				
18.70	7.20	38.51	4.49	18.70	7.41	39.62	4.49	18.70	7.85	42.00	4.49				
370.00	148.00	40.00	40.36	40.00	16.00	40.00	4.36	10.00	3.50	35.00	1.09				
1400.00	552.02	39.43	84.00	260.00	102.52	39.43	15.60	120.00	47.32	39.43	7.20				
54.98	23.26	42.31	13.20	44.28	18.73	42.31	10.63	44.28	18.73	42.31	10.63				
2030.80	706.72	34.80	81.23	383.40	135.34	35.30	15.34	219.60	79.93	36.40	8.78				
179.00	57.62	32.19	4.30	287.00	93.65	32.63	6.89	2106.00	694.98	33.00	50.54				

（朱　宁）

科技活动情况

表5

指标名称	单位	本年实际	指标名称	单位	本年实际
一、研发人员情况			期末仪器和设备原价	万元	23362
研发人员合计	人	3216	其中:进口	万元	10896
其中:女性	人	159	**四、研发产出及相关情况**		
其中:全职人员	人	1259	(一)自主知识产权情况		
其中:本科毕业及以上人员	人	2299	当年专利申请数	件	526
二、研发经费情况			其中:发明专利	件	232
研发经费支出合计	万元	235979	期末有效发明专利数	件	684
其中:使用来自政府部门的研发资金	万元	2764	其中:境外授权	件	3
(一)企业内部的日常研发经费支出	万元	218944	其中:已被实施	件	460
人员人工费(包含各种补贴)	万元	41811	专利所有权转让及许可数	件	
原材料费	万元	147352	专利所有权转让及许可收入	万元	
折旧费用与长期费用摊销	万元	19522	(二)新产品生产及销售情况		
无形资产摊销	万元	2877	新产品产值	万元	1751201
其他费用	万元	7382	新产品销售收入	万元	1755814
(二)当年形成用于研发的固定资产支出	万元	8941	其中:出口	万元	96194
其中:仪器和设备	万元	5457	(三)其他情况		
(三)委托外单位开展研发的经费支出	万元	8094	发表科技论文	篇	147
其中:对境内研究机构支出	万元	1863	期末拥有注册商标	件	36
对境内高等学校支出	万元	2863	其中:境外注册	件	3
对境内企业支出	万元	2782	形成国家或行业标准	项	11
对境外支出	万元	586	**五、其他相关情况**		
三、企业办(境内)研发机构情况			(一)政府相关政策落实情况		
期末机构数	个	12	研究开发费用加计扣除减免税	万元	10129
机构人员合计	人	734	高新技术企业减免税	万元	228
其中:博士毕业	人	15	(二)技术获取和技术改造情况		
硕士毕业	人	179	引进境外技术经费支出	万元	819
本科毕业	人	530	引进境外技术的消化吸收经费支出	万元	
机构经费支出	万元	17964	购买境内技术经费支出	万元	1648
机构承担研发项目数	项		技术改造经费支出	万元	225621

劳动工资统计

表 6

指　　标	单位	集团公司	
			其中:马钢股份有限公司
在册年末职工人数	人	40813	26242
其中:在岗职工	人	37494	24029
在册职工年平均人数	人	41898	26983
其中:在岗职工	人	38175	24611
在册职工工资总额	万元	383654	243851
其中:在册年平均工资	元	91569	90372
在岗职工工资总额	万元	368238	234285
其中:在岗年平均工资	元	96461	95195

（杨金宇）

专业技术职称构成情况

表 7　　单位:人

级别 专业	专业比例/%	总计	高级职称	中级职称	初级职称
工程	71.0	5457	1585	1706	2166
教育	3.5	266	46	119	101
财会	4.8	369	59	163	147
经济	6.2	474	27	283	164
政工	12.5	961	229	422	310
其他	2.1	161	13	97	51
合计	100.0	7688	1959	2790	2939

（朱胜利）

人　物

2018 年马钢先进人物

马钢劳动模范名录

高　军

杨　虹

程　鼎

刘学华

王和许

陈系阳

马　群

王金坤

王立兵

陈立君

沈　斌

李如飞

张增贵

孔元丽

李善生

孙茂贵

李扬健

朱开桂

陈　瑛

甘为民

梁越永

朱　刚

亓万刚

（工　会）

2018年马钢名录

马钢(集团)控股有限公司中层以上管理人员名单

公司领导

董事长、党委书记　魏　尧
总经理　丁　毅
党委副书记　丁　毅
　陈冬生
董　事　魏　尧
　丁　毅
　陈冬生
　钱海帆
　陆克从
副总经理　苏世怀
　唐琪明
　陈昭启
　蒋育翔
　严　华
　任天宝
纪委书记　陈冬生
工会主席　张晓峰
党委常委　魏　尧
　丁　毅
　陈冬生
　张晓峰
　钱海帆
　蒋育翔
　陆克从
　严　华
总工程师　苏世怀
总会计师　陈昭启
总法律顾问　蒋育翔
副总会计师　张乾春
总经理助理　王文潇(8月提任)

原机关部门(4月改革)

办公室(党委办公室)

主　任　邓宋高(4月离任)
副主任　郝　军(4月离任)
　曹玉龙(4月离任)
　黄全福(4月离任)
信访办主任　郝　军(4月离任)
档案处主任　查满林(4月离任)
住房公积金分中心主任　陈伟革(4月离任)

党委工作部(团委,机关党委)

部长、机关党委书记　王东海(4月离任)
副部长　朱春喜(4月离任)
　李传艳(女,4月离任)
机关党委副书记　朱春喜(4月离任)
机关工会主席　朱春喜(4月离任)
团委副书记、机关纪委书记　杨智勇(4月离任)

党委宣传部

部　长　黎　兵(4月离任)
副部长　杨子江(4月离任)

纪委(监察审计部)

副书记、部长　毛文明(4月离任)
副部长　方金荣(4月离任,公司中层正职)
　徐小苗(4月离任)
办公室主任　徐小苗(4月离任)
信访检查室主任　毛文明(4月离任)
审计室主任　秦学志(4月离任)

公司党委巡察工作办公室

主　任　毛文明(4月离任)
巡察员　顾明星(4月离任)
副巡察员　王双抢(4月离任)
　陈　晋(1月改任助理调研员)
　郑晓明(4月离任)
　汪根祥(4月离任)
　李悦社(1月改任助理调研员)

工　会

主　席　张晓峰
副主席　胡晓梅(女,4月离任)
经济工作部部长　王卫东(4月离任)

企业管理部
经　理　张吾胜(4月离任)
副经理　王　谦(4月离任)
王东峰(4月离任)
人力资源部
经　理　杨本华(4月离任)
副经理　唐叶来(4月离任)
许延平(4月离任)
何　军(4月离任)
人力资源服务中心
主　任　杨本华(4月离任)
行政事务部
经　理　张　艳(女,4月离任)
公司中层副职管理人员　余方超(4月离任)
法律事务部
经　理　郭　斐(4月离任)
副经理　陈　全(4月离任)
安全生产管理部
经　理　王世发(4月离任)
副经理　刘德华(4月离任)
丁伯埙(4月离任)
能源环保部
经　理　汪为民(4月离任)
副经理　唐胜卫(4月离任)
财务部
经　理　张乾春(兼,4月离任)
副经理　赖永兵(4月离任)
冯为民(4月离任)
乐志海(3月离任)
工程管理部
经　理　崔代宝(4月离任)
副经理　洪　伟(4月离任)
徐风雷(4月离任)
连　炜(4月离任)
杭　挺(4月离任)
马钢冶金质量监督站站长　崔代宝(4月离任)
资本运营部
经　理　王文忠(4月离任)
副经理　诏盛中(4月离任)
周浩锋(4月离任)
戴修明(4月离任)
科技管理部
经　理　张　建(4月离任)
副经理　殷朝海(4月离任)
崔银会(4月离任)
外事办
主　任　叶　毅(4月离任)
副主任　陈　东(4月离任)
办公室(党委办公室、外事办公室、董事会办公室、信访办公室、保密办公室)
主　任　邓宋高(4月任职)
副主任　郝　军(4月任职)
曹玉龙(4月任职,8月离任)
黄全福(4月任职)
严晓燕(女,10月提任)
董事会秘书　邓宋高(4月任职)
外事办主任　邓宋高(4月任职)
信访办主任　郝　军(4月任职)
党委工作部(党委组织部、党委宣传部、人力资源部、企业文化部、统战部、团委)
部　长　王东海(4月任职)
副部长　许延平(4月任职)
徐乃文(8月提任)
陶青平(12月提任)
团委书记　蓝仁雷(8月由股份公司能控中心提任)
团委副书记　杨智勇(4月任职,9月离任)
纪委(监察审计部)
副书记、部长　毛文明(4月任职)
副部长　方金荣(4月任职,公司中层正职)
徐小苗(4月任职)
办公室主任　徐小苗(4月任职)
信访检查室主任　毛文明(4月任职)
审计室主任　秦学志(4月任职)
公司党委巡察工作办公室
主　任　毛文明(4月任职)
巡察员　顾明星(4月任职)
郑晓明(10月提任)
张　纲(12月由股份公司长材事业部提任)
王文宝(12月由股份公司合肥公司(合肥板材公司)提任)
副巡察员　郑晓明(4月任职,10月离任)
汪根祥(4月任职)

王双抢（4月任职，7月改任助理调研员）
刘家彪（6月由钢结构公司调任）

工　会

主　席　张晓峰
副主席　胡晓梅（女，4月任职）
经济工作部部长　王卫东（4月任职）

管理创新部

部　长　张吾胜（4月任职）
副部长　诣盛中（4月任职）
王　谦（4月任职）

投资管理部

部　长　王文忠（4月任职）
副部长　周浩锋（4月任职）
戴修明（4月任职）

财务部

部　长　张乾春（兼，4月任职）
副部长　赖永兵（4月任职）
冯为民（4月任职）

安全管理部（能源环保部）

部　长　汪为民（4月任职）
副部长　丁伯埙（4月任职）

法律事务部

部　长　郭　斐（4月任职）
副部长　陈　全（4月任职）

科技管理部

经　理　张　建（4月任职）
副经理　殷朝海（4月任职）

行政事务中心（马钢公积金中心、档案馆）

主　任　张　艳（女，4月任职）
副主任　陈伟革（4月任职）
查满林（4月任职）
住房公积金中心主任　陈伟革（4月任职，职能调整到行政事务中心）
档案馆馆长　查满林（4月任职，职能调整到行政事务中心）
公司中层副职管理人员　余方超（4月任职）

人力资源服务中心

主　任　杨本华（4月离任）
副主任（主持工作）　何　军（4月任职）

财务共享中心

主　任　陈昭启（兼，4月任职）
副主任　胡海燕（5月由国贸公司提任）

离退休职工服务中心

主　任　李　兰（1月改任调研员）
刘希贤（2月任职）
党委书记、纪委书记　刘希贤（4月离任）
黎　兵（4月任职）
党委副书记　刘希贤（4月任职）
李　兰（1月改任调研员）
工会主席　杨　骏
副主任　刘希贤（2月离任）
杨国平
杨　骏
黎　兵（4月任职）

马钢教育培训中心

主　任　张永涛（8月离任）
牛树刚（8月提任）
党委书记　张永涛
党委副书记　王　艳（女）
牛树刚（8月任职）
纪委书记、工会主席　王　艳（女）
副主任　牛树刚（8月离任）
陈厚新

马钢党校

校　长　陈冬生（兼）
常务副校长　张永涛

安徽冶金科技职业学院

院　长　张永涛（8月离任）
牛树刚（8月提任）
党委副书记、纪委书记、工会主席　王　艳（女）
副院长　牛树刚（8月离任）
陈厚新

马钢高级技师学院（马钢高级技校）

院长（校长）　张永涛（8月离任）
牛树刚（8月提任）
党委副书记、纪委书记、工会主席　王　艳（女）
副院长（副校长）　牛树刚（8月离任）
陈厚新

新闻中心

主　任　杨子江（公司中层副职，12月离任）
党总支书记　黎　兵（4月离任）
杨子江（公司中层副职，4月任职，12月离任）

副主任　赵建勋
王七水(7月提任)
冶金报记者站站长　杨子江(12月离任)
《马钢日报》社总编　赵建勋

保卫部(武装部)

部长、党委副书记　周　青
党委书记、工会主席　李　寅
纪委书记　艾红兵
副部长　李　寅
艾红兵
宋　晔(12月提任)

矿业公司

董事长　陆克从(兼)
党委书记、总经理(法定代表人)　王文潇(9月离任)
张　华(9月任职)
党委副书记　朱春喜(4月任职)
常务副总经理　任文田(12月任职)
副总经理　任文田(12月离任)
李　雷
财务总监　赵雄江
纪委书记、工会主席　张　踪(1月改任助理调研员)
朱春喜(4月任职)
安全总监　任文田(8月任职)

南山矿业公司

经理、党委副书记　朱青山(9月离任)
李大培(9月任职)
党委书记　李生玉
纪委书记、工会主席　王建军
副经理　李生玉
彭　中
王维勤(12月离任)
汪令松
安全总监　王维勤(8月任职,12月离任)

姑山矿业公司

经理、党委书记　李大培(9月离任)
朱青山(9月任职)
党委副书记、纪委书记、工会主席　何　军
副经理　奚树才
王文景
陈　轲
安全总监　王文景(8月任职)

桃冲矿业公司

经理、党委书记　许如亭(12月离任)
副经理、党委副书记(主持工作)　王维勤(12月任职)
党委副书记、纪委书记、工会主席　钟先进
副经理　邓付古
安全总监　邓付古(8月任职)

罗河矿业公司

董事长、总经理、党委书记　徐泰松(1月改任调研员)
吴新义(7月提任,12月离任)
许如亭(12月任职)
副经理、党委副书记(主持工作)　吴新义(1月任职,7月离任)
党委副书记、纪委书记　潘浩峰
副总经理　潘浩峰(8月离任)
王宏喜
季海俊(8月由投资公司提任)
财务总监　潘浩峰(8月离任)
季海俊(8月由投资公司提任)
安全总监　王宏喜(8月任职)

张庄矿业公司

执行董事、总经理、党总支书记　张　华(12月离任)
吴新义(12月任职)
党总支副书记、工会主席　朱开桂
副总经理　李　东
陈五九
安全总监　陈五九(8月任职)

工程技术集团

董事长　任天宝(兼)
总经理(法定代表人)　夏会明
党委书记　崔代宝
党委副书记　夏会明
许　洲(11月离任)
刁节和(11月任职)
纪委书记、工会主席　许　洲(11月离任)
刁节和(11月任职)
副总经理　崔代宝
许　洲(11月离任)
程建国
吴芳敏
陈孝文
张平远
陶明华(7月任职)
张太平(7月任职)

总工程师　陶明华
安全总监　陶明华(8月任职)
财务总监　吴浩波

工程技术集团设计研究院(7月改制)

院长、党委副书记　陈孝文(7月离任)
党委书记　许　洲
纪委书记、工会主席　黄朝武
副院长　陶明华(7月离任)
张太平(7月离任)
蔡长生(7月离任)
总工程师　陶明华(7月离任)

马钢集团设计研究院(7月改制)

董事长　陈孝文(7月任职)
党委书记　许　洲(11月离任)
陈孝文(11月任职)
党委副书记、纪委书记、工会主席　黄朝武
总经理　蔡长生(7月任职)

安徽马钢重型机械制造有限公司

董事长、总经理、党委书记　吴芳敏
党委副书记　张有飞
许　庆
副总经理　张有飞
龚　杰
总工程师　龚　杰
纪委书记、工会主席　许　庆
安全总监　张有飞(8月任职)

安徽马钢设备检修有限公司

执行董事、总经理　程建国
党委书记　黄加坤
党委副书记　程建国
刁节和(11月离任)
纪委书记　刁节和(11月离任)
工会主席　黄加坤
副总经理　黄加坤
詹　旭
宁光岩
黄　俊
朱兆山
安全总监　宁光岩(8月任职)

原马鞍山马钢表面工程技术有限公司(9月更名)

董事长　夏会明(8月任职)
朱广宏(8月离任)
总经理、党委书记　朱广宏
党委副书记、纪委书记、工会主席、监事会主席
陈捍华
副总经理　潘廷刚
戴　勇

安徽马钢表面技术股份有限公司(9月更名)

董事长　夏会明
总经理、党委书记　朱广宏
党委副书记、纪委书记、工会主席、监事会主席
陈捍华
副总经理　潘廷刚
戴　勇

工程技术集团钢结构公司

总经理、党委书记　张平远
党委副书记、纪委书记、工会主席　汤　杰
常务副总经理　刘家彪(6月离任)
副总经理　赵宗利
安全总监　赵宗利(8月任职)

安徽马钢输送设备制造有限公司

董事长、总经理、党总支书记　石玉军(公司中层副职)
副总经理　任　伟

监理公司

经理、党支部书记　张秀龙(公司中层副职)
副经理　杨岐山(11月离任,改任助理调研员)
总工程师　张秀龙(公司中层副职)

安徽马钢比亚西钢筋焊网有限公司

总裁、党支部书记　万恩三(公司中层副职)

马钢国际经济贸易公司

董事长、总经理　叶　毅
党总支书记　叶　毅
党总支副书记、工会主席　刘德华(4月任职)
副总经理　陈　东(7月改任助理调研员)
严春明
张卫明
刘德华(4月任职)

海外事业管理部

经　理　叶　毅
副经理　张卫明

原安徽马钢自动化信息技术有限公司(5月更名)

董事长　蒋育翔(4月兼任)
梁越永(4月离任)
总经理、党委副书记　梁越永
党委书记、纪委书记、工会主席　李　军

副总经理　裴秋平
何诗兴

飞马智科信息技术股份有限公司(5月更名)

董事长　蒋育翔(兼)
总经理、党委副书记　梁越永
党委书记、纪委书记、工会主席　李　军
副总经理　裴秋平
何诗兴

物流公司(12月成立党委)

董事长　陆克从(兼)
总经理(法定代表人)　徐劲松
党委书记　徐劲松(12月任职)
党支部书记　龙吉宁(12月离任)
副总经理　龙吉宁
常　明
祁尚民(4月提任)
财务总监　史一兵

中联海运公司

董事长　祁尚民(4月提任)

安徽马钢汽车运输服务有限公司

董事长、总经理、党委书记　钱时华
党委副书记、纪委书记、工会主席、监事会主席
童旭霞(女)
副总经理　占成友
安全总监　占成友(8月任职)

仓配分公司(12月由集团划拨股份)

经理、党委书记　管孝群(3月改任调研员)
孔　剑(7月提任)
副经理、党委副书记(主持工作)
孔　剑(3月任职,7月离任)
党委副书记、纪委书记、工会主席　于　颖(女)
副经理　田路生

化工能源公司(3月成立,12月由股份划拨集团)

董事长　唐琪明(兼,8月任职)
邱全山(8月离任)
总经理、党委书记　邱全山
党委副书记、纪委书记、工会主席　张益民(12月离任)
杨子江(12月由新闻中心调任)
副总经理　毕振清
朱乐群
徐风雷(4月由原工程管理部调任)
总工程师　朱乐群
安全总监　朱乐群(8月任职)

马鞍山马钢废钢有限责任公司(12月由股份划拨集团)

董事长　陈昭启(兼)
总经理、党总支书记　琚泽龙(7月提任)
董　雷(1月离任,改任调研员)
副总经理、党总支副书记(主持工作)
琚泽龙(1月由股份公司长材事业部调任,7月离任)
常务副总经理　曹玉龙(12月任职)
副总经理　韩　枫(12月离任)
曹玉龙(8月由公司办公室调任,12月离任)
张建国(10月提任)
财务总监　李青华(12月由财务部提任)
党总支副书记、工会主席　谢　华(女)

投资公司

董事长　魏　尧(2月兼任)
监事长　陈冬生(兼)
总经理　陈昭启(兼)
党支部书记、副总经理　严太霞(女,公司中层正职)
副总经理　王开定(公司中层正职,1月任职)

租赁公司

董事长　严太霞(女)

保理公司

董事长　王开定(1月任职)

马钢资产经营管理公司

总经理、党支部书记　王福宁

财务公司

董事长　丁　毅(兼)
总经理、党支部书记　伍生林
副总经理　盛重乐
风险总监　汪冬妹(女)

招标公司

党支部书记　陶　炜
执行董事、总经理　陶　炜
副总经理　水声文
刘　瑛

马钢嘉华商混有限公司

董事长、总经理、党总支书记　姚效云

马钢共昌轧辊有限公司

董事长　王东峰(4月任职)

吴芳敏(4月离任)

马钢集团康泰置地发展有限公司

董事长　张晓峰(兼)

党委副书记、纪委书记、工会主席　张福成

安徽欣创环保节能科技有限公司

董事长　严　华(兼,12月离任)

胡新华(12月任职)

党委书记　史德明(12月离任)

胡新华(12月任职)

总经理　史德明(12月离任)

党委副书记　杨　凡(12月任职)

副总经理　戚震彪

杨　凡(主持经理层工作,12月任职)

安徽马钢粉末冶金有限公司

董事长、党支部书记　徐瑞林(公司中层副职)

副总经理　吕祖涛

安徽马钢耐火材料有限公司

董事长、总经理、党委书记　陈海山

党委副书记、纪委书记、工会主席　张宏亮

副总经理　卢咏明

郁书中

总工程师　郁书中

安徽省郑蒲港务有限公司

总经理　方啸云(公司中层副职)

利民企业公司

经理、党委书记　温业云

党委副书记、纪委书记、工会主席　尹绍慷

副经理　尹传毅

(许体武)

马鞍山钢铁股份有限公司中层以上管理人员名单

公司领导

董事长　丁　毅

总经理　钱海帆

董　事　丁　毅

钱海帆

任天宝

张文洋

常务副总经理　高海潮(2月退休,离任)

副总经理　陆克从

田　俊

张文洋

伏　明

工会主席、监事会主席　张晓峰

总工程师　高海潮(2月退休,离任)

安全总监　伏　明(8月任职)

副总工程师　乌力平

黄发元

总经理助理　杜松林

章茂晗

王光亚(8月由长材事业部提任)

原机关部门(4月改革)

董秘室、监秘室

副主任(主持工作)　何红云(女)

监察审计部

经　理　毛文明

副经理　秦学志

徐小苗

办公室

主　任　邓宋高(4月离任)

副主任　郝　军(4月离任)

曹玉龙(4月离任)

黄全福(4月离任)

信访办主任　郝　军(4月离任)

档案处主任　查满林(4月离任)

住房公积金分中心主任　陈伟革(4月离任)

工　会

主　席　张晓峰

副主席　胡晓梅(女,4月离任)

经济工作部部长　王卫东(4月离任)

企业管理部

经　理　张吾胜(4月离任)

副经理　王　谦(4月离任)

王东峰(4月离任)

人力资源部

经　理　杨本华(4月离任)

副经理　唐叶来(4月离任)

许延平(4月离任)
何　军(4月离任)

法律事务部

经　理　郭　斐(4月离任)
副经理　陈　全(4月离任)

安全生产管理部

经　理　王世发(4月离任)
副经理　刘德华(4月离任)
丁伯埙(4月离任)

能源环保部

经　理　汪为民(4月离任)
副经理　唐胜卫(4月离任)

工程管理部

经　理　崔代宝(4月离任)
副经理　洪　伟(4月离任)
徐风雷(4月离任)
连　炜(4月离任)
杭　挺(4月离任)
马钢冶金质量监督站站长　崔代宝(4月离任)

资本运营部

经　理　王文忠(4月离任)
副经理　诺盛中(4月离任)
周浩锋(4月离任)
戴修明(4月离任)

科技管理部

经　理　张　建(4月离任)
副经理　殷朝海(4月离任)
崔银会(4月离任)

海外事业管理部

经　理　叶　毅
副经理　张卫明

市场部

副经理(主持工作)　张　峰(4月离任)
朱付林(4月离任)

计划财务部

经　理　邢群力(4月离任)
副经理　许继康(4月离任)
潘松林(4月离任)
江　鹏(4月离任)
主任会计师　许继康

制造部

经　理　刘国平(4月离任)
党总支书记　何大顺(4月离任)
副经理　何大顺(4月离任)
高长松(4月离任)
周　全(4月离任)
陈　斌(4月离任)

设备部

经　理　熊佑发(4月离任)
副经理　李怀迁(4月离任)
徐兆春(4月离任)
杨　凡(4月离任)
洪　伟(4月离任)

计量管理处

处　长　张爱华(4月离任)
副处长　方啸震(4月离任)

炼铁技术处

副处长　黄　龙(4月离任)

董事会秘书室

副主任(主持工作)　何红云(女,4月任职)

监察审计部

部　长　毛文明(4月任职)
副部长　秦学志(4月任职)
徐小苗(4月任职)

办公室(外事办公室、董事会办公室、信访办公室、保密办公室)

主　任　邓宋高(4月任职)
副主任　郝　军(4月任职)
曹玉龙(4月任职,8月离任)
黄全福(4月任职)
严晓燕(10月提任)

工　会

主　席　张晓峰
副主席　胡晓梅(女,4月任职)
经济工作部部长　王卫东(4月任职)

法律事务部

部　长　郭　斐(4月任职)
副部长　陈　全(4月任职)

运营改善部

部　长　朱伦才(4月任职)
副部长　崔银会(4月任职)

人力资源部

部　长　许　洲(11月由集团设计院调任)
副部长(主持工作)　李传艳(4月任职,11月离任)
副部长　唐叶来
李传艳(11月任职)

安全生产管理部

部　长　王世发(4月任职)
副部长　洪　伟(4月任职)
　高长松(4月任职)

市场部

部　长　张　峰(7月提任)
副部长(主持工作)　张　峰(4月任职,7月离任)
副部长　朱付林(4月任职)

计划财务部

部　长　邢群力(4月任职)
副部长　许继康(4月任职)
　潘松林(4月任职)
　江　鹏(4月任职)
主任会计师　许继康

制造部

部　长　刘国平(4月任职)
党总支书记　何大顺(4月任职)
副部长　何大顺(4月任职,公司中层正职)
　周　全(4月任职)
　陈　斌(4月任职)

工程与设备管理部

部　长　熊佑发(4月任职)
副部长　李怀迁(4月任职)
　连　炜(4月任职)
　徐兆春(4月任职)
　杭　挺(4月任职)
冶金质量监督站站长　熊佑发(4月任职)

招标中心

主任、党支部书记　陶　炜
副主任　水声文
　刘　瑛

销售公司

总经理　章茂晗(兼)
党委书记、工会主席　黄　鹏
党委副书记、纪委书记　胡继兵
副总经理　黄　鹏
销售总监　胡继兵
　张永翔
　赵　勇
　聂庆文(销售公司聘任总监)
　余周松(销售公司聘任总监)
　刘　辉(销售公司聘任总监)

采购中心

经　理　胡夏雨
党总支书记　李　博
副经理　李　博
　徐　权
　杜轶峰
　徐葆春
　杨　凡(4月任职,12月离任)
工会主席　李　博

检测中心

主任、党委副书记　张林平
党委书记、纪委书记、工会主席　李继宁
副主任　李继宁
　茅建新
　王　健(4月离任,改任助理调研员)
　方啸震(4月任职)
　陈玉宝(10月提任)
安全总监　茅建新(9月任职)

技术中心、新产品开发中心

副主任　苏世怀(兼)
常务副主任、新产品开发中心主任　程　鼎
党委书记　朱伦才(4月离任)
　程　鼎(9月任职)
党委副书记　程　鼎(9月离任)
　杨智勇(9月任职)
副主任　朱伦才(4月离任)
　张明如
　朱　涛
　刘永刚
　李帮平
总工程师　朱　涛
纪委书记、二会主席　张明如(9月离任)
　杨智勇(9月任职)
安全总监　李帮平(9月任职)

铁路运输公司

经　理　钱　曦
党委书记　赵广化
党委副书记　钱　曦
　程　宏
纪委书记　程　宏
工会主席　赵广化
副经理　赵广化

刘世刚
陆智刚
总工程师　刘世刚
安全总监　陆智刚(9月任职)

仓储配送公司(12月由集团划拨股份)

经理、党委书记　孔　剑(7月提任)
管效群(3月离任,改任调研员)
副经理、党委副书记(主持工作)
孔　剑(3月任职,7月离任)
党委副书记、纪委书记、工会主席　于　颖(女)
副经理　田路生

港务原料总厂

厂　长　殷光华
党委书记　杨文武
党委副书记　殷光华
朱　晨
纪委书记、工会主席　朱　晨
副厂长　杨文武
朱梦伟
总工程师　殷光华(12月离任)
朱梦伟(12月任职)
安全总监　朱梦伟(9月任职)

第二炼铁总厂

厂　长　伏　明(兼,7月离任)
丁　晖(7月任职)
党委书记、纪委书记、工会主席　马桢亚
党委副书记　伏　明(兼,7月离任)
丁　晖(7月任职)
副厂长　马桢亚
王德川
殷　欢(10月离任)
孙国毅(1月离任,改任助理调研员)
李　明(12月提任)
聂长果(12月提任)
总工程师　殷　欢(10月离任)
聂长果(12月提任)
安全总监　李　明(8月任职)

第三炼铁总厂

厂长、党委书记　丁　晖(7月离任)
副厂长、党委副书记(主持工作)
黄　龙(7月任职)
党委副书记、纪委书记、工会主席　徐　军
副厂长　刘晓超
吴宏亮
陈生根
总工程师　吴宏亮
安全总监　陈生根(8月任职)

第一钢轧总厂

厂长、党委书记　吴耀光(7月提任)
副厂长、党委副书记(主持工作)　吴耀光(7月离任)
党委副书记、纪委书记、工会主席　陈　钰
副厂长　陈　钰
周庆升
胡玉畅
总工程师　吴耀光
安全总监　周庆升(8月任职)

长材事业部

总经理、党委书记　王光亚(兼)
党委副书记　叶景好
张　纲(12月离任)
工会主席　叶景好
纪委书记　张　纲(12月离任)
叶景好(12月任职)
副厂长　吴　坚
琚泽龙(1月离任)
钱晓斌
张卫斌(12月提任)
总工程师　吴　坚
安全总监　吴　坚(8月任职)
营销总监　李元水(长材事业部聘任营销总监)

第四钢轧总厂

厂长、党委书记　毛学庆
党委副书记　史德明(12月由欣创公司调任)
纪委书记、工会主席　毛学庆(12月离任)
姜　宁(12月提任)
副厂长　范满仓
司小明
邓　勇
总工程师　司小明
安全总监　邓　勇(8月任职)

冷轧总厂

厂长、党委书记　杨兴亮
党委副书记、纪委书记、工会主席　朱瑞琨
副厂长　沈新玉

严开龙
杨必祥
卫　东
张四方
总工程师　沈新玉
安全总监　杨必祥(9月任职)

特钢公司

经　理　曹天明
党委书记　胡新华(12月离任)
曹天明(12月任职)
党委副书记　曹天明(12月离任)
孙铭章
纪委书记、工会主席　孙铭章
副经理　胡新华(12月离任)
苏　炜
龚志翔
石　玮
总工程师　龚志翔
安全总监　石　玮(9月任职)

轮轴事业部

总经理　杜松林(兼)
常务副总经理　安　涛(公司中层正职)
党委书记、纪委书记、工会主席　徐旭东
副总经理　李　翔(公司中层正职)
杨　霄
刘爱兵
谷　源
肖　峰
总工程师　肖　峰
安全总监　谷　源(9月任职)

轨道装备公司

董事长、总经理　杜松林(兼)

马钢-瓦顿股份有限公司

董事长　杜松林(兼)
总　裁　李　翔(公司中层正职)

能控中心

主任、党委副书记　罗武龙
党委书记、工会主席　左爱华
副主任　左爱华
吴正球
张　健
曹曲泉
唐胜卫(4月由原能环部调任)
纪委书记　吴正球
总工程师　吴正球
安全总监　张　健(8月任职)

热电总厂

厂长、党委书记　李　通
党委副书记、纪委书记、工会主席　杨效东
副厂长　翁海胜
王仲明
安全总监　翁海胜(8月任职)

原煤焦化公司

经理、党委书记　邱全山
党委副书记、纪委书记、工会主席　张益民
副经理　毕振清
朱乐群
汪开保
总工程师　汪开保

炼焦总厂(1月成立)

厂长、党委书记　邱全山(12月离任)
副厂长、党委副书记(主持工作)　汪开保(12月任职)
党委副书记、纪委书记、工会主席　张益民
副厂长　汪开保(12月离任)
总工程师　汪开保
安全总监　汪开保(8月任职,12月离任)

化工能源公司(3月成立,12月由股份划拨集团)

董事长　唐琪明(兼,8月任职)
邱全山(8月离任)
经理、党委书记　邱全山
党委副书记、纪委书记、工会主席
张益民(12月离任)
杨子江(12月由新闻中心调任)
副经理　毕振清
朱乐群
徐风雷(4月由原工程管理部调任)
总工程师　朱乐群
安全总监　朱乐群(8月任职)

气体销售分公司

经理、党委书记　戴辉棣
纪委书记　李　辉
工会主席　蒋卫兵
副经理　李　辉
蒋卫兵
安全总监　蒋卫兵(8月任职)

马鞍山马钢废钢有限责任公司(12月由股份划拨集团)

董事长　陈昭启(兼)
总经理、党总支书记　琚泽龙(7月提任)
　董　雷(1月离任,改任调研员)
副总经理、党总支副书记(主持工作)
　琚泽龙(1月由长材事业部调任,7月离任)
常务副总经理　曹玉龙(12月任职)
副总经理　琚泽龙(主持工作,1月由长材事业部调任,7月离任)
　韩　枫(12月离任)
　曹玉龙(8月由公司办公室调任,12月离任)
　张建国(10月提任)
财务总监　李青华(12月由财务部提任)
党总支副书记、工会主席　谢　华(女)

资源分公司

总经理、党总支书记　王　蕾
党总支副书记、工会主席　潘兴炉
副总经理　曹芳胜
安全总监　曹芳胜(9月任职)

合肥公司(合肥板材公司)

董事长　钱海帆(兼)
总经理　汪　洋
党委书记　汪　洋(12月任职)
党委副书记(主持工作)　汪　洋(12月离任)
党委副书记、纪委书记、工会主席　王文宝(12月离任)
副总经理　闫　敏
　利小民
总工程师　闫　敏

安徽长江钢铁股份有限公司

董事长、党委书记　许　健
副总经理　马春风
财务总监　乐志海(3月由财务部调任)
纪委书记　乐志海(12月任职)

安徽马钢嘉华新型建材有限公司

董事长　蒋育翔(兼)
总经理、党支部书记　赵鲁卿(公司中层副职)

马钢和菱包装材料公司

董事长、总经理、党总支书记　王华新
副总经理　方国强(11月离任,改任助理调研员)
　杨德佳
安全总监　杨德佳

埃斯科特钢公司

董事长　钱海帆(兼)
总经理　曹天明
副总经理　高　峰
　王　强

滕州盛隆煤焦化公司

总经理　赵业明(公司中层副职)

(许体武)

退休中层以上管理人员名录

姓　名	单　位	退休前职务	退休前职级	退休时间
陈　红	工程技术集团	工程技术集团工会主席	正处	201804
高海潮	股分公司	股份公司副总经理	公司级	201804
张　义	热电总厂	热电总厂副厂长	副处	201805
张　驹	铁运公司	铁运公司副经理	副处	201808
王裴凤	飞马智科	飞马智科工会主席	副处	201810
胡顺良	董秘室	董秘室主任	正处	201811
于　进	党委宣传部	集团公司党委宣传部部长	正处	201812

（王宝驹）

公司高级技术主管人员名录

刘晓力	程从山	程静波	周江虹	廖海欧	高 鹏	陈友根
周 杰	裴令明	叶光平	胡文华	周伟文	陈志军	李应江
刘启龙	闻成才	汪红兵	叶明成	刘茂林	刘 劼	胡 柯
程德利	宋 强	王自远	金友林	何世文	张长生	曾文清
刘 健	刘江淮	钱虎林	许怀鹏	董 炜	王德瑶	程坚平
金 俊	于同仁	江 波	刘志军	胡学文	汪开忠	沈 昶
吴保桥	张乔英	胡芳忠	王东明	范昌梅	苏国友	周化兵
夏仕卿	苏 珑	戴莅隽	孙社生	张晓宁	刘 强	翟 炜
徐小伟	李世新	陈于海	洪振川	刘文胜	袁英杰	王绍平
王丛林	钱士湖	李国平	王荣林	何晓文	陈能革	王硕煜
倪振航	秦红星	马 骝	陈黎明	徐 旭	刘 义	孙业长
王春仁	茅志辉	程学祥	马静义	章 锐	张永丰	高安阳
伍 炜	吴 峻	严文格	鲁 明	邵学梅	张 弘	倪顺利
符 琰	张 勇	王永林	朱 岚	孙 军	彭 升	张良城
庞 庆	丁福强	李 勇				

（于 璇）

公司首席技师名录

卜维平	陆忠宝	邬　琼	张永福	刘联安	李　强	晏伦富
戴　滨	范兴海	李明军	袁军芳	张　烨	蒋小林	杨松付
林震源	王本治	谢叶华	蒋小宝	涂俊魁	查　飞	郑　君
王加林	杨长荣	刘　峰	许　翔	仝　春	王　平	程　鹏
叶宗春	肖　俊	解文中	单永刚	宋传文	王　吉	史红林
王　庆	陈德春	陈鸿旭	杨　杰	李　平	杭桂生	于　敬
范庆钢	钟　凛	成　鹏	嵇　龙	徐　雁	徐　冰	圣立芜
黄国强	胡少华	张业龙				

（于　璇）

公司优秀科技人员名录

武　斌	巩飞宇	纪凤芹	张　频	岳丽娟	屠世香	宋兴平
方正平	李　伟	邓永前	沈远海	徐进军	胡黄毛	刘　兵
王合兵	袁正香	陈宗援	许保峰	王利元	黄礼俊	李红香
吕永明	贺仁华	孟玲俊	陈义新	陈传兵	吴国军	王跃风
张启文	杜修德	雷重飞	王　庆	丁　鹏	安太平	王　宋
赵文华	邓国平	周经峰	王建华	郑　意	毕可程	顾敏华
宋伍林	江　宏	徐思贤	蔡定佳	杨文彬	张　骥	祝小龙
曹跃进	石永豹	张国虎	陆　虎	黎　明	王　欢	付崇军
段贤宏	朱文龙	何修荣	兰家祥	程高福	黄善达	佘毅力
王　亮	王秀才	王本才	周晓华	方　毅	齐美超	黄明杰
胡冬林	郭静静	赵芳芳	彭　飞	刘红鹰	张建宏	王　超
臧　庆	李云虹	王天保	周学宏	徐　郡	薛世润	郑志成
杨　钧	韩建军	解明祥	王庆红	徐小龙	熊道毅	何励明
张汪林	吴志华	杨启荣	张学英	李尊善	俞　霞	李建华
陈晓畅	马衍徽	付　瑶	陶凌云	王　玮	郝　丽	荣长计
戴　伟	牟德新	柏胜虎	李　平	马冬冬	晏延军	陆学龙
晋　杰	朱绍林	李　力	宋志丹	吴俊生	戴华裕	张婷婷
刘立新	王法钢	颜　红	杨清会	柏万铭	陈　尧	蒙瑞稳
朱纵柯	尹　磊	刘贵亮	杜培明	胡永涛	陈　波	朱　潇
赖金春	徐　峻	万　芳	孙　燕	杨　睿	李　明	严长阳
赵锦江	邱中华	杜建轮	洪绍平	聂华林	刘元华	郭　涛
俞　安	费书文	陈　洪	叶远龙	王　皖	颜群英	周　奎
曾　晶	郑守俊	陈　瑛	吴炳贵	姚卫红	刘　强	曹　烈
邱　红	黄　琳	陈家庆	王德才	熊　英	李　兵	俞能富
陈金宝	陈啟谦	张　峥	岳国均	刘金龙	何丽萍	刘海清
樊　弘	武立仓	邓　航	耿云慧	樊杰才	吴越华	宣　刘
官明徽	李金宏	吴晓宁	高　飞	李　慧	何大汉	董　平
缪晓胜	雷七四	鲁照亮	李进春	王鹏飞	袁玉梅	吴艳丽
杨京芳	郭海斌	程永安	冯长英	纪艳生	周永梅	陶雪源
宋广林	芮燕兰	殷余宝	李艳华	程永平	尤探月	黄智光
王　男	裴红光	马伦飞	李春江	潘龙博	边敦亭	程采金
江　济	赵金泉	翟顺建	吴　峰	葛国华	赵士光	吴运动
刘国振	杨　旭	王　飞	周恒湘	叶守柱	钱　豪	毛子鉴
刘海东	高　婷	王　冶	凌本泉	郭　亮	隗满意	周　杰
徐书坤	张　宣	刘玉兰	刘　欣	季　萍	赵　梅	戴宏军
丁　刚	范唯实	刘建勇	李　刚	李瑞兰	张步海	谢　飞
谢应登	迟志涛	李雄杰	王　波	李朝进	张向阳	程　英
马　斗	刘晓平	李永文	李　萍	夏　政	柳　前	秦希亚

周天武	罗　文	应黎平	史厚义	王必山	戚日欣	钱　辉
刘洪清	牟新玉	吴　振	李欣国	匡一新	张　燕	何　娴
席　磊	程　黎	魏爱玲	夏广杰	赵　璐	王成伟	李明亮
戚义龙	张群山	段再基	盛国良	张瑞先	李春亮	郝团伟
安吉南	王敬东	周志伟	陈连发	孙伟嘉	李金平	杨炎炎
王阿朋	黄震环	何　奎	杨　毅	王徐鹏	胡海青	余长有
沈云甫	张秀清	张婉君	胡　莺	陈广成	刘积红	朱小艳
洪　波	胡晓丽	阮　超	张　伟	王晓刚	陈　刚	殷丽君
许章泽	许杰峰	傅立东	辛昌杰	陆伟斐	毕军华	邓荣杰
汪　俊	蒋宗好	王　翔	李　新	陈海文	王秀莹	吴会超
程旭辉	朱鹏飞	史海欧	桂兴亮	潘胜利	包　钢	王　鑫
赵　良	吴　争	刘　智	许佩廷	汤金春	焦莉军	赵　慧
徐　康	杨　阳	栾　硕	邓槟杰	张云锦	周　峰	尹　丰
顾仲熙	王玉龙	刘前芝	雷　杰	肖　强	吴明收	张宗宁
李　杰	胡以元	牛金印	沈国林	潘　飞	鲁光耀	肖　倩
韦文郁	鲍未强	梁俊德	张文峰	石俊龙	张学森	周立宏
毛　成	温亚伟	李宏洲	吴清泉	曲义振	吉　飞	徐朝军
黄　冉	张金红	何寒冰	李有河	周红兵	李贤春	齐占成
皇甫少骏	黄宏杰	苏　牧	左　岳	詹三林	从胜全	单军战
谭万东	朱任之	易守安	沈振杰	蔡　明	江宏法	曹　林
李文川	钱先花	刘　燕	刘　振	杨海波	刘晓丽	徐洁诚
裴　杨	孙国庆	李　卓	李道勇	周伯虎	戴　泉	黄在强
张正群	丁传友	丁　正	李海波	姚　庆	查丛文	程桂生
李一心	王会伟	吴文华	杨　滋	王绪安	张　敏	曹成虎
贾　飚	胡　伟	刘　强	李宝庆	刘　勇	唐　政	沙文岗
罗　霄	李　林	张　停	杨进晶	陈军奎	汪　健	王跃华
齐文川	鲍文宏	卢瑞冰	周　云	高争一	解　阳	周小龙
黄　曼	赵　晖	罗志贵	汪秀圣	於　琪	李宁辉	唐　咏
江红庆	李　军	彭　彤	邵　芹	童　靖	汪良军	袁晓文
赵　攀	张　繁	刘正兰	郭燕琴	董建平	藏　健	胡健波
谷　葵	李　宁	金　铭	高丽娟	张　伟	陈　军	杨　涌
徐雷雷	肖　绯	陈道海	赵永俊	梁　军	李　景	沈列东
张继海	何发平	张瑞清	马　臣	吴龙升	郑菊芳	刘高峰
郭红玲	郑晓辉	潘　莉	鞠　晖	付尚红	李　慧	许　兴
完颜卫国	李保运	胡正君	沙　慧	李　雷	徐林林	程方波
张树山	孙　山	张本练	张国庆	吴　胜	白志文	胡　颖
胡　芳	李富江	蒋祝宇	徐桂枝	张　嫔	刘　萍	陈延昭
王　蓓	雍晓莉	李敏生	陶芳华	温亚伟	张　文	周　蕾
张世伟	顾云松	陈广言	汪仕文	孔　明	昂正新	贾　君
叶　辉	邓士勇	万利军	张　辉	李庆园	李忠良	王　勇
秦玉强	谢德勇	邓立龙	胡四清	黄远居	高思伟	方　农
汪崇青	王　辉	李冬清	胡春林	朱荣辉	王陇陇	许先清
马开志	赵　昊	彭人钢	赵　斌	毛　成	潘　军	薛　顺

张世涛	施发胜	魏海波	朱克满	方英传	张长龙	周志敏
孙建平	史赵芳	刘云海	黄　震	谢石峰	朱欣林	杨志强
张利明	强志刚	凌　泉	赵振杰	何爱民	袁　月	许思梦
豆天普	陈华钢	查道平	姜伟宏	李　明	陈立斌	伏庆昌
刘　玮	沈宝明	李　斌	李健菲	卫江华	彭瑞勇	袁龙兵
尹正华	周昌银	刘益勇	曹建明	陶　华	邓新民	尹炳富
吕安国	于建辉	方　禹	苏德奎	张全一	曹进静	孟令国
杨世才	任定平	魏　城	秦胜利	魏小姝	宫　琪	王　辰
詹圣望	王　文	孙树峰	周先飞	孙自勤	祝林峰	徐　震
田　军	王　强	吕晓军	陆培业	杨　征	曹悦欣	许友斌
于　静	杨小勇	张小飞	周燕弟	李庆阳	陈志芳	常银生
晏　超	周黄斌	喻忠武	蒋吉明	方亮青	王水明	张增兰
杨忠木	方　兴	杨　磊	方东霞	何谋龙	李文忠	余素萍
查旭东	苏　平	李昊岭	赵　飞	汪海生	张志强	张良桥
李善宁	徐国虎	曹　磊	马　超	王少华	杨应平	沈立嵩
周　诚	夏　旭	施立发	舒宏福	王美珣	王德宝	李忠义
谷海容	游慧超	龚庆华	赵　海	阚　斌	周劲军	于文坛
宋灿阳	柴立涛	肖洋洋	王海波	张　峰	施国兰	饶添荣
蒲玉梅	征　宇	周晨辉	孙德涛	陆　军	浦　红	陈讲彪
夏雪兰	程锁平	郭　湛	王小燕	彦井成	杨　峥	武　轶
张晓萍	方　政	张晓峰	汤亨强	何　峰	占云高	郭俊波
姜　婷	汪建威	邹　强	张耀辉	马孟臣	田志俊	荚江霞
王庆学	孟繁涛	陈　旭	徐永姝	陈若萍	沈　冰	田新生
王峥嵘	林继承	张　明	徐　川	龙胜平	唐锋列	李冠军
杨德伦	任　华	赵海民	杨进勇	曹志刚	王春喜	王　飞
张　杨	赵伟隽	卢学蕾	李国锋	寇雨成	陈智康	何　伟
张喜秋	许　宁	孟庆军	廖　彬	范海宁	章　鸣	万举勇
陈　磊	彭荣才	杨仕清	倪立伟	王　萍	连　恭	刘振雷
黄　佳	靳　立	胡世民	魏　东	夏明炜	陈　干	周升科
徐　青	宋　明	张世友	毕晓红	石　璞	袁　丰	赵　峰
周道付	张建军	曹　奎	陈志虎	王光友	王　强	韦有东
吴　俊	周　平	桂　扬	王德荣	郭保国	宋海军	檀长松
汪早丰	吴其华	张　熙	石伟光	陶友军	李　彤	吕秀荣
徐　杰	徐　晞	洪志祥	金　伟	王建军	王　伟	王秀峰
徐广兵	谢崇东	范　晨	高　玲	龚新燕	黄　溯	李　明
刘海涛	刘　强	刘晓芳	鲁　帆	司海霞	汪胜旺	王　辉
肖　慧	殷娟娟	王晓楠	张绍钢	陈国兵	李　鹏	凌　晨
鲁晓帆	汤家银	王拥军	王有栋	尹正刚	宇荣发	袁方勇
袁胜兵	张　杰	王　程	郑　茹	包仕伟	曹承奇	陈　杨
范卫锋	侯森林	陆　彬	庞金辰	唐　军	谢　炜	张　兵
兰骁骏	李　烨	骆　晖	孙金平	司武松	张　然	

（于　璇）

公司技术能手名录

耿广金	腾东海	梅　峰	孙雪芬	张旭东	许永刚	苏铁兵
王立新	朱　权	陈　峰	黄光胜	高远清	何学斌	王建军
秦志勇	刘　伟	沈　飞	路　勇	沈成钢	张盛华	杨守兴
徐平飞	赵　军	卢永刚	解文中	赵　俊	孙智勇	孙　伟
丁大勇	廖真忠	秦　刚	闵正广	吕　鸣	柏　刚	郑金敏
马　岩	李　宏	白志爱	撒　锋	俞本明	何忠奎	董　波
蔡　霖	刘思军	纪　荣	许继民	刘华玉	莫润生	李　信
吴其春	杨春雷	钱仕平	夏　祺	董　平	徐　钢	李海山
戚新宏	吕永林	宁　武	张　海	喻　波	何　军	朱桂海
杨　纪	范　晔	王　成	吴玉江	吴　阳	张岑武	张　毅
陶莹光	何　宇	茆　平	潘　兵	颜吉平	陈道祥	蒋传林
陈中凯	倪　俊	田继胜	郑金敏	赵俊龙	邵世平	刘献文
潘风江	梁　彪	王　彤	王　玮	张　权	徐福平	苏金虎
王　球	宋　磊	张　斌	温耀峰	朱　勇	杨连明	徐文杰
吴　明	钱智雄	孙兴龙	潘爱农	殷玉忠	刘玉景	薛培新
王勇卫	喻正强	奚云平	严林冲	张文艺	陶兴宏	朱新华
夏德田	彭德勇	汪　洋	刘普生	李炳庆	王昌勇	张东亚
李国敏	付　新	徐建军	宣祖发	赵　安	刘世俊	夏　雷
汪　铭	李　全	赵兴亮	胡　勤	刘广伟	吴安民	李学军
陶东路	周铭浙	蒋忠云	孔　苑	孙　炎	罗先勇	曹　东
张　宁	赵　勇	谢长林	邵　峰	王守宁	徐　刚	秦本权
潘　铭	夏孝轩	黄　强	汤志贵	刘　文	陈连明	周金城
石成军	唐友军	马守斌	徐为民	马　钢	孙玉林	沈　杨
朱玉国	汪玉宝	李　钢	高大林	肖　挺	邢寿来	王　勇
刘　刚	占　军	刘志生	孙春海	彭　巍	王兴标	刘　刚
程大卫	张东宝	倪大强	甘为民	刘迎春	刘　军	朱世宏
郁继春	秦来喜	许孝才	魏庆生	张国樑	雷文彬	张　明
王　岿	魏海峰	张秀斌	张大杏	李邦国	张　炜	程远湘
孙承龙	姜如标	申家华	夏其胜	濮　华	陈克胜	赵柏亭
苏玉江	魏　波	杨英保	何小顺	张　琳	金太保	朱宜强
郭　健	李培文	杨慧平	金　剑	李朝晖	刘义峰	虞　雷
吴　波	朱克荣	刘　明	景风金	李　韦	杨晓军	王剑波
王振飞	顾　星	王晓勤	衷振环	朱世清	计德兵	周　雷
张　晨	崔皆明	李传仁				

（于　璇）

取得高级职称任职资格人员名录

冶金和机械工程专业高级工程师

曾　翊	王文胜	陈立彬	周传胜	李　伟	贺仁华	张　瑞
祝小龙	唐铁军	罗　虎	杨永强	刘立新	李冠军	王锡涛
张　明	马　群	孙树峰	高　华	袁玉梅	高建芳	詹　华
赵　海	何　峰	张　艳	尹正华	杨应东	杨德伦	韩　宝
张四方	高光泽	李晓思	邱　红	倪　嵬	季学宝	李英明
郭　伟	张平美	周　勇	王远连	毕　波	朱永平	戴义明
刘多鹏	汪　军	王建华	姚　威	迟志涛	党红纲	曹　静
谢海涛	谭建华	沙丙文	陈　龙	蒋　敏	陈吉琴	吴庆非
朱　霖	洪志祥	王　强	刘　磊	王　伟	李　婧	程　兴
王　宋	甘　斌	胡　彪	陈军奎	彭如斌	林　智	黄宏杰
贾庆龙	杨　健	林长华	陶玉虎	杨昌斌	马孟臣	李　尹
王　琼	张岳恒	邓立龙	李益青	王跃东	王红兵	

高级政工师

胡翠萍	高　峰	朱萍萍	宋　晔	施祖仁	李翠霞	赵　丽
孙　俊	李革军					

（张志斌）

2018年马钢逝世人物名录

逝世的县处级以上(含享受)离休干部名录及简历

姓　名	出生年月	参加工作时间	离休时间	原工作单位及职务	享受待遇
兰　芳	1929年12月	1949年5月	1986年11月	一机械干部	县处级
席振久	1928年8月	1945年8月	1982年4月	炉料公司干部	一般级
丁国品	1928年12月	1949年7月	1983年4月	三轧干部	一般级
毕道盈	1929年10月	1948年8月	1989年12月	股机关干部	县处级
计奎斌	1924年11月	1949年6月	1982年11月	汽运处支部书记	县处级
陈庆敏	1930年11月	1948年12月	1990年12月	总机关副处长	县处级
蒋志礼	1923年9月	1949年7月	2002年3月	自动化部干部	一般级
程奎武	1930年10月	1948年10月	1990年11月	中板副支书	县处级
王美书	1931年5月	1945年1月	1987年11月	工程公司科员	一般级
万寿明	1927年10月	1944年9月	1981年11月	医院支部书记	县处级
赵淑芬	1932年6月	1948年4月	1987年12月	教委小学校长	县处级
刘月芝	1930年1月	1945年6月	1981年11月	公司纪委科长	县处级
海振东	1924年8月	1949年9月	1999年9月	股机关副处长	地市级
武　昆	1923年1月	1940年3月	1981年1月	医院副院长	地市级
李春华	1930年3月	1949年6月	1990年3月	二铁干部	一般级
黄志轩	1924年11月	1943年4月	1982年12月	一钢党委书记	地市级
汪文典	1930年11月	1949年7月	1989年11月	教委干部	一般级
陈文倩	1924年9月	1949年5月	1986年6月	工程公司会计	县处级
王文华	1928年8月	1949年6月	1983年10月	股机关干部	县处级
张继富	1924年8月	1943年6月	1982年3月	江轧干部	县处级
张德兴	1922年10月	1940年7月	1981年11月	马建处长	地市级
贺连刚	1928年3月	1948年4月	1982年7月	球团厂纪委副书记	县处级
陈立财	1923年5月	1944年5月	1981年3月	初轧工会主席	县处级
陶继水	1928年10月	1948年2月	1989年1月	生服公司副科长	县处级
戴荣贵	1929年4月	1949年5月	1984年5月	一钢副支部书记	县处级
魏汝魁	1929年9月	1946年9月	1989年12月	股科技部副处长	县处级
叶书文	1930年11月	1949年2月	1982年8月	总机关干部	一般级

（申　艳）

附　录

2018年马钢荣获市级以上集体荣誉名录

1. 马钢(集团)控股有限公司被评为全国“安康杯”竞赛优胜集体。

2. 马钢(集团)控股有限公司被评为安徽省劳动竞赛先进集体。

3. 马钢集团公司工会被中华全国总工会授予2017年度市级工会财务工作先进单位。

4. 马钢集团公司工会被中国职工保险互助会授予2018年度全国职工互助保障先进单位。

2018年马钢重要文件选登和部分文件目录

文件选登

关于印发《关于深化公务用车制度改革方案》的通知

2017年11月29日　集办〔2017〕39号

各单位：

根据省国资委《关于印发〈安徽省省属企业负责人履职待遇、业务支出管理实施细则〉的通知》(皖国资分配〔2016〕44号)要求，马钢制定了《关于深化公务用车制度改革方案》并经集团公司党委常委会研究讨论，根据公司主要领导意见，现予以印发，请遵照执行。

关于深化公务用车制度改革方案

为进一步巩固车改成果，根据安徽省公务用车制度改革精神和省国资委关于省属企业公务用车制度改革有关要求，公司决定对集团公司、股份公司领导人员公务用车制度进行改革。

一、改革的目标和基本原则

改革的目标：围绕建设节约型、廉洁型机关的要求，以降低公务交通成本、保障公务出行、提高工作效率、促进党风廉政建设为目的，坚持社会化、市场化方向，合理有效配置公务用车资源，创新公务交通分类提供方式，深化和完善新型公务用车制度。

改革的原则：一是工作需要，提高效率；二是厉行节约，降低成本，保障公务；三是严明纪律，规范透明，接受监督。

二、改革的主要内容

1. 集团公司党委书记、董事长、总经理不参加车改，保障公务用车，公务用车配备标准按照排气量2.0升(含)以下、购车价格(不含车辆购置税)28万元以内控制。为厉行节约，按上级有关规定，改革前购置的车辆可以继续使用直至报废。

2. 集团公司领导班子其他成员公务用车改革待省国资委相关制度出台后，按省国资委规定执行。

3. 集团公司副总师和股份公司副总经理、总师、副总师、总经理助理等根据实际情况自主选择公务交通保障方式。采取配备公务用车方式的，不发放公务交通补贴，公务用车配备标准低于集团公司主要负责人公务用车配备标准；采取发放公务交通补贴方式的，取消市内一般公务用车，按照2000元/月的标准发放公务交通补贴，公务交通补贴按月发放。

4. 取消公司领导上下班集体通勤车。

5. 根据2006年公司车改时的相关规定，结合公司生产经营实际，取消公务用车配备的公司领导可在下列情况下乘坐市内公务车辆：

①处理生产、设备、安全、防汛等突发紧急事件；

②个人车辆无法进入的矿山、防汛大堤、施工现场等部分区域；

③参加由公司主要负责人批准的公司接待、大型会议和活动等重要公务活动和公司领导班子集体活动。

三、严肃公务用车纪律

采取发放公务交通补贴方式的公司领导不得以任何方式换用、借用、占用下属单位或其他单位和个人的车辆，不得既领取公务交通补贴，又违规乘坐公务用车。公司纪检监察机构负责对公务用车制度改革执行情况进行监督检查，纠正和查处违纪违法行为。公司审计部负责对公务用车改革情况进行监督，并将改革后公务用车配备和运行维护费用、交通补贴发放、车辆处置情况等纳入日常和专项审计监督。

省国资委关于省属企业领导班子成员公务用车制度改革有关规定出台后,本方案内容与省国资委规定不一致的,按省国资委规定执行。

本方案自2017年12月1日起实施。

马钢集团公司关于深化下属子企业公务用车制度改革的通知

2018年7月24日　马钢集〔2018〕98号

各有关单位:

为深入贯彻党中央、国务院及省委、省政府关于全面推进公务用车制度改革的决策部署和有关精神,集团公司将进一步深化下属各子企业公务用车改革,以合理高效配置车辆资源,规范保障方式,节约用车成本,提升企业社会形象。为规范各子企业车改工作推进,现将相关事项通知如下:

一、形势要求

国有企业公务用车制度改革是党中央部署的一项严肃政治任务。推进省属企业(及子企业)公务用车制度改革,是省委、省政府作出的重要决策,是规范省属企业(及子企业)负责人履职待遇的重要内容,是企业节约成本、提高运营效率的重要环节,是树立省属企业(及子企业)良好社会形象的迫切要求。

马钢集团按照《关于推进省属企业公务用车制度改革有关事项的通知》(皖国资分配函〔2018〕5号)、《省国资委关于马钢(集团)控股有限公司公务用车改革实施方案有关意见的复函》(皖国资分配函〔2018〕368号)等文件精神,在推进集团公司总部公务用车改革的基础上,根据资产纽带关系,遵循集团管控模式,推进子企业车改工作。

二、改革基本方向和主要内容

(一)基本方向

坚持以"社会化、市场化"为方向,以公务交通成本节支为底线。对生产经营和业务开展过程中确需配备公务用车的,在从严控制数量、强化使用管理的前提下可予以保障,积极引入社会化服务,减少司勤人员及车辆运行费用;车改后公车配备数量原则上应低于车改前,确保改革后公务交通总支出低于改革前。

(二)主要内容

1. 强化子企业车辆管理

各子企业要按照公司下达的专用车定额标准,规范现有车辆处置,严把车辆购置和更新关,严格控制费用预算,切实提高公务用车使用效率,降低运行成本。

(1)明确子企业可以保留公务用车的范围。一是直接用于企业生产经营的车辆;二是保障企业正常业务开展必须使用的车辆;三是需要搭载专业器械的专用车辆;四是异地办公且两地距离较远使用的通勤车;五是用来保障企业生产经营,且不宜或者难以通过社会化市场化方式代替的车辆。

(2)将公务用车费用预算及执行情况纳入企务公开范围。优先淘汰使用效率低、运行维护成本高、配置标准明显偏高的车辆;对保留的公务用车实行统一集中管理,严格控制数量及费用预算,公开拍卖多余车辆。

(3)公务用车制度改革后新购置的轿车型经营和业务保障用车配置标准控制在购车价格18万元(不含车辆购置税,下同)以内、排气量1.8升(含)以下;新购置的商务车辆经营和业务保障用车控制在购车价格38万元以内、排气量3.0升(含)以下。

(4)各子企业根据配备、使用公务用车的实际需要,合理设置司勤人员岗位,按照公开、平等、竞争、择优原则确定留岗人员。要为转岗人员提供培训,合理安排新的岗位。

2. 规范子企业负责人公务用车补贴管理

根据上级文件精神和公司车改有关规定,子企业纳入车改的人员范围包括各子企业的相关负责人(即领导班子成员),原则上取消上述人员的市内一般公务用车(含上下班接送用车)。在实现车改总体节支率不低于10%的目标基础上,各子企业主要负责人补贴标准原则上按1500元/月、副职负责人补贴标准按1400元/月核定。补贴计发时间按取消市内一般公务用车的次月起计算。不得既发放公务交通补贴又配备公务用车。

上述人员如特殊情况下确需用车的,按照公司有关规定,由所在子企业综合管理部(或办公室)负责协调解决。

三、进度计划

各子企业须在2018年8月底前完成车改工作。

重点工作内容如下:

1. 马钢集团下属各子企业按公司要求,抓紧落实本单位公务用车改革方案编制工作。

2. 子企业车改方案须向公司车改领导小组履行报批程序,获批后,积极稳妥推进。

3. 按省国资委相关要求,各子企业要向公司提交公务用车制度完成情况的汇报材料，报公司车改领导小组办公室（管理创新部）。重点说明车辆取消和保留清单，社会化租赁情况等内容，提供节支率测算等数据。

四、相关要求

1. 充分认识车改的政治意义

各单位尤其是主要负责人员，要充分认识公司深化子企业公务用车制度改革的意义，把思想和行动统一到中央和省委、省政府的决策部署上来，坚决贯彻落实公司车改有关规定，切实转变公务出行观念，改变公务出行方式，采取切实有效措施，扎实开展公务用车制度改革各项工作。

2. 修订和完善相关管理办法

各子企业要在原有基础上，及时修订和完善公务用车相关管理制度，规范公务用车使用、管理及监督等过程。

3. 加强公务用车费用预算管理

子企业要将公务用车购置（含租赁）、运行维护等费用以及公务交通补贴纳入年度预算管理，明确预算编制、审核、调整、动态监测以及执行等规定和程序，严格控制公务用车开支范围和标准，每年编制公务用车专项预算方案并严格执行。

针对公务用车费用单独统计，并计算车改前后节支数据，为公司汇总统计夯实基础。

4. 完善市场化服务保障模式

（1）马钢公司本部市场化运作模式

原则上马鞍山市市区（主要是花山区、雨山区，含市经济技术开发区、慈湖高新区）范围内各单位，如需使用或者租赁市内公务用车，必须通过汽运公司平台，按市场化原则结算；不允许自行引入外部单位服务。

（2）驻外子企业的社会化车辆租赁要求

以社会化车辆租赁作为驻外子企业（非马鞍山市市区范围内）公务用车的有益补充，严格规范相关企业租赁公务用车管理。充分利用社会化、市场化、信息化的方式，规范社会化租车流程，统筹企业内外部公务交通资源，切实保障好企业正常生产经营活动需要。要严格控制租赁公务用车数量和标准，参照本地区同车型的市场租赁平均价格合理确定单车租赁价格，降低租赁费用。

5. 严肃公务用车纪律

采取发放公务交通补贴方式的子企业领导班子成员不得以任何方式换用、借用、占用下属单位或其他单位和个人的车辆，不得既领取公务交通补贴，又违规乘坐公务用车。公司各级纪检监察机构负责对各子企业公务用车制度改革执行情况进行监督检查，纠正和查处违纪违法行为。公司审计部门负责对公务用车改革情况进行监督，并将改革后公务用车配备和运行维护费用、交通补贴发放、车辆处置情况等纳入日常和专项审计监督。

关于印发《马钢集团公司2018年人力资源优化方案》的通知

2018年3月15日　马钢集〔2018〕38号

各单位：

为稳妥有序推进集团人力资源优化，做好去产能职工分流安置工作，提升劳动生产率，实现脱困升级、转型发展的目标，经公司研究，现将《马钢集团公司2018年人力资源优化方案》下发，请各单位进一步提高认识，统一思想，统筹谋划，制定本单位人力资源优化实施方案并组织实施。

马钢集团公司2018年人力资源优化方案

为持续推进集团人力资源优化，做好去产能职工分流安置工作，调整改善员工结构，进一步提高劳动生产率，支撑集团各产业生产经营和发展，根据《马钢集团化解过剩产能实现脱困发展人员退出分流安置总体方案》和公司“十三五”人力资源规划目标，制定此方案。

一、总体思路

（一）抓住去产能政策机遇，用足用好奖补资金，坚定方向，保持定力，平稳有序推进人力资源优化，不断提高劳动生产率，提升企业竞争实力。

（二）充分认识2018年人力资源优化工作的复杂性和难度，高度关注结构性缺员的矛盾，系统谋划，精准施策，统筹做好去产能人员分流安置、新项目人员配置、人员结构调整和新员工补充等工作，确保顺利完成各项工作目标，满足生产经营和多元产业发展的需要。

（三）强化各子公司和二级单位的主体责任，强化各级领导的责任担当和大局意识，明确任务、加强考核、完善机制，确保各项优化措施得到有效落实。

二、优化目标

（一）集团公司在岗人数减少1400人，至2018年

末在岗人数控制在37371人以内。其中:

股份公司在岗人数减少800人,2018年末在岗人数控制在23265人以内。

矿业公司在岗人数减少300人,2018年末在岗人数控制在5154人以内。

工程技术集团在岗人数减少200人,2018年末在岗人数控制在4433人以内。

其他子公司、集团机关及二级单位在岗人数减少100人,2018年末在岗人数控制在4519人以内。

(二)全面完成去产能人员安置任务,及时做好新建项目人员配置。

(三)调整优化人员结构,缓解部分关键岗位缺员矛盾。

三、主要措施

(一)持续优化岗位配置,提高用工效率

持续提高劳动生产率必须以用工效率的不断提升为前提,简单的人员离岗是不可持续的,也是不稳定的,势必会导致人员紧缺的矛盾;只有持续推进各项优化措施,不断提高岗位配置的效率,才能真正夯实人力资源优化的基础,各单位应统一认识,加大力度落实各项优化措施。

1. 优化整合业务,精简岗位设置

要持续优化管理流程,精简各类会议、文件、检查,从源头减轻基层工作量;要持续精简机构,开展岗位归并,推行一人多岗,减少机关和非生产性岗位;矿业公司、工程技术集团等分子公司应加强内部业务归并,推进专业化整合,提高用工效率。

2. 深化产线对标,提高配置水平

股份公司、矿业公司等生产制造单元,持续开展产线对标工作,以先进企业为标杆,找出差距,分析原因。通过优化劳动组织,改善人员素质等措施,不断提高人员配置水平。

3. 加强技术改造,提升自动化水平

各分子公司应分析设备自动化状况对人员配置的影响,制定切实可行的设备改造计划并加快实施,逐步推进智能制造,提高自动化水平,提升生产效率。稳步推进各类房所集中监控和区域巡检,实现无人值守,减少岗位用工需求,为岗位优化、提高用工效率创造条件。

4. 强化员工培训,深入推进大工种区域化作业

各分子公司在开展岗位归并、扩大岗位作业范围的同时,要根据岗位归并方案,梳理岗位胜任能力要求,深入组织开展岗位培训,不断拓展提升员工技能;要认真总结大工种区域化作业的经验,分析存在问题,采取措施不断提高推进效果。

(二)加大结构调整力度,缓解人员紧缺矛盾

高度关注结构性缺员的矛盾,认真开展调研,做好人员数量平衡和结构分析,系统策划方案,加大关停产线人员转岗和新员工补充的力度,统筹做好去产能人员安置、新项目人员配备、关键岗位人员补充等工作,确保公司生产经营平稳,满足多元产业发展的需要。

1. 做好去产能人员安置

对于产线关停后退出的人员,主要按以下三个渠道进行安置:一是符合政策性安置条件,特别是距法定退休2年以内的人员,由所在单位做好引导工作,加大离岗安置力度;二是根据“十三五”新建项目用工需求和去产能人员的结构状况组织转岗,配置到新建项目;三是腾岗安置,公司结合各单位人员结构下达腾岗指标,各单位要服从大局,不讲条件,加大本单位人员离岗力度,确保腾空岗位,完成去产能人员安置任务。

为确保人员安置任务完成,所有人员安置工作将先期开展,安置去向提前落实到人,确保产线关停与人员分流安置同步到位。

2. 做好新建项目人员配置

根据公司“十三五”产品结构调整新项目建设的进度要求,提前做好定员核定和人员配置方案,按照工序、工种及岗位匹配的原则,采取成建制划拨、定向招聘、双向选择等方式,组织去产能人员转岗;适当配备新员工,满足新项目对人员结构的要求。

3. 做好用工筹划

各子公司及二级单位要转变观念,着眼于优化用工结构,防范用工风险,降低用工成本,提高用工灵活性。根据公司部署认真开展用工筹划,开展业务梳理评价,针对主要关键业务和次要辅助业务,按照“有所为、有所不为”的思路,充分利用社会化的专业资源,灵活运用劳务派遣、业务外包等模式,制定用工规划,减轻正式员工补员压力,不断优化用工结构。

4. 缓解结构性缺员矛盾

系统开展调研,准确掌握各单位缺员情况和用工需求,根据用工规划,统筹开展新员工补充、优秀劳务工转录、去产能人员培训转岗等举措,缓解人员紧张矛盾,确保生产连续稳定和多元产业发展的需要。

要加大关键缺员岗位补员力度。一是根据实际需要,调整新员工补充计划,通过校园招聘和社会公开招聘及时补充所需新员工;二是在集团多元产业相关单位,通过公开选聘,择优录用部分在关键岗位的劳务人

员;三是针对去产能人员开展培训组织转岗,满足部分单位补员的需要。

严控机关人员,稳定一线岗位。不得超定编配置机关人员,不得随意抽调、借调基层人员,对于缺员的关键岗位原则上不得批准人员政策性离岗。

(三)政策引导和机制推动相结合,加大人员离岗安置力度

加大人员离岗力度,是全面完成去产能人员安置任务、提高劳动生产率的前提。在企业效益好转,在岗职工收入大幅提高的背景下,促进符合条件人员政策性离岗是2018年人力资源优化工作的难点,也是关键,需要政策引导和机制推动相结合,各级领导应强化责任担当,加大工作力度,确保完成目标任务。

1. 完善离岗政策

公司将完善离岗政策,通过薪酬结构优化调整,适当提高居家休养和编外等人员的生活费标准,缩小与在岗人员收入的差距;调整改非科级管理人员协商一致解除劳动合同的条件,提高解除劳动合同经济补偿金的封顶线。鼓励更多符合优化导向、符合政策条件人员选择离岗,进一步加大政策安置力度。

对去产能单位,公司将进一步调整离岗政策条件,给予去产能安置人员更多的选择。具体方案公司另行制定。

各单位要强化政策导向,认真分析岗位人员的具体情况,针对关键和缺员的岗位制定明确限制规定,确保生产连续稳定。

2. 加强宣传引导

各单位要加大宣传力度,做好离岗政策的解读。各级领导要深入一线,细致地进行思想动员,打消职工后顾之忧,引导职工把握政策机遇,积极参与、支持人力资源优化工作。

3. 强化机制推动

各单位要根据岗位优化目标和腾岗安置任务,加强人员梳理摸排,结合人员岗位、年龄、能力结构,细化分解目标,采取内部岗位竞聘等措施,有针对性地推动人员离岗。对于没有选择政策性安置的离岗人员,可由人力资源服务中心按统一规定逐步组织培训转岗。要强化劳动纪律管理,严肃考勤制度,完善全员岗位绩效评价考核,坚决杜绝“在岗不到岗,出勤不出力”现象,配合人力资源优化工作。

四、保障措施

(一)统一思想认识

要充分认识到提高劳动生产率是提升企业竞争实力的重要内容,要居安思危,保持定力,克服畏难情绪,切实推进优化措施,持续提高用工效率;要充分认识到人员分流安置是做好集团去产能工作的关键,增强政治意识,大局意识,树立一盘棋思想,确保完成腾岗置换任务;要充分认识到今年优化工作的复杂性和难度,强化责任担当,加强组织领导,确保优化效果。

(二)加强激励和考核

为强化激励机制,保持政策的连续性,充分调动各单位人力资源优化工作的积极性,今年将继续实行工资总额包干政策,包干基数原则上不作大的调整。

为确保全面完成目标,公司年底将对各单位优化工作进行评价,没有完成优化目标和腾岗任务的单位,将相应扣减领导人员绩效年薪。

(三)完善工作机制

为平稳有序推进人力资源优化工作,公司将定期召开推进例会和领导小组会议,督促工作进展,协调并研究解决存在问题。公司制定下达推进计划,各单位应严格按时间要求组织开展各项工作。

具体推进计划如下:

1. 2018年3月份,公司下达《马钢集团公司2018年人力资源优化方案》。

2. 2018年5月底前,各分子公司分解优化目标。

3. 2018年4月份,公司下达一钢轧总厂中板生产线员工分流安置计划。

4. 2018年6月份,公司下达长材事业部型一、型二生产线员工分流安置计划。

5. 2018年10月底前,公司下达二铁总厂北区、长材事业部北区冶炼部分及相关公辅系统员工分流安置计划。

6. 2018年11月底前,各单位引导员工离岗,腾岗安置去产能人员,完成公司下达的优化目标及安置任务。

7. 2018年12月底前,人力资源服务中心完成待转岗人员接收工作。

关于集团公司机关机构改革及人力资源优化的决定

2018年4月4日　马钢集发〔2018〕16号

各单位党委(直属总支、支部),机关党委及所属总支、支部;各单位:

为进一步深化改革,建立与公司战略转型要求相

适应的管控模式和运行机制,激发内生发展动力,促进企业高质量发展,为打造千亿马钢提供体制机制保障,经公司研究决定,对集团公司机关机构进行改革,同时开展人力资源优化工作。

一、改革的目的和意义

(一)清晰母子公司管理体制,强化集团公司引领、服务、监管功能,促进产业板块协调发展,实现集团价值最大化。

(二)强化集团公司战略转型定位,为进一步优化集团管控模式创造条件。

(三)精简机构,明晰职能,让管理归位于专业,服务归位于高效、便捷,机关更加富有活力。

(四)优化人力资源,逐步减少公司机关管理人员,为下一步子公司机关优化树立典范,促进子公司机构精干,专注于产业经营管理。

二、集团公司机关机构设置

(一)设立办公室(党委办公室、外事办公室、董事会办公室、信访办公室、保密办公室),承担文书、保密,秘书、接待,调研、信息,董事会办公室,信访,外办,北京办事处、上海联络处职能。

(二)设立党委工作部(党委组织部、党委宣传部、人力资源部、企业文化部、统战部、团委),承担党组织建设,机关党群管理,统战,干部管理,宣传与企业文化,人事效率,薪酬福利,员工发展,团委职能。

(三)设立纪委(监察审计部、巡察办公室、监事会工作办公室),承担党风建设、纪律审查,效能监察,信访核查、案件审理管理,内部审计,党委巡察办、监事及监事会工作办公室职能。

(四)设立工会,承担民主管理,生活保障、女工,文体活动,岗位创新创效,工会财务资产管理职能。

(五)设立管理创新部,承担战略管理,运营管控,体制机制改革,组织绩效,风险管理,信息化管理职能。

(六)设立投资管理部,承担资本管理,投资管理,投资风险管理职能。

(七)设立财务部,承担预算,资金,会计,税收筹划,费用,资产管理,财务风险管理职能。

(八)设立安全管理部和能源环保部(合署办公),承担安全管理,安全监督,消防综合管理与监督检查,能源管理,环境保护职能。

(九)设立法律事务部,承担合同管理,诉讼事务管理职能。

(十)设立科技管理部,承担科技创新,品牌管理职能。

撤销企业管理部、资本运营部、工程管理部、行政事务部。

上述部门负责制定管理制度、办法与标准,对集团层面的项目提供支撑,就各自职能对子公司进行管控。

其中办公室(党委办公室)、党委工作部(党委组织部、党委宣传部、企业文化部、团委)、纪委(监察审计部)、工会、法律事务部还需承担股份公司相关具体业务管理工作。

组织架构图见附件1。

职能模块见附件2。

三、服务保障机构设置

(一)机构设置

1. 设置行政事务中心(马钢公积金分中心、档案馆),承担集团公积金管理,档案管理,史志办公室日常业务,厂容绿化,人口与计划生育,医疗卫生、后勤服务、办公用房管理、机关总务服务,社会责任履行业务,受托对文体中心进行日常管理。

2. 设置人力资源服务中心,承担集团薪酬发放,员工服务受理,员工招聘服务,职称评定实务处理,职业技能鉴定,转岗培训服务,报表统计等业务。

3. 设置财务共享中心,提供规范化和标准化的核算服务业务,负责为决策提供数据服务。

4. 设置离退休中心,承担集团离退休人员的管理,江东集体企业改制留守处工作。

5. 设置教培中心(党校、安冶院、技师学院、技校、卫校),承担高、中职学历教育与集团各类教育培训等工作的组织与实施业务。

6. 设置新闻中心,承担集团报纸、电视、新媒体等板块的新闻报道和媒体出品以及《马钢》杂志的编辑、发行。

7. 设置保卫部(武装部),承担集团治安保卫,综治(维稳、禁毒、普法),交通管理,技术防范,无线电管理、武装、人防、防汛等工作。

业务模块见附件3。

(二)运行及费用

1. 7个服务保障机构面向全集团提供服务,运行费用由各子公司共同承担。

2. 根据信息化平台建设及服务支撑条件,7个服务保障机构逐步将子公司类似业务和人员进行集中,通过人员、业务的优化,提供高效、便捷服务。

3. 7个服务保障机构需要策划、创新运作模式,提高服务业务的质量和效率,通过增值服务,为各子公司专注于产业经营管理提供保障。

四、人力资源优化

（一）根据职能安排，重新核定定员，集团公司机关定员编制为 193 人。

（二）集团公司机关部门内部不设置科室机构，以职能模块为单位配置人员，加强横向协同，提高效率。

（三）根据职能机构调整和新的编制定员，按照双向选择、择优聘用、妥善安置的原则，有序组织开展人员聘用、业务划拨和转岗安置工作。

（四）对于剥离下沉的业务，原则上人员随业务一并划拨；对于集团和股份公司分设的职能部门，通过双向选择，沟通协商确定人员去向；未获聘用的人员，通过定向招聘、组织安排等方式给予安排，确保每位员工上岗。鼓励符合公司离岗安置政策的员工，自愿选择离岗安置。

五、组织保障

（一）成立机关改革和人力资源优化领导小组

组长：魏尧

副组长：丁毅、陈冬生（常务）、唐琪明、钱海帆

成员：张晓峰、苏世怀、陈昭启、蒋育翔、陆克从、严华、任天宝、张乾春

成员单位：管理创新部、办公室、党委工作部（人力资源部）。

领导小组负责把控改革的总体方向，对改革中的难点及系统性问题进行协调。

（二）成立专项工作小组

1. 综合保障组。组长：张吾胜；组员单位：管理创新部、办公室、法律事务部、行政事务中心。重点协调解决推进过程中存在的问题。

2. 人员安置组。组长：杨本华；组员单位：党委工作部（人力资源部）。重点做好人员安置工作。

3. 信访维稳组。组长：郝军；组员单位：办公室、法律事务部、保卫部。重点做好改革过程中的维稳工作，确保平稳、有序推进。

专项工作小组实行集中办公制，收集整理推进中存在的各类问题，商讨解决建议措施和办法，及时向机关改革领导小组汇报。

六、几点要求

（一）令行禁止。相关各级管理人员要严格遵守组织纪律，服从公司统一部署和安排，坚决执行公司改革决定，对明令禁止的事项不得擅自作为，重大事项或重要问题及时向集团公司报告。

（二）履责担当。各部门、单位要从大局出发，严肃、认真、高效地完成各自承担的工作，不允许相互推诿、扯皮，影响工作进度和工作质量。

（三）有效衔接。新机构在正式运行前，原机构应维持正常的工作秩序，6 月底前完成与各方面工作的有效衔接，不得对管理工作产生不利影响。

（四）维护稳定。充分发挥思想政治工作优势，尤其是领导人员和党员要起到先锋模范带头作用，积极引导广大职工支持、拥护公司的改革决定，坚决杜绝各类事件和事故的发生，切实维护公司大局的和谐稳定。

附件1

组织架构图

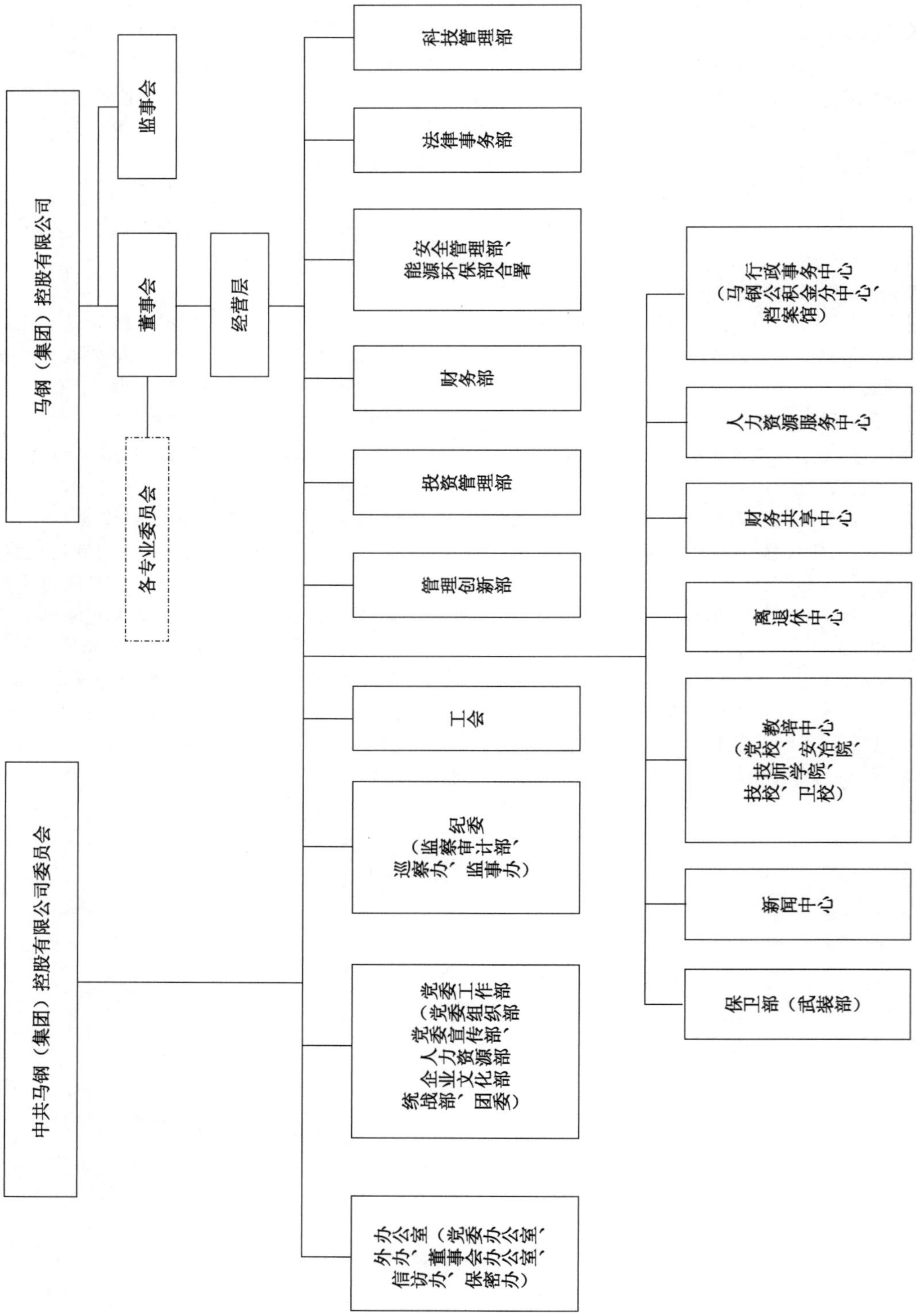
马钢（集团）控股有限公司
监事会
董事会
各专业委员会
经营层
中共马钢（集团）控股有限公司委员会
科技管理部
法律事务部
安全管理部、能源环保部合署
财务部
投资管理部
管理创新部
工会
纪委（监察审计部、巡察办、监事办）
党委工作部（党委组织部、党委宣传部、人力资源部、企业文化部、统战部、团委）
办公室（党委办公室、董事会办公室、外办、信访办、保密办）
行政事务中心（马钢公积金分中心、档案馆）
人力资源服务中心
财务共享中心
离退休中心
教培中心（党校、安冶院、技师学院、技校、卫校）
新闻中心
保卫部（武装部）

附件 2

集团公司机关部门职能模块

部门	职能模块	主 要 职 责
办公室(党委办公室、外办、董事会办公室、信访办、保密办)	文书、保密	1. 公文的日常管理:公文的受理、拟办、呈批、传递、下发、催办等。 2. 印章的日常管理:印章刻制审核、监督;公司印章、领导名章等使用管理。 3. 介绍信的日常管理。 4. 保密管理制度、标准的综合管理:组织保密管理制度、标准的制订和实施情况检查。 5. 保密工作年度评价的综合管理:组织各单位保密年度工作计划的制订及年度推进工作的检查、评价。 6. 失泄密事件查处的综合管理:组织或配合上级部门开展失泄密事件的调查和处理。 7. 办公信息化的开发与维护综合管理。
	秘书、接待	1. 公司领导秘书工作的综合管理:公司领导日程安排与重要会议/活动的协调、沟通。 2. 公司级会议的综合管理:协调公司级会议的日程、议程安排与材料准备,会议记录、决议督办等。 3. 公司级接待活动的综合管理:公司级接待的方案策划、过程控制与协调。 4. 子公司接待活动的指导监督:制订接待工作规范,对子公司接待活动进行指导。 5. 总部接待费用预算的综合管理:总部接待费用预算的编制和使用控制。 6. 公司级会议会务的综合管理:公司级会议(包括集团公司董事会、研讨会等)的会务方案策划、过程控制与协调。 7. 政府相关部门关系协调的综合管理:与省委省政府办公厅、省国资委办公室、市委市政府办公厅等政府机构的协调沟通和关系维护。 8. 未参加车改领导公务用车的管理及服务工作。 9. 公司“应急办”日常管理工作。
	调研、信息	1. 重大事项调研的综合管理:与相关单位沟通专项事项,收集信息。 2. 组织起草调研报告、公司领导讲话材料、综合性汇报材料和交流材料。 3. 收集、整理公司党政工作大事记。 4. 公司综合信息的综合协调管理工作。 5. 向政府相关部门报送公司相关信息。
	董事会办公室	1. 董事会会议的综合管理:协调集团公司董事会会议的日程、议程与材料准备,会议记录等。 2. 董事会决议跟踪督办的综合管理:董事会决议事项的跟踪调查与执行反馈,落实董事会各项咨询意见等。 3. 协调处理各专业委员会的相关事务。 4. 董事会各董事工作联系和安排。 5. 公司社会责任报告的编撰和发布。 6. 子公司董事会运作机制的指导监督。

续表

部门	职能模块	主 要 职 责
办公室(党委办公室、外办、董事会办公室、信访办、保密办)	信访	1. 信访受理的综合管理:受理、承办集团范围内的信访事项,协调疑难突出信访事项和报告重大、紧急信访事项。 2. 信访信息收集的综合管理:信访信息的收集、预测、分析、调研。 3. 上级信访部门联络协调的综合管理。
	外办	1. 外事政策的指导监督。 2. 出国(境)计划的综合管理。 3. 对外邀请的综合管理。 4. 重要涉外事务协调的综合管理。 5. 外国专家的日常管理。
	北京办事处	1. 在京业务联络的综合管理:沟通了解相关政策法规,协助相关单位办理专项业务报批。 2. 在京重要活动接待的综合管理。
	上海联络处	1. 在上海的业务联络的综合管理:沟通了解相关政策法规,协助相关单位办理专项业务报批。 2. 在上海的重要活动接待的综合管理。
党委工作部(党委组织部、党委宣传部、人力资源部、企业文化部、统战部、团委)	党组织建设	1. 公司二级单位党委(直属总支、支部)、纪委组织建设综合管理。 2. 基层党支部建设工作宏观管理。 3. 健全党内生活制度和党组织工作制度。 4. 党员队伍、党员发展的综合管理。 5. 公司党代会综合管理工作。 6. 组织和承办公司党内评比表彰。 7. 党费的收缴、管理和使用。 8. 党组织和党员信息库的维护、管理和统计上报。 9. 与上级党委关系协调管理。
	机关党群管理	集团机关、股份公司机关党群事务综合管理。
	统战	1. 宣贯统战政策。 2. 了解、熟悉和掌握统战对象基本情况。 3. 围绕企业中心任务,统战对象积极性调动活动的策划与实施。 4. 子公司统战工作的指导监督。
	干部管理	1. 干部队伍发展机制的整体策划、组织实施与评估。 2. 各单位领导班子建设与发展的整体策划与实施。 3. 领导人员、董事管理以及监事选任的整体策划与实施。 4. 后备干部队伍建设整体策划。 5. 备案制的干部管理。 6. 干部监督管理,包括组织领导人员个人有关事项报告、汇总综合及抽查核实等工作。 7. 对领导班子及成员组织定期考核和动态考核。 8. 出国(境)人员的政审。

续表

部门	职能模块	主 要 职 责
党委工作部(党委组织部、党委宣传部、人力资源部、企业文化部、统战部、团委)	宣传与企业文化	1. 对内、对外宣传的综合管理。 2. 党的路线方针政策的宣传教育。 3. 领导人员(党委中心组)学习的综合管理。 4. 精神文明建设委员会的日常工作管理,对子公司精神文明建设的指导监督。 5. 企业文化建设的策划、组织与实施,指导监督子公司子文化体系建设。 6. 重大宣传活动的策划组织与实施。 7. 媒体关系维护的综合管理。
	人事效率	1. 人力资源效率提升的总体策划与管理。 2. 劳动用工优化,员工退出、转岗、离岗宏观管理。 3. 劳动组织优化,岗位、定员精简指导监督。 4. 员工招聘的计划管理、招聘的策划与指导监督。 5. 职位体系优化,职位序列及路径设计的专业管理。 6. 总部岗位、定员及配置管理。
	薪酬福利	1. 薪酬福利政策的整体策划。 2. 薪酬分配机制的综合管理。 3. 总部薪酬福利的专业管理。 4. 实施子公司薪酬管理的专业评估,推广专业管理、分析工具和方法,提升子公司薪酬管理的体系能力。 5. 年金、补充保险等共性的企业补充福利方案的统筹设计及优化完善。 6. 多样化激励机制策划。
	员工发展	1. 人力资源规划、人才发展规划拟订、实施及评估。 2. 员工与企业共同发展体系的整体策划,组织开展员工满意度调查。 3. 员工教育培训制度及政策的整体策划、拟订及完善。 4. 技术业务专家、技能专家等核心人才队伍的选拔及外部相关荣誉申报。 5. 核心人才队伍培养的策划设计、实施与跟踪管理。 6. 员工职业经历、岗位流动机制策划的综合管理。 7. 人力资源管理体系评估工作。
	团委	1. 共青团工作的策划管理,组织完成公司党委交办的各项任务。 2. 共青团组织建设。 3. 团员青年生产实践、精神文化活动方案策划。 4. 团员青年评先进、树典型及表彰奖励的策划实施。 5. 青年员工成长保障服务工作组织与实施。
纪委(监察审计部、巡察办、监事办)	党风建设、纪律审查	1. 党组织和党员领导干部执行党的路线、方针、政策、决议和法律法规及各项规章制度的执行情况监督检查。 2. 纪检监察组织体系建设。 3. 预防职务犯罪与反腐倡廉工作制度建设与宣传教育。

续表

部门	职能模块	主 要 职 责
纪委(监察审计部、巡察办、监事办)	效能监察	1. 对管理者执行经营纪律、工作纪律,合法、合规、合理履职情况的监督检查。 2. 效能监察工作的总体策划、制度建设及其他归口管理等工作。 3. 对工程建设项目招投标、工程建设、物资采购等编制效能监督计划,组织监督检查。
	信访核查、案件审理管理	1. 信访件的受理、核查及信访案件的综合管理。 2. 所属单位纪委、监察科的办理信访件监督检查。 3. 督促、检查相关单位落实公司禁入管理相关制度情况。 4. 承办上级部门及司法机关转办信访件等事项。
	内部审计	1. 建立健全内部审计工作制度,编制集团内部审计工作规划及年度工作计划。 2. 对公司及其所属单位的经济活动审计策划与实施。 3. 对法人代表、经理、厂长或行政主要负责人的任期经济责任审计策划与实施。 4. 专项审计的组织与实施。 5. 对公司及其所属单位内部控制制度的健全性和有效性以及风险管理评审的策划与实施。 6. 配合政府审计或公司委托社会中介机构的审计工作。 7. 对社会中介机构在马钢开展审计工作进行监督管理。
	党委巡察办、监事及监事会工作办公室	1. 贯彻公司巡查领导小组的决策和部署,健全管理制度,拟定巡查工作实施方案。 2. 统筹、协调、指导巡查组开展工作。 3. 上级巡视工作的协调、配合与问题整改。 4. 组织内部巡查,督查整改。 5."三重一大"决策程序的监督管理。 6. 委派监事履职情况的综合管理。 7. 对下属子公司监事会及子公司规范运作的监督管理。
工会	民主管理	1. 公司职代会、厂务公开的综合管理。 2. 工会组织建设。 3. 维护职工合法权益。 4. 劳动法律法规的宣传、普及工作,督促检查劳动法律法规的贯彻落实。 5. 公司集体合同管理。
	生活保障、女工	1. 女职工工作的综合管理。 2. 职工生活保障工作和职工疗(休)养策划与实施。 3. 困难职工生活救助、子女就学和职工互助互济等工作。
	文体活动	1. 群众性文体活动的策划与组织。 2. 马钢文联的日常事务。 3.《江南文学》的编辑与发行。

续表

部门	职能模块	主要职责
工会	岗位创新创效	1. 作业区和班组升级竞赛的策划与组织。 2. 群众性经济技术创新活动策划与组织实施。 3. 先进集体、先进个人及劳模评选、表彰综合管理。
	财务资产	1. 工会经费的综合管理。 2. 工会资产的管理与监督。
管理创新部	战略管理	1. 战略与规划综合管理。 2. 战略合作综合管理。 3. 战略实施评估与调整。 4. 战略发展决策咨询委员会办公室日常管理。 5. 战略发展决策咨询委员会专家名录维护。
	运营管控	1. 子公司经营目标的确认、管理与评价。 2. 集团公司整体经营情况的跟踪、收集及分析。 3. 子公司经营异常波动调研组织与分析。 4. 制定集团管理提升策划与推进。 5. 管理创新项目综合管理。 6. 管理创新成果评审、表彰与最佳实践推广的综合管理。 7. 经济关系的协调。
	体制机制改革	1. 政策性改革改制项目的策划与实施。 2. 集团战略性改革改制项目策划与实施。 3. 内部资源整合项目策划与实施。 4. 集团管控模式优化整体策划与推进。 5. 机关部门及服务保障机构职能、职责调整。 6. 改革领导小组办公室（改革办）的日常管理。
	组织绩效	1. 组织绩效评价体系综合管理。 2. 集团公司总部组织绩效的综合管理。 3. 子公司（董事会、监事会）组织绩效的综合管理。 4. 领导人员薪酬激励的专业管理。 5. 子公司绩效工作指导和监督。
	风险管理	1. 管理文件体系的综合管理。 2. 专项流程优化的综合管理。 3. 全面风险管理体系建设的综合管理。 4. 全面风险管理工作计划的综合管理。 5. 子公司重要风险管理的指导监督。

续表

部门	职能模块	主要职责
管理创新部	信息化管理	1. 集团公司信息化规划和年度计划的综合管理。 2. 集团管控共享系统和集团总部系统相关信息化项目的综合管理。 3. 集团信息系统标准化应用规范的制定及其推广执行。 4. 集团公司网络与信息安全的综合管理和监督。 5. 子公司重大信息化项目的指导支撑。 6. 大数据管理。 7. 为集团总部各部门提供信息化支持服务。
投资管理部	资本管理	1. 金融、资本市场动态及相关政策研究与跟踪。 2. 多元产业结构优化、产业进出、新业务孵化的研究与策划。 3. 多元产业资产证券化和股权流动性推进的策划及实施。 4. 子公司股权多元化、混合所有制改革策划与实施。
	投资管理	1. 投资计划的综合管理。 2. 集团公司主导的投资项目管理。 3. 为子公司融资、投资、退出等业务提供专业策划或咨询。 4. 受子公司委托,协助组织实施尽职调查、可行性报告编制等工作。 5. 外部投资机构名录的建立与维护。
	投资风险管理	1. 建立、维护和完善投资风险管理制度。 2. 投资项目风险研判与综合管理。 3. 子公司投资项目风险评估的监督与指导。
财务部	预算	1. 公司年度预算综合管理。 2. 子公司预算的批复、执行情况监督。 3. 总部预算与执行的综合管理。 4. 经营分析的综合管理。
	资金	1. 制订筹融资计划并组织实施。 2. 对子公司投融资方案监管。 3. 工程项目综合管理。 4. 集团公司资金管理制度体系建设。 5. 财务指标及现金流分析预警的综合管理。 6. 资金管理风险体系建设。 7. 政府性资金的使用、监督与管理。
	会计	1. 会计政策的统筹与综合管理。 2. 会计核算制度与流程管理。 3. 会计基础工作的综合管理。 4. 年度资产清查、盘点的综合管理。 5. 财务决算审计的综合管理。 6. 统计的日常管理。

续表

部门	职能模块	主 要 职 责
财务部	税收筹划	1. 税务管理的整体策划。 2. 总部税务日常管理。 3. 子公司税务管理的指导监督。
	费用	审核各项费用开支,办理会计事务,进行会计核算。
	资产管理	1. 国有资产产权的综合管理。 2. 土地资源的综合管理。 3. 子公司利润分配的综合管理。 4. 长期投资项目效益的综合管理。 5. 子公司资产损失认定的指导监督。 6. 总部资产管理。 7. 产权交易的综合管理。 8. 国有资产评估的综合管理。 9. 产权登记的综合管理。
	财务风险	1. 财务风险管理体系建设的综合管理。 2. 财务风险管理工作计划的综合管理。 3. 子公司重要风险管理的指导监督。 4. 财务委派人员的综合管理。
安全管理部、能源环保部合署	安全管理	1. 策划健全安全管理体系,督促落实各级安全管理责任制。 2. 安全体系考核评价的综合管理。 3. 安全技术和管理支撑的综合管理。 4. 安全培训的综合管理。 5. 对口政府安监部门的政策法规、宣传培训、规划科技等机构开展工作。 6. 劳动防护的宏观管理。
	安全监督	1. 安全重大突发事件应急处理的综合管理。 2. 安全事故调查、处理的综合管理。 3. 安全专项管理工作的指导监督。 4. 职业健康安全综合管理。 5. 消防的综合管理与检查监督。 6. 对口政府安监部门的执法监察、事故处理、应急管理、危化、职业健康等机构开展工作。
	能源管理	1. 能源规划、计划的综合管理以及能源政策的贯彻落实监督。 2. 能源管理体系的综合管理。 3. 能源管理考核评价的指导监督。
	环境保护	1. 环境保护规划、计划的综合管理以及环境保护政策贯彻落实监督。 2. 环境保护管理体系的综合管理。 3. 环境经营、绿色发展工作推进。 4. 环境保护考核评价的指导监督。 5. 环境事故调查、处理的综合管理。 6. 环境保护重大突发事件应急处理的综合管理。

续表

部门	职能模块	主 要 职 责
法律事务部	合同管理	1. 重大项目法律事务的专业管理。 2. 商标法律事务的专业管理。 3. 总部合同法律意见审核的专业管理。 4. 工商法律事务的综合管理。 5. 公司名称与字号的日常管理。 6. 总部授权委托的日常管理。 7. 总部合同专用章日常管理。 8. 合同法律事务外聘律师的综合管理。 9. 合同法律事务与工商、公证等机构业务关系协调的综合管理。 10. 内部管理制度的合法性、合规性审查。
	诉讼管理	1. 诉讼、仲裁、纠纷的专业管理。 2. 普法宣传教育的专业管理。 3. 诉讼外聘律师的综合管理。 4. 诉讼法律事务中与司法、工商、公证等机构业务关系协调的综合管理。
科技管理部	科技创新	1. 技术创新体系建设和发展规划的综合管理。 2. 技术创新年度预算计划的综合管理。 3. 重大科研、技术创新项目策划协调的综合管理。 4. 科技合作的综合管理。 5. 对口政府部门的科技综合管理。 6. 知识管理。 7. 科协的综合管理及对外参加社团、协会的综合管理。
	品牌管理	1. 品牌战略的综合管理。 2. 品牌体系的建设管理。 3. 品牌培育。 4. 品牌危机管理。

附件 3

服务保障机构业务模块

机构	业务模块
行政事务中心（马钢公积金分中心、档案馆）	承担集团公积金管理，档案管理，史志办日常业务，厂容绿化，人口与计划生育，医疗卫生，后勤服务，办公用房管理，机关总务服务，社会责任履行业务，受托对文体中心进行日常管理。
人力资源服务中心	承担集团薪酬发放，员工服务受理，员工招聘服务，职称评定实务处理，职业技能鉴定，转岗培训服务，报表统计等业务。
财务共享中心	提供规范化和标准化的核算服务业务，负责为决策提供数据服务。
离退休中心	承担集团离退休人员的管理，江东集体企业改制留守处工作。
教培中心（党校、安冶院、技师学院、技校、卫校）	承担高、中职学历教育与集团各类教育培训等工作的组织与实施业务。
新闻中心	承担集团报纸、电视、新媒体等板块的新闻报道和媒体出品以及《马钢》杂志的编辑、发行。
保卫部（武装部）	承担集团治安保卫，综治（维稳、禁毒、普法），交通管理，技术防范，无线电管理、武装、人防、防汛等工作。

部分文件目录

字　号	文　件　标　题
马钢集发〔2018〕4 号	关于开展 2017 年度基层单位党建述职评议考核工作的通知
马钢集发〔2018〕6 号	关于成立中共安徽马钢化工能源科技有限公司委员会和中共马钢股份公司炼焦总厂委员会的通知
马钢集发〔2018〕8 号	关于印发《马钢（集团）控股有限公司党委常委会议事规则》的通知
马钢集发〔2018〕11 号	马钢集团公司关于推行模拟职业经理人制度试点工作的指导意见
马钢集发〔2018〕12 号	关于印发《马钢党委中心组 2018 年理论学习安排意见》的通知
马钢集发〔2018〕15 号	马钢集团公司党委关于公司管理层成员工作分工情况的报告
马钢集发〔2018〕16 号	关于集团公司机关机构改革及人力资源优化的决定
马钢集发〔2018〕17 号	关于马钢集团公司管理层成员工作分工的通知
马钢集发〔2018〕19 号	关于对马钢新闻中心实施改革的决定
马钢集发〔2018〕20 号	关于命名表彰马钢 2017 年度先进集体和劳动模范的决定
马钢集发〔2018〕22 号	关于中共安徽马钢自动化信息技术有限公司委员会更名为中共飞马智科信息技术股份有限公司委员会的通知
马钢集发〔2018〕23 号	马钢集团公司党委关于开展中央巡视整改“回头看”自查自纠工作的总结报告
马钢集发〔2018〕24 号	关于开展纪念马钢成立六十周年系列活动的意见
马钢集发〔2018〕25 号	关于成立九号高炉工业遗址保护领导小组及工作组的通知
马钢集发〔2018〕27 号	马钢集团公司党委关于报送《马钢集团 2018 年定点扶贫工作计划》的报告

马钢集发〔2018〕28 号	关于中共安徽马钢工程技术集团有限公司设计研究院委员会更名为中共马钢集团设计研究院有限责任公司委员会的通知
马钢集发〔2018〕31 号	关于印发《马钢集团公司党委关于以鲁炜案　徽商集团窝案等案件为反面教材开展“讲忠诚、严纪律、立政德”专题警示教育的实施方案》的通知
马钢集发〔2018〕32 号	关于批转公司团委《关于召开共青团马钢(集团)控股有限公司第十次(马鞍山钢铁股份有限公司第四次)代表大会的请示》的通知
马钢集发〔2018〕33 号	马钢集团公司党委关于中央巡视整改“回头看”工作整改情况的报告
马钢集发〔2018〕35 号	关于成立行政事务中心党总支　财务共享中心党支部和人力资源服务中心党支部的通知
马钢集发〔2018〕37 号	关于表彰 2018 年党内各类先进的决定
马钢集发〔2018〕39 号	关于深化子公司机关机构改革的指导意见
马钢集发〔2018〕40 号	关于成立集团公司统战工作领导小组的通知
马钢集发〔2018〕42 号	马钢集团公司党员领导干部“讲严立”专题警示教育民主生活会情况报告
马钢集发〔2018〕48 号	马钢党委印发《关于深化“讲忠诚、严纪律、立政德”专题警示教育工作方案》的通知
马钢集发〔2018〕54 号	关于举行纪念毛主席视察马钢 60 周年暨马钢 9 号高炉工业遗产保护仪式的报告
马钢集发〔2018〕58 号	关于中国共产党马鞍山马钢表面工程技术有限公司委员会更名为中国共产党安徽马钢表面技术股份有限公司委员会的通知
马钢集发〔2018〕59 号	关于命名表彰马钢第 28 届文明单位的决定
马钢集发〔2018〕65 号	关于印发《马钢集团公司党委巡察工作实施办法》的通知
马钢集发〔2018〕66 号	关于印发《马钢基层党支部建设提升行动实施方案》的通知
马钢集发〔2018〕67 号	关于印发《马钢集团公司二级单位纪委书记、副书记提名考察办法(试行)》的通知
马钢集发〔2018〕72 号	关于上报《马钢集团公司党委关于 2018 年党建工作的报告》的报告
马钢集发〔2018〕73 号	关于上报《马钢集团公司党委关于 2018 年“三查三问”工作的报告》的报告
马钢集发〔2018〕74 号	关于成立中共马钢集团物流有限公司委员会的通知
马钢集发〔2018〕75 号	关于中共马钢集团物流有限公司仓配分公司委员会更名为中共马钢股份公司仓配公司委员会的通知
马钢集〔2018〕1 号	关于印发《马钢公司 2018 年安全生产工作计划》的通知
马钢集〔2018〕2 号	马钢集团公司关于安徽省马鞍山市高村铁矿矿床工业指标备案的请示
马钢集〔2018〕3 号	马钢集团公司关于当涂县和睦山铁矿 110 万吨/年采选技改扩建工程竣工验收备案的请示
马钢集〔2018〕7 号	关于下达集团公司 2018 年度财务预算的通知
马钢集〔2018〕8 号	马钢集团公司关于恳请协调办理马钢表面技术公司　马钢自动化公司部分房产不动产权证的请示
马钢集〔2018〕15 号	关于下发《深化马钢公务用车改革推进工作计划》的通知
马钢集〔2018〕17 号	关于印发《马钢集团公司 2018 年标杆管理工作实施方案》的通知
马钢集〔2018〕19 号	关于印发《马钢集团公司“三供一业”分离移交财政补助资金使用办法》的通知
马钢集〔2018〕21 号	关于印发《马钢集团 2018 年体系管理工作计划》的通知
马钢集〔2018〕25 号	马钢集团公司关于 2018 年度全面预算的报告
马钢集〔2018〕26 号	马钢集团公司关于 2017 年国有资产交易情况的报告
马钢集〔2018〕27 号	关于下发《马钢集团公司 2018 年教育培训工作计划》的通知
马钢集〔2018〕28 号	关于印发《马钢合资企业参加马钢企业年金计划的相关规定》的通知
马钢集〔2018〕32 号	马钢集团公司关于 2017 年国有资本经营决算的报告
马钢集〔2018〕33 号	马钢集团公司关于变更南山矿集资建房项目四栋楼房建设用地出让范围的请示

马钢集〔2018〕34号	关于印发《马钢(集团)控股有限公司2018年品牌建设战略行动计划》的通知
马钢集〔2018〕36号	马钢集团规范劳动关系管理工作指导意见
马钢集〔2018〕37号	关于印发《马钢集团2018年精益运营工作计划》的通知
马钢集〔2018〕38号	关于印发《马钢集团公司2018年人力资源优化方案》的通知
马钢集〔2018〕39号	关于报送《马钢集团2018—2020年发展规划》的报告
马钢集〔2018〕40号	马钢(集团)控股有限公司关于2017年内部审计工作情况的报告
马钢集〔2018〕41号	马钢(集团)控股有限公司关于企业负责人2018年度考核目标建议值的报告
马钢集〔2018〕42号	马钢集团公司2017年度国有资本预算支出执行情况的报告
马钢集〔2018〕43号	关于印发《马钢2018年化解钢铁过剩产能工作计划》的通知
马钢集〔2018〕44号	关于印发2018年《非招标项目与目录》及相关规定的通知
马钢集〔2018〕45号	马钢集团公司关于报送《2018年化解钢铁过剩产能工作计划》的报告
马钢集〔2018〕47号	马钢集团公司关于报送2017年度开采矿山水土保持补偿费申缴单的报告
马钢集〔2018〕48号	马钢集团公司关于办理和尚桥东矿段铁矿勘探探矿权保留的请示
马钢集〔2018〕49号	马钢集团公司关于2017年度财务决算的报告
马钢集〔2018〕50号	马钢集团公司关于三级以下企业专项整治工作情况的报告
马钢集〔2018〕51号	马钢集团公司关于金海岸名邸土地权属重新登记相关事项的请示
马钢集〔2018〕52号	关于印发《2018年职工薪酬调整方案》的通知
马钢集〔2018〕53号	关于下发《关于调整企业与员工协商一致解除劳动合同有关政策的规定》的通知
马钢集〔2018〕54号	马钢集团公司关于报送《集团公司机关机构改革及人力资源优化方案》的报告
马钢集〔2018〕55号	关于发布《马钢集团公司安全生产禁令(试行)》的通知
马钢集〔2018〕56号	关于表彰2017年度安全生产金牌单位、金牌“三连冠”单位及优胜单位的决定
马钢集〔2018〕57号	马钢(集团)控股有限公司企业负责人2017年度经营业绩考核总结报告
马钢集〔2018〕59号	关于调整公司在职因病非因工死亡职工遗属抚恤金标准的通知
马钢集〔2018〕60号	关于印发《集团公司　股份公司机关人力资源优化实施方案》的通知
马钢集〔2018〕61号	关于组队参加“首钢杯”第九届全国钢铁行业职业技能竞赛的通知
马钢集〔2018〕63号	马钢集团公司关于2017年度预算执行情况的分析报告
马钢集〔2018〕67号	关于表彰2017年度马钢管理创新先进单位和管理创新成果的通报
马钢集〔2018〕68号	关于成立马钢迎接中央环保督察“回头看”暨蓝天保卫战领导小组及专业组的通知
马钢集〔2018〕70号	马钢集团公司关于所属自动化公司整体变更设立股份有限公司的报告
马钢集〔2018〕72号	关于报请审批《马钢集团公司公务用车制度改革实施方案》的请示
马钢集〔2018〕73号	马钢集团公司关于钟九铁矿200万吨/年采选建设工程初步设计审查的请示
马钢集〔2018〕74号	马钢集团公司关于申报职工家属区“三供一业”分离移交2018年度省级财政补助资金的请示
马钢集〔2018〕75号	马钢集团公司关于申请保留马钢9#高炉工业遗存并加以保护利用的请示
马钢集〔2018〕76号	关于印发《长江马鞍山段马钢环境综合治理工作实施方案》的通知
马钢集〔2018〕77号	马钢集团公司关于审核产能置换项目并予以转报的请示
马钢集〔2018〕78号	马钢集团公司关于马钢瓦顿公司注资事项的请示
马钢集〔2018〕79号	马钢集团公司关于2017年度国有资本收益情况的报告
马钢集〔2018〕80号	马钢集团公司关于债券风险管控情况的报告
马钢集〔2018〕81号	马钢集团公司关于新区300米线路通廊相关事项的请示
马钢集〔2018〕82号	马钢集团公司关于飞马智科信息技术股份有限公司拟引入非公资本及实施产权多元化改革的请示
马钢集〔2018〕85号	关于对财政部驻安徽专员办《关于工业企业结构调整专项奖补资金检查的检查结论

	和处理决定》的报告
马钢集〔2018〕88 号	马钢集团公司关于报送《2018 年马钢落实国企改革工作情况的汇报》的报告
马钢集〔2018〕89 号	关于成立马钢人寿保险公司筹备领导小组的通知
马钢集〔2018〕91 号	马钢集团公司关于 140 万吨废钢基地项目的请示
马钢集〔2018〕93 号	马钢(集团)控股有限公司 2018 年度工资总额预算编制报告
马钢集〔2018〕94 号	马钢集团公司关于 2018 年上半年预算执行情况的报告
马钢集〔2018〕98 号	马钢集团公司关于深化下属子企业公务用车制度改革的通知
马钢集〔2018〕99 号	马钢集团公司关于合资建设马钢废钢基地项目的请示
马钢集〔2018〕100 号	马钢集团公司关于在安徽省设立全国性人寿险法人机构的请示
马钢集〔2018〕101 号	马钢集团公司关于贯彻落实《中共安徽省委　安徽省人民政府关于推进安全生产领域改革发展的实施意见》情况的自查报告
马钢集〔2018〕102 号	关于进一步明确监事会工作办公室管理职责的通知
马钢集〔2018〕103 号	关于印发《马钢企业年金方案》的通知
马钢集〔2018〕106 号	马钢集团公司关于办理当涂县姑山铁矿采矿权延续的请示
马钢集〔2018〕108 号	马钢集团公司关于申请划定繁昌县获港老虎垅石灰岩矿整合矿区范围的请示
马钢集〔2018〕109 号	马钢集团公司关于截至 2018 年 6 月末担保情况的报告
马钢集〔2018〕117 号	关于飞马智科增资扩股有关情况变化的报告
马钢集〔2018〕118 号	马钢集团公司关于国有企业和国有资本审计监督的自查报告
马钢集〔2018〕119 号	马钢集团公司关于马钢股份公司对马钢瓦顿公司增资事项的请示
马钢集〔2018〕120 号	马钢集团公司关于 2019—2021 年国有资本经营三年收支规划编制的报告
马钢集〔2018〕123 号	马钢集团公司关于飞马智科国有股权管理方案的请示
马钢集〔2018〕126 号	马钢集团公司关于马钢集团矿业有限公司当涂县姑山铁矿 70 万吨/年露天转地下建设工程初步设计审查的请示
马钢集〔2018〕127 号	马钢集团公司关于 2018 年度全面预算调整的请示
马钢集〔2018〕128 号	马钢集团公司关于审批《飞马智科信息技术股份有限公司“双百行动”综合改革实施方案》的请示
马钢集〔2018〕129 号	马钢集团公司关于姑山矿钟九铁矿 200 万吨/年采选建设工程等项目立项的批复
马钢集〔2018〕131 号	马钢集团公司关于和尚桥铁矿逾期完成突出环境问题整治情况的报告
马钢集〔2018〕132 号	马钢集团公司关于请求支持国产化高速车轮(轴)大批量商业化运用的报告
马钢集〔2018〕133 号	马钢集团公司关于落实《省国资委关于省属企业负责人 2017 年经营业绩考核情况的通报》有关情况的报告
马钢集〔2018〕134 号	马钢集团公司关于马钢股份公司合资设立马钢(武汉)材料技术有限公司的请示
马钢集〔2018〕136 号	马钢集团公司关于马钢股份公司增资马钢瓦顿公司项目申请备案的请示
马钢集〔2018〕137 号	关于调整公司在职因病非因工死亡职工遗属抚恤金标准的通知
马钢集〔2018〕138 号	马钢集团公司关于省港口资源整合工作涉及马钢集团有关事项的请示
马钢集〔2018〕139 号	马钢集团公司关于 2018 年去产能职工安置有关情况的报告
马钢集〔2018〕140 号	马钢集团公司关于马建公司改制土地不动产权登记相关问题的请示
马钢集〔2018〕141 号	马钢集团公司关于协助办理马鞍山市马钢巨龙有限责任公司清产核资后续事宜的请示
马钢集〔2018〕142 号	马钢集团公司关于由安徽欣创环保公司牵头建设运营我市一般工业固废填埋场和建筑垃圾资源化利用项目的请示
马钢集〔2018〕145 号	马钢集团公司关于担保管理工作的自查报告
马钢集〔2018〕146 号	马钢集团公司关于 2017 年度财务决算有关问题整改进展情况的报告

马钢集〔2018〕148 号	关于表彰 2017 年度技术创新成果奖、岗位创新创效成果奖、先进操作法、优秀科研和攻关项目的通报
马钢集〔2018〕149 号	马钢集团公司关于表面股份公司国有股权管理方案的请示
马钢集〔2018〕150 号	马钢集团公司关于报送《马钢股份公司化解钢铁过剩产能关停设备处置工作方案》的报告
马钢集〔2018〕151 号	马钢集团公司关于报送《马钢股份公司化解钢铁过剩产能关停设备处置工作方案》的报告
马钢集〔2018〕152 号	马钢集团公司关于提取矿山地质环境治理恢复基金工程(白象山铁矿充填站建设工程)验收的请示
马钢集〔2018〕153 号	关于印发《马钢集团公司员工奖惩通则(试行)》《员工盗窃公司财物惩处实施细则》的通知
马钢集〔2018〕155 号	马钢集团公司关于安徽祥云科技有限公司参与承接市云计算及智慧城市合作项目的请示
马钢集〔2018〕157 号	马钢集团公司关于对“7・17”事故的检查报告
马钢集〔2018〕159 号	马钢集团公司关于《马钢(集团)控股有限公司所属幼儿园移交地方政府实施方案》备案的请示
马钢集〔2018〕160 号	关于发布《马钢集团智能制造发展规划纲要(2019—2021 年)》的通知
马钢集〔2018〕161 号	马钢集团公司关于企业电子文件归档与电子档案管理试点单位申请验收的请示
集办发〔2018〕1 号	关于启用“中国共产党安徽马钢工程技术集团有限公司钢结构工程分公司委员会”印章的通知
集办发〔2018〕2 号	关于做好 2018 年春节和“两会”期间信访稳定工作的通知
集办发〔2018〕3 号	关于认真做好 2018 年春节期间有关工作的通知
集办发〔2018〕4 号	关于印发《2018 年马钢集团公司信访工作意见》的通知
集办发〔2018〕6 号	关于下发《2017 年巡察发现问题的管理建议书》深化问题整改工作的通知
集办发〔2018〕7 号	关于调整马钢老年教育委员会成员的通知
集办发〔2018〕8 号	关于印发《马钢集团公司党委 2018 年巡察工作意见》的通知
集办发〔2018〕9 号	关于印发《2018 年马钢深化矩阵式党建工作实施意见》的通知
集办发〔2018〕10 号	关于启用“中国共产党马鞍山钢铁股份有限公司炼焦总厂委员会”“中国共产党安徽马钢化工能源科技有限公司委员会”印章的通知
集办发〔2018〕11 号	马钢集团公司党委关于成立巡视巡察审计及监事会监督检查整改工作领导小组的通知
集办发〔2018〕12 号	关于开展以“查漏洞、抓反弹、补短板”为主要内容的中央巡视整改情况“回头看”工作的通知
集办发〔2018〕13 号	关于印发《马钢 2018 年党风建设和反腐倡廉工作重点任务分解表》的通知
集办发〔2018〕14 号	关于调整马钢集团公司厂务公开领导小组成员的通知
集办发〔2018〕15 号	关于启用“中国共产党马钢(集团)控股有限公司委员会组织部”等印章的通知
集办发〔2018〕16 号	关于启用“中国共产党马钢集团公司设计研究院有限责任公司委员会”“中国共产党飞马智科信息技术股份有限公司委员会”印章的通知
集办发〔2018〕17 号	关于更名和调整马钢公司国家安全小组领导及成员的通知
集办发〔2018〕19 号	马钢集团公司党委关于印发《加强机关作风建设十条规定(试行)》的通知
集办发〔2018〕20 号	关于认真学习贯彻魏尧同志在公司机关机构改革和人力资源优化总结大会上的讲话的通知
集办发〔2018〕21 号	关于启用“中国共产党马钢(集团)控股有限公司行政事务中心总支部委员会”“中国

	共产党马钢(集团)控股有限公司财务共享中心支部委员会”“中国共产党马钢(集团)控股有限公司人力资源服务中心支部委员会”印章的通知
集办发〔2018〕22 号	马钢公司关于中央及省委、市委文件管理情况全面检查的情况报告
集办发〔2018〕23 号	关于马钢党委召开“讲严立”专题警示教育理论学习中心组学习会情况的报告
集办发〔2018〕25 号	关于调整马钢国防动员委员会武装人防委员会成员的通知
集办发〔2018〕26 号	关于调整公司党委保密委员会组成人员的通知
集办发〔2018〕27 号	马钢集团公司党委 2018 年上半年巡察情况通报
集办发〔2018〕28 号	关于调整马钢反恐怖工作领导小组成员的通知
集办发〔2018〕29 号	转发《中共安徽省委办公厅关于深入学习贯彻〈中国共产党纪律处分条例〉的通知》的通知
集办发〔2018〕30 号	关于印发《贯彻〈中国共产党党委(党组)理论学习中心组学习规则〉实施办法》的通知
集办发〔2018〕31 号	关于启用“中国共产党安徽马钢表面技术股份有限公司委员会”印章的通知
集办发〔2018〕33 号	关于印发《2018 年度马钢集团公司各单位领导班子和领导人员综合考核工作实施细则》的通知
集办发〔2018〕34 号	关于开展 2018 年度集团公司各单位领导班子和领导人员综合考核工作的通知
集办发〔2018〕35 号	关于建立马钢中层管理人员廉政档案的通知
集办发〔2018〕36 号	马钢集团公司党委 2018 年下半年巡察情况通报
集办〔2018〕2 号	马钢 2017 年度档案工作专业评价情况通报
集办〔2018〕3 号	关于下发《马钢集团公司 2018 年度战略行动计划》的通知
集办〔2018〕6 号	关于 2017 年度信息工作先进单位和优秀信息员的表彰通报
集办〔2018〕7 号	关于 2017 年下半年公司公文处理工作考核情况的通报
集办〔2018〕8 号	关于印发《马钢(集团)控股有限公司总经理工作细则》的通知
集办〔2018〕14 号	关于做好 2018 年防汛工作的通知
集办〔2018〕15 号	关于启用“飞马智科信息技术股份有限公司”印章的通知
集办〔2018〕16 号	关于印发《集团公司人力资源服务中心运行方案》的通知
集办〔2018〕17 号	关于开展马钢历史档案征集工作的通知
集办〔2018〕18 号	关于调整马钢厂容绿化　爱国卫生运动　企业补充医疗保险　人口和计划生育　档案管理　《马钢年鉴》编辑　住房制度改革扶贫　职工人身商业保险等工作协调议事机构组成成员的通知
集办〔2018〕19 号	关于启用“马钢(集团)控股有限公司安全管理部”等印章的通知
集办〔2018〕21 号	关于认真做好省国资委集中监督检查事项自查工作的通知
集办〔2018〕22 号	关于调整《马钢(集团)控股有限公司 2018 年品牌建设战略行动计划》的通知
集办〔2018〕23 号	关于调整资金有关财务政策的通知
集办〔2018〕24 号	关于调整公司能源环保委员会成员的通知
集办〔2018〕25 号	关于调整集团公司安全生产　防火委员会成员的通知
集办〔2018〕26 号	马钢集团公司关于认真做好第四次全国经济普查的通知
集办〔2018〕27 号	关于调整马钢治安综合治理委员会　无线电管理委员会成员的通知
集办〔2018〕29 号	关于 2018 年上半年公司公文处理工作考核情况的通报
集办〔2018〕33 号	关于调整马钢技师考评领导小组成员的通知

（陈　扬）

2018年省级以上报纸有关马钢报道

报　摘

“江南一枝花”越开越妖艳
——马钢改革开放40年发展“扫描”

时速350公里高铁车轮获得CRCC(中铁检验认证中心)首张证书,并搭载“复兴号”穿行祖国大江南北;热轧H型钢一举成为国内最具竞争力的品牌,并成功托起港珠澳大桥、浦东国际机场、北京奥运场馆、上海世博会场馆等标志性建筑;硅钢不断发力,成功抢滩市场,在冰箱压缩机、空调压缩机领域实现全覆盖;特钢开拓市场步伐加快,在核电、风电、乘用车领域实现高端制造;不断提升环保能力,获得了“国家级绿色工厂”称号……

谁会想到,1978年前,一个产能不足200万吨的中小钢铁企业,今天是这样活力四射,花园式工厂里各种花卉与科技之花竞相绽放。改革开放40年来,马钢人用自己的智慧和实践,浇灌出了“江南一枝花”。进入新时代,马钢吹响了高质量发展的号角。如今,“江南一枝花”越开越娇艳。

从“小作坊”到装备大型化、现代化运营

马钢是一家有60年历史的老企业。1978年以前,马钢依靠9座250—300立方米高炉、3座9吨转炉、3座50吨转炉、3座5吨电炉、5台26平方米烧结机,以及3台75平方米烧结机维持生产。20世纪60年代初期建设的车轮轮箍厂,仅达到了苏联20世纪50年代的水平、美国20世纪40年代的水平。技术装备的落后直接限制了马钢的竞争力,其综合产能长期徘徊在200万吨以下水平。

为提升技术装备水平和市场竞争力,1980年1月,马钢大胆设想,从国外引进国内第一条高速线材轧机。同年5月,安徽省政府和原冶金工业部联合报告国家计委、国务院,建议在马钢建设高速线材轧机。1982年5月,国务院批准了这个建设项目。在国家、安徽省、马鞍山市等各级领导的关心支持下,1987年5月20日,马钢高速线材轧机成功轧出第一卷线材,其轧制速度达到每秒119.1米,让拥有世界各地高速线材技术专利的权威人物、美国摩根公司第一副总裁丹尼尔·摩根惊讶不已。他在到访马钢后,欣然写道:“向马钢祝贺,这是世界上最高时速的线材轧机。”随后,中国许多钢铁企业纷纷效仿马钢,建设高速线材轧机,在国际国内市场收获了良好的效益。

如今,马钢又对高速线材轧机进行了升级改造,工艺装备技术、产品使用性能继续领跑同行,其生产的低温控轧控冷紧固件非调质线材,使8.8级、9.8级非调质冷镦钢达到强度要求,满足了我国航天、航空和新型核潜艇的需求。

改革开放使马钢人尝到了甜头,也收获了不尽的喜悦,1993年9月,马钢按照规范化要求,对企业实行了股份制改制,在境内外募集资金64亿元人民币,被誉为“中国钢铁第一股”。依托雄厚的资金,马钢坚持年年实施技术改造,坚持引进、消化、再创新国外先进技术,特别是“十一五”“十二五”实施了大规模的技术改造,使70%的装备实现了大型化、现代化。2017年9月,马钢又展开了更高水平、更高档次、更高质量的“十三五”技术改造,兴建了国内第一条重型H型钢生产线和实施中型材升级改造。经过1年的努力,马钢中型材升级改造全面完成,马钢中型材继续领航华东市场。目前,马钢拥有2座4000立方米高炉、1座3200立方米高炉、2座2500立方米高炉、1台360平方米烧结机、1座300吨转炉、1座110吨超高功率电炉等先进装备和一批先进轧机、机组,具备年产2000万吨综合配套生产能力。

从冲不出亚洲到走向世界各地

1978年以前,马钢主要出口生铁、车轮、轮箍、中小钢材、五氧化二钒等低附加值产品,出口范围只限于亚洲的9个国家,而向欧美等发达国家出口的产品几乎没有。

为拓宽海外市场,马钢首先加大自主攻关力度,积极研发高端产品,特别是近几年开展了高速车轮、高寒地区用钢、超薄板、冷热轧板、彩涂板、高强汽车板、硅钢、家电板、石油石化用板、深海石油平台用钢等关键产品的研究,相继取得了重要突破。比如,时速270公里高速车轮于2018年8月首次打进德国市场,轮轴抢占土耳其、阿根廷、澳大利亚、坦桑尼亚、印尼等国家市场,车轮成为美国通用电气公司(GE公司)的指定产品,装配的机车在世界各地运行;彩涂板远销智利、巴基斯坦、印尼、越南等国家,汽车板闯进世界汽车俱乐部——欧洲市场。目前,马钢各类产品已出口至美国、加拿大,日本、韩国、南非、德国、澳大利亚等近70个国家和地区。

马钢产品大面积的出口,得益于"一带一路"沿线国家的民心相通、贸易联通、发展畅通、信息互通;得益于自身融入世界舞台,与海外财团发展双边贸易,实现互惠互利;得益于精心布局海外营销网络,捕捉市场商机。近年来,马钢通过深化合作,与美国GE公司、德国铁路公司、意大利达涅利公司、德国西马克公司、韩国奥瑟亚公司、法国瓦顿公司等世界名企建立了长期稳定的合作关系。同时,马钢在美洲地区、韩国、德国、中国香港等地均设立了事务所或办事处,及时把握市场行情、处理贸易纠纷。

从单打钢铁主业到多元产业齐头并进

由于习惯思维和创新意识淡薄,马钢长期以来只打拼钢铁主业,没有专心经营多元产业。20世纪90年代,邓小平南巡讲话后,马钢才萌发了搞活经营的想法,开办了多家"马"字头的经济开发公司,但由于经营手段、经营方式、经营管理都与市场经济脱节,最终走进了"死胡同"。

在市场经济大潮中付出的代价,让马钢人痛定思痛,深刻反思。马钢人终于清醒地认识到,市场经济这堂课必须好好学、认真学。近年来,马钢十分注重加强对企业中高层管理人员的专业培训,与高等院校联合开办了各类专业人才培训班。同时,马钢还拿出了许多优惠政策,吸收和引进复合型高技术人才,为企业发展提供了强有力的人才支撑。

人才是企业的第一财富,是企业高质量发展的动力源泉。依托人才的智力,依托机制体制的变革,依托创新手段的激活,马钢大力构建"1+7"经营模式,即"1个钢铁主业+7个辅业"。从2015年以来,马钢多元产业领域的工程技术板块、贸易物流板块、矿产资源板块、金融投资板块、信息技术板块、节能环保板块、新材料及化工能源板块发展年年有起色,特别是2017年各板块齐头并进,实现营业收入219亿元,占到马钢全部营业收入30%;实现净利润14亿元,使马钢实现了华丽转身。

从放弃低端制造到实现自我革命

改革开放40年来,马钢走过的历程,是求新求变的发展,是敢于自我革命的发展,是追求国际先进的发展,是只争朝夕、永不懈怠的发展。

近3年来,马钢大力淘汰落后产能、化解过剩产能,2018年第三季度退出炼钢产能128万吨;3年累计退出炼铁产能224万吨、炼钢产能269万吨,完成分流安置职工29204人(其中包括本部劳务工10623人、合肥公司4866人)。完成上述去产能任务后,马钢生铁、粗钢年生产能力分别由2015年末的2214万吨、2644万吨降至1830万吨、2171万吨,产能压减率分别为17.34%、17.89%,全面完成了去产能任务,相当于淘汰了一个中型规模的钢铁企业。马钢之所以"壮士断腕"、自我革命,目的就是以创新理念加速产业转型升级,做精做优钢铁主业,做大做强多元产业。

当前,马钢正围绕上游资源安全保供,积极发展废钢、冶金辅料、矿山固废资源综合利用等产业;围绕满足下游用钢企业个性化需求,完善区域钢材加工中心布局,以更好地为用户提供"贴身"服务。同时,马钢还大力实施数字化、网络化、智能化改造,促进信息化与工业化深度融合,立足云平台,大力推进信息技术和智能制造产业发展,着力培育和形成一批新兴产业集群和龙头企业,促进新产业、新模式、新业态加快发展。

2018年年初以来,马钢借助改革开放40年的强劲东风,积极践行"绿水青山就是金山银山"的理念,大力推进节能减排、清洁生产和绿色发展,持续提升环境绩效,通过矿山生态修复、创建精益工厂、实施美化亮化工程、现场环境整治等,捍卫马钢"国家级绿色工厂"称号,让广大职工真正成为绿色发展的参与者、贡献者、受益者,让"江南一枝花"开得更娇艳。

(杨子江　章利军)

2018年11月21日《中国冶金报》

让毛主席视察的9号高炉永放光芒

2018年9月20日上午8时30分，马钢举行庆祝毛主席视察马钢60周年暨9号高炉工业遗产保护启动仪式，来自安徽省、马鞍山市的嘉宾和马钢各条战线近300名职工见证了这一重要时刻。

9号高炉是毛主席等党和国家领导人亲临视察过的高炉，是马钢发源地、城市诞生地。2018年4月23日，马钢决定对500立方米的9号高炉实施永久性关停，并将之作为华东第一座高炉工业遗产进行保护。

为让9号高炉重新焕发出勃勃生机，马钢专门成立了9号高炉工业遗产保护领导小组，强化理念设计、品位设计、形象设计，并将全过程做好9号高炉的立体、系统包装，同时注重历史背景、时代变迁、发展经历的有机融合，把9号高炉的各种有价值、有意义、有特色的事件珍藏其中，使之成为马钢的金色“名片”、爱国主义教育基地和一代又一代炼铁人十分崇尚的场所。

在华东第一高炉工业遗产保护工程启动仪式上，马钢集团公司党委书记、董事长魏尧说：“毛主席视察过的9号高炉，60年来累计产铁1416万吨，4次荣获全国‘红旗高炉’称号。9号高炉承载着马钢人的光荣历史，是马钢永远的红色记忆和精神象征。我们之所以对它实施工业遗产保护，就是以此激励后人不忘初心、牢记使命、继续前行。站在新的起点上，马钢将坚持新发展理念统揽全局，抢抓供给侧结构性改革机遇，坚持创新驱动，推进结构调整，加快转型发展，不断开创新时代马钢高质量发展新局面。”

（杨子江　章利军）

2018年4月11日《中国冶金报》

马钢庆祝毛主席视察马钢60周年暨9号高炉工业遗产保护启动仪式现场

（特约通讯员　张明伟　摄）

调结构　强创新　促开放
——魏尧谈如何激发企业高质量发展内生动力

“党的十九大报告指出,我国经济已由高速增长阶段转向高质量发展阶段。马钢牢牢把握新时代高质量发展这个根本要求,紧扣钢铁行业‘产业结构与市场竞争需求不适应、绿色发展水平与生态环境需求不适应’这一主要矛盾,着力推进结构调整、创新驱动、共建共享,激发高质量发展内生动力,奋力打造‘运营良好、环境友好、家园美好’的品牌企业。”马钢集团公司党委书记、董事长魏尧在接受《中国冶金报》记者采访时表示。对于如何激发企业高质量发展的内生动力,魏尧介绍了马钢的做法。

深化结构调整,提高供给质量

魏尧指出,马钢牢牢把握提高供给体系质量这一主攻方向,坚定不移去产能、积极主动调结构、始终不渝树品牌,着力提高钢铁产品供给质量,显著增强企业发展质量优势。

在去产能方面,马钢运用市场化法治化手段去除无效低效产能,严格执行环保、质量、安全等法规标准,坚决打好去产能攻坚战。两年多来,马钢已累计退出炼铁产能224万吨、钢铁产能141万吨,2018年第三季度还将再退出炼钢产能128万吨。

在调结构方面,马钢秉持“用产品和服务创造价值”的企业使命,以市场需求为导向,大力调整产品结构,不断满足下游用钢行业日益增长的个性化需求。当前,马钢正着力推动高速轮轴、高档板带、精品长材三大系列产品迈向高端,特别是加快打造最具竞争力的先进轨道交通装备产业,努力为建设交通强国做出积极贡献。

在树品牌方面,马钢围绕增品种、提品质、创品牌发力用力,推动产品和服务质量双提升。近年来,马钢把树品牌摆到了事关高质量发展的战略位置,制订了清晰的品牌建设路线图,构建了品牌培育管理体系,致力于打造钢铁强势品牌、多元个性品牌、管理精益品牌、文化特色品牌,奋力冲刺中国实体经济品牌100强。

创新驱动发展,推动产业升级

魏尧强调,马钢以创新理念和创新方法加速产业转型升级步伐,做精做优钢铁产业,做大做强多元产业。

提升全产业链竞争力。为适应“竞争全要素、服务进终端”的行业发展要求,马钢围绕钢铁+资源、物流、节能环保以及钢材深加工等上下游产业链发力,拉长做“深”产业链,增强产业链创新力和竞争力。当前,马钢正围绕上游资源安全保供,积极发展废钢、冶金辅料、矿山固废资源综合利用等产业;围绕满足下游用钢企业个性化需求,完善区域钢材加工中心布局,以更好地为用户提供“贴身”服务。

推进钢铁智能化发展。马钢抢抓《中国制造2025》政策机遇,大力实施数字化、网络化、智能化改造,促进信息化与工业化深度融合,提升精益制造、智能制造水平。近年来,马钢立足云平台,大力推进信息技术和智能制造产业,工信部智能制造专项——轮轴智能制造数字化车间项目通过专家组验收,7个系列20套机器人应用系统成功研发,已应用于车轴贴标、机床上下料、喷码等操作。

培育新产业新业态。超前谋划、超前部署、超前行动,马钢着力培育形成一批新兴产业集群和龙头企业,促进新产业、新模式、新业态加快发展。目前,马钢正积极联手冶金行业、互联网等领域有影响力的战略投资者,筹划组建新信息产业集团,力争在云计算、钢铁行业自动化和信息化解决方案、机器人集成应用等领域取得更大突破。同时,围绕增强金融服务实体经济能力,马钢充分发挥财务公司、投资公司功能,深化产业链金融服务,提高了资金使用效率,降低了融资成本。2018年3月,马钢在上海自贸区分别设立了商业保理公司和融资租赁公司,未来将进一步推进钢铁与现代金融业的深度契合。

坚持共建共享,促进融合开放

魏尧指出,高质量发展,协调是内生特点,开放是必由之路。马钢大力推进产城融合发展、开放发展,努力做好融合开放发展大文章。

推进产城融合发展。马钢积极融入区域经济发展全局,把产业链延伸摆入区域经济一体谋划、一体推进,促进产业协同、共生共兴。马钢作为典型的城市钢厂,实施整体搬迁不符合实际,融合发展是唯一出路。近年来,马钢与马鞍山市在产城融合发展上做了大量工作,建立了融合发展对接机制,着力推进政策对接、产业对接、项目对接、工作对接,共建轨道交通、铁基新材料基地，携手招商引资合资合作，在提升马鞍山市产业发展层次、增强区域经济发展活力中，有效发挥了大型骨干企业的带动作用。

打造绿色现代都市工厂。马钢积极践行“绿水青山就是金山银山”的理念，抢抓环保刚性执行为大型企业创造出的市场机遇，大力推进节能减排、清洁生产和绿色发展，持续提升环境绩效。近年来，马钢通过矿山生态修复、创建精益工厂、实施美化亮化工程、现场环境专项整治等，致力于建设资源节约型、环境友好型企业，在获得首批国家级“绿色工厂”称号的同时，也为企业所在地马鞍山市创建“全国文明城市”、打好蓝天保卫战做出了积极贡献。

深化开放发展。马钢积极抢抓“一带一路”机遇，大力推进国际化经营，通过产业链整合、资本运作、产能国际合作等方式，更好地融入全球创新和产业分工体系。近年来，马钢一方面主动引进来，引进浦项汽车板技术团队，快速提升了马钢汽车板的研发、生产、制造能力和水平，支撑马钢汽车板迈向中高端；另一方面积极走出去，成功竞购法国瓦顿公司，进一步提升了马钢轮轴产品在国际市场上的品牌影响力。

（杨子江　章利军）

2018 年 6 月 13 日《中国冶金报》

开启江海联运新时代　服务长江经济带发展
我国首艘江海直达船首航马钢

2018 年 4 月 10 日我国首艘江海直达船停靠在马钢港务原料总厂码头
（特约通讯员张明伟　通讯员　祝　凯　摄）

2018 年 4 月 9 日下午 3 点 10 分，随着一声汽笛长鸣，满载着 2.2 万余吨铁矿石的国内第一艘江海联运船“江海直达 1”号顺利停靠马钢港务原料总厂码头，圆满完成了首航之旅，终结了我国江海运输无法直达的历史。4 月 10 日上午 10 点 30 分，国内首艘江海直达船首航仪式在马钢举行。

2018 年 4 月 5 日下午 2 点，该船从宁波舟山港鼠浪湖矿石中转码头装载铁矿石拔锚起航，由东海入江，溯江而上，驶往马鞍山马钢港务原料总厂码头。4 月 10 日，近 200 名嘉宾共同见证了首航仪式这一历史性时刻。本次活动由长江航务管理局、浙江省海港委、舟山市政府、马鞍山市政府联合主办，舟山市港航管理局、舟山交通投资集团有限公司、马鞍山市港航管理局、马钢集团物流有限公司共同承办。

该船船体总长 154 米，垂线间长 150 米，型宽 24 米，参考载货量约 2.2 万吨。这是我国第一艘按照《特定航线江海通航船舶建造规范》设计生产的船舶，具备宜江、适海、先进、经济四大特性，较同类海船造价降约 10%，载重量增约 13%，能效提高约 12%，同时具有适应船舶大型化趋势、减少中转环节、缩短物流运输时间等优势。以往，我国对船舶建造规范和适航标准，只实行海船标准和内河船标准，内河船标准低，由于船舶稳性和设备配置等原因不能出海，而大型海船进江无法深入至南京以上港口。

当前，我国经济发展已进入沿海经济与内陆经济协同发展的新时期，江河海运一体化已成为长江航运发展的新常态。为有效破解海联运瓶颈，提升长江干线航运能力，更好地服务长江经济带发展，2015 年 4

月 14 日,浙江省舟山市政府、长江航务管理局、中国船级社签署了《江海直达船舶研究合作备忘录》,设立江海直达船舶研究委员会,基于“特定海域、特定航线、特定船型”,全面启动高能效江海直达示范船型研发和江海直达船舶规范技术标准体系研究。2017 年 4 月 19 日,全国首艘江海直达船“江海直达 1 号”在舟山正式开建,同年 12 月 8 日下水;2018 年 1 月 26 日试航,3 月 18 日交付,4 月 10 日正式运行。

(杨子江　章利军　胡智慧)

2018 年 4 月 13 日《中国冶金报》

国家—973 项目研究获重大进展
马钢新型贝氏体钢重载车轮装车试运行

2018 年 9 月 17 日,马钢新型贝氏体钢重载货车车轮在神华铁路货车公司沧州分公司装车投入试验运行,这是贝氏体车轮首次大批量驶上正规铁路,马钢也因此成为国内第一家研制并上线贝氏体车轮的钢铁企业。

在当前高速、重载的发展趋势下,传统车轮材料(中高碳碳素钢或微合金化中高碳钢)性能潜力已至极限,而贝氏体车轮具有优异的强韧性、抗耐磨性、抗热损伤等性能。据悉,5 种车轮将在两列车上进行同列系统性对比试验,而贝氏体车轮是其中唯一此前未批量投用的车轮。此举,或将引发轨道交通车轮钢材料的一次全新革命。

此次试验,是我国轨道交通 5 种车轮首次同列开展系统性对比试验。其中,马钢共提供了 CL60 车轮、CL65 和 CL70 重载车轮、贝氏体钢重载车轮等 4 种车轮,另外参加对比试验的还有 LZ-B 铸钢车轮。试验车轮装配于两列重载 C80 型铝合金敞车,每列车按 54 辆进行编组,试验时间为 2 年。试验期间将定期进行跟踪检测,对 5 种车轮的表面服役状态、磨耗性能进行综合对比。此次试验,将为国家 973 计划(国家重点基础研究发展计划)项目的理论和应用结合提供支撑,为贝氏体钢重载车轮的推广与应用提供有效的应用数据。

据悉,马钢车轮研发技术人员进行了长达 20 余年的艰苦探索,先后进行了基础研究、半工业性试验、工业性试验等系统研究,在贝氏体车轮钢成分设计、制造工艺上已积淀并形成自主创新的核心技术。2005 年,马钢研制的贝氏体钢重载车轮完成 18 万公里运行试验,试验结束后投放国铁运行。2015 年,16 件贝氏体钢重载车轮装配在马钢铁运公司的 100 吨平板车上投用。2015 年,科技部推出了国家 973 项目“高速、重载轮轨系统金属材料与服役安全基础研究”,马钢研发的贝氏体钢重载车轮作为全新材料被纳入到子课题“高性能新型贝氏体轮轨材料原型研究”中。2017 年 8 月,马钢制定了贝氏体钢重载车轮企业标准——《铁路货车用贝氏体钢辗钢整体车轮》。

(杨子江　章利军　赵　海　刘军捷)

2018 年 10 月 10 日《中国冶金报》

马钢上榜 2017 年度安徽制造 50 强

2018 年 5 月 24 日,安徽省政府公布 2017 年度制造业综合实力 50 强企业名单,马钢光荣上榜。同时,马钢集团公司总经理、股份公司董事长丁毅当选 2017 年安徽省制造业优秀企业家。

据悉,马钢 2017 年实现营业收入 802 亿元、利润总额 58 亿元,创历史最好纪录。能够取得这样的成果,主要得益于 2017 年马钢多方面、全方位的努力。

在产品和市场方面,马钢调结构、转方式、提品质、扩品种、拓市场,产品结构调整增效达近 6 亿元;开发轮轴新产品 98 个;成功开发 DP980 高强钢、冷轧搪瓷钢、新能源汽车电池壳钢等高端产品;销售汽车板 230 万吨,汽车面板、高强汽车板销量分别比 2016 年增长 78%、20%。

在去产能方面,马钢主动关停,1 座 500 立方米高炉、1 座 40 吨转炉,退出炼铁产能 62 万吨、炼钢产能 64 万吨,环境保护顺利通过国家和当地有关部门的抽查;积极争取政策支持,用好用活奖补资金,实现了职工“转岗不下岗、转业不失业”的目标。

在非钢产业方面，马钢7个多元板块全部实现经营性盈利，实现多元产业营业收入219亿元、净利润14亿元。

在管理方面，马钢加速拓展体系管理、专业管理，取得了3项成果获冶金行业现代化管理创新成果一等奖、主持制修订国家标准和行业标准8项、获授权专利313项等成果。

（杨子江　章利军）

2018年5月30日《中国冶金报》

报道目录

报刊名称	标　题	版　面	时　间	作　者
中国冶金报	马钢绘出史上业绩最美图画	头版二条	1月1日	杨子江　章利军
安徽工人报	马钢绘出史上业绩最美图画	头版二条	1月1日	杨子江　章利军
中国冶金报	努力实现研产销系统联动	六版	1月1日	杨子江　章利军
中国冶金报	创新驱动打响新时代马钢品牌	二版	1月3日	杨子江　章利军
中国冶金报	奏响优美旋律	六版头条	1月3日	杨子江　章利军
中国冶金报	中国钢企助力全球最大北极 LNG 项目	头版	1月4日	杨子江　章利军
中国冶金报	马钢高速车轮入选 2017 质量之光 10 大品牌	头版	1月5日	杨子江　章利军
中国冶金报	四省畅销,底气何在	六版	1月5日	杨子江　章利军
安徽工人报	马钢精益品牌获行业广泛赞誉	二版	1月8日	杨子江　章利军
中国冶金报	马钢 2018 年力争营收 800 亿元	头版	1月9日	杨子江　章利军
中国冶金报	马钢与众泰汽车牵手共建实验室	八版	1月9日	杨子江　章利军
中国冶金报	创新驱动不松懈把牢高质量发展要求	头版二条	1月10日	杨子江　章利军
中国冶金报	马钢加强创新打造技术新优势	六版头条	1月12日	杨子江　章利军
中国冶金报	让矿山变成花果山	六版头条	1月17日	杨子江　章利军
中国冶金报	马钢实现非钢净利润 14 亿元	六版头条	1月19日	杨子江　章利军
中国冶金报	马钢特钢利润同比增长八成以上	四版	1月19日	杨子江　章利军
安徽工人报	马钢技术中心高端研发笑傲海内外	二版头条	1月18日	杨子江　章利军
中国冶金报	全面创新在现场　贴心服务在市场	四版头条	1月24日	杨子江　章利军
中国冶金报	马钢张庄矿 2017 年实现利润 1.8 亿元	五版	1月24日	杨子江　章利军
中国冶金报	马钢以技术创新驱动绿色品牌建设	头版	1月25日	杨子江　章利军
中国冶金报	马钢干部职工迎战暴风雪保生产	头版	1月30日	杨子江　章利军
中国冶金报	让每一笔采购都花得合算	四版	1月30日	杨子江　章利军
中国冶金报	向时速 400 公里高铁车轴产品迈进	二版头条	1月31日	杨子江　章利军
中国冶金报	南山矿完成 2017 年目标任务	六版头条	1月31日	杨子江　章利军
中国冶金报	强化内部银行的造血功能	二版头条	2月8日	杨子江　章利军
中国冶金报	安徽马钢化工科技有限公司成立	六版头条	2月9日	杨子江　章利军
安徽工人报	助推中国标准动车组高歌前行	二版头条	2月8日	杨子江　章利军
安徽工人报	马钢筹措 400 多万元精准帮扶特困职工	头版	2月12日	杨子江　章利军
中国工业报	马钢向时速 400 公里高铁产品迈进	二版	2月22日	杨子江　章利军
中国冶金报	乘势而上,奋力实现精益运营新跨越	头版二条	2月23日	杨子江　章利军
中国冶金报	马钢矿业提出打造一流矿山愿景	六版	2月14日	杨子江　章利军
中国冶金报	精益打造智能制造集成服务新优势	三版头条	2月14日	杨子江　章利军
安徽工人报	马钢 H 型钢托起肯尼亚蒙内铁路	头版	2月26日	杨子江　章利军
安徽工人报	马钢张庄矿被确定为国家绿色工厂	头版	2月27日	杨子江　章利军
中国冶金报	开创新时代管理新局面	四版头条	2月27日	杨子江　章利军
中国冶金报	精美的矿石会“唱歌”	五版头条	2月28日	杨子江　章利军
中国冶金报	马钢海外布局去年实现净利润 4000 万元	头版	3月1日	杨子江　章利军
中国冶金报	马钢抢抓产业链融合发展新机遇	四版	3月1日	杨子江　章利军
中国工业报	马钢拓宽国际化经营空间	七版	3月1日	杨子江　章利军
中国冶金报	马钢 H 型钢托起世纪之路	八版	3月8日	杨子江　章利军
中国冶金报	马钢产品服务于中俄能源最大项目	八版	3月8日	杨子江　章利军

中国冶金报	马钢:日子火红　幸福如花	八版	3月9日	杨子江　章利军
安徽工人报	廉政文化建设提升“免疫力”	头版头条	3月23日	杨子江　章利军
中国冶金报	张庄矿成为国家绿色工厂示范单位	五版	3月27日	杨子江　章利军
中国冶金报	与城市共享绿色发展成果	六版头条	3月28日	杨子江　章利军
安徽工人报	马钢T型钢“钻进”世界级大型工程	头版头条	4月3日	杨子江　章利军
中国冶金报	南山矿蝉联全国文明单位	五版	4月4日	杨子江　章利军
安徽工人报	马钢打赢了一场漂亮的“洋官司”	头版二条	4月10日	杨子江　章利军
中国冶金报	排除隐患时刻挂心头	六版头条	4月11日	杨子江　章利军
安徽工人报	国内第一艘江海直达船首行马钢	头版	4月12日	杨子江　章利军
安徽工人报	马钢一项成果获全国现代化管理奖	二版	4月12日	杨子江　章利军
中国冶金报	我国首艘江海直达船首航马钢	头版	4月13日	杨子江　章利军
中国冶金报	马钢T型钢“钻进”世界级大型工程	四版头条	4月13日	杨子江　章利军
中国工业报	马钢T型钢“钻进”世界级大型工程	二版	4月16日	杨子江　章利军
安徽工人报	品牌家电企业为何如此钟情马钢?	头版	4月17日	杨子江　章利军
中国冶金报	目标:建设5座绿色科技型矿山	五版头条	4月18日	杨子江　章利军
中国工业报	马钢H型钢托起蒙内铁路	三版	4月19日	杨子江　章利军
中国冶金报	以“文化力”提升“免疫力”	七版	4月20日	杨子江　章利军
中国冶金报	华东第一高炉—马钢9号高炉永久性关停	头版头条	4月24日	杨子江　章利军
安徽工人报	华东第一高炉—马钢9号高炉永久性关停	头版头条	4月24日	杨子江　章利军
中国冶金报	精准把握冶金矿业发展新趋势	五版头条	4月25日	杨子江　章利军
中国冶金报	马钢矿业集中轮训科级管理人员	五版	4月25日	杨子江　章利军
中国冶金报	争当自动化控制技术的领跑者	五版	5月2日	杨子江　章利军
中国冶金报	马钢1000立方米高炉全部退役	头版头条	5月3日	杨子江　章利军
安徽工人报	马钢比亚西钢筋焊网独占市场鳌头	头版	5月4日	杨子江　章利军
现代物流报	华东第一高炉永久性关停	四版	5月7日	杨子江　章利军
中国冶金报	马钢比亚西钢筋焊网国内市场占有率居前列	八版	5月9日	杨子江　章利军
中国冶金报	奏响自主创新的凯歌　彰显实力	十版	5月16日	杨子江　章利军
中国冶金报	马钢将9号高炉作为工业遗产加以保护	头版	5月18日	杨子江　章利军
中国冶金报	品牌家电企业缘何钟情马钢?	二版头条	5月24日	杨子江　章利军
安徽工人报	马钢飞马智科公司创立	二版头条	5月24日	杨子江　章利军
中国冶金报	弘扬优秀企业家精神　推动诚信经营	二版	5月24日	杨子江　章利军
中国冶金报	马钢表面公司打造再制造高端品牌	六版	5月25日	杨子江　章利军
中国冶金报	马钢全面部署开展安全生产月活动	六版	5月29日	杨子江　章利军
中国冶金报	马钢上榜安徽制造50强	头版	5月30日	杨子江　章利军
中国冶金报	城市矿山打响蓝天保卫战	六版	5月30日	杨子江　章利军
中国工业报	马钢将9号高炉作为工业遗产进行保护	三版	5月31日	杨子江　章利军
现代物流报	马钢将9号高炉作为工业遗产进行保护	三版	5月31日	杨子江　章利军
中国冶金报	马钢组建财务共享中心	头版	6月6日	杨子江　章利军
中国工业报	马钢荣获安徽制造业综合实力50强	三版	6月7日	杨子江　章利军
中国冶金报	创新驱动,抢占科技高地	二版头条	6月7日	杨子江　章利军
中国冶金报	调结构　强创新　促开发	头版头条	6月13日	杨子江　章利军
中国工业报	马钢表面公司打造再制造高端品牌	三版	6月14日	杨子江　章利军
中国工业报	我国重载车轮实物质量达到国际水平	二版头条	6月14日	杨子江　章利军

中国冶金报	马钢打造花园式工厂获丁仲礼点赞	二版	6月14日	杨子江　章利军
中国冶金报	我国重载车轮实物质量比肩国际先进	头版头条	6月15日	杨子江　章利军
中国冶金报	飞马智科公司正式创立	六版	6月20日	杨子江　章利军
中国冶金报	建设名副其实的花园式工厂	八版头条	6月21日	杨子江　章利军
中国工业报	马钢比亚西钢筋焊网产品供不应求	二版	6月21日	杨子江　章利军
中国冶金报	马钢矿业公司集中轮训科级管理人员见成效	五版	6月27日	杨子江　章利军
中国冶金报	马钢要培养高质量人才	八版	7月3日	杨子江　章利军
中国冶金报	马钢南山矿创设职工文体委员会	六版	7月4日	杨子江　章利军
中国工业报	马钢技术中心实施精益化研发	三版	7月5日	杨子江　章利军
安徽工人报	马钢欧邦锁定首张中铝集团大单	头版	7月6日	杨子江　章利军
中国冶金报	画出高质量发展的微笑曲线	二版头条	7月10日	杨子江　章利军
中国工业报	马钢欧邦锁定首张中铝集团大单	二版	7月12日	杨子江　章利军
中国冶金报	“气”壮华东	六版头条	7月13日	杨子江　章利军
安徽工人报	马钢上半年出口创汇3.35亿美元	头版	7月16日	杨子江　章利军
中国冶金报	红色引领促发展	六版头条	7月18日	杨子江　章利军
中国冶金报	马钢产业扶贫带动乡村经济发展	头版	7月19日	杨子江　章利军
中国冶金报	构建风清气正的政治生态	七版头条	7月20日	杨子江　章利军
中国冶金报	马钢踩准高质量发展新节拍	二版	7月24日	杨子江　章利军
安徽工人报	马钢公司车轮驶出国门冲进德铁	头版	7月24日	杨子江　章利军
中国冶金报	小小承诺书为何引来专家“背书”	八版头条	7月25日	杨子江　章利军
安徽工人报	马钢喜获双机构“AAA”信用等级	二版头条	7月26日	杨子江　章利军
中国工业报	创新驱动　马钢抢占科技高地	三版头条	7月26日	杨子江　章利军
中国冶金报	马钢喜获双机构“AAA”信用等级	头版	7月27日	杨子江　章利军
中国工业报	中国制造高铁车轮首次驶出国门	头版	7月30日	杨子江　章利军
中国冶金报	四大变革推动马钢高质量发展	二版头条	7月31日	杨子江　章利军
中国冶金报	看,生态智能型物流企业如何打造	六版头条	8月3日	杨子江　章利军
现代物流报	打造业内生态智能型物流企业	B三版	8月6日	杨子江　章利军
中国冶金报	人人查隐患　筑牢安全防线	六版头条	8月8日	杨子江　章利军
中国冶金报	马钢高速车轮率先驶出国门进入德铁	头版二条	8月9日	杨子江　章利军
安徽工人报	马钢与北科大冶金智能制造中心揭牌	二版头条	8月9日	杨子江　章利军
中国冶金报	马钢与北科大冶金智能制造中心揭牌	头版	8月15日	杨子江　章利军
中国冶金报	马钢矿业力争全年固废销售额超1.5亿元	六版	8月15日	杨子江　章利军
中国冶金报	马钢上半年出口创汇3.35亿美元	头版	8月17日	杨子江　章利军
中国工业报	马钢与北科大共建智能制造技术平台	二版	8月27日	杨子江　章利军
现代物流报	绿水青山总是情	B四版头条	9月3日	杨子江　章利军
中国冶金报	马钢南山矿工会多管齐下开展劳动竞赛	六版头条	9月5日	杨子江　章利军
安徽工人报	绿水青山总是情	头版头条	9月7日	杨子江　章利军
中国冶金报	绿水青山总是情	六版头条	9月12日	杨子江　章利军
中国冶金报	马钢欧邦新型建材锁定中铝大单	八版头条	9月19日	杨子江　章利军
安徽工人报	一个金点子　巧解大难题	头版头条	9月20日	杨子江　章利军
中国冶金报	探索生态智能钢铁物流发展新路径	六版头条	9月21日	杨子江　章利军
中国冶金报	让毛主席视察的9号高炉永放光芒	头版	9月26日	杨子江　章利军
中国冶金报	打造绿色矿山　创新人才使用和培养方法	五版	9月26日	杨子江　章利军

安徽工人报	马钢新型贝氏体钢重载车轮装车试运行	头版	9月28日	杨子江　章利军
中国冶金报	努力当好用户全天候“保姆”	六版	9月28日	杨子江　章利军
中国冶金报	马钢新型贝氏体钢重载车轮装车试运行	头版	10月10日	杨子江　章利军
中国冶金报	文明之花美丽绽放	六版头条	10月10日	杨子江　章利军
中国冶金报	开展关键技术研究　努力建设平安矿山	五版	10月17日	杨子江　章利军
中国冶金报	一个金点子　妙解大难题	六版	10月17日	杨子江　章利军
中国冶金报	用心绘特色,市场见特效	五版头条	10月19日	杨子江　章利军
中国冶金报	马钢离退休中心举办重阳节活动	七版	10月19日	杨子江　章利军
中国冶金报	百万吨国产钢材撑起超级工程	头版头条	10月24日	杨子江　章利军
中国冶金报	昔日光秃秃　今朝花果山	六版头条	10月24日	杨子江　章利军
安徽工人报	马钢去产能三年计划全面完成	头版	10月30日	杨子江　章利军
中国冶金报	马钢去产能三年计划全面完成	头版	10月31日	杨子江　章利军
中国冶金报	前三季度马钢矿业实现营收35.82亿元	六版	10月31日	杨子江　章利军
中国冶金报	碧水清泉润钢城	八版头条	11月1日	杨子江　章利军
安徽工人报	这帮行家里手有多么神奇	二版头条	11月1日	杨子江　章利军
中国工业报	马钢两产品扮靓港珠澳大桥	三版	11月1日	杨子江　章利军
中国冶金报	满目青山花如海	五版头条	11月7日	杨子江　章利军
中国冶金报	矿山复垦要与采矿同步发展	五版	11月7日	杨子江　章利军
中国工业报	马钢去产能三年计划全面完成	二版	11月8日	杨子江　章利军
中国冶金报	党旗引领新征程	七版头条	11月9日	杨子江　章利军
中国冶金报	运用关键技术,实现矿产资源科学开采	五版头条	11月14日	杨子江　章利军
安徽工人报	绿色矿山景如画	二版头条	11月15日	杨子江　章利军
中国冶金报	绘一幅绿色生态优美画卷	八版	11月15日	杨子江　章利军
中国冶金报	行家里手各显神通	三版头条	11月16日	杨子江　章利军
中国工业报	马钢矿业步入绿色矿山建设新征程	二版	11月19日	杨子江　章利军
安徽工人报	书写高质量发展的美丽画卷	头版头条	11月20日	杨子江　章利军
中国冶金报	江南一枝花　越开越娇艳	头版头条	11月21日	杨子江　章利军
中国冶金报	采场变“绿岛”	六版头条	11月21日	杨子江　章利军
中国冶金报	山沟里走出来的工匠大师	八版头条	11月23日	杨子江　章利军
安徽工人报	马钢瓦顿车轮试跑兰新客专线	头版	11月26日	杨子江　章利军
中国冶金报	绿色矿山景如画	六版头条	11月28日	杨子江　章利军
中国冶金报	马钢瓦顿高铁车轮首秀兰新客专线	头版	12月4日	杨子江　章利军
中国工业报	马钢牵手中国中车　瞄准轨道交通高端用钢	二版头条	12月10日	杨子江　章利军
中国冶金报	做精做强绿化工程	六版头条	12月12日	杨子江　章利军
安徽工人报	马钢通过安徽省环保专项督查	头版	12月14日	杨子江　章利军
中国冶金报	打造国内轨道交通用钢一流品牌	四版头条	12月19日	杨子江　章利军
中国冶金报	马钢污染综合排放达标率100%	八版	12月20日	杨子江　章利军
安徽工人报	马钢收获史上最丰硕果实	头版头条	12月21日	杨子江　章利军
中国冶金报	为建设钢铁强国提供坚强思想保证	头版二条	12月21日	杨子江　章利军
中国冶金报	当好高炉循环经济的调酒师	七版头条	12月21日	杨子江　章利军
中国冶金报	架设与民心相通的桥梁	二版头条	12月25日	杨子江　章利军
安徽工人报	马钢锁定新年发展目标	头版	12月25日	杨子江　章利军
现代物流报	马钢多元板块营收剑指新平台	七版	12月26日	杨子江　章利军

2018年马钢编辑出版的部分书刊目录

《马钢》总目录

本刊特稿

贯彻职代会精神

新时代 新气象 新作为

“讲忠诚、严纪律、立政德”

企业党建

(赵陶春)

《江南文学》总目录

《安徽冶金》总目录

（张丽丽）

《冶金动力》总目录

·燃　气·

·供排水·

·自动化·

·简　讯·

·钢铁新闻·

《安徽冶金科技职业学院学报》总目录

冶金科学技术

·冶金与工艺·

企业经济与管理

人文学术研究

《马钢党校》总目录

教育培训工作研究

学习党的十九大精神

党建和思想工作

马钢管理研究

学习全国教育工作大会精神

教学与科研

纵横谈

马鞍山钢铁股份有限公司
2018 年年度报告(摘编)

一、公司简介

1. 公司信息

公司的中文名称	马鞍山钢铁股份有限公司
公司的中文简称	马钢股份
公司的外文名称	MAANSHAN IRON & STEEL COMPANY LIMITED
公司的外文名称缩写	MASC. L.
公司的法定代表人	丁　毅

2. 联系人和联系方式

职务	董事会秘书、联席公司秘书	联席公司秘书
姓名	何红云	赵凯珊
联系地址	中国安徽省马鞍山市九华西路 8 号	中国香港中环德辅道中 61 号华人银行大厦 12 楼 1204-06 室
电话	86-555-2888158/2875251	(852)2155 2649
传真	86-555-2887284	(852)2155 9568
电子信箱	mggfdms@ magang. com. cn	rebeccachiu@ chiuandco. com

3. 基本情况简介

公司注册地址	中国安徽省马鞍山市九华西路 8 号
公司注册地址的邮政编码	243003
公司办公地址	中国安徽省马鞍山市九华西路 8 号
公司办公地址的邮政编码	243003
公司网址	http://www. magang. com. cn(A 股); http://www. magang. com. hk(H 股)
电子信箱	mggfdms@ magang. com. cn

4. 信息披露及备置地点

公司选定的信息披露报纸名称	上海证券报
登载年度报告的中国证监会指定网站的网址	www. sse. com. cn
公司年度报告备置地点	马鞍山钢铁股份有限公司董事会秘书室

5. 公司股票简况

公司股票简况			
股票种类	股票上市交易所	股票简称	股票代码
A股	上海证券交易所	马钢股份	600808
H股	香港联合交易所有限公司	马鞍山钢铁	00323

6. 其他有关资料

公司聘请的会计师事务所	名称	安永华明会计师事务所(特殊普通合伙)
	办公地址	中国北京市东城区东长安街1号东方广场安永大楼16层
	签字会计师姓名	安秀艳、董　楠

二、发行及上市

1993年9月1日,本公司正式成立,并被国家列为首批在境外上市的九家股份制规范化试点企业之一。公司1993年10月20日—10月26日在境外发行了H股,同年11月3日在香港联交所挂牌上市;1993年11月6日—12月25日在境内发行了人民币普通股,次年1月6日、4月4日及9月6日分三批在上海证券交易所挂牌上市。

三、会计数据和财务指标摘要

1. 主要会计数据

单位:千元　币种:人民币

	2018年	2017年	本年比上年增减/%	2016年
总资产	76871999	72191590	6.48	66245531
营业收入	81951813	73228030	11.91	48275100
归属于上市公司股东的净利润	5943287	4128940	43.94	1228892
归属于上市公司股东的扣除非经常性损益的净利润	5092357	3969087	28.30	1409937
归属于上市公司股东的净资产	28173623	23895740	17.90	19764172
经营活动产生的现金流量净额	13870430	4599822	201.54	4273705
期末总股本	7700681	7700681	—	7700681

2. 主要财务指标

主要财务指标	2018年	2017年	本期比上年同期增减/%	2016年
基本每股收益(元/股)	0.772	0.536	44.03	0.160
稀释每股收益(元/股)	0.772	0.536	44.03	0.160
扣除非经常性损益后的基本每股收益(元/股)	0.661	0.515	28.35	0.183
加权平均净资产收益率/%	22.68	18.92	增加3.76	6.43
扣除非经常性损益后的加权平均净资产收益率/%	19.44	18.18	增加1.26	7.38

3. 非经常性损益项目和金额

单位：千元　币种：人民币

非经常性损益项目	2018 年金额	2017 年金额	2016 年金额
非流动资产处置损益	371280	-176952	-51189
计入当期损益的政府补助，但与公司正常经营业务密切相关，符合国家政策规定、按照一定标准定额或定量持续享受的政府补助除外	337543	409514	191503
员工辞退补偿	-150464	-216124	-347469
除同公司正常经营业务相关的有效套期保值业务外，持有交易性金融资产、交易性金融负债产生的公允价值变动损益，以及处置交易性金融资产、交易性金融负债和以公允价值计量且其变动计入其他综合收益的金融资产取得的投资收益	225957	217459	62627
单独进行减值测试的应收款项减值准备转回	—	3632	928
处置子公司股权的投资收益	188829	737	—
非同一控制下企业合并公允价值调整产生的投资收益	—	391	—
联营公司增资导致股权被动稀释产生的投资损失	—	-22335	—
处置联营公司取得的投资收益	7690	—	—
除上述各项之外的其他营业外收入和支出	-1034	-11147	-19729
少数股东权益影响额	-40870	-11689	-6551
所得税影响额	-88002	-33634	-11164
合计	850929	159851	-181044

4. 采用公允价值计量的项目

单位：千元　币种：人民币

项目名称	期初余额	期末余额	当期变动	对当期利润的影响金额
交易性金融资产	1546139	2084414	538275	174913
交易性金融负债	10499	8013	-2486	2486
其他权益工具投资	163376	263122	99746	—
合计	1720014	2355549	635535	177399

四、2018 年经营情况及 2019 年工作措施

按中国企业会计准则计算，本集团 2018 年营业收入为人民币 81952 百万元，同比增长 11.91%；归属于上市公司股东的净利润为人民币 5943 百万元，同比增长 43.94%；基本每股收益为人民币 0.772 元，同比增长 44.03%。报告期末，本集团总资产为人民币 76872 百万元，同比增长 6.48%；归属于上市公司股东的净资产为

人民币 28174 百万元,同比增长 17.90%。

按中国企业会计准则计算,2018 年度,本公司实现净利润人民币 4719 百万元,计提 10%法定盈余公积后,2018 年末可供股东分配的利润为人民币 4961 百万元。综合考虑公司盈利及未来可持续发展,董事会建议派发 2018 年末期股利每股现金人民币 0.31 元(含税),未分配利润结转至 2019 年度,不进行资本公积金转增股本。该等分配方案尚待提交股东周年大会审议批准。

回顾 2018 年,国家坚持稳中求进工作总基调,创新和完善宏观调控,经济保持平稳运行;扎实打好三大攻坚战,重点任务取得积极进展;深化供给侧结构性改革,实体经济活力不断释放。钢铁行业完成了化解过剩产能的目标,产能严重过剩矛盾有效缓解,企业效益明显好转。据国家发改委统计,2018 年全国生铁、粗钢和钢材产量分别为 7.71 亿吨、9.28 亿吨和 11.06 亿吨,分别同比增长 3.0%、6.6%和 8.5%。据中钢协统计,2018 年中钢协会员企业实现盈利 2862.72 亿元,同比大幅增长 41.12%;资产负债率 65.02%,同比下降 2.63%。

2018 年,公司践行新发展理念,积极贯彻国家供给侧改革决策部署,紧紧围绕"加速提升创新竞争力"工作主题,以全面创新增动力,以全面协同提效率,以全面精益强质量,取得较好经营成果的同时,开创了公司转型发展的新局面:

(1)去产能任务全面完成。2018 年,公司关停了两座高炉和两座转炉,退出炼铁产能 100 万吨、炼钢产能 128 万吨。至此,公司全面完成了去产能 3 年任务目标,累计退出炼铁产能 224 万吨、炼钢产能 256 万吨。在有产能退出和 1 座高炉大修的情况下,本集团 2018 年生产生铁 1800 万吨、粗钢 1964 万吨、钢材 1870 万吨,与上年相比基本持平。

(2)技术创新成果显著。2018 年共组织实施各类科研项目 124 项,开展 53 项新产品开发项目,实现专利申报 167 项,主持、参与制修订并发布国家行业标准 9 项。公司承担的 863 课题"30 吨轴重重载列车车轮材料服役行为及关键设计、制备技术"顺利通过国家科技部的结题验收;"马钢高速车轮制造技术创新"获冶金行业科学技术奖一等奖;公司荣获新华网及紫金传媒颁发的中国 A 股上市公司紫金创新奖。

(3)品牌建设不断深化。以项目管理方式推进品牌战略行动计划,在钢铁行业率先建立了品牌培育管理体系,选择试点单位发布品牌培育管理手册,管理创新成果显著。多项管理创新成果获得中钢协 2018 年冶金行业管理现代化创新成果奖,其中"基于设备综合效率(OEE)评价体系的设备效率提升实践""以产品升级为目标打造精益化工厂"分别获得一、二等奖,"以打造高速轮轴知名品牌为目标的技术创新管理体系构建"等成果获得三等奖。本公司还荣获《财富》(中文)杂志颁发的 2018 中国最佳董事会及上市公司百强高峰论坛授予的中国百强企业奖,证券时报颁发的 2018"金翼奖"港股通公司价值实力排行榜奖。

(4)精益运营深入推进。通过推进目标计划值管理,优化组产模式和资源配置,试点创建精益工厂,持续提升精益制造水平;通过完善营销布局,优化客户结构,深入实施 EVI 服务,终端用户和板材直供比明显增加,实现精益营销;通过持续打造安全、稳定、高效、可持续、有竞争力的供应链,在环保政策刚性执行的条件下,经济安全保供,实现精益采购。

(5)重点工程项目稳步推进。报告期末,型材升级改造、特钢优棒生产线、硅钢适应性改造、六机六流小方坯等项目建成投产;重型 H 型钢生产线、焦化新建筒仓、特钢大方坯连铸机及配套改造等项目开始前期工作。

(6)去杠杆降负债成效明显。2018 年,通过发行人民币 10 亿元的短期融资券,兑付 2015 年度第一期、第二期共计人民币 40 亿元的中期票据,兑付 2017 年度第一期、第二期共计人民币 30 亿元的短期融资券,继续优化债务结构,降低有息负债。经中诚信国际信用评级有限公司和联合资信评估有限公司综合评审,公司信用等级由"AA+"上调至"AAA"。2018 年末,本集团资产负债率为 58.38%,同比下降 3.89%。

(7)积极履行社会责任。继续致力于推动企业与社会、环境的全面协调发展,积极投身精准扶贫攻坚战,派出扶贫工作队驻村开展产业扶贫、教育扶贫、结对帮扶,取得积极成效;积极创建绿色现代都市工厂,实施环保超低排放改造。2018 年已完工环保项目 21 项,完成投资额人民币 2.3 亿元。能源环保指标持续改善,吨钢综合能耗 576.5 千克标准煤,同比下降 1.18%,吨钢耗新水 3.29 立方米/吨,同比下降 5.19%。本公司在安徽省生态环保厅企业环境信用评级中获评为"诚信企业",并获得安徽省上市公司协会颁发的"安徽上市公司履行社会责任贡献奖"。

展望2019年,国家将坚持稳中求进的工作总基调,坚持新发展理念,坚持推进高质量发展。同时,随着经济结构的不断调整,经济增长主要动力由投资转向消费。

面对新形势和新变化,2019年,本公司将强化"效益、效率"双引擎,聚焦变革突破,聚力价值创造,推进全面精益运营,持续提升企业创新力和竞争力,奋力开创马钢高质量发展新局面。为此,公司将主要采取以下措施:

(1)坚定不移做精做优。深化产品结构调整,推行精品战略,加快高端认证突破,扩大高附加值产品比重,提高汽车板核心区域市场占有率,持续拓展冷轧、镀锌、酸洗等高端家电市场,大力开拓工业用型材、低温耐候产品、高强钢筋、铁路造车用材、汽车零部件用优棒材等市场。

(2)注重市场经营创效。强化市场跟踪研判,迅速及时有效应对,准确把握商机,引领采购、销售和制造,支撑经营创效。深入推进精益采购,优化供应商管理,加快辅料和焦炭等基地建设,提升资源安全保供能力;完善服务型营销体系,坚持以客户为中心,实施客户分级管理、分级营销,增强客户服务体验,促进产品销售和服务增值。

(3)提升制造管控水平。继续完善高炉体检、预警和应对机制,加快推进系统配套项目,实现高炉长周期稳定顺行下的高效生产;强化生产、设备、能源、物流系统联动,优化资源配置和产线分工,合理优化铁钢比,释放优势产线产能;强化质量流程管控,持续推进工艺技术优化,提高重点产品订单兑现率;持续完善OEE指标评价体系,深化设备功能精度管理,推进科学高效灵活检修,提高系统保障能力。

(4)实施创新驱动发展。强化技术创新,大力推行"基地建设+原创技术"模式,充分发挥国家级技术创新平台作用,加强战略性、前瞻性、基础性科研项目研究。推进智能升级,加快实施智能制造相关装备项目,打造智能制造示范工程。

(5)全面创建精益工厂。以"零化目标、造物育人、永续改善、共建共享"为方向,聚焦"效率、质量、成本、交货期、安全、士气、环境、智能化"8要素,构建马钢特色精益工厂创建模式,深入推进品牌建设、精益运营和卓越绩效管理,实现制造能力、环境质量、职工素养、精神面貌全面提升。

(6)打造本质安全型、本质环保型企业。树牢安全红线意识和底线思维,强化属地管理,进一步健全和落实安全生产责任制,深入开展隐患排查治理,防范各类安全事故发生,提升安全绩效;严格落实超低排放改造3年行动方案,加快新区料场封闭、筒仓等重点项目建设,落实蓝天、碧水、净土保卫战行动实施方案,提升环境绩效。

(7)持续优化人力资源。按照年均8%的人力资源优化率提升底线要求,对标行业标杆企业,坚持减总量、调结构、提素质、增活力,分层分类设指标、定岗定编定员;持续推进流程再造、专业化整合、智能化改造和大工种区域化作业,继续多渠道稳妥安置分流人员。

(8)推动共建共享。以职工为中心,不断激发广大职工的创造活力、不断满足职工日益增长的美好生活需要,凝聚全体职工共建美好家园的强大合力,努力实现全年目标。

五、研发投入

研发投入情况表

本期费用化研发投入/百万元	956.91
本期资本化研发投入/百万元	39.32
研发投入合计/百万元	996.23
研发投入总额占营业收入比例/%	1.22
公司研发人员的数量/人	1748
研发人员数量占公司总人数的比例/%	7.50
研发投入资本化的比重/%	3.95

六、投资项目进展

重大的非股权投资

项目名称	预算总投资额/百万元	报告期新增投资额/百万元	工程进度/%
品种质量类项目	11303	1497	62
节能环保项目	5700	565	37
设备更新及其他技改项目	1802	416	68
其他工程	不适用	233	不适用
合计		2711	

报告期末,主要在建工程项目的具体情况如下:

单位:百万元　币种:人民币

项目名称	预算总投资	工程进度
马钢原料场环保升级及智能化改造工程	1500	标段招投标
重型H型钢轧钢生产线项目	1196	桩基施工
节能减排CCPP综合利用发电工程	1025	工程涉及单位搬迁、拆除
二铁总厂1号高炉大修工程	520	炉壳封顶、碳砖砌筑
煤焦化公司新建筒仓项目	420	土建施工
特钢公司新建大方坯连铸机及配套改造工程	420	退火炉区域桩基施工,连铸机标段招标
煤焦化公司(南区)净化系统合并项目	380	新AS系统单机、联动试车
马钢长材系列升级改造工程公辅配套项目	360	水处理区域桩基施工,备件库建设
重型H型钢生产线异型坯连铸机工程	330	设备基础施工
炼焦总厂7号、8号焦炉烟气脱硫脱硝项目	150	吸附塔钢结构安装,电控楼施工
合计	6301	/

七、重要事项

公司、股东、实际控制人、收购人、董事、监事、高级管理人员或其他关联方在报告期内或持续到报告期内的承诺事项

承诺类型	承诺方	承诺内容	承诺时间及期限	是否有履行期限	是否及时严格履行	如未能及时履行应说明未完成履行的具体原因	如未能及时履行应说明下一步计划
其他	集团公司	通过马钢投资公司以合法合规的方式,以适当价格增持不低于人民币4.09亿元马钢股份A股,增持计划全部实施完成后6个月内不出售所增持的股份。	2015-7-24	否	否	2017年,集团公司生产经营形势有所缓解,但受钢铁行业去杠杆工作的深入,2018年将加大去杠杆的力度,使得集团公司资金面仍较为紧张,截至目前尚未筹措到增持所需资金。	集团公司将在保障生产经营资金正常运转的前提下,积极筹措资金,以合法合规的方式实施增持计划。

八、股份变动及股东情况

1. 股份变动情况

报告期内,公司股份总数及股本结构未发生变化。

2. 股东总数

截至报告期末普通股股东总数/户	217650
年度报告披露日前上一月末的普通股股东总数/户	213708

3. 截至报告期末前十名股东、前十名流通股东持股情况表

单位:股

前十名股东持股情况							
股东名称	报告期内增减	期末持股数量	比例/%	持有有限售条件股份数量	质押或冻结情况		股东性质
					股份状态	数量	
马钢(集团)控股有限公司	—	3506467456	45.54	0	无	0	国有法人
香港中央结算有限公司	2545900	1716562800	22.29	0	未知	未知	未知
中央汇金资产管理有限责任公司	—	142155000	1.85	0	未知	未知	国有法人
中国农业银行股份有限公司-中证500交易型开放式指数证券投资基金	未知	31677149	0.41	0	未知	未知	未知
北京昊青财富投资管理有限公司-昊青价值稳健8号投资基金	-5102600	28653912	0.37	0	未知	未知	未知
李晓忠	-294500	16759455	0.22	0	未知	未知	未知
盛军	未知	13651722	0.18	0	未知	未知	未知
华夏基金管理有限公司-社保基金四二二组合	未知	9521500	0.12	0	未知	未知	未知
中国建设银行股份有限公司-博时裕富沪深300指数证券投资基金	未知	8752330	0.11	0	未知	未知	未知
方威	未知	7810000	0.10	0	未知	未知	未知
上述股东关联关系或一致行动的说明	马钢(集团)控股有限公司与前述其他股东之间不存在关联关系、亦不属于一致行动人,但本公司并不知晓前述其他股东之间是否存在关联关系及是否属于一致行动人。						

报告期内,马钢(集团)控股有限公司所持股份没有被质押、冻结或托管的情况,但本公司并不知晓其他持有本公司股份5%以上(含5%)的股东报告期内所持股份有无被质押、冻结或托管的情况。

香港中央结算(代理人)有限公司持有本公司 H 股 1716562800 股乃代表其多个客户所持有。

基于公开本公司查阅的资料,尽董事会所知,截至本报告公布之日,本公司符合香港联合交易所有限公司《证券上市规则》之公众持股量的有关要求。

于 2018 年 12 月 31 日,公司董事、监事及高级管理人员均未在本公司或本公司相联法团(定义见《证券及期货条例》)的股份、相关股份及债券中拥有权益或淡仓。

于 2018 年 12 月 31 日,尽本公司所知,根据《证券及期货条例》之规定,以下人士持有本公司股份及相关股份之权益或淡仓而记入本公司备存的登记册中:

股东名称	持有或被视作持有权益的身份	持有或被视作持有权益的股份数量/股	占公司已发行 H 股之大致百分比/%
The Goldman Sachs Group, Inc.	大股东控制的法团的权益	100300629(好仓)	5.79
		58803616(淡仓)	3.39
Citigroup Inc.	实益持有人	126000(好仓)	0.01
	大股东控制的法团的权益	7819803(好仓)	0.45
		6408372(淡仓)	0.37
	核准借出代理人	129767291(可供借出的股份)	7.49
BlackRock, Inc.	大股东控制的法团的权益	103047236(好仓)	5.95
		538000(淡仓)	0.03
JP Morgan Chase & Co.	大股东控制的法团的权益	29199455(好仓)	1.68
		58666782(淡仓)	3.39
	投资经理	106500(好仓)	0.01
		2804000(淡仓)	0.16
	实益持有人	783834(好仓)	0.05
	核准借出代理人	68341243(可供借出的股份)	3.94

除上述披露外,于 2018 年 12 月 31 日,本公司并未知悉任何根据《证券及期货条例》而备存的登记册所记录之权益或淡仓。

4. 公司与实际控制人之间的产权及控制关系的方框图

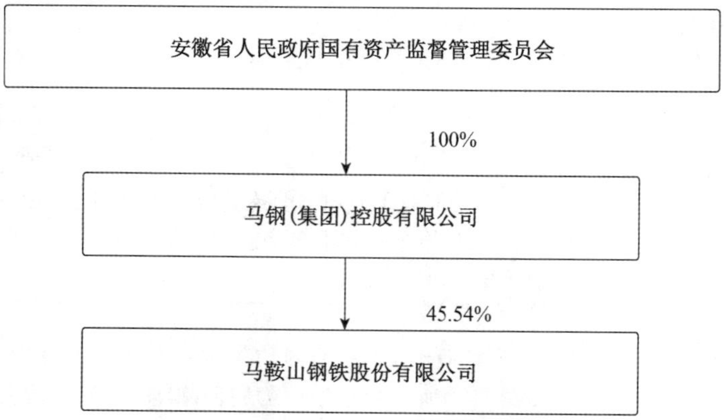

九、董事、监事、高级管理人员情况

现任及报告期内离任董事、监事和高级管理人员持股变动及报酬情况

姓名	职务	任期起始日期	任期终止日期	报告期内从公司获得的税前报酬总额/万元
丁　毅	董事长	2013-8-9	2020-11-30	—
钱海帆	董　事	2011-8-31	2020-11-30	82.06
	总经理	2011-7-14		
张文洋	董　事	2017-11-30	2020-11-30	66.62
	副总经理	2017-2-14		
任天宝	董　事	2011-8-31	2020-11-30	—
张春霞	独立董事	2017-11-30	2020-11-30	10.00
朱少芳	独立董事	2017-11-30	2020-11-30	10.00
王先柱	独立董事	2017-11-30	2020-11-30	10.00
张晓峰	监事会主席	2008-8-31	2020-11-30	74.22
张乾春	监　事	2017-11-30	2020-11-30	—
严开龙	监　事	2015-12-1	2020-11-30	45.66
秦同洲	独立监事	2017-11-30	2020-11-30	7.37
杨亚达	独立监事	2017-11-30	2020-11-30	7.37
陆克从	副总经理	2011-7-14	2020-11-30	74.22
田　俊	副总经理	2017-2-14	2020-11-30	66.93
伏　明	副总经理	2017-10-11	2020-11-30	66.87
何红云	董事会秘书	2018-4-19	2020-11-30	31.15
高海潮	常务副总经理、总工程师	2013-2-17	2018-3-5	18.51
合　计	/	/	/	570.98

十、内部控制

公司第九届董事会第十九次会议于2019年3月21日审议通过《公司2018年度内部控制评价报告》，确认本公司2018年度内部控制有效。

安永华明会计师事务所(特殊普通合伙)为本公司2018年12月31日财务报告相关内部控制有效性进行了审计，并出具了无保留意见的内部控制审计报告。

十一、A股及H股市场表现

2018年末，马钢A股收盘价为人民币3.46元，比上年末下跌16.22%；H股收盘价为港币3.45元，比上年末下跌6.50%。

（李　伟）

图书在版编目(CIP)数据

马钢年鉴.2019/《马钢年鉴》编辑委员会编.—北京：冶金工业出版社，2019.12
ISBN 978-7-5024-8325-8

Ⅰ.①马…　Ⅱ.①马…　Ⅲ.①马鞍山钢铁公司—2019—年鉴　Ⅳ.①F426.31-54

中国版本图书馆 CIP 数据核字(2019)第 258769 号

出 版 人　陈玉千
地　　址　北京市东城区嵩祝院北巷 39 号　邮编　100009　电话　(010)64027926
网　　址　www.cnmip.com.cn　电子信箱　yjcbs@cnmip.com.cn
责任编辑　杜婷婷　美术编辑　彭子赫　版式设计　孙跃红
责任校对　王永欣　责任印制　李玉山
ISBN 978-7-5024-8325-8
冶金工业出版社出版发行；各地新华书店经销；　北京捷迅佳彩印刷有限公司印刷
2019 年 12 月第 1 版，2019 年 12 月第 1 次印刷
787mm×1092mm　1/16；23.25 印张；8 彩页；762 千字；353 页
198.00 元

冶金工业出版社　投稿电话　(010)64027932　投稿信箱　tougao@cnmip.com.cn
冶金工业出版社营销中心　电话　(010)64044283　传真　(010)64027893
冶金工业出版社天猫旗舰店　yjgycbs.tmall.com
（本书如有印装质量问题，本社营销中心负责退换）